Daniela Zimmermann
Das philosophische Lesebuch

Das philosophische Lesebuch

Von den Vorsokratikern bis heute

Herausgegeben von
Daniela Zimmermann

Anaconda

Die Deutsche Nationalbibliothek verzeichnet diese Publikation in der Deutschen Nationalbibliographie; detaillierte bibliographische Daten sind im Internet unter http://dnb.d-nb.de abrufbar.

Umschlagmotiv: »Die Philosophen« (17. Jahrhundert), Musée de l'Hotel Sandelin, Saint-Omer / bridgemanart.com
Umschlaggestaltung: dyadesign, Düsseldorf, www.dya.de
Satz und Layout: GEM mbH, Ratingen
Printed in Germany 2007
ISBN 978-3-86647-150-4
info@anaconda-verlag.de

Inhalt

VI. Umbruch der Systeme

Einleitung

»Denn dies ist in erster Linie die Leidenschaft des Philosophen, sich zu wundern. Es gibt keinen anderen Anfang und Grundsatz der Philosophie als diesen.«

Mit diesen wenigen Worten hat Platon in seinem Dialog *Theaitetos* seinen Lehrer Sokrates definieren lassen, was einen Philosophen ausmacht: Er ist jemand, der noch Staunen kann.

Jeder große Philosoph zeichnet sich dadurch aus, daß er seine eigene Sicht auf die Welt hat und an ihr etwas Unvermutetes, noch nie Gesehenes entdeckt.

Dieses Lesebuch stellt 30 Philosophen vor, die einen ganz neuen Aspekt in die Geschichte des abendländischen Denkens gebracht und deren Verlauf entscheidend beeinflußt haben.

Es richtet sich an einen interessierten Leserkreis, der einen Zugang zur Philosophie finden möchte. Dazu gehört nicht nur, jeden Philosophen durch eine kurze Beschreibung seines Lebens, seines Werks und seiner Stellung innerhalb der Philosophiegeschichte einzuführen, sondern vor allem, ihn selbst zu Wort kommen zu lassen.

Die Texte, die für diese Sammlung ausgewählt wurden, repräsentieren Denken und Werk des jeweiligen Philosophen und nehmen eine Schlüsselstellung in der Philosophiegeschichte ein. Sie sollen eine persönliche Begegnung zwischen ihm und dem Leser herstellen und zeigen, daß vieles, was die Philosophen in der Vergangenheit zu sagen hatten, nicht nur für die Geisteswissenschaft, sondern auch für unser heutiges Leben von Bedeutung ist.

Die hierfür ausgesuchten Beispiele sollen den Leser durch die reiche philosophische Landschaft des Abendlandes führen. Ziel ist, nicht nur die einzelnen Philosophen vorzustellen, sondern auch Verbindungen zwischen den Denkern und deren Ideen sichtbar zu machen. Denn kein Philosoph steht in seinem Denken für sich allein, sondern er ist Teil einer Entwicklung, in der er Bezug auf Vorausgegangenes nimmt und gleichzeitig nach vorne weist.

Es besteht ein ständiger Dialog zwischen dem Neugedachten und dem Vorhergedachten, oft auch zwischen den philosophischen Persönlichkeiten selbst. Es entstehen Sympathien und Antipathien, man beobachtet das Weiterentwickeln von Ideen, aber auch deren Ablehnung. So war Platon

z. B. ein bewundernder Schüler von Sokrates und hat dessen Philosophie in die seine aufgenommen. Aristoteles wiederum studierte bei Platon, lehnte aber zentrale Aspekte seiner Lehre ab. Seine Philosophie wurde im Mittelalter für viele christliche Philosophen wichtig. Die Denker der beginnenden Neuzeit hingegen versuchten, sich ganz von seinem Einfluß zu befreien, und entdeckten andere antike Schriftsteller und Philosophen für sich. Für Petrarca symbolisierten die Schriften des Augustinus den Anbruch eines neuen Zeitalters, Augustinus selbst hatte sein Denken auch an Cicero und Plotin geschult. Im 19. Jahrhundert berief sich Marx auf Hegel, während sich Hegel in seinen zentralen Gedanken an den Vorsokratiker Heraklit anlehnte. Diesen hatte auch Nietzsche neben der klassischen Antike für sein Werk fruchtbar gemacht und neu interpretiert. Letzterer war stark von Schopenhauer beeinflußt, der wiederum Wesentliches von Kant übernahm, aber Hegel verachtete. Kant las Hume, dieser war mit Rousseau befreundet. In unserer Gegenwart wurde Nietzsche für Foucault zur Offenbarung. Und so weiter und so fort.

Die Geschichte der Philosophie ist auch eine Geschichte der Vernetzungen und Verflechtungen und gleicht einem sich bis heute unaufhaltsam weiterspinnenden Gewebe von Gedanken und Ideen. Dennoch treten einzelne Philosophen mit ihrem Denken hervor, weil sie in eine neue Richtung weisen. Mit einigen von ihnen beginnt sogar eine neue Epoche, weil ihre Philosophie Ausdruck tiefgreifender geschichtlicher und gesellschaftlicher Wandlungen ist. Ihnen ist es gelungen, diesen Veränderungen durch ihr Denken Gestalt zu geben und mit ihrer Sprache das in Worte zu fassen, was bisher noch nicht formuliert werden konnte.

Oft stellen die Schriften großer Philosophen auch im literarischen Sinne Kunstwerke dar, die dem Neuen, das aus ihnen spricht, eine besondere Sprache und Form geben. Deswegen ist es lohnend, die Werke der Philosophen selbst zu lesen und es nicht allein bei Einführungen oder Zusammenfassungen zu belassen.

Dieses Buch nimmt eine Einteilung der Philosophiegeschichte in sieben Epochen vor. Innerhalb dieser wurden die Philosophen so ausgewählt, daß sie ein breites Spektrum an Fragestellungen und Aspekten repräsentieren. Trotz der Verschiedenartigkeit der philosophischen Perspektiven kann ein roter Faden, eine übergeordnete Tendenz innerhalb der einzelnen Epochen verfolgt werden.

Die Anfänge der abendländischen Philosophie, für die beispielhaft Parmenides und Heraklit ausgewählt wurden, sind dadurch charakterisiert, daß die sogenannten Vorsokratiker die Frage nach dem Sein zum ersten Mal mit dem Blick auf ein Ganzes stellen. Obwohl ihre Denkweisen sehr unterschiedlich sind, formulierten sie ein Grundthema, das wesentlich für die gesamte westliche Philosophiegeschichte geworden ist.

Die klassische Philosophie Athens, die ihre Höhepunkte in Platon und Aristoteles findet, zeichnet sich dadurch aus, daß aus ihr erstmals große philosophische Systeme hervorgehen. Beide Denker hinterließen umfangreiche Werke, die zu den gedanklichen Säulen des Gebäudes der westlichen Philosophie wurden. Sie schufen die Begrifflichkeiten, mit denen die Philosophie seither operiert. Im Zentrum stehen die elementaren Fragen nach der Wahrheit und dem menschlichen Wissen.

Die Philosophie im Zeitalter des Hellenismus beschäftigt sich tendenziell mit den konkreten Fragen der Lebensführung. Nun rückt der Einzelne in das Blickfeld philosophischer Betrachtungen. Die diese Epoche repräsentierenden Denker Epikur, Seneca, Plotin und Boethius beantworten sie in unterschiedlicher Weise. Für Epikur ist es die sinnliche Lust, die ein erfüllendes Leben verspricht, Seneca verweist auf die Tugenden der Moral und der Pflichterfüllung, Plotin sucht das Heil in der Hinwendung zum Geistigen, und Boethius findet es in der Philosophie selbst.

Die Philosophie des Mittelalters ist durchweg von der Thematik des Glaubens geprägt. Der erste große Denker des Christentums, Augustinus, sucht auf ergreifende Weise in seinem tiefsten Inneren danach. Averroes, der bedeutende islamische Denker, will den Glauben mit der Philosophie in Einklang bringen. Und Thomas von Aquin errichtet dem Glauben auf dem Höhepunkt des christlichen Mittelalters eine großartige und kunstvolle Denkkathedrale.

Die Philosophie der Neuzeit stellt den umfassendsten Abschnitt dieses Buches dar. Er vereint so unterschiedliche Denker wie Petrarca, Machiavelli, Montaigne, Bacon, Descartes, Leibniz, Hobbes, Hume, Rousseau, Kant und Hegel. Einige dieser Philosophen stehen mit ihrem Denken an der Grenze zur Literatur (Petrarca, Montaigne), andere richten es auf die Politik (Macchiavelli, Hobbes), wieder andere verbinden es mit der strengen Wissenschaft (Descartes, Leibniz) oder leiten es aus der Erfahrung ab (Bacon, Hume), mancher macht es für die Verbesserung der Gesellschaft fruchtbar (Rousseau) oder verfolgt die Entwicklung des Denkens in der Geschichte (Hegel). Die Philosophie der Neuzeit ist breit gefächert. Und doch zeichnet sie sich durch ein besonderes, alle philosophischen Facetten vereinigendes Charakteristikum aus: Im Zentrum des Interesses steht das selbstbestimmte Individuum. Daraus ergibt sich auch die maßgebliche Fragestellung der neuzeitlichen Philosophie: der nach den Möglichkeiten und Grenzen menschlicher Erkenntnis. Hier läuft alles im Denken Kants zusammen, er hat in bezug auf diese Frage das vorläufige Schlußwort gesprochen.

Ein fundamentaler *Umbruch der Systeme* setzt in der Mitte des 19. Jahrhunderts ein. Tiefgreifende gesellschaftliche Veränderungen und das endgültige Verschwinden des großen Schutzmantels der Religion führte auch die Philosophie dazu, ehemals vertretene Werte radikal über Bord zu werfen. Das Denken wendete sich der menschlichen Existenz zu, die nun ohne metaphysische Hilfskonstruktionen auskommen mußte. Marx wehrte sich und rief zum Kampf für eine neue Gesellschaft auf, Kierkegaard analysierte das existentielle Grundempfinden des modernen Menschen, Schopenhauer vertrat einen tiefen Pessimismus gegenüber dem gesamten Menschengeschlecht, und Nietzsche brachte auf den Punkt, was als große Leerstelle bis heute klafft: der Tod Gottes.

Einzig *Die Philosophie der Gegenwart* muß ohne roten Faden auskommen. Sie strebt in verschiedene Richtungen. Für dieses Buch wurden beispielhaft vier Philosophen herausgegriffen, die unterschiedlicher nicht sein könnten und doch wichtige Strömungen der Gegenwartsphilosophie vertreten. Wittgenstein wendet sich der Sprache als einzig möglichem philosophischen Thema zu; Arendt entwickelt philosophisch-politische Prämissen angesichts einer neuen Herausforderung des 20. Jahrhunderts, der des Entstehens von totalitärer Herrschaft; Foucault sucht nach unsichtbaren Strukturen in der Gesellschaft, die unser Wissen und unsere Vernunft bestimmen, und Nagel geht vor dem Hintergrund der naturwissenschaftlichen Entwicklungen unserer Zeit den alten philosophischen Fragen nach dem menschlichen Bewußtsein, dem Sinn des Lebens und dem Tod nach.

›Philosophie‹ heißt in der ursprünglichen, griechischen Wortbedeutung nichts anderes als ›Liebe zur Weisheit‹. Liebe strebt in ihrem wahren Wesen bekanntlich nicht nach Nutzen und Gewinn. Sie besteht nur um ihrer selbst willen. Ähnlich verhält es sich mit dem Denken an sich. Es ist, wie das Staunen als dem Beginn der Philosophie, ein unvoreingenommener und freier Akt. Dieses freie Denken muß jeder Philosophie vorausgehen.

Martin Heidegger beschrieb diesen Prozeß mit folgenden Worten:

Das Denken führt zu keinem Wissen wie die Wissenschaften
Das Denken bringt keine nutzbare Lebensweisheit
Das Denken löst keine Welträtsel
Das Denken verleiht keine unmittelbaren Kräfte zum Handeln

Das Zitat stammt aus dem Aufsatz *Was heißt Denken?,* den wir aufgrund von Restriktionen der Erben dieses Philosophen leider nicht abdrucken konnten, aber in seiner wesentlichen Aussage dieser Textsammlung voranstellen wollen.

Die Geschichte der Philosophie ist eine Geschichte der sich wandelnden Sichtweisen auf die Welt. Sie wird sich ändern und immer wieder neue Richtungen einschlagen, solange es Menschen gibt. Die Grundfragen aber werden bleiben. Die Philosophie stellt sie uns immer wieder neu.

I.

Die Anfänge der abendländischen Philosophie

Parmenides

(um 540 v. Chr. – um 450 v. Chr.)

Die Wahrheit des Seins

Die Anfänge der westlichen Philosophie werden oft als ›dunkel‹ bezeichnet. Damit meint man nicht nur die Ferne der Zeit, sondern auch die ersten Philosophen und ihr Denken selbst. Diese Philosophen werden üblicherweise ›Vorsokratiker‹ genannt, weil sie in der Zeit vor Sokrates (469 bis 399 v. Chr.) lebten. Man weiß nicht viel von ihrem Leben, und keines ihrer Werke ist vollständig erhalten geblieben. Ihre Gedankenwelten scheinen mysteriös und fremd.

Man mußte die Spuren ihres Denkens entweder in den Schriften späterer Schriftsteller suchen oder hat nur Fragmente ihrer Texte aufgefunden. Selbst diese sind oft Zitate aus zweiter Hand, von nachfolgenden Philosophen aus dem Gedächtnis aufgezeichnet oder aus anderen Quellen übertragen.

Trotzdem sind diese frühen Philosophen von immenser Wichtigkeit für die abendländische Kulturgeschichte. Sie sind die ersten Repräsentanten eines ganz neuen Denktypus: dem des philosophisch-wissenschaftlich reflektierenden Individuums.

Die ersten Philosophen waren gleichzeitig Wissenschaftler, ›Naturdenker‹, sie fragten nach der Beschaffenheit der Erde und des Universums und leiteten sowohl aus ihren konkreten Beobachtungen, aber auch aus ihren mathematischen und astronomischen Kenntnissen Prinzipien über die Welt und das Dasein ab.

Sie untersuchten die Elemente Wasser und Luft als möglichen Urgrund des Lebens, sie berechneten die Wirkung von Kräften und stellten zum ersten Mal die Frage nach den Ursachen allen Seins. Damit eröffneten sie einen für das abendländische Denken neuen Raum: den der Erkenntnis, die über die Materie hinausgeht und zu Prinzipien gelangt, die von allgemeiner Bedeutung sind. Mit den ersten Philosophen beginnt eine neue Sichtweise auf die Welt, und zwar mit der Frage nach dem, was hinter – *meta* – allem Physischen liegt: die *Metaphysik*.

Obwohl der Begriff der Metaphysik erst mehrere hundert Jahre später in Zusammenhang mit dem Denken des Aristoteles gebraucht wird, ist er dennoch schon auf wesentliche Denkstrukturen zu Beginn der Philosophie anwendbar. Abendländische Philosophie ist für zwei Jahrtausende, bis fast in das 19. Jahrhundert hinein, in ihrem Wesen Metaphysik, die Lehre von dem, was hinter oder jenseits der Dinge liegt.

Der erste Metaphysiker ist wohl Parmenides. Er war einer der bedeutendsten der vorsokratischen Denker. Viel ist nicht von seinem Leben überliefert, doch galt er bereits im Altertum als wichtiger Philosoph und war als Begründer der sogenannten ›Eleatischen Schule‹ bekannt.

Geboren wurde er in Unteritalien, in der Stadt Elea, einer Kolonie phokaischer Griechen. Man sagt, daß auch heute noch die dort lebenden Menschen Parmenides besonders leicht verstehen und ihn gerne zitieren. Er soll in sehr hohem Alter in seiner Vaterstadt gestorben sein. Man weiß, daß er aus vornehmem Elternhaus kam, doch weitere Informationen über seinen Lebenswandel sind spärlich. Eine antike Quelle berichtet, er sei mit einem sehr armen, aber vortrefflichen Mann befreundet gewesen sein. Parmenides war auch als Gesetzgeber oder Politiker tätig. Es ist überliefert, daß seine Gesetze auch nach seinem Tod noch alljährlich beschworen wurden, was darauf schließen läßt, daß er in Elea sehr angesehen war.

Wahrscheinlich hat er einmal Athen besucht. Platon erzählt, Parmenides sei dort ungefähr im Alter von 65 Jahren und in Begleitung Zenons, einem Schüler, Freund und ebenfalls wichtigen vorsokratischen Philosophen, eingetroffen und habe mit dem jungen Sokrates diskutiert. Platon nannte ihn den »Großen« und einen Denker von einer »ganz und gar ursprünglichen Tiefe«.

Parmenides ist einer der wenigen Vorsokratiker, von dem wir tatsächlich noch Selbstverfaßtes lesen können. Längere Passagen seines sogenannten *Lehrgedichtes* sind erhalten.

Dieser Text zählt zu dem Bedeutsamsten, was von den frühen Philosophen verfaßt wurde. Zum ersten Mal wurde hier der für die abendländische Philosophie wesentliche Denkhorizont eröffnet: das Sein und das Nichts.

Anscheinend hat Parmenides klar erkannt, daß seine Lehre den Durchbruch in neue Regionen des Denkens bedeutete. Dieses Ereignis schildert er in poetischer Form und auf bildhafte und mitreißende Weise. Es wird zwar deutlich, daß der Verfasser kein Dichter war und seine Sprache etwas Ungelenkes und Schweres hat, doch ist zu erkennen, daß er die Gesamtheit dieses so mühsam zu fassenden Gegenstandes wirklich vor Augen gehabt hat. Das gibt dem Text die ungewöhnliche Charakteristik des Ringens und des Begreifen-Wollens eines Themas, welches so vorher noch nie in Worte gefaßt wurde.

Parmenides läßt sein *Lehrgedicht* mit der folgenden Szene beginnen:

Auf einer rasanten Fahrt mit einem Pferdegespann wird der ›wissende Mann‹ (der Philosoph) mit glühenden Rädern von Stadt zu Stadt zu einem Tor hin getragen. Die Fahrt führt aus dem Dunkel der Nacht in taghelles Licht. Der Symbolgehalt der Szene wird sofort deutlich: Nacht steht für Nichtwissen und Licht für Wissen. Am Tor angekommen, trifft er auf Dike, die Göttin der Gerechtigkeit. Sie schiebt den schweren Riegel beiseite und läßt den Philosophen aus der Sphäre des Dunkels, aus der er kommt, in das Reich des Lichtes eintreten; er geht über eine Schwelle, er steigt hinüber in eine andere, höhere Welt, die er nach einem langen Weg erreicht hat. Nicht nur das Bild des Weges, das für die Philosophie immer wieder von Bedeutung ist, wird bereits aufgezeigt, sondern auch ein weiterer Vorgang: Das Hinübersteigen zu einem Ort, der nicht der sinnlichen Erfahrungswelt zugehört, sondern allein dem Denken. Erst viel später wird ein philosophischer Begriff für diesen Akt gefunden: *Transzendenz* (abgeleitet von dem lateinischen Wort *trans-cendere*, hinübergehen).

Es ist, als ob mit dieser grandiosen Eröffnungsszene die Philosophie die Weltbühne betreten habe und Parmenides sich des Eintrittsmomentes in einen neuen Abschnitt der menschlichen Denkgeschichte bewußt gewesen sei.

Das *Lehrgedicht* ist, wie die mythischen Dichtungen Homers, in Hexametern verfaßt, dem klassischen Sechser-Versmaß der antiken Poesie. Die dargestellte Feierlichkeit läßt den Text wie eine göttliche Offenbarung wirken.

Trotz des mythologischen Charakters, der den dramatischen Effekt des Inhalts betont, verfolgt Parmenides eine rein logische Argumentationslinie. Diese führt aus der Wandelbarkeit der sinnlichen Wahrnehmungsweise zu einer Erkenntnis von Welt, die sich rein dem Denken erschließt.

Für Parmenides ist Denken und Sein eines. Dieser Gedanke stellt das Zentrum seiner Lehre dar. Hieraus ergibt sich auch die zweite, wesentliche Aussage des *Lehrgedichtes*: Nichts kann nicht sein, weil es sich nicht denken läßt. Denken schließt Nichts aus, denn Denken hat immer einen Gegenstand – *das*, was *ist*.

Parmenides geht nicht von verschiedenem, einzelnem Seienden aus, sondern er entdeckt eine Allgemeinheit von Sein, der er eine Sprache verleihen will.

Er fragt sich, was geschieht, wenn wir denken, aber auch, wenn wir sprechen und sagen: es ist. Nicht nur das Denken, sondern auch die Sprache selbst, wird von Parmenides in seine Überlegungen einbezogen. Die Erkenntnis, daß es einen Zusammenhang von Denken, Sprechen und Sein gibt, ist ein ganz neuer Gedanke und von großer Bedeutsamkeit für die Geschichte des Denkens.

Parmenides entdeckt ein Denken, das von selbst, ohne das Mittel der Sinne zum Sein vorstoßen kann, und er erkennt, daß es die Sprache ist, die diesen Vorgang vollzieht.

Mit der Vorstellung, daß sich die Wahrheit des Seins allein aus der denkenden Erkenntnis erschließt, legt Parmenides den Ausgangspunkt des Weges, den die abendländische Philosophie im Wesentlichen beschreiten wird: den des *Logos* – der vernünftigen Rede –, der aus den Niederungen, Wandelbarkeiten und Trugbildern des Sinnenscheins nach oben führt zum Licht des unwandelbaren, ewigen Seins.

Das Sein selbst stellt sich Parmenides als immer gleichbleibend vor, unveränderlich und ausgewogen, wie eine ›wohlgerundete Kugel‹.

Wir sehen also, wie im *Lehrgedicht* Grundkonzepte angelegt sind, die ausschlaggebend für die Errichtung des philosophischen Denkgebäudes des Abendlandes sind:

Das Hinausgehen über die Welt der sinnlich wahrnehmbaren Erscheinungen *(Transzendenz)*, um zu höheren Wahrheiten zu gelangen *(Metaphysik)*, und die Erschließung dieser Wahrheiten durch das Denken und die Vernunft *(Logos)*.

Parmenides' Absicht ist es, die Unwandelbarkeit und Ewigkeit des Seins zu denken. Das radikal Neue dabei ist die Vorstellung des Bezugs von Denken und Sein. Dieser ist zugleich Quell und Grenze der westlichen Philosophie.

Das Lehrgedicht

1. Die Rosse, die mich dahintragen, zogen mich weiter davon, soweit die Lust mich trieb, als mich auf den vielberühmten Weg, der von Stadt zu Stadt den wissenden Mann trägt, die Göttinnen gebracht hatten. Auf diesem zogen mich die Vieles verstehenden Rosse, und die Mädchen wiesen den Weg. Die Achse in den Naben entsandte Pfeiftöne und erhitze sich glühend. Die Sonnenmädchen, die das Haus der Nacht verlassen hatten, schlugen mit den Händen die Schleier von ihren Häuptern zurück und lenkten zum Lichte die Fahrt.

Dort steht das Tor der Bahnen von Nacht und Tag – es umfaßt einen Türsturz und eine steinerne Schwelle; das lichte Tor selbst ist von großen Türflügeln verschlossen; davon verwaltet die vielesrächende Dike die verschiedenen Schlüssel.

Ihr nun sprachen die Mädchen mit sanften Worten zu und überredeten sie, daß sie ihnen den vorgeschobenen Riegel schnell vom Tor wegstieße. Da öffnete sich weit der Schlund des Tores, wobei sich die reich mit Erz beschlagenen Pfosten in ihren Pfannen drehten; gerade hindurch lenkten die Mädchen Wagen und Pferde.

Die Göttin empfing mich, ergriff meine rechte Hand mit der ihren, erhob das Wort und sprach: Jüngling, der du von göttlichen Wagenlenkern geleitet, mit den Rossen, die dich tragen, zu unserem Haus gelangst, Freude dir! Kein schlechtes Geschick, sondern Gesetz und Recht sandte dich, diesen Weg zu kommen. Nun sollst du alles erfahren, sowohl der Wahrheit unerschütterliches Herz, als auch der Sterblichen Schein-Meinungen, die ohne wahre Gewißheit sind. Denn du sollst auch dieses kennenlernen und zwar so, wie dieser Schein sich Geltung verschafft, indem er alles ganz und gar durchdringt.

2. Wohlan, so will ich denn sagen (vernehme und trage das Wort weiter, das du hörtest), welche Wege des Suchens und Fragens allein zu denken sind:

der eine Weg, daß IST *ist* und daß Nichtsein nicht ist, das ist der Weg der Überzeugung (denn diese folgt der Wahrheit). Der andere aber, daß NICHT IST *ist* und daß Nichtsein erforderlich ist, dieser Weg ist, so sage ich dir, gänzlich unerkundbar: denn weder erkennen könntest du das Nichtseiende (das ist ja unausführbar) noch aussprechen;

3. denn dasselbe ist Denken und Sein.

4. Schaue doch mit dem Geist, wie durch den Geist das Abwesende anwesend ist mit Sicherheit; denn er wird das Seiende von seinem Zusammenhang mit dem Seienden nicht abtrennen, und zwar weder als solches, das sich nach dem Lauf der Dinge überall hin zerstreut, noch als solches, das sich zusammenballt.

5. Ein Gemeinsam-Zusammenhängendes ist es für mich, von wo ich beginne; dorthin werde ich auch zurückkehren.

6. Nötig ist zu sagen und zu denken, daß nur das Seiende ist; denn Sein ist, ein Nichts dagegen ist nicht; das heiße ich dich zu beherzigen. Zunächst warne ich dich daher vor jenem Weg des Suchens. Dann aber auch vor jenem, auf dem die nichts wissenden Sterblichen einherstraucheln, Doppelköpfe. Denn Ratlosigkeit steuert in ihrer Brust den hin und her schwankenden Sinn. Sie treiben dahin, stumm und blind zugleich, die Verblödeten, unentschiedene Haufen, für die das Sein und das Nichtsein dasselbe gilt und dann wieder nicht dasselbe und für die es bei allem einen gegenteiligen Weg gibt.

7. / 8. Denn es ist unmöglich, zu beweisen, daß Nichtseiendes sei; vielmehr halte du von diesem Weg des Suchens den Gedanken fern, laß dich auch nicht von der Gewohnheit auf diesen Weg zwingen, das blicklose Auge und das dröhnende Gehör und die Zunge walten zu lassen, sondern entscheide mit dem Denken die vielumstrittene Frage, die von mir genannt wurde.

Aber nur noch eine Weg-Kunde bleibt dann, nämlich daß IST *ist*. Auf diesem Weg stehen viele Zeichen: Sein ist ungeboren und unvergänglich, denn es ist ganz und heil und unerschütterlich sowie ohne Ziel und es war nie und wird nie sein, weil es im Jetzt zusammen vorhanden ist als Ganzes, Eines, Zusammenhängendes. Denn was für einen Ursprung willst du für das Sein ausfindig machen? Wie, woher soll es herangewachsen sein? Auch nicht sein Entstehen aus dem Nichtseienden werde ich dir gestatten auszusprechen und zu denken.

Denn unaussprechbar und undenkbar ist, daß NICHT IST *ist*. Welche Notwenigkeit hätte es denn auch antreiben sollen, später oder früher mit dem Nichts beginnend zu entstehen? So muß es also entweder ganz und gar sein oder überhaupt nicht. Auch wird die Kraft der Überzeugung niemals erlauben, aus Nichtseiendem könnte irgend etwas anderes als eben dieses hervorgehen. Daher hat auch Dike das Sein weder zum Werden noch zum Vergehen freigegeben, indem sie die Fesseln lockerte, nein, sie hält es fest. Die Entscheidung hierüber liegt in folgendem: IST oder

NICHT IST! Entschieden ist nun aber, wie es notwendig war, den einen Weg als undenkbar, unsagbar beiseite zu lassen, den anderen aber als vorhanden und wirklich-wahr zu betrachten. Wie aber könnte dann Seiendes zugrunde gehen, wie könnte es entstehen? Denn entstand es, so ist es nicht und ebensowenig, wenn es erst in Zukunft einmal sein sollte. So ist Entstehen verlöscht und Vergehen verschollen.

Sein ist auch nicht teilbar, weil es ganz gleichartig ist. Und es gibt nicht etwa hier oder da ein stärkeres Sein, das seinen Zusammenhang hindern könnte, noch ein geringeres; es ist vielmehr ganz von Seiendem erfüllt. Darum ist es ganz zusammenhängend; denn Seiendes stößt dicht an Seiendes.

Aber unbeweglich-unveränderlich liegt es in den Grenzen gewaltiger Bande ohne Ursprung, ohne Aufhören; denn Entstehen und Vergehen wurden weit in die Ferne verschlagen; es verstieß sie die wahre Überzeugung; und als Dasselbe und in Demselben verharrend ruht es in sich und so verbleibt es standhaft an Ort und Stelle.

Denn die machtvolle Notwendigkeit hält es in den Banden der Grenze, die es rings umschränkt, weil das Seiende nicht ohne Abschluß sein darf; denn es ist unbedürftig, fehlte ihm aber etwas, so würde es der Ganzheit bedürfen.

Dasselbe ist Denken und der Gedanke, daß IST *ist*; denn nicht ohne das Seiende, in dem es als Ausgesprochenes ist, kannst du das Denken antreffen. Es ist nichts und wird nichts anderes sein außerhalb des Seienden, da es ja die Moira daran gebunden hat, ein Ganzes und unbeweglich zu sein. Darum ist alles, was die Sterblichen in ihrer Sprache gesetzt haben bloßer Name, überzeugt es sei wahr: Werden sowohl als Vergehen, Sein sowohl als Nichtsein, Wandel des Ortes und Wechsel der leuchtenden Farben.

Aber da eine letzte Grenze vorhanden ist, so ist es von allen Seiten vollendet, der Masse einer wohlgerundeten Kugel vergleichbar, von der Mitte her überall gleichgewichtig. Es darf ja nicht dort etwas größer oder etwas schwächer sein. Denn es ist weder Nichtseiendes, das es hindern könnte zum Gleichmäßigen zu gelangen, noch könnte Seiendes irgendwie hier mehr, dort weniger vorhanden sein als Seiendes, da es ganz unversehrt ist. Sich selbst nämlich ist es von allen Seiten her gleich, gleichmäßig fügt es sich in seine Grenzen.

Damit beende ich für dich mein verläßliches Reden und Denken über die Wahrheit. Aber von hier ab lerne die menschlichen Schein-Meinungen kennen, indem du meiner Worte trügerische Ordnung hörst.

Sie haben nämlich ihre Ansichten dahin festgelegt, zwei Formen zu benennen (von denen man eine nicht festlegen sollte, darin haben sie sich geirrt). Sie unterschieden die Gestalt in ihren Gegensätzen und sonderten ihre Merkzeichen voneinander ab: hier das ätherische Flammenfeuer, das milde, das ja leicht ist und mit sich selbst überall identisch. Aber auch jenes setzten sie für sich, das ganze Gegenteil des anderen: die lichtlose Nacht, ein dichtes und schweres Gebilde. Diese Weltordnung will ich dir verkünden, in der ganzen Glaubhaftigkeit ihres Scheins, so daß keine Meinung eines Sterblichen dich je überholen wird.

9. Aber nachdem alle Dinge Licht und Nacht benannt war und das, was ihnen jeweils ihren Kräften gemäß als Name zugeteilt wurde, ist alles zugleich voll von Licht und unsichtbarer Nacht, die beide gleichgewichtig sind, denn es ist unmöglich, daß etwas unter keinem von beiden steht.

10. Erfahren sollst du das Äther-Wesen und alle Sternbilder im Äther und der reinen klaren Sonnenfackel versengendes Wirken, und woher sie entstanden sind, und das umwandernde Wirken und Wesen des rundäugigen Mondes wirst du erkunden. Du wirst aber auch vom ringsumfassenden Himmel erfahren, wie er entsproß und wie ihn die Notwendigkeit zwang, das Gefüge der Sterne zu halten.

11. Ich will jetzt erzählen, wie die Erde und die Sonne sowie der Mond, auch der all-gemeinsame Äther und auch die himmlische Milchstraße und der äußerste Olympos sowie der Sterne warme Kraft danach strebten zu entstehen.

12. Denn die engeren Ringe wurden mit ungemischtem Feuer angefüllt, auf diese folgen Ringe mit Nacht, dazwischen ergießt sich der Anteil der Flamme. Und inmitten von allem ist die Göttin, die alles lenkt. Denn überall regt sie grausige Geburt und Paarung an, indem sie dem Männlichen das Weibliche zur Paarung schickt und umgekehrt, das Männliche dem Weiblichen.

13. Zuerst ersann sie von allen Göttern den Eros.

14. Der Mond ein nachleuchtendes, um die Erde irrendes Licht.

15. Der Mond stets schauend nach den Strahlen der Sonne.

15 a. Die Erde im Wasser verwurzelt.

16. Denn je nachdem wie jeder die Mischung der vielfach irrenden Glieder besitzt, so steht der Geist den Menschen zur Seite. Denn es ist immer dasselbe, was denkt in den Menschen, ebenso wie die innere Beschaffenheit ihrer Glieder, bei allen und jedem: der Gedanke ist nichts als ein Mehr.

17. Zur Rechten die Knaben, zur Linken die Mädchen.

18. Wenn Frau und Mann die Keime der Liebe mischen, formt die Kraft, die sie in den Adern aus verschiedenem Blute bildet, aber nur wenn sie die gleichmäßige Mischung erhält, wohlgebaute Körper. Wenn aber verschiedene Kräfte in den vermischten Samen miteinander streiten und diese in dem gemischten Körper keine Einheit bilden, so werden sie grauenvoll das keimende Leben durch Doppelgeschlechtigkeit heimsuchen.

19. So also entstand dies nach dem Schein und ist noch jetzt und wird von nun an in Zukunft wachsen und dann sein Ende nehmen. Und für all dieses haben die Menschen Namen festgelegt, einen bezeichnenden für jedes.

Heraklit

(um 540 v. Chr. – um 475 v. Chr.)

Alles fließt

Heraklit, der zweite vorsokratische Philosoph, der nun vorgestellt werden soll, scheint auf den ersten Blick eine ganz gegensätzliche Denkweise zu verfolgen wie Parmenides.

Er lehrt, daß alles einem stetigen Wandel unterworfen ist und aus Kampf und Gegensatz entsteht.

Heraklit war ein Zeitgenosse des Parmenides und lebte, räumlich auf das Weiteste getrennt, in Ephesus, damals eine der wohlhabendsten Städte der Mittelmeergegend. Er stammte aus einer Adelsfamilie und war ein Einzelgänger, der die Demokratie als pöbelhafte Gleichmacherei verachtete. Aufgrund der hochgestellten gesellschaftlichen Position seiner Familie hatte er ein politisches Amt geerbt, das er allerdings an seinen jüngeren Bruder abtrat, da er selbst die Politik haßte. Eine Anekdote erzählt, wie er eines Tages im Tempel der Artemis mit den Kindern Würfel gespielt habe. Als sich eine erstaunte Menschenmenge um ihn versammelte, sagte er: »Was wundert ihr euch? Ist das nicht besser, als Politik mit euch zu treiben?«

Im hohen Alter soll er als Einsiedler und sich nur von Pflanzen ernährend in den Bergen gelebt haben. Einige antike Biographien schildern sein Ende folgendermaßen: Er habe an Wassersucht gelitten und konnte von den Ärzten nicht geheilt werden. So entwickelte er seine eigene Heilmethode: Er bestrich sich mit Kuhmist, setzte sich der Sonne aus und hoffte, das Wasser würde auf diese Weise dem Körper entzogen werden. Leider war der Erfolg negativ und kostete ihn das Leben. Hunde hatten ihn während der ›Behandlung‹ angefallen und zerrissen.

Von der Nachwelt wurde er auch ›der Dunkle‹ genannt.

Heraklit verfaßte eine Schrift, der wahrscheinlich erst später der Name *Über die Natur* gegeben wurde, denn zu jener Zeit hatten Texte noch keine Titel. Es heißt, er habe sie selbst feierlich im Tempel der Artemis in Ephesus niedergelegt. Diese Schrift, von der etwa 130 Fragmente erhalten sind, besteht aus knapp formulierten, eigenwilligen Sprüchen in einem an Bildern und Vergleichen reichen Stil. Ihr Ton ist fast beschwörerisch, und sie gehören zum Tiefsten und zugleich Rätselhaftesten, was uns von den frühen Philosophen übermittelt wurde. Heute weiß man nicht mehr, ob diese Fragmente einmal Teil eines Gesamttextes gewesen sind oder eine Sammlung von Lebensweisheiten und Aphorismen. Auch die Ordnung der Fragmente ist nicht mehr nachvollziehbar, jetzt stellt man sie meist in thematischen Gruppen zusammen.

Schon im Altertum empfand man Heraklits Sprüche als nur schwer zugänglich und sagte, er habe sie aus Absicht ›dunkel‹ formuliert, um nur für Wenige verständlich zu sein. Der breiten Masse sollten sie verschlossen bleiben. Wahrscheinlich ist, daß eine neue Denkform aus ihnen spricht, die sich tatsächlich nicht an die Vielen richtet, sondern ganz für sich steht. Dabei verfährt sie monologisch und entwickelt eine sehr eigene, exklusive Weise der Vermittlung, die sich auch vor Unzugänglichkeiten der Gedanken und Ausdrucksweise nicht scheut.

Zum ersten Mal haben wir es mit einem Philosophen zu tun, der ein Bewußtsein für das Abseitige entwickelte, weil er selbst ein Außenseiterdasein führte, fernab von den Geschäftigkeiten der *Polis*, der Stadtgemeinschaft, in der er lebte. So tritt auch sein Denken aus den gewöhnlichen Kommunikationsformen heraus und sucht die Konfrontation mit dem, was sich nicht einfach offenbart. Der Philosoph als der Einzelne, der die Autorität von Gesellschaft und hergebrachten Ausdrucks- und Denkformen durchbricht, ist bis heute charakteristisch für das Selbstverständnis jedes Philosophen. Es findet seinen ersten Repräsentanten in Heraklit.

Einer der bekanntesten Aussprüche von Heraklit lautet: »Man kann nicht zweimal in denselben Fluß steigen.« Als *panta rhei* – »alles fließt« – wurde das Prinzip, daß alles in Bewegung sei und das Dasein einem ewigen Wandel unterliege, später auf diese berühmte Formel gebracht, die sich allerdings so bei Heraklit nicht findet. Oft werden die Vorstellung des stetigen Fließens und die Idee, daß sich alles aus der Konfrontation gegensätzlicher Kräfte entwickelt, als das Gegenteil der parmenideischen Lehre von der Ausgewogenheit und Unwandelbarkeit des Seins ausgelegt. »Der Krieg ist der Vater aller Dinge«, sagt zwar Heraklit, aber er wird mißverstanden, wenn man glaubt, er sehe die Welt allein als opponierende, sich ständig verändernde und bewegende Kräfte. Vielmehr erkennt er Einheitliches jenseits der Vielheit und nimmt eine Ordnung im Kosmos wahr, die das Einswerden der Gegensätze bewirkt. Nur der Mensch, so Heraklit, hat das noch nicht begriffen: »Sie verstehen nicht, wie es auseinandergetragen mit sich selbst im Sinn zusammengeht: gegenstrebige Vereinigung wie die des Bogens und der Leier«, heißt es in einem seiner Sätze.

Die Ordnung, die das Gegensätzliche eint, nennt Heraklit den *Logos*.

Heraklit ist der erste griechische Philosoph, der diesen Begriff im philosophischen Sinne benutzt. *Logos* heißt im griechischen Sprachgebrauch eigentlich die Rede, die Abfolge von Worten oder auch das Sammeln und Lesen. Heraklit erweitert diese Bedeutung zu einer Denkform, um die Welt zu erklären. Mag alles noch so fließend sein – alle Vorgänge vollziehen sich nach innewohnenden Regeln, die im Veränderlichen als Bleibendes erscheinen. So ist der *Logos* die durchwirkende Vernunft, er ist das Umgreifende, die ›Weltordnung‹. »Alles geschieht nach dem *Logos*«, schreibt Heraklit. Und obwohl sich das gesamte Weltgeschehen nach ihm richtet, hat der Mensch keinerlei Erfahrung von ihm: »Für dieses Wort aber, obwohl es ewig ist, haben die Menschen kein Verständnis [...]. Alles geschieht nach diesem Wort, und doch gebärden sie sich wie die Unerfahrenen.« Die Menschen sind blind und taub dem *Logos* gegenüber und wissen noch nicht einmal, »was sie im Wachen tun, wie sie ja vergessen, was sie im Schlaf tun«. Sie sind Unwissende und verbringen ihr Leben unbewußt, wie im Traum. Ihr Leben ist ein Schein im Vergleich zum wahren Sein des *Logos*.

Mit diesem Gedanken beginnt die für die abendländische Philosophie so charakteristische Hinwendung zur Vernunft, die über dem Leben steht und die für fast zwei Jahrtausende Vorbedingung des Denkens sein sollte.

Die Größe im Denken Heraklits liegt in der Erkenntnis, daß hinter dem unaufhörlichen Fluß der Dinge, hinter allem Gegensätzlichen ein einheitliches, verbindendes Gesetz steht. Werden und Vergehen sind eine Einheit.

Diese Vorstellung führt weg von der zu jener Zeit herrschenden mythischen Göttervielfalt. So denkt Heraklit den bahnbrechenden Gedanken eines einzigen Gottes, in dem alle Gegensätze aufgehoben sind: »Gott ist Tag und Nacht, Winter und Sommer, Krieg und Frieden, Überfluß und Hunger.«

Die Philosophie nachfolgender Jahrhunderte ist in außerordentlichem Maße vom Denken Heraklits geprägt.

Seine Idee einer allgegenwärtigen göttlichen Weltvernunft – des *Logos* – wurde später in der christlichen Theologie zum ›göttlichen Wort‹.

Mit der Lehre der Einheit des Gegensätzlichen schuf er ein erstes Modell einer Dialektik, die mehr als zweitausend Jahre später bei Friedrich

Hegel, der von Heraklit zutiefst beeinflußt war, zum philosophischen Instrument der Erkenntnis wurde. Hegel schrieb: »Es ist kein Satz des Heraklit, den ich nicht in meiner Logik aufgenommen habe.«

Auch die Marxisten entwickelten wesentliche Ideen aus der Dialektik, der Gegenüberstellung von Gegensätzlichem, zum Erreichen einer gemeinsamen Aussage.

Der Gedanke vom Kampf als Vater aller Dinge findet sich dann auch bei Nietzsche wieder.

Fragmente

Für dieses Wort aber, ob es gleich ewig ist, haben die Menschen kein Verständnis, weder ehe sie es vernommen, noch sobald sie es vernommen. Alles geschieht nach diesem Wort, und doch gebärden sie sich wie die Unerfahrenen, so oft sie es versuchen in solchen Worten und Werken, wie ich sie künde, ein jegliches nach seiner Natur auslegend und deutend, wie sich's damit verhält. Die anderen Menschen wissen freilich nicht, was sie im Wachen tun, wie sie ja auch vergessen, was sie im Schlafe tun. (1)

Sie verstehen es nicht, auch wenn sie es vernommen. So sind sie wie die Tauben. Das Sprichwort bezeugt's ihnen: ›Anwesend sind sie abwesend‹. (34)

Sie wissen weder zu hören noch zu reden. (19)

Darum ist es Pflicht dem Gemeinsamen zu folgen. Aber obwohl das Wort allen gemein ist, leben die meisten so, als ob sie eine eigene Einsicht hätten. (2)

Die Wachenden haben eine gemeinsame Welt, doch jeder Schlafende wendet sich nur an seine eigene. (89)

Die Schlafenden sind Arbeiter und Mitwirkende an den Weltereignissen. (75)

Man soll nicht handeln und reden wie Schlafende. Denn im Schlaf bilden wir uns nur ein zu handeln und zu reden. (73)

Von dem, womit sie doch am meisten und beständig zu tun haben, nämlich dem Sinn des Ganzen, entzweien sie sich, und die Dinge auf die sie täglich stoßen, sind ihnen fremd. (72)

Keineswegs denken die meisten über das nach, was ihnen begegnet, noch verstehen sie, was sie erfahren: aber sie bilden es sich ein. (17)

Gemeinsam ist allen das Denken. (113)

Allen Menschen ist es gegeben, sich selbst zu erkennen und klug zu sein. (116)

Gar vieler Dinge kundig müssen weisheitsliebende Menschen sein. (35)

Seinen Unverstand zu verbergen ist besser: nur ist es schwer beim Ausgelassensein und beim Wein. (95)

Alles, was man sehen, hören, lernen kann, das ziehe ich vor. (55)

Schlechte Zeugen sind dem Menschen Augen und Ohren, wenn sie Barbarenseelen haben. (107)

Die Menschen lassen sich über die Kenntnis der sichtbaren Dinge ähnlich täuschen wie Homer, der doch weiser war als die Hellenen allesamt. Ihn foppten nämlich Jungen, die Läuse erjagt hatten, indem sie ihm zuriefen: alles was wir gesehen und gefangen haben, das lassen wir da; was wir aber nicht gesehen und nicht gefangen haben, das bringen wir mit. (56)

Man soll es nicht tun wie Kinder der Eltern, deren Art es einfach ist, ›wie wir es gelernt haben‹. (74)

Hunde bellen jeden an, den sie nicht kennen. (97)

Ein hohler Mensch pflegt bei jedem Wort starr dazustehen. (87)

Über die wichtigsten Dinge soll man nicht vorschnell urteilen. (47)

Das Denken ist der größte Vorzug, und die Weisheit besteht darin, die Wahrheit zu sagen und nach der Natur zu handeln, auf sie hinhörend. (112)

Eins, das allein Weise, will nicht und will doch auch wieder mit dem Namen Zeus benannt werden. (32)

Reinigung von Blutschuld suchen sie vergeblich, indem sie sich mit Blut besudeln, wie wenn einer, der in Kot getreten, sich mit Kot abwaschen wollte. Für wahnsinnig würde ihn doch halten, wer von den Leuten ihn bei solchem Treiben bemerkte. Und sie beten auch zu diesen Götterbildern, wie wenn einer mit Gebäuden Zwiesprache halten wollte. Sie kennen eben die Götter und Heroen nicht nach ihrem wahren Wesen. (5)

Nachtschwärmer, Magier, Bakchen, Mänaden und Eingeweihte. In unheiliger Weise findet die Einführung in die Weihen statt, wie sie bei den Leuten gebräuchlich sind. (14)

Wenn es nicht Dionysos wäre, dem sie die Prozession veranstalten und das Phalloslied singen, wäre es ein ganz schändliches Tun. Ist doch Hades eins mit Dionysos, für den sie da toben und Fastnacht feiern. (15)

Der Herrscher, dem das Orakel in Delphi gehört, spricht nichts und verbirgt nichts, sondern er deutet an. (93)

Die Sibylle, die mit rasendem Mund Ungelachtes und Ungeschminktes und Ungesalbtes redet, reicht mit ihrer Stimme durch tausend Jahre. Denn der Gott treibt sie. (92)

Überheblichkeit soll man noch eher löschen als eine Feuersbrunst. (43)

Das Volk soll kämpfen um sein Gesetz wie um seine Mauer. (44)

Wenn ihr nicht mich, sondern das Wort vernehmt, ist es weise zuzugestehen, daß alles eins ist. (50)

Will man mit Geist reden, muß man sich auf den Geist des Ganzen stützen, wie eine Stadt auf das Gesetz und noch stärker. Nähren sich doch alle menschlichen Gesetze aus dem einen göttlichen. Das nämlich herrscht soweit es nur will und genügt allem und siegt über alles. (114)

Gäbe es keine Sonne, trotz der übrigen Gestirne, wäre es Nacht. (99)

Die Sonne wird nicht ihre Maße überschreiten; wenn aber doch, werden die Erinnyen, der Dike Schergen, sie dabei ertappen. (94)

Die Horen sind es, die alles bringen. (100)

Diese Weltordnung, dieselbige für alle Wesen, hat kein Gott und kein Mensch geschaffen, sondern sie war immerdar und ist und wird sein lebendiges Feuer; sein Erglimmen und Verlöschen sind ihre Maße. (30)

Feuers Wandlungen: erstens Meer, die Hälfte davon Erde, die andere Glutwind. Es zerfließt das Meer und erhält sein Maß nach demselben Wort, das galt, ehe es denn Erde ward. (31)

Umsatz findet wechselweise statt, des Alls gegen das Feuer und des Feuers gegen das All, wie des Goldes gegen Waren und der Waren gegen Gold. (90)

Feuer lebt der Luft Tod und Luft des Feuers Tod; Wasser lebt der Erde Tod und Erde den des Wassers. (76)

Das Kalte wird warm, Warmes kalt, Nasses trocken, Dürres feucht. (126)

Auch der Gerstentrank zersetzt sich, wenn man ihn nicht umrührt. (125)

Die schönste Weltordnung ist wie ein aufs Geradewohl hingeschütteter Kehrichthaufen. (124)

Das Weltall aber steuert der Blitz. (64)

Denn alles wird das Feuer, das heranrücken wird, richten und verdammen. (66)

Gott ist Tag und Nacht, Winter und Sommer, Krieg und Frieden, Überfluß und Hunger. Er wandelt sich aber wie das Feuer, das, wenn es mit Räucherwerk vermengt wird, nach eines jeglichen Wohlgefallen so oder so benannt wird. (67)

Mangel und Überfluß. (65)

Man kann nicht zweimal in denselben Fluß steigen ... Er zerstreut und sammelt sich und naht und entfernt sich. (91)

Wer in dieselben Fluten hinabsteigt, dem strömt stets anderes Wasser zu. Auch die Seelen dünsten aus dem Feuchten hervor. (12)

Für die Seelen ist es Tod, zu Wasser zu werden, für das Wasser Tod, zur Erde zu werden. Aus der Erde wird Wasser, aus Wasser Seele. (36)

Für die Seelen ist es Lust, Tod oder naß zu sein. Wir leben den Tod jener, und jene leben unseren Tod. (77)

Die Sonne ist neu an jedem Tag. (6)

Ein Tag ist wie der andere. (106)

Es ist immer ein und dasselbe, was in uns wohnt: Lebendes und Totes und das Wache und das Schlafende und Jung und Alt. Wenn es umschlägt, ist dieses jenes und jenes wiederum, wenn es umschlägt, dieses. (88)

Sich wandelnd ruht er aus. (84 a)

Es ist ermattend, denselben Herren zu frohnen und zu dienen. (84 b)

Der Schraube Weg, gerade und krumm, ist ein und derselbe. (59)

Der Weg auf und ab ist ein und derselbe. (60)

Unsterbliche sterblich, Sterbliche sterblich: sie leben gegenseitig ihren Tod und sterben ihr Leben. (62)

Des Bogens Name ist Leben *(bios)*, sein Werk Tod. (48)

Der Mensch zündet sich in der Nacht ein Licht an, wenn er gestorben, erloschen ist; im Leben berührt er den Toten im Schlaf, wenn sein Augenlicht erloschen ist; im Wachen berührt er den Schlafenden. (26)

Tod ist alles, was wir im Wachen sehen, und Schlaf, was im Schlummer. (21)

Krankheit macht die Gesundheit angenehm, Übel das Gute, Hunger den Überfluß, Mühe die Ruhe. (111)

Bei Gott ist alles schön und gerecht; die Menschen aber halten einiges für gerecht, anderes für ungerecht. (102)

Gäbe es jenes nicht, so kennten sie der Dike Namen nicht. (23)

Die Weisheit ist nur eines, nämlich die Vernunft zu erkennen, die alles und jedes zu lenken weiß. (41)

Vielwisserei lehrt nicht Verstand haben. Sonst hätte Hesiod es gelernt, und Pythargoras, ferner auch Xenophanes und Hekataios. (40)

Keiner von allen, deren Worte ich vernommen, gelangt dazu, zu erkennen, daß die Weisheit etwas von allem abgesondertes ist. (108)

Seinen Unverstand zu verbergen ist besser, als ihn zur Schau zu stellen. (109)

Trockene Seele die weiseste und beste. (118)

Hat sich ein Mann betrunken, wird er von einem jungen Knaben geführt. Er taumelt und merkt nicht, wohin er geht; denn seine Seele ist feucht. (117)

… vergißt wohin der Weg führt. (71)

Ich habe mich selbst erforscht. (101)

Der Seele ist das Wort eigen, das sich selbst mehrt. (115)

Der Seele Grenzen kannst du nicht finden, auch wenn du jegliche Straße abschrittest; so tiefen Grund hat sie. (45)

Mit dem Herzen zu kämpfen ist hart. Denn jeden seiner Wünsche erkauft man um seine Seele. (85)

Es ist nicht gut, wenn den Menschen alle ihre Wünsche erfüllt werden. (110)

Eigendünkel ist eine fallende Sucht. (46)

Dem Menschen ist sein Sinn sein Gott. (119)

Denn des Menschen Sinn kennt keine Zwecke, wohl aber göttliche. (78)

Die Natur liebt es, sich zu verstecken. (123)

Meerwasser ist das reinste und scheußlichste: für Fische trinkbar und lebenserhaltend, für Menschen untrinkbar und tödlich. (61)

Säue baden in Kot, Geflügel in Staub oder Asche. (37)

Am Dreck sich ergötzen. (13)

Esel würden Spreu dem Gold vorziehen. (9)

Bestände das Glück in körperlichen Lustgefühlen, so müßte man die Ochsen glücklich schätzen, wenn sie Erbsen zu fressen finden. (4)

Der schönste Affe ist häßlich mit dem Menschengeschlecht verglichen. (82)

Der weiseste Mensch wird gegen Gott gehalten wie ein Affe erscheinen in Weisheit, Schönheit und allem anderen. (83)

Kind heißt der Mann vor der Gottheit wie der Knabe vor dem Mann. (79)

Kinderspiele ... (70)

Würden alle Dinge zu Rauch, könnte man sie nur mit der Nase unterscheiden. (7)

Krieg ist aller Dinge Vater, aller Dinge König. Die einen macht er zu Göttern, die andern zu Menschen, die einen zu Sklaven, die andern zu Freien. (53)

Man soll aber wissen, daß der Krieg das Gemeinsame ist und das Recht der Streit und daß alles durch Streit und Notwendigkeit zum Leben kommt. (80)

Das Auseinanderstrebende vereinigt sich, und aus den Gegensätzen entsteht die schönste Vereinigung, und alles entsteht durch den Streit. (8)

Verbindungen sind: Ganzes und Nichtganzes, Eintracht und Zwietracht, Einklang und Mißklang und aus allem eins und aus einem alles. (10)

Verborgene Vereinigung ist besser als offene. (54)

Sie verstehen nicht, wie das Auseinanderstrebende ineinander geht: gegenstrebige Vereinigung wie beim Bogen der Leier. (51)

Denn beim Kreisumfang ist Anfang und Ende gemeinsam. (103)

Denn alles, was da kreucht, wird mit Gottes Geißel zur Weide getrieben. (11)

Wie kann einer verborgen bleiben, vor dem, was nimmer untergeht! (16)

Die Goldgräber schaufeln viel Erde und finden wenig. (22)

Denn was ist ihr Sinn oder Verstand? Straßensängern glauben sie und zum Lehrer haben sie Pöbel. Denn sie wissen nicht, daß die meisten schlecht und nur wenige gut sind. (104)

Wenn sie geboren sind, schicken sie sich an zu leben und den Tod zu erleiden oder vielmehr auszuruhen, und sie hinterlassen Kinder, daß auch sie den Tod erleiden. (20)

Der Menschen wartet nach dem Tod, was sie nicht erwarten oder wähnen. (27)

Denn Leichname sollte man eher wegwerfen als Mist. (96)

Eins gibt es, was die Besten allem anderen vorziehen: den ewigen Ruhm den vergänglichen Dingen. Die Meisten freilich liegen da, vollgefressen wie das liebe Vieh. (29)

Im Krieg Gefallene ehren Götter und Menschen. (24)

Größerer Tod empfängt größere Belohnung. (25)

Denn was der Glaubwürdigste erkennt und festhält, ist nur Glaubenssache. Aber freilich, die Lügenschmiede und ihre Eideshelfer wird doch Dike zu fassen wissen. (28)

Einer gilt mir zehntausend, falls er der Beste ist. (49)

Gesetz heißt auch dem Willen eines einzigen folgen. (33)

Wenn er es nicht erhofft, wird er das Unverhoffte nicht finden. Denn unerforschlich ist es und unzugänglich. (18)

Die Kenntnis des Göttlichen entzieht sich größtenteils dem Verständnis, weil man nicht daran glaubt. (86)

II.

Die klassische Philosophie Athens

Platon

(427–347 v. Chr.)

Erkenntnis als Dialog

Platon ist der erste Denker der westlichen Philosophiegeschichte, von dem ein umfangreiches Werk erhalten ist.

Platon hat keine Lehrschriften verfaßt, sondern Dialogdichtungen, in denen fiktive Gesprächspartner, meist unter der Führung seines geliebten Lehrers Sokrates, nach Kategorien wie dem Schönen, der Liebe, dem Wissen, der Gerechtigkeit und dem Guten fragen. Charakteristisch ist der lebendige Austausch, der in den kunstvoll aufgebauten Gesprächen entwickelt wird.

Mit Platon beginnt eine neue Form der dialogischen Auseinandersetzung um die Wahrheit. Man kann sagen, daß Platon der Wegbereiter der das Abendland seither prägenden Kultur der Wahrheitssuche ist.

Platon lebte und wirkte in Athen. Er wurde als Sohn einer der vornehmsten athenischen Familien geboren, die bis auf Solon zurückreichte, den berühmten Gesetzgeber und einen der ›sieben Weisen‹ Griechenlands. Aufgrund seiner privilegierten gesellschaftlichen Stellung war ihm die Laufbahn eines führenden Politikers vorbestimmt, und er genoß eine für die Aristokratie dieser Zeit übliche Erziehung: Unterricht in Mathematik und Malerei und die Beschäftigung mit der Dichtung.

Doch zwei Ereignisse brachten ihn dazu, der Politik den Rücken zu kehren und sich ganz der Philosophie zuzuwenden: die persönliche Begegnung mit Sokrates und die politische Krisensituation in seiner Heimatstadt. Beides hing miteinander zusammen.

Platon hatte Sokrates wahrscheinlich schon im Alter von 12 Jahren kennengelernt, wurde aber erst von seinem 20. Lebensjahr an dessen Schüler. Das Athen, in dem Platon als junger Mann lebte, befand sich bereits in einem kulturellen Niedergang.

Durch den Prozeß der Demokratisierung und die Niederschlagung der Perser war die Stadt bis zum 5. Jahrhundert v. Chr. zu ihrer vollen Blüte gelangt. Nun, einhundert Jahre später, hatte der Peloponnesische Krieg Athen ausgeblutet, und die nachfolgende Schreckensherrschaft der dreißig

Tyrannen führte mit dem Umsturz der bestehenden Verfassung zu einer politischen Krise.

Vor diesem Hintergrund ereignete sich ein tragisches, für die Philosophiegeschichte folgenreiches Geschehen: Sokrates, der ›freundlichste und gerechteste aller Männer‹, wurde im Jahr 399 v. Chr. hingerichtet. Die Anklage lautete Gottlosigkeit.

Den damals etwa 28jährigen Platon stürzte der gewaltsame und unverschuldete Tod seines Lehrers in eine tiefe Krise. Er sah dessen Hinrichtung als Ausdruck der Korruptheit und Verderbtheit seiner Zeit an. Platon beschloß, das philosophische Erbe Sokrates', der selbst nichts Schriftliches hinterlassen hatte, in seinen Dialogen unsterblich zu machen.

Nach der Erschütterung, die Sokrates' Tod verursachte, verließ Platon Athen und reiste für längere Zeit durch Unteritalien und Sizilien. Er schrieb seine ersten Dialoge, knüpfte Verbindungen zu den dort wirkenden Pythagoreern und beschäftigte sich mit deren mathematischen Errungenschaften. In den griechischen Siedlungsgebieten des südlichen Italiens traf er auch auf die Philosophie des Parmenides, die für die Entwicklung seiner Denkweise von größtem Einfluß war.

Und: Er denkt vor dem Hintergrund der Ungerechtigkeiten, die er in seiner Heimatstadt hatte beobachten müssen, über Modelle eines gerechten Staates nach.

Wenn Platon auch selbst nicht mehr politisch aktiv sein wollte, so hatte er doch die Vorstellung entwickelt, mit den Mitteln der Philosophie eine bessere Gesellschaft zu begründen. Drei Mal, zuerst etwa 389/388, dann um 367/366 v. Chr. und schließlich 361/360 v. Chr., hielt er sich am Hof des sizilianischen Tyrannen Dionysios I. bzw. seines Sohnes Dionysios II. auf und versuchte Einfluß auf deren Politik zu nehmen. Hier suchte er seine philosophisch-politischen Ideen in die Tat umzusetzen: Der Staat sollte nach der Idee des Guten und den Maßstäben der Philosophie geführt werden, der Herrscher müsse selbst ein Philosoph sein. Beides sollte zusammenfallen, Staatsgewalt und Philosophie. Platon entwickelte die erste Staatsutopie in der westlichen Kulturgeschichte – und scheiterte. Wieder bestätigte sich die Unberechenbarkeit der Politik, jeder der drei Aufenthalte endete entweder in Verstimmungen oder Intrigen.

Nach seiner ersten Sizilienreise, um das Jahr 387 n. Chr., gründete Platon in der Nähe von Athen seine Schule, die berühmte *Akademie*. Sie wurde nach dem Halbgott *Akademos* benannt, weil sie in einem diesem

Gott geweihten Hain lag. Die Akademie war weit mehr als eine Lehranstalt, wie wir sie heute kennen, sie stellte eine Art Lebensgemeinschaft dar. Zwar ist über den Alltagsablauf wenig bekannt, doch weiß man, daß hier neben Philosophie auch Mathematik, Geometrie, Astronomie, Politik, Zoologie und Botanik unterrichtet wurden. Tägliche gymnastische Übungen waren Teil des Lehrplanes. Die besten Mathematiker der Zeit gingen aus ihr hervor. Ihr berühmtester Schüler war Aristoteles.

Die Akademie bestand mehr als 900 Jahre, bis sie im Zuge des Untergangs des römischen Reiches und der einsetzenden Christianisierung von Kaiser Justinian im Jahr 529 n. Chr. geschlossen wurde.

Platon unterrichtete hier von seinem vierzigsten Lebensjahr bis zu seinem Tod im Jahr 347 v. Chr. Bis zum Schluß war er bei voller Gesundheit, arbeitete und schrieb.

Für diese Textsammlung wurden Abschnitte aus zwei Dialogen von Platon ausgewählt:

Zum einen ein Auszug aus dem Dialog *Phaidon* und zum anderen das berühmte ›Höhlengleichnis‹, das dem Buch *Politeia* (Der Staat) entnommen wurde.

Beide Textpassagen eignen sich besonders dazu, wesentliche Aspekte von Platons sogenannter *Ideenlehre* – einer der Grundpfeiler der abendländischen Kultur- und Ideengeschichte – zu verdeutlichen.

Die Ideenlehre geht von der Vorstellung aus, daß sich echte Erkenntnis nur jenseits der sinnlich wahrnehmbaren Erscheinungsformen gewinnen lasse. Im Griechischen bedeutet das Wort ›Idee‹ ursprünglich ›Bild‹ oder ›Gestalt‹. Wer das wahre Sein der irdischen, wandelbaren Dinge erkennen will, muß in den Bereich der Ideen oder Urbilder vordringen. Hier kann er in rein geistiger Schau das eigentliche, bleibende Wesen der Dinge erkennen, das, was hinter dem liegt, was wir sehen, riechen, hören oder ertasten können. In dieser rein geistig erfaßbaren Welt, läßt sich die Idee des Guten, Wahren und Schönen mit Hilfe der Vernunft erkennen. Für Platon ist die Sinneserfahrung ein unvollkommenes Erkennen. Das eigentliche Erkennen ist die Einsicht in die Ideen. Die konkreten Dinge selbst sind in ihrer Vergänglichkeit immer nur ein Abbild der ewig bleibenden Ideen. Alles, was wir zum Beispiel als schön wahrnehmen, hat Teil an dem Urschönen, das jenseits dieser Welt existiert und das immer und unwandelbar ist.

Obwohl Platons Philosophie durch das reine Denken zur Erkenntnis führen will, stellt sie nicht nur eine rein theoretische Beschäftigung dar, sondern bedeutet ein den Menschen in seinem ganzen Dasein ergreifendes Streben nach dem Schönen, Wahren und Guten.

Von welch existentieller Dimension für Platon die Prinzipien der Ideenlehre sind, zeigt der Dialog *Phaidon*.

Das Gespräch, das hier zwischen Sokrates und seinen Freunden geführt wird, findet in der Todeszelle des Sokrates statt und endet mit dessen Hinrichtung durch den Giftbecher. Die Darstellung dieser Szene berührt seit Jahrhunderten ihre Leser. Der Diskurs zwischen den Anwesenden geht den wesentlichen Fragen des menschlichen Daseins auf tief ergreifende Weise nach. Platon führt anschaulich vor, wie die Ideenlehre Antwort auf eine der wesentlichen menschlichen Grundfragen geben kann. Gefragt wird: Ist die Seele unsterblich? Wie steht der Körper im Verhältnis zur Seele?

Sokrates, der dem Tod Geweihte, verteidigt die Unsterblichkeit der Seele mit den Argumenten der Ideenlehre. Der Körper sei die wandelbare, vergängliche Hülle, und die Befreiung der immateriellen Seele aus ihrem Gefängnis bedeute ihr Aufsteigen in das ihrem Wesen entsprechende Reich – das der Ideen, des reinen Wissens und der wahren Erkenntnis. Hier verbleibt sie, solange sie eine gute, das heißt, philosophische Seele ist, für immer. Mit dieser Zuversicht wird Sokrates, der für Platon der einzig wahre Philosoph ist, unsterblich und tröstet über seinen Verlust hinweg.

Das Bild des Aufstiegs vom niederen, irdischen Dasein in das Reich des Lichts und der Vernunft, wird im sogenannten ›Höhlengleichnis‹ besonders plastisch dargestellt. Es ist das zentrale Moment der Ideenlehre. Im ›Höhlengleichnis‹ wird die Sonne als Innbegriff des Guten zur höchsten aller Ideen. Die meisten Menschen leben, so Platon, gefesselt an das trügerische Reich der Sinne und nehmen vom wahren Licht der Erkenntnis nichts wahr als Schatten, die sich an die Wände der düsteren, unterirdischen Höhle werfen, in der sie leben. Der Mensch, der in dieser dunklen Welt stumpfsinnig hin und her läuft, muß gezwungen werden, nach oben zu steigen und den Quell des Lichts und der Erkenntnis – die Sonne – zu schauen und so das Gute wahrzunehmen. Ohne das Wissen um das Gute kann nichts erkannt und auch niemals richtig gehandelt werden.

Der, der das gleißende Licht der Sonne ertragen kann und sich nicht scheut, in das Helle zu sehen, ist der Philosoph. Im offenen Blick in die Sonne offenbart sich ihm das richtige Handeln, und er weiß deswegen auch, was wahre Gerechtigkeit bedeutet.

Platon entwickelt aus seiner Ideenlehre auch ethische und politische Motive. Das Höhlengleichnis zeigt, wie aus der Erkenntnis der Idee des Guten die Utopie eines gerechten Staates hervorgeht. Bedingung ist das Zusammenwirken von Philosophie und Herrschaft.

Sein Fazit: Nur der Philosoph kann ein guter Herrscher sein. Er hat die Sonne gesehen und das Gute erkannt!

Phaidon

(Auszug)

O Guter, sprach Sokrates, nur nicht großsprechen, damit uns nicht ein Zauber das, was gesagt werden soll, verrufe und verdrehe. Doch das soll bei Gott stehen, wir aber wollen nun auf gut homerisch näher tretend hieran versuchen, ob du wohl etwas sagst. Was du aber suchst, scheint mir der Hauptsache nach zu sein, du verlangst, es soll gezeigt werden, daß unsere Seele unvergänglich und unsterblich ist, wenn doch ein philosophischer Mann, der, im Begriff zu sterben, gutes Mutes ist und der Meinung, daß er nach seinem Tode sich dort vorzüglich wohl befinden werde, mehr als wenn er einer andern Lebensweise folgend gestorben wäre, wenn ein solcher nicht ganz unverständig und töricht sein soll bei seinem guten Mut. Zu zeigen aber, daß die Seele etwas Starkes und Göttliches ist, und daß sie war ehe wir geboren wurden, dies alles, behauptest du, könne gar füglich auch keine Unsterblichkeit andeuten, sondern daß die Seele zwar etwas lange Beharrendes ist und wer weiß wie lange Zeit vorher irgendwo gewesen ist und vielerlei gewußt und getan hat, aber deshalb doch noch nicht unsterblich wäre, sondern eben dieses, daß sie in menschlichen Leib gekommen, könne schon der Anfang ihres Unterganges gewesen sein, gleichsam als eine Krankheit, und so könne sie in Jammer und Not dieses Leben leben und am Ende desselben in dem, was man Tod nennt, untergehen. Und ob sie einmal in den Leib kommt oder oft, dies behauptest du, könne keinen Unterschied darin machen, daß doch jeder von uns müsse besorgt sein. Denn es gehöre sich gar wohl, daß jeder, wer nicht unverständig sein wolle, sich fürchte, der nicht wisse und keine Rechenschaft davon geben könne, daß sie unsterblich ist. Dies ist es ungefähr, glaube ich, o Kebes, was du meinst, und absichtlich wiederhole ich es öfter, damit uns nichts davon entgeht und auch du, wenn du willst, etwas hinzusetzen und davontun kannst. – Darauf sagte Kebes: Für jetzt habe ich wohl nichts davonzutun oder hinzuzusetzen; sondern dies ist es, was ich sagen will.

Darauf hielt Sokrates einige Zeit inne, als ob er etwas bei sich bedächte, und sagte dann: Es ist keine schlechte Sache, o Kebes, welche du aufregst. Denn wir müssen nun im allgemeinen vom Entstehen und Vergehen die Ursache behandeln. Ich also will dir, wenn du willst, darlegen, wie es mir damit ergeht. Dünkt dich dann etwas von dem, was ich sage, brauchbar zu sein zur Überzeugung von dem, wonach du fragst, so brauche es. – Allerdings, sprach Kebes, das will ich. – So höre denn, was ich sagen werde. In meiner Jugend nämlich, o Kebes, hatte ich ein wundergroßes Bestreben nach jener Weisheit, welche man die Naturkunde nennt; denn es dünkte mich ja etwas Herrliches, die Ursachen von allem zu wissen, wodurch jegliches entsteht und wodurch es vergeht und wodurch es besteht, und hundertmal wendete ich mich bald hier- und dorthin, indem ich bei mir selbst zuerst dergleichen überlegte, ob, wenn das Warme und Kalte in Fäulnis gerät, wie einige gesagt haben, dann Tiere sich bilden? und ob es wohl das Blut ist, wodurch wir denken, oder die Luft oder das Feuer? oder wohl keines von diesen, sondern das Gehirn uns alle Wahrnehmungen hervorbringt, des Sehens und Hörens und Riechens, und aus diesen dann Gedächtnis und Vorstellung entsteht; und aus Erinnerung und Vorstellung, wenn sie zur Ruhe kommen, dann auf dieselbe Weise Erkenntnis entsteht? Und wenn ich wiederum das Vergehen von alle diesem betrachtete und die Veränderungen am Himmel und auf der Erde, so kam ich mir am Ende zu dieser ganzen Untersuchung so untauglich vor, daß gar nichts darübergeht. Und davon will ich dir hinreichenden Beweis geben. Nämlich was ich vorher auch ganz genau wußte, wie es mir und den andern vorkam, darüber erblindete ich nun bei dieser Untersuchung so gewaltig, daß ich auch das verlernte, was ich vorher zu wissen glaubte von vielen andern Dingen, und so auch davon, wodurch der Mensch wächst. Denn dies, glaubte ich vorher, wisse jeder, daß es vom Essen und Trinken herkäme. Denn wenn aus den Speisen zum Fleische Fleisch hinzukommt und zu den Knochen Knochen und ebenso nach demselben Verhältnis auch zu allem übrigen das Verwandte sich hinzufindet, dann würde natürlich die Masse, die vorher wenig gewesen war, hernach viel und so der kleine Mensch groß. So glaubte ich damals; dünkt dich nicht das ganz leidlich? – Ei wohl, sagte Kebes. – Bedenke auch noch dies. Ich glaubte genug daran zu haben, wenn ein Mensch neben einem andern kleinen stehend groß schien, daß er um einen Kopf größer wäre, und so auch ein Pferd neben dem andern, und was noch deutlicher ist als dieses: zehn schien mir mehr als acht zu sein, weil noch zwei dabei sind, und das Zweifüßige größer als das Einfüßige, weil es um die Hälfte herüberragt. – Und jetzt, sprach Kebes, was dünkt dich hievon? – Daß ich, sagte er, beim Zeus, gar weit entfernt bin, auch nur zu glauben, daß ich zu irgend etwas hievon die Ursache wisse, da ich mir ja das nicht einmal gelten lasse, daß, wenn jemand eins zu einem hinzunimmt, dann entweder das eine, zu welchem hinzugenommen worden, zwei geworden ist, oder das Hinzugenommene und das, zu welchem hinzugenommen worden, eben weil eins zu dem andern hinzugekommen, zwei geworden sind. Denn ich wundere mich, wie doch, als jedes für sich war, jedes von ihnen soll eines gewesen sein und sie damals nicht zwei waren, nun sie aber einander nahegekommen, dieses die Ursache gewesen ist, daß sie zwei geworden sind, die Vereinigung, daß man sie nebeneinander gestellt hat. Und ebensowenig, wenn jemand eines zerspaltet, kann ich mich noch überreden, daß wiederum dieses, die Spaltung, Ursache geworden ist, daß zwei geworden sind. Denn dies wäre ja eine ganz entgegengesetzte Ursache des Zweiwerdens als damals. Damals nämlich, weil sie einander näher gebracht wurden und eines zum andern hinzugesetzt, nun aber, weil eines von andern hinweggeführt und getrennt wird. Auch nicht, warum eines wird, getraue ich mich noch zu wissen, noch sonst irgend etwas mit einem Wort, warum es wird oder vergeht oder ist, nämlich nach dieser Art und Weise der Untersuchung, sondern ich mische mir eine anderè auf gut Glück zusammen, diese aber lasse ich auf keine Weise gelten. Sondern als ich einmal einen hörte aus einem Buche, wie er sagte vom Anaxagoras, lesen, daß die Vernunft das Anordnende ist und aller Dinge Ursache, an dieser Ursache erfreute ich mich, und es schien mir auf gewisse Weise sehr richtig, daß die Vernunft von allem die Ursache ist, und ich gedachte, wenn sich dies so verhält, so werde die ordnende Vernunft auch alles ordnen und jegliches stellen, so wie es sich am besten befindet. Wenn nun einer die Ursache von jeglichem finden wollte, wie es entsteht oder vergeht oder besteht, so dürfe er nur dieses daran finden, wie es gerade diesem am besten sei zu bestehen oder irgend sonst etwas zu tun oder zu leiden. Und dem zufolge dann gezieme es dem Menschen nicht, nach irgend etwas anderem zu fragen, sowohl in bezug auf sich als auf alles andere, als nach dem Trefflichsten und Besten, und derselbe werde dann notwendig auch das Schlechtere wissen, denn die Erkenntnis von beiden sei dieselbe. Dieses nun bedenkend freute ich mich, daß ich glauben konnte, über die Ursache der Dinge einen Lehrer gefunden zu haben, der recht nach meinem Sinn wäre, an dem Anaxagoras, der mir nun auch sagen werde, zuerst ob die Erde flach ist oder rund, und wenn er es mir gesagt, mir dann auch die Notwendigkeit der Sache und ihre Ursache dazu erklären werde, indem er auf das Bessere zurückginge und mir zeigte, daß es ihr besser wäre, so zu sein. Und wenn er behauptete sie stände in der Mitte, werde er mir dabei erklären, daß es ihr besser wäre, in der Mitte zu stehen; und wenn er mir dies deutlich machte, war ich schon ganz entschlossen, daß ich nie mehr eine andere Art von Ursache begehren wollte. Ebenso war ich entschlossen, mich nach der Sonne gleichermaßen zu erkundigen und dem Monde und den übrigen Gestirnen wegen ihrer verhältnismäßigen Geschwindigkeiten und ihrer Umwälzungen und was ihnen sonst begegnet, woher es doch jedem besser ist, das zu verrichten und zu erleiden, was jeder erleidet. Denn ich glaubte ja nicht, nachdem er einmal behauptet, alles sei von der Vernunft geordnet, daß er irgendeinen anderen Grund mit hineinziehen werde, als daß es das Beste sei, daß sie sich so verhalten, wie sie sich verhalten; und also glaubte ich, indem er für jedes einzelne und alles insgemein den Grund nachweise, werde er das Beste eines jeglichen darstellen und das für alles insgesamt Gute. Und für vieles hätte ich diese Hoffnung nicht weggegeben; sondern ganz emsig griff ich zu den Büchern und las sie durch, so schnell ich nur konnte, um nur aufs schnellste das Beste zu erkennen und das Schlechtere. Und von dieser wunderbaren Hoffnung, o Freund, fiel ich ganz herunter, als ich fortschritt und las und sah, wie der Mann mit der Vernunft gar nichts anfängt und auch sonst gar nicht Gründe anführt, die sich beziehen auf das Anordnen der Dinge, dagegen aber allerlei Luft und Äther und Wasser vorschiebt und sonst vieles zum Teil Wunderliches. Und mich dünkte, es sei ihm so gegangen, als wenn jemand zuerst sagte: »Sokrates tut alles, was er tut, mit Vernunft«, dann aber, wenn er sich daran machte, die Gründe anzuführen von jeglichem, was ich tue, dann sagen wollte, zuerst daß ich jetzt deswegen hier säße, weil mein Leib aus Knochen und Sehnen besteht und die Knochen dicht sind und durch Gelenke voneinander geschieden, die Sehnen aber so eingerichtet, daß sie angezogen und nachgelassen werden können, und die Knochen umgeben nebst dem Fleisch und der Haut, welche sie zusammenhält. Da nun die Knochen in ihren Gelenken schweben, so machten die Sehnen, wenn ich sie nachlasse und anziehe, daß ich jetzt imstande sei, meine Glieder zu bewegen, und aus diesem Grunde säße ich jetzt hier mit gebogenen Knien.

Ebenso, wenn er von unserm Gespräch andere dergleichen Ursachen anführen wollte, die Töne nämlich und die Luft und das Gehör und tausenderlei dergleichen herbeibringen, ganz vernachlässigend die wahren Ursachen anzuführen, daß nämlich, weil es den Athenern besser gefallen hat mich zu verdammen, deshalb es auch mir besser geschienen hat, hier sitzen zu bleiben und gerechter die Strafe geduldig auszustehen, welche sie angeordnet haben. Denn, beim Hunde, schon lange, glaube ich wenigstens, wären diese Sehnen und Knochen in Megara oder bei den Böotiern durch die Vorstellung des Besseren in Bewegung gesetzt, hätte ich es nicht für gerechter und schöner gehalten, lieber als daß ich fliehen und davongehen sollte, dem Staate die Strafe zu büßen, die er ordnet. Also dergleichen Ursachen zu nennen ist gar zu wunderlich; wenn aber einer sagte, daß, ohne dergleichen zu haben, Sehnen und Knochen und was ich sonst habe, ich nicht imstande sein würde, das auszuführen, was mir gefällt, der würde richtig reden. Daß ich aber deshalb täte, was ich tue, und es insofern mit Vernunft täte, nicht wegen der Wahl des Besten, das wäre doch gar eine große und breite Untauglichkeit der Rede, wenn sie nicht imstande wäre, zu unterscheiden, daß bei einem jeden Dinge etwas anderes ist, die Ursache und etwas anderes jenes, ohne welches die Ursache nicht Ursache sein könnte; und eben dies scheinen mir wie im Dunkeln tappend die meisten mit einem ungehörigen Namen, als wäre es selbst die Ursache, zu benennen. Darum legt dann der eine einen Wirbel um die Erde und läßt sie dadurch unter dem Himmel stehen bleiben, der andere stellt ihr, wie einem breiten Troge, einen Fußschemel, die Luft, unter. Daß sie aber nun so liege, wie es am besten war sie zu legen, die Bedeutung davon suchen sie gar nicht auf und glauben auch gar nicht, daß darin eine besondere höhere Kraft liege, sondern meinen, sie hätten wohl einen Atlas aufgefunden, der stärker wäre und unsterblicher als dieser und alles besser zusammenhielte; das Gute und Richtige aber, glauben sie, könne überall gar nichts verbinden und zusammenhalten. Ich nun wäre, um zu wissen, wie es sich mit dieser Ursache verhält, gar zu gern jedermann Schüler geworden; da es mir aber so gut nicht wurde und ich dies weder selbst zu finden noch von einem andern zu lernen vermochte, willst du, daß ich dir von der zweitbesten Fahrt, wie ich sie durchgeführt habe zur Erforschung der Ursache, eine Beschreibung gebe, o Kebes? – Ganz über die Maßen, sprach er, will ich das. – Es bedünkte mich nämlich nach diesem, da ich aufgegeben, die Dinge zu betrachten, ich müsse mich hüten, daß mir nicht begegne, was denen, welche die Sonnenfinsternis betrachten und anschauen, begegnet. Viele nämlich verderben sich die Augen, wenn sie nicht im Wasser oder sonst worin nur das Bild der Sonne anschauen. So etwas merkte ich auch und befürchtete, ich möchte ganz und gar an der Seele geblendet werden, wenn ich mit den Augen nach den Gegenständen sähe und mit jedem Sinne versuchte, sie zu treffen. Sondern mich dünkt, ich müsse zu den Gedanken meine Zuflucht nehmen und in diesen das wahre Wesen der Dinge anschauen. Doch vielleicht ähnelt das Bild auf gewisse Weise nicht so, wie ich es aufgestellt habe. Denn das möchte ich gar nicht zugeben, daß, wer das Seiende in Gedanken betrachtet, es mehr in Bildern betrachte, als wer in den Dingen. Also dahin wendete ich mich, und indem ich jedesmal von dem Gedanken ausgehe, den ich für den stärksten halte, so setze ich was mir scheint mit diesem übereinzustimmen, als wahr, es mag nun von Ursachen die Rede sein oder von was nur sonst, was aber nicht, als nicht wahr. Ich will dir aber noch deutlicher sagen, wie ich es meine; denn ich glaube, daß du es jetzt nicht verstehst. – Nein, beim Zeus, sagte Kebes, nicht eben sonderlich. – Ich meine es ebenso, fuhr er fort, gar nichts Neues, sondern was ich schon sonst immer und so auch in der eben durchgeführten Rede gar nicht aufgehört habe zu sagen. Ich will nämlich gleich versuchen, dir den Begriff der Ursache aufzuzeigen, womit ich mich beschäftigt habe, und komme wiederum auf jenes Abgedroschene zurück und fange davon an, daß ich voraussetze, es gebe ein Schönes an und für sich und ein Gutes und Großes und so alles andere, woraus, wenn du mir zugibst und einräumst, daß es sei, ich dann hoffe, dir die Ursache zu zeigen und nachzuweisen, daß die Seele unsterblich ist. – So säume nur ja nicht, sprach Kebes, es durchzuführen, als hätte ich dir dies längst zugegeben. – So betrachte denn, fuhr er fort, was daran hängt, ob dir das ebenso vorkommt wie mir. Mir scheint nämlich, wenn irgend etwas anderes schön ist als jenes Selbstschöne, es wegen gar nichts anderem schön sei, als weil es teilhabe an jenem Schönen und ebenso sage ich von allem. Räumst du die Ursache ein? – Die räume ich ein, sprach er. – Und so verstehe ich denn gar nicht mehr und begreife nicht jene andern gelehrten Gründe; sondern wenn mir jemand sagt, daß irgend etwas schön ist, entweder weil es eine blühende Farbe hat oder Gestalt oder sonst etwas dieser Art, so lasse ich das andere, denn durch alles übrige werde ich nur verwirrt gemacht, und halte mich ganz einfach und kunstlos und vielleicht einfältig bei mir selbst daran, daß nicht anderes es schön macht als eben jenes Schöne, nenne es nun Anwesenheit oder Gemeinschaft, wie nur und woher sie auch komme, denn darüber möchte ich nichts weiter behaupten, sondern nur, daß vermöge des Schönen alle schönen Dinge schön werden. Denn dies dünkt mich das Allersicherste zu antworten, mir und jedem andern; und wenn ich mich daran halte, glaube ich, daß ich gewiß niemals fallen werde, sondern daß es mir und jedem andern sicher ist zu antworten, daß vermöge des Schönen die schönen Dinge schön werden. Oder dünkt dich das nicht auch? – Das dünkt mich. – Also auch vermöge der Größe das Große groß und das Größere größer, und vermöge der Kleinheit das Kleinere kleiner? – Ja. – Also du würdest es auch nicht annehmen, wenn jemand von einem sagen wollte, er sei größer als ein anderer vermöge des Kopfes und der Kleinere vermöge desselben auch kleiner, sondern würdest darauf beharren, daß du gar nichts anderes meinst, als daß alles Größere als ein anderes, nur vermöge der Größe größer ist und wegen sonst nichts, und eben um deswillen, um der Größe willen, und das Kleine vermöge sonst nichts kleiner als der Kleinheit, und eben um deswillen kleiner um der Kleinheit. Und das aus Furcht, glaube ich, daß dir nicht eine andere Rede entgegentrete, wenn du sagtest, einer sei des Kopfes wegen größer oder kleiner, zuerst nämlich, daß wegen des nämlichen das Größere größer sei und das Kleinere kleiner, und dann, daß des Kopfes wegen, der doch selbst klein ist, das Größere größer sei, und daß das doch ein Wunder sei, daß wegen etwas Kleinem einer groß sein soll. Oder würdest du das nicht fürchten? – Da lachte Kebes und sagte: Freilich wohl. – Also, fuhr er fort, daß zehn mehr ist als acht, um zwei, und um dieser Ursache willen es übertreffe, der zwei wegen, und nicht der Vielheit wegen und durch die Vielheit, das würdest du dich fürchten zu sagen. So auch, daß das Zweifüßige größer wäre als das Einfüßige, vermöge der Hälfte und nicht vermöge der Größe? Denn dabei ist doch dieselbe Besorgnis. – Allerdings, antwortete er. – Und wie, wenn eines zu einem hinzugesetzt worden, daß dann die Hinzufügung Ursache sei, daß zwei geworden sind, und wenn eines gespalten worden, dann die Spaltung, würdest du dich nicht scheuen das zu sagen, und vielmehr laut erklären du wüßtest nicht, daß irgendwie anders jegliches werde, als indem es teilnähme an dem eigentümlichen Wesen eines jeglichen, woran es teilhat, und so fändest du gar keine andere Ursache des Zweigewordenseins als eben die Teilnehmung an der Zweiheit, an welcher alles teilnehmen müßte, was zwei sein sollte, so wie an der Einheit, was eins sein sollte? Die Spaltungen aber und Hinzufügungen und andere solche Herrlichkeiten, würdest du die nie liegenlassen und andern anheimstellen, damit zu antworten, die gelehrter sind als du; du selbst aber aus Furcht, wie man sagt, vor deinem eigenen Schatten und deiner Ungeschicktheit, an jener sicheren Voraussetzung dich haltend, immer so antworten? Wenn sich aber einer an die Voraussetzung selbst hielte, würdest du den nicht gehen lassen und nicht eher antworten, bis du, was von ihr abgeleitet wird, betrachtet hättest, ob es miteinander stimmt oder nicht stimmt? Und solltest du dann von jener selbst Rechenschaft geben, würdest du sie nicht auf die gleiche Weise geben, nämlich eine andere Voraussetzung wieder voraussetzend, welche dir eben von den höherliegenden die beste dünkte, bis du auf etwas Befriedigendes kämest, nicht aber untereinandermischend, wie die Streitkünstler bald von dem ersten Grunde reden und bald von dem daraus abgeleiteten, wenn du nämlich irgend etwas, wie es wirklich ist, finden wolltest. Denn jene freilich haben hieran vielleicht gar keinen Gedanken und keine Sorge, sondern sind imstande, wenn sie auch in ihrer Weisheit alles durcheinander rühren, doch noch sich selbst zu gefallen. Gehörst du aber zu den Philosophen, so, denke ich, wirst du es so machen, wie ich sage. – Ganz vollkommen wahr redest du, sagten Simmias und Kebes zugleich.

Echekrates: Beim Zeus, o Phaidon, mit Recht. Denn gar wunderbar einleuchtend scheint mir der Mann dieses gesagt zu haben für jeden, der auch nur ein wenig Vernunft hat.

Phaidon: Allerdings, o Echekrates, und so schien es auch allen Anwesenden.

Echekrates: Und auch uns den Abwesenden, die es jetzt hören. Aber was war nur, was hiernächst gesagt wurde?

Phaidon: Wie ich glaube, nachdem ihm dieses eingeräumt und zugestanden war, daß jeglicher Begriff etwas sei an sich und durch Teilnahme an ihnen die andern Dinge den Beinamen von ihnen erhalten, so fragte er hierauf: Wenn du nun dieses so annimmst, mußt du dann nicht, wenn du behauptest, Simmias sei größer als Sokrates, als Phaidon aber kleiner, sagen, daß in dem Simmias beides sei, Größe und Kleinheit? – Freilich. – Und so gestehst du doch, daß Simmias den Sokrates überragt, damit verhalte es sich nicht in der Tat so, wie es buchstäblich ausgedrückt wird. Denn es ist nicht des Simmias Natur, schon dadurch, daß er Simmias ist, zu überragen, sondern durch die Größe, die er zufällig hat; auch nicht den Sokrates zu überragen deshalb, weil Sokrates Sokrates ist, sondern nur, weil Sokrates Kleinheit hat in bezug auf jenes Größe. – Richtig. – Auch nicht vom Phaidon überragt zu werden deshalb, weil Phaidon Phaidon ist, sondern weil er Größe hat in Vergleich mit Simmias' Kleinheit. – So ist es. – So hat also Simmias den Beinamen klein zu sein und groß, selbst in der Mitte stehend zwischen beiden, indem er vermittelst des Übertreffens durch Größe des einen Kleinheit übertrifft, dem anderen aber Größe zugesteht, welche seine Kleinheit übertrifft. Dabei lächelte er und sagte: Ich werde wohl noch gar wie ein Gerichtschreiber so genau reden; aber es verhält sich denn doch, wie ich sage. – Jener stimmte bei. – Ich sage dies aber, weil ich möchte, du wärest derselben Meinung wie ich. Denn mir leuchtet ein, daß nicht nur die Größe selbst niemals will zugleich groß und klein sein, sondern, daß auch die Größe in uns niemals das Kleine aufnimmt oder will übertroffen werden, sondern eines von beiden, daß sie entweder flieht und aus dem Wege geht, wenn ihr Gegenteil, das Kleine, sich nähert, oder, wenn es da ist, untergeht, niemals aber, bleibend und die Kleinheit aufnehmend, etwas anders sein will, als sie war; so wie ich allerdings, aushaltend und die Kleinheit aufnehmend, derselbige bin, der ich war, und nur ebendieser selbige klein bin. Jene aber hat nicht das Herz, indem sie groß ist, auch klein zu sein. So auch das Kleine in uns will niemals groß werden oder sein; noch auch sonst eins von zwei entgegengesetzten will, dasselbe bleibend was es war, zugleich auch sein Gegenteil werden oder sein, sondern entweder geht es davon, oder es geht unter in dieser Veränderung. – Auf alle Weise, sprach Kebes, leuchtet mir das auch ein. – Da sagte einer von den Anwesenden, wer es aber war, erinnere ich mich nicht mehr genau: Bei den Göttern, war uns nicht in unsern vorigen Reden gerade das Gegenteil von dem, was jetzt gesagt wird, herausgekommen, daß nämlich aus dem Kleineren das Größere werde und aus dem Größeren das Kleinere, und daß gerade dies die Art sei, wie Entgegengesetztes wird aus Entgegengesetztem? Nun aber scheint mir gesagt zu werden, daß das gar nicht möglich ist. – Sokrates hatte sich hingeneigt und zugehört und sagte: Das hast du wacker erinnert, nur bemerkst du nicht den Unterschied zwischen dem jetzt Gesagten und dem damaligen. Damals nämlich wurde gesagt, aus dem entgegengesetzten Dinge werde das entgegengesetzte Ding; jetzt aber, daß das Entgegengesetzte selbst sein Entgegengesetztes niemals werden will, weder das in uns noch das in der Natur. Damals nämlich, o Freund, redeten wir von den Dingen, die das Entgegengesetzte an sich haben, und benannten sie mit den Namen von jenen, jetzt aber von jenen selbst, durch deren Einwohnung die so genannten Dinge ihre Benennung erhalten. Und von diesen selbst behaupten wir doch wohl nicht, daß sie einen Übergang ineinander zulassen. Zugleich sah er den Kebes an und fragte: Hat auch dich vielleicht, o Kebes, irregemacht, was dieser sagte? – Nein, sagte Kebes, so steht es nicht mit mir; wiewohl ich nicht sagen will, daß nicht vieles mich irremacht. – Darüber also sind wir eins geworden, fuhr Sokrates fort, ganz unbedingt, daß das Entgegengesetzte niemals sein Entgegengesetztes sein wird. – Auf alle Weise. – So betrachte denn auch noch dieses, ob du auch darüber mit mir einig sein wirst. Du nennst doch etwas warm und kalt? – Das tue ich. – Etwa dasselbe, was auch Schnee und Feuer? – Nein, beim Zeus, ich nicht. – Sondern etwas anderes als das Feuer ist das Warme und etwas anderes als der Schnee das Kalte? – Ja. – Aber das, denke ich, glaubst du doch, daß niemals der Schnee als Schnee das Warme aufnehmen und, wie wir im vorigen sagten, noch sein wird was er war, Schnee und zugleich warm; sondern, wenn das Warme sich nähert, wird er ihm entweder aus dem Wege gehen oder verschwinden. – Freilich. – Und so das Feuer wiederum, wenn ihm das Kalte naht, wird entweder darunter weggehen oder verschwinden, nie aber das Herz haben, die Kälte aufzunehmen und noch sein zu wollen was es war, Feuer und kalt. – Wohlgesprochen, sagte er. – Diese Bewandtnis also, fuhr er fort, hat es mit einigen Dingen, daß nicht nur der Begriff selbst sich seinen Namen aneignen will für alle Zeit, sondern auch noch etwas anderes, welches zwar nicht er selbst ist, aber doch immer seine Gestalt an sich trägt, solange es ist. Vielleicht wird hieran noch deutlicher werden, was ich meine. Das Ungerade muß doch immer diesen Namen bekommen, den wir jetzt genannt haben; oder nicht? – Allerdings. – Aber dieses allein, denn danach frage ich, oder auch noch etwas anderes, welches zwar nicht das Ungerade selbst ist, aber, was man doch immer auch mit dem Namen desselben nennen muß, weil es so geartet ist, daß es das Ungerade nie kann fahrenlassen? Ich meine damit das, was auch der Dreiheit begegnet und noch vielen anderen. Denn überlege dir nur wegen der Drei, glaubst du nicht, daß sie immer muß sowohl mit ihrem Namen genannt werden als mit dem des Ungeraden, ohnerachtet dieses nicht dasselbe ist wie die Dreiheit; aber dennoch ist dies die natürliche Beschaffenheit der Drei und der Fünf und überhaupt der einen ganzen Hälfte der Zahl, daß, ohnerachtet sie nicht dasselbe ist wie das Ungerade, doch jede von ihnen ungerade ist. Und wiederum die Zwei und die Vier und die andere Reihe der Zahlen ist nicht dasselbe wie das Gerade, aber doch ist jede von ihnen immer gerade. Gibst du das zu oder nicht? – Wie sollte ich nicht, sprach er. – So siehe nun zu, was ich eigentlich deutlich machen will. Es ist nämlich dieses, daß nicht nur jenes Entgegengesetzte selbst sich einander nicht annimmt; sondern auch alles das, was einander eigentlich nicht entgegengesetzt ist, doch aber das Entgegengesetzte immer in sich hat, auch dieses scheint jene Idee nicht annehmen zu wollen, die der in ihm wohnenden entgegengesetzt ist, sondern, wenn sie kommt, entweder unterzugehen oder sich davonzumachen. Oder wollen wir nicht sagen, die Drei werde eher untergehen und sich alles andere gefallen lassen als aushalten Drei zu sein und zugleich gerade zu werden? – Allerdings, sagte Kebes. – Nun ist doch die Zwei der Drei nicht entgegengesetzt. – Freilich nicht. – Also nicht nur die entgegengesetzten Begriffe lassen einander nicht zu, sondern auch noch einiges andere läßt das Entgegengesetzte nicht an sich kommen. – Vollkommen richtig, sprach er, redest du. – Sollen wir nun, fuhr jener fort, wenn wir es können, bestimmen, welcherlei diese sind? – Wohl. – Werden es nun nicht diejenigen sein, o Kebes, welche dasjenige, wovon sie Besitz nehmen, nicht nur nötigen, ihre eigene Idee immer festzuhalten, sondern auch immer die eines gewissen Entgegengesetzten? – Wie meinst du das? – Wie wir eben sagten. Denn du weißt doch, alles, wovon die Idee der Dreiheit Besitz nimmt, ist notwendig nicht nur Drei, sondern auch ungerade? – Freilich. – Zu einem solchen nun, sagen wir, kann die Idee, welche der Form entgegengesetzt ist, die dies bewirkt, niemals kommen? – Freilich nicht. – Bewirkt hat dies aber die Form des Ungeraden. – Ja. – Und entgegengesetzt dieser ist die des Geraden? – Ja. – Also kann zu Gedrittem niemals die Form des Geraden kommen. – Offenbar nicht. – Ohne allen Anteil an dem Geraden ist also das Gedritte? – Ohne Anteil. – Also ist die Drei ungerade? – Ja. – Was ich also bestimmen wollte, welche Dinge nämlich, ohne einem gewissen entgegengesetzt zu sein, doch dessen Gegenteil nicht annehmen, wie jetzt die Drei dem Geraden nicht entgegengesetzt ist, es aber demohnerachtet doch nicht aufnimmt; denn immer bringt sein Gegenteil mit, sowohl die Zwei dem Ungeraden, als das Feuer dem Kalten und vieles andere; dieses nun siehe zu, ob du es wohl so bestimmst, daß nicht nur ein Entgegengesetztes das andere nicht aufnimmt, sondern auch, wenn etwas allem, woran es sich macht, den einen Gegensatz zubringt, so kann eben dieses Zubringende den Gegensatz des Zugebrachten niemals annehmen. Rufe es dir nur noch einmal zurück, denn es ist nicht übel, es oft zu hören. Die Fünf wird nie die Form des Geraden annehmen, noch die Zehn die des Ungeraden als das Zwiefache. Auch dieses selbst ist einem andern entgegengesetzt, aber dennoch nimmt es die Form des Ungeraden nicht an. Ebensowenig das Anderthalbe und alles dergleichen als Halbes die des Ganzen, oder das Dritteil und alles dergleichen, wenn du folgst und einstimmst. – Gar sehr, sprach er, stimme ich ein und folge auch. – So sage mir denn, sprach er, noch einmal von Anfang an und antworte mir, nicht gerade das, was ich frage, sondern mich nachahmend ein anderes. Ich sage das nämlich, weil ich außer jener vorher gegebenen sicheren Antwort vermittelst des jetzt Gesagten noch eine andere Sicherheit absehe. Denn wenn du mich fragtest, wenn was doch dem Leibe einwohnt, wird dieser warm sein: so würde ich dir nicht jene einfältige sichere Antwort geben, wenn Wärme; sondern eine feinere, vermöge des jetzt Gesagten, nämlich, wenn Feuer. Noch auch, wenn du fragtest, welchem Leibe was doch einwohnt, der wird krank sein, werde ich sprechen, welchem Krankheit, sondern welchem Fieber. Noch auch, wenn was doch einer Zahl einwohnt, wird sie ungerade sein, werde ich antworten, wenn Ungeradigkeit, sondern wenn Einheit, und so überall. Siehe nun zu, ob du schon zur Genüge verstehst, was ich will. – Vollkommen zur Genüge, sagte er. – Antworte also, sprach er, wenn was doch dem Leibe einwohnt, wird er lebend sein? – Wenn Seele, antwortete er. – Und verhält sich dies auch immer so? – Wie sollte es nicht? sagte er. – Die Seele also, wessen sie sich bemächtigt, dem bringt sie immer Leben mit. – Das tut sie freilich. – Ist nun wohl etwas dem Leben entgegengesetzt oder nichts? – Es ist. – Und was? – Der Tod. – Also wird wohl die Seele das Gegenteil dessen, was sie immer mitbringt, nie annehmen, wie wir aus dem vorigen festgesetzt haben. – Und gar sehr festgesetzt. – Wie nun? was die Idee des Geraden nie aufnimmt, wie nannten wir das eben? – Ungerade. – Und was das Gerechte nie annimmt und das Künstlerische nie annimmt? – Unkünstlerisch, sprach er, und jenes ungerecht. – Wohl. Und was den Tod nie annimmt, wie nennen wir das? – Unsterblich, sagte er. – Und die Seele nimmt doch den Tod nie an? – Nein. – Unsterblich also ist die Seele? – Unsterblich. – Wohl, sprach er. Wollen wir also sagen, dies sei erwiesen, oder wie dünkt dich? – Und zwar ganz vollständig, o Sokrates. – Wie nun, sprach er, o Kebes; wenn das Ungerade notwendig unvergänglich wäre, würde dann die Drei nicht auch unvergänglich sein? – Wie sollte sie nicht? – Und nicht wahr, wenn auch das Unwarme notwendig unvergänglich wäre, so müßte, wenn jemand an den Schnee Wärme brächte, der Schnee sich davonmachen, aber wohlbehalten und ungeschmolzen? Denn vergehen könnte er ja nicht, aber auch nicht bleiben und die Wärme aufnehmen. – Wohlgesprochen, sagte er. – Und ebenso, denke ich, wenn das Unkalte unvergänglich wäre und jemand an das Feuer Kaltes brächte, so würde es nicht verlöschen und auch nicht vergehen, sondern nur wohlbehalten sich entfernen. – Notwendig. – Muß man nun nicht eben so auch von dem Unsterblichen sagen, daß, wenn das Unsterbliche auch unvergänglich ist, die Seele unmöglich, wenn der Tod an sie kommt, untergehen kann. Denn der Tod, vermöge des Vorhergesagten, kann sie nicht annehmen und gestorben sein, wie die Drei niemals kann gerade sein, ebensowenig als das Ungerade selbst, noch auch das Feuer kalt, ebensowenig als die Wärme in dem Feuer. Aber was hindert, könnte jemand sagen, daß das Ungerade zwar niemals gerade wird, wenn das Gerade ihm ankommt, wie auch eingestanden ist, aber wohl, daß es umkommt und statt seiner uns ein Gerades entsteht? Wer nun das sagte, dem könnten wir nicht abstreiten, daß es nicht umkomme. Denn das Ungerade ist nicht unvergänglich. Wenn aber dies erst eingestanden wäre, dann könnten wir leicht durchfechten, daß, wenn das Gerade kommt, das Ungerade und die Drei nur davongehen, und vom Feuer und dem Warmen und allem andern würden wir es ebenso durchfechten. Oder nicht? – Gewiß. – Nicht so auch jetzt von dem Unsterblichen, wenn uns nur erst eingestanden wäre, daß es zugleich auch unvergänglich ist, wäre uns die Seele außerdem daß sie unsterblich ist auch unvergänglich; o aber nicht, so müßte man es anders anfangen. – Dessen bedarf es nun wohl nicht, sprach er, was mich betrifft. Denn gute Wege hätte es, daß irgend etwas sich dem Untergang entziehen könnte, wenn auch das Unsterbliche und immer Seiende den Untergang annähme. – Gott wenigstens, sprach Sokrates, und die Idee des Lebens selbst wird wohl, wenn überhaupt etwas unsterblich ist, von jedem eingestanden werden, daß es niemals untergehe. – Beim Zeus, sagte er, von jedem Menschen ja schon, und noch mehr, denke ich, von den Göttern. – Wenn also das Unsterbliche auch unvergänglich ist, wäre dann nicht die Seele, wenn sie doch unsterblich ist, zugleich auch unvergänglich? – Ganz notwendig. – Tritt also der Tod den Menschen an, so stirbt, wie es scheint, das Sterbliche an ihm, das Unsterbliche aber und Unvergängliche zieht wohlbehalten ab, dem Tode aus dem Wege. – Das leuchtet ein. – Ganz sicher also, o Kebes, ist die Seele unsterblich und unvergänglich, und in Wahrheit werden unsere Seelen sein in der Unterwelt. – Ich wenigstens, o Sokrates, sagte er, vermag weder etwas anderes dagegen vorzubringen, noch deinen Reden den Glauben zu versagen; weiß aber unser Simmias oder sonst ein anderer etwas, so wird es wohlgetan sein, es nicht zu verschweigen. Denn ich wüßte nicht, auf welche andere Gelegenheit als die jetzt noch vorhandene es jemand verschieben könnte, der etwas über diese Gegenstände sagen oder hören will. – Allerdings, sagte

Simmias, weiß auch ich nicht, wie ich nicht beistimmen soll, dem Gesagten zufolge; jedoch wegen der Größe der Gegenstände, worauf die Reden sich beziehen, und wie ich auf die menschliche Schwachheit wenig halte, bin ich gedrungen, bei mir selbst noch einen Unglauben zu behalten über das Gesagte. – Nicht nur das, o Simmias, sagte Sokrates, sondern wie du hierin ganz recht gesprochen hast, müßt ihr auch in alle Wege unsere ersten Voraussetzungen, wenn sie euch auch zuverlässig sind, doch noch genauer in Erwägung ziehen; und wenn ihr sie euch befriedigend auseinandergesetzt habt, dann, denke ich, werdet ihr auch der Rede folgen, soweit nur irgendein Mensch sie verfolgen kann. Und wenn eben dieses gewiß geworden ist, dann werdet ihr nichts weiter suchen. – Vollkommen richtig. – Und so ist denn dieses, ihr Männer, wohl wert, bemerkt zu werden, daß, wenn die Seele unsterblich ist, sie auch der Sorgfalt bedarf, nicht für diese Zeit allein, welche wir das Leben nennen, sondern für die ganze Zeit, und das Wagnis zeigt sich nun eben erst recht furchtbar, wenn jemand sie vernachlässigen wollte. Denn wenn der Tod eine Erledigung von allem wäre, so wäre es ein Fund für die Schlechten, wenn sie sterben, ihren Leib loszuwerden, aber auch ihre Schlechtigkeit mit der Seele zugleich. Nun aber diese sich als unsterblich zeigt, kann es ja für sie keine Sicherheit vor dem Übel geben und kein Heil, als nur, wenn sie so gut und vernünftig geworden ist als möglich. Denn nichts anderes kann sie doch mit sich haben, wenn sie in die Unterwelt kommt, als nur ihre Bildung und Nahrung, die ihr ja auch, wie man sagt, gleich so, wie sie gestorben ist, den größten Nutzen oder Schaden bringt, gleich am Anfang der Wanderung dorthin. Denn man sagt ja, daß jeden Gestorbenen sein Dämon, der ihn schon lebend zu besorgen hatte, dieser ihn auch dann an einen Ort zu führen sucht, von wo aus mehrere zusammen, nachdem sie gerichtet sind, in die Unterwelt gehen mit jenem Führer, dem es aufgetragen ist, die von hier dorthin zu führen. Nachdem ihnen dann dort geworden, was ihnen gebührt, und sie die gehörige Zeit dageblieben, bringt ein anderer Führer sie wieder von dort hierher zurück nach vielen und großen Zeitabschnitten. Und diese Reise ist wohl nicht so, wie der Telephos des Aischylos sie beschreibt. Denn jener sagt, es führe nur ein einfacher Fußsteig in die Unterwelt; ich aber glaube, daß es weder einer ist noch ein einfacher. Sonst würde es ja keines Führers bedürfen, denn nirgendshin kann man ja fehlen, wo nur ein Weg geht. Nun aber mag er sich wohl oftmals teilen und winden. Dies schließe ich aus dem, was bei uns als heilige Feier eingeführt und gebräuchlich ist. Die sittige und vernünftige Seele nun folgt und verkennt nicht, was ihr widerfährt; die aber begehrlich an dem Leibe sich hält, wie ich auch vorher sagte, drängt sich lange Zeit immer um ihn herum und in dem sichtbaren Ort umher, und nach vielem Sträuben und vielen Versuchen wird sie endlich mit Mühe und gewaltsam von dem angeordneten Dämon abgeführt. Kommt sie nun dahin, wo auch die andern sich befinden, so wird der unreinen und die etwas dergleichen verübt hat, habe sie sich nun mit ungerechtem Morde befaßt oder anderes dergleichen begangen, was dem verschwistert und verschwisterter Seelen Werk ist, diese meidet jeder und weicht ihr aus und will weder ihr Reisegefährte, noch ihr Führer werden; sie aber irrt in gänzlicher Unsicherheit befangen, bis gewisse Zeiten um sind, nach deren Verlauf die Notwendigkeit sie in die ihr angemessene Wohnung bringt. Die aber rein und mäßig ihr Leben verbracht und Götter zu Reisegefährten und Führern bekommen hat, bewohnt jede den ihr gebührenden Ort. Es hat aber die Erde viele und wunderbare Orte und ist weder an Größe noch Beschaffenheit so, wie von denen, die über die Erde zu reden pflegen, geglaubt wird, nach dem, was mir einer glaublich gemacht hat. – Darauf sagte Simmias: Wie meinst du das, o Sokrates? Denn über die Erde habe ich auch schon vielerlei gehört, wohl aber nicht das, was befriedigt; darum möchte ich es gern hören. – Das ist ja wohl keine große Kunst, o Simmias, sagte er, zu erzählen, was ist; aber freilich, daß es so wahr ist, das möchte wieder schwerer sein als schwer; und teils möchte ich es vielleicht nicht können, teils auch, wenn ich es verstände, möchte doch mein Leben wenigstens, o Simmias, für die Größe der Sache nicht mehr hinreichen. Doch die Gestalt der Erde, wie ich belehrt bin, daß sie sei, und ihre verschiedenen Orte hindert mich nichts zu beschreiben. – Auch das, sprach Simmias, soll uns genug sein. – Zuerst also bin ich belehrt worden, daß, wenn sie rund inmitten des Himmels steht, sie weder Luft brauche, um nicht zu fallen, noch irgendeinen andern solchen Grund, sondern, um sie zu halten, sei hinreichend die durchgängige Einerleiheit des Himmels und das Gleichgewicht der Erde selbst. Denn ein im Gleichgewicht befindliches Ding, in die Mitte eines anderen solchen gesetzt, wird keinen Grund haben, sich irgendwohin mehr oder weniger zu neigen, und daher wird es in der nämlichen Lage ohne Neigung bleiben. Dieses, sagte er, habe ich zuerst angenommen. – Und sehr mit Recht, sprach Simmias. – Dann auch, daß sie sehr groß sei und da wir, die vom Phasis bis an die Säulen des Herakles reichen, nur an einem sehr kleinen Teile, wie Ameisen oder Frösche um einen Sumpf, so wir um das Meer herum wohnen, viele andere aber anderwärts an vielen solchen Orten. Denn es gebe überall um die Erde her viele Höhlungen und mannigfaltige von Gestalt und Größe, in welchen Wasser und Nebel und Luft zusammengeflossen sind, die Erde selbst aber liege rein in dem reinen Himmel, an welchem auch die Sterne sind, und den die meisten, welche über dergleichen zu reden pflegen, Äther nennen, dessen Bodensatz nun eben dieses ist und immer in den Höhlungen der Erde zusammenfließt. Wir nun merkten es nicht, daß wir nur in diesen Höhlungen der Erde wohnten, und glaubten, oben auf der Erde zu wohnen, wie wenn ein mitten im Grunde der See Wohnender glaubte, oben an dem Meere zu wohnen, und weil er durch das Wasser die Sonne und die andern Sterne sähe, das Meer für den Himmel hielte, aus Trägheit aber und Schwachheit niemals bis an den Saum des Meeres gekommen wäre, noch über das Meer aufgetaucht und hervorgekrochen, um diesen Ort zu schauen, wieviel reiner und schöner er ist als der bei ihm, noch auch von einem andern, der ihn gesehen, dies gehört hätte; geradeso erginge es auch uns. Denn wir wohnten in irgendeiner Höhlung der Erde und glaubten, oben darauf zu wohnen, und nennten die Luft Himmel, als ob diese der Himmel wäre, durch welchen die Sterne wandeln. Damit aber sei es geradeso, daß wir aus Trägheit und Schwachheit nicht vermöchten hervorzukommen bis an den äußersten Saum der Luft. Denn wenn jemand zur Grenze der Luft gelangte oder Flügel bekäme und hinaufflöge, so würde er dann hervortauchen und sehen, wie hier die Fische, wenn sie einmal aus dem Meer heraustauchen, was hier ist, sehen, so würde dann ein solcher auch das Dortige sehen und, wenn seine Natur die Betrachtung auszuhalten vermöchte, dann erkennen, daß jenes der wahre Himmel ist und das wahre Licht und die wahre Erde. Denn die Erde hier bei uns und die Steine und der ganze Ort hier ist zerfressen und verwittert, wie, was im Meere liegt, vom Salz angefressen ist und nichts der Rede Wertes im Meere wächst, noch es irgend etwas Vollkommenes darin gibt, sondern nur Klüfte und Sand und unendlichen Kot und Schlamm, wo es noch Erde gibt, und nichts, was mit unsern Schönheiten könnte verglichen werden; jenes aber würde wiederum noch weit vorzüglicher sich zeigen vor dem unsrigen. Und darf man wohl eine schöne Erzählung vorbringen, Simmias, so lohnt es wohl, zu hören, wie das auf der Erde unter dem Himmel beschaffen ist. – Gewiß, sprach Simmias, werden wir diese Erzählung gern hören, o Sokrates. – Man sagt also zuerst, o Freund, diese Erde sei so anzusehen, wenn sie jemand von oben herab betrachtete, wie die zwölfteiligen ledernen Bälle, in so bunte Farben geteilt, von denen unsere Farben hier gleichsam Proben sind, alle die, deren sich die Maler bedienen. Dort aber bestehe die ganze Erde aus solchen und noch weit glänzenderen und reineren als diese. Denn ein Teil sei purpurrot und wunderbar schön, ein anderer goldfarbig, ein anderer weiß, aber viel weißer als Alabaster oder Schnee, und ebenso aus jeder anderen Farbe bestehe einer und aus noch mehreren und schöneren, als wir gesehen haben. Denn selbst die Höhlungen der Erde, welche mit Wasser und Luft angefüllt sind, bilden eine eigene Art von Farbe, welche in der Vermischung aller anderen Farben glänzt, so daß sie ganz und gar als ein ununterbrochenes Bunt erscheint. Auf dieser so beschaffenen nun wachsen verhältnismäßig ebensolche Gewächse, Bäume, Blumen und Früchte. Ebenso haben auch die Gebirge und die Steine nach demselben Verhältnis ihre Vollendung und Durchsichtigkeit und schönere Farben, von denen aber auch unsere so sehr gesuchten Steinchen hier Teile sind, die Karneole und Jaspisse und Smaragden und alle dergleichen; dort aber sei nichts, was nicht so wäre und noch schöner als diese. Die Ursache hiervon aber sei, daß jene Steine rein sind und nicht angefressen, noch verwittert, wie die hiesigen von Fäulnis und Schärfe alles dessen, was hier zusammenfließt und Steinen und Erden und allen Gewächsen und Tieren Entstellungen und Krankheiten verursacht. Die Erde also sei mit alle diesem geschmückt und außerdem noch mit Gold und Silber und dem übrigen der Art, welches glänzend dort zu finden sei und in großer Menge wachse und überall auf der Erde, so daß sie zu schauen ein beseligendes Schauspiel sei. Tiere aber gebe es auf ihr vielerlei und auch Menschen, welche teils mitten im Lande wohnen, teils so um die Luft herum, wie wir um das Meer herum, teils auch auf luftumflossenen Inseln um das feste Land her. Und mit einem Worte, was uns Wasser und Meer ist für unsere Bedürfnisse, das sei jenen dort die Luft, und was uns die Luft, das jenen der Äther. Und die Witterung habe eine solche Mischung bei ihnen, daß sie ohne Krankheit wären und weit längere Zeit lebten als die hiesigen, und ihr Gesicht, Gehör, Geruch und was dahin gehört von dem unsrigen in demselben Maß abstände, wie die Luft vom Wasser absteht und der Äther von der Luft in Absicht der Reinheit. Auch haben sie weiter Tempel und Heiligtümer für die Götter, in denen aber die Götter wahrhaft wohnen, und Stimmen, Weissagungen, Erscheinungen der Götter und mehr dergleichen Verkehr mit ihnen; und Sonne, Mond und Sterne sähen sie, wie sie wirklich sind, und dem sei auch ihre übrige Glückseligkeit gemäß. So demnach sei die ganze Erde geartet, und was sie umgibt; rund umher auf ihr aber gebe es nach Maßgabe ihrer Höhlung viele Orte, einige tiefer und weiter geöffnet als der, in welchem wir wohnen, andere wiederum tiefer, aber mit einer engeren Öffnung als die unser Ort hat; und welche sind wohl auch flacher und dabei doch breiter als der hiesige. Alle diese nun wären unter der Erde vielfältig gegeneinander durchgebohrt, enger und weiter, so daß sie Durchgänge haben unter sich, durch welche denn vieles Wasser aus einem in den andern fließt, wie in Becher, und daß es unversiegliche Ströme von unübersehbarer Größe unter der Erde gebe von warmen Wassern und kalten und vieles Feuer und große Ströme von Feuer, viele auch von feuchtem Schlamm, teils reinerem teils schmutzigerem, wie in Sikelien die vor dem Feuerstrome sich ergießenden Ströme von Schlamm und der Feuerstrom selbst, von denen denn alle Örter erfüllt werden, je nachdem jedesmal jeder seinen Umlauf nimmt. Und dieses alles bewege hinauf und hinunter gleichsam eine in der Erde befindliche Schaukel; diese Schaukel aber bestehe durch folgende Einrichtung ungefähr. Einer nämlich von diesen Erdspalten ist auch sonst der größte und quer durch die ganze Erde gebohrt. Dieser ist nun, wie Homeros davon singt, »ferne, wo tief sich öffnet der Abgrund unter der Erde«, derselbe, den anderwärts er und auch sonst viele andere Dichter den Tartaros genannt haben. In diesen Spalt nun strömen alle diese Flüsse zusammen und strömen auch wieder von ihm aus; und alle werden so wie der Boden, durch welchen sie strömen. Die Ursache aber, warum alle Ströme von hier ausfließen und auch wieder hinein, ist, daß diese Flüssigkeit keinen Boden hat und keinen Grund. Daher schwebt sie und wogt immer auf und ab, und die Luft und der Hauch um sie her tut dasselbe. Denn dieser begleitet sie, sowohl wenn sie in die jenseitigen Gegenden der Erde strömt, als wenn in die diesseitigen. Und so wie der Hauch der Atmenden in beständiger Bewegung immer einströmt und ausströmt, so auch dort bildet der mit der Flüssigkeit wogende Hauch heftige und gewaltige Winde sowohl im Hineingehen als im Herausgehen. Wenn nun strömend das Wasser nach der Gegend hin ausweicht, welche unten genannt wird, so fließt es in das Gebiet der dortigen Ströme und füllt es an wie beim Pumpen. Wenn es aber von dort wiederum sich wegzieht und hierher strömt, so erfüllt es dann die hiesigen. Diese, wenn sie erfüllt sind, strömen durch die Kanäle und durch die Erde; und wenn sie jeder in die Gegenden kommen, wohin sie jedesmal geleitet werden, so bilden sie Meere und Seen und Flüsse und Quellen. Von da tauchen sie nun wieder unter die Erde und, teils längere und mehrere Gegenden durchziehend, teils wenigere und kürzere, ergießen sie sich alle wieder in den Tartaros, einige viel weiter unten, als wo sie ausgepumpt wurden, andere nicht soviel, aber unterhalb ihres Ausflusses fließen sie alle ein; und einige strömen wieder aus, gerade gegenüber der Stelle, wo sie eingeflossen sind, andere auf der nämlichen Seite. Ja, es gibt auch welche, die im Kreise herumziehen, ein oder mehrere Male sich um die Erde winden wie Schlangen und dann möglichst tief gesenkt sich wieder hinein ergießen. Möglich ist aber von beiden Seiten nur, sich bis zur Mitte herabsenken, weiter nicht. Denn für beiderlei Ströme geht das jenseitige wiederum aufwärts. So gibt es nun gar viele andere große und verschiedene Ströme, unter diesen vielen aber gibt es vorzüglich vier, von denen der größte und der am äußersten rundherum fließende der sogenannte Okeanos ist; diesem gegenüber und in entgegengesetzter Richtung fließend, ist der Acheron, welcher durch viele andere wüste Gegenden fließt, vorzüglich aber auch unter der Erde fortfließend in den Acherusischen See kommt, wohin auch der meisten Verstorbenen Seelen gelangen, und nachdem sie gewisse bestimmte Zeiten dort geblieben, einige länger, andere kürzer, dann wieder ausgesendet werden zu den Erzeugungen der Lebendigen. Der dritte Fluß strömt aus zwischen diesen beiden und ergießt sich unweit seiner Quelle in eine weite mit einem gewaltigen Feuer brennende Gegend, wo er einen See bildet, größer als unser Meer, und siedend von Wasser und Schlamm. Von hier aus bewegt er sich dann im Kreise herum trübe und schlammig, und indem er sich um die Erde herumwälzt, kommt er nächst andern Orten auch an die Grenzen des Acherusischen Sees, jedoch ohne daß ihre Gewässer sich vermischten. Und nachdem er sich oftmals unter der Erde umhergewälzt, ergießt er sich zu allerunterst in den Tartaros. Dies ist der, den man Pyriphlegethon nennt, von welchem auch die feuerspeienden Berge, wo sich deren auf der Erde finden, kleine Teilchen heraufblasen. Diesem wiederum gegenüber strömt der vierte aus, zuerst in eine furchtbare und wilde Gegend, wie man sagt, und die von Farbe ganz und gar dunkelblau ist, welche sie die stygische nennen, und den See, welchen der Fluß bildet, den Styx. Nachdem sich dieser nun hier hineinbegeben und gewaltige Kräfte aufgenommen in sein Wasser, geht er unter die Erde, wälzt sich herum, kommt dem Pyriphlegethon gegenüber wieder hervor und trifft auf den Acherusischen See an der gegenüberliegenden Seite. Und auch dieser vermischt sein Wasser mit keinem andern, sondern geht ebenfalls im Kreise herum und ergießt sich wieder in den Tartaros gegenüber dem Pyriphlegethon. Sein Name aber heißt, wie die Dichter sagen, Kokytos. Da nun dieses so ist, so werden, sobald die Verstorbenen an dem Orte angelangt sind, wohin der Dämon jeden bringt, zuerst diejenigen ausgesondert, welche schön und heilig gelebt haben, und welche nicht. Die nun dafür erkannt werden, einen mittelmäßigen Wandel geführt zu haben, begeben sich auf den Acheron, besteigen die Fahrzeuge, die es da für die gibt, und gelangen auf diesen zu dem See. Hier wohnen sie und reinigen sich, büßen ihre Vergehungen ab, wenn einer sich wie vergangen hat, und werden losgesprochen, wie sie auch ebenso für ihre guten Taten den Lohn erlangen, jeglicher nach Verdienst. Deren Zustand aber für unheilbar erkannt wird wegen der Größe ihrer Vergehungen, weil sie häufigen und bedeutenden Raub an den Heiligtümern begangen oder viele ungerechte und gesetzwidrige Mordtaten vollbracht, oder anderes, was dem verwandt ist, diese wirft ihr gebührendes Geschick in den Tartaros, aus dem sie nie wieder heraussteigen. Die hingegen heilbare zwar, aber doch große Vergehungen begangen zu haben erfunden werden, wie die gegen Vater oder Mutter im Zorn etwas Gewalttätiges ausgeübt, oder die auf diese oder andere Weise Mörder geworden sind, diese müssen zwar auch in den Tartaros stürzen, aber wenn sie hineingestürzt und ein Jahr darin gewesen sind, wirft die Welle sie wieder aus, die Mörder auf der Seite des Kokytos, die aber gegen Vater und Mutter sich versündigt, auf der des Pyriphlegethon. Wenn sie nun auf diesen fortgetrieben an den Acherusischen See kommen, so schreien sie da und rufen die, welche von ihnen getötet worden sind oder frevelhaft behandelt. Haben sie sie nun herbeigerufen, so flehen sie und bitten, sie möchten sie lassen in den See aussteigen und sie dort aufnehmen. Wenn sie sie nun überreden, so steigen sie aus, und ihre Übel sind am Ende; wo nicht, so werden sie wieder in den Tartaros getrieben, und aus diesem wieder in die Flüsse, und so hört es nicht auf, ihnen zu ergehen, bis sie diejenigen überreden, welchen sie unrecht getan haben; denn diese Strafe ist ihnen von den Richtern angeordnet. Die aber ausgezeichnete Fortschritte in heiligem Leben gemacht zu haben erfunden werden, dies endlich sind diejenigen, welche, von allen diesen Orten im Innern der Erde befreit und losgesprochen von allem Gefängnis, hinauf in die reine Behausung gelangen und auf der Erde wohnhaft werden. Welche nun unter diesen durch Weisheitsliebe sich schon gehörig gereinigt haben, diese leben für alle künftigen Zeiten gänzlich ohne Leiber und kommen in noch schönere Wohnungen als diese, welche weder leicht wären zu beschreiben, noch würde die Zeit für diesmal zureichen. Aber schon um deswillen, was wir jetzt auseinandergesetzt haben, o Simmias, muß man jawohl alles tun, um der Tugend und Vernunft im Leben teilhaftig zu werden. Denn schön ist der Preis und die Hoffnung groß.

Daß sich nun dies alles gerade so verhalte, wie ich es auseinandergesetzt, das ziemt wohl einem vernünftigen Mann nicht zu behaupten; daß es jedoch, sei es nun diese oder eine ähnliche Bewandtnis haben muß mit unsern Seelen und ihren Wohnungen, wenn doch die Seele offenbar etwas Unsterbliches ist, dies, dünkt mich, zieme sich gar wohl und lohne auch, es darauf zu wagen, daß man glaube, es verhalte sich so. Denn es ist ein schönes Wagnis, und man muß mit solcherlei gleichsam sich selbst besprechen. Darum spinne ich auch schon so lange an der Erzählung. Also um deswillen muß ein Mann gutes Mutes sein seiner Seele wegen, der im Leben die andern Lüste, die es mit dem Leibe zu tun haben, und dessen Schmuck und Pflege hat fahren gelassen, als etwas ihn selbst nicht Angehendes und wodurch er nur Übel ärger zu machen befürchtete, jener Lust hingegen an der Forschung nachgestrebt und seine Seele geschmückt hat nicht mit fremdem, sondern mit dem ihr eigentümlichen Schmuck, Besonnenheit, Gerechtigkeit, Tapferkeit, Edelmut und Wahrheit, so seine Fahrt nach der Unterwelt erwartend, um sie anzutreten, sobald das Schicksal rufen wird. – Ihr nun, setzte er hinzu, o Simmias und Kebes und ihr übrigen, werdet ein andermal jeder zu seiner Zeit abgehen; mich aber ruft jetzt schon, würde ein tragischer Mann sagen, das Geschick, und es ist wohl beinahe Zeit, sich nach dem Bade umzusehen. Denn es dünkt mich doch besser zu baden, ehe ich den Trank nehme, und nicht hernach den Weibern Mühe zu machen mit dem Waschen des Leichnams.

Als er dieses gesagt, sprach Kriton: Wohl, o Sokrates! Was trägst du aber diesen auf oder mir deiner Kinder wegen, oder was wir sonst irgend dir noch recht zu Dank machen könnten, wenn wir es täten? – Was ich immer sage, sprach er, o Kriton, nichts Besonderes weiter, daß nämlich, wenn ihr euer selbst recht wahrnehmt, ihr mir und den Meinigen und euch selbst alles zu Dank machen werdet, was ihr nur tut, und wenn ihr es auch jetzt nicht versprecht; wenn ihr aber euch selbst vernachlässigt und nicht wollt gleichsam den Spuren des jetzt und sonst schon Gesagten nachgehen im Leben, ihr dann, wenn ihr jetzt noch so vieles und noch so heilig verspráchet, doch nichts weiter damit ausrichten werdet. – Dieses also wollen wir uns bestreben, so zu machen, sagte Kriton. Aber auf welche Weise sollen wir dich begraben? – Wie ihr wollt, sprach er, wenn ihr mich nur wirklich haben werdet und ich euch nicht entwischt bin. Dabei lächelte er ganz ruhig und sagte, indem er uns ansah: Diesen Kriton, ihr Männer, überzeuge ich nicht, daß ich der Sokrates bin, dieser, der jetzt mit euch redet und euch das Gesagte einzeln vorlegt, sondern er glaubt, ich sei jener, den er nun bald tot sehen wird, und fragt mich deshalb, wie er mich begraben soll. Daß ich aber schon so lange eine große Rede darüber gehalten habe, daß, wenn ich den Trank genommen habe, ich dann nicht länger bei euch bleiben, sondern fortgehen werde zu irgendwelchen Herrlichkeiten der Seligen, das, meint er wohl, sage ich alles nur so, um euch zu beruhigen und mich mit. So legt ihr denn eine Bürgschaft für mich ein beim Kriton, und zwar eine ganz entgegengesetzte, als er bei den Richtern eingelegt hat. Denn er hat sich verbürgt, ich würde ganz gewiß bleiben, ihr aber verbürgt euch dafür, daß ich ganz gewiß nicht bleiben werde, wenn ich tot bin, sondern abziehen und fort sein, damit Kriton es leichter trage und, wenn er meinen Leib verbrennen oder begraben sieht, sich nicht ereifere meinetwegen, als ob mir Arges begegne; und damit er nicht beim Begräbnis sage, er stelle den Sokrates aus oder trage ihn heraus oder begrabe ihn. Denn wisse nur, sagte er, o bester Kriton, sich unschön ausdrücken, ist nicht nur eben insofern sündlich, sondern bildet auch etwas Böses ein in die Seele. Sondern du mußt mutig sein und sagen, daß du meinen Leib begräbst, und diesen begrabe nur, wie es dir eben recht ist, und wie du es am meisten für schicklich hältst. – Dieses gesagt, stand er auf und ging in ein Gemach, um zu baden, und Kriton begleitete ihn, uns aber hieß er dableiben. Wir blieben also und redeten untereinander über das Gesagte und überdachten es noch einmal; dann aber auch klagten wir wieder über das Unglück, welches uns getroffen hätte, ganz darüber einig, daß wir nun gleichsam des Vaters beraubt als Waisen das übrige Leben hinbringen würden. Nachdem er nun gebadet und man seine Kinder zu ihm gebracht hatte – er hatte nämlich zwei kleine Söhne und einen größern – und die ihm angehörigen Frauen gekommen waren, sprach er mit ihnen in Kritons Beisein, und nachdem er ihnen aufgetragen, was er wollte, hieß er die Weiber und Kinder wieder gehen, er aber kam zu uns. Und es war schon nahe am Untergange der Sonne, denn er war lange drinnengeblieben. – Als er nun gekommen war, setzte er sich nieder nach dem Bade und hatte noch nicht viel seitdem gesprochen, so kam der Diener der Elfmänner, stellte sich zu ihm und sagte: O Sokrates, über dich werde ich mich nicht zu beklagen haben wie über andere, daß sie mir böse werden und mir fluchen, wenn ich ihnen ansage, das Gift zu trinken auf Befehl der Oberen. Dich aber habe ich auch sonst schon in dieser Zeit erkannt als den Edelsten, Sanftmütigsten und Trefflichsten von allen, die sich jemals hier befunden haben, und auch jetzt weiß ich sicher, daß du nicht mir böse sein wirst – denn du weißt wohl, wer schuld daran ist –, sondern jenen. Nun also, denn du weißt wohl, was ich dir zu sagen gekommen bin, lebe wohl und suche so leicht als möglich zu tragen, was nicht zu ändern ist. – Da weinte er, wendete sich um und ging. – Sokrates aber sah ihm nach und sprach: Auch du lebe wohl, und wir wollen so tun. Und zu uns sagte er: Wie fein der Mensch ist. So ist er die ganze Zeit mit mir umgegangen, hat sich bisweilen mit mir unterredet und war der beste Mensch; und nun wie aufrichtig beweint er mich! Aber wohlan denn, o Kriton, laßt uns ihm gehorchen, und bringe einer den Trank, wenn er schon ausgepreßt ist, wo nicht, so soll ihn der Mensch bereiten. – Da sagte Kriton: Aber mich dünkt, o Sokrates, die Sonne scheint noch an die Berge und ist noch nicht untergegangen. Und ich weiß, daß auch andere erst ganz spät getrunken haben, nachdem es ihnen ist angesagt worden, und haben noch gut gegessen und getrunken, ja einige haben gar noch Schöne zu sich kommen lassen, nach denen sie Verlangen hatten. Also übereile dich nicht; denn es hat noch Zeit. – Da sagte Sokrates: Gar recht, o Kriton, hatten jene so zu tun, wie du sagst, denn sie meinten etwas zu gewinnen, wenn sie so täten, und gar recht habe auch ich, nicht so zu tun. Denn ich meine nichts zu gewinnen, wenn ich um ein weniges später trinke, als nur, daß ich mir selbst lächerlich vorkommen würde, wenn ich am Leben klebte und sparen wollte, wo nichts mehr ist. Also geh, sprach er, folge mir und tue nicht anders. – Darauf winkte denn Kriton dem Knaben, der ihm zunächst stand, und der Knabe ging heraus, und nachdem er eine Weile weggeblieben, kam er und führte den herein, der ihm den Trank reichen sollte, welchen er schon zubereitet im Becher brachte. – Als nun Sokrates den Menschen sah, sprach er: Wohl, Bester, denn du verstehst es ja, wie muß man es machen? – Nichts weiter sagte er, als wenn du getrunken hast, herumgehen, bis dir die Schenkel schwer werden, und dann dich niederlegen, so wird es schon wirken. Damit reichte er dem Sokrates den Becher, und dieser nahm ihn, und ganz getrost, o Echekrates, ohne im mindesten zu zittern oder Farbe oder Gesichtszüge zu verändern, sondern, wie er pflegte, ganz gerade den Menschen ansehend, fragte er ihn: Was meinst du von dem Trank wegen einer Spendung? darf man eine machen oder nicht? – Wir bereiten nur soviel, o Sokrates, antwortete er, als wir glauben, daß hinreichend sein wird. – Ich verstehe, sagte Sokrates. Beten aber darf man doch zu den Göttern, und muß es, daß die Wanderung von hier dorthin glücklich sein möge, worum denn auch ich hiermit bete, und so möge es geschehen. – Und wie er dies gesagt, setzte er an, und ganz frisch und unverdrossen trank er aus. Und von uns waren die meisten bis dahin ziemlich imstande gewesen sich zu halten, daß sie nicht weinten; als wir aber sahen, daß er trank und getrunken hatte, nicht mehr. Sondern auch mir selbst flossen Tränen mit Gewalt, und nicht tropfenweise, so daß ich mich verhüllen mußte und mich ausweinen, nicht über ihn jedoch, sondern über mein eigenes Schicksal, was für eines Freundes ich nun sollte beraubt werden. Kriton war noch eher als ich, weil er nicht vermochte die Tränen zurückzuhalten, aufgestanden. Apollodoros aber hatte schon früher nicht aufgehört zu weinen, und nun brach er völlig aus, weinend und unwillig sich gebärdend, und es war keiner, den er nicht durch sein Weinen erschüttert hätte, von allen Anwesenden, als nur Sokrates selbst, der aber sagte: Was macht ihr doch, ihr wunderbaren Leute! Ich habe vorzüglich deswegen die Weiber weggeschickt, daß sie dergleichen nicht begehen möchten; denn ich habe immer gehört, man müsse stille sein, wenn einer stirbt. Also haltet euch ruhig und wacker. – Als wir das hörten, schämten wir uns und hielten inne mit Weinen. Er aber ging umher, und als er merkte, daß ihm die Schenkel schwer wurden, legte er sich gerade hin auf den Rücken, denn so hatte es ihm der Mensch geheißen. Darauf berührte ihn eben dieser, der ihm das Gift gegeben hatte, von Zeit zu Zeit und untersuchte seine Füße und Schenkel. Dann drückte er ihm den Fuß stark und fragte, ob er es fühle; er sagte nein. Und darauf die Knie, und so ging er immer höher hinauf und zeigte uns, wie er erkaltete und erstarrte. Darauf berührte er ihn noch einmal und sagte, wenn ihm das bis ans Herz käme, dann würde er hin sein. Als ihm nun schon der Unterleib fast ganz kalt war, da enthüllte er sich, denn er lag verhüllt, und sagte, und das waren seine letzten Worte: O Kriton, wir sind dem Asklepios einen Hahn schuldig, entrichtet ihm den und versäumt es ja nicht. – Das soll geschehen, sagte Kriton, sieh aber zu, ob du noch sonst etwas zu sagen hast. – Als Kriton dies fragte, antwortete er aber nichts mehr, sondern bald darauf zuckte er, und der Mensch deckte ihn auf; da waren seine Augen gebrochen. Als Kriton das sah, schloß er ihm den Mund und Augen. Dies, o Echekrates, war das Ende unseres Freundes, des Mannes, der unserm Urteil nach von den damaligen, mit denen wir es versucht haben, der trefflichste war und auch sonst der vernünftigste und gerechteste.

›Das Höhlengleichnis‹

Nächstdem, sprach ich, vergleiche dir unsere Natur in bezug auf Bildung und Unbildung folgendem Zustand. Sieh nämlich Menschen wie in einer unterirdischen, höhlenartigen Wohnung, die einen gegen das Licht geöffneten Zugang längs der ganzen Höhle hat. In dieser seien sie von Kindheit an gefesselt an Hals und Schenkeln, so daß sie auf demselben Fleck bleiben und auch nur nach vornhin sehen, den Kopf aber herumzudrehen der Fessel wegen nicht vermögend sind. Licht aber haben sie von einem Feuer, welches von oben und von ferne her hinter ihnen brennt. Zwischen dem Feuer und den Gefangenen geht obenher ein Weg, längs diesem sieh eine Mauer aufgeführt, wie die Schranken, welche die Gaukler vor den Zuschauern sich erbauten, über welche herüber sie ihre Kunststücke zeigen.

Ich sehe, sagte er.

Sieh nun längs dieser Mauer Menschen allerlei Gefäße tragen, die über die Mauer herüberragen, und Bildsäulen und andere steinerne und hölzerne Bilder und von allerlei Arbeit; einige, wie natürlich, reden dabei, andere schweigen.

Ein gar wunderliches Bild, sprach er, stellst du dar und wunderliche Gefangene.

Uns ganz ähnliche, entgegnete ich. Denn zuerst, meinst du wohl, daß dergleichen Menschen von sich selbst und voneinander etwas anderes zu sehen bekommen als die Schatten, welche das Feuer auf die ihnen gegenüberstehende Wand der Höhle wirft?

Wie sollten sie, sprach er, wenn sie gezwungen sind, zeitlebens den Kopf unbeweglich zu halten!

Und von dem Vorübergetragenen nicht eben dieses?

Was sonst?

Wenn sie nun miteinander reden könnten, glaubst du nicht, daß sie auch pflegen würden, dieses Vorhandene zu benennen, was sie sähen?

Notwendig.

Und wie, wenn ihr Kerker auch einen Widerhall hätte von drüben her, meinst du, wenn einer von den Vorübergehenden spräche, sie würden denken, etwas anderes rede als der eben vorübergehende Schatten?

Nein, beim Zeus, sagte er.

Auf keine Weise also können diese irgend etwas anderes für das Wahre halten als die Schatten jener Kunstwerke?

Ganz unmöglich.

Nun betrachte auch, sprach ich, die Lösung und Heilung von ihren Banden und ihrem Unverstande, wie es damit natürlich stehen würde, wenn ihnen folgendes begegnete. Wenn einer entfesselt wäre und gezwungen würde, sogleich aufzustehen, den Hals herumzudrehen, zu gehen und gegen das Licht zu sehen und, indem er das täte, immer Schmerzen hätte und wegen des flimmernden Glanzes nicht recht vermöchte, jene Dinge zu erkennen, wovon er vorher die Schatten sah, was meinst du wohl, würde er sagen, wenn ihm einer versicherte, damals habe er lauter Nichtiges gesehen, jetzt aber, dem Seienden näher und zu dem mehr Seienden gewendet, sähe er richtiger, und, ihm jedes Vorübergehende zeigend, ihn fragte und zu antworten zwänge, was es sei? Meinst du nicht, er werde ganz verwirrt sein und glauben, was er damals gesehen, sei doch wirklicher als was ihm jetzt gezeigt werde?

Bei weitem, antwortete er.

Und wenn man ihn gar in das Licht selbst zu sehen nötigte, würden ihm wohl die Augen schmerzen und er würde fliehen und zu jenem zurückkehren, was er anzusehen imstande ist, fest überzeugt, dies sei weit gewisser als das zuletzt Gezeigte?

Allerdings.

Und, sprach ich, wenn ihn einer mit Gewalt von dort durch den unwegsamen und steilen Aufgang schleppte und nicht losließe, bis er ihn an das Licht der Sonne gebracht hätte, wird er nicht viel Schmerzen haben und sich gar ungern schleppen lassen? Und wenn er nun an das Licht kommt und die Augen voll Strahlen hat, wird er nichts sehen können von dem, was ihm nun für das Wahre gegeben wird.

Freilich nicht, sagte er, wenigstens sogleich nicht.

Gewöhnung also, meine ich, wird er nötig haben, um das Obere zu sehen. Und zuerst würde er Schatten am leichtesten erkennen, hernach die Bilder der Menschen und der anderen Dinge im Wasser und, dann erst sie selbst. Und ebenso, was am Himmel ist, und den Himmel selbst würde er am liebsten in der Nacht betrachten und in das Mond- und Sternenlicht sehen, als bei Tage in die Sonne und in ihr Licht.

Wie sollte er nicht!

Zuletzt aber, denke ich, wird er auch die Sonne selbst, nicht Bilder von ihr im Wasser oder anderwärts, sondern sie selbst an ihrer eigenen Stelle anzusehen und zu betrachten imstande sein.

Notwendig, sagte er.

Und dann wird er schon herausbringen von ihr, daß sie es ist, die alle Zeiten und Jahre schafft und alles ordnet in dem sichtbaren Raume und auch von dem, was sie dort sahen, gewissermaßen die Ursache ist.

Offenbar, sagte er, würde er nach jenem auch hierzu kommen.

Und wie, wenn er nun seiner ersten Wohnung gedenkt und der dortigen Weisheit und der damaligen Mitgefangenen, meinst du nicht, er werde sich selbst glücklich preisen über die Veränderung, jene aber beklagen?

Ganz gewiß.

Und wenn sie dort unter sich Ehre, Lob und Belohnungen für den bestimmt hatten, der das Vorüberziehende am schärfsten sah und sich am besten behielt, was zuerst zu kommen pflegte und was zuletzt und was zugleich, und daher also am besten vorhersagen konnte, was nun erscheinen werde, glaubst du, es werde ihn danach noch groß verlangen und er werde die bei jenen Geehrten und Machthabenden beneiden? Oder wird ihm das Homerische begegnen und er viel lieber wollen das Feld als Tagelöhner bestellen einem dürftigen Mann und lieber alles über, sich ergehen lassen, als wieder solche Vorstellungen zu haben wie dort und so zu leben?

So, sagte er, denke ich, wird er sich alles eher gefallen lassen, als so zu leben.

Auch das bedenke noch, sprach ich. Wenn ein solcher nun wieder hinunterstiege und sich auf denselben Schemel setzte, würden ihm die Augen nicht ganz voll Dunkelheit sein, da er so plötzlich von der Sonne herkommt?

Ganz gewiß.

Und wenn er wieder in der Begutachtung jener Schatten wetteifern sollte mit denen, die immer dort gefangen gewesen, während es ihm noch vor den Augen flimmert, ehe er sie wieder dazu einrichtet, und das möchte keine kleine Zeit seines Aufenthalts dauern, würde man ihn nicht auslachen und von ihm sagen, er sei mit verdorbenen Augen von oben zurückgekommen und es lohne nicht, daß man versuche hinaufzukommen; sondern man müsse jeden, der sie lösen und hinaufbringen wollte, wenn man seiner nur habhaft werden und ihn umbringen könnte, auch wirklich umbringen?

So sprächen sie ganz gewiß, sagte er.

Dieses ganze Bild nun, sagte ich, lieber Glaukon, mußt du mit dem früher Gesagten verbinden, die durch das Gesicht uns erscheinende Region der Wohnung im Gefängnisse gleichsetzen und den Schein von dem Feuer darin der Kraft der Sonne; und wenn du nun das Hinaufsteigen und die Beschauung der oberen Dinge setzt als den Aufschwung der Seele in die Gegend der Erkenntnis, so wird dir nicht entgehen, was mein Glaube ist, da du doch dieses zu wissen begehrst. Gott mag wissen, ob er richtig ist; was ich wenigstens sehe, das sehe ich so, daß zuletzt unter allem Erkennbaren und nur mit Mühe die Idee des Guten erblickt wird, wenn man sie aber erblickt hat, sie auch gleich dafür anerkannt wird, daß sie für alle die Ursache alles Richtigen und Schönen ist, im Sichtbaren das Licht und die Sonne, von der dieses abhängt, erzeugend, im Erkennbaren aber sie allein als Herrscherin Wahrheit und Vernunft hervorbringend, und daß also diese sehen muß, wer vernünftig handeln will, es sei nun in eigenen oder in öffentlichen Angelegenheiten.

Auch ich, sprach er, teile die Meinung, so gut ich eben kann.

Komm denn, sprach ich, teile auch diese mit mir und wundere dich nicht, wenn diejenigen, die bis hierher gekommen sind, nicht Lust haben, menschliche Dinge zu betreiben, sondern ihre Seelen immer nach dem Aufenthalt oben trachten; denn so ist es ja natürlich, wenn sich dies nach dem vorher aufgestellten Bilde verhält.

Natürlich freilich, sagte er.

Und wie? Kommt dir das wunderbar vor, fuhr ich fort, daß von göttlichen Anschauungen unter das menschliche Elend versetzt, einer sich übel gebärdet und gar lächerlich erscheint, wenn er, solange er noch trübe sieht und ehe er sich noch an die dortige Finsternis hinreichend gewöhnt hat, schon genötigt wird, vor Gericht oder anderwärts zu streiten über die Schatten des Gerechten oder die Bilder, zu denen sie gehören, und dieses auszufechten, wie es sich die etwa vorstellen, welche die Gerechtigkeit selbst niemals gesehen haben?

Nicht im mindesten zu verwundern! sagte er.

Sondern, wenn einer Vernunft hätte, fuhr ich fort, so würde er bedenken, daß durch zweierlei und auf zweifache Weise das Gesicht gestört sein kann, wenn man aus dem Licht in die Dunkelheit versetzt wird und wenn aus der Dunkelheit in das Licht. Und ebenso, würde er denken, gehe es auch mit der Seele und würde, wenn er eine verwirrt findet und unfähig zu sehen, nicht unüberlegt lachen, sondern erst zusehen, ob sie wohl, von einem lichtvolleren Leben herkommend, aus Ungewohnheit verfinstert ist oder ob sie, aus größerem Unverstande ins Hellere gekommen, durch die Fülle des Glanzes geblendet wird; und so würde er dann die eine wegen ihres Zustandes und ihrer Lebensweise glücklich preisen, die andere aber bedauern; oder, wenn er über diese lachen wollte, wäre sein Lachen nicht so lächerlich, wie das über die, welche von obenher aus dem Lichte kommt.

Sehr richtig gesprochen, sagte er.

Wir müssen daher, sprach ich, so hierüber denken, wenn das Bisherige richtig ist, daß die Unterweisung nicht das sei, wofür einige sich vermessen sie auszugeben. Sie behaupten nämlich, wenn keine Erkenntnis in der Seele sei, könnten sie sie ihr einsetzen, wie wenn sie blinden Augen ein Gesicht einsetzten.

Das behaupten sie freilich, sagte er.

Die jetzige Rede aber, sprach ich, deutet an, daß dieses der Seele eines jeden innewohnende Vermögen und das Organ, womit jeder begreift, wie das Auge nicht anders als mit dem gesamten Leibe zugleich sich aus dem Finstern ans Helle wenden konnte, so auch dieses nur mit der gesamten Seele zugleich von dem Werdenden abgeführt werden muß, bis es das Anschauen des Seienden und des glänzendsten unter dem Seienden aushalten lernt. Dieses aber, sagten wir, sei das Gute; nicht wahr?

Ja.

Hiervon nun eben, sprach ich, mag sie wohl die Kunst sein, die Kunst der Umlenkung, auf welche Weise wohl am leichtesten und wirksamsten dieses Vermögen kann umgewendet werden, nicht die Kunst, ihm das Sehen erst einzubilden, sondern als ob es dies schon habe und nur nicht recht gestellt sei und nicht sehe, wohin es solle, ihm dieses zu erleichtern.

Das leuchtet ein, sagte er.

Die anderen Tugenden der Seele nun, wie man sie zu nennen pflegt, mögen wohl sehr nahe liegen denen des Leibes; denn in der Wirklichkeit früher nicht vorhanden, scheinen sie erst hernach angebildet zu werden durch Gewöhnungen und Übung; die des Erkennens aber mag wohl vielmehr einem Göttlicheren angehören, wie es scheint, welches seine Kraft niemals verliert, nur aber durch Lenkung nützlich und heilbringend oder auch unnütz und verderblich wird. Oder hast du noch nicht auf die geachtet, die man böse aber klug nennt, wie scharf ihr Seelchen sieht und wie genau es dasjenige erkennt, worauf es sich richtet, daß es also kein schlechtes Gesicht hat, aber dem Bösen dienen muß und daher, je schärfer es; sieht, desto mehr Böses tut.

Allerdings, sagte er.

Eben dieses indes an einer solchen Natur, wenn sie von Kindheit an gehörig beschnitten und das dem Werden oder der Zeitlichkeit Verwandte ihr ausgeschnitten worden wäre, was sich wie Bleikugeln an die Gaumenlust und andere Lüste und Weichlichkeiten anhängt und das Gesicht der Seele nach unten wendet, würde dann, hiervon befreit, sich zu dem Wahren hinwenden und dann bei denselben Menschen auch dieses auf das schärfste sehen, eben wie das, dem es jetzt zugewendet ist.

Natürlich, sagte er.

Und wie, sprach ich, ist nicht auch dies natürlich und nach dem bisher Gesagten notwendig, daß weder die Ungebildeten und der Wahrheit Unkundigen dem Staat gehörig vorstehen werden, noch auch die, welche man sich immerwährend mit den Wissenschaften beschäftigen läßt? Die einen, weil sie nicht einen Zweck im Leben haben, auf welchen zielend sie alles täten, was sie tun für sich und öffentlich; die anderen, weil sie gutwillig gar nicht Geschäfte werden betreiben wollen, in der Meinung, daß sie noch immer auf den Inseln der Seligen leben und also abwesend sind.

Richtig, sagte er.

Uns also als den Gründern der Stadt, sprach ich, liegt ob, die trefflichsten Naturen unter unseren Bewohnern zu nötigen, daß sie zu jener Kenntnis zu gelangen suchen, welche wir im vorigen als die größte aufstellten, nämlich das Gute zu sehen und die Reise aufwärts dahin anzutreten; aber wenn sie dort oben zur Genüge geschaut haben, darf man ihnen nicht erlauben, was ihnen jetzt erlaubt wird.

Welches meinst du?

Dort zu bleiben, sprach ich, und nicht wieder zurückkehren zu wollen zu jenen Gefangenen, noch Anteil zu nehmen an ihren Mühseligkeiten und Ehrenbezeigungen, mögen diese nun geringfügig sein oder bedeutend.

Also, sagte er, wollen wir ihnen Unrecht zufügen und schuld daran sein, daß sie schlechter leben, da sie es besser könnten?

Du hast wieder vergessen, Freund, sprach ich, daß der Gesetzgeber sich nicht dieses angelegen sein läßt, daß ein Geschlecht im Staat sich ausgezeichnet wohl befinde, sondern daß er im ganzen Staate Wohlsein muß hervorzubringen suchen, indem er die Bürger ineinanderfügt und sie teils überredet, teils nötigt, einander mitzuteilen von dem Nutzen, den jeder dem Gemeinwesen leisten kann, und indem er Männer dieser Art dem Staate selbst zuzieht, nicht um sie hernach gehen zu lassen, wohin jeder will, sondern um sich selbst ihrer für den Verein des Staates zu bedienen.

Richtig, sagte er; das hatte ich freilich vergessen.

Betrachte nun, o Glaukon, fuhr ich fort, daß wir den bei uns sich bildenden Philosophen kein Unrecht tun werden, sondern ganz Gerechtes gegen sie aussprechen, wenn wir ihnen zumuten, für die anderen Sorge zu tragen und sie in Obhut zu halten. Wir werden ihnen nämlich sagen, daß, die in anderen Staaten Philosophen werden, billigerweise an den Arbeiten in denselben keinen Teil nehmen; denn sie bilden sich zu solchen aus freien Stücken wider Willen der jeweiligen Verfassung, und das sei ganz billig, daß, was von selbst gewachsen ist, da es niemandem für seine Kost verpflichtet ist, auch nicht; Lust hat, jemandem Kostgeld zu bezahlen. Euch aber haben wir zu eurem und des übrigen Staates Besten wie in den Bienenstöcken die Weisel und Könige erzogen und besser und vollständiger als die übrigen ausgebildet, so daß ihr tüchtiger seid, an beidem teilzunehmen. Ihr müßt also nun wieder herabsteigen, jeder in seiner Ordnung, zu der Wohnung der übrigen und euch mit ihnen gewöhnen, das Dunkle zu schauen. Denn gewöhnt ihr euch hinein, so werdet ihr tausendmal besser als die dortigen sehen und jedes Schattenbild erkennen, was es ist und wovon, weil ihr das Schöne, Gute und Gerechte selbst in der Wahrheit gesehen habt. Und so wird uns und euch der Staat wachend verwaltet werden und nicht träumend, wie jetzt die meisten von solchen verwaltet werden, welche Schattengefecht miteinander treiben und sich entzweien um die Obergewalt, als ob sie ein gar großes Gut wäre. Das Wahre daran ist aber dieses: der Staat, in welchem die zur Regierung Berufenen am wenigsten Lust haben zu regieren, wird notwendig am besten und ruhigsten verwaltet werden, der aber entgegengesetzte Regenten bekommen hat, auch entgegengesetzt.

Ganz gewiß, sagte er.

Meinst du nun, daß unsere Zöglinge uns ungehorsam sein werden, wenn sie dies hören, und sich nicht jeder an seinem Teil im Staate werden mitplagen wollen, die übrige viele Zeit aber miteinander im Reinen wohnen?

Unmöglich! antwortete er; denn nur Gerechtes fordern wir ja von Gerechten. Auf alle Weise jedoch werden sie nur recht wie zu etwas Notwendigem jeder zu seiner Amtsführung gehen, ganz im Gegenteil zu denen, die jetzt in den Staaten regieren.

Denn so verhält es sich, Freund, sprach ich. Wenn du denen, welche regieren sollen, eine Lebensweise herausfindest, welche besser ist als das Regieren, dann kannst du es dahin bringen, daß der Staat wohl verwaltet werde; denn in einem solchen allein werden die wahrhaft Reichen regieren, die es nicht an Golde sind, sondern woran der Glückselige reich sein soll, an tüchtigem und vernunftmäßigem Leben. Wenn aber Hungerleider und Arme an eigenem Gut an die öffentlichen Angelegenheiten gehen, in der Meinung, von dorther Gutes an sich reißen zu müssen, so geht es nicht. Denn wird die Verwaltung etwas, worum man sich reißt und schlägt, so muß ein solcher einheimischer und innerer Krieg die Kriegführenden selbst und den übrigen Staat verderben.

Vollkommen richtig, sagte er.

Kennst du nun, sprach ich, eine andere Lebensweise, welche sich aus der bürgerlichen Gewalt wenig macht, als die der echten Philosophie?

Keine, beim Zeus, sprach er.

Nun aber sollen ja nicht Liebhaber des Regierens dazu gelangen, weil sie sonst als Mitbewerber darum streiten werden.

Freilich.

Welche anderen also willst du nötigen, mit der Fürsorge für den Staat sich zu befassen, als welche sowohl dessen am kundigsten sind, wodurch ein Staat gut verwaltet wird, als auch welche zugleich andere Belohnungen kennen und eine andere Lebensweise als die staatsmännische?

Keine anderen, sagte er.

Aristoteles

(384–322 v. Chr.)

Umfassendes Denken: Gott, Seele, Natur

Aristoteles war der bedeutendste Universalgelehrte des Altertums. Er hat ein Werk von Größe und Umfang hinterlassen, das über die Jahrhunderte die verschiedensten Wissensgebiete geprägt hat. Die Gesamtwirkung des aristotelischen Denkens war deswegen so tiefgreifend, weil er der Fülle des Wissens zum ersten Mal eine systematische und begriffliche Form gab. Metaphysik, Ethik, Psychologie, Biologie, Politik und Poetik wurden als Disziplinen maßgeblich von Aristoteles begründet und beeinflussen bis heute unsere Sicht auf die Welt.

Er war ein Schüler Platons, kritisierte aber dessen Hauptlehre, die Lehre von den Ideen, scharf.

Aristoteles wurde als Sohn eines makedonischen Arztes in Stageira auf der thrakischen Halbinsel Chalkidike, im Norden des heutigen Griechenlands geboren. Mit 17 Jahren kam er aus der Provinz nach Athen, trat in die Akademie Platons ein und gehörte ihr für 20 Jahre erst als Student und später als Lehrender an. Politische Spannungen und der Tod Platons (347 v. Chr.) führten dazu, daß er zunächst Athen verließ, auf Reisen ging und sich besonders mit dem Studium der Meereslebewesen beschäftigte. Als Biologe lernte er das Beobachten und Klassifizieren und legte damit den Grundstein seiner zukünftigen philosophischen Arbeit. Auf Einladung des Herrschers Hermias gründete er in der Nähe von Troja eine Schule platonischer Art.

Im Jahr 343/42 berief ihn Philip II., König von Makedonien, an seinen Hof, um die Erziehung seines damals 13jährigen Sohnes Alexander zu übernehmen. Dieser ging in die Geschichte als Alexander der Große ein. Das Lehrer-Schüler Verhältnis wurde im Nachhinein oft überschätzt, es währte nur kurz, denn Alexander mußte bereits nach drei Jahren die Regierungsgeschäfte übernehmen.

335 kehrte Aristoteles nach Athen zurück und gründete seine eigene Schule, das *Lykeion*. Hier begann er eine 13jährige intensive Forschungs- und Lehrtätigkeit. Fast alle seine Hauptschriften entstanden während dieser Zeit. Im Lykeion richtete Aristoteles die erste größere Bibliothek des Altertums sowie ein naturhistorisches Museum ein.

Seine Schule entwickelte eine große Produktivität, hier ließ er die verschiedensten Forschungen durchführen, oft in Form von Gruppenarbeit. Der Unterricht erstreckte sich auf zahlreiche Fächer wie Philosophie, Geschichte, Staatslehre, Biologie, Rhetorik und Dichtkunst. Besonders wichtig war die systematische Sammlung und Herausgabe wissenschaftlicher Lehrbücher. Das Lykeion hat fast 860 Jahre bestanden – länger als bisher alle europäischen Universitäten.

Nach dem frühen Tod Alexanders im Jahr 323 mußte Aristoteles Athen verlassen. Als Freund Alexanders und dessen makedonischer Politik wurde er unter dem Vorwand der ›Gottlosigkeit‹ zum Tode verurteilt. Aristoteles entzog sich, anders als Sokrates, dem Urteil durch Flucht, weil er, wie er sagte, den Athenern nicht zum zweiten Mal die Gelegenheit geben wollte, sich gegen die Philosophie zu versündigen. Ein Jahr später, 322 v. Chr., starb er vereinsamt im Alter von 62 Jahren im Exil.

Die meisten der von Aristoteles überlieferten Schriften sind wahrscheinlich Vorlesungsmanuskripte. Sie wurden größtenteils von seinen Schülern überarbeitet und nach seinem Tod geordnet. Von seinen zur Veröffentlichung bestimmten Texten sind hingegen nur spärliche Fragmente erhalten. So ist die Lage genau umgekehrt wie bei Platon, von dem keine Lehrschriften erhalten blieben.

Aristoteles hinterließ ein Werk von ungeheurer Themenvielfalt. Sein rastlos forschendes Denken richtete sich auf eine Fülle von Gegenständen. Im 1. Jahrhundert v. Chr. wurde zum ersten Mal eine ›Gesamtausgabe‹ seiner Schriften herausgegeben. Sie umfaßt:

Schriften zur Logik, zusammengefaßt unter dem Titel *Organon* (das heißt ›geistiges Werkzeug‹), physikalisch-naturwissenschaftliche Untersuchungen über die Biologie, Zoologie, Astronomie, Meteorologie und Psychologie sowie die acht Bücher umfassende *Physik*, eine der originellsten Leistungen der aristotelischen Philosophie.

Des weiteren liegt eine bedeutende Sammlung von Schriften über die Grundlagen des Seins vor, die so genannte *Metaphysik*.

Außerdem verfaßte Aristoteles acht Bücher zur *Politik*, zehn Bücher zur Ethik, die *Nikomachische Ethik*, nach seinem Sohn Nikomachos benannt, und drei Bücher zur Literatur und Rhetorik.

Aristoteles entwickelte einen neuen philosophischen Stil: die wissenschaftliche Abhandlung. Hier geht er ganz systematisch vor, indem er das, was er beobachtet und aufzeichnet, methodisch durchstrukturiert, einteilt, bestimmt und klassifiziert.

Anders als bei Platon nehmen bei Aristoteles die Sinneserfahrung, das Empirische und die Erfassung von Einzeldingen einen großen Stellenwert ein. Sie sind Ausgangspunkt und der erste Schritt, den man gehen muß, um zur Erkenntnis zu gelangen. In einem nächsten Schritt erst wird von dem Vielen und Zufälligen abstrahiert, um zum Wesentlichen und Allgemeinen zu kommen.

Aristoteles ist der Erfinder der *Abstraktion*, des gedanklichen Abziehens (lat. *abstrahere*) von qualitativen oder artspezifischen Merkmalen, mit deren Hilfe man zu einer gültigen Allgemeinaussage gelangt.

Während Platon seinen Blick ›nach oben‹ richtet, hin zu den Ideen, um zu einer sicheren Erkenntnis zu gelangen, blickt Aristoteles auch ›nach unten‹, zu der Sinneswelt, die ihn zu allgemeinen Schlüssen führt. Diese Art der philosophischen Methode, das Erkennen als Prozeß von der Sinneserfahrung hin zur Wesenseinsicht nennt man *Induktion*. Die logisch gültigen Schlüsse, die man auf diesem Weg gefunden hat, heißen *Deduktionen*. Diese sind übertragbar und können andere Wahrheiten ergeben. Aristoteles ist berühmt für die *Syllogistik*, die Lehre von den gültigen und ungültigen Schlüssen.

Insgesamt ging es Aristoteles, wie überhaupt der griechischen Philosophie, darum, nach den ›wahren Ursachen‹, nach dem ›Warum‹ und ›Wozu‹ in der Natur zu fragen. Er kam zu dem Schluß, daß letztendlich alles auf *ein* Ziel hin gerichtet ist. Vom Größten bis zum Kleinsten unterliegt alles einer zweckmäßigen Ordnung. Vergängliches strebt nach Unvergänglichem, Veränderliches nach Unveränderlichem, Unvollendetes nach Vollendetem. Der gesamte Kosmos und die Welt der Lebewesen stellen sich nach Stufen der Vollkommenheit hierarchisch geordnet dar.

Diese Art der *teleologischen* (zweckgerichteten) Naturbetrachtung des Aristoteles beeinflußte das christliche Mittelalter. Fast das gesamte Denkgebäude der mittelalterlichen Philosophie fußt auf dieser Vorstellung.

Um zu verstehen, wie sich die Ordnung herstellt und was das Wesentliche alles Lebenden definiert, nämlich die Bewegung und das Streben vom Unvollendeten hin zum Vollendeten, hat Aristoteles zwei Begriffe geprägt: den Stoff und die Form.

Die Theorie des Verhältnisses von Stoff und Form ist eines der Herzstücke der aristotelischen Philosophie. Das Unveränderliche nennt Aristoteles die Form, das Veränderliche ist die Materie, der Stoff. Die Form gibt dem Stoff erst seine Wirklichkeit. Der Stoff selbst hat keine Realität, er hat aber die Möglichkeit, unter den gestaltenden Kräften der Form wirklich zu werden. Die Form ordnet den Stoff, das Mögliche prägt das Wirkliche. Das Wesen einer Sache läßt sich für Aristoteles also nur aus der Einheit von Stoff und Form begreifen.

Als Beispiel führt Aristoteles den Menschen als Einheit von Stoff (Körper) und Form (Seele) an. Das Zusammenspiel beider Elemente erklärt auch die Bewegung alles Lebenden. Dort nämlich, wo sich Stoff und Form berühren, entsteht Bewegung. Und da Stoff und Form seit Ewigkeiten aufeinander wirken, setzt sich auch ihre Bewegung ohne Ende in die Zukunft fort. Es muß aber eine erste Ursache aller Bewegung geben. Diese muß von etwas Bewegendem ausgegangen sein, das selbst nicht bewegt ist.

Die Welt entstand für Aristoteles nicht aus dem Chaos oder der Nacht, wie es der Mythos noch gelehrt hat, sondern aus einer ersten und letzten Ursache allen Seins, aller Bewegung: Gott. Aristoteles denkt Gott in der berühmt gewordenen Formulierung vom ›unbewegten Beweger‹.

Mit dieser Vorstellung vom Göttlichen, aber auch der Frage nach dem Verhältnis von Materie und Schöpfung, von Körper und Seele, Sterblichkeit und Unsterblichkeit nimmt Aristoteles nicht nur entscheidenden Einfluß auf die mittelalterliche christliche Philosophie, sondern auch auf arabische und jüdische Denker des Mittelalters sowie auf die gesamte Tradition abendländischer Metaphysik.

Das zwölfte Buch der *Metaphysik*, aus dem Auszüge für diese Textsammlung ausgewählt wurden, ist die einzige Schrift, in der Aristoteles ausführlicher seine Vorstellung vom Göttlichen entwickelt. Seine These von Gott als ›unbewegtem Beweger‹ wird hier entfaltet.

Dieser Text nimmt auch deswegen eine herausragende Stellung im Gesamtwerk ein, weil er einen Überblick über die wesentlichen Züge des aristotelischen Denkens gibt. Er ist kunstvoll aufgebaut, mit stilistischen Höhepunkten und einer Pointe am Schluß versehen. Die Prinzipien der Zielgerichtetheit alles Seienden, der Ordnung von Natur und Kosmos, von Ursache und Bewegung, Substanz und Materie, Vernunft und Göttlichkeit werden hier erörtert.

Die zweite Schrift, die vorgestellt wird, gehört zu den bekanntesten, die Aristoteles verfaßt hat und heißt *Über die Seele*. Abgedruckt wird das erste Kapitel des ersten der insgesamt drei Bücher.

Auch dieser Text hat spätere Philosophen nachhaltig beeinflußt, von Thomas von Aquin über Averroes bis hin zu Hegel.

Über die Seele haben schon die Vorsokratiker, Sokrates und auch Platon philosophiert. Aber erst Aristoteles widmet diesem großen, fast alle Denker beschäftigenden Thema eine eigene Untersuchung. Er ordnet sie thematisch der Psychologie zu, die damit erstmals als eigene philosophische Disziplin begründet wird.

Aristoteles kommt in seiner Schrift zu dem Ergebnis, daß die Seele als Naturprinzip die Ursache aller Lebewesen ist, sie durchdringt gewissermaßen alles. Die Seele ist allerdings nicht wie das Lebende bewegt und materiell, sondern unbewegt und immateriell. Sie ist Form und formt den Leib, mit dem sie sich verbindet. Sie ist Teil des Göttlichen und unsterblich.

Sehr gut kann man an diesem Text die typische methodische Herangehensweise und den argumentativen Aufbau der aristotelischen Untersuchungsweise verfolgen: von der Nennung des Themas über die Auseinandersetzung mit den Erkenntnissen anderer Philosophen bis hin zur Entfaltung der eigenen These.

Für Jahrhunderte galt Aristoteles als Autorität auf fast allen Wissensgebieten. Im 17. Jahrhundert ging das Interesse an seinem Denken zurück, bis Georg Wilhelm Friedrich Hegel nach langer Zeit wieder begann, aristotelische Texte im Original zu lesen. Er bezeichnete Aristoteles als den »Lehrer des Menschengeschlechts«.

Metaphysik

(Buch 12, Kapitel 6–10)

Sechstes Kapitel

Da aber drei Substanzen waren, zwei die physischen und eine die unbewegte, so wollen wir von dieser sprechen und zeigen, daß es notwendig eine ewige, unbewegte Substanz gibt.

Denn die Substanzen sind das erste von dem Seienden, und wenn sie alle vergänglich sind, so ist alles vergänglich. Aber es ist unmöglich, daß die Bewegung entweder entsteht oder vergeht; denn sie war immer. Dasselbe gilt von der Zeit. Denn es kann kein Früher und Später geben, wenn es keine Zeit gibt. Mithin ist die Bewegung ebenso stetig wie die Zeit. Denn die Zeit ist entweder dasselbe wie die Bewegung oder eine Bestimmung derselben. Keine Bewegung ist aber stetig außer der örtlichen und zwar der Kreisbewegung.

Aber wenn nun ein Bewegungs- oder Wirkungskräftiges wäre, ohne aktuell zu sein, so wäre keine Bewegung. Denn was das Vermögen hat, ist möglicherweise nicht aktuell. Es nützt also nichts, wenn wir ewige Substanzen annehmen, wie die Vertreter der Ideenlehre, wofern in ihnen kein Prinzip sein soll, das verändern kann. Aber offenbar genügt auch ein solches Prinzip nicht, wenn es auch eine andere Substanz ist als die Ideen. Denn wenn es nicht aktuell sein soll, so wäre keine Bewegung. Aber auch wenn es aktuell, seine Substanz aber Potentialität ist; denn es würde keine ewige Bewegung sein. Denn das potentiell Seiende kann auch nicht sein. Es muß mithin ein solches Prinzip sein, dessen Substanz Aktualität ist.

Auch müssen ja diese Substanzen ohne Materie sein. Denn sie müssen ewig sein, wenn anders noch ein anderes ewig ist. Mithin sind sie Aktualität.

Doch erhebt sich eine Schwierigkeit. Alles Aktuelle scheint zu vermögen, aber nicht alles Vermögende aktuell zu sein, so daß also das Vermögen früher wäre. Aber wenn dem so wäre, so würde nichts von dem Seienden sein. Denn es ist möglich, daß etwas zwar zu sein vermag, aber noch nicht ist. Freilich ergibt sich dieselbe Unmöglichkeit auf dem Standpunkte der alten Götterlehre, welche die Welt aus der Nacht erzeugt, und dem der Physiker, welche ursprünglich alle Dinge zusammen sein lassen. Denn wie kann Bewegung erfolgen, wenn keine aktuelle Ursache sein soll? Das Material kann sich doch nicht selbst bewegen, sondern die Baukunst bewegt, und ebensowenig können die Katamenien und das Erdreich sich selbst bewegen, sondern sie werden bewegt vom Saatkorn und vom männlichen Samen. Daher ist einigen Philosophen zufolge beständig Aktualität, so nach *Leucippus* und *Plato*. Denn sie behaupten, es sei immer Bewegung. Aber warum das so ist, und welche Bewegung sein soll, geben sie nicht an, nicht schlechtweg und auch nicht mit Bezeichnung der Ursache dieser Bewegung. Denn nichts bewegt sich, wie es sich gerade trifft, sondern immer muß etwas als Ursache da sein, wie erfahrungsmäßig ein Ding von Natur sich so bewegt und gewaltsam, sei es durch eine Vernunft, sei es durch was anderes, so. Ferner, welche Art von Ursache ist die erste? Denn das macht einen ungeheueren Unterschied. Gewiß besteht für *Plato* nicht einmal die Möglichkeit, das als erste bewegende Ursache zu behaupten, was er zuweilen als Prinzip ansieht, das sich selbst Bewegende. Denn die Seele ist später, nämlich zugleich mit dem Himmel, wie er sagt.

Die Meinung also, daß die Potenz früher ist als der Aktus, ist in einer Weise richtig und in anderer Weise falsch. Wie, wurde früher erörtert. Daß aber der Aktus früher ist, bezeugt *Anaxagoras* – denn der *Nus* ist aktuell – und Empedokles mit seinen Prinzipien, Freundschaft und Streit, und die Philosophen, die immerfort Bewegung sein lassen, wie *Leucippus*.

Daher war denn nicht durch endlose Zeit das Chaos oder die Nacht, sondern immer dasselbe entweder im Kreislauf oder anders, wenn anders der Aktus früher ist als die Potenz.

Wenn demnach immer dasselbe im Kreislauf ist, so muß etwas bleiben, das immer gleichmäßig aktuell ist. Wenn aber Entstehen und Vergehen sein soll, so muß ein anderes sein, das immer anders und anders aktuell ist. Es muß also auf eine Weise sich selbst nach aktuell sein, auf andere einem anderen nach; mithin entweder einem Verschiedenen nach oder dem Ersten nach. Notwendig also diesem nach. Denn es wäre dasselbe wieder ihm selbst Ursache und jenem. Besser also das Erste. Denn dasselbe war Ursache der beständigen Gleichmäßigkeit, und ein anderes Ursache des Wechsels, und beide zugleich offenbar Ursache des beständigen Wechsels. Nun verhalten sich die Bewegungen so auch wirklich. Was braucht man also andere Prinzipien zu suchen?

Siebentes Kapitel

Da es aber so angängig ist und anderseits, wenn es sich so nicht verhält, alles aus der Nacht und dem »Alles zusammen« und dem Nichtseienden entstehen müßte, so lösen sich demnach diese Schwierigkeiten, und es gibt etwas, das immer bewegt ist in unaufhörlicher Bewegung, und zwar der Kreisbewegung, und dies steht nicht nur begrifflich, sondern auch erfahrungsmäßig fest. So wäre denn der erste Himmel ewig.

Folglich gibt es auch etwas, das bewegt. Da aber das gleichzeitig Bewegte und Bewegende in der Mitte steht, so gibt es etwas, das unbewegt bewegt, ein Ewiges, das Substanz und Tätigkeit zugleich ist.

Es bewegt aber so. Das Appetible und das Intelligible bewegen, ohne bewegt zu werden. Das erste Appetible und das erste Intelligible sind aber identisch. Denn Gegenstand des Gelüstes ist das gut Scheinende, Gegenstand des Willens aber erst das gut Seiende. Denn wir begehren vielmehr, weil etwas uns gut dünkt, als etwas uns gut dünkt, weil wir sein begehren. Denn der Anfang ist das Denken. Der Intellekt wird aber Ton dem Intelligiblen bewegt, intelligibel aber ist die eine Reihe der Gegensätze an sich, und in dieser ist die Substanz das Erste, und von dieser wieder die einfache und aktuelle. Das Eins und das Einfache ist aber nicht dasselbe; denn das Eins bezeichnet ein Maß, das Einfache aber ein bestimmtes Verhalten. Nun steht aber auch das Schöne und seiner selbst wegen zu Wählende in eben dieser Reihe, und das Erste ist immer das Beste oder ein Analogon des Besten. Daß aber das Weswegen sich im Unbewegten findet, zeigt die Unterscheidung. Denn das Weswegen ist zweifach, und das eine existiert schon, das andere noch nicht.

Es bewegt aber als Geliebtes, Bewegtes aber bewegt das. andere. Wenn nun etwas bewegt wird, so ist es auch fähig, sich anders zu verhalten. Ist demnach zuerst die Ortsbewegung, so ist sie auch die Aktualität, nach der es bewegt wird. Mit Bezug auf sie aber kann es sich dem Orte, wenn auch nicht der Substanz nach anders verhalten. Da aber etwas bewegend ist, das selbst unbewegt ist, da es aktuell ist, so kann dieses sich ganz und gar nicht anders verhalten. Denn die Ortsbewegung ist die erste unter den Veränderungen, und erste Ortsbewegung wieder die Kreisbewegung, diese aber wird von ihm bewirkt. Es ist also notwendig seiend, und insofern es notwendig ist, ist es gut, und so, als Gutes, ist es Prinzip. Das Notwendige hat nämlich so viele Bedeutungen: gewaltsam, weil es gegen den Trieb geht, Bedingung, ohne die das Gute nicht stattfindet, und schlechthinnige Notwendigkeit mit der Unmöglichkeit des Gegenteils. Von einem solchen Prinzip also hängt der Himmel und die Natur ab.

Ihm kommt aber ein seliges Leben zu, so vollkommen, wie wir es nur auf kurze Zeit genießen. Denn so lebt jenes immerdar – für uns ist es unmöglich –, da auch die Seligkeit seine Aktualität ist. Und darum sind Wachen, Wahrnehmen und Denken für uns so genußreich, Hoffnungen aber und Erinnerungen sind es erst um dieser willen. Das Denken an sich aber geht auf das an sich Beste, und je mehr es Denken an sich ist, desto mehr ist sein Inhalt das an sich Beste. Sich selbst aber denkt der Intellekt durch Ergreifung des Intelligiblen. Denn er wird intelligibel, indem er es berührt und denkt, so daß Intellekt und Intelligibles dasselbe ist. Der Intellekt ist es nämlich, der das Intelligible und die Substanz aufnimmt und der aktuell ist, insofern er dieses Objekt in sich hat. Daher ist dasselbe denn noch in höherem Grade göttlich als das, was der Intellekt Göttliches an sich zu haben scheint, und die Betrachtung desselben ist das Seligste und

Beste. Wenn nun Gott so glückselig ist, wie wir je und je, so ist das ein bewunderungswertes Sein, wenn aber noch glückseliger, so ist es noch bewunderungswerter. Das aber ist er. Er ist aber auch das subsistierende Leben. Denn die Aktualität des Intellektes ist Leben; jener aber ist die Aktualität, die Aktualität aber sein subsistierendes vollkommenes und ewiges Leben. Darum pflegen wir zu sagen, Gott sei ein vollkommenes und ewiges lebendiges Wesen. Demnach eignet Gott stetes und ewiges Leben und stete und ewige Dauer. Denn Gott ist persönlich dieses beide.

Diejenigen Philosophen aber, die wie die *Pythagoreer* und *Speusippus* annehmen, das Schönste und Beste liege nicht im ersten Prinzip, da auch die Prinzipien der Pflanzen und Tiere zwar Ursachen seien, das Schöne und Vollkommene aber erst in dem zutage trete, was sich aus diesen Prinzipien entwickelt, sind im Irrtum. Denn der Same ist aus Anderem, Früherem, Vollkommenem, und nicht Same ist das Erste, sondern das vollendete Lebewesen; so wird man z. B. vom Menschen sagen, er sei früher als der Same, nicht der Mensch, der aus dem Samen wird, sondern der Andere, von dem der Same ist. – Aus dem Gesagten ist also klar, daß es ein ewiges, unbewegtes und vom Sichtbaren abgeschiedenes Wesen gibt.

Es wurde aber auch gezeigt (Phys. VIII, 10), daß dieses Wesen keinerlei Größe haben kann, sondern unteilbar und unzertrennlich ist. Denn es bewegt die unendliche Zeit hindurch, nichts Endliches aber hat eine unendliche Kraft. Indem aber jede Größe entweder unendlich oder endlich ist, so kann es aus dem angeführten Grunde keine endliche Größe haben, eine unendliche aber darum nicht, weil überhaupt keine unendliche körperliche Größe sein kann. Man sieht aber auch, daß das göttliche Wesen leiden- und wandellos ist. Alle anderen Bewegungen sind ja später als die Ortsbewegung.

Was dieses also betrifft, so wissen wir nun, warum es sich so verhält.

Achtes Kapitel

Ob man aber nur ein solches Wesen anzunehmen hat oder mehrere, und wie viele, darf nicht unentschieden bleiben. Auch müssen wir, was die Erklärungen der anderen Philosophen betrifft, erwähnen, daß sie über die Zahl dieser Wesen nichts Bestimmtes gesagt haben. Die Ideenlehre kennt hierüber keine eigene Untersuchung. Denn die Anhänger dieser Lehre bezeichnen die Ideen als Zahlen, reden aber von den Zahlen bald so, als wären ihrer unbestimmt viele, bald so, als beschränkten sie sich auf die Zehnzahl. Warum aber der Zahlen so viele sind, darüber verlautet im Sinne methodischer Begründung gar nichts, wir aber müssen die Frage gemäß der gewonnenen Grundlage und den bisherigen Bestimmungen erörtern.

Das Prinzip nämlich und das Erste von allem Seienden kann weder an sich noch mitfolgend bewegt werden und bewirkt die erste ewige und eine Bewegung. Da aber das Bewegte durch etwas bewegt werden und immer das erste Bewegende an sich unbewegt sein und die ewige Bewegung von einem Ewigen, die einige von einem Einigen ausgehen muß, und da wir sehen, daß es außer dem einfachen Umschwung des All, der nach uns von der ersten und unbewegten Substanz ausgeht, noch andere ewige Umschwunge gibt, die der Planeten – denn der im Kreis bewegte himmlische Körper ist ewig und ohne Stillstand, wofür die Beweise in der Physik beigebracht worden sind (Physik VIII, 8, 9; de coelo II, 3 ff.) –, so werden notwendig auch alle diese Umschwunge je für sich durch je eine an sich unbewegte und ewige Substanz bewirkt. Denn die Gestirne sind ewige Substanzen, und so ist auch das Bewegende ewig und früher als das Bewegte, und was früher ist als eine Substanz, muß Substanz sein. Es ist also aus den jetzt angeführten Gründen klar, daß es ebenso viele von Natur ewige und an sich unbewegte und größenlose Substanzen geben muß.

Man sieht also, daß Substanzen existieren, und welche von ihnen nach der Ordnung und Reihenfolge in den Umläufen der Gestirne die erste und die zweite ist. Was aber nun die Anzahl der Umschwünge betrifft, so müssen wir sie aus derjenigen mathematischen Disziplin entnehmen, welche mit der Philosophie am nächsten verwandt ist, nämlich aus der Astronomie. Denn diese Disziplin stellt ihre Untersuchung über die zwar sinnenfällige, aber ewige Substanz an, während die anderen mathematischen Disziplinen, Algebra z. B. und Geometrie, keinerlei Substanz in Betracht nehmen.

Daß nun der Umläufe der umlaufenden Himmelskörper mehrere sind, ist jedem klar, der auch nur ein weniges von der Himmelskunde erfaßt hat. Denn jeder Planet hat mehr als eine Bewegung. Wie viele aber deren sein mögen, darüber wollen wir jetzt die Angaben einiger Mathematiker der Kenntnisnahme halber angeben, damit die Vorstellung eine bestimmte Zahl hat, woran sie sich halten kann; im übrigen aber muß man das eine selber erforschen und über das andere die Forscher vernehmen, und wenn man bei diesem Geschäfte hier und da zu anderen Ansichten gelangt als den hier wiedergegebenen, so muß man sich bei aller Achtung vor beiden Parteien an die exakteren Forscher halten.

Eudoxus nun behauptete, der Umschwung der Sonne und des Mondes komme durch je drei Sphären zustande, deren erste die der Fixsterne sei, deren zweite ihre Sichtung mitten durch den Tierkreis habe und deren dritte in schräger Richtung durch die Breite des Tierkreises gehe; doch bilde diese Schräge einen größeren Winkel hei der Bahn des Mondes als bei der der Sonne. Den Umschwung der Planeten aber ließ er durch je vier Sphären zustande kommen; von diesen sollte die erste und zweite mit den entsprechenden beiden Sphären der Sonne und des Mondes dieselbe sein – denn die Sphäre der Fixsterne sei es, die alle Sphären insgesamt herumführe, und die unter ihr befindliche, mitten durch den Tierkreis sich drehende, sei allen ohne Ausnahme gemeinsam –, die dritte Sphäre aller Planeten aber sollte ihre Pole in dem durch die Mitte des Zodiakus gelegten Kreise haben, und der Umschwung der vierten in der Richtung eines gegen die Mitte der dritten Sphäre schiefen Kreises erfolgen. Die Pole der dritten Sphäre sollten bei den anderen Planeten eigene, bei Venus und Merkur die nämlichen sein.

Kallippus aber behauptete dieselbe Lage der Sphären wie Eudoxus, d. h. dieselbe Ordnung ihrer Abstände, ihre Zahl aber anlangend gab er zwar dem Stern des Jupiter und dem des Saturn ebensoviel Sphären wie jener, dagegen meinte er, daß der Sonne und dem Monde noch zwei Sphären hinzugefügt werden müßten, wenn man den Erscheinungen gerecht werden wolle, den übrigen Planeten aber je eine.

Es muß aber, wenn die Sphären alle zusammen genommen die Erscheinungen erklären sollen, noch auf jeden Planeten eine um eins geringere Anzahl von weiteren Sphären kommen, die rückläufig sind und die erste Sphäre des unter ihnen stehenden Gestirns immer in dieselbe Lage zurückbringen; denn nur so kann die Bewegung der Planeten alles Erforderliche leisten. Da nun der Sphären, durch die die Bewegung der Planeten bewirkt wird, einmal 8 und sodann 25 sind, und von diesen nur diejenigen keine Zurückführung nötig haben, durch die der zu unterst stehende Himmelskörper bewegt wird, so wird es für die Sphären der beiden ersten Planeten 6 zurückführende Sphären geben, für die der 4 folgenden 16, die Zahl aller zusammen aber, der bewegenden und der sie zurückführenden, wird 55 betragen. Wenn man aber dem Monde und der Sonne die Bewegungen, die wir genannt haben, nicht hinzufügt, so werden der Sphären insgesamt 47 sein.

Dies nun möge die Zahl der Umschwünge sein, so daß es Grund hat, auch die Zahl der Substanzen und Prinzipien, der unbewegten wie der sinnlichen, so hoch anzusetzen. Denn von einer Notwendigkeit zu reden, bleibe Stärkeren überlassen. Wenn es aber keinen Umschwung geben kann, der nicht auf den Umschwung eines Gestirnes abzielte, und man ebenso jede Natur und jede Substanz, die leidenlos und an sich des Besten teilhaftig ist, als Ziel von Umschwüngen zu betrachten hat, so wird außer diesen keine andere Natur sein, vielmehr muß die Zahl der Substanzen notwendig so groß sein. Denn wären noch andere, so müßten sie als Ziel eines Umschwungs bewegen. Aber es können unmöglich noch andere Umschwünge als die genannten sein. Das kann man mit Grund aus den im Umschwung bewegten Körpern abnehmen. Denn wenn alles Bewegende naturgemäß für ein Bewegtes da ist, und jede Bewegung ein Bewegtes voraussetzt, so dürfte wohl keine Bewegung um ihrer selbst oder um einer anderen willen existieren, sondern nur um der Gestirne willen. Denn soll die eine Bewegung für die andere da sein, so muß letztere wieder zugunsten einer anderen bestehen. Da das also nicht ins Endlose fortgehen kann, so muß das Ziel jedes Umlaufs einer von den göttlichen Körpern sein, die sich am Himmel bewegen. Es ist aber offenbar auch nur ein Himmel. Denn wären mehrere Himmel, wie es mehrere Menschen gibt, so würde das erste Prinzip für jeden der Art nach eines sein, der Zahl nach aber wären viele. Alles der Zahl nach viele hat aber Materie. Denn ein und derselbe Begriff, wie z. B. Mensch, kommt Vielen zu, Sokrates aber ist einer. Das erste wesentliche Sein aber hat keine Materie. Denn es ist Entelechie. Ein Einiges also, wie dem Begriffe, so auch der Zahl nach, ist das erste unbewegte Bewegende; mithin ist auch dasjenige nur eines, was immer und stetig bewegt wird. Es existiert mithin nur ein Himmel (oder eine Welt).

Es ward aber von den Alten und den Vätern aus grauer Vorzeit den Nachkommen im Gewande des Mythus überliefert, daß diese Götter sind und das Göttliche die ganze wandelbare Natur rings umgibt. Das übrige ist dann in mythischer Weise hinzugefügt worden zur Überredung der Menge, und um die Beobachtung der Gesetze und das Gemeinwohl zu sichern. Man legt ihnen nämlich menschliche Gestalt und auch Ähnlichkeit mit manchen anderen Lebewesen bei und anderes damit Zusammenhängendes und dem Gesagten Ähnliches. Sondert man nun hiervon einzig jenes Erste ab und hält sich daran, nämlich den Glauben, daß die ersten Substanzen Götter sind, so wird man wohl diese

Lehre für erhaben und göttlich halten müssen, und da wahrscheinlich jede Kunst und Philosophie mehr als einmal, so weit es möglich war, entdeckt und ausgebildet und dann wieder verloren worden ist, so mag man auch in diesen Ansichten gleichsam Überbleibsel einer früheren Weisheit sehen, die sich bis auf die Gegenwart erhalten haben. Die Ansicht der Väter also und die Überlieferung aus der Urzeit ist uns nur so weit erkennbar.

Neuntes Kapitel

Das den Nus Betreffende aber hat einige Schwierigkeiten. Denn er scheint das Göttlichste von dem zu sein, was wir kennen; wie er sich aber verhält, um das zu sein, das anzugeben, unterliegt einigen Schwierigkeiten. Denn wenn er nichts denkt, was ist dann Hohes an ihm? Verhielte er sich doch wie ein Schlafender. Wenn er aber denkt und sein Denken von anderem abhängig ist – denn es wäre dann das, was seine Substanz ausmacht, nicht Denken, sondern Vermögen –, so kann er nicht das vollkommenste Wesen sein. Denn auf dem Denken beruht seine hohe Würde.

Ferner aber, mag seine Substanz Denkvermögen oder Denken sein, was denkt er? Offenbar entweder sich selbst oder ein anderes. Und wenn ein anderes, entweder immer dasselbe oder anderes. Macht es nun einen Unterschied oder nicht, ob er das Schöne denkt oder das erste beste? Oder ist es nicht sogar unziemlich, an manches zu denken? Es ist also ausgemacht, daß er das Göttlichste und Ehrwürdigste denkt und dabei keinen Wandel erleidet. Denn es wäre ein Wandel ins Schlechtere, und es würde dies schon eine Bewegung sein.

Erstlich also, wenn er nicht Denken, sondern Vermögen wäre, so wäre es wahrscheinlich, daß ihn das stetige Denken ermüdete. Sodann wäre offenbar ein anderes als der Nus das Würdigere, nämlich das Gedachte. Denn das Denken und die Denktätigkeit muß auch dem zukommen, was das Schlechteste denkt. Ist dieses nun aber zu fliehen – ist es doch besser, manches nicht zu sehen als zu sehen –, so kämen wir zu der Folge, daß das Denken nicht das Beste ist. Mithin denkt er sich selbst, wenn anders er das Vollkommenste ist, und ist das Denken Denken des Denkens.

Aber dem Anscheine nach geht die Wissenschaft, die Wahrnehmung, die Meinung, das Nachdenken immer auf etwas anderes, und auf sich selbst nur nebenher. Ferner, wenn Denken und Gedachtwerden verschieden sind, nach welchem von beiden kommt ihm da das Gute zu? Es ist doch nicht dasselbe, Denken sein und Gedachtes sein.

Oder ist vielleicht manchmal die Wissenschaft identisch mit der Sache? Bei den hervorbringenden Wissenschaften ist, abgesehen von der Materie, die Substanz und das wesentliche Sein, bei den theoretischen der Begriff und das Denken die Sache. Da nun das Gedachte und der denkende Verstand nicht verschieden ist bei allem was keine Materie hat, so wird es dasselbe sein und das Denken des Gedachten eins mit dem des Denkens.

Noch ist nun die Schwierigkeit übrig, ob das (von Gott) Gedachte (wie ein Satz) zusammengesetzt ist. Denn das Denken würde sich, die Teile des Ganzen durchlaufend, verändern. Oder ist vielleicht alles, was keine Materie hat, unteilbar, wie der menschliche Verstand oder doch das Denken von Zusammengesetztem sich zeitweise verhält? Es hat nämlich nicht in dem oder jenem Teile sein Gutes, sondern in der Erkenntnis eines Ganzen sein Bestes, das von jenem Guten verschieden ist. So aber verhält sich das auf sich selbst gehende Denken immer und ewig.

Zehntes Kapitel

Wir müssen aber auch untersuchen, auf welche von beiden Weisen dem Weltganzen das Gute und Beste zukommt; ob als etwas Getrenntes und Selbständiges, oder als Ordnung seiner Teile. Doch wohl auf beide Weisen zusammen wie einem Heere. Denn beim Heere liegt das Gute einmal in der Ordnung, sodann stellt es der Feldherr dar, ja, dieser noch mehr. Denn nicht er ist der Ordnung wegen da, sondern sie seinetwegen.

Alles aber ist in bestimmter Weise, wenn auch mit Unterschied, in *eine* Ordnung gebracht, Fische, Vögel und Pflanzen, und es ist nicht so, daß das eine mit dem anderen keinen Zusammenhang hätte, sondern dieser Zusammenhang ist da. Alles ist nämlich auf ein einiges Ziel hingeordnet; allein es ist hier wie in einem Hauswesen, wo es den Freien am wenigsten gestattet ist, nach Belieben zu handeln, sondern alles oder das meiste für sie vorgeschrieben ist, während die Sklaven und das Vieh nur wenig für die Allgemeinheit zu tun haben und meistens tun, was sich eben trifft. Das hier in Frage kommende Prinzip ist nämlich die Natur der einzelnen Dinge. Ich meine, daß z. B. alles es bis zu seiner eigentümlichen Gestalt bringen muß, und so ist noch anderes derart, daß an ihm alles teil hat zum Besten des Ganzen.

Welche Unmöglichkeiten oder Ungereimtheiten aber für diejenigen herauskommen, die anders meinen, und was diejenigen behaupten, die einen richtigeren Blick haben, und was für Behauptungen weniger Schwierigkeiten bereiten, darf uns nicht verborgen bleiben.

Alle Philosophen lassen alles aus Gegensätzen entstehen. Sie haben aber weder mit dem alles, noch mit dem aus Gegensätzen Recht, noch sagen sie, wie da, wo Gegensätze sind, ein Werden aus den Gegensätzen stattfinden könne.

Denn die Gegensätze leiden nicht voneinander. Für uns aber löst sich diese Schwierigkeit auf annehmbare Weise durch Aufstellung eines dritten. Andere aber machen die Materie zu dem einen Gegensatz; so diejenigen, welche das Ungleiche zur Materie für das Gleiche oder das Viele zur Materie für das Eine machen. Aber das löst sich in derselben Weise. Denn die Materie, die *eine*, ist keinem entgegengesetzt.

Ferner hätte alles am Schlechten teil außer dem Einen. Denn das Schlechte selbst ist das eine von den Elementen. Die anderen aber lassen das Gute und das Schlechte nicht einmal als Prinzipien zu; gleichwohl ist in allem vorzugsweise das Gute Prinzip. Andere aber haben darin zwar recht, daß sie das Gute als Prinzip setzen, aber wie es Prinzip ist, ob als Zweck oder als Bewegendes oder als Form, geben sie nicht an. Aber auch die Art, wie *Empedokles* das Gute zum Prinzip macht, ist nicht zulässig. Das Gute soll nämlich die Freundschaft sein. Dieselbe ist aber sowohl bewegendes Prinzip, da sie eint, als auch materielles, da sie ein Teil der Mischung ist. Wenn nun auch eines und dasselbe mitfolgend materielles und bewegendes Prinzip sein kann, so ist beides doch nicht begrifflich dasselbe. In welcher von beiden Beziehungen nun ist die Freundschaft Prinzip? Auch ist es unstatthaft, daß der Streit unvergänglich sein soll, der doch nichts anderes ist als die Natur des Bösen. *Anaxagoras* aber macht das Gute im Sinne der bewegenden Ursache zum Prinzip; denn der Nus bewegt; aber er bewegt um eines Zweckes willen, so daß etwas anderes das Prinzip sein muß, außer er faßte es wie wir: die Heilkunst ist nämlich gewissermaßen die Gesundheit. Unstatthaft ist es aber auch, daß er keinen Gegensatz zum Guten und zum Verstand aufstellt.

Alle Philosophen aber, die entgegengesetzte Prinzipien aufstellen, bedienen sich dieser Gegensätze nicht, es sei denn, daß man ihnen nachhilft. Und warum das eine vergänglich, das andere unvergänglich ist, gibt keiner an. Denn sie lassen alles Seiende aus denselben Prinzipien entstehen. Ferner lassen die einen das Seiende aus dem Nichtseienden entstehen, andere lassen, um nicht hierzu genötigt zu sein, alles Eins sein. Ferner, weshalb das Werden ewig sein soll und was die Ursache des Werdens sei, gibt Keiner an. Auch für die, welche zwei Prinzipien aufstellen, muß es noch ein anderes eigentlicheres Prinzip geben, wie auch für die Verfechter der Ideen; denn es gibt ein anderes eigentlicheres Prinzip. Denn warum nahm ein Ding gerade dann und dann an der Idee teil, oder warum tut es das eben jetzt? Und für die anderen muß es einen konträren Gegensatz zur Weisheit und würdigsten Wissenschaft geben, für uns aber nicht. Denn das erste Prinzip hat keinen konträren Gegensatz. Denn alles Konträre hat Materie und ist der Potenz nach dasselbe. Die konträr entgegengesetzte Unwissenheit aber bezöge sich aufs Konträre. Das Erste hat aber kein Konträres.

Und wenn es nichts geben soll als die Sinnenwelt, so gäbe es kein erstes Prinzip, keine Ordnung, kein Werden, keine himmlischen Dinge, sondern ein Prinzip hat dann immer wieder ein anderes Prinzip, wie wir dies bei allen Theologen und Physikern finden.

Soll es aber Ideen oder Idealzahlen geben, so wären sie von nichts Ursache, und wollte man das auch nicht gelten lassen, so verursachten sie doch sicher keine Bewegung. Ferner, wie soll aus Größelosem Größe und Stetiges hervorgehen? Denn die Zahl könnte Stetiges nicht hervorbringen, weder als Bewegendes noch als Form.

Es wird aber auch kein Konträres ein aus sich tätiges und bewegendes Prinzip sein. Es könnte ja auch *nicht* sein. Nun ist aber das Tun später als das Können. Mithin wären die Dinge nicht ewig. Sie sind es aber. Man muß also etwas an den Voraussetzungen aufheben. Wie das, ist vorhin gesagt worden.

Ferner, wodurch die Zahlen eins sind, oder Leib und Seele, und allgemein Form und Ding, darüber sagt Keiner etwas, und man kann es auch nicht sagen, wenn man nicht, wie wir sagt, daß das Bewegende es bewirkt.

Die aber als Erstes die mathematische Zahl setzen und so immer eine Substanz nach der anderen und für jede andere Prinzipien, bringen das Weltganze um seinen Zusammenhang – denn Sein oder Nichtsein der einen Substanz trüge für die anderen nichts aus – und vervielfältigen die Prinzipien. Die Dinge wollen aber keine schlechte Verfassung haben. »Vielherrschaft ist kein nützliches Ding, ein Herrscher nur walte!«

Über die Seele

(Buch 1, Kapitel 1–3)

Erstes Kapitel: Schwierigkeit der Seelenlehre. Das Verhältnis von Seele und Leib

Wenn die Wissenschaften zu den edlen und wertvollen Lebensgütern gehören, und zwar die eine in höherem Grade als die andere, sei es wegen der größeren Genauigkeit der Untersuchung, sei es wegen der höheren Bedeutung des Gegenstandes, so werden wir aus beiden Gründen der Psychologie sicherlich den höchsten Wert beimessen. Scheint doch die richtige Auffassung des Seelenlebens für das gesamte Wissensgebiet, insbesondere aber für die Naturerkenntnis von größter Tragweite zu sein. Denn die Seele kann als das Prinzip (die bewegende Kraft) der lebenden Wesen hingestellt werden.

Ich will nun versuchen, zuerst ihr eigentümliches Wesen, sodann die ihr zukommenden Eigenschaften zu betrachten und zu ergründen. Von diesen sind, wie ich meine, einige als besondere Zustände der Seele anzusehen, andere aber gehören durch ihre Vermittlung auch den lebenden Wesen als Ganzen an.

Aber eine zuverlässige Kenntnis des Seelenlebens zu gewinnen, ist in jeder Hinsicht eine der allerschwierigsten Aufgaben. Denn wenn der Gang der Untersuchung derselbe ist wie in vielen andern Wissenschaften, insofern als es gilt, das Wesen und den Begriff des Gegenstandes aufzudecken, so liegt der Gedanke nahe, daß das wissenschaftliche Verfahren bei allen Dingen, deren Wesenheit wir zu erkennen suchen, das gleiche sei, wie ja auch die Ableitung der nichtwesentlichen Eigentümlichkeiten durch ein Verfahren, nämlich die Beweisführung, geschieht, und in dem Falle würde eben dieses Verfahren zu ermitteln sein. Sollte indessen der Gang bei der Peststellung des Begriffes nicht überall der gleiche sein, so gestaltet sich die Untersuchung noch schwieriger. Denn man wird dann bei jedem Gegenstande zu erwägen haben, welcher Weg einzuschlagen sei. Und auch wenn darüber Klarheit herrscht, ob eine Beweisführung oder eine Einteilung oder irgendeine andere Methode am Platze sei, so gibt es noch viele Zweifel und Bedenken über die Prinzipien (Grundlagen), von denen man bei der Untersuchung ausgehen muß. Denn die Prinzipien sind bei den verschiedenen Gegenständen verschieden, wie z. B. bei den Zahlen und bei den Flächen.

Vor allem wird man wohl feststellen müssen, zu welcher Kategorie die Seele gehört und was sie ist, ich meine, ob sie ein Einzelwesen und eine Substanz oder eine Qualität, oder eine Quantität, oder sonst eine der Kategorien ist, die wir aufgestellt haben; ferner, ob sie zu den noch auf der Stufe der Möglichkeit (Potentialität) befindlichen Dingen gehört oder vielmehr eine Wirklichkeit (Aktualität) ist; denn das macht einen großen Unterschied. Auch müssen wir untersuchen, ob sie teilbar oder unteilbar ist, und ob alle Seelen gleichartig sind oder nicht, und wenn sie es nicht sind, ob sie sich der Art oder der Gattung nach unterscheiden. Denn alle die, welche bisher die Seele zum Gegenstande ihrer Darstellung und Forschung machten, haben, wie es scheint, nur die menschliche Seele betrachtet. Auch dürfen wir darüber nicht im unklaren sein, ob es nur *einen* Begriff der Seele gibt, wie es beim lebenden Wesen ist; oder ob er bei jeder Seele anders ist, z. B. bei der des Pferdes, des Hundes, des Menschen, Gottes, so daß dann der allgemeine Begriff des lebenden Wesens entweder geradezu nichtig oder wenigstens nur abgeleitet wäre, und ebenso jede andere allgemeine Wesensbestimmung, die etwa von ihm ausgesagt werden sollte.

Ferner, wenn es sich herausstellen sollte, daß es nicht viele Seelen gibt, sondern nur viele Teile der Seele, so entsteht die Frage, ob man zuerst die ganze Seele oder ihre Teile betrachten soll – bei denen dann wieder sich nur schwer bestimmen läßt, wie sie in ihrem natürlichen Wesen sich voneinander unterscheiden –, und ob man zuerst die Teile oder ihre Tätigkeiten untersuchen soll, z. B. das Denken oder das Denkvermögen, das Wahrnehmen oder das Wahrnehmungsvermögen und ebenso bei den übrigen Seelenkräften. Und wenn man zuerst die Tätigkeiten erforschen muß, so könnte wiederum ein Zweifel darüber herrschen, ob man nicht vorher, ihre Objekte zu betrachten hat, z. B. das Wahrnehmbare vor der Tätigkeit des Wahrnehmens und das Denkbare vor der Denktätigkeit.

Ferner scheint nicht nur die Erkenntnis des Wesens förderlich zu sein für die Betrachtung der Ursachen, die den nichtwesentlichen Eigenschaften zugrunde liegen – wie ja in der Mathematik der Begriff des Geraden und Krummen oder der Linie und Fläche erkennen läßt, wieviel Rechte die Dreieckswinkel betragen –, sondern umgekehrt trägt auch die Betrachtung der Eigenschaften viel zur Erkenntnis des Wesens eines Dinges bei. Denn wenn wir imstande sind, über die Eigenschaften eines Dinges, sei es über alle oder über die meisten, vermöge unserer Einbildungskraft Rechenschaft zu geben, dann werden wir auch über das Wesen die zutreffendste Erklärung abgeben können. Ist doch der Ausgangspunkt jedes Beweises der Begriff. Deshalb sind alle Begriffsbestimmungen, aus denen die Erkenntnis der Eigenschaften sich nicht ergibt, ja aus denen nicht einmal eine Vermutung über dieselben sich leicht ableiten läßt, offenbar insgesamt dialektische und inhaltlose Redewendungen.

Schwierig ist auch die Frage, ob an allen Zuständen der Seele auch ihr Träger Anteil hat, oder ob es einen Zustand gibt, der ihr allein eigen ist. Darüber muß man ins klare kommen, wiewohl es nicht leicht ist. In den meisten Fällen scheint sie ohne den Körper weder eine Einwirkung zu erfahren noch eine Tätigkeit auszuüben, z. B. beim Zürnen, Mutigsein, Begehren, überhaupt beim Empfinden. Am meisten eigentümlich scheint ihr das Denken zu sein. Wenn aber auch dieses eine Art von Phantasietätigkeit ist oder wenigstens nicht ohne solche vor sich geht, so wäre selbst bei dem Denken die Annahme, daß es ohne den Körper geschieht, unmöglich. Gibt es demnach der Seele ganz eigentümliche Tätigkeiten, oder Zustände, so wäre es möglich, daß sie sich vom Körper trennt, ist ihr aber nichts Derartiges eigentümlich, so folgt daraus, daß ihr nicht Selbständigkeit zukommt, sondern es sich mit ihr wie mit der geraden Linie verhält, die als solche, insofern sie gerade ist, viel Eigenschaften hat, z. B. daß sie die eherne Kugel nur in einem Punkte berührt. Aber diese Berührung erfolgt nicht in der Weise, daß die gerade Linie selbständig für sich wäre. Denn sie ist unselbständig, da sie immer mit einem Körper verbunden erscheint. So scheinen auch alle seelischen Vorgänge, wie Zorn, Sanftmut, Furcht, Mitleid, Mut, ferner Freude, sowie Liebe und Haß, in Verbindung mit dem Körper zu stehen. Denn bei allen diesen ist der Körper irgendwie beteiligt. Das beweist die Tatsache, daß man manchmal bei starken und deutlich sichtbaren Anlässen nicht in zornige Aufwallung oder in Furcht gerät, bisweilen aber aus kleinen und unscheinbaren Anlässen sich aufregt, was eben dann geschieht, wenn der Körper in Wallung ist, d. h. sich so verhält, wie es beim Zorn der Fall zu sein pflegt. Noch deutlicher ist die Beobachtung, daß man mitunter in die Gemütszustände des Fürchtenden versetzt wird, obwohl nichts Furchterregendes geschieht. Wenn aber dem so ist, so muß in den Begriffen der Affekte offenbar die Beziehung auf das Stoffliche enthalten sein. Deshalb lauten die Definitionen z. B. folgendermaßen: Der Zorn ist die aus einem solchen Anlaß und zu einem solchen Zweck erfolgte Bewegung eines soundso beschaffenen Körpers oder eines seiner Teile oder Vermögen. Und deswegen müßte nunmehr es die Aufgabe des Physikers sein, Betrachtungen über die Seele anzustellen, sei es über die ganze Seele, sei es, insofern sie eine bestimmte Beschaffenheit hat.

Übrigens würden die Definitionen, die der Physiker und der Logiker von jedem Affekte geben, verschieden lauten. So würde der eine den Zorn definieren als das Streben nach Wiedervergeltung oder so ähnlich, der andere als das Aufwallen des Blutes oder der Wärme im Herzen. Der eine von ihnen deutet die stoffliche Seite des Vorgangs, der andere die formale und begriffliche. Denn der Begriff ist in der Form des Dinges gegeben, er muß aber notwendig in einem bestimmten, Stoff sein, wenn er überhaupt vorhanden sein soll. So besagt der Begriff des Hauses, daß es ein Obdach zur Verhütung des durch Wind, Regen und Hitze drohenden Schadens ist. Ein anderer wird Steine, Ziegel, Holz nennen, ein dritter die in diesen Stoffen um solcher Zwecke willen wirksame Form bezeichnen. Wer ist nun unter diesen der wahre Physiker? etwa der, welcher nur den Stoff berücksichtigt, aber von dem Begriffe nichts weiß? oder der, welcher nur den Begriff ins Auge faßt? oder vielmehr der, welcher beides miteinander verbindet? Von den beiden oben Genannten aber was ist da ein jeder? Wer sich mit den Bestimmtheiten des Stoffes, die nicht trennbar und sofern sie nicht trennbar sind, beschäftigt, ist doch kein anderer als der Physiker, der alle Tätigkeiten und Zustände eines soundso beschaffenen Körpers und eines soundso beschaffenen Stoffes untersucht. Was aber nicht solcher Art ist, gehört in das Gebiet eines anderen. Über manches wird vielleicht der Meister eines Handwerks oder einer Kunst handeln, wie der Baumeister oder der Arzt. Was aber nicht trennbar, jedoch auch nicht Bestimmtheit eines soundso beschaffenen Körpers ist und auf dem Wege der Abstraktion erfaßt wird, das fällt dem Mathematiker zu, endlich das, was getrennt gedacht wird, dem Metaphysiker.

Allein wir müssen zu dem Gegenstande unserer Betrachtung zurückkehren. Wir sagten, daß die seelischen Zustände von dem physischen Stoffe der Lebewesen nicht trennbar sind, insofern die Zustände eben der Art sind wie Zorn und Furcht, und daß sie nicht sich so verhalten wie die Linie und die Fläche.

Zweites Kapitel: Die Ansichten der älteren Philosophen über das Wesen der Seele

Bei der Untersuchung über das Wesen der Seele muß man einerseits die Fragen aufwerfen, über die wir im Fortgang der Betrachtung ins klare kommen sollen, andererseits aber zugleich die Ansichten der früheren Forscher, die sich darüber geäußert haben, heranziehen, um dann die richtigen Erklärungen anzunehmen und die falschen zurückzuweisen. Wir beginnen die Untersuchung mit dem, was der Seele von Natur wohl am meisten zukommt. Es scheint nun, als ob das Beseelte von dem Unbeseelten sich hauptsächlich durch zweierlei unterscheidet: durch die Bewegung und die sinnliche Wahrnehmung. Diese beiden Bestimmungen entsprechen ungefähr dem, was wir von den älteren Forschern über das Wesen der Seele gehört haben. Denn einige behaupten, daß die Seele hauptsächlich und in erster Linie das Bewegende sei. Und in der Meinung, daß das, was selbst nicht in Bewegung sei, auch ein anderes nicht bewegen könne, nahmen sie an, daß die Seele zu den in Bewegung befindlichen Dingen gehöre. Deshalb erklärt Demokritos, sie sei etwas Feuriges und Warmes. Er nimmt nämlich eine unendliche Menge unteilbarer Körperchen (Atome) an und nennt die kugelförmigen Feuer und Seele. Diese Körperchen sollen nach Art der in der Luft schwebenden sogenannten Sonnenstäubchen zu denken sein, welche in den durch die Fenster einfallenden Strahlen sichtbar werden. Die von ihnen gebildete Samen-Allheit nennt Demokritos – und ebenso Leukippos – die Elemente der gesamten Natur. Die kugelförmigen unter diesen bezeichnen sie als Seele, weil solche Formen am leichtesten alles durchdringen und vermöge der eigenen Bewegung auch das übrige bewegen können, wobei die Forscher von der Überzeugung ausgehen, daß es die Seele sei, die den lebenden Wesen die Bewegung verleihe. Deswegen dauere auch das Leben so lange wie das Atmen. Wenn nämlich die umgebende Luft die Körper zusammendrücke und diejenigen Atome herauspresse, die den lebenden Wesen infolge ihrer eigenen fortwährenden Unruhe die Bewegung mitteilen, so bringe die Atmung Hilfe, insofern als dadurch von außen andere Atome der Art eindringen. Denn diese lassen nicht zu, daß die in den lebenden Wesen schon vorhandenen Atome ausgeschieden werden, indem sie der zusammendrängenden und Starrheit erzeugenden Kraft entgegenwirken. Und die Wesen leben so lange, als sie dies zu tun vermögen.

Denselben Sinn scheint auch die von den Pythagoreern aufgestellte Behauptung zu haben. Es erklärten nämlich einige von ihnen, die Seele werde gebildet von den in der Luft schwebenden Sonnenstäubchen, andere aber, sie sei das, was die Sonnenstäubchen bewegt. Auf diese ist man deswegen verfallen, weil sie auch bei völliger Windstille sich immerfort deutlich bewegen.

Und auf dasselbe laufen die Ansichten aller derer hinaus, welche die Seele als das sich selbst Bewegende auffassen. Denn diese scheinen alle als das anzusehen und zu glauben. daß alles andere die Bewegung der Seele verdanke, diese aber sich von selbst bewege. Die Auffassung hat sich ihnen gebildet, weil sie nichts sehen konnten, was eine Bewegung veranlaßt, ohne selbst bewegt zu werden. In ähnlicher Weise sagt auch Anaxagoras, die Seele sei das Bewegende, ebenso wer sonst noch behauptet hat, daß der denkende Geist das Weltall in Bewegung gesetzt habe. Jedoch stimmt dies nicht ganz mit der Ansicht des Demokritos überein. Denn dieser setzt schlechthin Seele. und denkenden Geist als dasselbe, denn die sinnliche Erscheinung sei – so meint er – das Wahre. Deshalb habe Homer vortrefflich gesagt, daß Hektor abwesenden Geistes dalag. Er sieht also in dem denkenden Geist nicht nur das Vermögen, die Wahrheit zu erkennen, sondern er erklärt Seele und Geist für dasselbe. Anaxagoras spricht sich darüber weniger deutlich aus. Denn an vielen Stellen sagt er, der denkende Geist sei die Ursache der Schönheit und Vollendung, an anderen wieder, er sei die Seele; denn er sei in allen lebenden Wesen vorhanden, in großen und kleinen, höheren und niederen. Allein der Geist in dem Sinne von Denkkraft kommt, wie es scheint, nicht allen Tieren, ja nicht einmal allen Menschen in gleicher Weise zu.

Alle also, die auf die Bewegung des Beseelten ihr Augenmerk gerichtet haben, sahen in dem Bewegungsfähigsten die Seele, diejenigen aber, die auf die Erkenntnis und Wahrnehmung der Dinge blicken, betrachten die Seele als den Inbegriff der Erkenntnisprinzipien, wobei die einen mehrere der Art annahmen, andere wieder nur eins. So behauptet Empedokles, die Seele bestehe aus sämtlichen Elementen, es sei aber auch jedes von diesen eine Seele, indem er sich so ausdrückt:

> Erde durch unseren Erdstoff wir schauen und Wasser durch Wasser,
> Göttliche Luft durch Luft, durch Feuer verzehrendes Feuer,
> Wiederum Liebe durch Liebe und Zwietracht durch traurige
> Zwietracht.

Auf dieselbe Weise läßt auch Platon im Timaios die Seele, aus den Elementen entstehen; denn Gleichartiges werde durch Gleichartiges erkannt, die Dinge aber beständen aus den Prinzipien. Ähnliche Angaben enthält auch die Schrift: Über die Philosophie, nämlich, daß das Lebewesen an sich aus der Idee der Eins und der Idee der ersten Länge, Breite und Tiefe bestehe und alles andere in ähnlicher Weise gestaltet sei. Aber die Erklärung lautet auch noch anders. Der denkende Geist sei die Eins – denn dieser ziele ausschließlich auf Eins hin –, die wissenschaftliche Erkenntnis sei die Zwei, die Meinung aber sei die in der Fläche ausgedrückte Zahl, die sinnliche Wahrnehmung endlich die Zahl des Körperlichen. Denn die Zahlen wurden die Ideen selbst und die Prinzipien genannt, sie beständen aber aus den Elementen. Und die Dinge unterliegen teils dem denkenden Geiste, teils der wissenschaftlichen Erkenntnis, teils der Meinung, teils der sinnlichen Wahrnehmen. Diese Zahlen aber sind die Ideen der Dinge.

Da die Seele einerseits, das Bewegende, andererseits das Erkennende zu sein schien, so haben einige die beiden Bestimmungen in der Weise verknüpft, daß sie die Seele für die sich selbst bewegende Zahl erklärten.

Über das Wesen und die Anzahl der Prinzipien aber gehen die Meinungen weit auseinander, am meisten zwischen denen, die körperliche Prinzipien annehmen, und denen, die sie für unkörperlich halten. Von diesen weichen wieder jene ab, die durch die Verbindung beider Arten die Prinzipien aufstellen. Auch in betreff der Menge sind die Ansichten verschieden. Denn die einen nehmen nur ein Prinzip an, andere dagegen mehrere. Dem entsprechen denn auch die Bestimmungen, welche sie der Seele geben. Da sie als das Wesen der ersten Dinge nicht ohne guten Grund die Bewegungsfähigkeit und die Denkkraft betrachteten, so schien einigen die Seele mit dem Feuer identisch zu sein. Denn dies ist von allen Elementen das feinste und unkörperlichste, außerdem vermag es vor allem sich selbst und anderes zu bewegen. Demokritos hat sich noch eingehender ausgelassen und die Gründe für jene beiden Eigenschaften angegeben. Seele und Geist sei nämlich dasselbe, dieser bestehe aber aus den ursprünglichen und unteilbaren Körperchen und sei wegen ihrer Feinheit und Gestalt der Bewegung teilhaftig. Unter den Gestalten hält er nun die kugelförmige für die beweglichste und meint, daß gerade so beschaffen sowohl der Geist als auch das Feuer sei.

Anaxagoras scheint zwar Seele und Geist zu unterscheiden, wie ich schon früher gesagt habe, betrachtet jedoch beides als ein Wesen, außer daß er vor allem anderen den Geist als Prinzip hinstellt. Wenigstens sagt er, daß der Geist allein von allen Wesenheiten einfach und ungemischt und rein sei. Und er führt beides, das Erkennen sowohl wie das Bewegen, auf dasselbe Prinzip zurück, indem er erklärt, daß der Geist das Weltall in Bewegung gesetzt habe.

Es scheint aber auch Thales nach dem, was überliefert wird, die Seele als das Bewegende aufgefaßt zu haben, da er dem Stein eine Seele zuschreibt, deswegen, weil er das Eisen bewege.

Diogenes hält mit einigen anderen die Seele für Luft, in der Meinung, daß diese der allerfeinste Stoff und das Prinzip von allem sei, und er behauptet, daß deswegen die Seele sowohl erkenne wie bewege; sie erkenne, weil sie das Erste sei und daraus sich alles übrige gebildet habe, sie bewege, weil sie das Feinste sei.

Aber auch Heraklit erklärt die Seele für das Prinzip, da er den Dunst, woraus er alles andere entstehen läßt, als Seele ansieht. Auch meint er, daß sie das Unkörperlichste sei und in beständigem Fluß sich befinde. Das Bewegte aber werde durch Bewegtes erkannt Und daß die Dinge immer in Bewegung seien, hat er in Übereinstimmung mit vielen anderen angenommen.

Eine ähnliche Ansicht scheint auch Alkmaion über die Seele gehabt zu haben. Er behauptet nämlich, sie sei unsterblich, weil sie den Unsterblichen gleiche, und dies sei ihr eigentümlich wegen ihrer beständigen Bewegung. Denn in ununterbrochener Bewegung sei auch alles Göttliche, der Mond, die Sonne, die Sterne und der ganze Himmel.

Von denen aber, welche gröbere Vorstellungen hegen, erklärten einige die Seele sogar für Wasser, z. B. Hippon. Zu dieser Ansicht sind sie, wie es scheint, durch die Beobachtung des Samens, der bei allen feucht ist, gekommen. Denn Hippon sucht diejenigen, welche das Blut für die Seele halten, mit dem Hinweis darauf zu widerlegen, daß der Same nicht Blut sei, und dieser sei doch der Ursprung der Seele.

Andere wieder, wie Kritias, erklärten sie für Blut, in der Meinung, daß der Seele am eigentümlichsten die Sinnesempfindung sei, die auf der Natur des Blutes beruhe.

Es hat eben jedes Element einen Anwalt gefunden, mit der Ausnahme der Erde, für die sich niemand erklärt hat, abgesehen von denen, die die Seele aus allen Elementen bestehen lassen oder als die Gesamtheit aller hinstellen. So wird von allen das Wesen der Seele etwa durch drei Eigenschaften bestimmt, durch die Bewegung, die Sinnesempfindung und die

Unkörperlichkeit. Und es wird jede von diesen auf die Prinzipien zurückgeführt. Deshalb bezeichnen auch diejenigen, welche das Erkennen zur wesentlichen Eigenschaft der Seele machen, sie als ein Element oder als ein Produkt von Elementen. Und sie stimmen auch in den Erklärungen mit Ausnahme eines einzigen überein. Sie sagen nämlich, daß das Gleichartige durch das Gleichartige erkannt werde. Und da die Seele alles erkennt, so soll sie aus allen Grundstoffen bestehen. Diejenigen, welche nur eine Ursache und ein Element annehmen, stellen denn auch die Seele als Eines hin, z. B. als Feuer oder Luft. Diejenigen aber, welche eine Mehrheit von Grundstoffen annehmen, machen auch die Seele zu einer Mehrheit. Anaxagoras allein sagt vom Geiste, er sei unveränderlich und habe mit keinem anderen Dinge etwas gemein. Auf welche Weise aber und aus welchem Antriebe der Geist bei solcher Beschaffenheit erkennen sollte, das ist von Anaxagoras nicht erklärt worden und auch aus seinen Worten nicht zu erschließen.

Alle aber, welche unter den Grundstoffen Gegensätze annehmen, lassen auch die Seele aus den entgegengesetzten Elementen bestehen. Und diejenigen, welche nur die eine Seite des Gegensatzes, z. B. das Warme oder das Kalte oder etwas anderes der Art, annehmen, stellen in ähnlicher Weise auch die Seele als eins von diesen Elementen hin. Dabei lassen sie sich denn auch von den Benennungen leiten. Denn die, welche die Seele als das Warme bezeichnen, tun es, weil davon das griechische Wort für »leben« abgeleitet ist, die, welche sie für das Kalte halten, berufen sich darauf, daß die Seele ihren Namen von der Atmung und der daraus erfolgenden Abkühlung erhalten habe.

Dies also sind die überlieferten Ansichten von dem Wesen der Seele und auch die Gründe, worauf sie sich stützen.

Drittes Kapitel: Bedenken gegen die Bewegung der Seele

Wir müssen nun zunächst die Bewegung genauer betrachten. Denn vielleicht ist es nicht allein unrichtig, das Wesen der Seele so zu bestimmen, daß man sagt, sie sei das, was sich selbst bewege oder bewegen könne, sondern es ist vielleicht sogar unmöglich, daß ihr Bewegung zukomme.

Daß das Bewegende nicht notwendig auch selbst in Bewegung sein müsse, ist schon oben gesagt worden. Nun ist die Art und Weise, wie etwas sich bewegt, immer eine zwiefache. Entweder bewegt es sich in Verbindung mit etwas anderem oder an und für sich. Der erste Fall tritt bei Dingen ein, die sich bewegen, weil sie in einem Bewegten sind, wie die Schiffer. Denn diese bewegen sich nicht in gleicher Weise wie das Schiff, da sich dieses an und für sich bewegt, jene aber sich dadurch bewegen, daß sie in dem Bewegten sind. Das kann man an ihren Gliedern deutlich erkennen. Denn die eigentümliche Bewegung der Beine ist das Schreiten, das wir denn auch bei den Menschen beobachten, das aber in dem obigen Falle bei den Schiffern nicht stattfindet. Da also die Bewegung in doppeltem Sinne verstanden wird, so müssen wir jetzt untersuchen, ob die Seele sich an und für sich bewegt oder nur an der Bewegung teilnimmt. Da es nun vier Bewegungen gibt, die Ortsveränderung, die Verwandlung, die Abnahme und Zunahme, so müßte die Seele eine von diesen Bewegungen oder mehrere oder alle haben. Wenn aber ihre Bewegung nicht eine beiläufige ist, so müßte sie ihr von Natur zukommen. In diesem Falle aber würde ihr auch ein Ort eigen sein; denn alle die genannten Bewegungen sind an einem Orte.

Wenn nun das Wesen der Seele in der Selbstbewegung besteht, so kann ihr die Bewegung nicht beiläufig zukommen, wie dem Weißen oder dem drei Ellen Langen. Denn es bewegen sich zwar auch diese Eigenschaften, aber beiläufig, da sich eigentlich das bewegt, an dem sie sind, nämlich der Körper. Deshalb ist ihnen auch kein Ort eigen, der Seele aber muß ein Ort zukommen, wenn anders sie von Natur an der Bewegung teilhat.

Ferner wenn die Seele von Natur bewegt, wird, so, kann sie auch gewaltsam bewegt werden, und umgekehrt wenn sie gewaltsam bewegt wird, so auch von Natur. Ebenso verhält es sich mit der Ruhe. Denn wohin sie von Natur bewegt wird, dort ruht sie auch von Natur. Und wohin sie gewaltsam bewegt wird, dort ruht sie gleichfalls gewaltsam. Aber welche gewaltsamen Bewegungen und Ruhezustände der Seele es geben könnte, das zu sagen wird nicht einmal denen leicht sein, die sich aufs Phantasieren legen wollen. Weiter, wenn die Seele sich nach oben bewegt, wird sie als Feuer zu betrachten sein, wenn nach unten, als Erde. Denn dies sind die Bewegungen, die diesen Körpern zukommen. Dasselbe gilt von den mittleren Elementen.

Ferner da sie offenbar den Leib bewegt, so ist es natürlich, daß sie die Bewegungen hervorruft, die sie selbst macht. Ist dies der Fall, so kann man mit Recht auch umgekehrt sagen, daß sie die Bewegung des Leibes mitmacht. Da aber diese örtlich ist, so wird auch die Seele eine Veränderung in ihrem Verhältnis zum Leibe erfahren, indem sie entweder ganz oder in ihren Teilen den Ort wechselt. Und wenn dies möglich ist, dann wird es auch wohl möglich sein, daß sie ihn verläßt und wieder in ihn zurückkehrt, und daraus würde dann folgen, daß die toten Lebewesen wieder auferstehen.

Ist aber die Bewegung eine beiläufige, so könnte die Seele auch durch anderes bewegt werden, nämlich dann, wenn das Lebewesen gewaltsam gestoßen würde. Gehört jedoch die Selbstbewegung zum Wesen eines Dinges, so darf es nicht von etwas anderem bewegt werden, außer wenn es beiläufig geschieht, wie denn auch das, was an und für sich gut ist, außer sich weder eine Ursache noch einen Zweck haben kann.

Von der Seele aber möchte man am ehesten sagen, daß sie von den Gegenständen der Sinneswahrnehmung in Bewegung gesetzt werde, wenn anders sie bewegt wird. Indessen auch in dem Falle, daß sie sich selbst bewegt, könnte sie doch auch bewegt werden. Demnach müßte, da jede Bewegung ein Heraustreten des Bewegten aus dem bisherigen Zustande je nach der Art der Bewegung ist, auch die Seele aus ihrer Wesenheit heraustreten, vorausgesetzt, daß die Bewegung zu ihrem eigentümlichen Wesen gehört und nicht etwa nur beiläufig ihr zukommt.

Einige behaupten auch, daß die Seele den Leib, in dem sie sich befindet, auf dieselbe Weise bewege, wie sie selbst sich bewegt, z. B. Demokritos. der sich ähnlich ausdrückt wie der Komödiendichter Philippos. Dieser sagt nämlich, Daidalos habe der hölzernen Statue der Aphrodite dadurch Bewegung verliehen, daß er Quecksilber hineingoß. Ebenso erklärt auch Demokritos, daß die kugelförmigen Atome, die vermöge ihrer Natur niemals ruhen, durch ihre Bewegung auch den ganzen Leib mit fortreißen und in Bewegung setzen. Aber wir werden fragen, ob eben diese Atome auch einen Stillstand bewirken. Wie sie dies machen sollen, das ist schwer oder vielmehr unmöglich zu sagen. Überhaupt scheint die Seele nicht auf diese Weise das Lebewesen zu bewegen, sondern vermöge eines Willensaktes und einer Denktätigkeit.

Ebenso sucht auch der Timaios die Bewegung des Leibes durch die Seele physikalisch zu erklären. Er meint nämlich, vermöge der Selbstbewegung bewege sie auch den Leib, weil sie mit ihm eng verbunden sei; und er hat deshalb die gerade Linie der Seele, die aus den Elementen bestehen und nach den harmonischen Zahlen geteilt sein soll, damit sie für die Harmonie einen angeborenen Sinn habe und damit auch das Weltall in gleichmäßigen Bahnen umschwinge, in einen Kreis umgebogen, dann aus diesem einen zwei an zwei Punkten miteinander verkoppelte Kreise gebildet und wiederum den einen in sieben Kreise zerlegt, in der Überzeugung, daß die Bewegungen der Seele mit den Umläufen des Himmels übereinstimmen.

Aber erstens ist die Behauptung, daß die Seele eine räumliche Größe sei, nicht zu rechtfertigen. Denn offenbar soll die Weltseele von der Art sein, wie das, was man Geist nennt, nicht etwa von der Art, wie die empfindende oder die begehrende Seele. Denn die Bewegung dieser Seelen ist keine kreisförmige. Der Geist aber ist einheitlich und stetig wie das Denken. Nun ist das Denken der Inbegriff der Gedanken, und diese sind eins, weil sie eine zusammenhängende Reihe bilden, wie die Zahl, aber nicht wie die räumliche Größe. Deshalb ist auch der Geist nicht in dieser Weise stetig, sondern er ist entweder ohne Teile oder wenigstens nicht so stetig wie eine räumliche Größe. Denn wie sollte er nur denken, wenn er eine Größe wäre? etwa mit jedem beliebigen seiner Teile? Die Teile müssen aber entweder als Größen oder als Punkte aufgefaßt werden, wenn man diese überhaupt Teile nennen darf. Sind es nun Punkte, so wird der Geist, da die Zahl der Punkte unendlich ist, sicherlich nie zu Ende kommen. Sind es aber Größen, so wird er häufig oder vielmehr unendlich oft dasselbe denken. Aber es ist offenbar auch möglich, daß er etwas nur einmal denkt. Wenn es aber genügt, daß der Geist mit einem beliebigen Teil den Gegenstand des Erkennens berührt, warum muß er sich dann im Kreise bewegen oder überhaupt eine Größe haben? Ist andererseits zum Denken die Berührung durch den ganzen Kreis notwendig, welchen Wert hat dann die Berührung vermittels der Teile? Ferner wie soll er das Teilbare durch Unteilbares und das Unteilbare durch Teilbares denken? Und doch muß der Geist mit diesem Kreis identisch sein; denn die Bewegung des Geistes ist das Denken, die des Kreises die Umdrehung. Wenn nun das Denken Umdrehung ist, so muß der Kreis, der eine solche Umdrehung hat, der Geist sein.

Was wird nun der Inhalt des zeitlich unbegrenzten Denkens sein? Denn ewig muß es sein, da ja die Umdrehung ewig ist. Nun, aber haben doch die aufs Handeln gerichteten Gedanken eine Grenze, insofern sie alle einem außer ihnen liegenden Zweck dienen, und die auf die Erkenntnis gerichteten werden in gleicher Weise durch die Denktätigkeiten begrenzt. Jede Denktätigkeit aber ist entweder eine Begriffsbestimmung oder ein Beweis. Der Beweis hat nun ebensowohl einen Anfang wie auch an dem Schluß oder vielmehr Schlußsatz ein gewisses Ende. Wenn aber manche Beweise auch keinen Abschluß haben, so biegen sie doch nicht wieder nach dem Ausgangspunkt zu um, sondern sie gehen geradeaus, indem sie immer einen Mittelbegriff und einen äußeren aufnehmen, während die Umdrehung nach dem Ausgang zu umbiegt. Die Begriffsbestimmungen aber sind alle begrenzt.

Ferner wenn dieselbe Umdrehung sich oft wiederholt, so wird auch derselbe Gedanke oft wiederkehren müssen. Weiter ist das Denken mehr einem ruhigen Verweilen und einem Stillestehen ähnlich als einer Bewegung. Ebenso auch die Schlußfolgerung. Und auch eine beseligende Kraft kann das nicht besitzen, was nicht mühelos, sondern gewaltsam geschieht. Und doch müßte die Bewegung der Natur der Seele zuwider sein, wenn sie nicht ihrem Wesen eigentümlich ist. Ebenso ist die enge Verbindung mit dem Körper ohne die Möglichkeit sich loszumachen für sie lästig, ja verabscheuenswert, wenn anders es für den Geist besser ist, nicht mir einem Körper verbunden zu sein, wie man unter Zustimmung vieler zu behaupten pflegt.

Außerdem bleibt die Ursache für die Kreisbewegung des Himmels unerklärt. Denn in dem Wesen der Seele kann die Kreisbewegung nicht begründet sein, da sie nur zufällig sich so bewegt, noch kann der Körper die Bewegung verursachen, da vielmehr seine Bewegung von der Seele ausgeht. Überdies wird nicht gesagt, daß die Annahme dieser Bewegung sich besonders empfiehlt. Und doch wäre es nötig gewesen, daß der Gott die Kreisbewegung der Seele deswegen verliehen hätte, weil die Bewegung für sie besser wäre als die Ruhe und diese Bewegung besser als eine andere.

Da jedoch eine solche Untersuchung mit anderen Fragen in engerer Beziehung steht, so wollen wir sie jetzt fallen lassen. Aber es gibt eine Ungereimtheit, die nicht nur diese Betrachtung, sondern auch die meisten anderen der Seele geltenden Erörterungen betrifft. Man verknüpft nämlich die Seele mit dem Leib und versetzt sie in diesen, ohne zu bestimmen, worauf die Verbindung beruht und wie beschaffen der Leib ist. Und doch scheint dies notwendig zu sein. Denn es ist eine Folge ihrer Gemeinschaft, daß das eine wirkend, das andere leidend sich verhält, das eine bewegend, das andere bewegt. Von diesen Beziehungen findet sich keine bei solchen Dingen, die nur in einem zufälligen Verhältnis zueinander stehen.

Andere Forscher versuchen nur die Beschaffenheit der Seele zu erklären, über den Leib, der sie aufnehmen soll, bemerken sie weiter nichts, gerade als ob es möglich wäre, daß den Phantasiegebilden der Pythagoreer entsprechend eine beliebige Seele in einen beliebigen Leib einträte, während doch jeder Leib eine eigene Form und Gestalt zu haben scheint. Jene aber reden, wie wenn jemand sagen wollte, die Baukunst bediene sich der Flöten. Denn in Wirklichkeit muß jede Kunst ihre eigenen Werkzeuge gebrauchen, und ebenso die Seele ihren eigenen Leib haben.

III.
Philosophie im Zeitalter des Hellenismus

EPIKUR

(341–270 v. Chr.)

Die Lust im Garten des Lebens

Epikur, der große Denker der Spätzeit der griechischen Philosophie, war der Gründer einer philosophischen Schule, die ›Der Garten‹ hieß. Er wurde auf der Insel Samos geboren und starb in Athen.

Epikur lebte zu einer Zeit, in der es in der griechischen Kultur zu tiefgreifenden Veränderungen des gesellschaftlichen und individuellen Bewußtseins kam. Das politische System der Stadtstaaten, der Polis, erlebte seinen Niedergang. Hatte sich das klassische Griechentum und das Bewußtseins des Einzelnen innerhalb des Schutzraums der Polis entwikkelt, fand sich nun das Individuum viel größeren gesellschaftlichen Zusammenhängen ausgesetzt. Und: das sich stetig ausbreitende Rom unterwarf allmählich die hellenischen Staaten.

Diese fundamentalen Entwicklungen schlugen sich auch in der Philosophie nieder: Das philosophische Interesse verlagerte sich von politisch-gesellschaftlichen und allgemeinen, das Sein betreffenden Reflexionen auf Fragen, die der einzelnen Person und der Lebensführung galten. Die Philosophie entwickelte lebenspraktische Überlegungen, die ganz unmittelbar Trost und Rat gaben und bei der Lebensgestaltung zu helfen versuchten. Es war die Zeit der großen Schulen, deren Anhänger die gleichen Grundüberzeugungen und Lebensprinzipien teilten und oft in Gemeinschaft miteinander lebten. Eine solche Lebensgemeinschaft gründete Epikur mit Hinblick darauf, den Ratlosen eine Aussicht auf Glück zu vermitteln. Die Formel lautete: Vermehre die Lust und vermeide die Unlust!

Im Jahr 306 v. Chr. kam Epikur nach längerer Lehr- und Wanderzeit durch die Provinz nach Athen und erwarb ein Gartengrundstück. Er gründete seine Schule, der sich bemerkenswerterweise auch Frauen und Sklaven anschließen durften. Hier lebten die Epikureer das Ideal des heiteren, freundschaftlichen Umgangs in kultivierter Atmosphäre, ganz zurückgezogen von den täglichen Geschäften der Politik und des Alltags. Ein berühmtes Motto der epikureischen Lehre heißt: Lebe im Verborgenen!

Tatsächlich ging es Epikur darum, ein gutes, von Wohlbefinden bestimmtes Leben zu führen und dieses in privater Abgeschiedenheit mit Freunden zu teilen. Der Staat und die Gesellschaft hatten keinen Wert an sich, allein die individuelle Lust konnte das Glück des Einzelnen garantieren. Die Lust, so sagt Epikur, ist »Anfang und Ende des glückseligen Lebens«.

Die Lehre, die die Lust (griech. *hedoné*) zum höchsten Gut erklärt, nennt man *Hedonismus*. Die epikureische Philosophie wird oft in Zusammenhang mit dem Ideal eines ausschweifenden Lebens gesetzt, das sich allein auf die Befriedigung sinnlicher Genüsse ausrichtet. Das wird aber der ethischen Auffassung, die Epikur vertrat, nicht gerecht. Zwar ging es darum, ein Leben lang ein Maximum an Wohlbefinden und ein Minimum an Leid zu erreichen, aber in gemäßigter und kalkulierter Form. Nur das Abwägen der verschiedenen Bedürfnisse und Wünsche, nur Genügsamkeit konnten, laut Epikur, zur erstrebten Seelenruhe führen.

Er lehrt, »daß ein lustvolles Leben nicht möglich ist ohne ein einsichtsvolles, sittliches und gerechtes Leben«.

So ist die epikureische Philosophie eher als eine Art Lebenskunst zu verstehen, die Feinsinnigkeit und Kultur in ihr Zentrum stellt. Meist stammten ihre Anhänger aus den gesellschaftlichen Oberschichten.

Epikurs Lehre ist stark auf die praktische Lebensführung ausgerichtet, gleichzeitig aber auch vielschichtiger als allgemein angenommen.

Epikur hat allein 37 Bücher mit dem gemeinsamen Titel *Über die Natur* geschrieben. Sie sind zwar nur noch in Fragmenten erhalten, machen aber deutlich, daß die Naturforschung für seine Lehre von großer Bedeutung war. Das Wissen von der Natur sollte den Menschen nämlich von Aberglauben und falschen Mythen befreien und ihm helfen, ein freies, selbstbestimmtes Leben zu führen.

Epikur vertrat in seiner Welterklärung einen materialistischen Ansatz, mit dem er an die Atomlehre des Vorsokratikers Demokrit anknüpft. Gleichzeitig baut seine Erkenntnistheorie auf der sinnlichen Erfahrung auf. Für ihn geht das Erkennen des Wahren zuerst von den Sinnen aus. So kommt er zu dem Schluß, daß, wenn wir unseren Sinnen folgen, auch nichts zu fürchten brauchen, besonders nicht den Tod, denn er ist empfindungslos, weil alle Sinne im Moment des Todes aufgelöst werden. Das Empfindungslose aber trifft uns nicht.

So fügt sich auch Epikurs Vorstellung von der menschlichen Seele und den Göttern in seine Lebensphilosophie. Die Seele ist materiell, und die fernen Götter führen ein sorgloses und heiteres Dasein zwischen den Welten. Da sie nicht an der Weltentstehung beteiligt waren und auch nicht in den Lauf der Dinge eingreifen, braucht der Mensch keine Angst vor ihnen zu haben, sondern er soll sich nehmen, wozu er berechtigt ist: den Genuß des irdischen Lebens.

Drei Lehrbriefe Epikurs geben seine Philosophie sehr anschaulich wieder. Sie wurden von seinem Anhänger Diogenes Laertius überliefert. Diogenes Laertius, der um 300 n. Chr. lebte, ist der Verfasser der einzigen antiken Philosophiegeschichte. Sie stellt eine wertvolle Quelle antiker Texte dar und enthält Informationen über das Leben und Werk vieler Autoren. Diesem Buch sind zwei Briefe Epikurs entnommen, die für diese Textsammlung vorgestellt werden sollen. Zum einen ein *Brief an Herodot*, der die epikureische Lehre der Natur beschreibt, und zum anderen ein *Brief an Menoikeus*, der Epikurs Ethik darstellt. Beide Briefe zeigen, wie sehr Freundschaft und geistiger Austausch im Zentrum seiner Lehre stehen.

Im übrigen ist der Geist epikureischen Denkens in besonders schöner und poetischer Form bei dem römischen Dichter Lukrez in dessen Lehrgedicht *Von der Natur der Dinge* wiedergegeben.

Brief an Herodot

Epikur entbietet dem Herodot seinen Gruß

Für Leser, mein lieber Herodot, die nicht imstande und in der Lage sind, allen Einzelheiten der in meinen Schriften niedergelegten Lehre von der Natur genau nachzugehen und auch die größeren der von mir darüber verfaßten Werke von Anfang bis zu Ende durchzulesen, habe ich eine kurze Übersicht über die ganze Materie entworfen, um ihnen zur gedächtnismäßigen Festhaltung der wichtigsten Lehren zu verhelfen und sie in den Stand zu setzen, sich für die Grundlehren jederzeit Rat zu holen, soweit sie sich auf die theoretische Naturbetrachtung einlassen. Auch die weiter Fortgeschrittenen, die bereits einen hinreichenden Überblick über das Weltall haben, müssen doch die elementaren Grundzüge dieses ganzen Lehrgebietes sich immer wieder zum Bewußtsein bringen. Denn einer Gesamtansicht bedürfen wir häufig, mit den Einzelheiten ist es anders bestellt. Wir müssen uns also fortwährend an jene

Gesamtansicht halten und sie uns gedächtnismäßig zu eigen machen so weit, daß wir von dieser Grundlage aus nicht nur den maßgebenden Gesichtspunkt für die Betrachtung der Dinge überhaupt, sondern auch den geschärften Blick für alles einzelne gewinnen, insofern die wichtigsten Grundformen richtig erfaßt sind und dem Gedächtnis einverleibt werden. Denn die Hauptanforderung auch an den vollendeten Kenner in bezug auf Schärfe der Untersuchung ist die, daß er nicht fehlgreife in Anwendung der leitenden Gesichtspunkte, indem alles einzelne auf die einfachen Elemente und Bezeichnungen zurückgeführt wird. Denn es ist nicht möglich, die gedrängte Masse des das Ganze umfassenden Wissensstoffes zu beherrschen, wenn man nicht imstande ist, vermittelst kurzer Bezeichnungen auch jedes Einzelne in voller Schärfe mit dem Geiste zu umfassen. Da also für alle, die sich mit der Naturforschung vertraut gemacht haben, dieses Verfahren von Nutzen ist, so habe ich, der ich stets zum anhaltenden Eifer für die Naturforschung mahne und in einem derartigen Leben vor allem meinen inneren Frieden finde, für dich diese Niederschrift, eine Art Überblick und elementaren Grundriß meiner gesamten Lehre angefertigt.

Zuerst also, mein lieber Herodot, müssen wir uns klar werden über das, was den Worten zugrunde liegt, um durch Zurückführung darauf einen festen Anhalt zu gewinnen zur Beurteilung der mannigfachen darauf bezüglichen Meinungen, Fragen und Zweifel und um nicht – im Fall der Ermangelung eines solchen Urteils – mit unsern Darlegungen uns ins Unendliche zu verlieren oder es mit leeren Worten zu tun zu haben. Denn bei jedem Wort muß der zugrunde liegende Gedanke gleichsam mit Augen geschaut werden und keines Beweises bedürfen, wenn anders wir einen festen Punkt haben müssen, auf den wir das Gesuchte, Bezweifelte oder bloß vermutungsweise Erkannte zurückführen können. Ferner gilt es, die sinnlichen Wahrnehmungen genau festzuhalten sowie die dabei sich einfindenden Anregungen des Denkvermögens oder sonst welcher Beurteilungsinstanz, in gleicher Weise aber auch die begleitenden Affekte, auf daß wir daran einen Anhalt haben für Deutung des Kommenden und Unbekannten.

Ist man darüber ins reine gekommen, so gilt es, sich über das Unbekannte seine Ansicht zu bilden. Zunächst, daß nichts aus nichts wird. Andernfalls würde alles aus allem werden, da es ja keines Samens bedürfte. Und ginge das Verschwindende ins Nichtseiende unter, so wäre es wohl schon längst um alle Dinge geschehen, da das, worein sie sich auflösten, ein Nichts wäre. Es war aber auch das Ganze immer von gleicher Art wie jetzt, und es wird auch immer so sein. Denn es gibt ja nichts, worein es sich umwandeln könnte. Denn außer dem Ganzen gibt es nichts, was in es eindringen und es dadurch verändern könnte.

Ferner gilt der Satz: Das Ganze ist. Denn daß den Körpern Dasein zukommt, dafür zeugt allenthalben die Wahrnehmung, aus der, wie schon gesagt, durch Nachdenken das Unbekannte gefolgert werden muß. Gäbe es aber nicht jene Wesenheit, für die wir die Bezeichnungen »das Leere«, »der Ort« (Raum), »das seiner Natur nach Unbetastbare« haben, so gäbe es nichts, wo die Körper sein und Platz für ihre Bewegung finden könnten, entsprechend ihrer Bewegung in der sinnlichen Wahrnehmung. Außer diesen beiden (nämlich Körper und Raum) läßt sich nichts auch nur denken weder in begrifflicher Auffassung noch analog dem begrifflich Aufgefaßten; denn diese beiden (Körper und Raum) haben ihre Beziehung auf Wesen überhaupt als solche und werden nicht in der Bedeutung bloßer Eigenschaften dieser Wesen, seien es notwendige oder zufällige Eigenschaften, genommen.

Ferner: Die Körper sind teils Zusammensetzungen, teils solche, aus denen die Zusammensetzungen gebildet sind. Die letzteren (die Atome) sind unteilbar (unzerlegbar, unsprengbar) und unvergänglich, wenn anders nicht alles in das Nichtseiende vergehen, sondern gewisse Elemente festen Bestand haben sollen bei den Auflösungen der Zusammensetzungen, ihrer Natur nach undurchdringlich und keine Möglichkeit irgendwelcher Auflösung bietend. Die Urbestandteile müssen also notwendig unzerlegbare körperliche Wesenheiten sein.

Und ferner ist das All auch unendlich, denn alles Begrenzte hat ein Äußerstes. Das Äußerste aber setzt immer etwas anderes neben ihm voraus, mit dem es verglichen wird (neben dem All aber gibt es nichts, was mit ihm verglichen werden könnte). Es hat also kein Äußerstes und demnach auch kein Ende. Hat es aber kein Ende, so muß es eben unendlich und nicht begrenzt sein. Und zwar muß diese Unbegrenztheit des Alls sich sowohl auf die Menge der Körper beziehen wie auf die Größe des leeren Raumes. Denn wäre der leere Raum unendlich, die Körper aber von endlicher Zahl, so würden die Körper nirgends zur Ruhe kommen, sondern zerstreut über den unendlichen Raum hin sich fortbewegen, da sie nichts fänden, was ihnen Halt böte und durch den Anprall sie zum Stillstand brächte. Und wäre anderseits der leere Raum begrenzt, so wäre für die unzähligen Körper kein Unterkommen vorhanden.

Zudem sind die dichten (undurchdringlichen) Atomkörperchen, aus denen die Zusammensetzungen sich bilden und in welche sie sich auflösen, unerfaßbar in den Unterschieden ihrer Gestalten. Denn unmöglich kann die unendliche Mannigfaltigkeit der sinnlichen Erscheinungen aus einer für unseren Verstand erfaßbaren Zahl von Gestalten entstanden sein. Und für jede Gestaltung sind die Atome als solche schlechtweg unendlich, den Formunterschieden nach aber sind sie nicht schlechtweg unendlich, sondern nur für unsern Verstand unerfaßbar.

Die Atome bewegen sich aber unablässig und die einen bleiben immer in weiter Entfernung voneinander, während die anderen eine vibrierende Bewegung annehmen, wenn sie durch die Verflechtung in eine schräge Lage gebracht worden sind oder von denen, welche Anlage zur Verflechtung haben, eingeschlossen werden. Denn einerseits wirkt die Natur des Leeren auf die Trennung der einzelnen Atome voneinander hin, da sie nicht imstande ist, einen hemmenden Halt zu bieten, anderseits bewirkt die den Atomen innewohnende Härte beim Zusammenstoß den Abprall, soweit die Verflechtung den Rücktritt aus dem Zusammenstoß gestattet. Einen Anfang dafür gibt es nicht, da die Atome und das Leere von Ewigkeit her sind.

All das bisher Gesagte gibt eine genügende Unterlage für die denkende Betrachtung der Natur der Dinge.

Ferner: Es gibt unzählige Welten, teils ähnlich der unseren, teils unähnlich. Denn die Atome, zahllos, wie sie dem eben gegebenen Nachweis zufolge sind, bewegen sich auch in die ungemessenste Ferne. Sind doch derartige Atome, aus denen eine Welt entstehen oder durch die eine Welt geschaffen werden könnte, weder für *eine* Welt aufgebraucht noch für eine begrenzte Zahl von Welten, mögen sie nun der unseren gleichen oder von ihr verschieden sein. Nichts also steht der Annahme einer unendlichen Weltenzahl im Wege.

Auch gibt es Abdrücke von gleicher Gestalt wie die festen Körper, die aber an Feinheit die von uns wahrgenommenen Dinge weit überragen. Denn es ist nicht unmöglich, daß in der Atmosphäre derartige Ablösungen vor sich gehen, und ebensogut können auch Vorkehrungen vorhanden sein für Herstellung der Höhlungen und Verfeinerungen, auch kann es Abflüsse geben, die dieselbe Lage und Abfolge beibehalten, die sich an den festen Dingen selbst zeigte. Diese Abdrücke aber nennen wir Bilder (Idole). Ihre Bewegung durch den leeren Raum bewältigt, da sich ihnen nichts entgegenstellt, was ihren Lauf hemmen könnte, jede erdenkliche

Entfernung in einer für unseren Verstand unfaßbar kurzen Zeit. Das Vorhandensein nämlich oder Nichtvorhandensein eines Hemmnisses kommt dem gleich, was man Langsamkeit und Schnelligkeit nennt. Gleichwohl wird nach rein spekulativ festgestellten Zeitbestimmungen ein in Bewegung befindlicher Körper doch nicht zu gleicher Zeit an mehreren Orten ankommen (denn das ist undenkbar), wenn er auch in sinnlich wahrnehmbarer Zeit zugleich ankommt, von welcher Stelle des Unendlichen auch immer er seinen uns nicht erfaßbaren Ausgangspunkt für die Bewegung genommen haben mag. Denn etwas dem Hemmnis Gleichendes wird sich doch einstellen, wenn wir auch bis jetzt die Schnelligkeit der Bewegung als hemmungslos haben gelten lassen. Auch diese grundlegende Lehre ist es nützlich festzuhalten.

Ferner widerstreiten die Tatsachen der sinnlichen Erscheinung durchaus nicht der Annahme, daß die Bilder von einer Feinheit sind, der schlechthin nichts gleichkommt; daher auch ihre unübertreffliche Schnelligkeit, indem sie überall einen für sie passenden Durchgang finden, abgesehen davon, daß ihrem Daherströmen keine oder nur geringe Hindernisse entgegentreten, wahrend sich einer großen oder unendlichen Menge von Atomen alsbald ein Hemmnis entgegenstellt.

Weiter gehört hierher auch der Satz, daß die Entstehung der Bilder sich mit Gedankenschnelle vollzieht. Denn der Abfluß von der Oberfläche der Körper geht in stetiger Folge vor sich, ohne sich durch die Minderung kundzugeben, denn es tritt Ersatz dafür ein; dabei bewahrt das abfließende Bild die Lage und Ordnung der Atome an dem festen Körper geraume Zeit hindurch, wenn es auch zuweilen in Verwirrung gerät; auch plötzliche Zusammenziehungen in der Atmosphäre treten ein, da ja die füllende Körpermasse in der Tiefenrichtung fehlt. Daneben finden sich auch noch gewisse andere Entstehungsweisen derartiger Naturgebilde. Denn nichts davon steht in Widerspruch mit den sinnlichen Wahrnehmungen, wenn man in bestimmter Weise das erscheinende Sinnenobjekt ins Auge faßt, auf das man denn auch die gleichzeitigen Einwirkungen der äußeren Dinge auf uns beziehen wird.

Man muß es aber auch für richtig halten, daß es etwas von den Außendingen auf uns Einströmendes ist, was uns die Gestalten sehen und zum Gegenstand unseres Denkens werden läßt. Denn nimmer würden die Außendinge ihre natürliche Farbe und Gestalt durch das Medium der zwischen uns und ihnen liegenden Luft oder durch irgendwelche Art von Strahlen oder durch wie auch immer beschaffene Strömungen, die von uns aus zu ihnen stattfinden, so deutlich ausgeprägt übermitteln, wie es dann geschieht, wenn von den Dingen aus gewisse Abdrücke in uns Eingang finden, die, von gleicher Farbe und Gestalt wie die Dinge, in der für unser Auge und unser geistiges Auffassungsvermögen passenden Größe mit großer Schnelligkeit in uns eindringen und eben dadurch die Vorstellung eines einheitlichen, in sich fest geschlossenen Gegenstandes erzeugen und die Übereinstimmung mit dem zugrunde liegenden Gegenstand aufrechterhalten gemäß der von diesem ausgehenden, den tatsächlichen Verhältnissen entsprechenden Nachhilfe, die ihren Grund hat in dem Schwingen der Atome in dem durch seine Tiefendimension dazu befähigten festen Körper. Und welche Vorstellung auch immer wir durch den Eindruck auf unsern Geist oder auf unsere Sinne, sei es von der Gestalt, sei es von zufälligen Eigenschaften, erhalten, es ist die Gestalt eines festen Körpers, wie sie entsteht gemäß der in bestimmter Folge stattfindenden Verdichtung oder Verflüchtigung des Bildes.

Trug und Irrtum aber liegen immer nur in dem Hinzugedachten, das erst noch seine Bestätigung oder wenigstens Nichtwiderlegung abzuwarten hat und weiterhin nicht bestätigt [durch einen gewissen inneren Bewegungsvorgang, der zusammenhängt mit der vorstellenden Tätigkeit, aber eine Auffassung zur Folge hat, die den Trug mit sich führt] oder widerlegt wird. Denn einerseits wäre die Ähnlichkeit der Vorstellungen, wie sie sich z. B. bei Betrachtung eines Bildes einstellt oder wie sie in den Träumen stattfindet oder bei anderen Betätigungen des Denkvermögens oder der sonstigen Beurteilungsinstanzen mit wirklichen und als wahr bezeichneten Dingen niemals vorhanden, wenn es nicht wirklich solche Dinge gäbe, mit denen wir sie vergleichen, und anderseits gäbe es keinen Irrtum, wenn wir nicht in uns selbst auch noch eine andere Art geistiger Tätigkeit vorfänden, die zwar mit der vorstellenden Tätigkeit zusammenhängt, aber doch ihre besondere Auffassungsweise hat. Durch sie (die mit der vorstellenden Tätigkeit zusammenhängt, aber ihre besondere Auffassungsweise hat) entsteht, wenn sie nicht bestätigt oder unmittelbar widerlegt wird, der Trug, wenn sie dagegen bestätigt oder nicht widerlegt wird, die Wahrheit. Auf diesen Lehrsatz muß man ganz besonderes Gewicht legen, um zu verhüten, daß einerseits die auf die sinnenfälligen Erscheinungen sich gründenden Kriterien hinfällig werden, anderseits der Irrtum, weil gleich stark beglaubigt wie die Wahrheit, alles auf den Kopf stelle.

Auch das Hören hat seinen Grund in einer Art von Strömung, die von dem tönenden oder schallenden oder hallenden oder irgend sonstwie eine

Gehörempfindung hervorrufenden Gegenstand ausgeht. Diese Strömung zerstreut sich in gleichteilige Gruppen, die ein gewisses Einvernehmen untereinander und eine eigenartige Einheitlichkeit wahren, die auf den aussendenden Gegenstand hinweist und meistens die diesem Ausgangspunkt entsprechende Wahrnehmung hervorruft und, wo dies nicht der Fall ist, nur die Ankunft von außen her anzeigt, denn ohne eine von dorther stammende Einhelligkeit könnte es zu einer solchen entsprechenden Empfindung gar nicht kommen. Man darf also nicht glauben, daß die Luft selbst von dem entsendeten Ton oder auch von den gleichartigen Atomgruppen geformt werde – denn daran ist nicht zu denken, daß sie eine solche Einwirkung durch diesen erfahren könnte –, sondern daß der beim Entsenden des Tones in uns erfolgende Schlag sofort (durch den gewaltsamen Druck) Atomgruppen, die eine hauchartige Strömung bewirken, aus uns heraustreibt, dergestalt, daß dadurch die Empfindung des Hörens entsteht.

Und auch vom Geruch muß man annehmen, daß er ebenso wie das Gehör niemals eine Empfindung hervorrufen könnte, wenn nicht gewisse Atomgruppen von dem Gegenstand ausströmten, die alle Bedingungen in sich vereinigen, um das betreffende Sinnesorgan zu reizen, teils in verworrener und übel empfundener Weise, teils in ungestörter Ordnung und in wohltuend wirkender Weise.

Ferner muß man sich mit der Ansicht vertraut machen, daß die Atome keinerlei Eigenschaften der Sinnendinge an sich tragen außer Gestalt, Schwere, Größe und dem, was mit der Gestalt notwendig verknüpft ist. Denn jede Eigenschaft verändert sich; die Atome aber verändern sich nicht, denn bei allen Auflösungen des Zusammengesetzten bleibt immer etwas Festes und Unauflösbares bestehen, vermöge dessen die Veränderungen nicht ins Nichtseiende vor sich gehen und ebensowenig aus dem Nichtseienden, sondern in der Regel durch Umgruppierung, manchmal auch durch Zugang und Abgang. Daher sind die der Umstellung unterliegenden Elemente notwendig unvergänglich und ihrer Natur nach keiner Veränderung fähig; doch muß es auch Atomgruppen und eigenartige Gestaltungen geben, die gleichfalls dauernden Bestand haben. Denn auch bei den Umgestaltungen, die sich vor unseren Augen vollziehen, wird die Form als das Innewohnende aufgefaßt, während die Beschaffenheit nicht, wie es bei jener Form der Fall ist, dem sich Verändernden bleibend innewohnen, sondern aus dem ganzen Körper entweichend dahinschwinden. Jenes Zurückbleibende (die Atomgruppen und die Gestaltungsformen) ist ausreichend, um die Artunterschiede in den Zusammensetzungen zu erzeugen; denn irgend etwas muß zurückbleiben und vor dem Untergang ins Nichts gesichert sein.

Was weiter die Größe der Atome anlangt, so darf man nicht glauben, daß jede Größe unter ihnen vertreten sei, wenn man nicht mit dem Zeugnis der Sinneserscheinungen in Widerspruch geraten will; aber gewisse Größenunterschiede muß man doch annehmen. Denn ist dieses der Fall, so wird man sich auch über Entstehung der Affekte und Sinneswahrnehmungen besser verständigen können. Daß jede Größe vorhanden sei, ist einerseits nicht nötig für das Zustandekommen der qualitativen Artunterschiede, anderseits müßten uns dann schon auch sichtbare Atome vor Augen gekommen sein. Allein dieser Anblick wird uns versagt, auch läßt sich gar nicht ausdenken, wie es überhaupt ein sichtbares Atom geben könne. Überdies darf man nicht annehmen, daß in dem begrenzten Körper unzählige Atome seien und von allen möglichen Größen. Man muß daher nicht nur die Teilung ins Unendliche nach Seiten der Zerstückelung hin als ungültig verwerfen, weil wir sonst alles matt setzen und bei den (unbegrenzt) großen Aggregatmassen (der Natur) das Seiende durch völlige Zerdrückung zur Beute des Nichtseienden machen würden – sondern wir dürfen auch bei den begrenzten Körpern die Teilung nicht ununterbrochen nach der Seite der Kleinheit hin als ins Unendliche fortführbar denken. Denn es hat keinen erkennbaren Sinn, wenn einer einmal sagt, es seien in irgendeinem Ding unzählige Körperchen, und zwar von jeder beliebigen Größe enthalten. Denn wie könnte dann dies noch eine begrenzte Größe sein! Ist es doch klar, daß die unendlich vielen Körperchen von bestimmter Größe sein müssen; gesetzt einmal, sie waren von beliebiger Größe, so ginge doch auch die Größe ins Unendliche. Und da das Begrenzte ein durch den Verstand erfaßbares, wenn auch an sich nicht sichtbares Äußerstes hat, so muß man sich bei fortschreitendem Größenverhältnis die Sache ebenso denken, und wenn man diesen Progressus fortsetzt, so muß man demnach im Denken zum Unbegrenzten gelangen.

Und das Kleinste, das in der sinnlichen Anschauung noch vorkommt, muß man sich so denken, daß es weder gleichartig ist dem, was Veränderungen zuläßt, noch auch völlig ungleichartig mit ihm ist, nur daß es keine Teile erkennen läßt. Aber wenn wir wegen der aus der Gemeinschaft sich ergebenden Ähnlichkeit uns etwas davon begreiflich zu machen glauben, so bezieht sich die Gleichheit für uns tatsächlich nicht auf beide Seiten, sondern nur entweder auf diese oder auf jene Seite. Wir sehen, vom ersten beginnend, wie diese (kleinsten wahrnehmbaren Körperchen) der Reihe nach (sukzessiv) und nicht kontinuierlich, auch nicht Teile mit Teilen berührend, sondern nur in ihrer besonderen Eigentümlichkeit die Größen messen, die größeren als größer und die kleineren als kleiner. Dem analog – so muß man annehmen – wird auch das, was im Atomgebiet das Kleinste ist, sich verhalten. Denn offenbar unterscheidet sich dieses von dem in der sinnlichen Wahrnehmung Geschauten, doch sind die Beziehungen auf beiden Seiten analog. Haben wir doch auch nach der in der Anschauung vorliegenden Analogie vom Atom ausgesagt, daß es Größe hat, indem wir etwas Kleines in seiner Kleinheit nur möglichst herabdrückten. Ferner muß man als das Kleinste und jeder Zusammensetzung Ledige die Grenzen der Linien (d. i. die Punkte) ansehen, die aus sich selbst als dem Ersten den Maßstab abgeben für das Größere und Kleinere bei der theoretischen Betrachtung im Gebiete des Unsichtbaren. Denn die Gemeinsamkeit, die zwischen diesen (d. i. den Punkten) und den unveränderlichen Dingen (d. i. den Atomen) besteht, genügt, um die bisherige Darstellung abzuschließen. Eine Vereinigung von ihnen, wenn sie etwa in Bewegung wären, kann unmöglich eintreten.

Sodann darf man dem Unendlichen nicht das Oben und Unten beilegen als wäre es die Stätte des Obersten und Untersten. In der Richtung aufwärts ins Unendliche über unser Haupt hinaus von einem beliebig gewählten Standpunkt aus wird uns dies (Oberste) nie sichtbar werden, oder das, was sich unterhalb des ins Unendliche verlaufend Gedachten befindet, ist dann zugleich oben und unten im Verhältnis zu dem nämlichen Standort; denn das ist völlig undenkbar. Man muß also als *eine* Bewegung die nach oben ins Unendliche gedachte, und als *eine* die nach unten annehmen, mag auch tausend und abertausendmal das von uns sich aufwärts in die Räume über unsern Köpfen Bewegende zu den Füßen der über uns Befindlichen gelangen und das von uns aus sich abwärts Bewegende auf den Kopf der unter uns Befindlichen; denn die Gesamtbewegung wird nichtsdestoweniger als eine jede der andern entgegengesetzt gedacht in den unendlichen Raum hinein.

Ferner kommt den Atomen notwendig die gleiche Geschwindigkeit zu, wenn sie bei ihrer Bewegung durch den leeren Raum auf keinen Widerstand stoßen. Denn weder werden die schweren sich schneller bewegen als die kleinen und leichten, wenigstens wenn ihnen kein Hindernis entgegentritt, noch werden die kleinen den großen vorauseilen, obschon sie überall bequemen Durchgang finden; nur darf den großen kein Widerstand entgegentreten. Auch wird die durch Stoß veranlaßte aufwärts oder seitwärts gerichtete Bewegung sich in bezug auf Schnelligkeit nicht unterscheiden von der durch die eigene Schwere nach unten gerichteten Bewegung. Denn solange jede von beiden sich in ihrem Zustand behauptet, wird sie mit Gedankenschnelle ihre Bewegung fortsetzen, bis sie, sei es durch äußere Vorgänge oder infolge der eigenen Schwere, auf den Widerstand eines mit ihr zusammentreffenden Körpers stößt.

Aber was die zusammengesetzten Körper betrifft, so kommt dem einen eine größere Geschwindigkeit zu als dem andern, wenngleich die Atome für sich die gleiche Schnelligkeit einhalten. Denn die in den Zusammensetzungen enthaltenen Atome eilen in den kürzesten Momenten der stetigen Zeit einem Punkt zu, während die andern in den nur durch Denken erfaßbaren Zeitmomenten nicht auf einen Punkt zueilen. Doch finden sie häufig Widerstand, bis die Stetigkeit der Bewegung den Sinnen wahrnehmbar wird. Denn was wir über das Unsichtbare durch eigenes Urteil hinzudenken, nämlich, daß auch die nur theoretisch erkannten Zeitpunkte die Stetigkeit der Bewegung in sich schließen, ist bei derartigen Vorgängen nicht richtig; denn wahr ist nur, was wirklich geschaut oder der Beobachtung gemäß mit dem Geiste aufgefaßt wird.

Hierauf müssen wir, uns stützend auf die Wahrnehmungen und inneren Erregungen (denn diese haben Anspruch auf die sicherste Glaubwürdigkeit) zu der Einsicht gelangen, daß die Seele ein feinteiliger Körper ist, der sich auf die ganze Körpermasse verteilt, am treffendsten zu vergleichen mit einem von Wärme durchströmten Hauch, bald diesem (dem Hauch), bald jener (der Wärme) ähnlich. Ein gewisser Teil derselben hebt sich aber von den anderen durch besondere Feinteiligkeit ab und steht eben dadurch in noch engerer Beziehung zu der übrigen Körpermasse. Über diese ganze Körpermasse trafen die Kräfte der Seele die Entscheidung nebst ihren wechselnden Zuständen, ihrer leichten Erregbarkeit, ihren Überlegungen und allem, was, wenn es von uns weicht, unseren Tod zur Folge hat. Auch darf man nicht außer acht lassen, daß es vor allem die Seele ist, die uns zur Wahrnehmung (Empfindung) verhilft. Doch wäre sie dazu nicht imstande, wenn sie nicht von der übrigen Körpermasse dabei unterstützt würde. Die übrige Körpermasse aber, die ihr diesen Dienst leistet, erhält durch sie auch ihrerseits Anteil an dieser Beschaffenheit, wenn auch nicht an allem was jene besitzt; daher geht sie auch nach Entweichen der Seele der Empfindung verlustig. Denn sie hatte dies Vermögen nicht durch sich selbst erworben, sondern verdankt es einem andern mit ihr zugleich entstandenen Wesen, das, sobald es durch das bei ihm selbst entwikkelte Vermögen nach Maßgabe der Bewegung die Wahrnehmungsfähigkeit bei sich zur Reife brachte, auch jener (Körpermasse), gemäß der Nachbarschaft und Wechselbeziehung, wie gesagt, daran Anteil gab.

Darum wird denn die Seele, solange sie dem Körper innewohnt, auch wenn irgendein beliebiger anderer Teil in Wegfall gekommen ist, nicht empfindungslos sein; vielmehr wird sie, was auch immer von ihr mit zugrunde gehen mag, bei der völligen oder teilweisen Auflösung ihrer deckenden Schutzhülle, im Besitz der Empfindung bleiben, solange sie überhaupt bleibt. Die übrige Körpermasse aber, die sich ganz oder teilweise erhält, hat keine Empfindung mehr nach Entschwinden derjenigen Atommenge, die zum Wesen der Seele gehört. Indes zerstreut sich mit der Auflösung der gesamten Atomenmasse auch die Seele und hat nicht mehr die nämlichen Kräfte und Erregungen, besitzt also auch nicht mehr das Empfindungsvermögen. Denn man kann sich nicht vorstellen, daß das Empfindende selbst, wenn es nicht dieser seiner Körperfügung mehr innewohnt, auch noch seine ihm eigentümlichen Erregungen besitzt, wo es doch keine schützende Hülle mehr hat von der Art, wie sie ihm bei seiner jetzigen Verfassung zu Gebote steht, um darin jene Erregungen zu erfahren.

Indes muß man sich überdies noch klar werden über den Begriff des Unkörperlichen indem das Wort meist von dem an und für sich Bestehenden gebraucht wird. Als an und für sich bestehend aber läßt sich das Unkörperliche nicht denken, abgesehen allein vom Raum. Der leere Raum kann weder wirken noch leiden; seine Bedeutung besteht einzig darin, daß er durch sein Dasein den Körpern die Bewegung ermöglicht. Wer also die Seele für unkörperlich erklärt, der redet ins Blaue hinein. Denn wäre die Seele von dieser Art, so könnte sie überhaupt weder wirken noch leiden. Tatsächlich aber finden diese Vorgänge beide bei der Seele statt. Wenn man alle diese Erwägungen auf die Leidenschaften und Wahrnehmungen anwendet und sich des zu Anfang Gesagten erinnert, so wird man erkennen, daß sie eine Fassung erhalten haben, die es gestattet, von ihnen aus auch das einzelne genau und sicher zu bestimmen.

Aber auch Gestalt, Farbe, Größe, Schwere und was sonst noch vom Körper ausgesagt wird als gültig entweder für alle Körper oder für die sichtbaren und als durch sinnliche Wahrnehmung am Körper erkennbar – all dies darf man weder als für sich bestehende Wesenheiten auffassen (denn das ist ein ganz unhaltbarer Gedanke) noch als überhaupt jedes Daseins entbehrend, auch nicht als etwas am Körper haftendes Unkörperliches, auch nicht als Teile desselben; vielmehr hat man sich zu denken, daß der ganze Körper aus alledem sein eigenartiges bleibendes Wesen erhält, nicht aber in dem Sinne, daß er etwa daraus zusammengefügt wäre (wie z. B. wenn aus den Atomenansammlungen selbst ein größerer Zusammenschluß sich bildet, sei es aus den ursprünglichsten oder aus sonstigen Teilen des Ganzen, die kleiner sind als irgendein solches Ganze), sondern lediglich, wie gesagt, in dem Sinne, daß der Gesamtkörper aus alledem sein bleibendes eigenartiges Wesen erhält. Und alle diese Eigenschaften des Körpers geben auch Anlaß zu eigenartigen Betrachtungen und Beurteilungen, doch stets unter Mithinzudenken des Ganzen, von dem sie nicht abtrennbar sind. Vielmehr hat der Körper nur nach Maßgabe der Gesamtvorstellung seine Bezeichnung erhalten.

Ferner verbindet sich (συμπίπτει) mit den Körpern oft, ohne dauernde Eigenschaft zu werden, etwas, das weder zu dem Unsichtbaren gehört noch unkörperlich ist. Mit diesem Worte (συμπίπτεν) also geben wir nach dem überwiegenden Sprachgebrauche kund, daß die symptomatischen Erscheinungen weder die Natur des Ganzen haben, das wir in seiner zur Einheit zusammengefaßten Masse Körper nennen, noch auch die Natur der dauernden Eigenschaften, ohne welche ein Körper undenkbar ist. Da aber die Gesamtmasse die einzelnen Erscheinungen begleitet, so können diese auch in gewissem, Betracht so (nämlich als Körper) bezeichnet werden, aber nur dann, wenn die Einzelerscheinungen als wirklich dem Körper anhaftend beobachtet werden, da die symptomatischen Erscheinungen eben nicht dauernd den Körper begleiten. Und dieses ihr augenscheinliches Auftreten darf man nicht etwa als unvereinbar mit dem Seienden einfach aus dessen Bereich verweisen mit der Begründung, daß es nicht die Natur des Ganzen hat, an dem es sich ereignet (und das wir auch Körper nennen), und ebensowenig die Natur der dauernden Eigenschaften; anderseits darf man es aber auch nicht für etwas Selbständiges halten (denn das ist weder bei diesen Erscheinungen denkbar noch bei den dauernden Eigenschaften), vielmehr sind diese Erscheinungen sämtlich für das zu halten, als was sie sich auch augenscheinlich darstellen, nämlich für zufällige Eigenschaften des Körpers, die weder dauernd den Körper begleiten noch auch den Rang der für sich bestehenden Wesenheit haben. Vielmehr werden sie betrachtet nach der eigentümlichen Beschaffenheit, die durch die Wahrnehmung selbst bestimmt wird.

Ferner muß man auch scharf auf folgendes achten: Die Vorstellung der »Zeit« erfordert eine andere Untersuchungsweise als die übrigen Dinge, bei denen es sich um etwas zugrunde Liegendes handelt, das wir auf die in uns selbst erschauten Begriffe (Vorherbestimmungen, προλήψεις) zurückführen; vielmehr muß man gerade das Moment der Anschaulichkeit in Betracht ziehen, auf das wir uns beziehen, wenn wir von langer oder kurzer Zeit reden, indem wir Kürze und Länge auf denselben Gattungsbegriff beziehen. Auch darf man weder sprachliche Bezeichnungen als vermeintlich bessere einführen, sondern muß sich an die dafür geläufigen halten, noch darf man von ihr etwas anderes aussagen in dem Sinne, als handle es sich dabei um etwas mit eben ihrer Besonderheit Wesensgleiches (denn auch dieses tun manche); vielmehr müssen wir uns mit unseren Erwägungen durchaus nur an das halten, was wir mit dieser Eigentümlichkeit als unmittelbar sie bedingend verknüpfen und woran wir sie messen. Denn auch das bedarf keines Beweises, sondern nur der Achtsamkeit, daß wir sie mit den Tagen und Nächten in nächste Beziehung setzen sowie mit den Teilen derselben, desgleichen auch mit den Erregungen der Seele und ihren Ruhezuständen sowie mit den Erscheinungen von Bewegung und Stillstand, wobei wir als ein diesen Erscheinungen eigentümliches Merkmal wiederum eben dasjenige Hinzudenken, dem gemäß wir uns des Ausdrucks »Zeit« bedienen.

Zu dem Gesagten kommt ferner als weiterer Lehrsatz der hinzu, daß die Welten und jedes begrenzte Atomengebilde, das gleichartig ist mit den häufig geschauten, aus dem Unendlichen hervorgegangen sind, indem sich alle diese körperlichen Massen aus eigenartigen Atomenwirbeln ausgeschieden haben, sowohl die größeren wie die kleineren, und sie alle sich auch wieder auflösen, die einen schneller, die andern langsamer, wobei die einen solche Veränderung durch diese, die anderen durch jene Einwirkungen erfahren.

Ferner darf man auch nicht meinen, daß die Welten notwendig ein und dieselbe Gestaltung haben, auch nicht, daß es Lebewesen gebe, die aus dem Unendlichen ganz für sich ausgeschieden sind – also ihresgleichen nicht haben –, denn niemand dürfte wohl beweisen können, daß in einer so und so geformten Welt gewisse Samenarten, aus denen sich Lebewesen bilden und Pflanzen und alles sonst der Anschauung sich Bietende, ebensogut vorhanden sein wie auch fehlen könnten, während dies in einer andern Welt nicht der Fall sein könnte. In gleicher Weise können sie auch überall ihre weitere Entwicklung finden. Und dies findet in gleicher

Weise seine Anwendung auch auf die Erde. Man muß sich ferner auch davon überzeugen, daß die Natur in vielen und mannigfachen Beziehungen der Belehrung und dem Zwange folgt, die von den Dingen selbst ausgehen, und daß der Verstand das von ihr (der Natur) an die Hand Gegebene in der Folge genauer erforscht und mit Erfindungen bereichert, auf manchen Gebieten schneller auf andern langsamer, und in manchen Perioden und Zeiten über ganze Abschnitte aus der Unendlichkeit hin, in anderen wieder in kürzeren Zeiten. Nach dieser Annahme sind denn auch die sprachlichen Bezeichnungen (die Wörter) nicht von vornherein durch Satzung entstanden, vielmehr lassen die Menschen je nach ihrer natürlichen volksmäßigen Eigenart und besonderen Vorstellungsweise den Luftstrom (zur Bezeichnung der Dinge) dem Munde in individuell gestalteter Weise entfahren, bestimmt durch die jeweiligen Seelenregungen und Vorstellungen, auch unter dem Einfluß der verschiedenen örtlichen Verhältnisse der Völker. Erst allmählich sind dann völkerweise die besonderen Regelungen für den Gemeingebrauch erfolgt zu dem Zweck, der Vieldeutigkeit der stimmlichen Äußerungen Einhalt zu tun und sie kürzer und schlagender zu machen. Auch manche nicht durch das Auge wahrgenommenen Dinge wurden durch diejenigen, die das Bewußtsein davon hatten und sich getrieben fühlten, ihre Gedanken in Worten mitzuteilen, zum Ausdruck gebracht; die Hörer aber eigneten sich, geleitet von eigener Überlegung, diese Ausdrücke an und deuteten sie nach Maßgabe der ausschlaggebenden Beziehung.

Was ferner die Himmelserscheinungen anlangt, so darf man die Bewegung der Himmelskörper, ihre abwechselnden Richtungen, ihre Verfinsterungen, ihren Aufgang und Untergang und was sonst dahin zu rechnen ist nicht der Leistung und der jetzigen oder künftigen Anordnung irgendeines höheren Wesens zuschreiben, das zugleich die volle Glückseligkeit nebst Unvergänglichkeit besitzen würde (denn geschäftliche Tätigkeit und Sorge, verbunden mit Zornesausbrüchen und Gunstbezeugungen, vertragen sich nicht mit Glückseligkeit, sondern sind Zeichen der Schwäche und Furcht und der Anlehnungsbedürftigkeit an die Umgebung), wie man denn auch nicht glauben darf, daß zusammengeballte Feuermassen, in den Besitz der Glückseligkeit gelangt, nach eigenem Belieben diese ihre Bewegungen annehmen; vielmehr muß man ihnen ihre volle Erhabenheit wahren in bezug auf alle Bezeichnungen, die man auf dergleichen Vorstellungen anwendet, wofern sich nicht Widersprüche mit jener Erhabenheit daraus ergeben; im anderen Falle wird der Widerspruch selbst die größte

Verwirrung in der Seele hervorrufen. Daher muß man denn auch annehmen, daß gemäß den ursprünglichen Empfängnissen dieser Zusammenballungen bei Entstehung der Welt auch diese unumstößliche Notwendigkeit und periodische Wiederholung der Bewegungen sich eingestellt haben.

Auch muß man die Überzeugung gewinnen, daß es Aufgabe der Naturforschung ist, die Gründe für die wichtigsten und das Ganze beherrschenden Erscheinungen zu erkennen, und daß die beseligende Stimmung bei Erforschung der himmlischen Erscheinungen eben darauf beruht sowie auch auf der Untersuchung der Natur der nach Maßgabe der himmlischen Erscheinungen betrachteten Himmelskörper und alles dessen, was sonst noch verwandt ist mit der die Glückseligkeit bedingenden Genauigkeit der Forschung.

Ferner ist zu beachten, daß bei diesen Fragen die Annahme verschiedener Möglichkeiten nicht statthaft ist, wie sie in den Formeln zum Ausdruck kommt: »auf mehrfache Weise« und »es kann sich auch anders verhalten«. Vielmehr gibt es in der unvergänglichen und seligen Wesenheit schlechthin nichts, was Zwiespalt oder Verwirrung hervorrufen könnte. Und daß dem schlechtweg so ist, läßt sich durch Denken begreifen.

Was dagegen die bloße Feststellung von Tatsachen anlangt, wie des Unterganges und Aufganges und der Richtungsveränderung und Verfinsterung der Gestirne und was dem verwandt ist, so trägt sie zu der beseligenden Kraft der Forschung nichts mehr bei, vielmehr sind diejenigen, welche dieser Einzeltatsachen kundig sind, dabei aber keine Kenntnis der Wesensbestimmungen und der obersten Gründe besitzen, von den gleichen Furchterregungen beunruhigt als wenn sie diesen Zuwachs besonderer Kenntnisse überhaupt nicht hätten; ja sie sind vielleicht sogar noch größeren Beängstigungen ausgesetzt, wenn das durch die Erkundung dieser besonderen Vorgänge geweckte Staunen keine Lösung der Rätsel finden und zu keiner Einsicht in die Ordnung der höchsten Gründe führen kann. Daher dürfen wir, auch wenn wir noch mehr Gründe finden für die Richtungsänderungen und Untergänge und Aufgänge und Finsternisse und ähnliche Vorgänge, so wie es ja auch bei den Einzelerscheinungen der Fall war, nicht etwa meinen, wir hätten die über den unmittelbaren Nutzen dieser Einzelbeobachtungen hinausgehende Schärfe der Erkenntnis nicht in dem Umfang erfaßt, der zu der ungestörten Gemütsruhe und Glückseligkeit führt. Daher müssen wir bei unseren Forschungen über die Himmelserscheinungen wie über jedes Unbekannte überhaupt so verfahren, daß wir nur nebenher in Betracht ziehen, auf wie vielfache Weise sich bei uns der ähnliche Fall ereignet, unter Verachtung derjenigen, die einerseits nicht dasjenige erkennen, was stets nur in einer Form vorhanden ist oder vor sich geht, anderseits die aus der Vielheit der Entfernungen entspringende Verschiedenheit der Vorstellungen nicht als auf mehrere Weisen sich Ereignendes hinstellen und zudem auch in Unwissenheit darüber sind, unter welchen Bedingungen völlige Gemütsruhe überhaupt nicht möglich ist. Wenn wir also glauben, es könne das Ereignis möglicherweise auch so geschehen und unter solchen Bedingungen, unter welchen man in gleicher Weise seine Gemütsruhe bewahren kann, werden wir gerade infolge unserer Erkenntnis davon, daß es auf mehrfache Weise vor sich gehen kann, ebenso in ungestörter Seelenruhe leben, wie wenn wir wissen, daß es auf diese bestimmte Weise vor sich geht.

Zu alledem muß man noch folgendes in Betracht ziehen: Die schwerste Beunruhigung erwächst dem Menschenherzen daraus, daß man diese Himmelswesen für glückselig und unvergänglich halt und ihnen gleichwohl Wünsche, Handlungen und Wirkungsweisen beimißt, die mit diesen ihren Vorzügen nicht recht in Einklang stehen; dazu gesellt sich als störendes Moment die beständige Erwartung und mißtrauische Mutmaßung einer ewigen Pein, veranlaßt durch den Einfluß der Mythen oder auch der Furcht vor der Empfindungslosigkeit im Tode, als hätte diese irgendwelche Bedeutung für uns; ferner der Umstand, daß man nicht auf Grund klarer Begriffe, sondern in überlegungsloser Seelenverfassung in diese Stimmung gerät, woher es denn kommt, daß, wenn man dem Schreckhaften keine Grenze setzt, man zu der gleichen oder noch gesteigerten Gemütsstörung gelangt, wie es der Fall sein würde, wenn man sich seine Ansicht auch auf Grund eines Urteils darüber gebildet hätte. Die Gemütsruhe aber stellt sich ein, wenn man sich von alledem freigemacht hat und beständig an das Ganze und die obersten leitenden Gesichtspunkte denkt.

Darum muß man genau achthaben auf die jeweilig sich einstellenden Seelenregungen und Wahrnehmungen, wo es sich um Gemeinsames handelt, auf die gemeinsamen, wo um die eigenen, auf die eigenen sowie auf die ganze sich kundgebende anschauliche Klarheit der Beurteilungsgründe für jeden einzelnen Fall. Denn wenn wir darauf achthaben, werden wir die richtigen Gründe für den Ursprung unserer Gemütsverwirrung und unserer Angst ausfindig machen und uns von dem Übel befreien, indem wir uns klar werden über die Ursachen der himmlischen Erscheinungen und aller der sie ständig begleitenden Vorgänge, die den übrigen Menschen den größten Schrecken einflößen.

Damit, mein Herodot, hast du einen kurzen Abriß erhalten von den Hauptlehren über die Natur des Weltalls. Wenn diese Lehre, in voller Schärfe festgehalten, sich Geltung verschafft, so wird sie, wenn sie auch nicht alles einzelne zu abschließender Klarheit bringen wird, doch einen unglaublich starken Einfluß auf die übrigen Menschen gewinnen. Denn sie wird vieles ins reine bringen von dem, was im einzelnen durch meine gesamte schriftstellerische Tätigkeit klar dargelegt ist; und wird eben dies im Gedächtnis festgehalten, so wird es sich fortgesetzt hilfreich erweisen. Denn es ist von der Art, daß auch diejenigen, welche es im einzelnen bereits zu genügender oder auch völliger Schärfe der Erkenntnis gebracht haben, ihre meisten Untersuchungen über die Natur des Weltalls in Anlehnung an Betrachtungen dieser Art anstellen; alle diejenigen aber, welche noch nicht zu den völlig gereiften Kennern gehören, können zur Herstellung ihrer Gemütsruhe so auch ohne Hilfe des lebendigen Wortes in kürzester Zeit einen vollen Überblick über die Hauptlehren gewinnen.

Brief an Menoikeus

Epikur entbietet dem Menoikeus seinen Gruß

Wer noch jung ist, der soll sich der Philosophie befleißigen, und wer alt ist, soll nicht müde werden zu philosophieren. Denn niemand kann früh genug anfangen, für seine Seelengesundheit zu sorgen, und für niemanden ist die Zeit dazu zu spät. Wer da sagt, die Stunde zum Philosophieren sei für ihn noch nicht erschienen oder bereits entschwunden, der gleicht dem, der behauptet, die Zeit für die Glückseligkeit sei noch nicht da oder nicht mehr da. Es gilt also zu philosophieren für jung und für alt, auf daß der eine auch im Alter noch jung bleibe auf Grund des Guten, das ihm durch des Schicksals Gunst zuteil geworden, der andere aber Jugend und Alter in sich vereinige dank der Furchtlosigkeit vor der Zukunft. Also gilt es, unsern vollen Eifer dem zuzuwenden, was uns zur Glückseligkeit verhilft; denn haben wir sie, so haben wir alles, fehlt sie uns aber, so setzen wir alles daran, sie uns zu eigen zu machen.

Wozu ich dich ohn' Unterlaß mahnte, das mußt du auch tun und dir angelegen sein lassen, indem du dir klar machst, daß dies die Grundlehren sind für ein lobwürdiges Leben. Erstens halte Gott für ein unvergängliches und glückseliges Wesen, entsprechend der gemeinhin gültigen Gottesvorstellung, und dichte ihm nichts an, was entweder mit seiner Unvergänglichkeit unverträglich ist oder mit seiner Glückseligkeit nicht in Einklang steht; dagegen halte in deiner Vorstellung von ihm an allem fest, was danach angetan ist, seine Glückseligkeit im Bunde mit seiner Unvergänglichkeit zu bekräftigen. Denn es gibt Götter, eine Tatsache, deren Erkenntnis einleuchtend ist; doch sind sie nicht von der Art, wie die große Menge sie sich vorstellt; denn diese bleibt sich nicht konsequent in ihrer Vorstellungsweise von ihnen. Gottlos aber ist nicht der, welcher mit den Göttern des gemeinen Volkes aufräumt, sondern der, welcher den Göttern die Vorstellungen des gemeinen Volkes andichtet. Denn was die gemeine Menge von den Göttern sagt, beruht nicht auf echten Begriffen, sondern auf wahrheitswidrigen Mutmaßungen. Daher läßt man den Bösen die größten Schädigungen von Seiten der Götter widerfahren und den Guten die größten Wohltaten; denn ganz und gar für ihre eigenen Tugenden eingenommen, gönnen sie den Gleichgearteten alles Gute, während ihnen alles anders Geartete als fremdartig erscheint.

Gewöhne dich auch an den Gedanken, daß es mit dem Tode für uns nichts auf sich hat. Denn alles Gute und Schlimme beruht auf Empfindung; der Tod aber ist die Aufhebung der Empfindung. Daher macht die rechte Erkenntnis von der Bedeutungslosigkeit des Todes für uns die Sterblichkeit des Lebens erst zu einer Quelle der Lust, indem sie uns nicht eine endlose Zeit als künftige Fortsetzung in Aussicht stellt, sondern dem Verlangen nach Unsterblichkeit ein Ende macht. Denn das Leben hat für den nichts Schreckliches, der sich wirklich klar gemacht hat, daß in dem Nichtleben nichts Schreckliches liegt. Wer also sagt, er fürchte den Tod, nicht etwa weil er uns Schmerz bereiten wird, wenn er sich einstellt, sondern weil er uns jetzt schon Schmerz bereitet durch sein dereinstiges Kommen, der redet ins Blaue hinein. Denn was uns, wenn es sich wirklich einstellt, nicht stört, das kann uns, wenn man es erst erwartet, keinen anderen als nur einen eingebildeten Schmerz bereiten. Das angeblich schaurigste aller Übel also, der Tod, hat für uns keine Bedeutung; denn solange wir noch da sind, ist der Tod nicht da; stellt sich aber der Tod ein, so sind wir nicht mehr da. Er hat also weder für die Lebenden Bedeutung noch für die Abgeschiedenen, denn auf jene bezieht er sich nicht, diese aber sind nicht mehr da. Die große Menge indes scheut bald den Tod als das größte aller Übel, bald sieht sie in ihm eine Erholung von den Mühseligkeiten des Lebens. Der Weise dagegen weist weder das Leben von sich, noch hat er Angst davor, nicht zu leben. Denn weder ist ihm das Leben zuwider noch hält er es für ein Übel, nicht zu leben. Wie er sich aber bei der Wahl der Speise nicht für die größere Masse, sondern für den Wohlgeschmack entscheidet, so kommt es ihm auch nicht darauf an, die Zeit in möglichster Länge, sondern in möglichst erfreulicher Fruchtbarkeit zu genießen. Wer aber den Jüngling auffordert zu einem lobwürdigen Leben, den Greis dagegen zu einem lobwürdigen Ende, der ist ein Tor, nicht nur weil das Leben seine Annehmlichkeit hat, sondern auch, weil die Sorge für ein lobwürdiges Leben mit der für ein lobwürdiges Ende zusammenfällt. Noch weit schlimmer aber steht es mit dem, der da sagt, das Beste sei es, gar nicht geboren zu sein (Theogn. 425, 427),

Aber, geboren einmal, sich schleunigst von dannen zu machen.

Denn wenn er es mit dieser Äußerung wirklich ernst meint, warum scheidet er nicht aus dem Leben? Denn das stand ihm ja frei, wenn anders er zu einem festen Entschlusse gekommen wäre. Ist es aber bloßer Spott, so ist es übel angebrachter Unfug. Die Zukunft liegt weder ganz in unserer Hand noch ist sie völlig unserem Willen entzogen. Das ist wohl zu beachten, wenn wir nicht in den Fehler verfallen wollen, das Zukünftige entweder als ganz sicher anzusehen oder von vornherein an seinem Eintreten völlig zu verzweifeln.

Zudem muß man bedenken, daß die Begierden teils natürlich, teils nichtig sind und daß die natürlichen teils notwendig, teils nur natürlich sind; die notwendigen hinwiederum sind notwendig teils zur Glückseligkeit, teils zur Vermeidung körperlicher Störungen, teils für das Leben selbst. Denn eine von Irrtum sich freihaltende Betrachtung dieser Dinge weiß jedes Wählen und jedes Meiden in die richtige Beziehung zu setzen zu unserer körperlichen Gesundheit und zur ungestörten Seelenruhe; denn das ist das Ziel des glückseligen Lebens. Liegt doch allen unseren Handlungen die Absicht zugrunde, weder Schmerz zu empfinden noch außer Fassung zu geraten. Haben wir es aber einmal dahin gebracht, dann glätten sich die Wogen; es legt sich jeder Seelensturm, denn der Mensch braucht sich dann nicht mehr umzusehen nach etwas, was ihm noch mangelt, braucht nicht mehr zu suchen nach etwas anderem, das dem Wohlbefinden seiner Seele und seines Körpers zur Vollendung verhilft. Denn der Lust sind wir dann benötigt, wenn wir das Fehlen der Lust schmerzlich empfinden; fühlen wir uns aber frei von Schmerz, so bedürfen wir der Lust nicht mehr. Eben darum ist die Lust, wie wir behaupten, Anfang und Ende des glückseligen Lebens. Denn sie ist, wie wir erkannten, unser erstes, angeborenes Gut, sie ist der Ausgangspunkt für alles Wählen und Meiden, und auf sie gehen wir zurück, indem diese Seelenregung uns zur Richtschnur dient für Beurteilung jeglichen Gutes. Und eben weil sie das erste und angeborene Gut ist, entscheiden wir uns nicht schlechtweg für jede Lust, sondern es gibt Fälle, wo wir auf viele Annehmlichkeiten verzichten, sofern sich weiterhin aus ihnen ein Übermaß von Unannehmlichkeiten ergibt, und anderseits geben wir vielen Schmerzen vor Annehmlichkeiten den Vorzug, wenn uns aus dem längeren Ertragen von Schmerzen um, so größere Lust erwächst. Jede Lust nun ist, weil sie etwas von Natur uns Angemessenes ist, ein Out, doch nicht jede auch ein Gegenstand unserer Wahl, wie auch jeder Schmerz ein Übel ist, ohne daß jeder unter allen Umständen zu meiden wäre. Nur durch genaue Vergleichung und durch Beachtung des Zuträglichen und Unzuträglichen kann alles dies beurteilt werden. Denn zu gewissen Zeiten erweist sich das Gute für uns als Übel und umgekehrt das Übel als ein Gut.

Auch die Genügsamkeit halten wir für ein großes Gut, nicht, um uns in jedem Falle mit wenigem zu begnügen, sondern um, wenn wir nicht die Hülle und Fülle haben, uns mit dem wenigen zufrieden zu geben in der richtigen Überzeugung, daß diejenigen den Überfluß mit der stärksten Lustwirkung genießen, die desselben am wenigsten bedürfen, und daß alles Naturgemäße leicht zu beschaffen, das Eitle aber schwer zu beschaffen ist. Denn eine bescheidene Mahlzeit bietet den gleichen Genuß wie eine prunkvolle Tafel, wenn nur erst das schmerzhafte Hungergefühl beseitigt ist. Und Brot und Wasser gewähren den größten Genuß, wenn wirkliches Bedürfnis der Grund ist, sie zu sich zu nehmen. Die Gewöhnung also an eine einfache und nicht kostspielige Lebensweise ist uns nicht nur die Bürgschaft für volle Gesundheit, sondern sie macht den Menschen auch unverdrossen zur Erfüllung der notwendigen Anforderungen des Lebens, erhöht seine frohe Laune, wenn er ab und zu einmal auch einer Einladung zu kostbarerer Bewirtung folgt, und macht uns furchtlos gegen die Launen des Schicksals. Wenn wir also die Lust als das Endziel hinstellen, so meinen wir damit nicht die Lüste der Schlemmer und solche, die in nichts als dem Genusse selbst bestehen, wie manche Unkundige und manche Gegner oder auch absichtlich Mißverstehende meinen, sondern das Freisein von körperlichem Schmerz und von Störung der Seelenruhe.

Denn nicht Trinkgelage mit daran sich anschließenden tollen Umzügen machen das lustvolle Leben aus, auch nicht der Umgang mit schönen Knaben und Weibern, auch nicht der Genuß von Fischen und sonstigen Herrlichkeiten, die eine prunkvolle Tafel bietet, sondern eine nüchterne Verständigkeit die sorgfältig den Gründen für Wählen und Meiden in jedem Falle nachgeht und mit allen Wahnvorstellungen bricht, die den Hauptgrund zur Störung der Seelenruhe abgeben.

Für alles dies ist Anfang und wichtigstes Gut die vernünftige Einsicht, daher steht die Einsicht an Wert auch noch über der Philosophie. Aus ihr entspringen alle Tugenden. Sie lehrt, daß ein lustvolles Leben nicht möglich ist ohne ein einsichtsvolles und sittliches und gerechtes Leben, und ein einsichtsvolles, sittliches und gerechtes Leben nicht ohne ein lustvolles. Denn die Tugenden sind mit dem lustvollen Leben auf das engste verwachsen, und das lustvolle Leben ist von ihnen untrennbar. Denn wer wäre deiner Meinung nach hoher zu achten als der, der einem frommen Götterglauben huldigt und dem Tode jederzeit furchtlos ins Auge schaut? Der dem Endziel der Natur nachgedacht hat und sich klar darüber ist, daß im Reiche des Guten das Ziel sehr wohl zu erreichen und in unsere Gewalt zu bringen ist und daß die schlimmsten Übel nur kurzdauernden Schmerz mit sich führen? Der über das von gewissen Philosophen als Herrin über alles eingeführte allmächtige Verhängnis lacht und vielmehr behauptet, daß einiges zwar infolge der Notwendigkeit entstehe, anderes dagegen infolge des Zufalls und noch anderes durch uns selbst; denn die Notwendigkeit herrscht unumschränkt, während der Zufall unstet und unser Wille frei (herrenlos, d. i. nicht vom Schicksal abhängig) ist, da ihm sowohl Tadel wie Lob folgen kann. (Denn es wäre besser, sich dem Mythos von den Göttern anzuschließen als sich zum Sklaven der unbedingten Notwendigkeit der Physiker zu machen; denn jener Mythos läßt doch der Hoffnung Raum auf Erhöhung durch die Götter als Belohnung für die ihnen erwiesene Ehre, diese Notwendigkeit dagegen ist unerbittlich.) Den Zufall aber hält der Weise weder für eine Gottheit, wie es der großen Menge gefällt (denn Ordnungslosigkeit verträgt sich nicht mit der Handlungsweise der Gottheit) noch auch für eine unstete Ursache (denn er glaubt zwar, daß aus seiner Hand Gutes oder Schlimmes zu dem glücklichen Leben der Menschen beigetragen werde, daß aber von ihm nicht der Grund gelegt werde zu einer erheblichen Fülle des Guten oder des Schlimmen), denn er hält es für besser, bei hellem Verstande von Unglück verfolgt als bei

Unverstand vom Glücke begünstigt zu sein. Das Beste freilich ist es, wenn bei den Handlungen richtiges Urteil und glückliche Umstände sich zu gutem Erfolge vereinigen.

Dies und dem Verwandtes laß dir Tag und Nacht durch den Kopf gehen und ziehe auch deinesgleichen zu diesen Überlegungen hinzu, dann wirst du weder wachend noch schlafend dich beunruhigt fühlen, wirst vielmehr wie ein Gott unter Menschen leben. Denn keinem sterblichen Wesen gleicht der Mensch, der inmitten unsterblicher Güter lebt.

Seneca

(4 v. Chr. – 65 n. Chr.)

Wissen, worauf es ankommt

Der Politiker, Dichter und Philosoph Lucius Annaeus Seneca gehört zu den wichtigsten römischen Vertretern der sogenannten *stoischen Lehre*.

Die erste stoische Schule wurde von Zenon (333 v. Chr. – 262 v. Chr.) in Athen gegründet und erhielt ihren Namen von einer langgestreckten, schmalen Säulenhalle, die man ›Stoa‹ nennt. In einer solchen Halle am Marktplatz von Athen begannen die ersten Stoiker öffentlich zu lehren.

Im Zentrum der stoischen Philosophie stand, wie bei der epikureischen Philosophie, die Frage der Lebensführung. Die Stoiker waren allerdings wesentlich lebensabgewandter als die Epikureer, bei denen das Streben nach Lustgewinn, wenn auch in kontrollierter Form, das wichtigste war. Für den Stoiker hingegen bestand das richtige Leben darin, sich völlig von seinen Leidenschaften zu befreien.

Selbstbeherrschung und Tugend sind die Qualitäten, die das Leben eines Stoikers bestimmen sollen. Die Stoiker empfahlen deshalb, sich von allen Äußerlichkeiten zu lösen und auf materielle Güter zu verzichten. In dieser Hinsicht vertraten sie die gleiche Meinung wie Sokrates und Platon. Die einzige Bedingung für das Glück bestehe darin, so heißt es, ein tugendhaftes Leben zu führen – und dieses basiert auf Wissen. Die Stoiker waren also sehr an Bildung interessiert, allerdings nicht im akademischen Sinne, sondern als ›Lebensbildung‹. Denn der weise Mensch bezieht sein Wissen nicht allein in abstrakter Form aus Büchern, sondern er lernt zu wissen, ›worauf es wirklich ankommt‹.

Und worauf kommt es an? Auf ein Leben im Einklang mit der Vernunft, mit dem *Logos*. Der Vorsokratiker Heraklit hatte den Logos zum leitenden Prinzip des Kosmos erklärt, und an diese Vorstellung knüpft die stoische Lehre an. Der Mensch soll sich dem Logos öffnen, damit seine Seele mit der kosmischen Ordnung harmonieren kann. Er muß einsehen, daß alles einer höheren Ordnung untersteht und es nicht wünschenswert ist, in den Ablauf der Dinge einzugreifen. Die Lebensaufgabe eines jeden besteht also darin, mit Freude zu akzeptieren, was das Schicksal bereithält. Seneca schreibt in einem seiner Briefe: »Was immer geschieht, trage es, als habest du gewollt, daß es dir geschieht.«

Dies ist die berühmte stoische Ruhe, die allen Geschicken der äußeren Welt gegenüber bewahrt werden soll und die nach Leidenschaftslosigkeit und Apathie verlangt. Aus dieser Haltung läßt sich nicht nur alles ertragen, sondern es entwickelt sich auch ein Gefühl der Pflicht, der Achtsamkeit und Sorge dem eigenen Inneren gegenüber. Die Seele darf nicht zerrissen werden, sie darf keinen zerstörerischen Einflüssen und übermäßigem Leid ausgesetzt werden. Sie soll einem starken Menschen innewohnen, der sich erst aus einer stoischen Haltung dem Leben gegenüber entwickeln kann.

Charakterbildung und Bewahrung der inneren Ruhe sind die Hauptgründe, warum die Stoa, anders als der sinnenfreudige Epikureismus, eine besonders große Anhängerschaft in Rom fand. Seit ca. 150 v. Chr. verbreitete sie sich so weit, daß sie zur römischen Kaiserzeit fast zu einer Art Staatsreligion wurde. Die Prinzipien der stoischen Lehre, ihre dem Weltlichen abgewandten Züge einerseits und ihr Pflichtbewußtsein andererseits, entsprachen den römischen Idealen der Tugend und der Verantwortung sich selbst, aber auch dem Staat gegenüber.

Die philosophischen Schriften des Römers Seneca, insbesondere seine Briefe, gehören zu den poetischsten Zeugnissen stoischen Geistes. Philosophen und Dichter späterer Jahrhunderte, von Erasmus von Rotterdam, Martin Luther und Montaigne bis hin zu Schiller und Goethe haben stoische Gedanken aus den Werken Senecas aufgegriffen.

Senecas Biographie ist einerseits von politischer Pflichterfüllung und Einflußname in das öffentliche Leben geprägt, andererseits von kontemplativer, schriftstellerischer Tätigkeit und dem damit verbundenen stoischen Ideal der Entwicklung innerer Werte. So verkörperte Seneca eine typisch römisch-stoische Lebensweise, die sich zwischen politischer Verantwortung und persönlicher Bildung bewegte – aber auch der Tragik nicht entbehrte.

Seneca wurde als Sohn des wohlhabenden Rhetorikers Annaeus Seneca des Älteren in Cordoba, in Spanien geboren und wuchs in Rom auf. Hier wurde er in Rhetorik und stoischer Philosophie unterrichtet. Wegen seiner schwachen Gesundheit verbrachte er einige Jahre in Ägypten, kehrte aber nach Rom zurück. Er wurde erfolgreicher Senator, fiel durch seine brillanten Reden auf, und geriet in Konflikt mit dem römischen Kaiser

Caligula, der eifersüchtig auf Senecas Redekunst und sein erfolgreiches Auftreten in der Öffentlichkeit gewesen sein soll.

Einige Jahre später, um 41 n. Chr., kam es aufgrund einer Intrige erneut zu einem politischen Zusammenstoß mit der Führung Roms. Dieses Mal war es Kaiser Claudius, dessen Frau Messalina Seneca eine Affäre mit der kaiserlichen Schwester nachsagte. Seneca wurde nach Korsika verbannt. All seiner Ämter enthoben, verbrachte er seine Jahre im Exil zwar in Qual, aber doch in ›stoischer Ruhe‹, ganz in sich selbst zurückgezogen und mit naturwissenschaftlichen und philosophischen Studien beschäftigt.

Im Jahr 49 n. Chr. holte ihn die öffentliche Pflicht wieder ein: Er wurde von Agrippina, Claudius zweiter Frau, nach Rom zurückbeordert. Er sollte ihren Sohn erziehen – den späteren Kaiser Nero. In der Anfangszeit nahm Seneca großen Einfluß auf Nero, er konnte sogar nach dessen Machtübernahme zusammen mit dem Präfekten Sextus Afrianus Burrus als inoffizieller Minister an den Regierungsgeschäften teilnehmen.

So waren die frühen Regierungsjahre Neros von Ausgeglichenheit und Mäßigung geprägt, woran der Stoiker Seneca sicher entscheidenden Anteil hatte. Seneca verlor allerdings nach dem Tod Burrus' an Einfluß über den immer ausschweifender werdenden Nero und bat um Entlassung, die abgelehnt wurde. Er zog sich dennoch zum Studieren und Schreiben auf seine Besitztümer in Rom und Campanien zurück.

Im Jahr 65 n. Chr. nahm sein Leben eine tragische Wende, die er jedoch im Sinne der stoischen Leidenschaftslosigkeit und Schicksalsergebenheit hinnahm: Er wurde von dem mittlerweile größenwahnsinnigen Nero der Verschwörung beschuldigt und zum Selbstmord gezwungen. Seneca floh, entzog sich aber nicht dem Todesbefehl, sondern vollzog in einer rituellen Handlung und mit Gleichmut sein Urteil. Seine Selbsttötung wurde von Tacitus in dessen *Annalen* beschrieben.

In dieser Textsammlung werden Auszüge aus den *Moralischen Briefen an Lucilius* vorgestellt. Diese Briefe stammen aus Senecas drei letzten Lebensjahren. Für Seneca bedeutete Freundschaft und der Austausch mit anderen viel. Die 124 Briefe an seinen jungen Freund Lucilius zeigen nicht nur das mitfühlende, einfühlsame Wesen Senecas, der sich über die Persönlichkeitsentwicklung seines Adressaten sorgt, sondern sind auch Zeugnis stoischer Eigenschaften wie Bildung und Charakterstärke. In seinen Briefen reflektiert er über die Philosophie Platons und Aristoteles, setzt sich mit Fragen der Kunst auseinander, hebt immer wieder die Wichtigkeit des

Philosophierens hervor und bezeugt Unerschrockenheit und Gleichmut dem Tod gegenüber.

Seneca hinterließ ein umfangreiches Werk: Neben seinen zahlreichen Briefen verfaßte er Bücher und Trostschriften zu verschiedenen Themen der Lebensführung. Am berühmtesten ist wahrscheinlich seine Schrift *Über den Zorn*, die von der Wichtigkeit der Affektbeherrschung handelt. Aber auch andere Texte, die er oft in Dialogform verfaßte, sind bis heute eine reiche Quelle der Lebensweisheit: *Über das glückliche Leben*, *Über die Kürze des Lebens* und *Über die Muße* sinnieren über Gemütsruhe, Vorsehung und den guten Einfluß von Wohltaten. Darüber hinaus hinterließ Seneca weitere sieben Bücher mit naturwissenschaftlichen Erörterungen sowie neun Tragödien – die einzigen, die aus der römischen Antike erhalten sind.

Für Seneca besteht Philosophie aus Taten, nicht allein aus Worten. Seine Schriften, die seinen Mitmenschen Weisheit, Trost und Rat spenden, zeugen davon.

Moralische Briefe an Lucilius

Seneca grüßt seinen Lucilius

So ist's schon richtig, Lucilius: Führe Dein Leben in eigener Verantwortung und nimm Deine Zeit peinlich genau zusammen. Bisher wurde sie Dir doch offen oder heimlich gestohlen, oder sie entglitt Dir ganz unmerklich. Sei überzeugt, es ist schon so, wie ich schreibe: ein Teil unserer Zeit wird uns entrissen, ein anderer unbemerkt entzogen, ein dritter wieder zerrinnt uns. Am schimpflichsten aber ist wohl der Verlust aus Nachlässigkeit. Betrachte es einmal genauer: der größte Teil unseres Lebens geht dahin mit unwürdigem Tun, ein großer mit Nichtstun, das ganze Leben mit belangloser Beschäftigung. Kannst Du mir jemanden nennen, der wirklich Wert auf Zeiteinteilung legt, der jeden Tag zu schätzen weiß, der begreift, daß er täglich stirbt? Hierin liegt nämlich unser Irrtum, daß wir den Tod immer nur vor uns sehen; er gehört vielmehr zum großen Teil schon zur Vergangenheit. Was von unserer Lebenszeit hinter uns liegt, hat schon der Tod. Also, Lucilius, tu, was Du, Deinem Schreiben nach, ja schon tust: nimm all Deine Stunden zusammen! Wenn Du Dein

Heute fest in die Hände nimmst, wirst Du vom Morgen weniger abhängig sein! Vertagt man sein Leben, schon ist's vorüber! Alles, Lucilius, gehört anderen mit, nur die Zeit gehört uns. Dieses flüchtige, so leicht entgleitende Ding, dieser einzige Besitz, den uns die Natur gegeben hat: gerade aus dem lassen wir uns von jedem Beliebigen vertreiben. Ja, so groß ist die menschliche Torheit, daß man sich das Geringfügigste und Wertloseste, das doch am ehesten ersetzbar ist, als Schuld anrechnen läßt, wenn man es von anderen erlangt hat; hingegen glaubt niemand, etwas schuldig zu sein, wenn er Zeit erhalten hat. Dabei ist sie doch das einzige, das auch der Dankbare nicht zurückgeben kann. Du wirst nun fragen wollen, was ich, der ich Dir diese Ratschläge gebe, denn selbst tue? Ich will es Dir offen gestehen: Es geht mir wie dem, der trotz allen Aufwandes doch sorgfältig nachrechnet. Die Buchführung über meine Ausgaben liegt vor. Gewiß kann ich nicht sagen, daß ich ohne Verluste davonkomme; aber ich kann angeben, was ich verliere, warum und wie. Über die Ursachen meiner Armut kann ich mir Rechenschaft geben. Allein es geht mir wie den meisten, die ohne ihr Verschulden mittellos dastehen: jeder hat Einsehen, keiner hilft. Was also? Ich halte den nicht für arm, dem das Wenige genügt, das ihm übrigbleibt. Dir aber gebe ich den freundlichen Rat: halte zusammen, was Du hast, und fange damit ja zur rechten Zeit an! Denn, wie es unsere Vorfahren hielten: »Ist der Boden erst erreicht, kommt Sparsamkeit zu spät!« Was als Bodensatz zurückbleibt, ist nämlich nicht nur ein kläglicher Rest, sondern auch völlig minderwertig. Leb wohl!

Was Du mir schreibst und was ich so von Dir höre, läßt mich auf eine gute Entwicklung Deiner Persönlichkeit hoffen. Du hastest nicht ziellos hin und her und schaffst Dir durch dauernden Ortswechsel keine Unruhe. Zu kranken Gemütern mag diese Art von Geschäftigkeit passen; Hauptmerkmal eines geschulten Verstandes ist meiner Meinung nach die Fähigkeit, einmal haltmachen zu können und bei sich selbst zu verweilen. Achte nun besonders darauf, daß die Lektüre vieler Schriftsteller und verschiedenartiger Bücher nicht zu einer gewissen Flüchtigkeit und Unsicherheit führt. Willst Du festen geistigen Besitz gewinnen, solltest Du Dich mit zuverlässigen Partnern abgeben und Dir bei ihnen Nahrung suchen. Wer überall ist, ist nirgends. Wer ständig umherreist, macht die Erfahrung, daß er zwar viele Reisebekanntschaften hat, aber keine wahren Freundschaften. Ebenso ergeht es notwendigerweise denen, die sich keinem geistigen Leitbild vertrauensvoll anschließen wollen, sondern alles so nebenbei und in Eile erledigen. Nahrung, die gleich wieder ausgebrochen wird, nützt nichts und dient dem Körper nicht. Nichts schadet der Gesundheit so sehr wie häufiger Wechsel der Medikamente. Die Wunde, an der viele Mittel ausprobiert werden, vernarbt nicht; die Pflanze, die laufend umgesetzt wird, gedeiht nicht: Kein Mittel wirkt so stark, daß es nur so nebenbei helfen könnte. Ein Zuviel an Büchern verwirrt uns nur. Und da Du nun nicht alles Dir Erreichbare lesen kannst, muß es Dir genügen, soviel zu haben, wie Du auch lesen kannst. »Ich möchte aber doch mal in diesem, mal in jenem Buch blättern«, erwiderst Du. Langeweile ist's, die den Magen an allem herumkosten läßt; aber dieses unverträgliche Gemisch ist ja nur Unrat ohne Nährkraft! Lies daher ständig in den bewährten Schriftstellern, und solltest Du auch einmal an anderen Geschmack gefunden haben, kehre immer zur Ausgangslektüre zurück.

Tag für Tag solltest Du Dir etwas Hilfreiches gegen die Armut, den Tod und nicht weniger gegen sonstiges Unheil zusammenstellen, und auch wenn Du vieles überflogen hast, wähle Dir eine Stelle aus, die Du noch am gleichen Tag geistig verarbeiten kannst. So mache ich's auch: aus der Menge des Gelesenen greife ich mir etwas heraus. Heute ist's beispielsweise ein Satz, den ich bei Epikur fand – ich pflege mich nämlich gelegentlich auch in fremde Lager zu begeben, sozusagen als Kundschafter, nicht etwa als Überläufer –; dieser Epikur behauptet nun: »Ehrenvoll ist Armut in Fröhlichkeit«. Armut in Fröhlichkeit ist aber doch gar keine Armut mehr. Denn arm ist ja nicht, wer wenig besitzt, sondern wer mehr haben will. Was hängt denn davon ab, wieviel einer in seiner Schatztruhe, wieviel er in seinen Speichern liegen hat, wieviel Vieh auf der Weide, wieviel zinstragendes Kapital er besitzt, wenn er auf fremdes Eigentum aus ist und, unzufrieden mit dem Erworbenen, die zu erwartenden Erwerbungen schon mit dazurechnet? Du möchtest den Maßstab des Reichtums kennen? Nun, zunächst ist es der Besitz des Notwendigen, dann allenfalls der des Ausreichenden. Leb wohl!

Mit Freuden billige ich, daß Du Dich so beharrlich anstrengst, daß Du alles andere zurückstellst und ganz darauf bedacht bist, wie Du Dich Tag um Tag immer mehr verbessern kannst. Nur ermahne ich Dich nicht nur zur Ausdauer, ich bitte Dich sogar darum! Doch rate ich Dir, nicht durch Kleidung und Lebensstil besonders aufzufallen, wie diejenigen, die nur angestaunt werden wollen, denen aber an wirklichem Fortschritt nichts liegt. Meide ungepflegtes Äußeres, allzulanges Haar, verwilderten Bartwuchs,

Kampfansage an den Wohlstand, Nachtlager zu ebener Erde und was sich fehlgeleiteter Geltungsdrang sonst noch einfallen läßt. Auch wenn man ›Philosophie‹ nicht übertreibt, ihr bloßer Name schafft schon Feinde. Was würde erst, wenn wir noch anfingen, menschliche Gewohnheiten ganz abzulegen. Im Inneren muß alles anders sein, unser Äußeres entspreche dem Landesbrauch. Glänzen soll unsere Toga nicht, aber sie soll auch nicht schmutzig sein. Wir sollten keine Silberschalen mit eingelegtem Reliefwerk aus gediegenem Gold besitzen wollen, es aber auch nicht als Zeichen von Bescheidenheit ansehen, überhaupt kein Gold- und Silbergerät zu besitzen. Wir sollten eine Lebensweise anstreben, die besser ist als die gemeinhin übliche, nicht aber eine um jeden Preis abweichende; sonst vertreiben wir diejenigen aus unserer Umgebung, die wir bessern wollen, und entfremden sie uns endgültig. Auch kommt dabei heraus, daß sie sich dann aus Furcht, alles mitmachen zu müssen, gar nichts mehr an uns zum Vorbild nehmen wollen. Als erstes verspricht die Philosophie: natürliches Taktgefühl, gesittete Umgangsformen und Geselligkeit. Absonderlichkeiten passen einfach nicht zu diesem Versprechen. Hüten wir uns, daß nicht gerade das, womit wir Bewunderung erringen wollen, lächerlich und hassenswert erscheint. Ist es doch unser Vorsatz, im Einklang mit der Natur zu leben; einfach widernatürlich ist es freilich, seinen Körper zu quälen, gefällige Eleganz zu verachten, sich nach Unsauberkeit zu sehnen und nicht nur minderwertige, sondern sogar eklige und verschmutzte Nahrung zu genießen. So wie Vorliebe für erlesene Leckereien von Genußsucht zeugt, muß Ablehnung auch der einfachen Hausmannskost als Zeichen von Schwachsinn gelten. Die Philosophie fordert Bescheidenheit, die freilich nicht ungepflegt sein muß, nicht Selbstbestrafung. Mir persönlich gefällt dieser Stil: unsere Lebensart halte die Mitte zwischen strenger Sitte und Volksbrauch. Mögen alle unsere Lebensart beargwöhnen, wenn sie sie nur anerkennen! Wie denn aber nun? Sollen wir es treiben wie alle anderen? Soll gar kein Unterschied zwischen uns und ihnen sein? Ein ganz wichtiger sogar! Jeder, der uns näher betrachtet, soll erkennen, daß wir der großen Masse so ganz unähnlich sind. Wer unser Haus betritt, soll uns bewundern, nicht unseren Hausrat. ›Groß‹ ist, wer mit Tongeschirr so umgeht, als sei es aus Silber. Und nicht geringer ist der, der mit seinem Silber umgeht, als sei es aus Ton: von innerer Unsicherheit zeugt es, Reichtümer nicht ertragen zu können!

Doch um auch den kleinen Gewinn meines heutigen Tages mit Dir zu teilen: bei unserem Hekaton fand ich den Gedanken: seiner Begehrlichkeit den Garaus zu machen, gehöre zu den Mitteln gegen die Furcht. Er behauptet: »Du wirst aufhören, Dich zu fürchten, sobald Du aufgehört hast zu hoffen.« Du wirst entgegnen: »Wie kann denn so Verschiedenes zusammenpassen?« Es ist aber schon so, Lucilius, beides gehört eng zusammen, obwohl es sich zu widersprechen scheint. So wie die gleiche Kette den Häftling mit dem Wachtposten zusammenschließt, so geht jenes im Grunde so Unähnliche dicht nebeneinander her: der Hoffnung folgt die Furcht! Und ich wundere mich nicht, daß es so ist: beides gehört zu einem schwankenden Gemüt, das aufgeregt die Zukunft erwartet. Die wichtigste Ursache von beiden aber ist, daß wir uns nicht auf die Gegenwart beschränken, sondern unsere Gedanken weit vorausschicken. Darum ist ja die Voraussicht – an sich doch ein großer Vorzug unserer menschlichen Natur – zu einem solchen Übel geworden. Das Tier flieht vor der sichtbaren Gefahr. Dieser entkommen, lebt es sorglos dahin. Wir hingegen lassen uns durch Zukünftiges ebenso wie durch Vergangenes beunruhigen. Unsere vielen Vorzüge schaden uns sogar: unser Gedächtnis ruft uns die quälende Furcht zurück, die Voraussicht nimmt sie vorweg. Durch Gegenwärtiges allein wird kein Mensch unglücklich! Leb wohl!

[...]

Wohin ich mich auch wende, stoße ich auf Anzeichen meines fortgeschrittenen Alters. So war ich auf mein Landgut vor der Stadt gekommen und beklagte mich über den Kostenaufwand für dieses baufällige Gebäude. Der Verwalter erklärte mir, dies sei nicht Schuld seiner Nachlässigkeit, er tue alles, aber das Landhaus sei eben alt. Diese Villa war einst gleichsam unter meinen Händen emporgewachsen; was mag da mir noch bevorstehen, wenn gleichaltrige Ziegelsteine schon so altersmorsch sind? Erzürnt über ihn, ergreife ich die nächstbeste Gelegenheit, meinem Ärger Luft zu machen. Es ist doch ganz deutlich, sage ich, daß diese Platanen vernachlässigt werden; sie tragen überhaupt kein Laub; wie knotig und dürr sind ihre Zweige, wie kümmerlich und schmutzverkrustet ihre Stämme! Das wäre nicht soweit gekommen, wenn man den Boden ringsum aufgelockert, wenn man sie gegossen hätte! Nun schwört er bei meinem Genius, er tue alles, nirgendwo lasse er es an Sorgfalt fehlen, doch seien es eben alte Bäume. – Unter uns gesagt, ich selbst hatte sie einst gepflanzt, hatte ihre ersten Blätter gesehen! – Zur Türe gewendet, frage ich noch: »Und wer ist der dort, der abgelebte Alte, der wohl mit Recht so in der Nähe des Ausgangs postiert ist; blickt er doch schon nach draußen. Wo hast du den bloß aufgetrieben? Wie konntest du Vergnügen daran finden, einen Toten aufzunehmen, der nicht zu uns gehört?« Sagt jener: »Erkennst du mich denn nicht? Ich bin doch der Felicio, derselbe, dem du immer Püppchen schenktest, der Sohn deines Verwalters Philositus, dein Liebling.« Darauf ich: »Der Mensch ist völlig verdreht. Wurde er schon als ganz kleiner Junge mein Liebling? Kann schon sein, besonders da ihm eben jetzt die Zähne ausfallen.«

Ich danke es also meinem Landgut, daß mir – wohin ich mich auch wenden mochte – mein Alter so deutlich bewußt wurde. Schenken wir dem Alter unsere Aufmerksamkeit und Liebe: verständig genutzt bietet es eine Fülle an Genuß. Überreif schmecken Früchte am besten. Die Kindheit übt ihren stärksten Reiz kurz vor ihrem Abschluß. Der letzte, umwerfende Schluck, der den Rausch aufs höchste steigert, ist für den echten Zecher der höchste Genuß. Jede Lust spart sich ihre höchste Wonne bis zum Ende auf. Und so ist das Alter dann am angenehmsten, wenn es schon zur Neige geht, aber noch nicht jäh abstürzt. Aber auch das auf der letzten Stufe hat, glaube ich, noch seine Annehmlichkeiten. Oder die Bedürfnislosigkeit selbst tritt an die Stelle der Genüsse. Wie wohltuend kann es doch sein, wenn man die eigenen Begierden abgemüdet hinter sich gelassen hat. Du wendest ein, es sei doch bedrückend, den Tod so unmittelbar vor Augen zu haben. Dagegen zunächst: Greis und Jüngling müssen ihn gleichermaßen vor Augen haben, denn der Abruf erfolgt nicht nach Altersklassen. Und zweitens ist keiner so alt, daß es dreist von ihm wäre, nicht wenigstens noch auf einen Lebenstag zu hoffen. Ein einzelner Tag ist wie eine Stufe des Lebens. Unser ganzes Leben setzt sich aus Einzelabschnitten zusammen, schließt sich in immer größeren Ringen um die jeweils kleineren, bis ein letzter alle übrigen umfaßt und umrundet, vom Tag der Geburt sich spannend bis zum Todestag. Ein anderer umschließt die Jugendzeit, ein dritter die ganze Kindheit. Eine Besonderheit ist der Jahreskreis, der alle Zeiteinheiten enthält, aus deren Wiederkehr sich unser Leben zusammensetzt. Mit einem kleineren Kreis ist der Monat umgürtet, den engsten Umkreis hat der Tag, aber auch der hat seinen Anfang und sein Ende. Daher sagt Heraklit, dessen orakelhafte Ausdrucksweise ihm den Beinamen ›der Dunkle‹ einbrachte: »Ein Tag, allen anderen gleich!« Das verstand einer so, ein anderer anders. Einer meinte die Gleichheit an Stunden, und damit hat er nicht unrecht: nimmt man nämlich den Tag als Zeiteinheit von vierundzwanzig Stunden, dann sind notwendig alle Tage einander gleich, denn Nacht- und Taglängen gleichen sich aus. Ein anderer behauptet, ein Tag gleiche allen anderen vermöge der Ähnlichkeit: auch der längste Zeitraum bietet nichts, was nicht auch an jedem Tag zu finden ist: Licht und Finsternis. Mehr, aber nicht anderes bringt auch der Wechselrhythmus des Alls hervor, ... einmal kürzer, einmal länger. Darum sollte man jeden Tag so einrichten, als ob er den Reigen abschlösse und unser Leben vollende.

Jener Pacuvius, der ganz Syrien ausplünderte, ließ sich, sooft er sich bei Weingenuß und Totenmahlzeiten gewissermaßen selbst ein Totenopfer gebracht hatte, von der Tafel weg ins Schlafgemach tragen, wobei unter dem Beifallsklatschen seiner Lustknaben zur Musik gesungen werden mußte: »Genug gelebt! Genug gelebt!« Jeden Tag ließ er sich so hinaustragen. Was jener mit schlechtem Gewissen tat, wollen wir mit gutem Gewissen tun und beim Schlafengehen fröhlich und heiter sagen:

»Ja, ich habe gelebt und den Lauf meines Schicksals vollendet!«

Gönnt uns die Gottheit noch einen weiteren Tag, so wollen wir auch den fröhlich annehmen. Der ist der Allerglücklichste in sorgenfreiestem Selbstbesitz, der das Morgen ohne Unruhe erwarten kann. Wer sagen kann: »Ich habe gelebt!«, beginnt jeden neuen Tag mit Gewinn.

Nun aber muß ich meinen Brief schließen. Du fragst: »So ohne jeden Sparpfennig soll er zu mir kommen?« Keine Angst, er bringt etwas mit. Warum sagte ich ›etwas‹? Er bringt viel, denn was wäre kostbarer als der Ausspruch, den ich jetzt für Dich mitgebe: »Ein Übel ist's, unter Zwang zu leben, doch unter Zwang weiterzuleben, besteht kein Zwang!«

Und warum kein Zwang? Es stehen überall viele kurze, leicht gangbare Wege zur Freiheit offen. Danken wir es der Gottheit, daß niemand im Leben zurückgehalten werden kann: Selbst die Not können wir unter unsere Füße treten! »Das stammt von Epikur!«, wendest Du ein, »was kümmerst Du Dich um fremdes Gut?« Was wahr ist, gehört auch mir. Ich werde fortfahren, Dir Epikureisches bekanntzumachen, denn alle, die nur auf des Meisters Worte schwören und nicht nach dem Gehalt, sondern nach dem Urheber urteilen, sollen wissen, daß alles Vorzügliche Gemeingut ist. Leb wohl!

Ich weiß, Lucilius, Du bist Dir jetzt völlig im klaren, daß kein Mensch ohne Studium der Philosophie wirklich glücklich, geschweige denn erträglich leben kann und daß solch ein glückliches Leben nur durch gründliche philosophische Bildung zu erreichen ist, wenn auch die ersten

Schritte schon zu einem wenigstens erträglichen Dasein führen. So klar sie auch ist, diese Überzeugung bedarf weiterer Bestätigung und muß durch tägliche Selbstprüfung noch tiefer Wurzeln schlagen. An guten Vorsätzen festzuhalten ist nämlich anstrengender als sie zu fassen. Durch beharrliche, unablässige Bemühungen muß man Ausdauer und Kraft hinzugewinnen, bis aus dem guten Wollen eine edle Gesinnung heranreift. In Deinem Falle kann ich mir nun weitere Worte und Beteuerungen ersparen, weil ich ja sehe, daß Du schon große Fortschritte gemacht hast. Ich weiß um den Ursprung Deiner mitgeteilten Überzeugungen, die weder Lüge noch Schönfärberei sind. Trotzdem verhehle ich Dir nicht, daß ich zwar Hoffnung auf Dich setze, aber noch kein volles Zutrauen haben kann. Du solltest ebenso verfahren, ich will es sogar. Es geht nicht, daß Du Dir selbst vorschnell und leichtfertig Glauben schenkst. Prüfe Dich selbst, erforsche Dich auf mannigfache Weise, beobachte Dich! Vor allem mußt Du darauf achten, ob Du nur in der Philosophie oder auch im praktischen Leben vorangekommen bist. Die Philosophie ist nicht dazu da, als Kunststück öffentlich vorgeführt zu werden. Nicht Worte machen ihr Wesen aus, sondern Taten. Sie darf uns auch nicht dazu dienen, in angenehmer Unterhaltung den Tag hinzubringen und in der Freizeit vor Langeweile bewahrt zu bleiben: denn sie ist es ja, die unser Inneres formt und bildet, unser Leben ordnet, unsere Handlungen lenkt, die uns zeigt, was zu tun, was zu lassen sei; sie sitzt am Steuerruder und bestimmt den Kurs, wenn wir unschlüssig hin und her treiben. Ohne sie vermag kein Mensch sorgenfrei und sicher zu leben. In unzähligen Angelegenheiten wird stündlich Rat gebraucht, der nur bei ihr zu holen ist.

Mag nun einer sagen: »Was nützt mir alle Philosophie, wo es doch ein unentrinnbares Schicksal gibt? Was nützt sie mir, wenn ein Gott die Welt regiert? Was nützt sie mir, wenn der Zufall herrscht? Vorherbestimmtes läßt sich ja doch nicht ändern, und gegen Unvorhergesehenes läßt sich keine Vorsorge treffen! Entweder hat ein Gott schon im voraus über mein Wollen und Tun entschieden, oder das launische Schicksal läßt mir nichts mehr zu entscheiden übrig. Was hiervon auch zutreffen mag, Lucilius, und sei es alles zusammen: wir müssen Philosophie betreiben! Mag uns das Schicksal mit unerbittlicher Gesetzmäßigkeit binden oder ein richtender Gott das ganze Weltall ordnen oder der regellos waltende Zufall mit allem Menschlichen sein Spiel treiben: die Philosophie muß unser Schild sein! Sie wird uns mahnen, der Gottheit willig zu gehorchen, dem launischen Schicksal zu trotzen. Sie wird uns lehren, der Gottheit zu folgen, den Zufall zu ertragen. Doch wollen wir jetzt nicht darüber streiten, was uns zu tun übrigbleibt, wenn die Vorsehung regiert, der Schicksalslauf uns unentrinnbar mit sich zieht oder der überraschende Zufall des Augenblicks waltet. Daher komme ich noch einmal zu Mahnung und Ermunterung: laß nicht zu, daß Dein geistiger Schwung erlahmt und erkaltet, erhalt ihn Dir und ringe Dich zu einer bindenden Entscheidung durch, damit dieser Schwung zu festem geistigen Besitz werden kann!

Wenn ich Dich recht kenne, bist Du schon von Anfang an gespannt, was dieser Brief wohl als Beigabe enthalten wird. Schau nach, und Du wirst's finden! Das heißt nicht, daß Du meine Geistesgaben bewundern sollst, denn freigebig bin ich noch immer – mit fremdem Gut. Doch warum betone ich das ›fremd‹? Jeder gute Gedanke, von wem er auch stammen mag, ist auch mein eigener. So auch Epikurs Ausspruch: »Lebst Du nach der Natur, wirst Du niemals arm, richtest Du Dich nach Deinen Wunschvorstellungen, wirst Du niemals reich sein.« Die Natur kommt mit Wenigem aus, Wunschträume verlangen Unermeßliches. Nimm einmal an, der Besitz vieler reicher Leute strömte bei Dir zusammen; Glücksumstände ermöglichten Dir Großzügigkeit in Geldangelegenheiten, überhäuften Dich mit Gold, kleideten Dich in Purpur und ließen Dich in den Besitz von Kostbarkeiten und Schätzen kommen, so daß Du den Erdboden unter Deinen Marmorplatten verstecken kannst, und Du Reichtümer nicht nur besitzt, sondern sogar auf ihnen herumtreten kannst. Dazu kämen Statuen, Gemälde und was andere Künste um der Prachtentfaltung willen sonst noch austüfteln. Du wirst die Erfahrung machen, daß dadurch in Dir nur noch größere Wünsche geweckt werden. Natürliche Bedürfnisse haben ihre Grenzen. Was irrigen Wunschvorstellungen entspringt, kennt kein Maß, denn der Irrtum spottet jeglicher Schranke. Wer seinen Weg geht, kommt einmal ans Ziel, Irrwege führen ins Leere. Zieh Dich also zurück aus nichtiger Betriebsamkeit, und wenn Du wissen willst, ob Deine Wünsche natürlichem Bedürfnis oder blinder Begierde entspringen, so achte darauf, ob sie irgendwo von selbst zur Ruhe kommen. Bleibt trotz ständigen Fortschreitens immer noch ein unerfüllter Rest, so darfst Du sicher sein: Dein Streben ist wider die Natur. Leb wohl!

[…]

Unwohlsein raubte mir den ganzen Vormittag des gestrigen Tages, aber der Nachmittag blieb für mich! So war zunächst Lektüre die erste geistige

Nahrung, für die ich mich entschied. Später, als ihm das bekommen war, wagte ich meinem Geist schon mehr abzuverlangen, oder vielmehr – ihm zu erlauben. Etwas davon schrieb ich auch nieder, freilich mühsamer als sonst, schlage ich mich doch hier mit einem spröden Stoff herum, vor dem ich natürlich nicht aufgeben möchte. Schließlich mischten sich Freunde ein, die mir wie einem ungebärdigen Kranken Einhalt gebieten wollten. Also löste den Schreibstift ein Gespräch ab, dessen Streitpunkte ich Dir als dem von uns erkorenen Schiedsrichter mitteilen will. Dieses Schiedsrichteramt wird Dir jedoch mehr Mühe machen, als Du zunächst glaubst. Auf drei Punkte kommt es dabei an. Wie Du weißt, kennen unsere Stoiker zwei Grundursachen alles Naturgeschehens, die Ursache und die Materie. Die allseitig verwendbare Materie verhält sich passiv; bleibt ein Anstoß aus, neigt sie zur Trägheit. Die Ursache dagegen, das heißt die Vernunft, formt die Materie, treibt sie in die gewünschte Richtung, bildet aus ihr die unterschiedlichsten Gestalten. Es muß also für alles Werden ein ›Woher‹ und danach ein ›Wodurch‹ geben. Letzteres ist die Materie, ersteres die Ursache. Jede Kunst ist Nachahmung der Natur. Darum mußt Du das, was ich vom Ganzen der Welt sagte, auch auf alles von Menschen Geschaffene anwenden: zu einem Standbild gehört Rohmaterial, das künstlerische Bearbeitung zuläßt, und ein Künstler, der dem Stoff Form geben kann. Im Fall des Standbildes gilt also: Bronze gleich Materie, Künstler gleich Ursache. Das Gleiche gilt für alle Gegenstände: sie bestehen aus Bewirktem und Bewirkendem.

Für die Stoiker gibt es nur die eine Ursache: die, die etwas bewirken kann. Aristoteles dagegen meint, daß man in dreifacher Weise von einer Ursache sprechen kann. Erste Ursache ist für ihn die Materie selbst, ohne sie könne überhaupt nichts bewirkt werden. Zweite Ursache ist der Schöpfer, dritte Ursache die Form, die jedes Werk prägt, wie im Beispiel des Standbilds. Aristoteles nennt sie die äußere Gestalt. Dazu käme als vierte Ursache noch der Zweck des ganzen Werkes. Wie das gemeint ist, will ich Dir erklären. Für das Standbild ist die Bronze die erste Ursache. Ohne diesen Grundstoff für Guß und Formung hätte es nämlich niemals entstehen können. Der Künstler ist die zweite Ursache. Ohne seine geschickten Hände hätte die Bronze nämlich nicht zur Form eines Standbilds gebildet werden können. Die Form ist die dritte Ursache. Ohne diese ganz individuelle Formung könnte nämlich keine Statue als »Der Speerträger‹ oder ›Der Stirnbandträger‹ bezeichnet werden. Der Zweck ihrer Herstellung ist die vierte Ursache; ohne einen solchen wäre sie ja überhaupt nicht entstanden. Was heißt Zweck? Nun, die Anregung, der der Künstler bei seinem Schaffen folgte. Das kann der Erlös sein, wenn er es für den Verkauf herstellte, oder der Ruhm, wenn er sich damit einen Namen machen wollte, oder ein religiöses Gefühl, wenn er es als Weihgeschenk für einen Tempel schuf. Also auch das muß als Ursache für sein Entstehen gelten dürfen. Oder meinst Du nicht, daß man auch dies zu den Ursachen des fertigen Werkes zählen müsse, ohne daß es gar nicht hätte zustande kommen können?

Dem fügt Plato noch eine fünfte Ursache hinzu, das Urbild: er selbst nannte es: Idee. Dieses nämlich hat der Künstler bei der Verwirklichung seiner Absicht vor Augen. Und es tut nichts zur Sache, ob er nun ein Vorbild direkt vor Augen hat oder als innere Vorstellung und Plan in sich trägt. Diese Urbilder aller Dinge trägt die Gottheit in sich, in ihrem Geist liegen Zahl und Maß aller künftigen Wirklichkeiten beschlossen. Sie birgt auch den ganzen Formenreichtum in sich, den Plato als unvergängliche, unveränderliche, unermüdliche ›Ideen‹ bezeichnet. So gehen zwar einzelne Menschen zugrunde, das Menschentum als Muster des Einzelmenschen aber überdauert, und während ringsum Menschen leiden und sterben, bleibt sie allein völlig leidfrei. Nach Plato gibt es also fünf Ursachen: das ›Woraus‹, das ›Wodurch‹, das ›Worin‹, das ›Wonach‹ und das ›Wozu‹. Diese Ursachen zusammen führen zum Endergebnis. Wie bei einem Standbild – um beim von mir eingeführten Beispiel zu bleiben –: das ›Woraus‹ ist die Bronze, das ›Wodurch‹ ist der Künstler, das ›Worin‹ die Form, die es erhält, das ›Wonach‹ das Vorbild, das der Künstler nachbildet, das ›Wozu‹ die Absicht des Künstlers. Das Standbild selbst ist dann das Endergebnis. Auch im Weltganzen findet sich nach Plato das alles wieder. Das ›Wodurch‹, der Künstler, ist die Gottheit, das ›Woraus‹ die Materie; das ›Worin‹, die Form, ist Gestalt und Ordnung der sichtbaren Welt; das ›Wonach‹, das Urbild, ist der Plan der Gottheit für die ganze Größe dieser herrlichen Schöpfung; das ›Wozu‹ ist die Absicht. Du fragst: »Welche Absicht kann ein Gott verfolgen?« Nun, das Gute! Plato wenigstens hat es so ausgedrückt: »Warum schuf Gott diese Welt? Aus Güte! Weil er selbst gut ist, kennt er keinen Neid gegen irgend etwas, so konnte er die bestmöglichste Welt erschaffen.« Nun urteile als Schiedsrichter und sage uns, wessen Meinung Dir am ehesten einleuchtet, nicht wer letztlich recht hat, denn das entspräche der absoluten Wahrheit und wäre zu hoch für uns.

Dieses von Aristoteles und Plato entworfene Netz von Ursachen ist nun zu weit- oder zu engmaschig. Wenn sie nämlich als Ursache des Schaffens nur dasjenige angeben, ohne das etwas nicht hätte zustande kommen können, so ist das zuwenig. Sie müßten die Zeit noch dazunehmen. Nichts geschieht außerhalb der Zeit. Sie müßten den Raum dazurechnen. Nichts könnte geschehen außerhalb räumlicher Begrenzungen. Sie müßten die Bewegung dazurechnen. Nichts entsteht und vergeht ohne Bewegung. Jede Kunst, überhaupt jede Entwicklung setzt Bewegung voraus. Wir suchen aber nach einer ersten und allgemeinen Ursache, die eine einfache sein muß, wie auch die Materie einfach ist. Fragen wir nach dieser Ursache, könnte die Antwort lauten: die wirkende Vernunft, das heißt die Gottheit. Alles, was ihr da an vielen einzelnen Ursachen aufgezählt habt, läßt sich auf eine einzige zurückführen, nämlich auf die wirkende Ursache. Du sagst, daß auch die Form Ursache sei? Der Künstler prägt sie seinem Werk auf, sie ist nur eine Teilursache, nicht die Hauptursache selbst. Auch das Urbild ist nicht die Ursache selbst, sondern nur ein notwendiges Werkzeug der Ursache. Natürlich ist dem Künstler das Urbild so unentbehrlich wie Meißel und Feile, ohne die ja kein Kunstwerk entstehen kann. Trotzdem handelt es sich hier nicht um Teile oder Ursachen des Kunstwerks. »Die Absicht des Künstlers«, sagt man, »sein Schaffensantrieb, das ist doch Ursache!« Mag schon sein, aber es ist nur eine Ursache unter anderen, keine bewirkende Ursache. Solche Nebenursachen gibt es unzählige. Wir fragen nach der allgemeinen Ursache. Das Weltganze als vollendetes Kunstwerk soll schließlich eine solche Ursache sein. Aber diese Behauptung scheint mir nicht dem gewohnten Scharfsinn jener Philosophen zu entsprechen, denn groß ist der Unterschied zwischen einem Werk und seiner Ursache.

Sprich also entweder Dein Urteil aus oder gib zu, daß Dir eine eindeutige Entscheidung unmöglich ist – bei Problemen dieser Art ist das ja das Leichtere – und laß uns umkehren! »Wie«, meinst Du, »kann es Dir Freude machen, Deine Zeit mit Beschäftigungen hinzubringen, die Dich von keiner Leidenschaft befreien, von keiner Begierde erlösen können?« Ich jedenfalls widme mich eifrig wichtigeren Dingen, die mir Seelenruhe verschaffen können, erforsche zuallererst mich selbst und erst später meine Umwelt. Nicht einmal jetzt mißbrauche ich meine Zeit, wie Du vermutest. Alle diese Fragen, wenn sie nur nicht aufgespalten und mit so nutzloser Spitzfindigkeit zerfasert werden, erheben und beflügeln unseren Geist, der sich ja danach sehnt, von der Last seiner schweren Bürde befreit, zu seinem Ursprung zurückzukehren. Ist doch unser Körper eine Last und eine Strafe für unseren Geist, der von ihm eingezwängt und in Fesseln gehalten wird – wenn nicht die Philosophie herantritt und ihm befiehlt, beim Betrachten des Naturgeschehens aufzuatmen und ihn von der Erdenwelt ins Göttliche entrückt. Darin erweist sich ja des Geistes Freiheit, sein Umherschweifen: er entzieht sich zuweilen der ihm auferlegten Bewachung und stärkt sich im Himmelslicht. Wie ein Künstler, der sich bei schlechtem Kunstlicht über angestrengter Feinarbeit die Augen überanstrengt hat, nach draußen geht und sich in einem der für die Öffentlichkeit freigegebenen Erholungsbezirke am natürlichen Licht erfreut, so strebt auch unser in diese trübselig-dunkle Behausung eingezwängter Geist, sooft er nur kann, ins Freie und erquickt sich an der Betrachtung des Naturgeschehens. Zwar bleibt der Weise und der nach Weisheit Strebende an den Körper gebunden; allein sein besseres Ich weilt anderswo, seine Gedanken gelten erhabneren Gegenständen. Seine Lebenszeit betrachtet er als Militärdienst, wie ein durch Fahneneid Gebundener. Und er ist so geartet, daß er dem Leben gegenüber weder Liebe noch Haß empfindet; sein Erdenschicksal nimmt er hin, im Bewußtsein, daß das Bessere noch aussteht.

Von der Betrachtung des Naturgeschehens willst Du mich abhalten; mich, den das Ganze gefangenhält, willst Du auf Teilbereiche beschränken? Ich soll nicht nach dem Ursprung des Alls forschen dürfen, nicht nach dem Schöpfer aller Dinge? Nicht danach, wer alles dies in eins Vermengte und mit tauber Materie Vermischte zu Gestalten formte? Ich soll nicht nach dem Weltenbildner fragen dürfen und nicht nach dem Plan, der so gewaltige Massen geregelt und geordnet hat? Nicht danach, wer Zerstreutes sammelte, Vermischtes trennte und dem in völliger Gestaltlosigkeit Daliegenden eigenes Gepräge gab? Woher die Quellen des Lichts strömen? Aus dem Feuer oder einem noch heller leuchtenden Stoff! Nach all dem soll ich nicht fragen, von meinem Ursprung nichts wissen dürfen? Ob ich all das nur einmal sehe, ob mir Wiedergeburten bevorstehen? Wohin geht es von hier aus mit mir? Welcher Ort erwartet meine von den Gesetzen menschlicher Knechtschaft befreite Seele? Willst Du mir einen Aufenthalt im Himmel verbieten? Das hieße ja, mich mit gesenktem Kopf durchs Leben gehen lassen! Nein, ich bin erhabener und zu Größerem geboren, als daß ich zum Sklaven meines Körpers werden könnte, der für mich doch nicht mehr ist als eine der Fesseln meiner Freiheit. Darum stelle ich ihn ja auch dem Schicksal entgegen, daß es vor ihm haltmache, durch ihn lasse ich keine Wunde zu mir selbst vordringen. Er ist das Einzige an mir, dem überhaupt Unrecht widerfahren kann.

Dieses hinfällige Gebäude bewohnt ein freier Geist. Nein, dieses elende Fleisch wird mir niemals Furcht einjagen, mich niemals zu Heuchelei verleiten, die eines Edlen unwürdig wäre. Niemals werde ich diesem elenden Körper zuliebe lügen. Die Gemeinschaft werde ich ihm aufkündigen, sobald es mir gutdünkt. Selbst jetzt, wo wir noch aneinander gekettet sind, werden wir ungleiche Bundesgenossen sein: der Geist fordert alles Recht für sich! Verachtung des eigenen Körpers, das heißt für ihn wahre Freiheit!

Um auf mein eigentliches Anliegen zurückzukommen: dieser Freiheit wird auch eine Betrachtung der eben geübten Art zugute kommen. Ist doch alles Bestehende auf die Materie und auf die Gottheit zurückzuführen. Die Gottheit ordnet alles, was ringsum zerstreut ihr als dem Lenker und Führer folgt. Mächtiger und wichtiger als die der göttlichen Macht preisgegebene Materie ist diese wirkende Ursache, das heißt die Gottheit selbst. Der Bedeutung Gottes in der Welt entspricht die Bedeutung des Geistes im Menschen! Was dort die Materie, ist an uns der Körper. Dem jeweils Besseren soll das Minderwertigere zu Diensten sein. Laßt uns also allem Unvorhergesehenen mutig entgegentreten und vor Unrecht, Verwundung, Gefangenschaft und Armut nicht erzittern. Was ist schon der Tod? Ein Ende oder ein Hinübergehen! Ich fürchte weder ein Ende – es ist dasselbe wie überhaupt nicht angefangen zu haben – noch ein Hinübergehen: Denn so eingeengt wie hier werde ich wohl nirgendwo sein! Leb wohl!

Plotin

(205–270 n. Chr.)

Gesuchtes Zentrum: Das Eine

Plotin war einer der großen Philosophen der Spätantike. Er wurde in Ägypten geboren und kam nach vielen Studien- und Wanderfahrten nach Rom, wo er eine Schule gründete die er bis zu seinem Tod leitete.

Plotin lebte und lehrte in einer Epoche, wo die beginnende Verbreitung des Christentums bereits spürbar war. Es war eine Zeit des Umbruchs.

Die lebensphilosophischen Lehren verloren allmählich ihre Kraft. Die zentrale Frage der Sicherung des Glücks des Einzelnen konnte von den Stoikern oder Epikureern nur unzureichend beantwortet werden. Die gemeinsame Idee ihrer Lebensphilosophie war die vollkommene Einheit von Tugend und Glück.

Die Lebensumstände der meisten Menschen gestatteten die Einlösung des Versprechens auf Glück nicht. In vieler Hinsicht waren die Ideale der lebensphilosophischen Lehren zu materialistisch ausgerichtet. Im Streben nach Wohlergehen fehlte das Spirituelle, Außermenschliche – die Religion.

In der Spätantike wuchs die Sehnsucht nach neuen religiösen Inhalten. Gleichzeitig versuchte das philosophische Denken noch ein letztes Mal, ein umfassendes System zu schaffen, das aus dem Geist der Antike heraus den sich wandelnden Bedürfnissen gerecht werden konnte.

In diesem Umkehrungsprozeß war es nunmehr Plotin, der die Philosophie Platons aufgriff, erneuerte und in einer Form weiterentwickelte, die als *Neuplatonismus* definiert wird. Der Neuplatonismus fand weite Verbreitung und lebte in den Schülern Plotins bis ins 6. Jahrhundert fort. Platon wurde nicht mehr im Original gelesen, sondern sein Denken über einen langen Zeitraum hauptsächlich durch die Schriften der Neuplatoniker vermittelt.

Plotin entfaltete mit großer visionärer Kraft eine Lehre, die das Individuum in einen kosmologischen Zusammenhang stellt. Seine Philosophie entwirft die Vorstellung der Zugehörigkeit des Einzelnen zu einem Ganzen, aus dem er ursprünglich kam und in das er zurückkehren soll.

Er beschwor eine geistige Welt herauf, die der suchenden Seele in der Überwindung der physischen Welt den Aufstieg und die Heimführung zum Göttlichen ermöglichen wollte. Mit diesem Gedanken, der wesentlich für seine Lehre ist, verbindet Plotin das urplatonische Denkmotiv der Ideen, die jenseits der materiellen Welt bestehen, mit einem mystischen Gedanken. Im Zentrum der Mystik steht die Vorstellung von der Erlösung alles Irdischen und der Erfahrung einer anderen, jenseitigen Wirklichkeit.

Plotins Denken hat zwar religiöse Züge, ist aber nicht christlich geprägt. Die Vorstellung des Aufstiegs vom Sinnlichen zum Geistigen und darüber hinaus zum Einen, Schönen, Guten, ist einerseits ganz platonischer Natur, andererseits lehrt Plotin die mystische Vereinigung mit dem Göttlichen. Diese soll das letzte Ziel der Seele sein, in das sie aus der Kraft der inneren Vertiefung in das Geistige eingeht. So erhält platonisches Denken bei Plotin einen Charakter ganz eigener, neuer Art.

Plotin wurde mit der Philosophie Platons zunächst in Alexandria über seinen Lehrer Ammonios vertraut. Als Plotin im Jahr 244 n. Chr. 40jährig nach Rom kam, war er als Begleiter eines Feldzuges des Kaisers Gordian III. gegen Persien wahrscheinlich auch mit persischer und indischer Philosophie in Berührung gekommen.

In Rom gewann der charismatische Plotin schnell die Gunst des Kaisers Gallienus und seiner Frau. Sie besuchten sogar seine Lehrveranstaltungen. Bei der Bevölkerung genoß er eine fast kultische Verehrung, die einerseits mit der Lebhaftigkeit zu tun hatte, mit der er seine Lehre vortrug, und andererseits mit gewissen okkultischen Fähigkeiten, die ihm nachgesagt wurden.

Der zeitgenössische Biograph Porphyrios, der auch Plotins Schüler und späterer Herausgeber seiner Schriften war, berichtet von der Besonderheit seines Lehrers und dessen übernatürlichen Fähigkeiten, die ganz im Gegensatz zu seinem sonst einfachen und bescheidenen Wesen sowie seiner schlichten Lebensweise standen.

So soll ein ägyptischer Priester einmal versucht haben, einen Plotin bewohnenden Dämon zu beschwören. Erschienen sei aber ein Gott. Die Umstehenden versanken sofort in Anbetung vor Plotin. Die plotinische Hinwendung zum Geistigen und Göttlichen mit mystischen Ausprägungen wird von dieser kleinen Episode gut versinnbildlicht.

Allerdings führte diese Haltung aber auch zu Weltabgewandtheit und Ablehnung des Körpers. Plotin selbst scheint seine eigene physische Existenz verachtet zu haben. Alles, was mit seinem körperlichen Dasein zu tun hatte, wurde von ihm fast schon verabscheut. Wiederum ist es der Schüler Porphyrios, der schreibt: »Plotin, der Philosoph unserer Tage, glich einem Mann, der sich schämt in seinem Leib zu sein.«

Niemand wußte von seiner Herkunft, seinen Eltern, seinem Geburtstag. Sein Bildnis durfte nicht angefertigt werden. Er verweigerte bei Krankheiten die Behandlung, Nahrung nahm er nur äußerst sparsam auf. Diese Mißachtung des Leibes führte im höheren Alter zu unangenehmen Gebrechen, wie das Versagen der Stimme und eitrigen Händen und Füßen.

Plotins Ableben sahen seine Schüler als eine für ihn willkommene Befreiung seiner unsterblichen Seele. Der Moment seines Todes stand unter einem mystischen Zeichen: Eine Schlange soll bei seinem letzten Atemzug durch eine Mauerritze entschwunden sein. Die letzten Worte, die er gesprochen haben soll, bestätigten, was auch die Quintessenz seiner Lehre ausmacht: »Jetzt will ich versuchen, das, was göttlich in mir ist, eingehen zu lassen in das All.«

Nach seinem Tod gab Porphyrios die 54 hinterlassenen Schriften Plotins heraus und unterteilte sie in sechs Gruppen zu je neun Texten. Sie werden deshalb *Enneaden* (Neuner) genannt.

Diese Textsammlung stellt das zweite, dritte und achte Buch der *Enneaden* vor. Hier beschreibt Plotin die zentralen Ideen seiner Lehre.

Die Texte kreisen um das Wesen des Einen, das auch das Gute genannt wird und eine ursprüngliche Einheit vorstellt. Was Plotin darstellt, ist seine Vision des Weltgeschehens: Die ganze Vielfalt alles Bestehenden fließt in einem unbegreiflichen Vorgang des Ausfließens, der Emanation, aus dem göttlichen Wesen oder dem Einen in den Kosmos. Dieses Fließen oder Ausstrahlen geschieht stufenweise. So entsteht eine Rangordnung der verschiedenen, in ihr Sein entlassenen Phänomene. Der Geist steht dem Göttlichen am nächsten, dann strahlt die Weltseele aus und schließlich ergießt sich die Materie. Das höchste Ziel des Menschen ist, seine Seele mit dem Göttlichen, aus dem sie ursprünglich hervorgegangen ist, wieder zu vereinigen. Der Weg dorthin führt nicht nach außen, sondern ins Innere. Erkenntnis wird zur Innenschau. Die Kraft der Vertiefung und Vergeistigung, Anschauung und Versenkung führt die verlorene Seele zurück in das Eine.

Die Art des Denkens, die Plotin vertritt, gleicht eher einer anschauenden Versenkung als einer philosophischen Reflexion. Sie ist der bisherigen griechischen Philosophie prinzipiell fremd und wesensverwandt mit dem östlichen Denken. Sie findet sich aber auch, fast eintausend Jahre später, bei den großen Mystikern des christlichen Mittelalters wieder.

Die Enneaden

(Buch 2, 4 und 8)

Zweites Buch: Über das Werden und die Ordnung der Dinge nach dem Ersten

1. Das Eine ist alles und auch nicht eins; denn das Prinzip von allem ist nicht alles, sondern ihm gehört alles an; denn dorthin läuft es gleichsam zurück; oder vielmehr es ist noch nicht, sondern *wird sein.* Wie kann es nun aus einem einfachen Eins stammen, da in ebendemselben [dem Identischen] keine Vielheit zu Tage tritt, nicht irgendwelche Zweiheit von irgend etwas? Nun, weil nichts *in* ihm war, darum ist alles *aus* ihm, und damit es das Seiende sei, eben darum ist es selbst nicht seiend, wohl aber der Erzeuger desselben; und dies ist gleichsam das erste Werden. Denn da es vollkommen ist, weil es nichts sucht noch hat noch bedarf, so floß es gleichsam über und seine Überfülle brachte anderes hervor; das Gewordene aber wandte sich hin zu ihm und wurde erfüllt und blickte auf es und wurde so Intellekt. Und seine feste, nach jenem hingewandte Position wirkte das Seiende, das Schauen auf sich selbst den Intellekt. Indem es also zu sich selbst hingewandt stille steht, damit es sehe, wird es zugleich Intellekt und seiend. So also beschaffen wie jener bringt es das Gleiche hervor, indem es viele Kraft ausströmen ließ; eine Spezies [Form] von ihm ist auch dies, wie es das Frühere vor ihm ausströmen ließ. Und diese aus der Wesenheit stammende Wirksamkeit ist Seele, dies geworden während jenes bleibt; denn auch der Intellekt ist geworden, während jenes vor ihm blieb. Sie aber schafft nicht bleibend, sondern in Bewegung gesetzt erzeugte sie ein Abbild. Dorthin also blickend woher sie geworden, wird sie erfüllt und indem sie fortgeht zu einer andern und entgegengesetzten Bewegung, erzeugt sie als ein Abbild ihrer selbst die Empfindung und die Natur in den Pflanzen. Nichts aber ist von dem Voraufliegenden isoliert oder abgeschnitten. Deshalb scheint sich auch die Seele des Menschen bis zu den

Pflanzen zu erstrecken und in gewisser Weise erstreckt sie sich so weit, da das [Leben] in den Pflanzen ihr angehört; keineswegs jedoch ist sie ganz in den Pflanzen, sondern auf *die* Art gelangt sie in die Pflanzen, daß sie bis so weit nach unten zu fortschritt, indem sie eine andere Daseinsform schuf durch ihr Vordringen und Verlangen nach dem Schlechteren; läßt doch auch das Höhere, das von dem Intellekt Abhängende den Intellekt bei sich selbst bleiben.

2. Es findet also ein Prozeß vom Ersten bis zum Letzten statt, indem ein jedes immer an *seinem* Ort zurückgelassen wird, das Erzeugte aber einen andern Rang d. h. einen schlechteren erhält; ein jedes jedoch wird identisch mit dem, dem es folgt solange es ihm nachjagt. Wenn nun eine Seele in eine Pflanze gelangt, so ist etwas davon gleichsam ein Teil in der Pflanze, nämlich das verwegenste und unverständigste und was bis dahin vorgeschritten ist; wenn in ein unvernünftiges Tier, so bat die Kraft der Sinnlichkeit die Oberhand und Führung gewonnen; wenn in einen Menschen, so bewegt sie sich entweder überhaupt innerhalb des Vernünftigen oder vom Intellekt her wie eine, die den Intellekt als eigentümlichen Besitz und von sich selbst das Verlangen hat zu denken oder überhaupt sich zu regen. Kehren wir also wieder zurück. Wenn jemand an einem Baume die Auswüchse oder die Zweige oben abschneidet, wo ist dann die hierin befindliche Seele hin? Nun, woher sie gekommen ist; denn die Entfernung war keine örtliche. Eins also ist sie im Prinzip. Wenn man aber die Wurzel durchschneidet oder verbrennt, wo bleibt die Kraft in der Wurzel? In der Seele, die nicht an einen andern Ort gegangen ist. Aber selbst wenn sie an ebenderselben Stelle ist, so war sie doch wenigstens an einer andern, wenn sie zurückkehrt; wenn nicht, so ist sie in einer andern Pflanzenseele, denn sie zieht sich nicht an einen Ort zusammen; und wenn sie zurückkehrt, so gelangt sie in die Kraft vor ihr, Aber wo ist jene? In der Seele vor dieser; die aber erstreckt sich bis zum Intellekt, nicht räumlich, denn es war nichts im Raume; der Intellekt aber ist noch viel weniger im Raume, also auch sie nicht. Nirgends also seiend ist sie so in dem, was nirgends ist und allenthalben. Wenn sie aber in die obere Region vorschreitend in der Mitte, ehe sie vollends in die oberste angelangt, stehen bleibt, so hat sie ein mittleres Leben und steht in jenem Teil ihrer selbst. Alles dieses ist jener [Intellekt] und nicht jener: jener, weil aus jenem; nicht jener, weil jener in sich selbst bleibend gab. Sie ist also wie ein großes, weithin sich erstreckendes Leben: jeder der nächstfolgenden Teile ein anderer, aber jeder mit sich selbst zusammenhängend, ein anderer dieser und ein

anderer jener durch den Unterschied, ohne daß der frühere in dem folgenden untergeht. Was ist nun die in die Pflanzen eingegangene Seele? Zeugt sie nichts? Doch, dasjenige, in dem sie sich befindet. Allein das Wie ist von einem andern Ausgangspunkt her zu untersuchen.

Viertes Buch: Über die Frage, wie von dem Ersten das nach dem Ersten entsteht und über das Eine

1. Wenn es etwas *nach* dem Ersten gibt, so muß dies notwendig *aus* ihm sein, entweder unmittelbar oder durch Mittelglieder auf jenes zurückführbar, und es muß eine Rangordnung der Dinge in zweiter und dritter Linie sein, indem das Zweite auf das Erste, das Dritte auf das Zweite zurückgeführt wird. Denn es muß etwas vor allem geben, das seinerseits einfach ist und verschieden von allem nach ihm, das an sich ist, das ohne mit dem von ihm Ausgehenden vermischt zu sein doch in anderer Weise wieder in ihm vorhanden sein kann, das schlechthin und nicht etwa erst ein anderes, dann Eins ist, in welchem Falle auch das Eins-sein eine Lüge wäre, von dem es keinen Begriff und kein Wissen gibt, das eben *über* der Wesenheit und dem Sein, wie man sich ausdrückt, steht – denn wäre es nicht einfach, nicht frei von allen Eigenschaften und aller Zusammensetzung, ein absolutes Eine, so würde es nicht Prinzip sein – das ferner, weil einfach und das erste von allem, durchaus sich selbst genügt; denn das Nichterste ist des vor ihm Liegenden bedürftig und das Nichteinfache verlangt nach dem Einfachen in ihm, damit es aus jenem sei. Ein so Beschaffenes darf natürlich nur Eins sein; denn gebe es ein anderes der Art, dann wären die beiden eins. Nun reden wir ja nicht von zwei Körpern und nennen das erste Eine nicht Körper. Denn kein Körper ist einfach, der Körper ist etwas werdendes aber nicht Prinzip. Das Prinzip ist nicht geworden; da es nun nicht körperlich ist sondern absolut eins, so dürfte jenes das Erste sein. Falls es nun ein anderes nach dem Ersten gibt, so dürfte es nicht mehr einfach sein, folglich wird es ein vielfaches Eins sein. Woher nun dies? Von dem Ersten; denn wäre es durch Zufall entstanden, dann wäre jenes auch nicht mehr Prinzip von allem Wie kommt es nun von dem Ersten? Nun, wenn das Erste vollkommen ist und das vollkommenste von allem und die erste Kraft, dann muß es von allem Seienden das mächtigste sein und müssen die andern Kräfte ihm nachahmen, soweit sie es vermögen. Und was

immer von den andern Dingen zur Vollendung kommt, das sehen wir zeugen, das hält es nicht aus bei sich selbst zu bleiben, sondern muß ein anderes schaffen, nicht bloß das was einen Vorsatz hat, sondern auch was ohne Vorsatz seine Zeugungskraft übt, selbst unbeseelte Wesen teilen von sich mit was sie imstande sind; so z. B. wärmt das Feuer und kühlt der Schnee, auch die heilkräftigen Kräuter wirken auf ein anderes wie alle übrigen Dinge auch, indem sie es dem Prinzip nach Möglichkeit nachtun zum Zweck ewiger Dauer und Vollendung. Wie könnte danach wohl das vollkommenste und das erste Gute in sich selbst stillstehen, gleich als ob es eifersüchtig auf sich selbst oder unvermögend wäre, die Kraft aller Dinge! Wie wäre es da noch Prinzip? Es muß also auch etwas von ihm entstehen, wenn anders etwas von den übrigen Dingen sein soll, die doch von ihm her ihren Bestand haben; denn daß sie denselben von ihm haben, ist notwendig. Demnach muß das Erzeugende auch das vorzüglichste sein, was aber unmittelbar nach ihm erzeugt wird und in zweiter Linie steht, muß besser sein als das übrige.

2. Wäre nun das Erzeugende der Intellekt als solcher, so müßte das Erzeugte mangelhafter als der Intellekt, doch aber ganz nahe am Intellekt und ihm ähnlich sein; da aber das Erzeugende über dem Intellekt steht, so muß es notwendig Intellekt sein. Warum ist aber das Erzeugende nicht Intellekt? Weil die Tätigkeit [Energie] des Intellekts das Denken ist, das Denken aber, welches das Intelligible schaut und nach diesem sich wendet und von ihm gleichsam erzielt und vollendet wird, selbst unbestimmt ist wie das Sehen und erst von dem Intelligiblen seine Bestimmtheit erhalt. Deshalb ist auch gesagt, daß aus der unbestimmten Zweiheit und dem Einen die Arten und die Zahlen entstehen: dies aber ist der Intellekt. Deshalb ist er nicht einfach sondern vieles, indem er die Zusammensetzung, die intelligible versteht sich, zur Erscheinung bringt und vieles bereits schaut. Er ist nun selbst das Gedachte [Intelligible], aber auch der Denkende, also doch gewiß zwei. Es gibt ferner ein anderes Gedachtes nach ihm. Allein wie kommt vom Intelligiblen der Intellekt? So: das Intelligible, welches in sich bleibt und nicht bedürftig ist wie das Sehende und Denkende – bedürftig nenne ich das Denkende als ein zu jenem Hingewandtes – ist nicht etwa leer von jeder Empfindung und Wahrnehmung, sondern alles von ihm ist in ihm und mit ihm zusammen, es hat durchgehend das Unterscheidungsvermögen seiner selbst, in ihm ist Leben, kurz alles in ihm, und es ist selbst die denkende Wahrnehmung seiner selbst, welche wie mit Selbstbewußtsein verbunden ist und in ewiger Ruhe und

im Denken verharrt und zwar anders als das Denken des Intellekts. Wenn nun etwas, indem es selbst bleibt, in ihm entsteht, so entsteht dies von ihm, wenn jenes im vollsten Maße ist was es ist. Indem also dies in seinem eigensten Wesen bleibt, entsteht was entsteht aus ihm, aber als ihm dem Bleibenden angehörig. Da nun jenes als Intelligibles bleibt, so wird das Werdende Denken; da es Denken ist und das Denken hat von dem, von welchem es entsteht – denn anderes hat es nicht – so wird es Intellekt, gleichsam ein anderes Intelligible und jenem gleich, eine Nachahmung und Spiegelbild jenes. Aber wie entsteht, wenn jenes bleibt, tätige Wirksamkeit? Einerseits ist sie die der Substanz, andererseits die *aus* der Substanz eines jeden; und die der Substanz ist selbst ein jedes seiner Wirksamkeit nach, die von ihr ausgehende muß mit Notwendigkeit jedem einzelnen nachgehen, indem sie eine andere ist als dies: so gibt es auch beim Feuer eine Art Wärme, welche das Wesen erfüllt, eine andere von jenem ausgehende, indem das Feuer die seinem Wesen eigentümliche Tätigkeit ausübt insofern es eben Feuer bleibt. Ebenso ist es auch dort: und noch viel eher gelangte dort, indem jenes in seinem eigensten Wesen verharrt, aus der Vollkommenheit in ihm und der ihm innewohnenden tätigen Wirksamkeit die erzeugte Wirksamkeit, die als aus einer großen, ja der größten Kraft von allem stammend ihre Hypostase gewonnen hat, zum Sein und Wesen; denn jenes steht über dem Sein. Und jenes ist die Kraft aller Dinge, dies aber ist nunmehr alles. Ist dies alles, so ist jenes über allem, folglich über dem Sein. Und wenn es alles ist, vor allem aber das Eine ist ohne von derselben Beschaffenheit wie alles zu sein, so muß es auch auf diese Weise über dem Sein stehen. Dies umfaßt aber auch den Intellekt, folglich steht auch etwas über dem Intellekt. Denn das Seiende ist nichts totes, nicht des Lebens und des Denkens bar, also ist der Intellekt und das Seiende identisch. Denn der Intellekt verhält sich zu den Dingen nicht wie die Wahrnehmung zu den wahrnehmbaren Gegenständen, die vor derselben sind, sondern der Intellekt selbst *ist* die Dinge, da er ja ihre Formen nicht herbeiträgt. Denn woher sollte er sie nehmen? Vielmehr ist er hier zusammen mit den Dingen und identisch mit ihnen und eins; auch die gesamte Wissenschaft des Immateriellen *ist* die Dinge.

Achtes Buch: Über das Herabsteigen der Seele in den Körper

1. Oft wenn ich aus dem Schlummer des Leibes zu mir selbst erwache und aus der Außenwelt heraustretend bei mir selber Einkehr halte, schaue ich eine wundersame Schönheit: ich glaube dann am festesten an meine Zugehörigkeit zu einer besseren und höheren Welt, wirke kräftig in mir das herrlichste Leben und bin mit der Gottheit eins geworden, ich bin dadurch, daß ich in sie hineinversetzt worden, zu jener Lebensenergie gelangt und habe mich über alles andere Intelligible emporgeschwungen; steige ich dann nach diesem Verweilen in der Gottheit zur Verstandestätigkeit aus der Vernunftanschauung herab, so frage ich mich, wie es zuging, daß ich jetzt herabsteige und daß überhaupt einmal meine Seele in den Körper eingetreten ist, obwohl sie doch das war als was sie sich trotz ihres Aufenthaltes im Körper, an und für sich betrachtet, offenbarte. – Wenn nämlich Heraklit, der uns zu dieser Untersuchung veranlaßt, die Notwendigkeit eines Wechsels der Gegensätze behauptet und von einem aufwärts und abwärts führenden Wege spricht, indem er sagt: »im Wechsel liegt eine Erholung« und »Ermüdung bringt's, in derselben Anstrengung und derselben Botmäßigkeit zu verharren«: so hat er ein Rätsel aufgegeben und sich nicht um einen für uns deutlichen begrifflichen Ausdruck bemüht, so daß man bei ihm ungefähr dieselbe Untersuchung anstellen muß, durch die er die Lösung fand. Und wenn Empedokles behauptet, es sei Gesetz für die sündigen Seelen hierher herabzusinken und er selbst sei abtrünnig von Gott geworden und hierher gekommen, um dem wütenden Streite anheimzufallen: so hat er nur soviel enthüllt als bereits Pythagoras, meine ich, und seine Anhänger in ihren orakelhaften Ausdrücken über dies und vieles andere ausgesprochen haben. Jener konnte auch wegen der poetischen Redeform nicht deutlich sein. So bleibt uns der göttliche Plato übrig, der viele herrliche Aussprüche über die Seele im allgemeinen getan wie über ihr Herabsteigen vielfach in seinen Werken gesprochen, so daß wir Hoffnung haben, von ihm eine bestimmte Auskunft zu erhalten. Was sagt nun dieser Philosoph? Offenbar äußert er sich nicht überall in derselben Weise, so daß man leicht und bequem des Mannes Sinn durchschauen könnte, sondern überall zeigt er seine Geringschätzung der gesamten sinnlichen Welt und tadelt die Gemeinschaft der Seele mit dem Körper und behauptet, die Seele liege gefesselt und begraben in ihm und es liege eine große Wahrheit in dem Wort

der Mysterien, nach welchem die Seele sich in der Gefangenschaft befindet; und die bei ihm erwähnte Höhle scheint mir ebenso wie die Grotte beim Empedokles dieses Weltall zu bedeuten, wenigstens nennt er dort das Emporsteigen zum Intelligiblen eine Lösung von den Fesseln und ein Aufsteigen aus der Höhle für die Seele. Im Phädrus bezeichnet er den Verlust des Gefieders als die Ursache des Herabsteigens hierher; und danach führen die Wellperioden eine emporgestiegene Seele wieder hierher zurück, während andere in Folge von Urteilssprüchen, Entscheidungen durchs Los, Geschicken und Notwendigkeiten hierher herabsteigen müssen. Tadelt er also in allen diesen Stellen das Herabsteigen der Seele in den Körper, so äußert er sich im Timäus bei der Auseinandersetzung über dieses All hier lobend über die Welt und nennt sie einen glückseligen Gott und sagt, die Seele sei ihr von dem Schöpfer, der gut war, verliehen worden in der Absicht, damit dies All vernunftbegabt sei; denn vernunftbegabt mußte es sein, ohne Seele konnte dies aber nicht geschehen. Also die Seele des Alls wurde um dieses Zwecks willen von Gott in dasselbe gesandt und ebenso die jedes einzelnen von uns, damit es vollkommen sei; es mußte nämlich alle die Arten lebender Wesen, die in der intelligiblen Welt bestanden, gerade so auch in der sinnlichen Welt geben.

2. Indem wir also seine Meinung über *unsere* Seele kennen zu lernen suchten, sehen wir uns mit Notwendigkeit zu einer Untersuchung über die Seele im allgemeinen geführt, wie sie ihrer Natur nach mit einem Körper in Verbindung tritt; ferner über die Natur der Welt, wie wir diese uns zu denken haben, in welcher eine Seele sei's freiwillig oder gezwungen oder sonstwie wohnt; endlich über den Schöpfer, ob er die Seele des Alls nach Gebühr und Recht oder an einen schlechteren Platz gestellt oder vielleicht in einen ähnlichen Zustand wie die unsrigen sind versetzt habe, die bei der ihnen obliegenden Regierung schlechter Körper tief in dieselben hineintauchen mußten, wenn sie wirklich die Herrschaft ausüben wollten, weil sich sonst einerseits jeder einzelne Teil zerstreuen und jedes Element den ihm naturgemäßen Ort aufsuchen würde – in dem All befindet sich alles naturgemäß an seinem Orte – andererseits diese Körper einer vielfachen und lästigen Fürsorge bedürfen, da sie so vielen störenden Einflüssen von außen her ausgesetzt und immer in Not sind und jeglicher Art von Hülfe in ihrer vielfach schwierigen Lage bedürfen. Dagegen bedarf das All in seiner Vollkommenheit und unbedingten Selbstgenügsamkeit, für welches es nichts seiner Natur Zuwiderlaufendes gibt, gewissermaßen nur eines kurzen Gebotes; demgemäß befindet sich seine Seele immer so wie

sie es ihrer Natur gemäß will, ohne den Begierden oder irgendeiner Affektion unterworfen zu sein; es findet hier eben kein Abgang oder Zugang statt. Darum behauptet er auch von unserer Seele, sie gelange durch die Vereinigung mit jener vollkommenen auch ihrerseits zur Vollkommenheit, schwebe in erhabener Höhe und ordne regierend das Weltall, und wenn sie sich nicht absondere um in die Körper einzutreten und irgendeinem anzugehören, dann werde sie ihrerseits ebenso wie die Allseele das All mit Leichtigkeit regieren, da es ja nicht unter allen Umständen ein Übel für die Seele sei, einem Körper die Fähigkeit des Wohlseins und des Seins überhaupt zu verleihen, deshalb nämlich weil nicht jede Art von Fürsorge um das Schlechtere dem Fürsorgenden das Beharren in dem besten Zustande raubt. Es gibt nämlich eine zwiefache Sorge ums All, eine allgemeine, welche durch tatlosen Befehl in königlicher Obmacht ordnend und schmückend wirkt, und eine spezielle, die bereits eine gewissermaßen selbst Hand anlegende Tätigkeit ausübt und durch die Berührung mit dem Bewirkten das Bewirkende mit der Natur des Bewirkten erfüllt. Wenn es nun heißt, daß die göttliche Seele in der angegebenen Weise den ganzen Himmel immer regiere, indem sie mit ihrem edleren Teile über ihm erhaben bleibt und nur ihr unterstes Vermögen in sein Inneres hinabsenkt: so dürfte damit nicht mehr ein Vorwurf gegen Gott ausgesprochen sein des Inhalts, daß er die Allseele in ein schlechteres Wesen hineingesetzt habe, und tatsächlich ist dadurch die Seele nicht des in ihrer Natur liegenden Wesens beraubt, sie die aus ihrem ewigen Wesen diese Obliegenheit hat und stets haben wird, eine Obliegenheit, die ihr unmöglich gegen ihre Natur zukommen kann, weil sie ja ohne Aufhören und Anfang immerdar für sie besteht. Wenn er ferner den Seelen der Gestirne dasselbe Verhalten zu ihren Körpern zuschreibt wie dem All – denn er befaßt ihre Körper mit in die Umschwünge der Allseele – so dürfte er damit auch die diesen zukommende Glückseligkeit gewahrt haben. Zwei Umstände sind es ja, derentwegen man an der Gemeinschaft der Seele mit dem Körper Anstoß nimmt, einmal, daß sie zu einem Hindernis wird für die Erfassung der Begriffe, sodann, daß sie die Seele mit Lust und Begierden und Trauer erfüllt; und dennoch dürfte keins von beiden einer Seele zustoßen, welche sich nicht in das Innere des Körpers getaucht hat, nicht irgendeinem zu eigen gehört, nicht in Abhängigkeit von jenem geraten ist, sondern wo umgekehrt jener von ihr abhängt und noch dazu ein solcher ist, daß er weder irgendeines bedarf noch in irgendeiner Beziehung Mangel leidet, so daß auch die Seele nicht mit Begierde oder Furcht erfüllt wird. Es gibt eben gar keine Gefahr, die sie für einen Körper solcher Art befürchten müßte, kein Geschäft für sie, das ihr Herabsinken bewirkte und sie von der erhabenen und seligen Anschauung herabführte; sondern sie weilt beständig in jenen Regionen, indem sie mit einem tatenlosen Vermögen dieses Weltall ordnet und schmückt.

3. Was aber die menschliche Seele betrifft, die wie es heißt in einem Körper Übel und Mühseligkeiten aller Art erduldet, indem sie in Qualen, Begierden, Furcht und die anderen Übel gerät, für welche der Körper eine Fessel und ein Grab, die Welt eine Höhle und Grotte ist, so haben wir jetzt noch zu zeigen, daß diese Meinung mit der obigen darum nicht im Mißklang steht, weil die Ursachen des Herabsteigens nicht dieselben sind. Wie nun also alle Vernunft sich an dem Orte des Intelligiblen in ihrer Gesamtheit und Ganzheit befindet, worunter wir eben die intelligible Welt verstehen, es andererseits aber auch die in dieser enthaltenen intellektuellen Vermögen und die vernünftigen Geister der Einzelwesen gibt – denn es gibt nicht allein *eine* Vernunft, sondern eine und viele – so mußte es auch viele Seelen und eine geben und zwar mußten aus der einen die verschiedenen abgeleitet sein, gleichwie aus *einer* Gattung viele Arten entspringen, die einen besser, die andern schlechter, die einen vernünftiger, die anderen dies weniger der Wirklichkeit nach. Ist doch auch dort in der Vernunft einerseits *die* Vernunft zu unterscheiden, die dem Vermögen nach das Andere wie einen großen Organismus umschließt, andererseits die der Wirklichkeit nach seienden Einzelintelligenzen, welche das Andere der Möglichkeit nach einschloß. Wenn es z. B. eine beseelte, andere beseelte Städte einschließende Stadt gäbe, so wäre allerdings die Natur der Gesamtstadt vollkommener und mächtiger, es hindert indessen nichts, daß auch die andern von derselben Natur waren. Oder nehmen wir als Beispiel die Art und Weise wie von dem Gesamtfeuer einerseits kleine, andererseits große Feuer ausgehen: das Gesamtwesen ist das des Gesamtfeuers oder vielmehr das, aus dem auch das des Gesamtfeuers hervorgeht. Die Tätigkeit der vernünftigen Seele besteht nun freilich im Denken, aber nicht ausschließlich; worin unterschiede sie sich sonst auch von der Vernunft? Dadurch nämlich daß sie zu dem Intellektuell-sein noch ein anderes hinzugenommen hat, dem gemäß sie ihren eigenen Wesensbestand gewonnen hat, ist sie nicht Vernunft geblieben und hat so auch ihrerseits ein eigentümliches Geschäft, wofern überhaupt alles, was zu dem Bereiche des Seienden gehört, ein solches hat. Blickt sie auf das ihr Übergeordnete, so denkt sie; blickt sie auf sich selbst, so erhalt sie sich selbst; blickt sie auf das

ihr Untergeordnete, so schmückt, ordnet und beherrscht sie dasselbe. Denn es war unmöglich, daß das All ruhig im Intelligiblen stehen blieb, so lange noch ein anderes in der Stufenreihe der Dinge entstehen konnte, das allerdings geringer aber doch mit Notwendigkeit ist, wofern auch das ihm Voraufgehende ist.

4. Die Einzelseelen nun, denen einerseits ein intellektuelles Streben in der Hinwendung zu dem Prinzip ihres Ausgangs zukommt, die andererseits aber auch ein auf die diesseitige Welt sich erstreckendes Vermögen besitzen, ebenso wie ja das Licht nach oben hin an die Sonne gebunden ist und doch der unter ihm befindlichen Welt seine Dienstleistung nicht versagt – diese Einzelseelen nun müssen einerseits, solange sie vereint mit der Gesamtseele im Intelligiblen verharren, frei von jedem Leid sein und im Himmel vereint mit der Gesamtseele eine mit ihr gemeinsame Herrschaft ausüben, gleichwie die Könige in Gemeinschaft mit dem Allbeherrschenden herrschen, indem sie auch ihrerseits von dem königlichen Throne nicht herabsteigen; sie schalten dann ja eben gemeinsam in einem und demselben Gebiete. Indem die Seelen aber, ihre Daseinsweise verändernd, aus dem Ganzen heraus dazu übergehen als Teil und selbständig für sich zu existieren, und gleichsam des Seins in Gemeinschaft mit einem Anderen müde sind, zieht sich eine jede auf ein ihr eigentümliches Gebiet zurück. Wenn sie dies nun längere Zeit hindurch tut, wobei sie das Ganze flieht und durch die vollzogene Unterscheidung sich von ihr entfernt, und nicht mehr auf das Intelligible blickt, so wird sie zum Teil und dadurch vereinzelt und schwach und vielgeschäftig und blickt auf einen Teil, und nachdem sie sich durch Abtrennung von dem Ganzen irgendeinem Teile hingegeben und allem Übrigen entflohen, wodurch sie sich jenem Einzelnen naht und zuwendet, das von der Gesamtheit der Dinge bedrängt und beeinflußt wird, hat sie sich von dem Ganzen abgewandt und ordnet das Einzelne in mühseliger Arbeit gewissermaßen schon Hand anlegend in wohltätiger Sorge für das Äußere, ihm gegenwärtig und tief in sein Inneres eintauchend. Da widerfährt es ihr denn auch, daß sie, wie es heißt, die Schwingen verliert und in die Fesseln des Körpers gerät, nachdem sie sich verirrt hat aus dem Stande der Unversehrtheit, in welchem sie während der Beherrschung des höheren Gebietes sich hielt und der ihr eigen war als der Gesamtseele. So ist sie denn gefangen, gefallen und in Banden, und da sie nur vermittelst der Wahrnehmung ihre Wirksamkeit äußert, weil sie an einer unmittelbaren Wirksamkeit durch die Vernunft verhindert wird, so heißt es, sie sei begraben und weile in einer Höhle. Wendet sie sich da-

gegen zum Denken, so heißt es, sie löse sich aus den Fesseln und steige empor, sobald sie in Folge der Wiedererinnerung einen Ausgangspunkt für das Schauen des Seienden gewonnen hat. Sie hat nämlich immer trotz alledem einen gewissen überragenden Teil. Die Seelen werden so gewissermaßen Amphibien, indem sie mit Notwendigkeit abwechselnd das Leben im Jenseits und das im Diesseits geteilt führen, und zwar in größerer Ausdehnung das im Jenseits diejenigen, welche in größerer Ausdehnung dem Intelligiblen beizuwohnen vermögen, dagegen das im Diesseits in größerer Ausdehnung diejenigen, für welche in Folge ihrer Natur oder ihrer Geschicke das Gegenteil statthat. Hierauf spielt denn auch Plato leise an, wenn er da, wo er Unterschiede in ihnen in Folge der Mischung aus dem spätem Kriege und Teile annimmt, es auch für notwendig erklärt, daß sie in das Werden eingehen, da einmal Teile solcher Art herausgekommen sind. Wenn er aber sagt, Gott habe sie ausgesäet, so ist das ebenso zu verstehen, wie wenn er Gott als sprechend und gewissermaßen vor dem Volke redend einführt. Denn das, was in der Natur der Gesamtheit der Dinge enthalten ist, läßt schon die Darlegung dieses Inhalts selbst werden und entstehen, indem sie das, was immer so ist und wird, der Reihe nach ins Dasein führt.

5. Es ist also kein Widerspruch, wenn man redet von einer Aussaat in das Gebiet des Werdens, von einem Herabsteigen zum Zweck der Vollendung des Alls, vom Gericht, von der Höhle, von der Notwendigkeit und Freiheit, da ja die Notwendigkeit hier die Freiheit einschließt, und dabei doch zugibt, daß der Aufenthalt im Körper ein Verweilen im Übel sei. Ebensowenig steht hiermit im Widerspruch die Ansicht des Empedokles von einer Flucht von Gott und Irrfahrt, von einer Schuld und Fehle, auf welche die Strafe steht; auch die Ansicht des Heraklit nicht von einer Rast und einem Verweilen in der Flucht, überhaupt widerspricht es sich nicht, daß das Freiwillige des Herabsteigens doch wieder ein Unfreiwilliges sei. Denn ein jedes, das zu einem Geringeren herabsteigt, tut dies allerdings unfreiwillig; sofern es jedoch einer in seinem Wesen begründeten Bewegung folgt, heißt es von ihm, es habe an dem Besitz des Schlechteren eben die seinen Handlungen entsprechende Strafe. Wenn aber solches zu tun und zu leiden nach einem ewigen Naturgesetz notwendig ist und wenn das zum Nutzen eines andern Leidtragende auf dieses in seiner Bewegung eben trifft, indem es von dem über ihm Stehenden herabsteigt, so kann man wohl behaupten, Gott habe es herabgesandt, ohne mit der Wahrheit oder mit sich selbst in Widerspruch zu geraten. Denn auf den

Ursprung aller Dinge wird ja selbst das letzte, mag es auch viele Zwischenglieder geben, zurückgeführt. – Es gibt nun eine doppelte Schuld, und zwar besteht die eine in dem Beweggrunde zum Herabsteigen, die andere darin, daß die Seele hier Missetaten begebt. Die Sühnung der ersten besteht in eben dem Leiden, das ihr in Folge des Herabsteigens widerfährt, die der anderen, wofern die Schuld weniger groß ist, darin daß sie in andere Körper eingeht und schneller wieder emportaucht nach gerechtem und billigem Urteilsspruch – daß dies nach göttlicher Satzung geschieht, wird durch das Wort Urteilsspruch angezeigt –; das Übermaß der Bosheit hingegen wird billig auch durch eine schärfere Strafe geahndet unter dem Walten rächender Dämonen.

So also gerät die Seele, obwohl sie etwas göttliches ist und den höheren Regionen entstammt, in den Körper hinein und gelangt, da sie nur ein Untergott ist, ins Diesseits durch freiwillige Herabneigung sowie zum Zweck ihrer Machtentfaltung und der Ausschmückung des unter ihr stehenden Wesens. Entzieht sie sich nun wieder durch eine beschleunigte Flucht, so hat sie in keiner Beziehung Schaden genommen, im Gegenteil sie hat Kenntnis vom Übel gewonnen und die Natur der Bosheit erkannt, dazu die in ihr liegenden Kräfte offenbart und Wirksamkeiten und Tätigkeiten sehen lassen, die bei einem ruhigen Verbleiben im Unkörperlichen zwecklos wären, da sie in Ewigkeit nicht zur Wirksamkeit gelangen würden; so bliebe auch der Seele selbst was sie besitzt verborgen, da es nicht zur Erscheinung käme und nicht aus ihr herausträte – wenn nämlich überall erst die Verwirklichung das Vermögen zeigt, das sonst durchaus verborgen und im Dunkeln bliebe und nicht wäre, niemals wahrhaft *wäre*. Jetzt erkennt ja jeder durch die Mannigfaltigkeit der äußeren Wirkungen mit Staunen, von welcher Beschaffenheit das innere Wesen gemäß der schönen Ergebnisse seiner Tätigkeit ist.

6. Wenn also nicht allein Eins sein darf – sonst wäre ja alles gestaltlos in ihm verborgen geblieben und es bestünde nichts von dem Seienden, wäre jenes unbeweglich in sich stehen geblieben; auch gäbe es nicht die Vielheit dieser seienden aus dem Einen erzeugten Existenzen, ohne daß die unter ihm stellenden Wesen, die den Rang von Seelen erhalten haben, von ihm ihren Ausgang genommen hätten: so durfte es auch in der nämlichen Weise nicht allein Seelen geben, ohne daß die durch sie verursachten Dinge zur Erscheinung gelangten, wofern es einmal in einer jeden Natur liegt, das unter ihr Stehende zu bewirken und sich wie aus einem Samenkorn aus einem unteilbaren Anfange zu entwickeln und zur sinn-

lichen Vollkommenheit zu gelangen, wobei freilich das höhere Prinzip immer ruhig in seinem eigentümlichen Stande verharrt, während sich das unter ihm Stehende gewissermaßen aus einem unendlichen [unaussprechlichen] Vermögen – soviel davon eben in jenem Prinzip vorhanden war – erzeugt, das man nicht so zu sagen neidisch hemmen und absperren darf, sondern welches beständig vordringen muß, bis alles zur äußersten Grenze innerhalb des Möglichen gelangt ist durch Verursachung eines unerschöpflichen, seine Kraft über alles ausbreitenden Vermögens, welches nichts seiner selbst unteilhaftig zu lassen imstande ist. Gab es ja doch nichts, was irgendein Ding gehindert hätte in soweit der guten Natur teilhaftig zu werden, als eben ein jedes an ihr Teil nehmen konnte. – Bestand nun die Natur der Materie von Ewigkeit her, so ging es nicht an, daß sie als existierend nicht dessen teilhaftig wurde, das allen Dingen das Gute spendet, soweit ein jegliches es aufzunehmen vermag; war dagegen ihre Entstehung eine notwendige Konsequenz aus den über und vor ihr liegenden Ursachen, so durfte sie auch so nicht für sich abgesondert bleiben, indem etwa das Prinzip, welches ihr auch das Sein selbst wie eine Gnadengabe verlieh, aus Unfähigkeit früher in sie einzutreten unbeweglich stehen blieb. Eine Offenbarung also des Herrlichsten in der intelligiblen Welt, seiner Macht sowohl als seiner Güte, ist das Schönste in dieser Welt, und es gibt so eine unvergängliche Verknüpfung zwischen allem, zwischen dem Intelligiblen und dem Sinnlichen: dem Intelligiblen, das an und für sich ist, und dem Sinnlichen, das vermöge seiner Teilnahme an diesem das unvergängliche Sein gewonnen hat, indem es die intelligible Natur nachahmt soweit es in seinem Vermögen liegt.

7. Da es nun eine doppelte Natur gibt, die intelligible und die sinnliche, so ist es allerdings besser für die Seele im Intelligiblen zu weilen; es besteht jedoch für sie die Notwendigkeit auch an dem Sinnlichen Teil zu nehmen, da sie einmal eine solche Natur hat, und sie darf nicht unzufrieden sein, wenn sie nicht in jeder Beziehung das vollkommenere Wesen ist, sie die eine vermittelnde Stellung einnimmt, göttlicher Art freilich, aber doch an den letzten Platz des Intelligiblen gestellt, so daß sie der sinnlichen Natur benachbart diesem Gebiete etwas von ihrem eigenen Wesen mitteilt, dafür aber auch etwas von ihm empfängt, sofern sie nämlich nicht bei der Ordnung desselben ihre eigene Sicherheit wahrt, sondern einem stärkeren Triebe folgend nicht mehr in ihrer Ganzheit mit der Allseele vereinigt bleibt und in das Innere des beherrschten Gegenstandes eintaucht; dazu kommt im besonderen, daß es ihr möglich ist wieder empor-

zutauchen, nachdem sie eine genaue Kenntnis von ihren Erfahrungen und Leiden im Diesseits gewonnen und dadurch gelernt hat, was es bedeutet im Jenseits zu weilen, und durch den Vergleich mit dem gleichsam Entgegengesetzten genauer das Bessere kennen gelernt hat. Denn zu einer deutlicheren Erkenntnis des Guten gereicht die Erfahrung des Übels denjenigen Wesen, deren Vermögen zu schwach ist als daß sie durch ein Wissen vor der Erfahrung erkennten. Wie aber das Herausgehen der Vernunft ein Herabsteigen zu dem für sie äußersten Schlechteren ist – denn es liegt nicht in ihrem Wesen zu dem über ihr Stehenden emporzusteigen, sondern sie muß, indem sie Wirkungen aus sich heraustreten läßt und nicht ruhig in sich selbst verharren kann, nach einem notwendigen Naturgesetz bis zur Seele gelangen (denn das ist für sie ein letztes Ziel) und dieser dann die folgende Reihe überlassen, während sie selbst wieder emporsteigt – ebenso verhält es sich auch mit der Wirksamkeit der Seele: auf das unter ihr Stehende bezieht sich ihre Tätigkeit im Diesseits, auf das über ihr Stehende die Anschauung des Seienden, wobei sich für die eine Art von Seelen eine solche Tätigkeit nur teilweise und in gewissen Zeiträumen einstellt und eine Hinwendung zum Besseren nur so vollzieht, daß sie sich dabei im Schlechteren befinden, während *die* Seele, welche wir als die des Alls bezeichnen, niemals in die schlechtere Werktätigkeit eintritt, von keinem Übel berührt wird, vermöge ihres Schauens das unter ihr stehende Gebiet überblickt und beständig mit dem über ihr stehenden verknüpft bleibt. Ihr ist eben beides möglich, aus dem Jenseits zu empfangen und dem Diesseits gleichzeitig zu spenden, da sie sich ja als Seele notwendig auch mit dieser Welt Befassen mußte.

8. Soll ich es schließlich wagen, entgegen der Meinung der andern meine Überzeugung frei und bestimmter herauszusagen, so ist meines Erachtens selbst unsere Seele nicht in ihrer Ganzheit eingetaucht, sondern ein gewisser Teil derselben befindet sich stets im Intelligiblen; nur läßt uns der im Sinnlichen befindliche Teil, wenn er überwältigend wird oder vielmehr überwältigt und verwirrt wird, nicht zur Perzeption dessen gelangen was der obere Teil der Seele erschaut. Nur dann nämlich tritt der Denkinhalt wirklich in uns hinein, wenn er bis zur Perzeption herab gelangt. Denn nicht alles, was sich in irgendeinem Teil der Seele zuträgt, erkennen wir deshalb schon; wir erkennen es vielmehr erst, wenn es die ganze Seele durchdrungen hat. So wird z. B. die Begierde, solange sie in dem begehrenden Teil bleibt nicht von uns erkannt, sondern erst dann wenn wir sie durch das Vermögen des innern Sinnes oder auch durch das Denkvermö-

gen oder durch beide ergriffen haben. Es hat nämlich jede Seele ein niederes dem Körper zugewandtes und ein höheres der Vernunft zugewandtes Vermögen. Und die ganze, die Allseele schmückt mit ihrem dem Körper zugewandten Teile das All in müheloser Erhabenheit, nicht mit Überlegung und Berechnung wie wir, sondern vermöge der Vernunft gleich dem künstlerischen Schaffen, wobei nur der niedere Teil das All ordnet und schmückt. Dagegen haben die im Teil existierenden, die Teilseelen allerdings auch ihrerseits das überragende Vermögen, erfassen jedoch in mühevoller Tätigkeit dabei vermöge der Wahrnehmung und Perzeption viele ihrer Natur widrige, verletzende, verwirrende Eindrücke, da ja das ihrer Obhut Befohlene ein Teil und als solcher mangelhaft ist, von vielen fremden Dingen rings umgeben wird und vielerlei Bedürfnisse und Begierden hat; dazu ist er auch der Lust und den Täuschungen der Lust unterworfen. Das andere Vermögen dagegen bleibt auch den vergänglichen Lüsten gegenüber unempfindlich und führt ein wandellos gleichmäßiges Leben.

Boethius

(480–525 n. Chr.)

Irdisches Glück ist nicht das höchste Gut

Boethius, der Verfasser der berühmten Schrift *Trost der Philosophie*, wurde in der Nähe von Rom geboren und hat um das Jahr 500 n. Chr. am Hof des Gotenkönigs Theoderich gelebt. Auf dessen Befehl wurde er in Pavia hingerichtet.

Boethius symbolisiert mit seiner Person und seinem Werk das Ende einer Ära und den gleichzeitigen Beginn einer neuen Zeit. Die griechisch beeinflußte Antike ging zu Ende, und das Christentum wurde zur herrschenden Kulturform der westlichen Welt. Äußerlich ein bekennender Christ, innerlich aber ganz geprägt von den großen Denkern der Antike, wurde Boethius auch der ›letzte Römer und der erste Scholastiker‹ genannt. Er entstammte einer angesehenen römischen Senatsfamilie, die den Umgang mit der griechischen Kultur pflegte und in der die Werke der antiken Schriftsteller und Philosophen Teil der familiären Bildung waren.

Der Gotenkönig Theoderich, der das strategische Interesse verfolgte, die staatstragenden Schichten Roms in seine Machtpolitik einzubinden, beschäftigte Boethius als hochgestellten Verwaltungsbeamten. Boethius durchlief eine erfolgreiche Laufbahn als Staatsmann und Gelehrter. Er verfaßte mehrere lateinisch geschriebene Kommentare zu Aristoteles und verfolgte den ehrgeizigen Plan, die Philosophien Platons und Aristoteles' miteinander zu versöhnen.

Das Schicksal wendete sich jedoch jäh gegen ihn: Wegen des Verdachts der Verschwörung gegen den König – man warf ihm vor, er habe mit oströmischen Kreisen zusammengearbeitet – wurde er verhaftet und zum Tode verurteilt. In den sechs Monaten, die ihm bis zur Vollstreckung des Urteils blieben, schrieb er in seiner Gefängniszelle sein letztes und bekanntestes Werk *Trost der Philosophie (De consolatione philosophiae)*.

Ein letztes Mal wird hier der Geist griechischer Philosophie mit all seinem Glanz heraufbeschworen. In einer Art Abschiedsgesang entfaltet Boethius noch einmal die Gedanken der Stoa und des Neuplatonismus in einer Mischung aus Prosa und Vers.

Das kleine Büchlein *Trost der Philosophie* ist aber auch das sehr intime Vermächtnis eines Mannes, der sich in den letzten Wochen seines Lebens, eingesperrt in einen Kerker, an die Philosophie als große Trösterin in der Not richtet. Es ist der Ausdruck der persönlichen Verzweiflung und Anklage, aber auch der Ergebung und letztendlichen geistigen Befreiung von den irdischen Gaben, die keinesfalls – zu diesem Schluß kommt Boethius – als das höchste Gut anzusehen sind.

Die ›Philosophia‹, die dem Eingekerkerten in der Allegorie als Frauengestalt gegenübertritt, überzeugt ihn davon, daß menschliche Freiheit und Vorsehung durchaus miteinander vereinbar sind.

Die Schrift enthält nichts aus dem christlichen Glauben und ist ein reines Bekenntnis zur Philosophie.

In dieser Textsammlung wird das erste und das zweite Buch *Trost der Philosophie* abgedruckt. Im ersten Buch stellt sich die Philosophie als allegorische Figur vor, vertreibt die Musen der Dichtkunst, die nur vom Philosophieren ablenken, von seinem Gefängnislager, und beruhigt den Verurteilten. Große Männer wie Sokrates, Zenon und Seneca teilten Boethius' Schicksal, er ist also in guter Gesellschaft.

Im zweiten Buch wird die Frage ›Was ist Glück?‹ tiefgründig und mit den Argumenten der griechischen Philosophen erörtert.

Trost der Philosophie gehörte zu den meistgelesenen Texten des Mittelalters und wurde in viele Nationalsprachen übersetzt. Er ist geprägt von der Liebe zu einer Philosophie, die nur kurze Zeit später als ›heidnisch‹ bezeichnet wurde und ihrem Ende entgegenging: Nur vier Jahre nach Boethius' Tod, im Jahr 529, schloß der christliche Kaiser Justinianus die in Athen seit Platon bestehende Akademie und verbot jeden weiteren Unterricht in griechischer Philosophie. Die letzten ihrer sieben Lehrer mußten ins Exil gehen. Es begann die Zeit des christlichen Mittelalters.

Trost der Philosophie

(Buch 1 und 2)

Erstes Buch

Der ich Gesänge vordem in blühendem Eifer vollendet,
Wehe, wie drängt das Geschick traurige Weisen mir auf.
Also schreiben mir vor voll Schmerz die verwundeten Musen,
Tränen von echtestem Leid haben ihr Antlitz genetzt.
Konnte sie doch allein der Schrecken nimmer besiegen,
Als Gefährten nur sie folgten allein meinem Pfad.
Was die Zierde einst war glückselig blühender Jugend,
Ist dem trauernden Greis Trost noch in Todesgefahr.
Unvermutet erschien vom Leide beschleunigt das Alter,
Jahre häufte der Schmerz auf das ermüdete Haupt.
Von dem Scheitel zu früh ergrauend wallen die Locken,
Schlaff erzittert und welk mir am Leibe die Haut.
Seliger Tod, der sich nicht drängt in die Freuden der Jugend,
Der dem Trauernden nur häufig gerufen erscheint.
Ach er wendet sein Ohr verschlossen dem Flehen der Armen,
Grausam weigert er stets Ruhe dem weinenden Aug'.
Schon da das wankende Glück noch flüchtige Güter gespendet,
Schien das Haupt mir versenkt fast in der Stunde der Angst.
Jetzt da es wolkenverhüllt das trügende Antlitz gewendet,
Da mir das Leben verhaßt, schleppt sich unselig die Zeit.
Warum prieset ihr einst mich oft so glücklich, o Freunde?
Wer so stürzte, der stand niemals auf sicherem Fuß.

Während ich solches schweigend bei mir selbst erwog und meine tränenvolle Klage mit Hilfe des Griffels aufzeichnete, schien es mir, als ob zu meinen Häupten ein Weib hinträte von ehrwürdigem Antlitz, mit funkelndem und über das gewöhnliche Vermögen der Menschen durchdringendem Auge, von leuchtender Farbe und unerschöpfter Jugendkraft, obwohl sie so bejahrt war, daß sie in keiner Weise unserem Zeitalter anzugehören schien. Ihr Wuchs war von wechselnder Größe; denn jetzt zog sie sich zum gewöhnlichen Maß der Menschen zusammen, jetzt aber schien sie mit dem Scheitel den Himmel zu berühren; und als sie noch höher ihr Haupt emporhob, ragte sie in den Himmel selbst hinein und entzog sich so dem Blick der Menschen. Ihr Gewand war von feinstem Gespinst und mit peinlicher Kunstfertigkeit aus unlösbarem Stoff gefertigt; sie hatte es, wie ich später aus ihrem eignen Munde erfuhr, mit eigner Hand gewebt. Seinen Glanz hatte wie bei rauchgeschwärzten Bildern ein trüber Anflug von Vernachlässigung und Alter überzogen. An seinem untersten Rande las man eingewebt ein griechisches Π, an seinem obersten aber ein θ. Und zwischen beiden Buchstaben schienen wie an einer Leiter etliche Stufen eingezeichnet, die von dem unteren zum oberen Schriftzug emporstiegen. Doch hatten dieses selbe Kleid die Hände einiger Gewalttätiger zerfetzt, und jeder hatte ein Stückchen nach Vermögen weggeschleppt. Ihre Rechte endlich trug Bücher, ihre Linke aber ein Szepter.

Als sie die Dichtermusen, die mein Lager umstanden und meiner Tränenflut Worte liehen, erblickte, sprach sie etwas erregt, entflammt mit finsteren Blicken: »Wer hat diesen Dirnen der Bühne den Zutritt zu diesem Kranken erlaubt, ihnen, die seinen Schmerz nicht nur mit keiner Arznei lindern, sondern ihn obendrein mit süßem Gifte nähren möchten? Sind sie es doch, die mit dem unfruchtbaren Dorngestrüpp der Leidenschaften die fruchtreiche Saat der Vernunft ersticken, die der Menschen Seelen an die Krankheit gewöhnen, nicht sie davon befreien. Wenn eure Schmeichelreden einen Uneingeweihten, wie es gemeinhin durch euch geschieht, ablenken, so würde ich das für minder lästig halten. In diesem aber darf unser Werk nicht verletzt werden; denn er ist mit den Studien Eleas und der Akademie ernährt worden. Drum hinweg ihr Sirenen, die ihr süß seid bis zum Verderben, überlaßt ihn meinen Musen zur Pflege, zur Heilung!

So gescholten senkte jener Chor tief bekümmert die Blicke, Erröten verriet ihre Scham, so gingen sie traurig über die Schwelle hinaus. Ich aber, dessen tränenüberströmtes Antlitz ein Nebel hüllte, so daß ich nicht unterscheiden konnte, wer diese Frau von so gebietender Würde sei, verstummte, heftete mein Auge auf die Erde und begann schweigend abzuwarten, was sie nun weiter tun werde. Da trat sie näher an mich heran, setzte sich auf das Ende meines Bettes, blickte auf mein tränenschweres, auf die Erde geneigtes Antlitz und klagte in folgenden Versen über die Verwirrung meines Geistes:

Wehe wie sinkt zum Grund nieder die Seele;
Also erschlafft, vergißt eigenen Licht's sie,
Sucht mit schwankendem Schritt draußen das Dunkel;
Und vom irdischen Hauch immer vermehret
Wächst bis zum Übermaß nagende Sorge.
Und einst war sie gewöhnt Räume des Himmels
Zu ätherischem Flug frei zu durchmessen,
Schaute das rosige Licht frühe der Sonne,
Blickt' auf den frostigen Glanz spät noch des Mondes,
Wie der wandernde Stern zieht seine Bahnen,
In verschlungenem Kreis wieder zurückkehrt,
Hatt' er in Zahlen gefaßt, hier auch ein Sieger.
Forschte die Gründe er doch, welche das Brausen
Regeln des Sturms, der tief aufwühlt die Meerflut,
Welch ein geistiger Hauch umdreht den Erdkreis,
Was das Abendgestirn senkt in des Westens
Meereswogen und früh rötlich im Ost hebt,
Was die Tage im Lenz angenehm mildert,
Daß die Erde sich schmückt rosig mit Blüten,
Wer es macht, daß der Herbst schwanger von Früchten
Überfließt, bis zuletzt schwellend von Trauben.
Alles hat er erforscht, bis zur verborgnen
Wechselreichen Natur Gründe gelangt er!
Und nun ist ihm des Geist's Leuchte erloschen,
Und den Nacken im Druck engender Ketten
Zwingt die wuchtende Last nieder den Blick ihm,
Wehe nur dich zu schau'n, törichte Erde!

Jedoch, sagte sie, hier ist Arznei mehr am Platz als Klage. Dann aber richtete sie das Auge voll auf mich und sprach: Bist du es, der du einst mit unserer Milch genährt, mit unserer Speise erzogen, zu mannbarer Geisteskraft gereift warst? Hatten wir dir doch Waffen gegeben, die dich, hättest du sie nicht vorher fortgeworfen, durch ihre nie besiegte Festigkeit beschützt hätten. Erkennst du mich nun? Warum schweigst du? Bist du vor Scham oder vor Staunen verstummt? Lieber wollte ich vor Scham, aber ich sehe, Staunen hat deine Zunge gelähmt. Und wie sie mich nicht bloß schweigend, sondern völlig sprachlos sah, legte sie ihre Hand sanft auf meine Brust: Es ist keine Gefahr, sagte sie, er leidet an schlaffer Abspannung, der gewöhnlichen Krankheit verblendeter Geister. Er hat ein wenig seiner selbst vergessen, er wird sich leicht auf sich besinnen, wenn er zuvor uns erkannt hat. Auf daß er dies könne, wollen wir ein wenig seine Augen abwischen, die trüb sind von der Umwölkung irdischer Dinge. So sprach sie und trocknete mit ihrem gefalteten Gewand meine von Tränen strömenden Augen.

Da verließ mich das Dunkel, es wichen die nächtlichen Nebel,
Frühere Kraft rückkehrte den Augen.
Wie wenn vom Südwind getrieben die stürmischen Wolken sich ballen,
Regenverschleiert am Himmelsgewölbe
Sich die Sonne verbirgt, kein Sternbild am Himmel aufsteigt,
Wenn auf die Erde dunkele Nacht sinkt;
Dann aus thrakischer Höhle gesandt sie Boreas aufpeitscht
Und den verschlossenen Tag wieder auftut,
Phöbus zuletzt hervortritt und Pfeile des Lichtes schleudert,
Staunende Augen die Strahlen verwunden.

Zweites Buch

Hierauf schwieg sie ein wenig, und als sie meine Aufmerksamkeit aus meinem bescheidenen Schweigen erschloß, begann sie so: Wenn ich nun richtig Ursachen und Aussehen deiner Krankheit erkannt habe, so siechst du hin aus Liebe und Sehnsucht nach deinem früheren Glücke. Seine Veränderung hat, wie du dir einbildest, so viel von deinem Geiste zu Grunde gerichtet. Ich kenne den vielgestaltigen Schein, mit dem jenes Wunderwesen denen, die es anzuführen trachtet, schmeichelnde Freundschaft heuchelt, bis es sie unverhofft verläßt und mit unerträglichem Schmerz verwirrt. Willst du dich an seine Natur, Sitten und Verdienste erinnern, dann wirst du erkennen, daß du an ihm nie etwas Schönes weder gehabt noch verloren hast; aber ich glaube, ich brauche mir nicht besondere Mühe zu geben, dir das ins Gedächtnis zu rufen; denn du pflegtest, auch als es noch da war und schmeichelte, es mit männlichen Worten zu schelten, und triebst es nach verkündetem Richterspruch aus unserem Heiligtume. Aber jede plötzliche Veränderung vollzieht sich nicht ohne ein gewisses Auf- und Abfluten des Geistes. So ist es gekommen, daß auch du ein Weilchen von deiner Ruhe abfielst. Aber es ist Zeit, daß du etwas Sanftes und Angenehmes schlürfest und kostest, was ins Innere dringt und den Weg für kräftigeren Trank bahnt. Also möge uns die Überzeugungskraft der holden Redekunst beistehen, welche nur dann auf rechtem Wege voranschreitet, wenn sie unsere Gebote nicht verläßt und wenn sie als Dienerin an unserem Herde mit solcher Musik bald leichtere bald ernstere Weisen anstimmt.

Was also ist es, o Mensch, was dich in Schmerz und Trauer gestürzt hat? Etwas ganz Neues und Ungewohntes, glaube ich, hast du gesehen. Du meinst, das Glück habe sich dir gegenüber gewandelt: du irrst! Das sind immer seine Sitten, ist seine Natur. Es hat nur gegen dich die Beständigkeit in seiner eigenen Veränderlichkeit bewahrt. So war es, als es schmeichelte, als es vor dir mit den Lockungen falscher Glückseligkeit gaukelte. Du hast das zweideutige Antlitz der blinden Gottheit nun entdeckt; während sie sich andern noch verhüllt, ist sie dir völlig bekannt geworden. Wenn du sie billigst, so halte dich an ihren Charakter und klage nicht. Wenn du ihre Treulosigkeit verabscheust, so verschmähe und verwirf ihr verderbliches Spiel; denn wo sie dir jetzt Anlaß zu so großer Trauer gibt, hätte sie dir zur Beruhigung dienen sollen. Sie hat dich verlassen, vor der niemand hier sicher sein kann, daß sie ihn nicht verlassen werde. Oder meinst du etwa, daß eine wertvolle Glückseligkeit von dir gehen werde? Oder ist dir ein augenblickliches Glück teuer, das im Verharren nicht treu ist und im Verschwinden Trauer bringt? Wenn es sich also nicht nach Belieben zurückhalten läßt und fliehend Unglückliche macht, was ist dann die Flüchtige anders als eine Art Ankündigung zukünftigen Unglücks? Es darf nicht genügen, nur zu schauen, was vor den Augen liegt, die Klugheit ermißt den Ausgang der Dinge, und seine Veränderlichkeit nach beiden Seiten macht weder die Drohungen des Glückes furchtbar, noch sein Schmeicheln wünschbar. Schließlich mußt du mit Gleichmut ertragen, was innerhalb des Bereiches des Glückes geschieht, wenn du einmal deinen Nacken ihrem Joche unterworfen hast. Wenn du ihr das Gesetz des Bleibens und Gehens vorschreiben willst, ihr, die du dir freiwillig als Herrin erlesen hast, bist du dann nicht im Unrecht und verbitterst dir durch Ungeduld ein Los, das du nicht ändern kannst? Wenn du die Segel dem Winde überließest, so würdest du nicht dahin gelangen, wohin dein Wille strebt, sondern wohin sein Hauch dich treibt; wenn du den Fluren Samen anvertraust, so mußt du ertragreiche und unfruchtbare Jahre gegen einander abwägen. Hast du dich dem Regiment der Fortuna anvertraut, so mußt du den Sitten der Herrin gehorchen. Du versuchst den Schwung des rollenden Rades aufzuhalten? Aber, törichtester aller Sterblichen, wenn sie anfängt zu beharren, hört sie auf, blinder Zufall zu sein.

Wenn sie die Lose wechselt mit der stolzen Hand,
Und laut aufbrausend tobt gleich wie der Euripus,
Reibt sie die Könige, eben drohend noch, zu Staub,
Der Unterlegnen niedre Stirn hebt sie empor.
Des Elends Flehen ist sie taub, den Tränen blind,
Verlacht die Seufzer, die sie hart erschaffen hat.
So ist ihr Spiel und so erprobt sie ihre Kraft;
Ihr großes Schauspiel zeigt sie dem Gefolge dann,
Wenn eine Stunde Glück und Fall vereinigt sieht!

Ich aber möchte ein wenig mit dir mit den Worten des Glückes selber verhandeln. Gib also acht, ob sie ihr Recht fordert: »Wessen, o Mensch, beschuldigst du mich mit deinen täglichen Klagen? Welch ein Unrecht haben wir dir getan? Welche Güter haben wir dir entzogen?« Streite doch vor jedem beliebigen Richter mit mir über den Besitz der Schätze und Würden, und wenn du zeigst, daß irgend etwas hiervon Eigentum irgendeines Sterblichen sei, so will ich gern zugeben, daß was du zurückforderst, dein gewesen ist. Als dich die Natur aus dem Leib der Mutter zog, habe ich dich nackt, von allem entblößt aufgenommen, ich habe dich mit meinen Schätzen genährt und habe dich, was dich jetzt ungeduldig gegen mich macht, mit geneigter Gunst allzu nachsichtig erzogen, ich habe dich mit Überfluß und Glanz alles dessen, was nach Recht mir gehört, umgeben. Jetzt beliebt es mir die Hand zurückzuziehen; du schuldest Dank gleichsam für den Gebrauch fremden Gutes, du hast kein Recht zur Klage, als ob du just das Deinige verloren hättest. Was also stöhnst du? Es ist dir von uns keine Gewalt widerfahren. Reichtum, Ehren und dergleichen stehen unter meiner Botmäßigkeit. Die Dienerinnen kennen die Herrin, sie kommen mit mir, sie gehen, wenn ich mich entferne. Ich will kühn behaupten, wenn die Dinge, deren Verlust du beklagst, dein gewesen wären, so hättest du sie auf keine Weise verloren. Soll ich allein verhindert werden mein Recht auszuüben? Dem Himmel ist es erlaubt, den hellen Tag herauf zu führen und ihn in dunkler Nacht zu verbergen, dem Jahre ist es erlaubt, das Antlitz der Erde jetzt mit Blumen und Früchten zu kränzen, jetzt mit Wolken und Kälte zu trüben. Des Meeres Recht ist es, bald mit glattem Spiegel zu schmeicheln, bald von Stürmen und Fluten zu erschaudern. Und uns soll zu einer Beständigkeit, die unserem Wesen fremd ist, die unersättliche Begier der Menschen binden? Dies ist unsere Macht, dies ununterbrochene Spiel spielen wir, wir drehen das Rad in kreisendem Schwunge, wir freuen uns das Tiefste mit dem Höchsten, das Höchste mit dem Tiefsten zu tauschen. Steige aufwärts, wenn es dir gefällt, aber unter der Bedingung, daß du es nicht für ein Unrecht hältst, herabzusteigen, wenn es die Regel meines Spiels fordert. Oder kanntest du meine Sitte nicht? Wußtest du nicht, daß Krösus, der Lyderkönig, eben noch Cyrus furchtbar, bald darauf bejammernswert den Flammen des Scheiterhaufens überliefert und dann wieder durch einen vom Himmel gesandten Regen gerettet worden ist? Entging dir, daß Paulus dem Unglück des von ihm gefangenen Königs Perseus fromme Tränen gezollt hat? Was beweint der Weheruf der Tragödien anders als das Schicksal, das mit seinem Schlage ohne Unterschied glückliche Reiche umstürzt. Hast du nicht schon als Knabe gelernt, daß »zwei Fässer, das eine mit Übeln, das andere mit Gutem« auf der Schwelle des Jupiters stehen? Wie, wenn du überreich von der Seite des Guten genommen hättest? Wie, wenn ich nicht ganz von dir gewichen wäre? Wie, wenn diese meine Veränderlichkeit selbst dir ein triftiger Grund wäre, Besseres zu hoffen? Also sieche nicht im Geist dahin und begehre nicht, nach eigenem Rechte zu leben, da du Platz genommen in einem Reiche, das allen gemein ist.

Wenn soviel wie an Sand aufwühlt die wilde See,
    Wo der rasende Sturm tobt,
Wenn soviel als zur Nacht leuchtende Sterne ziehn
    Hoch am Himmelsgewölbe,
Schätze streute das Glück, nimmer die Hand zurück
    Zög vom Horne der Gaben,
Niemals würdest du doch, elendes Menschengeschlecht,
    Enden Jammer und Klagen.
Ob die Wünsche ein Gott freundlich und rasch erfüllt
    Gold in Menge verschwendend
Und mit Ehren den Durst ihnen zu löschen sucht,
    Nichts scheint ihnen geleistet:
Das Begehrte verschlingt schleunigst die wilde Gier,
    Neu aufreißend den Rachen.
Welcher Zügel vermag jemals dem tollen Drang
    Feste Grenzen zu setzen,

Da nur heftiger stets, reichlich im Überfluß
Brennt der Durst zu besitzen?
Nie scheint jemand sich reich, wer nur zittert und zagt,
Wähnt sich immer bedürftig.

Wenn mit solchen Worten die Glücksgöttin für sich mit dir redete, wahrhaftig, du könntest nicht dagegen murren; oder wenn du etwas weißt, was deine Klagen mit Recht stützt, so mußt du es vorbringen, wir werden dir Raum zum Reden lassen. – Darauf ich: Das klingt zwar schön, und ist mit dem süßen Honig der Redekunst und Musik bestrichen; doch ergötzt es nur, solange man es hört; aber der Sinn der Übel liegt für die Elenden tiefer, und deshalb, sobald das Ohr nicht mehr hört, überwiegt die im Geiste festgewurzelte Trauer. – Und jene sprach: So ist es; das ist auch nicht die Arznei deiner Krankheit, sondern nur einige Linderung für den störrischen Schmerz, der sich gegen die Heilung sträubt. Was in die Tiefe dringt, werde ich beibringen, wenn es an der Zeit ist. Jedoch, daß du dich nicht für zu unglücklich halten mögest, hast du denn Zahl und Art deiner Glücksfälle vergessen? Ich schweige davon, daß dich, eine vaterlandslose Waise, die Sorge hervorragendster Männer aufzog, daß du in die Verwandtschaft der ersten des Staates aufgenommen wurdest, und was die kostbarste Art der Verwandtschaft ist, daß du ihnen schon vorher teuer zu sein begannst. Wer hat dich nicht überglücklich gepriesen in dem Glanze solcher Schwiegereltern, der Keuschheit der Gattin, so wohlgeratener männlicher Sprossen? Ich übergehe, denn ich übergehe gern Gewöhnliches, die Würden, Greisen versagt, die du in der Jugend erhieltest; mich freut es zu dem einzigartigen Gipfel deines Glückes zu kommen. Wenn irgendeine Frucht vergänglicher Dinge ein Gewicht der Glückseligkeit besitzt, kann dann die Erinnerung an jenen leuchtenden Augenblick von einer noch so großen Last von Übeln getilgt werden? Als du sahst, wie deine zwei Kinder gleichzeitig als Konsuln von der Menge der Senatoren unter dem freudigen Beifall des Volkes aus deinem Hause geleitet wurden, und du, während sie auf den kurulischen Sesseln in der Curie saßen, als Lobredner des Königs dir den Ruhm des Talentes und der Beredsamkeit verdientest, als du im Zirkus inmitten der zwei Konsuln die Erwartung der umherwogenden Menge durch eine Triumphspende sättigtest. Du hast, glaube ich, dem Glück schöne Worte gegeben, solange es dich streichelte, solange es dich wie ein Kleinod hegte. Du hast als Geschenk davon getragen, was es nie einem Privatmann geliehen hatte. Willst du also mit dem

Glück Abrechnung halten? Jetzt zum ersten Male hat es dich mit scheelen Augen gestreift. Wenn du Zahl und Art froher und trauriger Ereignisse ansiehst, so kannst du bis jetzt nicht leugnen, glücklich gewesen zu sein. Wenn du dich doch nicht beglückt schätzest, weil, was damals froh schien, hingegangen ist, so ist das kein Grund, dich für unglücklich zu halten, da ja auch das, was du jetzt für traurig hältst, vorübergeht. Oder bist du auf die Bühne des Lebens erst jetzt, plötzlich und als Gast gekommen? Meinst du, daß menschlichen Dingen irgendeine Beständigkeit innewohne, da doch den Menschen selbst oft eine flüchtige Stunde auflöst? Denn wenn auch zufällige Dinge selten Zuverlässigkeit im Bleiben besitzen, so ist doch der letzte Tag des Lebens, der Tod eine Art von bleibendem Geschick. Wie also urteilst du, ist ein Unterschied, ob du jenes sterbend verlässest oder jenes fliehend dich läßt?

Wenn am Himmel steigt das Gespann des Phöbus,
Ringsum Licht zu streuen beginnt,
Bleichen stumpfen Blicks alle blassen Sterne,
Rückgedrängt von dem Flammenmeer.
Sprießet rings der Hain bei des Zephirs Anhauch,
Schmückt ihn rosiges Frühlingskleid,
Wird im Nebelsturm bei des Südwinds Rasen
Schnell zerflattern der Blütenschmuck.
Bald erstrahlt am Tag in der heitern Sonne
Unbeweglich und still die See,
Bald, zerwühlt in Wut, bei des Nordsturms Stößen
Wandelt schnell sich der Fläche Bild.
Selten nur steht fest hier der Welt Gestaltung;
Wenn sie stetig im Wechsel kreist,
Wisse, Menschenglück ist gar wankelmütig,
Wisse, flüchtig die Güter auch.
Eins steht ewig fest als ein uns Gesetztes:
Nichts was irdisch erzeugt, beharrt.

Darauf sagte ich: Du sprichst die Wahrheit, o Nährerin aller Tugend, und ich kann den sehr schnellen Lauf meiner Wohlfahrt nicht leugnen. Aber gerade das quält in der Erinnerung noch heftiger, denn bei jeder Widerwärtigkeit des Geschickes ist das die unseligste Art des Unglücks, glücklich gewesen zu sein. – Aber wenn auch du, sprach sie, die Strafe für eine falsche Meinung büßest, kannst du sie doch mit keinerlei Recht den Dingen unterschieben. Wenn dich nämlich jener leere Name des zufälligen Glükkes bewegt, so magst du mit mir überlegen, was du noch an vielem, ja an meistern besitzest. Wenn dir nun alles, was du nach jedermanns Schätzung deines Glückes als das Kostbarste besaßest, nach Gottes Ratschluß bisher unverletzt erhalten blieb, ja wenn du gerade das Beste behieltest, kannst du dich dann mit Recht unglücklich nennen? Noch steht unversehrt in voller Kraft jene köstliche Zierde des Menschengeschlechtes, dein Schwiegervater Symmachus, und was du bereitwillig mit dem Preise deines Lebens bezahlen würdest, er ein Mann, ganz Tugend und Weisheit, sicher des Seinigen, seufzt nur über das Unrecht, das dir widerfahren ist. Es lebt deine Gattin von Natur bescheiden, ausgezeichnet durch Keuschheit und Schamhaftigkeit, und um alle die Gaben kurz zusammenzufassen, dem Vater ähnlich. Sie lebt, sage ich, so sehr sie auch des eigenen Lebens überdrüssig ist, atmet sie für dich, und was, wie ich zugebe, dein Glücksempfinden mindern muß, verzehrt sich in Sehnsucht nach dir mit Tränen und Schmerzen. Was soll ich von deinen Kindern sagen, den Konsuln, bei denen schon im Knabenalter das Beispiel des väterlichen und großväterlichen Geistes hervorleuchtete? Wenn nun schon die vorzüglichste Sorge der Sterblichen dahin geht, ihr Leben zu erhalten, o glücklich bist du, wenn du erkennst, daß du jetzt noch Güter besitzest, die jeder zweifellos höher als das Leben schätzt. Darum trockne deine Tränen, die andern hat außer dir das Glück noch nicht gehaßt, und dich hat auch noch kein zu starker Sturm erfaßt, solange die Anker halten, die nicht zulassen, daß dir der Trost der Gegenwart und die Hoffnung der Zukunft fehle. – Mögen sie halten, sprach ich, ich bete darum. Denn, wenn sie bleiben, dann wollen wir emportauchen, wie es auch kommen mag. Aber du siehst, wieviel von unseren Zierden zerfallen ist.

Und jene sprach: Wir sind schon ein Stück vorwärts gekommen, wenn dein Los dich noch nicht ganz verdrießt. Aber ich kann deine Verzärtelung nicht dulden, die dich so trauervoll und ängstlich beklagen läßt, was dir zu deiner Glückseligkeit fehlt. Denn wer besitzt ein Glück so zusammengesetzt, daß er nicht nach irgendeiner Richtung mit seiner Beschaffenheit zankte? Eine ängstliche Sache ist es um das Los menschlicher Dinge; entweder kommen sie nie voll zur Geltung oder sie dauern nicht beständig. Dieser hat überreiches Vermögen, aber er schämt sich seines unedlen Blutes. Jenen macht sein Adel bekannt, aber durch kümmerliches Vermögen beengt, möchte er lieber unbekannt sein. Dieser, der an beidem Überfluß hat, vertrauert in Ehelosigkeit sein Leben. Jener in beglückter aber kinderloser Ehe pflegt seinen Reichtum für fremde Erben. Ein anderer, der sich einer Nachkommenschaft erfreut, beweint traurig die Vergehen seines Sohnes oder seiner Tochter. Deshalb lebt niemand so leicht mit dem Zustande seines Schicksals in Einklang. Jedes trägt etwas in sich, was man nicht kennt, ehe man es nicht erprobt hat, hat man es aber erprobt, schaudert man. Füge hinzu, daß gerade die Glücklichsten auch die empfindlichsten Sinne haben, und wenn ihnen nicht alles auf den Wink gehorcht, ungebärdig gegen jede Widerwärtigkeit, gerade von geringfügigsten niedergeworfen werden. Überaus klein ist das, was den Beglücktesten ihre höchste Glückseligkeit entzieht. Wieviele, meinst du wohl, würden sich dem Himmel nahe glauben, wenn ihnen nur der geringste Teil von dem Überreste deines Glückes zuteil würde? Dieser Ort selbst, den du Verbannung nennst, ist seinen Bewohnern Vaterland. Nichts ist elend, als wenn man es dafür hält, und andererseits ist jedes Los glücklich dem, der es mit Gleichmut trägt. Wer ist so glücklich, daß er seinen Zustand nicht zu ändern wünscht, sobald er der Ungeduld die Hand reicht. Mit wieviel Bitterkeit ist die menschliche Glückseligkeit überstreut. Wenn sie auch beim Genusse angenehm erscheint, so läßt sie sich doch nicht abhalten, zu verschwinden, sobald sie will. Einleuchtend also ist, wie elend die Glückseligkeit aus vergänglichen Dingen ist, da sie bei den Gleichmütigen nicht beständig dauert, die Ängstlichen nicht ganz ergötzt.

Was also, ihr Sterblichen, sucht ihr draußen das Glück, das in euch liegt? Irrtum und Unwissenheit verwirrt euch. Ich will dir kurz den Angelpunkt der höchsten Glückseligkeit zeigen. Ist dir irgend etwas kostbarer als du selbst? Nichts, wirst du sagen. Wenn du also deiner selbst mächtig wärest, würdest du auch besitzen, was du weder jemals verlieren willst noch das Glück dir rauben kann. Und um zu erkennen, daß in diesen zufälligen Dingen die Seligkeit nicht bestehen könne, schließe so: Wenn diese Seligkeit das höchste Gut einer vernünftigen Natur ist, und nichts ein höchstes Gut ist, das dir irgendwie entrissen werden kann, da ja das, was nie geraubt werden kann, alles übertrifft, so ist es klar, daß die Unbeständigkeit des Glükkes nicht Anspruch erheben kann, Seligkeit zu verschaffen. Ferner: wen diese unbeständige Glückseligkeit trägt, der weiß entweder oder weiß nicht, daß sie veränderlich ist. Weiß er es nicht, welches Los kann selig sein, bei der Blindheit der Unwissenheit? Weiß er es, so muß er mit Notwendigkeit fürchten zu verlieren, was man, wie er nicht zweifelt, verlieren kann. Deshalb läßt beständige Furcht ihn nicht glücklich sein. Oder aber, wenn er es verloren hat, und glaubt es übersehen zu dürfen, dann ist es also ein überaus bedeutungsloses Gut, dessen Verlust sich mit Gleichmut tragen läßt. Und da du, wie ich weiß, überzeugt bist, da es dir durch sehr viele Beweise eingepflanzt ist, daß die menschliche Seele in keinem Falle sterblich ist, und da es klar ist, daß das zufällige Glück mit dem Tode des Körpers endet, so kann man nicht zweifeln, daß, wenn dieses die Glückseligkeit herbeiführen kann, das ganze Menschengeschlecht durch das Ende im Tode ins Unglück gleite. Wenn wir also wissen, daß viele die Frucht der Seligkeit nicht nur mit dem Tode, sondern auch mit Schmerzen und Qualen gesucht haben, wie kann das durch seine Gegenwart selig machen, was, wenn es vergangen, nicht unglücklich macht?

Wer gern sein Haus beständig
　　Bauen möchte mit Umsicht,
Daß nicht das Wehn des Westwinds
　　Niederlegen es könnte,
Und wer sich fern will halten
　　Drohende Meeresfluten,
Der möge der Berge Gipfel,
　　Flüchtigen Sand vermeiden.
Der kecke Südwind droht dort
　　Kraftvoll stürmend die Mauern,
Hier weigert sich der lose
　　Baugrund Lasten zu tragen.
Gefährdet Los zu fliehen,
　　Schützend lieblichen Wohnsitz,
Mußt du dein Haus bescheiden
　　Fest auf Felsen erbauen.
Dann mögen Stürme brausen,
　　Trümmer mischen die Fluten,
In Ruhe fest gegründet
　　Schützt ein kraftvoller Wall dich,
Du führst ein heiteres Leben,
　　Lachst dem Zorne der Winde.

Aber weil die Linderungsmittel meiner Gründe schon in dich eingegangen sind, so glaube ich etwas stärkere verwenden zu dürfen. Wohlan also:

Wenn schon die Gaben des Glücks so hinfällig, so nur dem Augenblick angehörig nicht wären, was liegt dann in ihnen, was jemals das eure werden könnte, oder nicht, einmal durchschaut und betrachtet, seinen Wert verlöre? Sind Reichtümer aus eurer oder aus ihrer eigenen Natur kostbar? Was gilt mehr an ihnen, das Gold oder die Macht des aufgehäuften Geldes? Es glänzt doch mehr beim Ausgeben als beim Anhäufen, da ja Habsucht immer verhaßt, Freigebigkeit beliebt macht. Wenn also das, was auf einen Anderen übertragen wird, bei niemand ausharren kann, dann ist auch das Geld nur insofern wertvoll, als es in seiner Übertragung auf andre, als Spende benutzt, aufhört eigener Besitz zu sein. Und wenn alles, was überall unter den Menschen verteilt ist, auf einen einzigen gehäuft würde, so würde es alle andern arm machen. Eine Stimme kann zwar zugleich in das Gehör vieler fallen, aber der Reichtum kann nur zersplittert in die Hände vieler übergehen. Und wenn dies geschieht, muß er notwendigerweise die arm machen, die er verläßt. O über diesen engen und machtlosen Reichtum, der weder von vielen ganz besessen werden kann, noch zu einem einzelnen ohne Armut aller andern gelangen kann. Oder zieht der Glanz der Edelsteine eure Augen an? Wenn in diesem Glanz etwas Vorzügliches ist, so gehört das Licht den Edelsteinen und nicht den Menschen; daß die Menschen sie bewundern, darüber wundere ich mich sehr. Was kann überhaupt mit Recht einer beseelten Natur schön erscheinen, was der Bewegung und Harmonie der Seele entbehrt? Und wenn sie schließlich auch als Werke des Schöpfers und durch eigene Zierde eine Spur von geringster Schönheit verraten, so stehen sie doch so weit unter euren Vorzügen, daß sie auf keine Weise eure Bewunderung verdienen dürften. Oder ergötzt euch die Schönheit der Landschaft? Warum nicht? Sie ist ein schöner Teil des schönsten Werkes. So erfreuen wir uns an dem heitren Antlitz des Meeres, so bewundern wir den Himmel, die Gestirne, den Mond und die Sonne, aber rührt etwas davon an dich, wagst du dich nur eines Stückchens ihres Glanzes zu rühmen? Oder wirst du selbst durch die Frühlingsblumen ausgezeichnet, oder schwillt deine eigene Fruchtbarkeit zu sommerlichen Früchten? Was lässest du dich hinreißen zu nichtigen Freuden? Was willst du äußere Güter ergreifen statt deiner eigenen? Nie wird das Glück das zu dem Deinen machen, was die Natur der Dinge dir fremd gemacht hat. Die Früchte der Erde gehören ohne Zweifel der Nahrung der Lebewesen. Aber wenn du, soweit es der Natur genügt, dein Bedürfnis decken willst, so brauchst du nichts vom Überfluß des Glückes zu begehren. Denn die Natur ist mit Wenigem und ganz Kleinem zufrieden; wenn du mit Überflüssigem sie zur Übersättigung treiben willst, dann wird, was du ihr einstopfst, entweder unangenehm oder schädlich werden. Hältst du aber für schön in bunten Kleidern zu glänzen? Wenn ihr Anblick erfreulich ist, so werde ich entweder ihren Stoff oder das Talent des Künstlers bewundern. Oder macht dich eine lange Reihe von Dienern glücklich? Sind ihre Sitten lasterhaft, so ist das Haus eine verderbliche Bürde und dem Herrn selbst ein schlimmer Feind. Sind sie aber rechtschaffen, wie kann dann fremde Rechtschaffenheit zu deinen Schätzen gezählt werden? Von allen diesen Dingen, die du unter deine Güter rechnest, erhellt klar, daß nichts dein Gut ist. Wenn ihnen also nichts von erstrebenswerter Schönheit innewohnt, was betrübst du dich dann über ihren Verlust, erfreust dich an ihrer Bewahrung? Wenn sie von Natur schön sind, was geht es dich an? Sie würden auch an sich, getrennt von deinem Reichtum, gefallen. Sie sind also nicht wertvoll, weil sie in deinen Besitz gelangten, sondern weil sie wertvoll schienen, hast du sie lieber deinem Besitz zuzählen wollen.

Was erstrebt ihr denn also mit eurem Lärmen um Glück? Ich glaube, ihr sucht den Mangel durch Fülle zu verjagen; doch das schlägt euch zum Gegenteil aus. Ihr braucht ja immer nur mehr Stützen, um die Mannigfaltigkeit eures kostbaren Haushaltes zu sichern. Die Wahrheit ist, daß diejenigen sehr vieles bedürfen, die sehr viel besitzen, und im Gegenteil die sehr wenig, welche ihren Reichtum nur an der Notdurft der Natur, nicht am Überfluß der Eitelkeit messen. Ist euch aber wirklich kein Gut zu eigen und eingepflanzt, daß ihr eure Güter in äußeren und nebensächlichen Dingen sucht? Hat sich die Lage der Dinge so verkehrt, daß ein dank der Vernunft göttliches Lebewesen vor sich selbst nicht anders als durch den Besitz leblosen Zierats zu glänzen scheint? Die andern sind zufrieden mit dem ihren; ihr, die ihr an Geist Gott ähnlich seid, erhascht von den niedrigsten Dingen Zierden für eure ausgezeichnete Natur und seht nicht ein, wie sehr ihr damit eurem Schöpfer Unrecht tut. Jener wollte, daß das Menschengeschlecht über alles Irdische rage, ihr stoßt eure Würde unter das Unterste herab. Denn wenn einmal erst jedes Gut eines jeden kostbarer ist als der, dem es gehört, wenn ihr erst die wertlosesten Dinge für eure Güter haltet, dann ordnet ihr euch nach eurer eigenen Schätzung eben ihnen selbst unter, was euch dann nicht unverdient trifft. Das ist ja die Grundbedingung der Menschennatur: So hoch sie über alle Dinge emporragt, wenn sie sich erkennt, so tief sinkt sie noch unter die Tiere, wenn sie aufhört, sich zu erkennen. Denn den andern Lebewesen ist sich nicht zu kennen Natur, bei den Menschen entsteht es aus dem Laster. Wie weit erstreckt sich dieser euer Irrtum, die ihr glaubt, daß sich etwas durch fremden Schmuck schmücken lasse? Das aber kann nie sein; denn wenn etwas durch ein Beiwerk strahlt, dann hebt man zwar das Beiwerk, was aber davon verdeckt und verhüllt wird, verharrt in seiner dadurch um nichts geminderten Häßlichkeit. Ich leugne aber, daß irgend etwas ein Gut sei, das seinem Besitzer schadet. Spreche ich damit die Unwahrheit? Keineswegs, sagst du. Doch hat Reichtum sehr oft den Besitzern geschadet, da jeder Schlechteste um so gieriger nach fremdem Gut ist, weil er sich allein für den Würdigsten hält das zu besitzen, was noch von Gold und Edelsteinen vorhanden ist. Du also, der du jetzt Spieß und Schwert ängstlich fürchtest, würdest, wenn du diesen Lebenspfad als besitzloser Wanderer beträtest, vor den Räubern singen. O herrliche Glückseligkeit vergänglicher Schätze, wenn man sie erlangt hat, hört man auf sorglos zu sein!

Beglückt sind die Zeiten der Väter,
Zufrieden mit treulichem Acker,
Verschont von träger Verschwendung,
Gewöhnt den verspäteten Hunger
Mit leichten Eicheln zu stillen.
Noch nicht verstanden sie Gaben
Des Bacchus mit Honig zu mischen,
Nicht leuchtend Gewebe der Serer
Mit tyrischem Safte zu färben.
Erquickenden Schlaf gab der Rasen,
Den Trank der hingleitende Waldstrom,
Den Schatten hochragende Fichten.
Noch nicht durchfuhren sie Meere
Mit weithin erlesenen Waren,
Ein fremdes Gestade zu schauen.
Noch schwiegen die wilden Trompeten,
Kein Blut vom bitteren Hasse
Vergossen färbte die Felder.
Wie härte auch feindliches Wüten
Zuerst die Waffen ergriffen,
Wenn grausige Wunden sie sähen
Und nicht den Lohn dieses Blutes!
O daß doch unsere Zeiten

Zu früheren Sitten sich kehrten.
Doch wilder als Flammen des Ätna
Braust heiß die Begier zu besitzen.
O wehe, wer ist's, der zuerst einst
Des Goldes verborgene Lasten,
Juwelen, die gern sich verstecken,
Gefährliche Kostbarkeit aufgrub?

Was aber soll ich von Würden und Macht reden, die ihr, der wahren Würde und Macht unkundig, dem Himmel gleich setzt? Wenn sie nun grade auf irgendeinen Schurken fallen, welcher feuerspeiende Ätna, welche Sintflut hätte solch Unheil angerichtet? Sicher, glaube ich, erinnerst du dich, wie eure Vorfahren die konsularische Befehlsgewalt, die der Anfang der Freiheit gewesen war, wegen des Übermuts der Konsuln abzuschaffen begehrten, wie sie vorher wegen des gleichen Übermutes den königlichen Namen aus dem Staat entfernt hatten. Aber wenn sie manchmal, was doch sehr selten ist, Tüchtigen übertragen werden, was gefällt dann an ihnen anders als die Tüchtigkeit? So kommt es, daß nicht den Tugenden aus der Würde, sondern aus der Tugend den Würden Ehre zuwächst. Was ist denn diese eure erstrebenswerte und herrliche Gewalt? Erwägt ihr irdischen Geschöpfe denn nicht, über wen ihr euch dünkt den Vorsitz zu führen? Wenn du jetzt eine unter den Mäusen sich Recht und Herrschaft über die andern anmaßen sähest, welches Lachen würde dich erschüttern! Wie aber, wenn man deinen Körper ansieht, kann man etwas Schwächeres als den Menschen finden, den oft ein Mückenstich oder ein schleichender Einfluß auf die verborgenen Teile tötet? Wie aber kann jemand einen andern anders als an seinem Körper seine Gewalt fühlen lassen und an dem, was noch unter seinem Körper ist, seinen Glücksgütern meine ich? Willst du etwa der freien Seele etwas befehlen? Willst du den Geist, der mit fester Vernunft in sich gefaßt ist, aus dem Zustande seiner eigenen Ruhe verdrängen? Als ein Tyrann einen freien Mann mit Folterqualen dazu bringen wollte, die Mitwisser einer Verschwörung zu verraten, biß sich dieser die Zunge ab und spie sie dem wütenden Tyrannen ins Gesicht. Der Tyrann hielt solche Marter für ein Werkzeug der Grausamkeit, der Weise machte sie zu einem solchen der Tugend. Was aber könnte man einem andern antun, was man nicht selbst von einem andern erleiden könnte? Wir haben gehört, daß Busiris, der seine Gäste umzubringen pflegte, von seinem Gaste Herkules geschlachtet worden ist.

Regulus hatte viele Punier im Kriege gefangen und in Fesseln geworfen, aber später gab er seine Hände selbst den Ketten der Besiegten hin. Hältst du aber einen Menschen für mächtig, der es nicht erreichen kann, daß das, was er gegen einen andern vermag, der andere nicht auch gegen ihn vermöge? Ferner, wenn den Würden und Ämtern selber etwas von natürlichem, ihnen zugehörigem Guten innewohnte, so würden sie nimmer den Schlechten zuteil werden. Denn Gegensätze pflegen nicht sich einander zu gesellen. Die Natur weigert sich Widerstreitendes zu verbinden. Wenn also die Schlechtesten meistens die Würden bekleiden, so folgt daraus, daß das von Natur nicht gut ist, was leiden kann, daß es an Schlechtem haftet. Und dies kannst du noch mehr von allen Gaben des Glücks annehmen, die gerade zu den Unredlichsten im Übermaß gelangen.

Auch das muß noch erwogen werden: niemand zweifelt, daß tapfer sei, wem ersichtlich Tapferkeit innewohnt; und wer Schnelle besitzt, ist offenbar schnell. So macht die Musik die Musiker, die Arzneikunst die Ärzte, die Redekunst die Redner. Denn die Natur eines jeden Dinges tut das, was ihr eigentümlich ist, und mischt sich nicht mit den Wirkungen des Gegenteils, sie vertreibt von sich aus, was ihr zuwider ist. Doch weder kann Reichtum den unersättlichen Geiz stillen, noch macht Amtsgewalt den seiner selbst mächtig, den lasterhafte Begierden mit unlösbaren Ketten fesseln und halten. Würde, an Schurken übertragen, macht sie nicht nur nicht würdig, sondern verrät mehr und macht offenkundig ihre Unwürdigkeit. Woher kommt das? Euch freut es freilich Dinge, die sich anders verhalten, mit falschem Namen zu belegen, die der Erfolg der Sache leicht widerlegt. Daher kann weder dies Macht, noch jenes Reichtum, noch das Würde mit Recht benannt werden. Endlich kann man das Gleiche von dem ganzen Glück schließen, in dem offenbar nichts Erstrebenswertes, nichts von ursprünglicher Güte wohnt, das sich den Guten nicht immer vereint, und die nicht gut macht, denen es verbunden ist.

Wohlbekannt ist dir, wie er einst in Trümmer
Legt die Stadt in Brand und die Väter tötet,
Wie er wild darauf auch den Bruder mordet
Und vom Blute trieft seiner eignen Mutter;
Den entseelten Leib mit den Blicken musternd,
Rann vom Auge ihm keine Trän'; er konnte
Richter sein noch jetzt der verblichnen Schönheit.
Doch sein Szepter lenkt' all die vielen Völker,

Welche Phöbus schaut, wenn er in die Fluten
Niedersteigt, und wenn er zum Aufgang rückkehrt,
Die der kalte Nord mit dem Froste bändigt,
Die mit trockner Glut ungestüm der Südwind
Dörrt, wo er den Sand in der Wüste aufkocht.
Solch erhabne Macht sie vermochte doch nicht,
Daß des Nero Wut sich, des schlimmen wandle.
Weh dem schweren Los, wenn das ungerechte
Schwert zusammenkommt mit dem wilden Gifte!

Darauf sagte ich: Du weißt selbst, daß uns der Ehrgeiz nach vergänglichen Dingen sehr wenig beherrscht hat. Wir haben nur ein Wirkungsfeld für Taten gewünscht, damit unsre Kraft nicht stillschweigend altere. – Darauf jene: Das ist ja das einzige, was die Geister, die von Natur hervorragend, aber noch nicht zur höchsten Stufe durch Vervollkommnung der Tugend geführt sind, verlocken kann, nämlich die Begierde nach Ruhm und der Ruf hoher Verdienste im Staat; wie dürftig auch dieser ist, wie völlig gewichtlos, das überlege nun: Wie du aus den Beweisen der Astrologen weißt, ist die Erde in ihrem ganzen Umfang nur ein Punkt im Vergleich zum Himmelsraum, so daß, wenn man sie gegen die Größe der Himmelskugel hält, sie überhaupt keinen Raum zu haben scheint. Von diesem in der Gesamtwelt so geringfügigen Gebiet wird, wie du aus Ptolemäus' Beweis gelernt hast, nur der vierte Teil von uns bekannten Lebewesen bewohnt. Wenn du in Gedanken von diesem vierten Teil das abziehst, was Meer und Sümpfe einnehmen, oder wo sich Wüsten erstrecken, so bleibt für die Menschen kaum ein allerkleinster Wohnsitz. Auf diesem geringsten Punkt eines Punktes umhegt und eingeschlossen, denkt ihr nun euren Ruf zu verbreiten, euren Namen auszudehnen? Was besitzt denn Wertes und Prächtiges ein Ruhm, der auf so enge und geringfügige Grenzen beschränkt ist? Füge hinzu, daß auch dieses enge Gehege eures Wohnsitzes mancherlei Nationen bewohnen, die durch Sprache und ihre ganze Lebensweise euch fernstehen, zu denen wegen der Schwierigkeit der Reise, der Verschiedenheit der Sprachen, des Mangels an Verkehr nicht nur nicht der Ruf einzelner Personen, sondern nicht einmal ganzer Städte gelangen kann. Zur Zeit des Marcus Tullius hatte, wie er selbst einmal bemerkt, der Ruf des römischen Staatswesens noch nicht einmal den Kaukasus überschritten, und es war damals in voller Kraft, den Parthern und den andern Völkern dieser Gegenden furchtbar. Siehst du also, wie eng, wie eingeschränkt dieser Ruhm ist, den ihr zu verbreiten und fortzupflanzen euch so bemüht? Denn wohin der Ruf des römischen Namens nicht gelangen kann, dahin soll der Ruhm eines römischen Mannes vordringen? Obendrein sind Sitten und Einrichtungen verschiedener Völker untereinander zwieträchtig, so daß, was bei den einen des Lobes, bei den andern des höchsten Tadels würdig scheint. So kommt es, daß wenn sich jemand der Bekanntmachung seines Ruhmes freut, dies nicht dazu führt, daß sein Name bei andern Völkern verbreitet wird. Daher muß jeder zufrieden sein, wenn sich sein Ruhm unter den Seinigen ausbreitet, und jene herrliche Unsterblichkeit des Ruhmes wird sich auf die Grenzen eines einzigen Volkes beschränken.

Wieviele ihrer Zeit hochberühmte Männer hat aus Mangel an Geschichtsschreibern Vergessenheit ausgelöscht! Freilich was sollen auch die Schriften selbst nutzen, auf denen samt ihren Schriftstellern langes und verdunkelndes Alter lastet? Euch aber scheint es, als ob ihr für euch Unsterblichkeit pflanzt, wenn ihr an den Ruhm der Zukunft denkt. Wenn du die unendlichen Räume der Ewigkeit durchfliegst, hast du dann noch Grund dich an der Dauer deines Namens zu freuen? Wenn du das Verweilen eines einzigen Augenblicks mit zehntausend Jahren vergleichst, so mag jener, da beide nur ein begrenzter Zeitraum sind, eine zwar geringe, aber immerhin eine Ausdehnung haben. Aber die Zahl der Jahre schlechthin, auch jedes Vielfache derselben, läßt sich mit der unbegrenzten Dauer überhaupt nicht vergleichen; denn Begrenztes kann man wohl noch zu einander in Beziehung setzen, aber zwischen Endlichem und Unendlichem gibt es keine. So kommt es, daß der Ruf in einer noch so ausgedehnten Zeit, wenn er zusammen mit der unerschöpflichen Ewigkeit gedacht wird, nicht klein, sondern überhaupt nicht vorhanden scheint. Ihr aber versteht nur vor den Ohren des Volkes und seinem nichtigen Gerede recht zu handeln, ihr laßt den Vorzug des Gewissens und der Tugend außer acht und fordert Lohn von fremdem Geschwätz. Höre, wie witzig einst jemand so leichtfertige Anmaßung verspottet. Irgend jemand hatte einen Menschen, der nicht zur Übung wahrer Tugend, sondern aus Ruhmredigkeit fälschlich den Namen Philosoph angenommen hatte, mit Schmähungen angefahren und hinzugefügt, er werde bald wissen, ob jener ein Philosoph sei, wenn er nämlich die Beleidigungen sanft und geduldig ertrüge. Der nahm ein Weilchen Geduld an, und als ob er über die Beleidigungen spotte, sagte er: »Begreifst du nun, daß ich ein Philosoph bin«? Darauf sagte der andre bissig: »Ich hätte es begriffen, wenn du geschwiegen hättest«. Was geht vorzügliche Männer, denn nur von solchen ist die Rede, die aus Tugend nach Ruhm streben, was, frage ich, geht sie nach Auflösung des Körpers durch den Tod der Nachruf an? Wenn die Menschen ganz sterben, was unsere Vernunft zu glauben verbietet, so gibt es überhaupt keinen Ruhm, da, der ihn besitzen soll, gar nicht existiert. Wenn aber der Geist seiner selbst wohl bewußt, vom irdischen Kerker erlöst, frei zum Himmel steigt, ob er da nicht jedes irdische Geschäft verschmäht, er, der den Himmel genießend sich freut, des Irdischen ledig zu sein?

Wer nur nach Ruhm mit stürmischen Sinnen strebt,
    In ihm der Güter höchstes sieht,
Der schau', wenn er zum weiten Himmelszelt geblickt,
    Hin auf der Erde schmalen Raum.
Füllt euer Name schon den engen Umkreis nicht,
    So bringt euch, ihn zu mehren, Scham.
Was strebt ihr Stolzen unterm Joch der Sterblichkeit
    Den Nacken bäumend, doch umsonst!
Mag zu entlegnen Völkern dringen euer Ruf,
    Mag nennen ihn auch fremder Mund,
Von Ehrentiteln glänzen euer hohes Haus,
    Der Tod verspottet großen Ruhm.
Das niedre Haupt; wie das' erhabne fällt er gleich,
    Das Höchste, Tiefste gilt ihm eins.
Wo blieb des redlichen Frabrizius Gebein?
    Wo Brutus? Catos Strenge? Wo?
Mit wen'gen dürren Lettern schrieb ein magrer Ruf
    Den Rest, den leeren Namen auf.
Doch, was wir kennen Anmut, unsrer Rede Zier,
    Kennt das wohl die Verwesung noch?
So liegt ihr also völlig in Vergessenheit
    Und der entreißt euch nicht der Ruf.
Doch glaubt ihr länger euer Leben hinzuziehen
    Mit eures Namens ird'schem Hauch,
So wartet, wenn ein später Tag auch ihn entrafft,
    Doch eurer nur ein zweiter Tod.

Doch du sollst nicht glauben, daß ich einen unerbittlichen Krieg mit der Fortuna führe; manchmal macht sie sich auch um den Menschen wohl verdient und ist nicht trügerisch; dann nämlich, wenn sie sich offen kundgibt, wenn sie ihre Stirne enthüllt und ihren Charakter bekennt. Vielleicht begreifst du noch nicht, was ich sagen will. Wunderbar ist freilich, was ich zu sagen trachte, und deshalb kann ich meine Meinung kaum mit Worten entwickeln. Ich glaube nämlich, daß den Menschen ein widriges Geschick mehr als ein günstiges nütze. Dieses lügt nämlich immer unter dem Scheine der Glückseligkeit, während es zu schmeicheln scheint; jenes ist immer wahr, da es in seiner Veränderung seine Unstetheit zeigt; dieses täuscht, jenes belehrt. Dieses bindet die Seelen der Genießer unter dem Scheine lügnerischer Güter, jenes löst sie durch die Erkenntnis der Gebrechlichkeit jener Glückseligkeit. Daher siehst du dieses windig, fließend, immer seiner selbst unkundig, jenes nüchtern gegürtet und selbst klug durch Übung in der Widerwärtigkeit. Endlich zieht das Günstige durch Schmeicheln vom Pfade der Tugend ab, das Widrige führt meistens zum wahren Guten zurück, indem es mit Widerhaken zieht. Und dann schätzest du es gering, daß diese herbe schreckliche Göttin dir die Seelen der treuen Freunde entdeckt hat? Sie hat dir die zuverlässigen Mienen der Gefährten von den zweideutigen gesondert, und als sie wegging, hat sie die ihrigen mit sich genommen, die deinigen dir gelassen. Wie hoch hättest du dir dies erkauft, als du dir noch heil und beglückt erschienst? Jetzt klagst du über verlorene Schätze; du hast die kostbarste Art von Reichtümern, Freunde gefunden.

Daß die Welt mit beständger Treu
Eintracht mitten im Wechsel hält,
Daß im Zwist ihrer Keime doch
Stets das ewige Bündnis bleibt,
Daß mit goldnem Gespann herauf
Phöbus führet den rosigen Tag,
Und geleitet von Hesperus
Phöbe herrschet in duftiger Nacht,
Daß das gierige Meer die Flut
In gesicherten Grenzen hält,
Daß das Land nicht hinaus ins Meer
Seine Küsten zu schieben wagt;
Solche Ordnung der Dinge knüpft
Sie, die Länder und Meere lenkt,
Liebe, die Himmelsbeherrscherin!

Wenn sie lockert den straffen Zaum,
Fällt, was eben einander geliebt,
In beständigem Krieg sich an,
Und die Kräfte, die, wenn vereint,
Schön bewegen den Weltenbau,
Eifern jetzt zu zerstören ihn.
Sie umschließet den heiligen Bund,
Der die Völker vereinigt hält,
Und der Ehe geheiligten Schwur
Knüpft sie keusch in der Liebe fest,
So auch schreibt ihr hohes Gesetz
Hier die Treue den Freunden vor.
O glückseliges Menschengeschlecht,
Wenn die Liebe auch euren Geist
Lenkt, so wie sie den Himmel lenkt.

IV.

Die Philosophie des Mittelalters

Augustinus

(13.11.354–28.8.430 n. Chr.)

Schau ins Innere

Augustinus Aurelius war eine der machtvollsten Persönlichkeiten und einflußreichsten Lehrer der frühen christlichen Kirche. Mit ihm beginnt die christliche Philosophie des Mittelalters.

Er wurde in der nordafrikanischen Stadt Tagaste als Sohn eines heidnischen Vaters und einer christlichen Mutter, der Hl. Monika, geboren. Sein Vater starb als er 17 Jahre alt war. Zwischen ihm und seiner Mutter Monika entstand ein sehr enges Verhältnis, das ihn zeitlebens prägte. Ihr größter Wunsch war es, daß sich Augustinus zum Christentum bekenne.

Der Weg dorthin war für Augustinus von Irrungen und Wirrungen gezeichnet. In seiner berühmtesten Schrift, den *Bekenntnissen (Confessiones)*, beschreibt Augustinus seine Lebensgeschichte der inneren Kämpfe, der Wandelung, der Erneuerung und des letztendlichen Bekenntnisses zum christlichen Glauben. In Form eines einzigen Gebetes, das sich über dreizehn Bücher erstreckt, schildert er mit eindringlichen Worten und in großer Intensität seine Jahre des unablässigen Suchens bis hin zur Bekehrung.

Die Bekenntnisse besitzen neben ihrer großen literarischen Leistung eine wegweisende Bedeutung für die abendländische Kulturgeschichte: Sie sind Schriften der Erinnerung, Zeugnisse des intimen Selbstgespräches zwischen dem Ich und Gott. Sie eröffnen einen ganz neuen, einzigartigen Raum der Innerlichkeit, der in dieser Form noch nie aufgezeigt wurde. Es sind Zeugnisse aus dem Tiefsten des Ich, das von einem Grundkonflikt zerrissen ist: dem zwischen Gut und Böse, zwischen der inneren, geistigen, Gott zugewandten Welt und der äußeren Welt des Körpers, der Sinne und der Macht der Verführungen des ›Fleisches‹. Am Ende des langen Weges siegt die christliche Botschaft: Augustinus wendet sich ganz Gott zu, läßt sich taufen und findet seine innere Ruhe als Christ.

Am Anfang der *Bekenntnisse* steht ein Satz, der die innere und äußere Reise des Augustinus in wenigen Worten zusammenfaßt: »[…] weil du uns schufest zu dir hin, und ruhelos ist unser Herz, bis es Ruhe findet in dir.«

Augustinus erlebte zunächst eine entbehrungsreiche Kindheit auf dem Lande, siedelte dann mit 16 Jahren und der finanziellen Unterstützung eines Gönners nach Karthago über und verbrachte seine Jugendjahre mit einem ausschweifenden Leben. Er studierte Rhetorik, lebte mit einer Frau zusammen und zeugte mit ihr – gerade 19jährig – einen Sohn, Adeodatus. Neben dem »Wirrwarr schändlicher Liebeshändel«, wie er schreibt, lernte er auch die Schriften Ciceros kennen. Diese führten ihn zum Studium der Philosophie. Die Bibel lehnte er damals noch ab. Der literarisch Gebildete und rhetorisch Geschulte zeigte sich nach der Lektüre des neuen Testamentes tief enttäuscht von dessen Stil, er schien ihm »unwürdig, mit der Würde der Ciceronischen in Vergleich zu treten«.

Nach seinem Studium wurde Augustinus zunächst Lehrer der Rhetorik in seinem Geburtsort Tagaste (354), dann in Karthago (375) und Rom (383) und schließlich in der kaiserlichen Residenzstadt Mailand.

In jenen Jahren beschäftigte sich sein rastloser Geist mit den Lehren verschiedener Sekten und Schulen, immer auf der Suche nach einer Erklärung für das Gute und das Böse in der Welt. Weder der *Manichäismus* (nach Manes, gest. 276 in Persien), der ein dualistisches Weltbild vertrat und glaubte, der Mensch habe eine helle und eine dunkle Seele, noch der *Skeptizismus* vermochten Augustinus intellektuell und moralisch zu befriedigen.

Schließlich entdeckte er den *Neuplatonismus* und die Schriften Plotins. Er las die *Enneaden*. Der Gedanke des ›Einen‹, den Plotin entwickelt hatte, löste ein starkes Erlebnis in ihm aus. Er glaubte, eine überzeugende Lösung für die ihn beschäftigende Frage nach dem Guten und Göttlichen und seinem Gegenpart, dem Bösen, gefunden zu haben.

Doch eines konnte die neuplatonische Lehre nicht bieten: einen ansprechbaren Gott. Das Gottesbild Plotins reflektierte noch ganz stark eine antike, pantheistische Vorstellung, die Gott überall in der Welt sah. Augustinus jedoch suchte nach einem anderen, persönlicheren Verhältnis. Dieses entdeckte er erst durch eine seelische Eingebung.

Eine Tages glaubte er, eine Stimme zu hören, die ihm zurief: »Nimm, lies, nimm, lies!« Er schlug das Neue Testament auf und fand die folgende Stelle bei Paulus: »Nicht im Fressen und im Saufen, nicht in Zank und Streit, sondern ziehet den Herrn Jesum Christum an und pflegt das Fleisch nicht zur Erregung eurer Lüste.« (Römerbrief 13,12 f.).

Dieses Ereignis veranlaßte ihn im Jahr 387, zum Christentum überzutreten. Augustinus verzichtete endgültig auf seinen unsteten und sinnenfreudigen Lebenswandel. Er ließ sich an Ostern zusammen mit seinem Sohn von Bischof Ambrosius taufen.

Nach seiner Taufe kehrte Augustinus in seine Geburtsstadt Tagaste zurück und lebte ganz zurückgezogen in einem kleinen Kreis guter Freunde. Er führte ein dem Studium und dem Schreiben gewidmetes Leben. Dieses setzte er auch fort, nachdem er 395 zum Bischof der Stadt Hippo Regius in Nordafrika ernannt wurde. Er starb im Alter von 75 Jahren während der Belagerung dieser Stadt durch die Vandalen.

Augustinus hinterließ ein immenses Werk, das, abgesehen von etlichen noch nicht aufgefundenen Briefen und Predigten, fast vollständig erhalten blieb. Er schrieb eine Vielzahl von philosophisch-theologischen Abhandlungen, u. a. *Über die Seele, Über die Musik, Über die Freiheit des Willens, Über die wahre Religion, Über die Dreieinigkeit.*

Neben den *Confessiones* ist sein zweites Hauptwerk *Über den Gottesstaat.* Diese Schrift, verfaßt in den Jahren 412–426, besteht aus insgesamt 22 Büchern. Es stellt die letzte große *Apologie* (Verteidigungsschrift) des Christentums gegen die heidnische Welt dar und beinhaltet eine Deutung der Weltgeschichte, die für das Christentum bestimmend werden sollte.

In Augustinus' umfangreichen Schriften wird christliches Gedankengut zum ersten Mal auf philosophischer Ebene reflektiert. Sein Einfluß setzte sich seit dem 5. und 6. Jahrhundert in der ganzen christlichen Welt durch und wurde zum bestimmenden geistigen Erbe des Mittelalters.

Die Philosophie des Augustinus entwickelt sich nicht systematisch, sondern wird von einer Grundstimmung zusammengehalten, die von der Stärke seiner Persönlichkeit, seiner Gedankentiefe und literarischen Begabung bestimmt ist.

Die Wirksamkeit des augustinischen Denkens war so groß, daß die Philosophie des gesamten christlichen Mittelalters maßgeblich von den beiden essentiellen Themen geprägt war: Gott und der Seele. Für Augustinus gab es kein anderes Ziel der geistigen Entfaltung als die Gotteserkenntnis und die Erlösung der Seele durch die Gottesliebe.

Heute ist sein Einfluß auf die Geistesgeschichte Gegenstand verschiedenster Forschungsbereiche: Geschichtstheorie, Linguistik, Staatskunde und Psychologie.

Die Bekenntnisse
(Buch 1, 2, 3 und 11)

Erstes Buch

Erstes Kapitel

Groß bist du, Herr, und hoch zu preisen (Ps. 144,3). *Groß ist deine Kraft und ohne Grenzen deine Weisheit* (Ps. 146,5).

Preisen will dich der Mensch, ein winzig Stück Kreatur von dir, der Mensch, der mit sich schleppt seine Sterblichkeit, mit sich schleppt das Zeugnis seiner Sünde und das Zeugnis, daß *du den Stolzen widerstehest* (Jak. 4,6).

Und doch will dich preisen der Mensch, ein winzig Stück Kreatur von dir.

Du treibst ihn, daß dich zu preisen ihm Wonne ist, weil du uns schufest zu dir hin, und ruhelos ist unser Herz, bis es Ruhe findet in dir.

Laß mich, Herr, wissen und verstehen, ob dich anrufen das Erste sei oder dich preisen, von dir wissen das Erste sei oder dich anrufen? Doch wer riefe dich an, ohne von dir zu wissen? Wer zu dir riefe, ohne von dir zu wissen, der könnte ja unwissend anderes anrufen anstatt deiner. Oder läßt du dich anrufen, auf daß man von dir wisse? *Wie aber sollen sie anrufen, an den sie nicht glauben? Oder wie sollen sie an den glauben, der ihnen nicht gepredigt ist?* (Röm. 10,14) *Und preisen werden den Herrn, die ihn suchen* (Ps. 21,27). Denn die ihn suchen, werden ihn finden, und wenn sie ihn finden, werden sie ihn preisen.

Ich will dich suchen, Herr, rufend zu dir und will zu dir rufen glaubend an dich: denn du bist uns verkündigt worden. Es ruft zu dir, O Herr, mein Glaube, den du mir verliehen, den du mir eingegossen hast durch die Menschwerdung deines Sohnes, durch das Amt deines Predigers.

Zweites Kapitel

Aber wie soll ich meinen Gott anrufen, meinen Gott und Herrn, da ich ihn doch herein zu mir rufen muß, wenn ich zu ihm rufe?

Wo ist der Raum in mir, wohin zu mir käme mein Gott? Wo Gott hinkäme zu mir, Gott, der Himmel und Erde geschaffen? Also ist, Herr mein Gott, etwas in mir, das dich fassen könnte? Aber fassen dich denn Himmel und Erde, die du geschaffen und in deren Umkreis du mich geschaffen hast? Oder faßt dich alles, was ist, weil alles, was ist, nicht wäre ohne dich? Da nun auch ich bin, was bitte ich, daß du zu mir kommest, der ich nicht wäre, wenn du nicht wärest in mir? Denn noch bin ich nicht drunten bei den Schatten und doch auch dort bist du! *Denn wenn ich auch fliehend hinabstiege zur Hölle, du bist da!* (Ps. 138,8)

Ich wäre also nicht, mein Gott, ich wäre gar nicht, wenn du nicht wärest in mir. Oder nein, ich wäre nicht, wenn ich nicht wäre in dir, *aus dem alles, durch den alles, in dem alles ist* (Röm. 11,36). Ja so ist es, Herr, so ist es! Wohin denn sollte ich dich rufen, da ich in dir bin? Oder von woher solltest du zu mir kommen? Wohin denn sollt ich gehen, hinaus aus Erd und Himmel, daß dort zu mir käme mein Gott, der gesagt hat: *Himmel und Erde fülle ich?* (Jer. 23,24)

Drittes Kapitel

Fassen dich also Himmel und Erde, da du sie füllst? Oder füllst du sie an und doch bleibt ein Zuviel, weil sie dich nicht fassen? Wohin ergießest du das Zuviel, das von dir bleibt, wenn Erd und Himmel deiner voll sind?

Oder bedarfst du nichts, was dich zusammenhaltend fasse, der du alles fassest, der du zusammenhaltend füllest, was du füllst? Denn nicht die Gefäße, die deiner voll sind, geben dir Form und Halt: zerbrechen sie auch, du ergießest dich nicht. Und wenn du dich ergießest über uns, so fällst nicht du, sondern uns richtest du auf; nicht wirst du zerstreut, sondern uns sammelst du.

Und du, der du alles erfüllst, ganz mit dir erfüllst du alles.

Aber da alles, was ist, nicht ganz dich zu fassen vermag, faßt es so nur einen Teil von dir? Und einen und denselben Teil alles zumal? Oder faßt jedes einen andern Teil von dir, das Große einen großen, das Kleine einen kleinen? So wär also ein Teil von dir größer, ein Teil von dir kleiner? Oder bist du nicht überall ganz und kein Ding fasset dich ganz?

Viertes Kapitel

Was also ist mein Gott? Was, frag ich, anders als der Herr, der Gott? *Denn wer ist Herr außer dem Herrn? Oder wer ist Gott außer unserm Gott?* (Ps. 17,32)

Höchster, Bester, Mächtigster du, Allermächtigster, Allerbarmer und Allgerechter, Verborgenster und Allgegenwärtiger, Schönheitsherrlicher, Kraftgewaltiger! Du stehest fest und bist unfaßbar, unwandelbar bist du und wandelst alles. Nie neu, nie alt, erneuerst du alles und führest ins Alter die Stolzen, und sie wissen's nicht. Ständig wirkend ruhest du ständig, sammelst immer und hast nie Bedarf. Träger, Erfüller, Beschützer du! Schöpfer, Erhalter, Vollender! Der du suchest, wo nichts dir fehlt.

Du bist die Liebe, doch nie wogt's in dir; du bist der Eifernde und ruhest sorglos. Reue kennst du ohne den Schmerz; Zorn kommt dir und du bleibst die Stille; Werke änderst du, nie änderst du den Plan. Du nimmst an dich, was du findest und nie verlorst; nie bedürftig freust du dich des Gewinns; nie habsüchtig forderst du doch Zinsen. Über die Schuld wird dir gegeben, daß du Schuldner werdest, und doch, wer hat, was dein nicht wäre? Schulden zahlst du zurück, niemandes Schuldner; Schulden erlässest du, und nichts geht dir verloren. Aber was sagt das alles von dir, mein Gott, mein Leben, meine heilig süße Wonne? Und was vermag ein Mensch zu sagen, wenn er von dir redet? Und doch wehe denen, die von dir schweigen, wo schon die, die reden, Stumme sind!

Zweites Buch

Erstes Kapitel

Zurückdenken will ich an den Schmutz vergangener Tage und an die Fleischessünden meiner Seele. Nicht daß ich sie liebte, sondern daß ich dich liebe, mein Gott. Aus Liebe zu deiner Liebe tu ich es, sammle noch einmal meine bösen Wege in der Bitternis erneuten Gedenkens, damit süße Wonne du mir seiest, Wonne ohne Trug, Wonne voll des Glücks und Friedens, und sammle mich wieder aus der Zerstreuung, in der ich nutzlos irrend mich zersplitterte, da ich von dir, dem Einen, weggekehrt in das Viele mich verlor. Einst in meinen jungen Jahren erglühte ich vor Gier, die Freuden der Hölle auszukosten, und ohne Scham vertierte ich im Wechsel finsterer Liebessünden. Da verblühte meine Schönheit, und Fäulnis ward ich vor deinen Augen, indes ich mir selbst gefiel und trachtete, den Menschen zu gefallen.

Zweites Kapitel

Und was war's, das mich freute, als zu lieben und geliebt zu werden? Doch ich blieb nicht auf dem strahlend reinen Weg der Freundschaft, dem Weg von Seele zu Seele. Nebel stiegen auf aus dem Sumpf der Lüste meines Fleisches und aus dem trüben Sprudel erwachender Manneskraft und sie umwölkten und verfinsterten mein Herz, daß es nicht mehr zu scheiden wußte zwischen der heitern Reinheit der Liebe und der Finsternis der Wollust. Beide glühten in mir in wirrem Wechsel, rissen meine schwache Jugend durch alle Abgründe der Begehrlichkeit und tauchten sie hinein in den Strudel der Laster. Da war dein Zorn groß geworden über mich und ich wußte es nicht. Taub hatte mich gemacht das Kettengeklirr meiner Sterblichkeit, meinem Seelenhochmut zur Strafe. Und immer weiter ging ich von dir und du ließest es zu. Ich taumelte durchs Leben in Unzucht und Hurerei und vergeudete und vergoß und verspritzte meine Kraft, und du schwiegst! O du meine späte Freude! Du schwiegst und ich ging weiter und immer weiter von dir und mehr und mehr warf ich aus den unfruchtbaren Samen, der nur Schmerzen zeugt, stolz in meiner Verworfenheit, ruhlos in meiner Erschöpfung.

Ach wer ein Ende meinem Elend gesetzt hätte! Daß er die flüchtige Schönheit ewig wechselnden Genusses mir zum Nutzen gewandt, den süßen Freuden ein Ziel gesetzt hätte, daß die brandenden Fluten meiner Jugendkraft, wenn sie schon keine Ruhe finden konnten, wären hingetrieben worden zum sichern Strand der Ehe, zufrieden, Kinder zu erzeugen, wie dein Gebot es befiehlt! Denn du, Herr, schaffest Sprößlinge auch unserm todgeweihten Geschlecht und mit freundlicher Hand brichst du die Dornen unsrer Begierden, die keinen Platz in deinem Paradiese hatten. Denn sind auch wir weggelaufen, fern von dir, deine Allmacht ist nicht fern von uns.

Oder hätte ich doch emporgelauscht und aus den Wolken deine Stimme vernommen: *Drangsale des Fleisches werden sie haben; ich aber schone eurer* (1. Kor. 7,28). Und: *gut ist es dem Menschen, kein Weib zu berühren* (1. Kor. 7,1). Und: *wer ohne Weib ist, sorgt für das, was Gottes, und wie er Gott gefallen möge; wer aber durch die Ehe gebunden ist, der sorgt für das, was der Welt, und wie er seinem Weib gefalle* (1. Kor. 7,32). Hätte ich doch mit größerer Andacht dieser Stimme gelauscht, und hätte ich, *verschnitten um des Himmelreichs willen* (Mt. 19,22), in stillem Glück gewartet auf die Umarmungen deiner Liebe!

Aber mein Blut wallte auf, ich Elender ließ dich und ging im stürmischen Strom meiner Gier. All deine Gebote übertrat ich, und ich entging deiner strafenden Rute nicht. Denn wem gelänge dies? Immer warst du mir nahe, zornig aus gnädigem Erbarmen träuftest du bittern Schmerz auf meine sündigen Freuden, auf daß ich lernte, nach Freuden zu suchen ohne Schmerz. Und wo konnt ich die finden als in dir, Herr, *der du den Schmerz uns zum Lehrer gibst* (Ps. 93,20), der du schlägst, um zu heilen, tötest, damit wir dir nicht sterben? Wo war ich? Wie weilte ich fern von den Freuden deines Hauses, damals als mein Fleisch sechzehn Jahre zählte, da die wildeste Wollust über mich das Zepter führte, und ich ihr, mich zu leiten, willig beide Hände bot, der Wollust, von deinem Gesetz verpönt, erlaubt nur von der Schmach der Menschen! Die Meinen sorgten nicht, in der Ehe den Fallenden aufzunehmen, nur daran dachten sie, daß ich lernte, schöne Reden zu halten und schwatzend andere zu überreden.

Drittes Buch

Erstes Kapitel

Ich kam nach Karthago. Da umlärmte mich von allen Seiten ein wilder Wirrwarr wüster Liebeshändel. Noch liebte ich nicht, doch ich sehnte mich, zu lieben, und liebedurstig im tiefsten Herzen haßte ich mich selbst, weil ich so wenig liebedurstig war. So suchte ich, was ich lieben sollte, und haßte die sichere Ruhe eines Lebensweges, der keinen Fallstrick barg. Denn drin im Herzen, da verzehrte mich der Hunger nach einer Seelenspeise, nach dir, mein Gott! Aber dieser Hunger war es nicht, der mich quälte; ich trug keine Sehnsucht nach ewig unverderblicher Speise, nicht weil ich ihrer satt gewesen wäre, nein, zum Ekel war sie mir, je weniger ich davon genossen. Und so war meine Seele krank und warf sich auf die Straße, bejammernswert in ihrer Gier, den liebeswunden, schwärigen Leib lindernd kratzen zu lassen von den Freuden sinnlicher Berührung. Nichts Irdisches freilich hätte ich geliebt, hätte es nicht eine Seele im Busen getragen. Aber zu lieben und wieder geliebt zu werden war mir weit süßre Wonne, wenn ich auch des Liebenden Leib genoß. So trübte ich den reinen Quell der Freundschaft mit dem Schmutz der Sinnlichkeit, und ihre helle Schönheit umdunkelte ich mit der Höllennacht der Wollust. Ich war getaucht in Häßlichkeit und Schmach, und doch lechzte mein Herz in der Fülle seiner Eitelkeit nach dem Schein verfeinerter Schönheit und geachteter Bildung. So stürzte ich mich in die Liebe, von der ich mich gefesselt wünschte. Mein Gott, du mein Erbarmen! Wie gossest du damals überfließend von Liebe bittre Galle auf meine Süßigkeiten. Ich ward geliebt, und so geriet ich in die engen Krallen des Genusses, und lachend ließ ich mich schnüren mit schmerzenden Ketten, um dann gepeitscht zu werden mit den glühenden Eisenruten der Eifersucht, des Argwohns, der Furcht, des Zorns, des Haders.

Zweites Kapitel

Dann riß mich das Theater in seinen Bann mit seinen Schauspielen voll der Bilder dessen, woran ich litt, voll immer neuer Nahrung dem Feuer meiner Leidenschaften. Was ist es, daß der Mensch leiden und trauern will, wenn er ein tragisch düstres Schicksal vor sich schaut, das er am eignen Leibe nie erdulden möchte? Und doch will er zuschauend aus diesem Schicksal Schmerzen schöpfen, und diese Schmerzen selbst sind seine Lust! Ist's nicht beklagenswerter Wahnsinn? Und um so tiefer rührt ihn das Gesehne, je weniger er selbst gesund und frei von gleichen Leidenschaften ist. Leiden ist es; duldet er selbst, so nennt er's Leid, teilt er mitfühlend fremde Schmerzen, so nennt er's Mitleid. Doch was soll ihm das Mitleid bei Dichtung und Schauspiel? Ruhig hört er zu und niemand ruft ihn zu helfen; man lädt ihn nur ein, traurig zu sein, und er selbst gönnt Gunst und Beifall um so reichlicher dem Mimen, je mehr ihn Spiel und Bild zu Trauer stimmen. Und würde das düstre Menschenschicksal, frei erdichtet oder einst gelebt in fernen Tagen, so auf der Bühne dargestellt, daß der nicht Schmerz empfände, der es sieht, so ginge er weg, gelangweilt und voll Tadel; trifft aber schmerzliche Rührung sein Herz, so bleibt er achtsam sitzen und vergnügte Tränen rinnen.

Tränen also liebt man und Schmerzen? Und doch sucht jeder Mensch nur Freude. Leiden will keiner, doch liebt der Mensch das Mitleid. Und weil Mitleid nicht sein kann ohne Schmerz, so liebt der Mensch den

Schmerz aus diesem einen Grund. Dies alles sprudelt aus dem gleichen Quell der Freundschaft. Wohin aber geht der Quell? Und wohin fließt er? Warum ergießt er sich in den Strom von siedendem Pech, in den gräulichen Gischt häßlicher Wollust, in den er selbst sich wandelt mit eignem bösen Willen, weg sich wendend und herab sich stürzend von der Höhe seiner himmlisch heitern Reinheit?

Verwerfen wir also das Mitleid? Nein, keineswegs. Möge man immerhin mitunter Schmerzen lieben. Du aber, meine Seele, hüte dich vor der Unreinheit, unter dem Schutz meines Gottes, des Gottes unsrer Väter, des Gepriesenen und Hocherhabenen in alle Ewigkeiten, hüte dich vor der Unreinheit! Nicht ist mir heute Mitleid fremd. Damals aber, im Theater, freute ich mich mit den Liebenden, wenn sie in Schanden einander genossen, freute mich, wenngleich es nur im Schauspiel geschah. Und traurig war ich voll Mitleids, wenn sie einander verloren. Beides aber ward mir zu frohem Genuß. Heut aber hab ich mehr Mitleid mit dem, der in Lüsten und Schanden sich freut, als mit dem, der Hartes zu erdulden scheint, weil ihm die böse Lust entzogen ist und er ein elend Glück verloren hat. Das wahrlich ist echtes Mitleid; aber da freut der Schmerz nicht! Die Pflicht der Liebe will, daß wir trauern mit den Traurigen; wer aber wahres Mitleid im Herzen trägt, dem ist's lieber, keinen Grund zu solcher Trauer zu haben. Denn gäb es, was es nicht geben kann, ein böswilliges Wohlwollen, so könnte ja der Mensch, der wahrhaft und aufrichtig Mitleid hegt, wünschen, daß es Leidende gäbe, nur damit er sie bedaure. So kann wohl mitunter ein Schmerz gebilligt, nie darf er geliebt werden! So bist du, du mein Herr und Gott, der du die Seelen liebst, unendlich reiner und echter in deinem Mitleid als wir, denn du fühlst keinen Schmerz. *Wo aber ist der Mensch, der dessen fähig wäre?* (2. Kor. 2,16)

Aber ich, ich Elender, liebte damals den Schmerz und suchte, worüber ich trauern könnte; und mich wiegend in der fremden, erlogenen, gauklerischen Trauer gefiel mir um so mehr und fesselte mich nur um so stärker das Spiel des Komödianten, je mehr der Tränen es mir erpressen konnte. Ist's ein Wunder, wenn ich armes Schäflein, abirrend von deiner Herde und deines Schutzes überdrüssig, bald Makel der häßlichsten Räude trug? Und daher wieder kam die Liebe zum Schmerz, nicht zum Schmerz freilich, der tiefer ging – denn nicht gern hätte ich an mir selbst erduldet, was ich mit Freuden schaute – sondern zum Schmerz nur, der mir, ersonnen und erlauscht, das Außen meiner Seele kitzelte. Doch davon ward mir, wie dem Räudigen, der sich mit Nägeln kratzt, brennende Geschwulst, Eiter und ekelhafte Fäulnis. So war mein Leben. War's noch ein Leben, O du mein Gott?

Drittes Kapitel

Von ferne aber zog dein treues Erbarmen seine Kreise über mir. Wie tief ich auch versank in Sündenelend, wie frech ich auch dem lästerlichen Fürwitz folgte, der mich lockte, dich zu verlassen, fortzulaufen in Abgründe der Treulosigkeit und in die Knechtschaft tückischer Teufel, denen ich mein böses Tun zu Opfer brachte, in allem traf mich deine Rute. Ich wagte selbst bei der Feier deiner Feste, drin in den Kirchenwänden, Gedanken der Fleischeslust zu hegen und geschäftig mit andern zu verhandeln, wie wir die Todesfrucht uns pflücken könnten. Drum schlugst du mich mit harter Strafe. Doch was war sie, verglichen mit der schweren Schuld, o du meine übergroße Erbarmung, du mein Gott, du meine rettende Zuflucht in den fürchterlichen Fährnissen, in deren Schoß ich mich umhertrieb frech erhobnen Haupts, immer weiter von dir laufend! Denn meine eignen Wege liebte ich zu gehen, nicht die deinen; liebte die Freiheit des flüchtig gegangenen Sklaven.

Und meine Studien, die man ehrenvoll nannte, zielten nur darauf hin, mir einmal in den Händeln des Gerichtssaals Glanz und Ansehn zu verschaffen, und um so mehr, je mehr ich es verstünde, zu betrügen. So groß ist der Menschen Verblendung: ihrer Verblendung selbst rühmen sie sich. Und schon galt ich in der Rednerschule als einer der Besten und ich freute mich darob in meinem Hochmut und blähte mich auf in meiner Eitelkeit. Und war ich auch weniger vorlaut als die andern – Herr, du weißt es – und hielt ich mich auch fern von den hinterlistigen Betrügereien dieser Verdreher des Rechts – fast als Kennzeichen feinster Bildung gilt dieser freche, teuflische Name – so lebte ich doch in ihrer Mitte in schamloser Scham, weil ich nicht war wie ihrer einer. In Gemeinschaft mit ihnen lebte ich und oft freute ich mich ihrer Freundschaft, wenn ich auch immer wegschreckte vor ihrem Tun, vor jenen Rechtsbeugungen, womit sie keck der Einfalt Unerfahrener nachstellten, die Armen in Verwirrung brachten, sie obendrein darob verlachten und so ihren bösen Freuden stets neue Nahrung gaben. Nichts ist ähnlicher des Teufels Taten als die ihren. Und keinen wahreren Namen könnten sie tragen als den der Verdreher. Verdreht sind sie selbst schon zuvor und völlig irrgeleitet von den heimlich trügerischen Geistern, die ihrer lachen und sie verführen gerade dann, wenn sie selbst mit Freuden andere verlachen und betrügen.

Viertes Kapitel

Unter solchen Menschen lernte ich, damals noch ein unerfahrener junger Mensch, die Lehrbücher der Beredsamkeit kennen, in der ich zu glänzen wünschte, geleitet von der bösen und eitlen Absicht, durch sie die Freuden irdischen Ruhmes zu erhaschen. Im Verlauf der gewohnten Studienordnung, die auch ich einhielt, stieß ich auf das Buch eines gewissen Cicero, dessen Sprache, mehr als seinen Geist, fast jedermann bewundert. Das Buch trägt den Titel Hortensius, und sein Inhalt ist eine Aufforderung, sich der Philosophie zu widmen. Und dies Buch vollzog in meinem Herzen eine Wandlung: zu dir, Herr, wandte es meine Gebete und neuen Inhalt gab es meinen Wünschen und Begierden. Mit einem Male brach sie in mir zusammen, all die eitle Hoffnung; mit einer Inbrunst über alles Maß sah das Verlangen meines Herzens nun nach deiner ewigen Weisheit, und ich begann mich zu erheben, um zu dir zurückzukehren. Denn nicht des glatten Stils wegen, den ich um meiner Mutter Geld erlernen sollte – ich zählte damals neunzehn Jahre und seit zwei Jahren war der Vater tot – nicht des glatten Stils wegen las ich das Buch. Was es zu mir sprach, nicht wie es zu mir sprach, das hatte mich gewonnen.

Wie glühte ich, mein Gott, wie glühte ich, vom Irdischen mich zu erheben zu dir! Und ich wußte nicht, was du mit mir tatest. *Bei dir ist Weisheit* (Jb. 12,13,16). Liebe zur Weisheit aber heißt das griechische Wort Philosophie, für das dies Buch mein Herz erwärmte. Freilich gibt's auch Leute, die uns durch Philosophie verführen, die ihre Irrtümer schmücken und schminken mit diesem großen, gleißenden, ehrenvollen Namen. Solche Philosophen, aus der damaligen und aus noch früherer Zeit, werden in diesem Buch angeführt und dargelegt, und es spricht draus deutlich die heilsame Mahnung, die dein Geist uns verkündet hat durch deinen heiligen Knecht: *Sehet wohl zu, daß nicht einer euch verführe durch Philosophie und eitlen Trug nach der Lehre der Menschen und den Satzungen dieser Welt und nicht nach Christi Lehre. Denn in ihm wohnt körperlich die ganze Fülle der Gottheit!* (Kol. 2,18) Damals freilich, du weißt es, Licht meines Herzens, kannte ich die apostolischen Schriften noch nicht. Doch das allein schon freute mich an Ciceros Ermahnung, daß er uns auffordert, nicht diese oder jene philosophische Sekte, sondern die Weisheit selbst, wie sie auch sei, zu lieben und zu suchen und ihr zu folgen, sie festzuhalten und nicht von ihr zu lassen in ehrlicher Kraft. Und so ward ich voll glühenden, verzehrenden Eifers. Nur dies eine kühlte die feurige Begeisterung: daß ich den Namen Christi in jenem Buch nicht fand. Denn mit deiner erbarmenden Gnade, Herr, hatte ich diesen Namen, meines Erlösers und deines Sohnes Namen, mit der Muttermilch fromm in mein kindlich schwaches Herz genommen und tief drin hielt ich ihn fest, und was nicht dieses Namens war, und mochte es noch so weise sein und schön und wahr, das vermochte nicht mich ganz zu fesseln.

Fünftes Kapitel

Darum beschloß ich nun, meine Aufmerksamkeit auf die heiligen Schriften zu richten und zu sehen, wie sie wären. Und siehe, was ich sah, das war die Wahrheit, verschlossen dem Stolzen und enthüllt dem Kinde, arm und niedrig erscheinend dem, der zu ihr tritt, riesengroß und geheimnisschwer dem, der mit ihr geht. Ich aber war damals nicht der, der hätte eintreten können in ihr Heiligtum, der demütigen Hauptes ihrem Schritte hätte folgen können. Denn nicht so, wie ich heute rede, fühlte ich damals, da ich anfing, die Schrift zu lesen. Unwürdig schien sie mir, auch nur verglichen zu werden mit der Würde Ciceros. Mein Stolz ertrug nicht ihre Art und Maß und mein Scharfsinn drang nicht in ihre Tiefen. Und doch war sie so, daß sie mit den Kleinen wuchs. Ich aber verschmähte es, zu den Kleinen zu zählen und glaubte mich groß, weil ich aufgebläht war von Stolz und Hoffart.

Elftes Buch

Erstes Kapitel

Herr, dein ist die Ewigkeit. So solltest du nicht immer wissen, was ich hier dir sage, oder siehst du, was in der Zeit geschieht, nur in der Zeit? Warum also erzähle ich dir alle diese Dinge? Nicht, daß du sie durch mich erfahrest; ich will in mir nur und in jenen andern, die dies lesen, deine Liebe wecken, daß wir alle sagen: *Groß bist du, Herr, und hoch zu preisen!* (Ps. 144,3) Ich hab es schon gesagt und sag es wieder: aus Liebe nur zu deiner Liebe tu ich dies. Wir beten ja auch, und doch sagt uns das Wort der Wahrheit: *Es weiß euer Vater, was euch not tut, noch eh ihr darum bittet* (Mt. 6,8). So also will ich meine Liebe zu dir offenbaren, will dir bekennen meine Schwachheit und dein Erbarmen über mir, daß du uns ganz befreiest, wie du es schon begonnen hast, daß wir aufhören, elend zu sein in uns, und selig werden in dir; denn du hast uns gerufen, daß wir *arm* seien *im Geiste, sanftmütig, trauernd, hungernd und dürstend nach Gerechtigkeit, barmherzig* und *reinen Herzens* und *friedfertig*. Sieh, so hab ich dir vieles erzählt, wie ich's konnte und wollte, weil du es zuvor gewollt hast, daß ich dir bekenne, Herr, mein Gott, denn *du bist gut und ewig währet dein Erbarmen* (Ps. 117,31).

Zweites Kapitel

Wie aber könnt ich mit der Zunge meines Griffels alles das verkünden, was du mich ermahnt hast und geschreckt, getröstet und geleitet, bis du mich dahin führtest, daß dein Wort ich predigte und deinem Volke deine Sakramente spendete! Und könnte ich auch das alles der Reihe nach verkünden, so sind mir doch die Tropfen Zeit dafür zu wert. Und längst schon glühe ich danach, über dein Gesetz zu denken und dir zu bekennen, was ich davon weiß und was ich davon nicht verstehe, wie du zuerst mir Licht gebracht und was mir noch an Finsternis geblieben, bis meine Schwachheit von der Kraft verzehrt ist. Und ich will nicht, daß in anderm Tun die Stunden rinnen, die mir des Leibes Notdurft frei läßt und die geistige Arbeit und die Dienste, die ich den Menschen schulde oder ihnen leiste, ohne sie zu schulden.

Herr, mein Gott, so achte denn auf mein Gebet, und dein Erbarmen höre auf mein Sehnen! Nicht nur um meinetwillen glüht es, der Bruderliebe auch will es zu Nutzen sein. Du siehst ja in mein Herz, daß es so ist. So laß mich dir das Opfer meines Denkens, meiner Zunge bringen und gib, was ich dir opfern könne! Denn ich bin arm und dürftig, du aber reich für alle, die da zu dir rufen, und führest still und sicher unsre Sache. Reinige von aller Unbesonnenheit und aller Lüge meine Lippen drin und draußen! Deine Schrift sei meine keusche Lust! Und leide nicht, daß ich drin irre gehe und andre irreführe! Herr, hör mich und erbarm dich meiner, Herr, mein Gott, du Licht der Blinden, Kraft der Schwachen und also alsbald Licht der Sehenden und Kraft der Starken! Merk auf meine Seele und hör die Stimme, die aus Tiefen zu dir ruft! Denn wenn dein Ohr nicht hier auch in den Tiefen wäre, wohin dann soll ich gehen, wohin dann rufen? *Dein ist der Tag und dein die Nacht* (Ps. 73,16), und deinem Wink gehorsam rinnt die Zeit dahin. So spende mir denn Zeit, daß ich betrachtend dein Gesetz und sein verborgenes Geheimnis kennen lerne, und schließ die Tür nicht, wenn ich klopfe! Du hast ja nicht gewollt, daß ewig nutzlos unverstanden bleibe, was dort geschrieben steht auf soviel dunkel rätselvollen Seiten! Oder haben jene Wälder nicht auch ihre Hirsche, die sie in ihrem Dunkel hegen, wo sie wandelnd weiden, ruhend wiederkäuen? O Herr, vollende mich! Enthülle mir ihr Dunkel! Deine Stimme, sieh, ist meine Wonne; deine Stimme ist mir über alle üppige Lust der Welt. So gib mir, was ich liebe; denn ich liebe, und du hast mir's gegeben, daß ich liebe. Und deine eigne Gabe wirst du nicht verlassen und wirst dein Kraut, das dürstet, nicht verachten. Mit allem, was ich nun in deinen Büchern finde, will ich dir bekennend huldigen. Daß ich darin die Stimme deines Lobes höre, daß ich dich trinke, daß ich all der Wunder denke, die du in dein Gesetz gelegt von jenem Anfang, da du Himmel schufst und Erde, bis zu der ewgen Herrlichkeit in dir und deiner heilgen Stadt!

Herr, erbarm dich meiner und erhör mein Flehen! Ich flehe ja, so glaub ich, nicht um Dinge dieser Welt, um Gold nicht noch um Silber noch um Steine, nicht prächtge Kleider oder Ehren oder Macht, und nicht um Fleischeslust, noch was der Leib und dieses unser Pilgerleben fordern; dies *alles wird uns beigegeben werden, wenn wir dein Reich nur suchen und deine Gerechtigkeit* (Mt. 6,33).

Sieh Herr, mein Gott, was mein Verlangen ist! Die Ungerechten sprachen mir von ihren Freuden, und *die sind nicht wie dein Gesetz* (Ps. 118,33). Siehe, daher nun mein Verlangen! Sieh mein Verlangen, Vater, schau es an und sei ihm freundlich! Und denke meiner in Erbarmen und laß mich Gnade finden und öffne mir, der ich da poche, all das innerst Tiefste deines Wortes! Ich fleh dich an um Jesus Christus willen, unsres Herrn und deines Sohns, *des Mannes deiner Rechten* (Ps. 79,18), des Menschensohns, den du zum Mittler stelltest zwischen dir und uns, durch den du uns gesucht hast, die wir dich nicht suchten, gesucht, auf daß wir dich nun suchen; um deines Wortes willen, *durch das du alles schufest* (Joh. 1,3) und mit dem Allen mich; um deines eingebornen Sohnes willen, durch den du dir das Volk der Gläubigen *an Kindesstelle* (Röm. 8,23) riefst und mit ihm mich; um seinetwillen fleh ich zu dir, *der da sitzt zu deiner Rechten und dich bittet für uns* (Col. 3,1; Röm. 8,44) und *in dem die Schätze alle sind der Weisheit und des tief verborgnen Wissens.* Ihn suche ich in deinen Büchern. *Und Moses hat von ihm geschrieben* (Joh. 5,46): das sagt er selbst, das sagt die Wahrheit.

Drittes Kapitel

Hören will ich und verstehen, wie du zu Anfang Himmel und Erde schufest. So hat es Moses geschrieben; er schrieb es und ging weg; ging weg von hier zu dir hin. So ist er heute nicht vor mir. Denn wär er es, ich hielt ihn fest und bäte ihn und fleht ihn an um deinetwillen, daß er mir alles dies enthülle, und mit den Ohren meines Fleisches hing ich an ihm, den Worten lauschend, die aus seinem Munde kämen. Doch spräche er hebräisch, so träfen seine Worte mein Gehör vergebens, und nichts davon berührte mir die Seele; doch spräche er lateinisch, so verstünd ich wohl, was er mir sagte. Wie aber sollt ich wissen, ob er die Wahrheit sagt? Und wenn ich es wüßte, wüßte ich es dann von ihm? Nein, ganz drin im Herzen, im geheimsten Hause meines Denkens würde mir's die Wahrheit sagen, nicht hebräisch und nicht griechisch, nicht im Latein und nicht in einer fremden Sprache, sondern ohne Mund und Zunge und ohne Lärm der Silben würde mir's die Wahrheit sagen: Was er sagt, ist wahr, Und ich, voll Zutraun und voll Glauben, würde alsbald deinem Knechte sagen; Du sprichst die Wahrheit. Doch da ich also ihn nicht fragen kann, so bitte ich denn dich, von dem erfüllt er Wahres sagte, dich, die Wahrheit, dich bitte ich, mein Gott, ach denk nicht meiner Sünden, und wie du es jenem, deinem Knecht, gegeben hast, daß er es sage, so gib nun mir, daß ich's verstehe!

Viertes Kapitel

Siehe, da sind Himmel und Erde. Laut rufen sie, daß sie geschaffen sind, denn sie verändern sich und wandeln sich. Wenn aber etwas nicht geschaffen ist und dennoch ist, so ist nichts an ihm, das vorher nicht gewesen wäre, was also sich verändern und sich wandeln könnte. Sie rufen aber auch, daß sie es selbst nicht waren, die sich schufen: Wir sind, weil wir geschaffen sind; wir waren also nicht, bevor wir waren, so daß wir selbst uns hätten schaffen können. Und ihre Stimme ist's, was wir mit eignen Augen sehen. Du, Herr, hast sie geschaffen, der du schön bist, denn auch sie sind schön; der du gut bist, denn auch sie sind gut; der du bist, denn sie auch sind. Doch sind sie nicht so schön und sind sie nicht so gut und sind sie nicht, wie du bist, du, ihr Bildner, denn mit dir verglichen sind sie nicht schön und sind sie auch nicht gut und haben gar kein Sein. Soviel nun wissen wir; Dank dir! Und unser Wissen ist verglichen mit dem deinen nur Nichtwissen.

Fünftes Kapitel

Im Anfang schuf Gott Himmel und Erde. Wie aber hast du Himmel und Erde geschaffen und was war dein Werkzeug bei dem großen Werk? Denn nicht wie der Künstler bildest du aus einem Körper einen andern und drückst ihm ein Gesicht auf nach der Seele Willen, wie sie's mit innerm Auge drin gesehen. Und wie könnte die es, wenn du sie nicht geschaffen hättest? Auch drückt sie die gesehene Gestalt nur einem Stoff auf, der schon in sich ist und in sich auch die Fähigkeit hat, jene anzunehmen, so Ton oder Stein oder Holz oder Gold oder was es noch Stoffe dieser Art gibt. Wie aber wäre dieser Stoff, wenn du ihn nicht geschaffen hättest? Du hast dem Künstler seinen Leib geschaffen, seinen Gliedern eine Seele, die sie lenkt; du hast den Stoff ihm erst gegeben, woraus er bilde, du den Geist, daß er die Kunst erfasse und drin erschaue, was er draußen bilden soll. Du gabst ihm auch den körperlichen Sinn, mit dem er nun das Bild aus seiner Seele auf den Stoff zu übertragen weiß, und der der Seele wieder meldet, was er draußen nun geschaffen sah, daß sie die Wahrheit, die in ihrem Innern richtend thront, zu Rate ziehe, ob es gut, was da geschaffen ist. Dich nur preist dies alles, der du der Schöpfer aller Dinge bist.

Du aber, wie hast du es geschaffen? Wie hast du, Gott, den Himmel geschaffen und die Erde? Nicht im Himmel und nicht auf Erden hast du Himmel und Erde geschaffen, nicht in der Luft und nicht im Wasser, denn die auch sind ja Himmel oder Erde; und nicht im All der Welt hast du das All der Welt erschaffen, denn da war nicht, wo es hätte werden können, eh es ins Sein getreten ist. Und nichts hieltest du in deiner Hand, woraus du Himmel und Erde hättest schaffen können. Denn woher wär dir gekommen, was du nicht selbst erschaffen hast, woraus du andres schaffest? Was ist denn, ohne daß es wäre, nur weil du bist? Deshalb also *hast du gesprochen und es ward. Und in deinem Wort hast du's geschaffen!* (Ps. 148,5)

Sechstes Kapitel

Doch wie hast du gesprochen? Doch so wohl nicht, wie aus der Wolke einst die Stimme klang, die sprach: *Der ist mein lieber Sohn* (Mt. 3,17; 17,5). Denn diese Stimme ist erklungen und verklungen, Anfang hatte sie und Ende. Silben erklangen und zogen vorüber, die zweite nach der ersten, die dritte nach der zweiten und so weiter, der Reihe nach, bis nach den anderen die letzte kam und nach der letzten Stille. Und so ist klar und deutlich, daß bewegte Schöpfung diese Worte sprach, deinem ewgen Willen dienend in der Zeit. Und diese Worte, in der Zeit geschaffen, meldete das äußre Ohr nun der vernünftgen Seele, deren innres Ohr gesetzt ist, deine ewgen Worte zu vernehmen. Und vergleicht sie diese in der Zeit erklungnen Worte mit deinem ewgen Wort in ewger Stille, so sagt sie wohl: Ein andres ist es, weit ein andres ist es! Denn diese Worte sind tief unter mir, ja sie sind nicht, weil sie vergehen und verwehen, Gottes Wort aber ist über mir und bleibt in Ewigkeit.

Hättest du also so mit erklingenden und verwehenden Worten gesagt, daß Himmel und Erde werden sollen und hättest so den Himmel geschaffen und die Erde, so mußte ja, noch ehe Himmel und Erde waren, ein körperlich geschaffnes Wesen sein, aus dem dann, in der Zeit bewegt, die Stimme in der Zeit ertönen konnte. Vor Himmel und Erde aber war kein andres körperliches Wesen. Und war es doch, daß du ihm die Stimme klingen ließest, die da sagte, Himmel und Erde sollen werden, so hättest du doch ohne Stimme, die erklang, dies Wesen schaffen müssen. Denn was es auch gewesen, woraus die Stimme erklang, es wäre nicht gewesen, wenn du es nicht geschaffen hättest. Wie also war das Wort, das du gesprochen, daß dieser Körper sei, aus dem du jene Worte hättest bilden sollen?

Siebentes Kapitel

So rufst du uns denn, daß wir dein Wort verstehen, *Gott bei dir, dem Gotte* (Joh. 1,2), das in Ewigkeit gesprochen wird und in dem alles gesprochen wird in Ewigkeit. Da ist es nicht so, daß eines ende, das gesprochen wurde, und ein andres danach würde gesprochen, daß das Ganze sei, sondern einmal und zugleich ist alles gesprochen in der Ewigkeit. Denn wär es anders, wär ja Zeit dabei und Wandel und nicht wahre Ewigkeit noch wahre Unvergänglichkeit. Das versteh ich, du mein Gott, und sag dir Dank dafür. Das versteh ich, ich bekenn es dir, O Herr, und mit mir versteht es und preist dich drum, wer nicht der sichern Wahrheit undankbar sein Herz verschließt. Wir verstehen es, Herr, wir verstehen, daß es wie ein Sterben ist, wenn etwas nicht mehr ist, was war, wie ein Geboren werden, wenn etwas ist, was nicht war. Und da dein Wort in Wahrheit ewig und unsterblich ist, so kann in ihm nichts folgen, nichts vorübergehen. So sagst du denn mit deinem Wort, das ewig ist wie du, einmal und ewig alles, was du sagst, und es geschieht das alles, was du sprichst, daß es geschehe. Und so, mit deinem Wort nur schaffst du alles, was du schaffst, und doch geschieht nicht einmal und in Ewigkeit das alles, was du mit dem einen Worte schaffst.

Achtes Kapitel

Warum dies? Sieh, ich frage dich, du Herr, mein Gott. Wohl sehe ich es ein, doch wie ich es beschreiben soll, das weiß ich nicht. So etwa, daß alles, was da seinen Anfang und sein Ende nimmt, dann Anfang nimmt und Ende, wenn dein ewiger Gedanke, der keinen Anfang und kein Ende hat, erkennend will, daß nun sein Anfang sei, sein Ende. Er aber ist dein Wort, das auch der Anfang ist und *das da unter uns redet* (Joh. 8,25). So hat es selbst im Evangelium durchs Fleisch zu uns gesprochen, und so hat's draußen angeklungen an das Ohr des Menschen, daß er es glaube und daß er drin in seiner Seele forsche und daß er es dann fände in der ewgen Wahrheit, wo er uns alle lehrt, der einzige und gute Meister seine Schüler. Dort hör ich deine Stimme, Herr, die mir da sagt, daß er in uns spricht, der uns lehrt. Denn wer da zu uns spricht und lehrt uns nicht, der spricht nicht zu uns. Wer aber soll uns lehren, wenn nicht die ewig wandellose Wahrheit? Und ist's auch eine wandelbare Kreatur, durch die uns ihre Mahnung trifft, es ist doch immer diese wandellose Wahrheit, zu der hin die uns führt. Und dorten lernen wir in Wahrheit, wenn wir vor ihr stehen und sie hören. Und in Freude freun wir uns der Stimme unsres Bräutigams, die dorthin uns zurückruft, wo wir einst genommen waren. So ist das Wort uns Anfang; bliebe es nicht, wir hätten, wenn wir irrten, nichts, wohin zurück wir finden könnten. Und wir entfernen uns vom Irrtum nur, wenn wir erkennend wieder uns zur Wahrheit kehren. Daß wir erkennen, lehrt uns nur das Wort, das da der Anfang ist und redet unter uns.

Neuntes Kapitel

In diesem Anfang also, Gott, schufst du Himmel und Erde in deinem Wort, in deinem Sohn, in deiner Kraft, in deiner Weisheit, in deiner Wahrheit, gar wunderbar sprechend und gar wunderbar wirkend. Wer begreift's? Wer kann's erzählen? Was ist es, das da strahlend mir ins Auge bricht, das mir das Herz erschüttert und doch nicht verletzt, daß ich erzittre und erglühe? erzittre, weil ich ihm so wenig ähnlich bin, erglühe, weil ich ihm doch ähnlich bin? Die Weisheit ist's, die Weisheit, die strahlend mir ins Auge bricht. Die Wolkenwand zerreißt sie, die mich, wenn ich wieder von ihr lasse, wiederum umgibt in Finsternis und in der Mühsal meiner Strafen. Denn so ist meine Manneskraft in Not und Armut schwach geworden, daß ich das Gute selbst an mir nicht trage, bis du, Herr, der du gnädig siehst auf alle meine Sünden, mir die Schwäche heilest. Du wirst mein Leben lösen vom Verderben, du wirst mich krönen in Erbarmen und Barmherzigkeit; du wirst mir mein Verlangen sättigen mit reichem Gut, wenn meine Jugend du erneuern wirst wie *die des Adlers* (Ps. 102,5). Durch Hoffnung sind wir heil geworden, und w*as du uns verheißen, dessen warten wir geduldig* (Röm. 8,25). Wer kann, der höre dich im Innern reden; doch ich vertraue dem, was du verheißen, und rufe laut: *Wie herrlich, Herr, sind deine Werke! In Weisheit schufst du alles* (Ps. 103,24). Und diese Weisheit ist der Anfang, und in diesem Anfang schufst du den Himmel und die Erde.

Zehntes Kapitel

Sind nicht voll des alten Irrtums die, die zu uns sagen: Was tat denn Gott, eh er den Himmel und die Erde schuf? Denn war er müßig, sagen sie, und wirkte nichts, warum dann blieb er so nicht immer und danach auch, so wie er später wieder doch vom Schaffen ließ? Denn wenn in Gott so eine neue Regung und ein neuer Wille war, daß er die Schöpfung bilde, die er zuvor doch nicht gebildet hatte, wie kann er dann in Wahrheit ewig sein, wo doch ein neuer Wille, der zuvor nicht war, erstand? Denn Gottes Wille ist nicht seine Schöpfung, sondern war vor aller Schöpfung; denn es wäre nichts geschaffen worden, wenn nicht zuvor des Schöpfers Wille war. So gehört zu Gottes Wesen denn sein Wille. Wenn nun in Gottes Wesen etwas neu erstand, was nicht zuvor schon in ihm war, so kann sein Wesen doch in Wirklichkeit nicht ewig sein. Wenn aber umgekehrt der Wille Gottes ewig ist, der Wille, daß da eine Schöpfung sei, warum dann war nicht diese Schöpfung ewig wie der Wille?

Elftes Kapitel

Die so reden, die verstehn dich nicht, du Weisheit, Licht der Seelen! Die verstehn nicht, wie da wird, was in dir wird und durch dich wird. Die suchen das Ewige zu fassen, und doch flattert noch ihr Herz in Eitelkeit bewegt von künftgen und vergangnen Dingen. Wer hält's und hält es fest, daß es ein weniges nur stehe und ein weniges nur fasse von dem Glanz der Ewigkeit, die immer ruhvoll steht, und es vergleiche mit der hastend ruhelosen Zeit, auf daß er sehe, wie sie unvergleichlich ist, und sehe, wie die längste Zeit nichts andres ist als eine Kette vieler flüchtger Augenblicke, die nicht zugleich verfliegen können und die so ein Langes machen; doch daß im Ewgen nichts vorübergeht und alles immer gegenwärtig ist; und daß er sehe, daß als Ganzes keine Zeit je gegenwärtig ist, daß das Vergangne nur getrieben von der Zukunft ist und alles Künftge nur aus dem Vergangnen folgt und alles, was vergangen ist und künftig, von dem geschaffen ist und aus ihm fließt, was immer ist und ewig. Wer hält das Herz des Menschen, daß es stehe und sehe, wie ewig ruhevoll die Ewigkeit, die nichts Vergangnes und nichts Künftges in sich hat, Vergangenem und Künftigem gebietet, daß es sei? Ist meine Hand so stark und kann mit Reden meines Mundes Hand so Großes wirken?

Zwölftes Kapitel

So will ich denn denen antworten, die fragen: was tat Gott, eh er Himmel und Erde schuf? Ich gebe ihnen nicht die Antwort, die einer einst im Scherz gegeben haben soll, der schwierigen Frage auszuweichen: Höllen, sagte der, hat er gemacht für die, die solche Dinge fragen. Ein andres aber ist es, hell zu sehen, ein anderes, zu scherzen. So also will ich nicht antworten. Viel lieber gäbe ich zur Antwort: was ich nicht weiß, das weiß ich nicht, als daß ich etwas sagte, das den verspottet, der so ernstlich fragt, und dem nur recht gibt, der drauf falsch erwidert. So sag ich denn, mein Gott, daß du der Schöpfer alles Seins bist. Und wenn nun in den beiden Worten Himmel und Erde alle Kreatur begriffen wird, so sag ich kühn: Eh Gott Himmel und Erde geschaffen hat, hat er nichts anderes erschaffen; denn hätt er anderes geschaffen, was könnte es denn andres sein als eben Kreatur? O daß ich alles, was mir zu wissen nützlich ist, so sicher wisse, als ich weiß, daß keine Kreatur war, ehe eine Kreatur war!

Dreizehntes Kapitel

Wenn aber einer flatterhaft und schwärmerischen Sinnes sich von frühvergangnen Zeiten Bilder und Gedanken macht und nun sich wundert, daß du, Gott, der Allmächtige, der alles schuf und alles hütet, der Künstler dieses Himmels und der Erde, ehbevor du dieses große Werk geschaffen, solange und unzählige Jahrhunderte müßig warst, der öffne wohl das Ohr und achte wohl, wie er im Irrtum ist mit seinem Staunen! Wie konnten denn die langen und unzähligen Jahrhunderte vergehen, die du doch nicht geschaffen, der du der Urgrund bist und Schöpfer aller Zeiten? Oder was wären es für Zeiten denn gewesen, die du nicht geschaffen? Oder wie konnten sie vorübergehen, wenn sie nie gewesen? Wenn also du der bist, durch den die Zeiten sind, und wenn, noch eh du Himmel schufst und Erde, eine Zeit gewesen, warum dann sagt man, daß du müßig warst? Denn diese Zeit auch hast du ja geschaffen, und keine Zeiten konnten ja vorübergehen, bevor du Zeiten schufest. Oder aber, wenn vor dem Himmel und der Erde es keine Zeit gegeben, warum dann fragt man, was du damals tatest? Denn wo es keine Zeit gab, gab es auch kein damals.

Auch gingst du in der Zeit den Zeiten nicht voraus, sonst gingst du ja den Zeiten allen nicht voraus. Nun aber gehst du thronend auf der Höhe der immer gegenwärtgen Ewigkeit voraus vor allen den vergangnen Zeiten und herrschest über alle Zukunft, da sie Zukunft ist und da sie kaum gekommen schon vergangen ist: *du aber bist der ewig gleiche und deine Jahre nehmen kein Ende* (Ps. 101,28). Deine Jahre gehen nicht und kommen nicht. Unsre Jahre aber gehen und kommen, daß sie alle kommen. Deine

Jahre aber stehen, wie sie stehen, immer gleich und immer ewig, und gehen nicht, und weil sie nie vorübergehen, werden sie von denen, die da kommen, nie verdrängt. Die unsern aber werden einst gewesen sein, wenn alle nicht mehr sind. *Deine Jahre sind dir wie einzger Tag* (2. Petr. 3,8), und dein Tag ist nicht täglich, sondern ewig heut, denn dein heutger Tag, der weicht nicht vor dem morgenden und läuft nicht nach dem gestrigen. Dein Heute ist die Ewigkeit. So hast du den gezeugt, der gleich mit dir ist ewig, und hast ihm gesagt: *Heut hab ich dich gezeugt* (Ps. 2,7). Alle Zeiten hast du geschaffen und vor allen Zeiten bist du, und nie gab's eine Zeit, da keine Zeit war.

Averroes

(1126–1198)

Im Einklang von Glauben und Wissen

Averroes, oder Ibn Rushd, wie sein arabischer Name lautet, war der letzte und wichtigste Philosoph der mittelalterlichen islamischen Welt.

Averroes wurde berühmt für seine Interpretationen und Kommentare zu den Schriften des Aristoteles, dessen Philosophie für Jahrhunderte nahezu in Vergessenheit geraten war und die von ihm in entscheidender Weise wieder erschlossen wurde. Damit beeinflußte er maßgeblich den Verlauf der Geistesgeschichte des späteren Mittelalters.

Seine Bedeutsamkeit für die abendländische Kulturgeschichte liegt darin begründet, daß er islamisches mit griechischem Denken verbindet.

Er wurde in Cordoba in Spanien geboren und starb in Marrakesch in Marokko. Er lebte zu einer Zeit, als das arabisch-islamische Geistesleben seinen Höhepunkt erreichte.

Seit dem 8. Jahrhundert hatte der arabische Kulturkreis zwei glänzende Zentren geistiger Kultur entwickelt; ein östliches um den Hof des kunstliebenden Kalifen von Bagdad und ein westliches in Spanien, mit Cordoba als größte und blühendste Stadt Europas an der Spitze.

Averroes war die beherrschende philosophische Figur des arabischen Westens. Hundert Jahre vor ihm hatte Avicenna (980–1037), der andere große islamische Philosoph, die gleiche Stellung für den arabischen Osten inne.

Averroes kam aus einer Familie von Rechtsgelehrten. Er selbst war nicht nur Philosoph, sondern auch Physiker, Mathematiker, Mediziner und Meister des islamischen Rechts.

Im Jahr 1160 wurde er islamischer Richter, ein sogenannter *Qadi*, am Gerichtshof von Sevilla. In diesem Jahr übersetzte er auch die aristotelische Schrift *Über die Seele* vom Griechischen ins Arabische. Er stand in hoher Gunst des marokkanischen Kalifen Abu Jacub Jusuf. Dieser beschäftigte ihn einige Jahre lang als Leibarzt an seinem Hof in Marrakesch und gab die Bearbeitung und Ordnung der aristotelischen Werke in Auftrag.

Averroes Karriere fand 1295 ein jähes Ende, als er wegen zu rationalistischer Ansichten von dem orthodox-islamischen Kalifen Jusuf al-Mansur, dem Nachfolger Abu Jacubs, auf eine Anklage hin verbannt wurde. Für zwei Jahre lebte er in Lucena, einer kleinen jüdischen Gemeinde außerhalb Cordobas, durfte aber kurz vor seinem Tod wieder nach Marrakesch zurückkehren. Seine Schriften wurden verboten, seine Bücher verbrannt. Die Wirksamkeit seines Denkens konnte trotzdem nicht unterbunden werden. Die letzten Jahre seines Lebens verbrachte Averroes ausschließlich mit philosophischen Studien.

Eine seiner bekanntesten Schriften heißt *Harmonie der Religion und Philosophie.* Wir stellen Sie in unserer Textsammlung vor.

Sie beschäftigt sich mit dem Verhältnis von islamischer Religion und philosophischer Erkenntnis, von Offenbarung und Wissenschaft. Die Fragen, die Averroes stellte, waren die folgenden:

Wie kann das im Koran dargelegte, unumstößliche Dogma göttlicher Offenbarung mit philosophischen Fragen in Einklang gebracht werden? Erlaubt der Glaube überhaupt die Beschäftigung mit der Wissenschaft oder verbietet er diese?

Diese Fragen sind gerade heute wieder von größter Aktualität und zeigen, wie sehr die arabischen Philosophen des Mittelalters an einem intellektuellen Diskurs interessiert waren, der sich aus dem Glauben heraus dem Denken öffnete.

Averroes Schrift ist im wesentlichen eine Apologie, eine Verteidigungsschrift für die Vereinbarkeit von Religion und Wissenschaft – und für eine wissenschaftliche Auslegung des Korans. Die Prämisse ist allerdings, die Heiligkeit des Korans nicht anzuzweifeln, das heißt die göttliche Offenbarung nicht zu leugnen. Averroes Argument ist einleuchtend: Da die göttliche Offenbarung Wahrheit ist, braucht sie die Wissenschaft auch nicht zu fürchten, ja, sie fordert zur philosophischen Spekulation heraus!

Religion und Philosophie ergänzen sich für Averroes. Beide haben dieselbe Wahrheit zum Gegenstand, sie sind nur verschieden in den Formen ihrer Auffassung. Was in der Philosophie gedanklich reflektiert wird, erscheint in der Religion als bildhafte Repräsentation. Averroes versucht mit seiner Argumentation zu zeigen, daß die Beschäftigung mit der Philosophie für jeden Muslimen legitim ist, weil es um die *eine* Wahrheit geht.

Sein Denken erregte allerdings schon damals Anstoß bei der mohammedanischen Orthodoxie, und zwar aus mehreren Gründen. Obwohl

Averroes die Ehrschätzung des Korans über alles stellte und die Unantastbarkeit der in ihm offenbarten Wahrheit immer wieder betonte, kam er doch zu dem Schluß, daß die bildhafte, sinnliche Form der Religion für die ungebildete Masse sei, die Philosophie aber mit ihrer reinen Vernunftargumentation nur für die wenigen Gebildeten. In den Augen der orthodoxen Islamisten war dies eine arrogante Vorstellung, die scharfe Kritik hervorrief.

Aber nicht nur das. In anderen Schriften leugnet Averroes die Unsterblichkeit der Einzelseele und behauptet, nur ein überpersönlicher Geist würde überleben. Die Einzelseele geht, seiner Meinung nach, in das Universelle ein. In diesem Sinne sind die Seelen Platons und Sokrates' so sterblich wie ihre körperliche Hülle, unsterblich hingegen ist die Philosophie als das große Allgemeine.

Aus dieser pantheistischen Sicht leitet Averroes auch sein ethisches Verständnis ab: Die höhere Sittlichkeit besteht darin, das Gute um seiner selbst willen zu tun, und nicht weil den Menschen Strafe oder Belohnung im Jenseits erwarten. Doch gerade das, was den Einzelnen nach dem Tod im Paradies begegnet, ist von zentraler Bedeutung für den Koran und wird in allen Farben ausgemalt. So ist die Ethik, die Averroes aus der Leugnung der Einzelseele entwickelt, ein weiterer Stein des Anstoßes für die islamische Dogmatik.

Es gab noch einen weiteren wichtigen Punkt, der ihm die Kritik der Orthodoxie einhandelte: Er lehnte die Vorstellung ab, daß Gott die Welt aus dem Nichts erschaffen habe. Diese These ist zentral für den Islam, aber auch für die anderen beiden monotheistischen Religionen Christentum und Judentum. Der Querdenker Averroes entwickelt eine andere Erklärung der Weltentstehung. Diese lehnt sich an das Denken seines verehrten Meisters Aristoteles an und stellt das Schöpfungsgeschehen als einen Entwicklungsprozeß dar.

Für Aristoteles entwickelt sich die Natur aus Materie, die selbst keine Wirklichkeit hat, sondern nur Möglichkeit. Die Wirklichkeit der Materie entsteht erst aus den Formen, die an diese herangebracht werden. Averroes legt diesen Gedanken in bezug auf das Schöpfungsgeschehen folgendermaßen aus:

Die Formen werden nicht von außen an die Materie herangebracht, sondern alle Formen sind schon in ihr enthalten und kristallisieren sich im Vorgang der Entstehung und des Wirklich-Werdens aus ihr heraus. Der Ansicht *creatio ex nihilo* (Schöpfung aus dem Nichts) ist damit widersprochen.

Aufgrund dieser Thesen, die Averroes formulierte, wurde seine Philosophie auf das Schärfste verurteilt und seine Schriften sogar dem Feuer übergeben wurden – ein Schicksal, das er sich mit seinem Vorgänger Avicenna teilen mußte.

Weitere wichtige arabische Philosophen dieser Zeit sind der Universalgelehrte *al-Farabi* (gest. 950), der eine Synthese zwischen platonischer und aristotelischer Philosophie zu entwickeln versuchte, und *Al Gazali* (1059 bis 1111), der gewissermaßen der argumentative Gegenspieler zu Averroes war. Er wollte der Durchsetzung des Aristotelismus und der Intellektualisierung der Religion entgegenwirken und zog sich ganz auf den Glauben zurück, indem er aller Wissenschaft und Philosophie gegenüber eine skeptische Haltung einnahm. Averroes bekämpfte mit Leidenschaft *Al Gazalis* Schriften.

Die Frische des Denkens, die Höhe des Reflexionsniveaus, die Argumentationslust dieser arabischen Philosophen sind einzigartig.

Die Verurteilung der Lehre Averroes und die Verbannung seiner Person konnten nicht verhindern, daß er zu einem der wichtigsten Philosophen und Wissenschaftler des Mittelalters wurde. Sein Versuch, islamische Glaubensgrundsätze mit philosophischen Fragestellungen zu verbinden, ist bis heute von Bedeutung.

Harmonie der Religion und Philosophie

Der Zweck dieser Abhandlung ist der, daß wir in Rücksicht auf die religiöse Spekulation untersuchen, ob die Spekulation über Philosophie und logische Wissenschaften durch das religiöse Gesetz erlaubt oder verboten oder befohlen sei, sei es als etwas freiwillig zu Unternehmendes, sei es als notwendige Pflicht.

So sagen wir denn: Wenn das Werk der Philosophie nichts mehr ist als die Spekulation über die existierenden Dinge und die Reflexion über sie, inwiefern sie auf den Hervorbringer hinweisen (nämlich von dem Gesichtspunkt aus, daß sie hervorgebracht sind, denn die existierenden Dinge weisen auf den Hervorbringer nur durch die Kenntnis ihrer Hervorbringung; und je vollkommener diese Kenntnis ist, um so vollkommener ist die Kenntnis des Hervorbringers), und das religiöse Gesetz selbst zur Betrachtung der existierenden Dinge aufgefordert und dazu ermuntert hat, so ist klar, daß dasjenige, auf was dieser Name hindeutet, entweder vermöge der Religion notwendig ist, oder einen Gegenstand ihrer Einladung bildet.

Daß das religiöse Gesetz die Menschen auffordert, über die existierenden Dinge durch den Verstand zu reflektieren und durch ihn nach der Erkenntnis derselben eifrigst zu streben, geht aus mehr als einer Stelle des gesegneten Korans hervor; z. B. Sur. LIX, 2 *So reflektiert denn, ihr mit Einsicht begabten.* Dies ist ein beweisender Text, daß es notwendig ist, den Verstandesschluß anzuwenden, oder den Verstandesschluß in Verbindung mit dem Religionsschluß. Ferner Sur. VII, 184 *haben sie nicht nachgedacht über die Pracht des Himmels und der Erde und was Gott an Dingen erschaffen hat.* Dies ist ein Text, welcher zum Nachdenken über alle existierenden Dinge ermuntert. Gott hat gelehrt, daß zu den Personen, welche er mit diesem Wissen ausgezeichnet und geadelt hat, Abraham gehörte; so heißt es Sur. VI, 78: *So zeigten wir dem Abraham die Herrlichkeit der Himmel und der Erde etc.* Ferner Sur. LXXXVIII, 17 *betrachten sie nicht die Kamele, wie sie geschaffen wurden und den Himmel, wie er erhoben wurde.* Sur. III, 188 *die welche nachdenken über die Schöpfung der Himmel und der Erde*, und so noch mehrere unzählige Stellen. Wenn fest steht, daß die Religion die Betrachtung der existierenden Dinge durch den Verstand und die Reflexion hierüber für notwendig erklärt hat, und die Reflexion nichts weiter ist als das Herausbringen des Unbekannten und das Entwickeln desselben aus dem Bekannten, und dieses das Geschäft des Syllogismus ist oder durch den Syllogismus geschieht, so ist es notwendig, daß wir die Betrachtung der existierenden Dinge durch den Verstandes-Syllogismus anstellen; und es ist klar, daß diese Art von Spekulation, zu welcher das religiöse Gesetz aufruft und ermuntert, die vollkommenste Art der Spekulation mit der vollkommensten Art des Syllogismus sein muß; und dieser heißt Demonstration (Ἀπόδεξις). Da die Religion zur Erkenntnis Gottes und der existierenden Wesen durch die Demonstration aufgefordert hat, und es eine vorzügliche oder unumgängliche Sache ist für den, welcher Gott und alle existierenden Dinge demonstrativ kennenlernen will, daß er sich zuerst daran mache und die verschiedenen Arten und Bedingungen der Demonstrationen lerne, und wodurch der demonstrative Syllogismus sich von dem dialektischen und rhetorischen Syllogismus und dem Trugschluß unterscheide, und dies nicht möglich ist, ohne daß er zuvor lerne, was der Schluß schlechthin ist, und wie viele Arten er unter sich begreift, welche davon als Schlüsse anzusehen sind und welche nicht, und dies nicht möglich ist, ohne daß er vorher die Teile des Syllogismus nämlich die Prämissen aus denen er hervorgeht und ihre Arten kenne, so möchte es für den Gläubigen gemäß dem religiösen Gesetz, dessen Gebot, über die existierenden Dinge zu spekulieren, befolgt werden muß, notwendig sein, vorher die Dinge kennenzulernen, welche für die Spekulation sich so verhalten wie die Werkzeuge für die Arbeit. Denn wie der Jurist aus dem Befehl Jurisprudenz zu treiben, die juristischen Regeln entwickelt nach ihren verschiedenen Arten, und was davon Syllogismus ist und was nicht, ebenso ist es für den Theologen notwendig aus dem Befehl über die existierenden Dinge zu spekulieren die Notwendigkeit der Kenntnis des Verstandes-Syllogismus und seiner verschiedenen Arten zu entwickeln; ja es ist für diesen noch in höherem Grade der Fall. Denn, da der Jurist aus dem Befehle Gottes (Sur. LIX, 2.) *So reflektiert denn, ihr mit Einsicht begabten!* die Notwendigkeit der Kenntnis des juristischen Syllogismus ableitet, um so mehr muß daraus der, welcher nach der Kenntnis Gottes strebt (der Theologe) die Notwendigkeit der Kenntnis des Verstandes-Syllogismus ableiten. Es möge niemand den Einwurf machen, daß diese Art von Spekulation über den Verstandes-Syllogismus eine Neuerung sei, da sie in der ersten Periode des Islam nicht existierte: denn auch die Spekulation über den juristischen Syllogismus und seine Arten wurde erst nach der ersten Periode des Islams entwickelt, und kein Mensch macht ihr den Vorwurf, daß sie eine Neuerung sei. Dasselbe nun müssen wir von der Spekulation über den Verstandes-Syllogismus annehmen, übrigens gibt es hiefür noch eine andere Ursache, welche auseinanderzusetzen hier nicht der Ort ist. Ja die größte Anzahl der Theologen unserer Religion hält fest an dem Verstandesschluß, mit Ausnahme eines kleinen Teils der beschränkten Orthodoxen, und diese sind durch sichere Texte der Offenbarung zu überführen.

Wenn es nun fest steht, daß infolge des religiösen Gesetzes die Spekulation über den Verstandes-Syllogismus und seine verschiedenen Arten ebenso notwendig ist, wie die über den juristischen Syllogismus, so ist klar, daß, wenn noch niemand vor uns sich an die Untersuchung über den Verstandes-Syllogismus und seine Arten gemacht hat, es unsere Pflicht ist, die Untersuchung hierüber zu beginnen, und daß der Spätere bei dem Früheren hierin Hilfe sucht, damit dadurch die Kenntnis vollkommen werde. Denn es ist schwer wenn nicht unmöglich, daß ein Mensch von sich selbst und von Haus aus von allem, was er hierbei braucht, Einsicht gewinne; wie es schwierig ist, daß ein einziger alles, was die Kenntnis der Arten des juristischen Syllogismus erfordert, entwickle. Ja, es ist dies in noch höherem Grade bei der Kenntnis des Verstandes-Syllogismus der Fall. Und wenn ein anderer als wir hierüber Forschungen angestellt hat, so ist klar, daß es unsere Pflicht ist, für den Gegenstand unseres Studiums Hilfe zu suchen bei dem, was derjenige, welcher uns hierin vorangegangen ist, gesagt hat, gleichviel ob dieser unser Religionsgenosse ist oder nicht. Denn das Instrument, das uns bei dem Schlachten gültig ist, betreffend, ist es gleichgültig, ob es von einem Religionsgenossen herrührt oder nicht, wenn es nur in sich die Bedingungen der Gültigkeit enthält. Ich verstehe unter denjenigen, die nicht unsere Religionsgenossen sind, die Alten, welche vor dem Erscheinen des Islams über diese Dinge spekuliert haben. Wenn dies sich so verhält und über alles, was man bei der Spekulation über die Verstandes-Schlüsse braucht, bei den Alten die vollständigste Untersuchung angestellt worden ist, so möchte es sich gebühren, ihre Bücher nachzuschlagen und nachzusehen, was sie darüber gesagt haben. Wenn alles richtig ist, so werden wir es von ihnen annehmen, und wenn sich bei ihnen etwas Unrichtiges findet, so werden wir darauf aufmerksam machen. Haben wir diese Art von Studium vollendet und dadurch die Instrumente gewonnen, wodurch wir in den Stand gesetzt sind, über die existierenden Dinge und die Hinweisung zu reflektieren, die in ihrer Hervorbringung liegt (denn wer die Hervorbringung nicht kennt, kennt auch nicht das Hervorgebrachte, und wer dieses nicht kennt, kennt den Hervorbringer nicht), so ist es notwendig, daß wir uns an die Untersuchung über die existierenden Wesen machen in der Ordnung und in der Art, welche wir von der Kunst der Kenntnis der demonstrativen Regeln gelernt haben. Auch ist klar, daß dieser Zweck von uns bloß erreicht wird, indem die Untersuchung eine nach der andern abwechselnd vorgenommen wird, und der spätere Forscher seine Hilfe bei dem frühern sucht, wie dies ja auch bei den mathematischen Wissenschaften geschieht. Würden wir z. B. annehmen, daß die Kunst der Geometrie in dieser unserer Zeit nicht vorhanden wäre, und ebenso die Astronomie, und es wollte ein einzelner Mensch von sich aus die Masse und Formen der himmlischen Körper und ihre Entfernungen von einander erfassen, so wäre ihm dies nicht möglich z. B. zu erkennen, was die Größe der Sonne im Verhältnis zur Erde sei, und ähnliches von den Massen der Sterne, selbst wenn er der scharfsinnigste der Menschen von Natur wäre, außer durch eine Offenbarung oder durch etwas, was der Offenbarung nahe kommt. Ja, wenn man ihm sagte, daß die Sonne um etwa hundert und fünfzig oder sechzig Male größer als die Erde sei, so würde er dies für einen Wahnsinn von seiten des

Sprechers ansehen, während dies in der Wissenschaft der Astronomie auf apodiktische Weise so fest steht, daß keiner der Kenner dieser Wissenschaft daran zweifelt. Was aber die Vergleichung mit den mathematischen Wissenschaften in dieser Beziehung noch mehr nötig hat, das ist diese Kunst der Prinzipien der Jurisprudenz und die Jurisprudenz selbst, worüber die Spekulation erst in langer Zeit sich vervollkommnet hat. Und wenn ein Mann heutzutage von sich alle Beweise erfinden wollte, welche die Theoretiker der verschiedenen Rechtsschulen über die kontroversen Fragen, um welche die Disputation zwischen ihnen in dem größten Teil des Gebietes des Islams sich dreht, selbst abgesehen von Afrika und Spanien, entwickelt haben, so wäre er belachenswürdig, da dieses unmöglich ist, wenn er auch alle Muße hätte. Dies ist eine an sich klare Sache, nicht bloß in den theoretischen sondern auch in den praktischen Künsten, von denen keine von einer einzigen Person produziert werden kann. Um so mehr ist dies der Fall bei der Kunst aller Künste, nämlich der Philosophie. Wenn nun dieses sich so verhält, so möchte es für uns notwendig sein, wenn wir bei einem unserer Vorgänger von den früheren Völkern eine Spekulation über die existierenden Dinge und eine Reflexion hierüber, wie es die Bedingungen der Demonstration fordern, finden, daß wir das, was diese Alten gesagt und in ihren Schriften niedergelegt haben, studieren. Ist etwas davon mit der Wahrheit übereinstimmend, so haben wir es anzunehmen, uns darüber zu freuen und ihnen dafür zu danken. Wenn etwas mit der Wahrheit nicht übereinstimmt, so machen wir darauf aufmerksam und warnen davor, halten sie aber für entschuldigt. So ist nun deutlich, daß das Studium der Bücher der Alten von seiten des religiösen Gesetzes notwendig ist, da ihre Absicht in ihren Büchern und ihr Zweck gerade der Zweck ist, zu welchem das religiöse Gesetz ermuntert. Und wenn jemand einen, der würdig dieses Studiums ist, davon abhält, nämlich einen, der zwei Dinge in sich vereinigt, erstens natürlichen Scharfsinn, und zweitens religiöse Unbescholtenheit und moralische Trefflichkeit, so schließt er die Leute von der Pforte aus, von der aus die Religion die Menschen zur Kenntnis Gottes beruft nämlich von der Pforte des Studiums, welche zur eigentlichen Erkenntnis desselben führt. Und dies ist der höchste Grad von Torheit und Entfremdung von Gott. Der Umstand, daß jemand in der Spekulation irrt oder strauchelt, sei es wegen Unzulänglichkeit seiner natürlichen Anlagen, oder von seiten einer schlechten Anordnung seines Studiums oder weil seine Leidenschaften übermächtig sind, oder weil er keinen Lehrer findet, der ihn zum Verständnis dieser Dinge leitet, oder weil diese Ursachen oder mehrere in ihm sich vereinigen, darf keinen, der des Studiums dieser Bücher würdig ist, verhindern, sie zu studieren, denn diese Art von Schaden, der sich diesen Bestrebungen anheftet, trifft sie bloß zufällig (per accidens) nicht wesentlich. Und etwas, was seiner Natur und Wesenheit nach nützlich ist, darf nicht wegen eines Schadens, der ihm per accidens anhaftet, aufgegeben werden. Deswegen hat der Prophet, über dem Heil sei, als er jemanden empfahl seinem Bruder wegen Diarrhoe Honig zu trinken zu geben, und diese nach dem Tranke sich verschlimmerte, worauf jener sich beklagte, gesagt: *Gott hat die Wahrheit gesagt, aber der Bauch deines Bruders hat gelogen.* Ja, wir sagen, ein Mann, der das Studium der Bücher über Philosophie einem Würdigen verbietet, weil man von gewissen gemeinen Individuen glaubt, daß sie infolge des Studiums dieser Bücher in Irrtum gefallen sind, ist wie einer, der dem Durstigen verbietet, frisches süßes Wasser zu trinken, so daß er stirbt, weil einige am Wasser erstickt sind und so den Tod gefunden haben; denn der Tod durch Ersticken am Wasser ist etwas Zufälliges, der Tod infolge des Durstes aber wesentlich und naturnotwendig. Was bei dieser Kunst der Philosophie zufällig vorkommen kann, tritt auch bei allen andern Künsten ein. Wie viele Juristen gibt es nicht, für welche ihre Jurisprudenz Veranlassung war, sich im Leben der Enthaltsamkeit zu entschlagen und in die weltlichen Genüsse sich zu stürzen; ja wir finden, daß die meisten Juristen sich solches zuschulden kommen lassen; während ihre Kunst ihrem Wesen nach praktische Tugend erfordert. Auf diese Weise darf es nicht auffallen, daß in der Kunst, welche theoretische Tüchtigkeit erfordert, dasselbe vorfällt wie bei der Kunst, welche praktische Tüchtigkeit erfordert.

Da dies alles bestimmt ist und wir Muslimen überzeugt sind, daß dieses unser göttliches Gesetz Wahrheit ist und daß es aufmerksam macht und auffordert zu dieser Glückseligkeit, welche durch die Erkenntnis Gottes und seiner Geschöpfe hervorgebracht wird, so steht dieses für jeden Muslim infolge der Methode des Glaubens fest, welche seine angeborene und natürliche Anlage erfordert – nämlich die Naturen der Menschen sind abgestuft in bezug auf den Glauben; der eine glaubt vermöge der Demonstration, der andere infolge von dialektischen Sätzen, gerade aber so wie der Mann, der sich durch Demonstration leiten läßt, denn in seiner Natur liegt nicht mehr als jene; wieder ein anderer infolge von rhetorischen Ausführungen, und sein Glaube ist, wie der des Mannes der Demonstration, durch demonstrative Ausführungen. Nämlich da dieses unser göttliches Gesetz, sagen wir, die Menschen von seiten dieser drei Methoden aufgefordert hat, so ist der Glauben daran allgemein für jeden Menschen, außer für den, der sie aus Opposition mit seiner Zunge leugnet oder bei dem die Methoden, wodurch es zu Gott beruft, nicht feststehen, weil er dies für seine Person vernachlässigt. Deswegen wird vom Propheten Mohammed speziell gesagt, er sei zu den Roten und Schwarzen geschickt worden, nämlich weil sein Gesetz die verschiedenen Methoden der Berufung zu Gott enthält. Dies ist ausdrücklich gesagt in den Stellen des Korans Sur XVI, 126: *Rufe zu dem Weg deines Herren durch die Weisheit und durch die schöne Ermahnung und streite mit ihnen durch das, was das Schönste ist.*

Da diese religiösen Gesetze Wahrheit sind und zu der Spekulation auffordern, welche zur Erkenntnis der Wahrheit führt, so wissen wir Muslimen positiv, daß die demonstrative Spekulation nicht zu einem Widerspruch zu dem im Gesetz Enthaltenen führt, denn die Wahrheit kann der Wahrheit nicht widersprechen; im Gegenteil, sie stimmt mit ihr überein und legt Zeugnis von ihr ab. Da dieses sich so verhält, und wenn die demonstrative Spekulation zu irgendeiner Art von Kenntnis von irgendeinem existierenden Ding führt, so kann bloß folgende Alternative eintreten: von diesem Ding schweigt das Gesetz oder es gibt davon Kunde. Schweigt es darüber, so ist hier kein Widerspruch; und es verhält sich damit wie mit gesetzlichen Bestimmungen, über welche in den Religionsquellen kein Ausspruch sich findet, und welche der Jurist vermöge des Syllogismus entwickelt. Wenn aber die Religionsquelle davon spricht, so wird der äußerliche Wortlaut mit dem, wozu die Demonstration in diesem Betreff führt, übereinstimmen oder nicht. Stimmt er überein, so ist weiter nichts zu sagen. Ist er im Widerspruch, so wird eine Interpretation gesucht. Die Bedeutung der Interpretation aber ist, den Sinn des Wortes aus seinem eigentlichen Sinne in einen figürlichen Sinn herauszuführen, ohne daß dadurch der arabische Sprachgebrauch beeinträchtigt wird, indem man figürlich eine Sache nach ihrem Simile oder nach ihrer Ursache oder nach einem Accessorium derselben, oder nach etwas, das. mit ihr verbunden oder auf irgendeine der Weisen benennt, welche in der Lehre der figürlichen Rede hergebracht sind. Wenn dies der Jurist bei einer großen Anzahl der gesetzlichen Bestimmungen tut, um wie viel mehr darf dieses der Meister des Wissens von der Demonstration tun? denn der Jurist hat bloß einen Syllogismus, der auf Meinung gebaut ist, der Theologe aber einen, der auf Evidenz beruht. Wir sprechen positiv aus, daß bei allem, wozu die Demonstration führt, und dem der äußerliche Wortlaut der Religion entgegen gesetzt ist, der äußere Wortlaut der Interpretation nach dem Gesetze der arabischen Interpretation fähig ist. Dies ist eine Sache, an der kein Muslim zweifelt und kein Gläubiger Bedenken trägt; und wie sehr erhöht sich die Evidenz davon, bei dem, welcher diesen Gedanken handhabt und erprobt, und nach dem Zweck, das Intelligible mit dem Traditionellen zu vereinigen, strebt! Ja wir dürfen sagen, daß nichts, was in dem religiösen Gesetz ausgesprochen ist, nach seinem äußeren Wortlaut dem widerspricht, wozu die Demonstration führt, ohne daß man, wenn man das religiöse Gesetz genau betrachtet, und alle seine Teile durchforscht, in seinen Worten etwas findet, was nach seinem äußeren Wortlaut Zeugnis für diese Interpretation ablegt, oder nahe daran ist es zu tun. Wegen dieses Gedankens sind die Muslimen übereingekommen, daß es nicht notwendig ist alle Ausdrücke des Gesetzes nach ihrem äußeren Wortlaut zu nehmen, aber auch nicht alle durch Interpretation ihres Wortlautes zu entkleiden; man ist jedoch uneinig, was davon der Interpretation unterliegt, und was nicht. So interpretieren zum Beispiel die Ascharier den Vers Sur. II, 27, wo es heißt, daß *Gott sich gegen Himmel gerichtet habe* und die Tradition, daß *Gott zum niederen Himmel sich herunter läßt;* während die Hanbaliten dies nach dem Wortlaut nehmen. Die Ursache davon, daß Innerliches (zu Interpretierendes) und Äußerliches (wörtlich zu Verstehendes) in den Religionsbüchern vorkommt, liegt in der Verschiedenheit der menschlichen Anlagen und in dem Unterschiede ihrer geistigen Temperamente in Beziehung auf den Glauben, und die Ursache davon, daß darin verschiedene entgegengesetzte wörtliche Äußerungen sich finden, ist, um die in der Wissenschaft feststehenden aufmerksam zu machen, zwischen ihnen durch Interpretation zu vermitteln.

Hierauf geht die Andeutung Sur. III, 5. *Er ist es, der zu dir das Buch herab gesendet hat, welches sichere Verse enthält bis zu den Worten: und die feststehenden in der Wissenschaft.*

Wenn nun jemand sagt: Es gibt im religiösen Gesetze Dinge, worüber die Muslimen übereingekommen sind, sie nach dem Wortlaut zu nehmen, und andere nach ihrer Interpretation, und wieder andere, über die man verschiedener Meinung ist; ist es nun erlaubt, daß die Demonstration dazu führe, etwas zu interpretieren, worüber man übereingekommen ist, es wörtlich zu nehmen, oder dazu, etwas nach dem äußern Wortlaut stehen zu lassen, worüber man übereingekommen ist, es zu interpretieren? so antworten wir: Wenn die Übereinstimmung auf evidente Weise fest steht, so ist es ungültig. Beruht die Übereinstimmung auf bloßer Meinung, so ist es gültig. Deswegen sagen Abu Hamid und Abul Ma'ali und andere von den

Meistern der Spekulation, daß man nicht positiv des Unglaubens einen Mann beschuldigen darf, der die Übereinstimmung in Beziehung auf Interpretation in ähnlichen Dingen durchbricht. Daß die Übereinstimmung in spekulativen Dingen nicht auf evidentem Wege fest stehe, wie es bei praktischen Dingen möglich ist, mag für dich schon daraus erhellen, daß es unmöglich ist, daß eine Übereinstimmung über irgendeine Frage in irgendeiner Zeit fest stehe, außer wenn diese Zeit für uns genau beschränkt ist und alle Gelehrten, die in dieser Zeit lebten, bei uns bekannt sind, nämlich daß ihre Personen und die Summe ihrer Zahl bekannt sind, und daß wir in der gegebenen Frage über das System jedes Einzelnen durch eine ununterbrochene Reihe von gültigen Gewährsmännern traditionelle Nachricht haben. Bei allem diesen kann es für uns wahr sein, daß die Gelehrten dieses Zeitalters darin übereinstimmen, daß im Gesetz es nichts Äußerliches und nichts Innerliches gebe, daß die Wissenschaft jeder Frage niemand verheimlicht werden darf, und daß für alle Menschen eine und dieselbe Methode in bezug auf Religion gelte. Nun aber, da, wie wir durch Tradition wissen, eine große Anzahl der Kirchenväter (Personen der ersten Zeit des Islams) die Ansicht hatten, daß die Religion etwas Innerliches und Äußerliches habe, und daß das Innerliche diejenigen nicht wissen, die der Wissenschaft derselben unwürdig und des Verständnisses derselben unfähig sind (wie zum Beispiel Bokhari von Ali erzählt, daß er gesagt habe: *Sprechet den Leuten von dem, was sie kennen: wollt ihr, daß Gott und der Prophet der Lüge geziehen werden,* und was ferner in diesem Sinne nach der Autorität von einer Anzahl Kirchenväter berichtet wird), wie ist es möglich, daß man sich eine uns durch Tradition vermittelte Übereinstimmung über eine der spekulativen Fragen vorstelle, da wir positiv wissen, daß keine Periode von Gelehrten frei war, die die Ansicht hatten, daß es in der Religion Dinge gebe, über deren eigentlichen Sinn man nicht alle Menschen unterrichten dürfe, im Gegensatz zu dem, was für die praktischen Dinge Geltung hat, in bezug auf welche alle Menschen behaupten, daß sie allen Menschen gleichheitlich mitgeteilt werden müssen, und daß für die Entstehung der Übereinstimmung es genüge, wenn die Frage Verbreitung erlangt, und wir darüber von keiner Kontroverse durch Tradition wissen; denn dieses ist vorgeschrieben für Bildung der Übereinstimmung in praktischen Dingen, während es sich für theoretische Fragen verschieden verhält.

Wenn du sagst: da man wegen des Bruches der Übereinstimmung in der Interpretation niemand des Unglaubens bezichtigen darf, weil eine

Übereinstimmung überhaupt nicht existiert, was sagst du von den muslimischen Philosophen, wie Abu Naçr und Avicenna? denn Abu Hamid hat sie positiv des Unglaubens in seinem Buch Tahafut wegen dreier Fragen beschuldigt, nämlich wegen der Behauptung der Ewigkeit der Welt, zweitens daß Gott die Particularia nicht wisse (hoch erhaben ist er über diese Annahme) und drittens bezüglich der Interpretation der Stellen, welche über die Auferstehung der Leiber und die Eschatologie handeln, so antworten wir: Aus seinen Worten geht offenbar hervor, daß die Bezichtigung des Unglaubens gegen diese beiden Philosophen nicht positiv war, da er in dem Buch Tafriqa ausdrücklich ausspricht, daß die Anklage wegen Unglauben durch Bruch der Übereinstimmung nur eine Möglichkeit sei. Auch ist dir aus unserer Rede klar geworden, daß in solchen Fragen keine Übereinstimmung feststehen kann, weil wir durch die Tradition wissen, daß viele Kirchenväter, von andern zu schweigen, in diesen Punkten Interpretationen annehmen, die man bloß denen mitteilen darf, die derselben würdig sind, und dies sind die Feststehenden in der Wissenschaft: wir ziehen vor, auf diesen Ausdruck Nachdruck zu legen; denn wenn die Leute der Wissenschaft die Interpretation nicht wissen, so haben sie keinen Vorzug des Fürwahrhaltens, der bei ihnen das hervorbringt, was bei denjenigen, welche nicht Leute der Wissenschaft sind, nicht gefunden wird. Gott hat sie qualifiziert mit dem Prädikat: die an ihn Glaubenden; und dies bezieht sich bloß auf den Glauben, der von seiten der Demonstration stattfindet: und dieser ist nur mit der Wissenschaft der Interpretation verbunden. Denn diejenigen Gläubigen, welche nicht Leute der Wissenschaft sind, haben einen Glauben nicht von seiten der Demonstration. Wenn nun der Glauben, welchen Gott den Gelehrten in ausgezeichneter Weise beilegt, ihnen speziell gehört, so muß er durch die Demonstration stattfinden; und wenn dieses, so kann er nur in Verbindung mit der Wissenschaft der Interpretation stehen, denn Gott hat erklärt, daß für jene Stellen des Korans eine Interpretation vorhanden ist, welche die Wahrheit ist: die Demonstration geht aber nur auf die Wahrheit. Wenn dieses sich so verhält, so ist es nicht möglich, daß für die Interpretationen, mit welchen Gott die Gelehrten ausgezeichnet hat, eine notorische Übereinstimmung fest stehe. Dies ist selbstverständlich für jeden, der billig ist. Zu alledem kommt noch, daß wir sehen, daß Abu Hamid sich eines Irrtums gegen die Peripatetiker schuldig gemacht hat, indem er ihnen die Meinung zuschreibt, daß Gott durchaus kein Wissen von den partikulären Dingen habe. Aber dies ist unrichtig; ihre Meinung ist bloß die, daß Gott sie weiß vermöge eines Wissens, das unserem Wissen von ihnen nicht homogen ist. Nämlich unser Wissen ist abhängig oder verursacht durch das Objekt des Wissens, es ist entstanden durch sein Entstehen, und verändert sich durch seine Veränderung, während das Wissen Gottes von der Existenz im Gegensatz hierzu ist; denn es ist die Ursache des Gewußten, welches das Existierende ist. Wenn jemand die beiden Wissen mit einander gleich setzt, so identifiziert er Wesen und Eigenschaften von ganz entgegengesetzten Gegenständen: und das ist der Gipfel der Torheit. Wenn das Wort Wissen für das entstandene und ewige Wissen gebraucht wird, so ist dies eine reine Homonymie, wie viele Nomina von ganz entgegengesetzten Dingen gebraucht werden, zum Beispiel *djalal* für großes und kleines (wichtiges und unbedeutendes Geschäft) oder Çarim für Licht und Finsternis. Deswegen gibt es keine Definition, welche diese beiden Wissen umfaßt, wie sich einige Scholastiker unserer Zeit einbilden. Übrigens haben wir über dieses Thema einen eigenen Aufsatz geschrieben, zu dessen Abfassung uns einer unserer Freunde bewogen hat. Wie kann man auch von den Peripatetikern sich einbilden, daß sie behaupten sollen, Gott wisse nicht durch das ewige Wissen die partikulären Dinge, da sie den Satz aufstellen, daß die wahre Vision Vorahnungen von partikulären Vorfällen in der Zukunft enthalte, und daß dieses voraussagende Wissen dem Menschen im Schlafe von seiten des uranfänglichen, alles anordnenden und beherrschenden Wissens komme. Sie behaupten nicht nur von den partikulären Dingen, daß sie Gott nicht auf dieselbe Art wisse, wie wir, sondern auch von den universellen; denn die von uns gewußten Universalien sind ebenfalls von der Natur des Existierenden verursacht, während es bei jenem (dem göttlichen) Wissen sich umgekehrt verhält. Deswegen geht das, wozu die Demonstration führt, dahin, daß jenes Wissen fern davon ist, sowohl als universelles, als auch als partikuläres qualifiziert zu werden. Und so hat der Streit über diese Frage gar keinen Sinn, nämlich ob man jene Philosophen des Unglaubens anklagen soll oder nicht.

Was die Frage über die Ewigkeit oder das Entstandensein der Welt betrifft, so geht meiner Meinung nach die Differenz zwischen den Ascharischen Scholastikern und den früheren Philosophen beinahe bloß auf den Streit über die Namengebung hinaus, besonders bei einigen Alten. Nämlich sie stimmen darin überein, daß drei Arten von Existenzen vorhanden sind, zwei Extreme und ein Mittleres zwischen beiden Extremen. Sie stimmen nun über die Benennung der Extreme überein, sind aber verschiedener Meinung über das Mittlere. Was das eine Extrem betrifft, so ist es ein Existenz, das aus einem andern Dinge besteht und von einem andern Dinge herkommt, nämlich von einer wirkenden Ursache und aus einer Materie, während die Zeit ihm, nämlich seiner Existenz, vorausgeht. Dies ist der Fall der Körper, deren Entstehung durch den Sinn wahrgenommen wird, wie die Entstehung des Wassers, der Luft, der Erde, des Tieres, der Pflanze und so fort. Alle, sowohl die Alten als die Ascharier stimmen überein, diese Klasse von Wesen als entstanden zu bezeichnen. Was das diesem entgegengesetzte Extrem betrifft, so ist es ein Existenz, das nicht aus Etwas besteht, und nicht von Etwas herkommt, und dem keine Zeit vorausgeht. Auch hierbei stimmen beide Parteien überein, dieses Wesen ewig zu nennen. Dieses Wesen wird durch die Demonstration wahrgenommen: es ist Gott, der alles bewirkt und in die Existenz setzt und erhält.

Was das mittlere Wesen zwischen diesen Extremen betrifft, so ist es ein Existenz, das nicht aus Etwas kommt und dem keine Zeit vorangeht, aber es ist ein Wesen, das von einem Etwas herrührt, nämlich von einem Agens. Das ist die Welt in ihrer Totalität. Alle stimmen darin überein, daß diese drei Eigenschaften der Welt zukommen. Denn die Scholastiker geben zu, daß keine Zeit ihr vorausgeht, oder es folgt dies wenigstens mit Konsequenz aus ihrem System. Denn nach ihrer Ansicht ist die Zeit etwas mit den Bewegungen und den Körpern Verbundenes. Sie stimmen auch mit den Alten überein, daß die künftige Zeit unendlich ist und ebenso die zukünftige Existenz. Nur sind sie verschiedener Meinung über die vergangene Zeit und die vergangene Existenz. Die Scholastiker behaupten, daß sie endlich sei, und dieses ist auch die Lehre Platons und seiner Schule, während Aristoteles und seine Anhänger behaupten, daß sie unendlich sei, wie es mit der Zukunft der Fall ist. In Betreff dieser letzteren Existenz ist es klar, daß sie teils mit der eigentlichen entstandenen Existenz und teils mit der eigentlichen ewigen Existenz Ähnlichkeit hat. Bei wem nun die Ähnlichkeit mit dem Ewigen über die Ähnlichkeit mit dem Entstandenen überwiegt, der nennt sie ewig, und derjenige, bei welchem ihre Ähnlichkeit mit dem Hervorgebrachten über die Ähnlichkeit mit dem Ewigen überwiegt, nennt sie hervorgebracht; während sie in Wahrheit weder eigentlich entstanden noch eigentlich ewig ist. Denn das eigentlich Entstandene ist notwendigerweise dem Verderben unterworfen fda?tó?. Das eigentliche Ewige a parte ante hat keine Krankheit. Einige nennen sie von Ewigkeit hervorgebracht, wie Plato und seine Anhänger, weil bei ihnen die Zeit in der Vergangenheit endlich ist. Die verschiedenen Systeme über die Welt sind nicht so absolut von einander entfernt, daß man einige davon für Unglauben erklären könnte oder nicht. Denn Ansichten, bei welchen dieses der Fall ist, müßten im höchsten Grad sich von einander entfernen, nämlich diametral entgegengesetzt sein, wie es die Meinung der Scholastiker bei dieser Frage ist, nämlich daß die Ausdrücke Ewigkeit und Entstandensein in bezug auf die Welt in ihrer Totalität reine Gegensätze sind. Du hast aber aus unserer Auseinandersetzung ersehen, daß die Sache sich nicht so verhält. Zu diesem allen kommt noch, daß diese Ansichten über die Welt dem äußeren Wortlaut des Religionsgesetzes nicht entsprechen: denn, wenn dieses genau erforscht wird, so geht aus den bezüglichen Versen, welche die Nachrichten über die Hervorbringung der Welt enthalten, hervor, daß ihre Form in der Tat zwar hervorgebracht ist, daß aber die Existenz selbst und die Zeit an, beiden Enden bleibt, d. h. nicht aufhört. Nämlich die Stelle Sur. XI, V. 9: *Er ist es, der die Himmel und die Erde geschaffen hat in sechs Tagen, und sein Thron war auf dem Wasser*, bedingt durch den Wortlaut, daß es eine Existenz gab vor dieser Existenz, das ist der Thron und das Wasser, und eine Zeit vor dieser Zeit, welche nämlich mit der Form dieser Existenz, welche in der Zahl der Bewegung der Himmelsphäre besteht, verbunden ist. Ebenso fordert die Stelle Sur. XIV, 49: *am Tage, wo die Erde in eine Nichterde verwandelt wird und die Himmel*, daß eine zweite Existenz nach dieser Existenz kommen wird. Die Stelle Sur. XLI 10: *dann richtete er sich gegen den Himmel, und er war Rauch*, fordert durch seinen Wortlaut, daß die Himmel aus Etwas geschaffen wurden. Die Scholastiker folgen in ihren Behauptungen über die Welt nicht dem Wortlaut des Gesetzes, sondern interpretieren; denn es findet sich dort nicht, daß Gott mit dem reinen Nichts existierte, und man wird über diese Ansicht nie eine beweisende Stelle anführen können. Und wie soll man sich bei der Interpretation dieser Verse bei den Scholastikern vorstellen, daß sich eine allgemeine Übereinstimmung hierüber bildete? Unsere Meinung über die Existenz der Welt nach Stellen des Korans wird auch von einer Partei von Philosophen geteilt. Es scheint, daß diejenigen, die in diesen, schwierigen Fragen verschiedener Meinung sind, entweder das Richtige treffen und somit Gotteslohn verdienen, oder irren und dann entschuldbar sind. Denn das Fürwahrhalten einer Sache vermöge eines Beweises, der in der Seele ruht, ist etwas notwendiges, nicht freiwilliges, nämlich, es steht uns nicht frei, nicht für wahr zu halten oder für wahr zu halten, wie es uns frei steht aufzustehen oder nicht aufzustehen. Und da der freie Wille Bedingung der Verantwortlichkeit ist, so ist der, welcher den Irrtum, wegen eines ihm aufstoßenden Bedenkens, für wahr hält, entschuldbar, wenn er ein Mann der Wissenschaft ist. Deswegen hat der Prophet gesagt: Wenn der Richter sich in seinem Urteil alle Mühe gibt und das Richtige trifft, so bat er einen doppelten Lohn; wenn er irrt, einen einfachen. Und welcher Urteiler ist bedeutender als derjenige, welcher über die Existenz urteilt, ob sie so oder nicht so ist. Diese Urteiler sind die Gelehrten, welche Gott mit der Interpretation ausgezeichnet hat, und der verzeihungswürdige Irrtum in dem Religionsgesetz ist der Irrtum, der den Gelehrten begegnet, wenn sie über die schwierigen Dinge spekulieren, über welche zu spekulieren sie von dem Religionsgesetz beauftragt sind. Der Irrtum aber, der einer andern Klasse von Leuten begegnet, ist reine Sünde, gleichviel ob der Irrtum in spekulativen oder in praktischen Dingen vorfällt. Wie der Richter, der die Religionsvorschrift nicht kennt, wenn er in seinem Urteil irrt, nicht entschuldbar zu sein scheint, ebenso findet der Urteiler über die existierenden Dinge, wenn in ihm die Bedingungen des Urteils nicht vorhanden sind, keine Entschuldigung, sondern er ist entweder Sünder oder Ungläubiger. Da bei dem, welcher über Erlaubtes und Verbotenes zu urteilen hat, als Vorbedingung gestellt wird, daß in ihm die Mittel eines strengen Studiums sich vereinigen, nämlich die Kenntnis der Prinzipien und der Methode aus diesen Prinzipien durch den Syllogismus die Kegeln zu entwickeln, um wie viel mehr muß eine solche Vorbedingung bei demjenigen gefordert werden, der sich zur Aufgabe stellt, über die existierenden Wesen zu urteilen, nämlich daß er die intellektuellen Prinzipien und die Weise aus ihnen zu entwickeln kenne. Überhaupt ist der Irrtum in bezug auf das religiöse Gesetz zweifach: er ist entweder ein Irrtum, wegen dessen eine Entschuldigung für denjenigen stattfindet, welcher würdig ist, über das zu spekulieren, worin der Irrtum vorfällt, wie man einen geschickten Arzt entschuldigt, wenn er in Ausübung der Arzneikunde irrt; ebenso der geschickte Richter, wenn er in einer Entscheidung irrt, während derjenige, dessen Amt es nicht ist, keine Entschuldigung findet; oder es ist ein Irrtum, wegen dessen kein Mensch entschuldigt wird, und welcher, wenn er in den Grundlagen der Religion vorfällt, als Unglauben, und wenn er in den abgeleiteten Glaubenssätzen vorfällt, als Neuerung angesehen wird.

Dieses ist der Irrtum, welcher in den Dingen stattfindet, zu deren Erkenntnis alle Arten der Methoden der Beweisführungen leiten, so daß die Kenntnis davon in diesem Gesichtspunkt für alle Menschen möglich ist; dazu gehört z. B. die Anerkennung Gottes, der Prophetenschaften, Seligkeit und Unseligkeit des zukünftigen Lebens. Nämlich zu diesen drei Prinzipien leiten die drei Klassen von Beweisführungen, von deren Seite keiner der Menschen sich entschlagen kann zum Fürwahrhalten dessen zu gelangen, zu dessen Kenntnis er verpflichtet ist; ich meine nämlich die rhetorische, dialektische und demonstrative Beweisführung. Wer ähnliche Dinge, wenn sie zu den Prinzipien der Religion gehören, leugnet, ist ein Ungläubiger, der mit seiner Zunge, nicht mit dem Herzen der Wahrheit widerstrebt, oder weil er zu nachlässig ist, sich mit der Kenntnis ihrer Beweisführung abzugeben. Ist er ein Mann der Demonstration, so steht ihm der Weg, zum Fürwahrhalten zu gelangen, durch Demonstration offen; ist er ein Mann der Dialektik, so durch Dialektik; gehört er zu den Leuten, die sich durch Ermahnungen überzeugen lassen, so durch Ermahnung. Deswegen sagt der Prophet: *Ich habe den Auftrag erhalten, die Menschen zu bekämpfen, bis sie sagen: Es ist keine Gottheit außer Allah, und an mich glauben*; er will sagen: durch welchen Weg immer es sich trifft von den drei Wegen des Glaubens. Was die Dinge betrifft, welche wegen ihrer Dunkelheit bloß durch die Demonstration gewußt werden, so hat Gott den Menschen, für die der Weg zur Demonstration verschlossen ist (sei es von seiten ihrer natürlichen Anlagen, oder von seiten ihrer Gewohnheiten, oder weil ihnen die Mittel, sich zu unterrichten, fehlen), gnädige Nachsicht erwiesen, daß er für sie Bilder und Gleichnisse ausprägt, und sie zum Fürwahrhalten vermittelst dieser Gleichnisse beruft, da bei diesen Gleichnissen ein Fürwahrhalten durch die allen gemeinschaftlichen Beweisführungen eintreten kann, nämlich die dialektischen und rhetorischen. Dies ist der Grund, warum das religiöse Gesetz in Äußeres und Inneres zerfällt. Das Äußere besteht in jenen Gleichnissen, die zum Ausdrucke jener Ideen ausgeprägt wurden, das Innere sind jene Ideen, welche nur den Leuten der Demonstration enthüllt werden. Dies sind die vier oder fünf Klassen von Dingen, von denen Abu Hamid in seinem Buche Tafriqa spricht. Wenn es sich trifft, wie wir gesagt haben, daß wir die Sache an sich selbst durch die drei Methoden kennen, so brauchen wir dafür kein Gleichnis auszuprägen, und es darf auf ihren äußeren Wortlaut keine Interpretation sich heranwagen. Gehört dieses Äußerliche zu den Prinzipien, so ist der, welcher eine Interpretation versucht, ein Ungläubiger, wie zum Beispiel der, welcher glaubt, daß es keine Seligkeit und Unseligkeit des Jenseits gebe, und daß bei dieser Lehre nur die Absicht obwaltete, die Menschen abzuhalten, sich einander in ihren Körpern und Sinnen zu schädigen, daß sie nur ein Kunstgriff sei und daß es für den Menschen keinen andern Zweck als seine sinnliche Existenz gebe.

Wenn dieses feststeht, so erhellt aus unserer Rede, daß es ein Äußeres in der Religion gibt, das nicht interpretiert werden darf: denn die Interpretation desselben in prinzipiellen Dingen ist Unglauben und in davon abgeleiteten eine Neuerung. Doch gibt es auf der anderen Seite ein Äußeres, das von Leuten der Demonstration interpretiert werden muß. Nehmen diese es nach dem Wortlaut, so sind sie des Unglaubens schuldig, während der Unglauben oder wenigstens Neuerung denjenigen imputiert werden muß, die, ohne Leute der Demonstration zu sein, es interpretieren und es aus dem Wortlaut herausziehen. Hierzu gehört der Vers des Korans, wo von Gott gesagt wird, daß er sich zum Himmel richtete, und die Tradition vom Heruntersteigen Gottes zum unteren Himmel. Deswegen sagte der Prophet in bezug auf die schwarze Sklavin, als sie ihm antwortete, daß Gott im Himmel sei: *Laß' sie frei, denn sie ist gläubig, da sie nicht zu den Leuten der Demonstration gehörte.* Die Ursache hiervon ist, daß für die Klasse von Leuten, welchen das Fürwahrhalten nur von seiten der Einbildung kommt, das heißt, welche eine Sache bloß für wahr halten von seiten dessen, was sie sich einbilden können, es schwer fällt, eine Sache für wahr zu halten, welche keinen Bezug auf das hat, was nicht in ihre Einbildung fällt. Dies tritt auch bei denen ein, die von dieser Beziehung bloß den Raum verstehen. Diese haben der Stufe der ersten Klasse etwas Weniges in der Spekulation beigefügt, nämlich die Annahme der Körperlichkeit. Deswegen muß man diesen in bezug auf solche Dinge antworten, daß sie zu den dunkeln gehören, und man den Hauptnachdruck auf die Worte des Korans legen muß: *»Die Interpretation davon ist bloß von Gott und den Männern der Demonstration gewußt«.* Obwohl man über diese Art übereingekommen ist, sie als interpretationsbedürftig anzusehen, so ist man doch verschiedener Meinung über die Interpretation, und zwar je nach dem Grade, den jeder in der Kenntnis der Interpretation einnimmt. Es gibt noch eine dritte Klasse von Gesetzesstellen, welche unentschieden zwischen den beiden Klassen steht und worüber Zweifel obwalten. Einige, die sich mit Spekulation abgeben, reihen sie dem äußern Wortlaut an, der nicht interpretiert werden darf, andere dem innern Sinn, den die Gelehrten nicht nach dem Wortlaut nehmen dürfen. Dies geschieht wegen der Schwierigkeit und Dunkelheit dieser Stellen, und wer hierin irrt, ist zu entschuldigen, nämlich wenn er zu den Gelehrten gehört.

Wenn man nun sagt: da es klar ist, daß das religiöse Gesetz drei Stufen enthält, zu welcher Stufe zählt ihr, was über die Beschreibung und die Zustände der Eschatologie vorkommt? so antworten wir: Bei dieser Frage ist es klar, daß sie zu der Klasse gehört, worüber Verschiedenheit der Meinungen obwaltet. Nämlich wir sehen, daß Leute, welche sich Demonstrationsfähigkeit zuschreiben, behaupten, daß dies nach dem Wortlaut genommen werden muß, da hier keine Demonstration vorhanden ist, die dazu führt, das Äußere für unmöglich anzusehen. Dies ist die Methode der Ascharier. Andere auf der andern Seite, die sich ebenfalls mit Demonstration abgeben, behaupten, daß es interpretiert werden muß. Sie sind aber in Betreff der Erklärung außerordentlich verschiedener Meinung. Dazu muß Abu Hamid gezählt werden, sowie viele Sufis; einige vereinigen zwei Interpretationen, wie dies Abu Hamid in einigen seiner Schriften tut. Und es scheint, daß ein Gelehrter, der hierin irrt, entschuldbar ist, wenn er aber das Richtige trifft, Dank oder Gotteslohn verdient; nämlich wenn er die Existenz der Eschatologie anerkennt, und nur in bezug auf Qualität derselben sich irgendeine Interpretation erlaubt, nicht in bezug auf die Existenz; da die Interpretation nicht zur Leugnung der Existenz führt. Eine solche wäre Unglauben, da sie ein Prinzip der Religion trifft, und zu dem gehört, worüber das Fürwahrhalten nach den drei Methoden, die allen schwarzen und roten Menschen gemeinschaftlich sind, eintritt. Wer aber nicht zu den Leuten der Wissenschaft gehört, der muß es nach dem äußeren Wortlaut nehmen: eine Interpretation wäre Unglauben von seiner Seite, weil sie zum Unglauben führt. Daher unsere Ansicht, daß für den Menschen, dessen Pflicht der Glauben an den äußeren Wortlaut ist, die Interpretation Unglauben ist, weil sie zum Unglauben führt. Wenn einer der Männer der Interpretation ihm Mitteilung macht, so beruft er ihn zum Unglauben, und der zum Unglauben berufende ist selbst ungläubig. Daher dürfen die Interpretationen nur in den Büchern, die mit demonstrativer Methode geschrieben sind, dargelegt werden. Denn wenn sie in demonstrativen Büchern stehen, so gelangen diejenigen, welche nicht Leute der Demonstration sind, nicht dazu. Stehen sie aber in nicht demonstrativen Büchern, worin die poetischen und rhetorischen oder dialektischen Methoden angewendet sind, wie dieses Abu Hamid tut, so ist dies ein Fehler gegen die Religion und die Philosophie, wenn auch der Mann nur Gutes beabsichtigt hat. Er wollte nämlich dadurch die Zahl der wissenschaftlichen Männer vergrößern, hat aber nur das Verderben vergrößert, mehr als die Vermehrung der Zahl der Gelehrten beträgt. Daher ist es gekommen, daß die einen die Philosophie, die andern die Religion, wieder andere beide zugleich schädigten. Und es scheint, daß dies einer seiner Zwecke mit seinen Büchern war, dies geht daraus hervor, daß er dadurch die Geister aufmerksam machen wollte, daß er in seinen Büchern keiner Sekte anhänge: mit den Aschariern ist er Ascharier, mit den Sufis ein Sufi und mit den Philosophen ein Philosoph, wie der Dichter sagt:

»Eines Tages bin ich ein Jemenier, wenn ich einem aus Jemen begegne; treffe ich einen Ma'additen, so bin ich ein Adnanide.«

Den Vorständen der Muslimen liegt daher ob, seine Bücher, die von der Wissenschaft handeln, den nicht wissenschaftlichen Leuten zu untersagen, wie sie die demonstrativen Bücher denen untersagen müssen, die nicht Leute der Demonstration sind, obgleich der Schaden, der die Leute von den Büchern der Demonstrationen trifft, unbedeutender ist, da von diesen nur hervorragende Geister Kunde nehmen. Der Schaden trifft diese Klasse bloß wegen Mangel an wissenschaftlicher Tüchtigkeit, wegen ungeordneter Lektüre und Mangel eines Lehrers.

Aber das Streben jener Bücher geht darauf hinaus, abwendig zu machen von dem, wozu die Religion beruft; denn es ist eine Ungerechtigkeit gegen die trefflichste Klasse von Menschen und gegen die trefflichste Klasse der Dinge, da die Gerechtigkeit gegen die trefflichste Klasse der Dinge darin besteht, daß diejenigen ihr Wesen richtig erkennen, welche zu dieser Erkenntnis die notwendigen Talente haben, und diese bilden die trefflichste Klasse der Menschen: denn je bedeutender ein Ding ist, desto größer ist das Unrecht gegen es, welches in der Unkenntnis davon besteht. Deswegen sagt Gott: Sur. XXXI, 12 *der Polytheismus ist eine gewaltige Ungerechtigkeit.*

Dieses ist, was wir über diese Art von Spekulation nämlich die Rede über das Verhältnis der Religion und Philosophie, sowie über die Gesetze der Interpretation von Stellen der Religionsurkunden hier niederlegen wollten. Wäre dieser Gegenstand nicht so bekannt, und ebenso diese Fragen, die wir berührt haben, so hätten wir vorgezogen, kein Wort darüber zu schreiben, und uns bei den Leuten der Interpretation zu entschuldigen; denn diese Fragen gehören eigentlich in die Bücher der Demonstration.

Du mußt wissen, daß der Zweck des Religionsgesetzes nur die Lehre des wahren Wissens und der wahren Praxis ist. Das wahre Wissen ist aber die Kenntnis Gottes und der existierenden Dinge nach ihrem Wesen, und besonders des Religionsgesetzes und der Kenntnis der Seligkeit und der Unseligkeit des Jenseits; die wahre Praxis besteht in der Befolgung der Handlungen, welche die Seligkeit zur Folge haben, und in der Vermeidung derjenigen, welche die Unseligkeit zur Folge haben. Die Kenntnis dieser Handlungen heißt die praktische Wissenschaft. Jene Handlungen sind zweifach, erstens äußerliche körperliche Handlungen: die Wissenschaft hiervon heißt Jurisprudenz; zweitens psychische Handlungen wie Dankbarkeit, Geduld und andere die Ethik betreffende, welche die Religion anempfiehlt oder verbietet: die Wissenschaft hiervon heißt Devotion oder Wissenschaften des Jenseits. Auf diese hat Abu Hamid sein Augenmerk gerichtet in seinem (bekannten) Buche. Da die Menschen sich von jener Klasse abgewendet und in die zweite Klasse eingelassen haben, diese aber von größerer Wichtigkeit für die Tugend ist, aus welcher die Seligkeit hervorgeht, so nannte er sein Buch: Belebung der Religionswissenschaften.

Doch wir sind von unserem Thema abgekommen, wir kehren also zurück und sagen:

Da der Zweck der Religion die Belehrung über wahre Wissenschaft und wahre Praxis ist, die Belehrung aber zwei Objekte hat, Begreifen und Fürwahrhalten, wie das die Scholastiker auseinandersetzen, die Methoden des Fürwahrhaltens, die bei den Menschen sich finden, drei sind, die demonstrative, dialektische und rhetorische, die Wege des Begreifens zwei, das Ding selbst und sein Bild, und da nicht alle Menschen vermöge ihrer Naturanlagen der Demonstrationen fähig sind, auch nicht der dialektischen Sätze, geschweige der demonstrativen, wozu noch kommt, daß die Belehrung über demonstrative Sätze viele Schwierigkeit darbietet und eine lange Zeit selbst für denjenigen erfordert, der Mannes genug ist, sie zu erlernen, und da die Religion zum Zweck hat, alle insgesamt zu unterrichten, so ist notwendig, daß die Religion alle Arten von Methoden des Fürwahrhaltens und die Arten der Methoden des Begreifens in sich enthalte. Da unter den Methoden des Fürwahrhaltens solche sind, die für den größten Teil der Menschen allgemein sind, d. h. von deren Seite das Fürwahrhalten bewerkstelligt wird, nämlich die rhetorische und dialektische, und die rhetorische noch allgemeiner ist als die dialektische, ferner eine solche Methode, die einen speziellen Charakter trägt und nur für den kleinsten Teil sich eignet, nämlich die demonstrative, und da der erste Zweck der Religion die Fürsorge für den größeren Teil ist, ohne jedoch die Aufgabe auszuschließen, die ausgezeichneteren Geister aufmerksam zu machen, so sind die in der Religion ausdrücklich ausgesprochenen Methoden die dem größten Teil gemeinschaftlichen im Begreifen und Fürwahrhalten. Diese Methoden in der Religion sind vier Arten: 1) die erste Art besteht darin, daß, obwohl die Methode gemeinschaftlich, sie doch in zwei Dingen zugleich speziell ist d. h. sie ist für das Begreifen und Fürwahrhalten evident, obwohl rhetorisch oder dialektisch: das sind die

Schlüsse, deren Prämissen, obwohl bloß wahrscheinlich oder auf bloßer Meinung beruhend, doch evident sein können, deren Schlußsätze als wirklich, nicht bildlich, genommen werden. Für diese Art von religiösen Sätzen gibt es keine Interpretation; würde jemand sie interpretieren, so verfiele er der Anklage des Unglaubens. 2) Die zweite Art besteht darin, daß die Prämissen, obwohl bloß wahrscheinlich oder auf bloßer Meinung beruhend, evident sind, die Schlußsätze aber Bilder der Dinge, auf welche zu schließen bezweckt war: dieser, nämlich der Schlußsätze, darf sich die Interpretation bemächtigen. 3) Die dritte Art ist das Umgekehrte der zweiten Art, nämlich die Schlußsätze stellen die Dinge selbst dar, auf die zu schließen bezweckt war, während die Prämissen probabel sind oder auf bloßer Meinung beruhen, ohne evident zu sein: auch dieser, nämlich der Schlußsätze, darf sich die Interpretation nicht bemächtigen, wohl aber der Prämissen. 4) Die vierte Art besteht darin, daß die Prämissen probabel sind oder auf bloßer Meinung beruhen, ohne daß sie evident sind, während ihre Schlußsätze Bilder von dem, worauf geschlossen wird, darbieten. Bei dieser ist es Pflicht der Auserwählten, zu interpretieren, und Pflicht der großen Menge, den äußern Wortlaut gelten zu lassen. Überhaupt wird alles, dessen sich die Interpretation bemächtigen darf, nur durch Demonstration wahrgenommen, und die Pflicht der Auserwählten ist zu interpretieren, und die Pflicht der großen Menge ist den Wortlaut anzunehmen in beiden Gesichtspunkten, nämlich im Begreifen und Fürwahrhalten, da sie vermöge ihrer Naturanlage nicht weiter gehen können. Es kommen den Spekulierenden über Religion Interpretationen vor von seiten der Rangabstufung der gemeinschaftlichen Methoden unter einander beim Fürwahrhalten, ich meine, wann die Beweisführung der Interpretation eine vollkommenere Befriedigung gewährt, als die Beweisführung des äußeren Wortlautes. Und solche Interpretationen sind für die große Menge. Und es ist möglich, daß dies eine Pflicht ist für die, deren spekulative Kräfte bis zur dialektischen Kraft reichen. Unter diese Gattung fallen einige Interpretationen der Ascharier und Motaziliten, obgleich die Sätze der Motaziliten meistens sicherer sind. Die Leute der großen Masse, die sich nicht höher als zu rhetorischen Ausführungen versteigen, haben die Pflicht, sich an den äußern Wortlaut zu halten, und dürfen jene Interpretation absolut nicht kennenlernen. So zerfallen nun die Menschen in bezug auf Religion in drei Klassen:

1) Eine Klasse, die absolut nicht zu den Leuten der Interpretation gehört; dies sind die bloß den rhetorischen Ausführungen Zugänglichen und

bilden die überwiegende Masse. Es findet sich nämlich kaum ein einziger von gesundem Menschenverstande, dem diese Art von Fürwahrhalten abgeht.

2) Eine andere Klasse besteht aus den Leuten der dialektischen Interpretation; diese sind die Dialektiker, teils bloß von Natur, teils von Natur und Gewohnheit zugleich.

3) Eine dritte Klasse sind die Leute der evidenten Interpretation; dies sind die Meister der Demonstration von Natur und Kunst, nämlich von der Kunst der Philosophie. Diese Interpretation darf den Dialektikern, geschweige der großen Masse, nicht ausdrücklich mitgeteilt werden. Teilt man etwas von diesen Interpretationen einem Unwürdigen mit, besonders demonstrative Interpretationen, weil sie den gemeinen Kenntnissen allzu ferne liegen, so führt dies beide, den Mitteiler und den Hörer, zum Unglauben. Der Grund davon ist der, weil sein Zweck auf die Aufhebung des Wortlautes und die Festsetzung des Interpretierten geht: wenn nun der Wortlaut für Den, dem eigentlich bloß der Wortlaut zugänglich ist, aufgehoben wird, ohne daß für ihn das Interpretierte feststeht, so führt dies zum Unglauben, wenn die Sache zu den Prinzipien der Religion gehört. Die Interpretationen dürfen der großen Masse nicht ausdrücklich mitgeteilt und nicht in den rhetorischen oder dialektischen Büchern niedergelegt werden, nämlich in den Büchern, worin die Gegenstände nach diesen beiden Methoden behandelt werden, wie dies Abu Hamid tut. Daher muß man von dem äußeren Wortlaute, wobei die Schwierigkeit darin liegt, daß er an sich äußerer Wortlaut für alle und die Kenntnis seiner Interpretation nicht möglich ist, ausdrücklich sagen, daß er dunkel ist und daß das Wissen davon bloß Gott zusteht, und man muß den Nachdruck auf die Worte der Offenbarung, daß bloß Gott seine Interpretation kenne, legen. So muß man auch auf die Fragen über schwierige Gegenstände, deren Verständnis der großen Masse verschlossen ist, antworten gemäß der Stelle des Korans, Sur. XVII, 87, wo es heißt: *Sie werden dich über den Geist befragen; sage: Der Geist ist eine Sache Gottes, und ihr habt vom Wissen nur Weniges empfangen.* Wer diese Interpretationen einem Unwürdigen mitteilt, ist ein Ungläubiger, weil er die Leute zum Unglauben verleitet. Dies heißt aber abwendig machen von der Aufforderung des Gesetzgebers, besonders wenn die Interpretationen die Prinzipien der Religion korrumpieren, wie dieses gewissen unserer Zeitgenossen begegnet ist. Wir waren Zeugen von solchen, welche glaubten, daß sie Philosophie trieben und durch ihre wundervolle Weisheit Dinge wahrgenommen haben, die von

allen Gesichtspunkten mit der Religion in Widerspruch stehen, nämlich solche, die keiner Interpretation fähig sind, und daß es notwendig sei, diese Dinge ausdrücklich der großen Menge mitzuteilen. Durch die Mitteilung dieser verderblichen Glaubenssätze sind sie Ursache des Unterganges der großen Menge und ihres eigenen Unterganges in diesem und dem andern Leben geworden. Wollte man ein Bild von dem Zweck dieser Leute im Vergleich mit dem Zweck des Gesetzgebers geben, so könnte man sagen: es verhält sich mit ihnen wie mit einem Manne, der einem geschickten Arzte entgegentritt, der die Gesundheit allen Menschen zu bewahren und die Krankheiten von ihnen zu entfernen beabsichtigt, indem er ihnen Sätze, die allen gemeinsam für das Fürwahrhalten sind, über die Notwendigkeit der Anwendung von Mitteln, welche die Gesundheit bewahren und die Krankheiten entfernen, und über die Vermeidung der gegenteiligen Dinge aufstellt, da es ihm nicht möglich ist, sie alle zu Ärzten zu machen; denn nur der ist der wahre Arzt, der die Dinge, die zur Bewahrung der Gesundheit und zur Heilung der Krankheiten dienen, durch die demonstrativen Methoden kennt; nun macht sich der obengenannte Mann an die Leute und sagt ihnen: »die Methoden, welche dieser Arzt euch aufgestellt hat, enthalten keine Wahrheit« und er beginnt sie aufzuheben, so daß sie diesen für aufgehoben gelten, oder er sagt ihnen: »sie bedürfen einer Interpretation«: die Leute verstehen sie aber nicht; auch fällt ihnen von ihrer Seite kein Fürwahrhalten in der Praxis zu, glaubst du, daß die Menschen, mit denen es eine solche Bewandtnis hat, etwas Ersprießliches zur Bewahrung der Gesundheit und zur Entfernung der Krankheit tun, oder, daß er, welcher die Aufhebung dessen, was sie früher glaubten, ausdrücklich, lehrt, diese Dinge mit ihnen anwenden kann, nämlich die prophylaktischen? Nein, er wird sie weder bei ihnen anwenden können, noch werden sie dieselben anwenden, und es trifft sie alle zusammen das Verderben. Dies ist schon die Folge, wenn er ihnen richtige Interpretationen über diese Dinge mitteilt, weil sie dieselben nicht verstehen: was wird erst geschehen, wenn er sie falsche Interpretationen lehrt. Die Sache wird damit enden, daß sie die Ansicht bekommen, es gebe keine Gesundheit, deren Bewahrung, und keine Krankheit, deren Heilung notwendig ist, geschweige denn, daß sie glauben, daß es Dinge gibt, welche die Gesundheit bewahren und die Krankheit heilen.

So verhält es sich mit demjenigen, welcher die Interpretation über religiöse Sätze Unwürdigen mitteilt. Ein solcher verdirbt das religiöse Gesetz und macht davon abwendig. Ein solcher aber ist ein Ungläubiger.

Dieses Gleichnis ist nur evident und nicht bloß poetisch, wie jemand sagen möchte; denn es ist richtig durch seine volle Übereinstimmung. Nämlich der Arzt verhält sich zu der Gesundheit der Körper, wie der Gesetzgeber zu der Gesundheit der Seelen: denn der Arzt ist derjenige, welcher die Gesundheit der Körper zu bewahren, wenn sie vorhanden ist, und wieder herzustellen sucht, wenn sie verloren ist; der Gesetzgeber ist derjenige, der dasselbe in bezug auf die Gesundheit der Seelen zu bewirken sucht. Diese Gesundheit nennt man Gottesfurcht. Der Koran hat das Streben darnach durch religiöse Handlungen in mehr als einem Verse ausdrücklich gelehrt; so in der Sur. II, 179: *Euch wurde das Fasten vorgeschrieben, wie es Denen vorgeschrieben wurde, die vor euch waren, vielleicht daß ihr gottesfürchtig werdet!* Ferner Sur. XXII, 38: *Nicht gelangt zu Gott euer Fleisch und euer Blut; aber die Gottesfurcht gelangt von euch zu ihm*; ferner Sur. XXIX, 44: *Das Gebet hält von dem Schändlichen und Verwerflichen ab*, und so noch viele andere Stellen, welche der Koran in diesem Betreff enthält. Und der Gesetzgeber hat mit der religiösen Wissenschaft und der religiösen Praxis nur die Gesundheit der Seele gewollt, und auf dieser Gesundheit baut sich die ewige Seligkeit auf, während auf dem Gegenteil die ewige Unseligkeit beruht. Aus diesem ist für dich klar, daß es nicht notwendig ist, die richtige Interpretation in für die große Menge bestimmten Büchern niederzulegen, geschweige die falsche. Die richtige Interpretation ist das Depositum, das dem Menschen zu bewahren aufgetragen wurde und das er wirklich übernahm, wovor sich aber die im Koran, Sur. XXXIII, 72, erwähnten Wesen fürchteten: *Wir haben das Depositum den Himmeln, der Erde, den Bergen angetragen* etc. Infolge der Interpretationen und der Meinung, daß sie ausdrücklich in der Religion gelehrt werden müssen, entstanden im Islam die Parteiungen, die so weit gingen, daß eine die andere als ketzerisch oder Neuerung erklärt; besonders gilt dies von den falschen Interpretationen. So haben die Motaziliten viele Verse des Korans und viele Traditionen interpretiert und diese Interpretationen der großen Masse mitgeteilt. Ebenso taten die Ascharier obwohl in geringerem Maße, und stürzten dadurch die Leute in Feindseligkeit und gegenseitige Gehässigkeit und Kriege; sie zerrissen so die Religion und trennten die Menschen absolut. Dazu kommt noch, daß ihre Methoden, welche sie zur Aufstellung ihrer Interpretationen angewendet haben, weder für die große Menge, noch auch für die Auserwählten gelten, weil sie, wenn man sie genau betrachtet, den Bedingungen der Demonstration nicht entsprechen. Wer diese Bedingungen kennt, sieht dies bei der geringsten Erwägung ein. Ja, ein großer Teil der

Prinzipien, worauf die Ascharier ihre Kenntnisse bauen, ist rein sophistisch. Denn sie leugnen viele notwendige Dinge; so das Bestehen der Accidentien, den Einfluß der Dinge auf einander, die Existenz notwendiger Ursachen für die bewirkten Dinge, die substantiellen Formen und die Mittel. Wirklich haben ihre Spekulanten in diesem Betreffe gegen die Muslimen die Ungerechtigkeit begangen, daß ein Teil der Ascharier den, der die Existenz des Schöpfers nicht nach den Methoden, die sie aufgestellt haben, erkennt, des Unglaubens bezichtigt, während doch sie in der Wirklichkeit die Ungläubigen und Irrenden sind. Von hier ab zweigen sich verschiedene Ansichten ab; die einen behaupten, das erste Notwendige sei die Spekulation, die anderen, der Glauben; nämlich infolge davon, daß sie nicht anerkennen, welche Methoden die für alle gemeinschaftlichen sind, von deren Pforten das Gesetz alle Menschen beruft, und weil sie glauben, daß es nur eine einzige Methode gibt. Auf diese Weise verfehlen sie den Zweck des Gesetzgebers und irren und führen irre. Und wenn man sagt: Wenn diese Methoden, welche die Ascharier und andere Spekulanten aufstellten, nicht die gemeinschaftlichen Methoden zum Zwecke des Gesetzgebers bei dem Unterricht der großen Masse sind und ohne welche man sie nicht unterrichten kann, was sind nun die wahren Methoden in dieser unserer Religion? so antworten wir: Es sind nur die Methoden, welche im Koran niedergelegt sind. Wenn man diese Religionsquelle genau betrachtet, so findet man darin die drei für alle Menschen passenden Methoden, und die Methoden, die für den größten Teil sich eignen, und die für die Auserwählten. Und sieht man sie genau an, so erhellt, daß es zum Unterricht der großen Masse keine bessern gemeinschaftlichen Methoden als die im Koran erwähnten gibt. Wer sie durch eine Interpretation verändert, die nicht an und für sich klar ist oder klarer als sie (was aber gar nicht vorkommen kann), der hebt ihre Weisheit und die durch sie bezweckte Wirkung zur Erlangung der ewigen Glückseligkeit auf. Dies erhellt deutlich aus dem, was in der ersten Zeit des Islams und in der darauffolgenden Periode eintrat. Denn in der ersten Zeit gelangte man zu der vollkommenen Tugend und Gottesfurcht durch die Anwendung dieser Sätze, ohne sie zu interpretieren, und wer von diesen Männern Einsicht von einer Interpretation bekam, hielt es nicht für gut, dieselbe ausdrücklich zu lehren. Als die Späterkommenden diese anwandten, verminderte sich ihre Gottesfurcht und ihre Parteiungen vermehrten sich: ihre gegenseitige Liebe verschwand und sie trennten sich in verschiedene Sekten. Wer diese Neuerung von der Religion entfernen will, der muß sich bei dem Koran Rats erholen, die in demselben enthaltenen Beweisführungen für jedes Objekt einzeln, zu dessen Glauben wir verpflichtet sind, sammeln, und mit allem Ernst und Eifer an dem äußeren Wortlaut, so lange es ihm möglich ist, ohne davon etwas zu interpretieren, sich halten, außer wenn die Interpretation an und für sich deutlich ist, nämlich eine allen gemeinsame Deutlichkeit besitzt. Wenn man die in der Religion zum Unterricht der Menschen aufgestellten Sätze betrachtet, so scheint es, daß man durch ihre Hilfe zu einem Punkt gelangt, wo nun der Mann der Demonstration das, was nicht nach seinem Wortlaut zu fassen ist, aus seinem Wortlaut herausführen kann. Diese Eigenschaft findet sich bei keinem andern Satze. Dann haben die religiösen Sätze, die im Koran ausdrücklich allen Menschen mitgeteilt werden, drei Eigenschaften, die auf die wundertätige Offenbarung hinweisen: 1) Es gibt nichts Vollkommeneres als sie für Befriedigung und Fürwahrhalten; 2) sie nehmen von Natur die Hilfe an, bis sie zu dem Punkt gelangt, daß nur der Mann der Demonstration Einsicht von der Interpretation bekommt, wenn darin etwas Interpretationsfähiges liegt; 3) sie enthalten für die Männer der Wahrheit etwas, was sie auf die wahre Interpretation aufmerksam macht. Dies findet sich weder bei den Sekten der Ascharier, noch bei denen der Motaziliten: nämlich ihre Interpretationen finden keine Unterstützung bei den Stellen des Koran, noch enthalten sie eine Hinweisung auf die Wahrheit und sind selbst keine Wahrheit, deswegen haben sich die Neuerungen vermehrt.

Wir wünschten wohl diesem Zwecke unsere Muse zu widmen und dazu fähig zu sein. Wenn Gott uns das Leben ferner schenkt, so werden wir hierüber so viel niederschreiben, als unser Talent uns eingibt. Vielleicht wird dies den Ausgangspunkt für die kommenden Geschlechter abgeben. Denn unsere Seele ist wegen der schlechten Ansichten und von der Wahrheit abweichenden Glaubenssätze, die sich in die Religion eingeschlichen haben, außerordentlich betrübt und schmerzlich berührt, besonders durch das, was ihr von seiten derer begegnet, die sich für Philosophen ausgeben. Denn die Verletzung, die von einem Freund ausgeht, ist ärger, als die von einem Feinde; nämlich die Philosophie ist die Freundin der Religion und ihre Milchschwester, und die Verletzung, die von solchen herkommt, die Philosophie zu treiben behaupten, ist die ärgste. Außerdem erhebt sich zwischen beiden Feindschaft, Haß und Streit, während sie doch von Natur zu gegenseitiger Freundschaft, und ihrem Wesen und ihrer Anlage nach zu gegenseitiger Liebe bestimmt sind. Überdies wird sie noch von törichten Freunden verletzt, die ihr anzugehören behaupten, und dies sind die in ihr sich vorfindenden Sekten. Gott wird allen die Richte geben und alle zu seiner Liebe durch seine Gunst leiten, ihre Herzen in der Gottesfurcht vereinigen und von ihnen den Haß und die Gehässigkeit in seiner Gnade wegnehmen. Gott hat bereits einen großen Teil dieser Übel, Torheiten und irrtümlichen Wege durch die jetzt herrschende Dynastie entfernt und dadurch den Weg zu vielen Segnungen gebahnt, besonders für die, welche den Weg der Spekulation betreten und Lust zur Kenntnis der Wahrheit bekommen haben. Denn er hat die große Menge auf einem mittleren Weg zu seiner Kenntnis berufen, der sich so hoch über Niedrigkeit der Auktoritätsmenschen erhebt, als er unter den Eristiken der Dogmatiker steht, und er hat die Auserwählten auf die Notwendigkeit der vollkommenen Spekulation über den Grund der Religion aufmerksam gemacht.

Thomas von Aquin
(1224–1274)

Über die Sinne hinaus zu Gott

Thomas von Aquin wird als der bedeutendste Denker des hohen Mittelalters angesehen. Er war auch der größte christliche Interpret des aristotelischen Denkens.

Um 1200 war Aristoteles in der christlichen Welt fast noch unbekannt. Über Frankreich und Italien waren lateinische Übersetzungen der Schriften Averroes und anderer arabischer Philosophen, die Aristoteles studiert hatten, in den christlichen Westen gelangt und damit auch aristotelisches Gedankengut. Der Wiederentdeckung des Aristoteles war damit Vorschub geleistet.

Thomas von Aquins umfangreiche Schriften stellen die fundamentalste Vermittlung zwischen christlicher Gedankentradition und der Philosophie des Aristoteles dar. Seine Bedeutung liegt auch in seinem Denkstil begründet: Dieser zeichnet sich durch die Kraft der Synthese aus und entwickelt dabei eine bemerkenswerte Leichtigkeit im Ordnen, Unterscheiden und Überschauen auch schwierigster Gedanken und Zusammenhänge. Thomas' Streben war es, eine Verschmelzung von Glauben und Vernunft herzustellen. Das tat er mit so klaren und ausgewogenen Formulierungen, daß man seine Art des Denkens auch ›Philosophie der Mitte‹ genannt hat

Thomas wurde um die Jahreswende 1224/25 als Sohn des Grafen Landulf von Aquino auf dem Schloß Roccasecca bei Aquino, das zwischen Rom und Neapel liegt, geboren.

Bereits als Fünfjähriger wurde er Benediktinermönchen der nahegelegenen Abtei auf dem Monte Cassino zur Erziehung übergeben. Noch als Jugendlicher begann er ein Studium der freien Künste in Neapel. Mit 17 Jahren beschloß er gegen den erbitterten Widerstand seiner Familie, dem gerade erst gegründeten Bettelorden der Dominikaner beizutreten. Diese Entscheidung entsprach nicht der für ihn vorgesehenen glänzenden Laufbahn eines Abtes in einem wohlhabenden Kloster.

Die Dominikaner schickten ihn nach Paris, um seine Studien zu vervollkommnen. Auf dem Weg dorthin wurde er von seinen Brüdern überfallen und auf die väterliche Burg zurückgebracht. Doch Thomas' Wille blieb unbeugsam: Es gelang ihm, erneut nach Paris zu fliehen.

Hier traf er auf *Albertus Magnus*, der sein Lehrer werden sollte. Ihn verehrte und liebte Thomas sein Leben lang. Er studierte drei Jahre in Paris und Köln. Thomas war von fülliger Statur und soll sehr schweigsam gewesen sein. Von seinen Kommilitonen wurde er ›der stumme Ochse‹ genannt. Sein Lehrer aber hatte den Genius seines Studenten längst erkannt und prophezeit: »Wir heißen ihn einen stummen Ochsen, aber er wird mit seiner Lehre noch ein solches Brüllen von sich geben, daß es in der ganzen Welt ertönt.«

1252 nahm Thomas voller Hingabe die akademische Lehrtätigkeit in Paris auf. Nach einigen Jahren verließ er Paris und hielt sich für längere Zeit als Theologe in Italien, am Hof des Papstes in Orvieto, auf. Hier begann er seine ausführlichen Aristoteles-Studien.

Den Höhepunkt seiner wissenschaftlichen Laufbahn erreichte Thomas während seines zweiten Lehraufenthalts an der Pariser Universität in den Jahren 1269–1272. Zweimal im intellektuellen Mittelpunkt des damaligen Europas lehren zu dürfen, war eine Ehre, die außer ihm im gesamten Mittelalter nur noch *Meister Eckhart* zuteil geworden ist. Als Lehrer der Theologie war Thomas gefeiert. In allen möglichen Streitfragen wurde er um Rat gefragt, seine Meinung zählte bei wichtigen öffentlichen Entscheidungen.

Im Jahr 1272 folgte er dem Ruf seines Ordens nach Neapel, um eine Schule für das Generalstudium der Theologie zu errichten. Zwei Jahre später wurde er vom Papst gebeten, an der Papstwahl während des Konzils von Lyon teilzunehmen. Auf der Reise dorthin starb Thomas, noch nicht einmal 50jährig.

Er war vermutlich an Erschöpfung wegen der enormen Anstrengungen seines arbeitsreichen Lebens gestorben. Lehre, Organisation von Studien, die Tätigkeit als Autor eines schriftstellerischen Werkes von ungeheurem Ausmaß, das Predigen und die Teilnahme an öffentlichen Diskussionen forderten ihren Tribut.

Bereits wenige Monate vor seinem Tod stellte er das Schreiben ein. Er war gerade mit der Arbeit an seinem berühmtesten Buch *Summa theologica* beschäftigt. Dieser Text ist Fragment geblieben. Seiner Schwester erklärte er kurz vor seinem Ableben, daß alles, was er bisher geschrieben habe, Stroh im Vergleich zu dem sei, was ihm jetzt offenbart wurde. Wir wissen nicht, was der Inhalt der Offenbarung am Ende seines Lebens war.

Vielleicht war es das Licht des göttlichen Ursprungs, dem alles menschliche Erkennen letztendlich zustrebt und nach dem Thomas Zeit seines Lebens suchte.

Thomas wurde schon bald nach seinem Tod als großer Lehrer der Kirche anerkannt, aber auch bekämpft. Trotzdem wurde er im Jahr 1332 heiliggesprochen. Dabei dachte man an sein Leben in Armut und seine persönliche Bescheidenheit und Spiritualität, aber auch an seine Lehre.

In frommer und gläubiger Versinnbildlichung wird auch von einem Wunder nach seinem Tod erzählt: Thomas Schwester habe 14 Jahre nach seinem Tod seine rechte Hand als Reliquie begehrt. Bei der Öffnung des Grabes habe man einen ungewöhnlichen Wohlgeruch wahrgenommen und fand den Leichnam fast unversehrt. Nur die Nasenspitze sei ein wenig verwest gewesen.

Das schriftstellerische Lebenswerk des Thomas von Aquin ist enorm: Ende des 16. Jahrhunderts wurde in Rom und Venedig die erste Gesamtausgabe in 17 Bänden herausgegeben, eine weitere italienische Ausgabe erschien Mitte des 19. Jahrhunderts und umfaßt 25 Bände, eine französische wurde gegen Ende des 19. Jahrhunderts in 34 Bänden veröffentlicht. Heute arbeitet man an einer Gesamtausgabe, die noch mehr Bände zählen soll.

Seine Schriften umfassen: umfangreiche Aristoteles-Kommentare, kleinere philosophische Schriften, theologische Gesamtdarstellungen, die sogenannten ›Quaestiones‹ (Streitgespräche), kleinere Schriften zur christlichen Dogmatik, Schriften zur Rechts-, Staats- und Gesellschaftsphilosophie, Schriften zum Ordenswesen und zur Ordensregel und exegetische Schriften zur Auslegung der Heiligen Schrift.

Für diese Textsammlung werden Auszüge aus seiner *Summa theologica* vorgestellt.

Für Thomas kam es nicht nur darauf an nachzuweisen, *daß* Gott ist, sondern auch zu begreifen, *was* Gott ist.

Dabei führt er gleich zu Beginn der *Summa* die Existenz Gottes vor und verfährt nach folgendem Schema: der Beweis geht von der sinnlichen Erkenntnis aus und führt über die Sinne hinaus zu Gott.

Die abgedruckten Textstellen geben die wesentlich thomistische Vorstellung wieder, daß alles, was ist, immer zu Gott hinführt und umgekehrt auch von ihm ausgeht. Sie zeigen beispielhaft die klar strukturierte Argumentationsweise, für die Thomas so berühmt geworden ist. Der Gesamtaufbau der *Summa* wurde immer wieder mit großen Werken anderer

Kunstgattungen verglichen, wie Dantes *Göttlicher Komödie*, den gotischen Kathedralen oder den Bildkompositionen Giottos.

Diese Vergleiche symbolisieren das Denken des Thomas von Aquin und des gesamten Mittelalters sehr gut: Die Welt wird als ein hierarchisch geordneter Stufenbau gesehen. Alles strebt, von den untersten Lebensformen bis zum Menschen als vernünftigem, beseeltem Wesen hin zu Gott, dem Urquell allen Seins.

Die katholische Wahrheit oder die theologische Summa

(Abhandlung 3, Kapitel 24)

Nachdem wir nun das Ausgehen der drei Personen betrachtet haben, erübrigt die Behandlung der Kreaturen, welche von Gott ausgehen. Dieselbe hat drei Teile. Der *erste* hat zum Gegenstande die Hervorbringung; – der *zweite* den Unterschied; – der *dritte* die Erhaltung und Regierung der Kreaturen. Der erste Teil behandelt: a) welches die erste Ursache alles Seienden sei; b) die Art und Weise, wie die Kreaturen von der ersten Ursache ausgehen; c) den Anfang der Dauer für die Dinge.

Erster Artikel

Alles, was ist, hat notwenig sein Sein von Gott

a) Es scheint nicht, daß alles Sein von Gott notwendig geschaffen sein muß. Denn:

I. Nichts steht dem entgegen, daß ein Ding gefunden werde ohne das, was nicht zu seinem Wesen gehört; wie z. B. man wohl einen Menschen finden kann, der nicht weiß ist. Nun scheint aber die Beziehung der Ursache zum Verursachten durchaus nicht zum Wesen der Dinge zu gehören; denn es können ohne eine solche Beziehung mancherlei Dinge *aufgefaßt werden* und somit können sie auch ohne eine solche Beziehung sein.

II. Dazu bedarf etwas der wirkenden Ursache, damit es sei. Was also in keiner Weise nicht sein kann, das bedarf keiner wirkenden Ursache. Nun ist dies allem Notwendigen eigen, daß es in keiner Weise nicht sein kann; denn was notwendig ist zu sein, das kann nicht ohne Sein sein. Da also vielerlei Notwendiges in den Dingen ist, so ist nicht alles geschaffene Sein von Gott.

III. Wo immer eine Ursache waltet, da kann ein Beweis angetreten werden auf Grund dieser Ursache. In den mathematischen Größen aber wird keinerlei Beweis angetreten auf Grund der wirkenden Ursache (5 Metaph.). Also haben diese Größen keine wirkende Ursache und somit gibt es Seiendes, was nicht von Gott gewirkt ist.

Auf *der anderen Seite* heißt es (Röm. 11, 36): »Aus Ihm und durch Ihn und in Ihm ist alles.«

b) Ich antworte, es sei durchaus und schlechthin Notwendigkeit, daß jegliches Ding, wie auch immer es Sein habe, von Gott sei. Denn wenn in einem Dinge eine Eigenschaft gesunden wird, die es nur durch Teilnahme an einem anderen Sein hat; so muß dieselbe notwendig in ihm verursacht werden durch ein anderes Sein, welchem diese Eigenschaft dem Wesen nach, also notwendig zukommt; wie z. B. das Eisen glühend wird durch das Feuer, dem das Glühen, die Wärme, dem Wesen nach und somit notwendig eigen ist. Oben ist aber gezeigt worden (Kap. 3, Art. 4), daß Gott dem *Wesen nach* das für sich bestehende Sein ist; und es ist wiederum gezeigt worden (Kap. 11, Art. 3 und 4), daß ein solch für sich bestehendes Sein, das eben nur Sein ist und im Sein besteht, nur ein einiges sein kann. So wäre auch, wenn die weiße Farbe in sich selber bestände, nur ein Weißes vorhanden; da ja nur das, was die weiße Farbe trägt, also die Mauer, das Kleid etc., im allgemeinen das Subjekt des Weißen, die Ursache bildet, daß es vielerlei Weißes gibt. Was also außer Gott besteht, das alles ist nicht sein eigenes Sein; sondern hat Sein durch Teilnahme am Sein. Somit ist notwendig, daß alle Dinge, welche voneinander sich unterscheiden durch verschiedenartige Teilnahme am Sein, die also mehr oder minder vollkommen Sein haben, von einem Sein verursacht werden, was *nur* eben ist, und sonach in höchster Vollkommenheit, d. h. dem Wesen nach Sein ist.

Danach meinte auch Plato, man müsse vor aller Menge die Einheit setzen; und Aristoteles sagt (2 Metaph.), daß das, was am meisten Sein und am meisten wahr ist, die Ursache sein muß alles Seins und alles Wahren: sowie das, was am meisten, also dem Wesen nach warm ist, so daß es nicht anders sein kann wie im höchsten Grade warm, als die Ursache dasteht von allem Warmen und als das Maß und die Richtschnur für alle Grade von Wärme.

c) I. Allerdings ist die Beziehung der Ursache zum Verursachten nicht dem Wesen der Dinge angehörig, so daß dieselbe in die innere Begriffsbestimmung des geschaffenen Dinges einträte; aber diese Beziehung ist doch die nächste Folge dessen, was zum Wesen gehört. Denn daraus daß etwas seinem Wesen nach nur kraft Teilnahme oder Mitteilung wirkliches Sein hat, folgt, daß es verursacht ist. Also ein solches Sein kann nicht bestehen, ohne daß es verursacht wäre; gleichwie der Mensch nicht bestehen kann ohne die Fähigkeit zu lachen. Weil aber das Verursachtsein nicht an und für sich zum Wesen des Seins als Seins gehört, deshalb findet sich ein Sein, was nicht geschaffen oder verursacht ist.

II. Durch diesen Grund sind manche bewogen worden, zuzugeben, daß das, was notwendig ist, keine Ursache habe (8 Phys.). Aber das ist ganz offenbar falsch; wie dies schon aus dem Vorgehen der Wissenschaften in ihren Beweisen klar ist. Denn da sind die innerlich *notwendigen* Prinzipien die Ursache für die gleichfalls *notwendigen* Schlußfolgerungen. Und deshalb sagt Aristoteles, es gäbe manches Notwendige, was eine Ursache für seine Notwendigkeit habe. Nicht also deshalb allein wird eine wirkende Ursache erfordert, weil die Wirkung auch nicht sein kann; sondern weil die Wirkung nicht wäre, wenn die Ursache nicht bestände. Dieser Bedingungssatz ist nämlich wahr, mag die Bedingung und die daran geknüpfte Folgerung ihrer Natur nach in sich Möglichkeit enthalten oder Unmöglichkeit, Notwendigkeit.

III. Die mathematischen Größen werden gemäß der Vernunft als vom wirklichen Sein losgelöste Größen betrachtet; während sie in Wirklichkeit nicht vom tatsächlichen (geschaffenen) Sein losgelöst sind. Einer jeden Größe aber kommt es zu, eine wirkende Ursache zu haben, je nachdem sie Sein hat. So haben die mathematischen Größen wohl wirkliches einzelnes Sein; und besitzen danach eine wirkende Ursache. Aber da sie nicht nach ihrer einzelnen Wirklichkeit betrachtet werden, so fällt auch nicht die Beziehung zur wirkenden Ursache unter die Erwägung des Mathematikers; und also wird in diesen Wissenschaften nichts bewiesen kraft der wirkenden Ursache.

Zweiter Artikel

Der Urstoff ist von Gott geschaffen

a) Dagegen spricht:

I. Alles, was *wird*, ist zusammengesetzt aus einem Subjekt als dem Träger des Seins und aus etwas Anderem. Der Urstoff hat aber kein Subjekt oder etwas, was ihn trägt. Also *wird* er nicht; er ist nicht geschaffen; ist ewig.

II. Geben und Empfangen, Wirken und Leiden, Bestimmen und Bestimmbarsein entsprechen sich. Nun ist das erste wirkende Prinzip Gott. Also ist das erste leidende Prinzip der Urstoff; und keiner von beiden ist vom anderen.

III. Alles, was wirkt, macht sich seine Wirkung ähnlich. Nun ist aber alles Wirkende, insoweit es wirkt, tatsächlich; also muß auch das Gewirkte einigermaßen tatsächlich sein. Der Urstoff ist aber an sich rein Vermögen zu empfangen; er hat in nichts tatsächliches Sein. Also ist er nicht gemacht.

Auf der anderen Seite heißt es bei Augustin (12. Conf. 7):

»Ein zweifaches hast Du gemacht, o Herr; das eine nahe bei Dir«, nämlich den Engel; »das andere nahe beim Nichts«, nämlich den Urstoff.

b) Ich antworte, daß die alten Philosophen nach und nach zur Kenntnis der Wahrheit kamen. Im Anfange, als sie begannen, sich Rechenschaft zu geben von den Ursachen, durch welche die Welt geleitet wird, nahmen sie an, es gäbe nur sichtbare Dinge; denn sie verfolgten nur die Materialursache in den Dingen. Jene unter ihnen nun, die eine wirkliche Bewegung im Stoffe voraussetzten, erstrebten diese Bewegung einzig und allein auf einzelne zufällige Eigenschaften, so daß sie meinten, die Bewegung sei darin zu finden, daß die Körper sich ausdehnten und sich zusammenzögen, dichter oder dünner würden. Sie setzten die Substanz der Körper selbst als unerschaffen voraus und ersannen einzelne Ursachen allein gemäß *äußerlichen* Veränderungen. Solcher Ursachen waren: die Freundschaft, der Streit, die Vernunft etc.

Weiter fortschreitend aber unterschieden sie kraft der Vernunft zwischen der substantialen Wesensform und dem Stoffe, den sie als ungeschaffen bezeichneten. Sie nahmen an, die Körper veränderten sich auch dem Wesen nach und für diese Veränderungen gemäß den substantialen Formen erfanden sie allgemeinere Ursachen; wie Aristoteles die Himmelsbewegungen, Plato die allgemeinen Gattungsideen.

Es ist jedoch zu berücksichtigen, wie der Stoff vermittelst der substantialen Wesensform zu einer *bestimmten* Seinsweise dem *Wesen* nach gezogen wird; und wie eine Substanz, welche schon dem Wesen nach Einzelbestand hat, durch hinzutretende Eigenschaften zu einer gewissen Seinsweise nur nach einer *bestimmten* Seite hin gezogen wird; – so z. B. wird der Mensch durch die weiße Farbe ein weißer Mensch und ist nach dieser Seite hin nicht mehr unbestimmt. Beide also beabsichtigten das Sein unter einem bestimmten, beschränkten Gesichtspunkte, insofern es bereits dieses Sein dem Wesen nach ist und nicht jenes; als ob somit der Urstoff schon einen gewissen Bestand dem Wesen nach hätte, ehe die Form ihm zukommt und er dann durch die Form bloß weiter bestimmt würde wie der Mensch durch die weiße Farbe; – und sie bezeichneten somit nur solche Ursachen für die Dinge, welche selber an sich beschränkt waren.

Höher aber richteten sich andere auf und berücksichtigten das Sein als Sein an sich, insofern es nur Sein ist und nicht dieses oder jenes bestimmte Sein. So betrachteten sie die Ursache der Dinge nicht nur insoweit dieselben diese oder jene sind, sondern insoweit sie überhaupt *sind*.

Jenes Sein also, was Ursache der Dinge ist, insoweit sie überhaupt Sein haben, darf nicht allein ihre Ursache sein, insoweit sie diese oder jene Dinge sind kraft zufälliger *Formen* und *Eigenschaften*; und auch nicht einzig und allein insoweit sie diese bestimmten Dinge sind kraft ihrer *substantialen Wesensformen*; sondern auch gemäß allem, was wie auch immer zu ihrem Sein gehört. Und demgemäß muß der Urstoff von Gott geschaffen sein; denn er gehört zum Sein der Dinge.

c) I. Aristoteles spricht vom *beschränkten* Werden, insofern aus einem besonderen Dinge ein anderes besonderes wird; z. B. aus dem Samen die Pflanze oder aus einem tugendhaften Menschen ein böser. Hier aber sprechen wir vom *allgemeinen* Ausgehen der Dinge aus dem allumfassenden Seinsprinzip. Und von diesem Ausgehen der Dinge darf der Urstoff nicht ausgeschlossen werden, denn er ist ebenfalls; wohl aber von der (ersten) Art des beschränkten Werdens.

II. Daß etwas bestimmbar ist oder leiden kann, ist eine Wirkung der Tätigkeit. Also ist es der Vernunft durchaus angemessen, daß das erste Prinzip des Leidens oder der Bestimmbarkeit vom ersten wirkenden Prinzip hervorgebracht ist; denn alles Unvollendete wird verursacht vom Vollendeten. Demnach muß das erste Prinzip im höchsten Grade vollendet sein.

III. Jener Einwurf zeigt nicht, daß der Urstoff nicht geschaffen sei, sondern nur, daß er *nicht ohne tatsächliche Form* geschaffen worden ist. Denn obwohl jegliches, was geschaffen worden, tatsächliches Sein hat, so folgt daraus nicht, daß es reine Tatsächlichkeit ist. Also muß auch das, was von seiten des Stoffes, nämlich des Vermögens zu empfangen, vorhanden ist, geschaffen sein; wenn alles, was zum Sein des Dinges gehört, geschaffen ist.

Dritter Artikel

Gott ist die erste Exemplarursache der Dinge

a) Dagegen spricht:

I. Das, was nach einem Exemplar gemacht wird, ist letzterem ähnlich. Die Dinge aber sind weit entfernt, Gott ähnlich zu sein.

II. Alles, was nur *kraft der Teilnahme* an etwas Anderem Sein hat, läßt sich zurückführen auf etwas, *was dem Wesen nach*, also notwendig dieses Sein ist; wie das Glühende im Eisen auf das Feuer. Was immer auch hier in der sichtbaren Welt aber Einzelbestand hat, das ist nur dadurch, daß es teilnimmt am Sein einer Gattung; – und das ist darin besonders angezeigt, daß in keinem der sichtbaren Dinge nur das sich findet, was zum Wesen der Gattung gehört, sondern vieles Andere, was seinen Einzelbestand begleitet und was somit von der Gattung getragen wird. Also muß man annehmen, daß die Gattungsideen *für sich* existieren; daß also eine Idee besteht, die wesentlich nur Mensch, nur Pferd ist und daß die einzelnen Menschen, Pferde etc. so genannt werden kraft der Teilnahme an diesen Ideen und an der Verursachung, die von diesen Ideen ausgeht. Dies können nur die Exemplarideen sein; die also außer Gott sich finden.

III. Wissenschaften und Definitionen beschäftigen sich mit diesen Gattungsideen; nicht aber soweit sie in den einzelnen stofflichen Dingen sind, denn das Einzelne ist als solches nicht Gegenstand der Wissenschaft, nicht definierbar. Also müssen einige Seinsarten bestehen, welche Gattungen sind, ohne daß sie im einzelnen Stoffe sich vorfänden und diese sind die Exemplarideen.

IV. Dionysius (5. de div. nom.) sagt: »Das, was als Sein für sich besteht, ist früher wie das, was als Leben, als Weisheit für sich besteht.« Also gibt es ein für sich bestehendes Leben, eine für sich bestehende Weisheit etc. außerhalb Gottes, des für sich bestehenden Seins.

Auf der anderen Seite ist Exemplar dasselbe wie Idee. Die Ideen aber sind nach Augustin (83. Qq. 46) leitende Formen, welche in der göttlichen Vernunft enthalten sind.

b) Ich antworte, daß Gott die erste leitende Exemplaridee aller Dinge ist. Denn um ein Ding hervorzubringen ist ein Exemplar notwendig, nach dessen Form die Wirkung wird. Der Künstler nämlich bringt im Stoffe eine bestimmte Form und Figur hervor auf Grund des Exemplars, der Musterform, auf die er blickt, mag diese in ihm selbst sein oder außen. Es ist nun offenbar, daß die Dinge in der Natur nach einer bestimmten Form gemacht sind und danach wirken. Die Bestimmung dieser Formen aber muß notwendig als auf das erste Prinzip auf die göttliche Weisheit zurückgeführt werden, welche die Ordnung des All erdacht hat; zumal diese Ordnung eben nur im Unterschiede des einen vom anderen besteht. Und deshalb muß gesagt werden, daß in der göttlichen Weisheit die leitenden Ideen aller Dinge sind und diese nennen wir Exemplarideen. Dieselben sind zwar vielfache gemäß der Beziehung zu den Dingen; dem wirklichen Sein nach aber sind sie ein und dasselbe wie das göttliche Wesen, insoweit dasselbe, respektive dessen Vollkommenheiten, in verschiedentlicher Weise von den Kreaturen nachgeahmt werden können. So also ist Gott die erste Exemplaridee von allem. In den geschaffenen Dingen kann das eine jedoch das Muster oder Exemplar vom anderen genannt werden, insoweit es die Ähnlichkeit desselben entweder nach der Gattung oder in einem gewissen Verhältnisse in sich enthält.

c) I. Die Kreaturen sind wohl Gott nicht insoweit ähnlich, als sie in derselben Seinsgattung wären; wie unter den Menschen der Sohn dem Vater ähnlich ist. Sie sind jedoch Gott ähnlich gemäß der ihrem Sein entsprechenden leitenden Idee in Gott, welche von Gott verstanden wird; wie das Haus im sichtbaren Stoffe ähnlich ist der Kunstidee im Baumeister.

II. Zur *Natur* des Menschen grade gehört es, daß er im Stoffe ist; und so kann es keinen Menschen geben, der seiner Natur nach stofflos wäre. Obgleich also der einzelne Mensch an der Gattungsidee »Mensch« Anteil hat, so läßt er sich doch nicht zurückführen auf etwas, das für sich notwendig Mensch, Mensch nämlich im allgemeinen, wäre innerhalb derselben Gattung. Vielmehr wird der einzelne Mensch zurückgeführt auf eine über alles Menschliche und über die Gattung selbst erhabene Idee. Und diese ist in Gott; ähnlich wie die vom Stoffe getrennten Substanzen in den Ideen Gottes ihre Ähnlichkeit haben. Dasselbe gilt von den übrigen sichtbaren Dingen.

III. Die Wissenschaft oder die Definition erstreckt sich freilich nur auf das, was Sein hat. Aber deshalb haben die Dinge nicht dieselbe Existenzweise außen in ihrem *subjektiven* Sein; wie in der Auffassung der *Vernunft*. Denn kraft unserer Vernunft lösen wir die allgemeine Gattung los von den einzelnen Existenzbedingungen. Deshalb aber ist nicht erfordert, daß diese allgemeinen Gattungen auch wirkliches Sein als solche außen haben und demgemäß die Exemplarideen sind.

IV. Dionysius selber erklärt Kapitel 11 den gebrauchten Ausdruck; – indem er sagt, daß mit dem Namen »für sich bestehendes Leben« und »für sich bestehende Weisheit« bisweilen Gott selbst gemeint sei, bisweilen aber die Kräfte, welche in die Dinge hineingelegt worden sind; in keinem Falle aber für sich bestehende Dinge außer Gott, wie die Alten annahmen.

Vierter Artikel

Gott ist die Zweckursache aller Dinge

a) Dagegen läßt sich geltend machen:

I. Behuf eines Zweckes handeln ist dem eigen, wie es scheint, der etwas bedarf; Gott aber bedarf nichts. Also handelt Er nicht um eines Zweckes willen.

II. Der Abschluß, also der Zweck oder das Ende, der Beugung und die Form des Gezeugten einerseits; und die wirkende Ursache des Zeugens andererseits fallen nicht in ein und dasselbe Sein der Zahl nach zusammen. Denn der Zweck oder das Ende der Beugung ist das Gezeugte, respektive dessen Wesensform. Gott aber ist die wirkende Ursache von allem. Also ist Er nicht der Zweck von allem.

III. Alles verlangt nach seinem Zweck, d. h. nach seiner schließlichen Vollendung. Nicht alles aber verlangt nach Gott. Also ist Gott nicht der allgemeine Zweck.

IV. Die Zweckkursache ist die erste unter den Ursachen. Ist Gott also die wirkende Ursache und die Zweckursache, so ist in Ihm ein »vor« und »nach«, ein »früher« und »später«.

Auf der anderen Seite sagt die Schrift (Prov. 16.4): »Alles hat Gott wegen Seiner selbst gewirkt.«

b) Ich antworte. Jegliches Sein, das wirkt, ist um eines Zweckes willen tätig; sonst würde aus der betreffenden Tätigkeit ebensogut das eine folgen wie das andere. Es bestände alles zwecklos, d. h. dem Zufalle überlassen. Der Zweck nun dessen, der einwirkt und dessen, der die Einwirkung ausnimmt, ist insoweit ein und derselbe; er kommt aber dem einen anders zu wie dem anderen. Denn es ist wohl ein und dasselbe, was der Wirkende beabsichtigt hervorzubringen und was der Empfangende oder Leidende in sich ausnehmen will. Es bestehen jedoch manche Wesen, die da wohl wirken, die aber zugleich nach einer anderen Seite auch empfangen oder leiden. Dies sind *unvollkommen* Einwirkende. Und ihnen kommt es zu, daß sie beim Einwirken auch etwas zu erreichen, also etwas zu empfangen beabsichtigen. Dem Erstwirkenden aber, der da *nur wirkt* und nach keiner Seite hin *leidet* oder *empfängt*, kommt es nicht zu, daß Er wirke, um etwas zu erlangen; sondern Er will allein seine eigene Vollkommenheit in etwa mitteilen und diese Vollkommenheit ist seine Güte. Und demgemäß strebt jede Kreatur danach, ihre Vollendung zu erreichen, welche da ist eine Ähnlichkeit mit der göttlichen Vollendung und Güte. So also ist die Güte Gottes der Zweck aller Dinge.

c) I. Eine *unvollkommene* wirkende Ursache wirkt, weil sie bedarf; denn sie ist von Natur dazu berufen, zu wirken einerseits und andererseits die Einwirkung anderen Seins in sich aufzunehmen. Das aber kommt Gott nicht zu; und deshalb ist Er im höchsten Grade freigebig. Denn Er wirkt nicht um seines Nutzens willen; sondern nur, weil Er gütig ist.

II. Die Wesensform des Erzeugten, wodurch dieses besteht, ist nur insoweit Zweck und Ende der Beugung als sie die Ähnlichkeit ist mit der bestimmenden Form im Zeugenden, der seine Ähnlichkeit mitteilen will. Sonst stände die Form des Gezeugten im Sein höher als die wirkende oder zeugende Ursache; da der Zweck höher steht als das, was zum Zwecke dient.

III. Alles strebt nach Gott als nach dem Zwecke; weil alle Dinge nach ihrer Vollendung, also irgendwie nach Gutem und tatsächlichem Sein streben, sei es in vernünftiger sei es in sinnlicher sei es ohne jede Kenntnis in natürlicher Weise. Denn nichts hat den Charakter des Guten oder des Erstrebbaren, außer insoweit es an Gottes Ähnlichkeit teilnimmt.

IV. Gott ist die wirkende, die Exemplar- und die Zweck-Ursache von allem, was existiert; und ebenso ist der Urstoff von Ihm. Also ist das erste Prinzip aller Dinge *eine durchgehende Einheit dem wirklichen Sein nach*. Nichts aber steht dem entgegen, in Gott nach der Auffassung der Vernunft vieles zu betrachten, von dem manches zuerst der Auffassung begegnet, manches später.

V.

Die Philosophie der Neuzeit

Francesco Petrarca

(20.7.1304–19.7.1374)

Der Mensch ist das Maß

Francesco Petrarca war nicht nur Humanist und berühmter Dichter, sondern auch Philosoph. In den meisten Philosophie-Lexika wird man seinen Namen nicht finden; will man aber verstehen, wie sich das philosophische Denken einer Transformation unterzieht, die vom Mittelalter in die Neuzeit führt, dann muß man Petrarca als Initiator dieses Prozesses sehen. Petrarca steht am Anfang einer neuen Epoche: der Neuzeit.

Der Zeitgenosse Coluccio Salutati (1331–1406) verfaßte vier Wochen nach Petrarcas Tod einen Nachruf, in dem zu lesen ist:

»Aber in der Philosophie, mein Gott, […] welche Höhe hatte Petrarca dort erreicht. Ich meine nicht in der Philosophie, die die modernen Sophisten in den Schulen mit großer Eitelkeit aufblasen und in sinnloser Geschwätzigkeit verehren, sondern vielmehr der Philosophie, die den Geist erbaut, die Tugend wachsen läßt, den Unrat des Lasters hinwegspült, die Wahrheit der Dinge erleuchtet, ohne sich in endlosen Disputen zu erschöpfen. Mögen jene sich an der früheren Philosophie ergötzen, wir verehren die neue Philosophie und geben uns ihr mit der ganzen Kraft unseres Herzens hin.«

Mit Petrarca beginnt nicht nur die Epoche des Humanismus und der Renaissance, sondern auch die Erneuerung der Philosophie. Diese ging nicht von der jene Zeit noch bestimmenden Philosophie des Mittelalters, der Scholastik aus, sondern sie kam von außen, von einem Dichter, der philosophisch hochgebildet und an Cicero, Seneca und Augustinus geschult war.

Francesco Petrarca wurde in Arezzo als Sohn des Notars Pietro di ser Parenzo im Exil geboren. Der Vater war, wie der mit ihm befreundete Dante, 1302 aus seiner Heimatstadt Florenz verbannt worden. 1312 siedelte er mit Frau und Söhnen – Francesco hatte noch einen drei Jahre jüngeren Bruder – in das französische Avignon über, wo er sich als Notar etablierte.

Für Petrarca war, wie er später schrieb, die Erfahrung der Verbannung und das Leben in der Fremde prägend. Er sei »in der Verbannung gezeugt, in der Verbannung geboren« und bekennt, daß er »nirgends […] Ruhe gefunden« habe.

Früh zeigte sich, daß eine bürgerliche Existenz für ihn undenkbar war. Der Vater hatte für seinen Sohn eine erwerbssichere Laufbahn als Advokat geplant und schickte den jungen Francesco im Herbst 1316 nach Montpellier, um ihn dort Jura studieren zu lassen. Ab 1320 setzte der mittlerweile Sechzehnjährige voller Unlust sein Studium an der Universität in Bologna fort.

Im Frühjahr des gleichen Jahres wendete sich das Schicksal für Francesco. Es erreicht ihn die Nachricht vom Tode seines Vaters. Sofort bricht er sein Studium ab und eilt zurück nach Avignon. Von nun an wollte er sein Leben nach eigenem Willen gestalten. Zwar lebte er unter beträchtlichen finanziellen Schwierigkeiten, aber er widmete sich fast ausschließlich seinem eigentlichen Interesse, dem Studium der Literatur.

Er las die antike Literatur und verfaßte sein erstes größeres Werk, eine wissenschaftliche Arbeit zu *Titus Livius*. Sein Privatleben gestaltete sich anregend: Er verkehrte in den jungen, glamourösen Kreisen Avignons und gab sich der Lust weltlichen Treibens hin.

In jenen Jahren begann Petrarca auch, seine Privatbibliothek aufzubauen, die im Laufe seines Lebens zu einer der reichsten Sammlungen literarischer Bücher in ganz Europa anwachsen sollte. Sie umfaßte wichtige Schriften und Briefe antiker Autoren wie Cicero, Seneca, Horaz, Quintilian, Varro und Homer, die teilweise verschollen waren und deren Widerauffinden Petrarca zu verdanken ist.

Renaissance bedeutet ›Wiedergeburt‹, Rückkehr zur Antike nicht nur in der Kunst, sondern auch in der Philosophie, die sich nun von den hierarchischen Denkstrukturen des Mittelalters löste und sich wieder am Menschenbild des klassischen Altertums orientierte. Die Bibliothek Petrarcas schuf hierfür grundlegende Voraussetzungen.

Am 6. April 1327 kam es zu einem in der Geschichte der Weltliteratur berühmt gewordenen Ereignis: In der Kirche der heiligen Klara zu Avignon sieht Petrarca zum ersten Mal Laura. Sie sollte für mehr als zwei Jahrzehnte zum Gegenstand seiner Liebe und Dichtung werden. Er verewigte sie in seinen berühmten *Canzoniere*. Laura war der schöpferische Quell einer Lyrik voller Seelentiefe und Melancholie, die für Jahrhunderte die europäische literarische Liebessprache prägte.

Von 1333 an unternahm Petrarca weitläufige Reisen, die ihn unter anderem nach Paris, Flandern, Aachen und Köln führten, eine Stadt, die ihn durch ihre Kultur und ihren ›Wohlduft‹ bestricht.

1337 wurde Petrarca Vater eines Sohnes, Giovanni. Die Mutter ist unbekannt.

1343 schenkte ihm eine ebenfalls unbekannte Frau eine Tochter, Francesca, zu der Petrarca ein inniges Verhältnis hatte.

In jene Zeit fällt auch die später vielbeachtete Besteigung des Mont Ventoux, des nördlich der Vaucluse gelegenen 1912 Meter hohen Berges. Ein berühmter Brief vom 26. April 1336 an den Augustinermönch Dionigi da Borgo San Sepolcro, dessen Datum wahrscheinlich fingiert wurde, berichtet davon. Dieser Brief erzählt von einem epochemachenden Ereignis: Zum ersten Mal wurde ein Berg aus reiner Neugierde und Freude am Genuß der Entdeckung bestiegen.

Die Besteigung des Mont Ventoux ist in vieler Hinsicht symbolhaft, denn sie eröffnet eine neue Weltsicht, in deren Zentrum die Neugierde auf unbekannte Horizonte und das Verlangen nach Eroberung steht. Der Blick schweift nun in die Weite, und diese läßt sich nur aus der Höhe ermessen. Sah der mittelalterliche Mensch von unten hinauf zu Gott und in dessen jenseitiges Reich, wendet sich der neuzeitliche Mensch dem Diesseits zu und stellt sich selbst nach oben.

Diese neue Vision schließt auch das Interesse an der Erkundung des Ich ein – ein sehr modernes Phänomen. Das Individuum will sich selbst kennenlernen. Deswegen ist es bezeichnend, daß Petrarca, auf dem Gipfel des Mont Ventoux angelangt, zunächst in die Landschaft schaut und dann ein Buch aufschlägt, das er immer bei sich führt. Es sind die *Bekenntnisse* des Augustinus. Hier heißt es: »Ich kehrte die Augen des Geistes in mein Inneres.«

Was Petrarca in seiner Beschreibung der Bergbesteigung darlegt, ist weit mehr als ein alpines Ereignis. Es ist die Ankündigung eines neuen Verhältnisses zwischen Mensch und Welt.

Petrarca war mittlerweile zu einer berühmten Persönlichkeit geworden. Im Jahr 1341 ging sein größter Wunsch in Erfüllung. Er wurde in Rom zum *poeta laureatus*, zum König der Dichter ernannt. Um diese Ehrung zu erhalten, hatte er seine weitreichenden gesellschaftlichen Beziehungen spielen lassen. Die Colonna waren eine jener berühmten und mächtigen italienischen Adelsfamilien, die ihm ihre Gönnerschaft und Unterstützung erteilten. Ihr Einfluß verhalf ihm zur spektakulären Dichterkrönung, die er selbst als wichtigstes Ereignis seines Lebens betrachtete.

Im Mai 1353 verließ er die Provence und siedelte endgültig nach Italien über. Zunächst lebte er in Mailand, das unter der tyrannischen Herrschaft der Familie Visconti litt. Hier stand er zeitweise im Dienst des Herrschers und erfüllte verschiedene diplomatische Aufgaben.

Ab 1361 begann Petrarcas so genannte ›Altersphase‹, die er bewußt mit einer Sammlung von Briefen, den *Altersbriefen*, stilisierte.

1367 mußte er nach Padua fliehen, eine Pestwelle hatte Mailand erreicht. Das Jahr 1368 brachte schmerzliche Verluste. Sein Sohn Giovanni und etliche der besten Freunde wurden von der Seuche dahingerafft. Als die Pest auch Padua erreichte, beschloß er, sich in Venedig niederzulassen. Die Stadt hatte ihm angeboten, ihm im Tausch gegen die testamentarische Hinterlassung seiner einzigartigen Bibliothek den Palazzo Molin als Wohnraum zur Verfügung zu stellen.

In Venedig war auch Boccaccio, mit dem Petrarca im Jahr 1350 Freundschaft geschlossen hatte, für längere Zeit zu Gast. Kurz vor seinem Tod 1373, übersetzte Petrarca Boccaccios *Decamerone* ins Lateinische.

Petrarcas Schaffen konzentrierte sich in den späten Jahren hauptsächlich auf angefangene, aber noch nicht fertiggestellte Projekte. Daneben verfaßte er ein neues, philosophisches Werk: *Von seiner und vieler Leute Unwissenheit.* Es ist Petrarcas tiefgründigste Reflexion über die Philosophie als Gegenstand menschlicher Selbsterkenntnis. Dieser Text ist eine Art Verteidigungsschrift seiner eigenen philosophischen Position gegen Angriffe scholastischer Kritiker, die über ihn sagten, er sei ja »ein guter Mensch, aber herzlich ungebildet« oder auch »ein guter Mensch ohne wissenschaftliches Fundament«.

Die Scholastiker als Vertreter der mittelalterlichen Philosophie fühlten sich bedroht, weil sie spürten, daß Petrarca das alte System über Bord werfen und der Philosophie ein neues Gepräge geben wollte.

In der Schrift *Von seiner und vieler Leute Unwissenheit* äußert Petrarca seine scharfe Kritik gegen Aristoteles und Averroes, die das aristotelische Denken dem Mittelalter zugeführt hatten. Petrarca verlangte, daß der Philosoph nicht länger der Gewährsmann von Aristoteles sein sollte, sondern sich selbständig auf den Weg der Wahrheitssuche machen müsse. Philosophie sollte nicht eine ›Lehre des Wissens‹ sein, sondern, in ihrem wörtlichen Sinne, als ›Liebe zur Weisheit‹ verstanden werden.

Für Petrarca war Platon der wahre Philosoph. Mit dieser Sicht schuf er die Grundlage für ein die Renaissance prägendes Wiederaufleben der platonischen Philosophie, die im Mittelalter zugunsten des aristotelischen Denkens fast in Vergessenheit geraten war.

Aus einer Reihe von Aufzeichnungen und Briefen geht hervor, daß Petrarca sich der neuen Art seines Denkens bewußt war und ganz entschieden die Philosophie mit anderen Inhalten füllen wollte. Sie sollte den Menschen nützen, praktisch sein und nach dem Woher und Wohin des Einzelnen fragen. Der Akt des Philosophierens sollte sich im Hier und Jetzt des menschlichen Lebens vollziehen und nicht länger nur dem Lobpreis der göttlichen Vollkommenheit dienen.

Stützte sich das mittelalterliche Denken auf die aristotelische Vorstellung der Zweckgerichtetheit allen Seins, was mit den Mitteln der Deduktion, der Schlußfolgerung vom Allgemeinen auf das Konkrete, bewiesen werden sollte, plädierte Petrarca nun für eine rein induktive Methode, die ihre Ergebnisse aus der Beobachtung der Einzeldinge herleitet.

Am Ende seines Lebens zog er mit seiner Familie nach Arqua, im Nordosten Italiens, seinem letzten Wohnsitz. Hier starb Petrarca. In der Nacht vom 18. zum 19. Juli 1347 ereilte ihn ein rascher Tod an seinem Arbeitstisch. Man fand ihn leblos über einen Folianten gebeugt; still und friedlich war er eingeschlafen.

Zum Zeitpunkt seines Todes war er bereits eine Berühmtheit. Die immer stärker werdende humanistische Bewegung erhob ihn schon kurz nach seinem Ableben in den Rang eines Epochenbegründers.

Weitere philosophisch-humanistische Schriften Petrarcas sind: *Heilmittel gegen Glück und Unglück, Über die Würde des Menschen, Über den geheimen Widerstreit meiner Sorgen, Das einsame Leben, Mein Geheimnis* und *Heilmittel gegen Glück und Unglück*.

Diese Textsammlung stellt den Brief *Die Besteigung des Mont Ventoux* und Auszüge aus seiner Schrift *Von seiner und vieler Leute Unwissenheit* vor.

Von seiner und vieler Leute Unwissenheit

Widmungsbrief an Donato Apennigena

Mein Freund,

hier erhältst du endlich das längst versprochene und erwartete Buch. Ist es auch klein, so handelt es doch von einem sehr großen Gegenstande, nämlich von meiner und vieler Leute Unwissenheit. Und wäre es erlaubt gewesen, diesen Gegenstand auf dem Amboß des Geistes mit dem Hammer der Wissenschaft breitzuschlagen, glaube mir, das Buch wäre angewachsen zu einer Last, an der ein Kamel zu tragen hätte. Denn gibt es für eine Abhandlung einen größeren und reicheren Stoff als die menschliche Unwissenheit, vor allem meine eigene?

Du sollst in dem Buche lesen, als hörtest du mir zu wie sonst, da ich in Winternächten am Kamin vor dir zu fabulieren pflegte – ziellos, was dir beim Blättern gerade in die Augen fällt. Denn ob es auch Buch heißt, ist es doch nur eine Plauderei. Es hat nichts von einem Buche als den Namen, nicht den Umfang noch die Anordnung, weder den Ernst der Darstellung noch auch den ganzen Stil, sondern ist nur eilfertig hingeworfen, wie man eben auf Reisen zu schreiben pflegt. Aber trotzdem nenne ich es ein Buch, damit dir das kleine Geschenk seines großen Namens wegen wertvoller erscheinen möge. Wenn ich auch überzeugt bin, daß dir alles gefällt, was aus meiner Feder kommt, so wollte ich doch auch dir gegenüber diesen kleinen Betrug versuchen. Pflegen doch auch Freunde, wenn sie sich billiges Obst oder einfache Leckereien zum Geschenke machen, die kleine Gabe in einer silbernen Schale und mit weißem Linnen bedeckt zu übersenden. Auf diese Weise ist das Geschenk nicht größer und nicht besser, und doch macht es dem Empfänger mehr Freude und ehrt den Geber. So habe nun auch ich das kleine Geschenk mit einem schönen Schleier verhüllt, indem ich ein Buch nannte, was ich einen Brief nennen könnte.

Es wird dir auch deshalb nicht weniger wert sein, weil es durch viele Korrekturen und Einschiebsel entstellt und auch auf dem Rande ganz vollgeschrieben ist. Denn wenn dies auch seiner äußeren Schönheit Eintrag tut, so muß es dir doch um so lieber sein, als du daraus siehst, wie vertraut ich mit dir stehe, daß ich dir so zu schreiben wage. Sieh also diese durchstrichenen und eingeschobenen Stellen für ebenso viele Zeichen meiner Freundschaft und Liebe an. Auch kannst du nun nicht mehr daran zweifeln, daß das Buch, das du erhältst, von mir stammt, da es von meiner dir längst bekannten Hand geschrieben und durch so viele Narben absichtlich entstellt ist. Ich erinnere mich, daß Sueton etwas Ähnliches von Nero berichtet.»Es kamen mir«, schreibt er, »schöne Schreibtafeln zu Gesicht mit einigen bekannten Versen, von derselben Hand geschrieben, so daß deutlich zu ersehen war, daß sie nicht abgeschrieben oder nach Diktat nachgeschrieben, sondern vom Verfasser selbstgleichsam noch mitten in ihrem Entstehen hingeworfen waren. So gab es darin auch eine Reihe von durchstrichenen, eingeschalteten und überschriebenen Stellen.« So Sueton.

Doch ich will nun schließen. Denke meiner und lebe wohl! – Zu Padua an den Iden des Januar. Auf meinem Krankenlager zur elften Stunde der Nacht.

Von seiner und vieler Leute Unwissenheit

Was nützt es, das Wesen der Tugend zu kennen, wenn wir sie nicht lieben? Oder wozu ist die Erkenntnis der Sünde gut, wenn wir sie nicht verabscheuen? Hat der zum Bösen geneigte Wille erkannt, wie schwer die Tugend und wie verführerisch leicht das Laster zu üben ist, wird er die träge, schwankende Seele eher ins Laster als zur Tugend führen. Auch ist es durchaus erklärlich, daß gerade Aristoteles wenig dazu geeignet ist, die Seele zum Guten anzuspornen, der er, wenn wir Cicero glauben dürfen, den Sokrates, den Vater dieser Art von moralisierender Philosophie verspottet und verlacht hat. Und doch haben dieser und unsere Philosophen, wie jeder weiß, der sich in der Sache auskennt, es ganz besonders verstanden, mit glühenden, begeisternden Worten die Seele zu treffen und anzufeuern, mit Worten, die die Trägen aufstachelten, die Kalten erwärmten, die Schlafenden aufrüttelten, die Kranken zur Genesung brachten, die Gefallenen aufrichteten und die an der Erde klebenden Seelen zu den höchsten Gedanken und erhabensten Wünschen begeisterten, so daß sie alles Irdische verachteten, daß sie das Laster kennen lernten, um es glühend zu hassen, daß sie mit inneren Augen die herrliche Schönheit der Tugend schauten, um in wunderbarer Liebe zu ihr und zu der Weisheit zu erglühen. Ich weiß zwar wohl, daß ohne Christi Lehre und Gnade dies nicht in vollkommenem Maße erreicht werden kann; daß kein Mensch völlig weise, tugendhaft und gut sein kann, wenn er nicht lange und viel getrunken hat, nicht von der fabelhaften Quelle, die zwischen den Gipfeln des

Parnass entspringt, sondern von jenem wahren und einzigen Wasser, das seine Quelle im Himmel hat, das »hinübersprudelt ins ewige Leben«, und »von dem man trinkt, um nie wieder zu dürsten«. Aber jene Philosophen, von denen ich spreche, begleiten uns wenigstens helfend und fördernd auf dem Wege zu dieser Quelle. Das haben schon viele an vielen ihrer Bücher erfahren, und Augustinus bekennt es mit tiefem Dank besonders vom Hortensius des Cicero. Und wenn auch das Endziel unseres Lebens nicht allein in der Tugend liegt, wohin es diese Philosophen verlegen, so führt doch der Weg zu unserem Ziele durch die Tugenden, aber nicht bloß indem wir sie erkennen, sondern indem wir sie lieben.

Das also sind die wahren Philosophen und die besten Tugendlehrer, deren erste und letzte Absicht ist, den Hörer und Leser gut zu machen, die nicht nur lehren, was das Wesen von Tugend und Laster ist, und unser Ohr mit der ewigen Versicherung quälen, daß die erstere schön und das andere häßlich sei, sondern die uns Liebe und Sehnsucht nach diesem höchsten Gute einflößen und Haß gegen die Schlechtigkeit und Flucht vor der Sünde predigen. Besser ist es, für einen guten und frommen Willen als für einen klaren Verstand zu sorgen. Die Weisen sagen, der Gegenstand des Willens sei die Güte, der des Verstandes die Wahrheit. Wertvoller aber ist es, das Gute zu wollen als das Wahre zu erkennen. Denn das erstere entbehrt nie des Verdienstes, das letztere aber kann oft mit Sünden verknüpft sein, ohne sie zu entschuldigen. Darum gehen diejenigen gar sehr fehl, die ihre Zeit vergeuden in der Erkenntnis der Wahrheit und nicht in dem Streben des Willens nach ihr, in der Erkenntnis und nicht in der Liebe Gottes. Denn voll erkannt kann Gott in dieser Welt nie werden, geliebt aber kann er werden, fromm und glühend. Und diese Liebe ist immer glücklich, die Erkenntnis aber kann bisweilen schrecklich und bitter sein, wie die der Teufel, die Gott in der Hölle erkennen und vor ihm zittern.

Nun ist es ja freilich wahr, daß wir etwas, das wir nicht kennen, auch nicht zu lieben vermögen. Aber es genügt doch, Gott so weit zu kennen, als eben unsere natürlichen Kräfte reichen, zu wissen, daß er der strahlende, köstliche, herrliche, unerschöpfliche Urgrund alles Guten ist, daß von ihm und durch ihn und in ihm besteht, was Gutes an uns ist. Und es genügt auch, von der Tugend so viel zu wissen, daß sie nach Gott das höchste Gut ist; daß wir Gott mit allen Fasern unseres Herzens um seiner selbst willen, die Tugend aber um Gottes willen lieben und verehren sollen, ihn als den einzigen Schöpfer, sie als den schönsten Schmuck unseres Lebens.

Darum ist es vielleicht nicht so tadelnswert, wie meine Richter glauben wollen, wenn ich in diesen Fragen mehr unsern Philosophen Vertrauen schenke, obwohl sie keine Griechen sind. Und wenn ich auch einmal, diesen oder meinem eigenen Urteil folgend, etwas gesagt habe, was dem Inhalt oder der Form nach Aristoteles anders gesagt haben mag, so werde ich darum bei gerechteren Richtern noch nicht als ehrlos verschrien werden. Auch ist es ja eine bekannte Eigenart des Aristoteles, von der schon Chalcidius spricht, daß er willkürlich hervorhebt, was ihm wichtig erscheint, und das übrige in verächtlicher Nachlässigkeit übergeht. Wenn ich nun also sage, er habe etwas mißachtet oder vernachlässigt oder vielleicht auch gar nicht daran gedacht – was doch immerhin möglich ist und der menschlichen Natur nicht durchaus widerspricht, obwohl es freilich nach der Ansicht meiner Freunde bei Aristoteles undenkbar wäre – so kann es ja sein, daß ich mich täusche; sie aber greifen mich darob unrühmlich genug nicht mit greifbaren Anschuldigungen, sondern mit Verleumdungen und Verdächtigungen an. Ist denn dieser mein Irrtum Grund genug, mich mit dem Vorwurf völliger Unwissenheit zu überschütten? Muß ich deshalb, weil ich mich in einem Punkte irrte – wobei es immer noch möglich ist, daß nicht ich, sondern sie im Irrtum befangen sind – dazu verurteilt sein, mich immer und überall zu irren und in völliger Unwissenheit dahinzuleben?

Du bist also doch, wird man einwenden, gegen Aristoteles aufgetreten? Gegen Aristoteles nicht, wohl aber für die Wahrheit, die ich liebe, wenn schon ich unwissend bin, und gegen die törichten Aristoteliker, die tagtäglich fast in jedem Worte bis zu ihrem und ihrer Hörer Überdruß den Aristoteles zitieren, von dem sie nichts kennen als den Namen, und dessen Gedanken sie willkürlich ins gerade Gegenteil verdrehen. Niemand kann mehr Achtung und Liebe gegenüber hervorragenden Männern bezeigen als ich. Kann ich doch bezüglich der Philosophen und vor allem bezüglich der wahren Theologen auf mich das Wort des Naso anwenden:

»Sah einen Meister ich nur, schien er schon Gott mir zu sein.«

Von Aristoteles würde ich dies nicht sagen, wenn ich ihn nicht wirklich für einen sehr bedeutenden Menschen hielte. Ich weiß, daß er sehr bedeutend war; ich füge aber hinzu: er war auch ein Mensch. Ich weiß, daß man aus seinen Büchern viel lernen kann; ich glaube aber, daß man auch außerhalb seiner Schriften noch etwas zu lernen vermag. Und es steht mir auch unzweifelhaft fest, daß es schon, ehe Aristoteles schrieb, ehe er lehrte, ja, ehe er geboren ward, Leute gab, die etwas wußten, so den Homer,

Hesiod, Pythagoras, Anaxagoras, Demokrit, Diogenes, Solon, Sokrates und den Fürsten der Philosophie, den Plato.

Und wenn sie mich fragen, wer dem Plato diesen Vorrang unter allen Philosophen zuweise, so antworte ich: nicht ich, sondern die Wahrheit, die er zwar nicht völlig erkannt, die er aber geschaut hat, und der er näher gekommen ist als alle andern Philosophen. Und deshalb räumen ihm auch alle großen Schriftsteller diese Ehrenstelle ein, Cicero vor allem und Vergil, der ihn zwar nicht nennt, aber seinen Spuren folgt; außerdem Plinius und Plotinus, Apuleius, Macrobius, Porphyrius, Censorinus, Josephus und von unsern Theologen Ambrosius, Augustinus, Hieronymus und viele andere, was ich leicht beweisen könnte, wenn es nicht schon allgemein bekannt wäre. Und wer bestreitet ihm diesen Vorrang? Einzig und allein der verrückte, heulende Pöbel von Scholastikern.

Daß Averroes den Aristoteles allen andern vorzieht, rührt daher, daß er Erklärungen zu dessen Büchern geschrieben und diese so gewissermaßen zu seinem Eigentum gemacht hat. Und ist dieses sein Werk auch durchaus lobenswert, so ist doch sein eigenes Lob verdächtig. Denn ein altes Sprichwort sagt: »Jeder Kaufmann lobt seine Ware.« Es gibt eben Leute, die es nicht wagen, eigene Bücher zu schreiben, und die deshalb in ihrer Schreibewut wenigstens Kommentare zu fremden Büchern verfassen, ähnlich denen, die von der Baukunst nichts verstehen, dafür aber wenigstens die Hausmauern übertünchen. Und aus dieser Arbeit erhoffen sie sich einigen Ruhm, den sie aber natürlich nur erreichen können durch die, deren Bücher sie kommentieren, und deshalb loben sie dieselben voll Eifer, ohne Maß und mit vieler Übertreibung.

Und wie groß ist die Zahl derer, die fremde Bücher erklären und so fremdes Gebiet brandschatzen! Von wie vielen derartigen Handwerkern würde heutzutage vor allem der Liber Sententiarum mit laut klagender Stimme erzählen, wenn er reden könnte! Und welcher Kommentator lobt nicht das behandelte Werk, wie er nur sein eigenes loben könnte! Noch viel überschwenglicher wird er es loben, weil es ja ebenso höflich ist, anderer Leute Werk zu rühmen, als es eitel und hochmütig wäre, das eigene zu loben. Ich will ganz von denen absehen, die sich zu ihrer Erklärerarbeit ganze Bände herausgegriffen haben, wie vor allem und als erster Averroes. Aber es behauptet ja selbst ein Macrobius, der nicht nur Kommentator, sondern selbst ein vorzüglicher Schriftsteller war, am Schlusse der bekannten Abhandlung, worin er des Cicero Werk »über den Staat«, und zwar nicht alle Bücher desselben, sondern nur einen gewissen Teil eines einzigen Buches erklärt: »Fürwahr, es darf gesagt werden, daß es nichts Vollkommeneres gibt als dieses Werk. Denn es enthält die volle Summe der gesamten Philosophie.« Und zwar meint er dabei nicht die Philosophie, die in diesem Buche, sondern die in allen philosophischen Büchern enthalten ist. Mehr konnte er nicht sagen, wenn er auch vielleicht mehr Worte hätte darüber machen können. Denn die »volle Summe« könnte nur noch überboten werden durch ein Zuviel. Denn was kann in allen philosophischen Büchern, die geschrieben sind und noch geschrieben werden, mehr enthalten sein als die gesamte Philosophie, nehmen wir auch an, daß jedes einzelne Buch sie völlig enthalte und enthalten wird und daß keinem Buch etwas daran fehle oder fehlen wird?

Doch genug davon. – Ich weiß, in welche Gefahr ich meinen guten Namen dadurch bringe, daß ich solche Philosophen zu erwähnen und gar mit Aristoteles zu vergleichen wage. Doch es entschuldige mich die Unwissenheit, die mir vorgeworfen wurde, und die ich nicht zurückgewiesen habe; sie pflegt ja keck und geschwätzig zu machen. Die Furcht, ihren Ruhm zu verlieren und ihrem Namen zu schaden, hält ja sonst wohl die Redner im Zaume. Mir aber hat der Richterspruch meiner Freunde den Ruhm schon genommen. Was soll ich also noch fürchten? Es kann mir ja nicht mehr verloren gehen oder gemindert werden, was ich schon verloren habe. Und nun da ein günstiger Wind mich emporgeführt aus den Abgründen meiner Unwissenheit, will ich mich aufraffen, so gut ich es vermag, und sagen, was ich schon oft gesagt zu haben mich erinnere als Antwort auf eine Frage, die schon bedeutende Männer sich gestellt haben. Ich meine die Frage, ob Plato oder Aristoteles der größere und berühmtere Mann gewesen. Meine Unwissenheit ist nicht so groß, als meine Richter glauben wollen, daß ich es wagte, in einer so schwierigen Sache eine vorschnelle Antwort zu geben. Soll man doch selbst bei kleinen Dingen nur zurückhaltend und vorsichtig sich äußern. Auch weiß ich sehr wohl, daß unter Gelehrten über ähnliche Fragen schon sehr viel gestritten wurde, so über Cicero und Demosthenes, über denselben Cicero und Vergil, über Vergil wiederum und Homer, über Sallust und Thukydides, über Plato endlich und seinen Mitschüler Xenophon und über viele andere. Und wenn schon bei all diesen eine Entscheidung äußerst schwierig ist, wer wird es dann vollends wagen, vom hohen Richterstuhle herab über die Frage des Vorrangs zwischen Plato und Aristoteles zu entscheiden?

Wenn aber gefragt wird, wer von beiden am meisten gerühmt werde, so antworte ich ohne Zaudern, die Sache verhalte sich so, daß Plato das

Lob der Besten und Vornehmsten, Aristoteles das des gemeinen Pöbels finde. Plato wird nur von den wenigen Großen, Aristoteles hingegen von der großen Mehrzahl gelobt. Beide sind würdig des höchsten Lobes von allen Menschen, denn sie kamen in der Erkenntnis der natürlichen und menschlichen Dinge, soweit eben menschlicher Geist und Fleiß vordringen kann. In die ewigen Fragen aber drangen Plato und mit ihm die Platoniker tiefer ein, und wenn auch weder der eine noch der andere dahin gelangen konnte, wohin er strebte, so kam doch Plato dem Ziele näher. Daran kann kein Christ zweifeln, vor allem dann nicht, wenn er ein aufmerksamer Leser der Bücher des Augustinus ist. Selbst die freilich wissenschaftlich rückständigen Griechen von heute wissen dies und nennen deshalb, den Pfaden der Alten folgend, den Plato einen himmlischen, den Aristoteles einen dämonischen Geist.

Ich kenne auch sehr wohl die Art und Weise, wie Aristoteles in seinen Schriften gegen Plato aufzutreten pflegt. Tut er dies auch in allen Ehren und frei von jedem Verdacht des Neides und spricht er auch an einer Stelle davon, daß ihm Plato lieb und wert, noch teurer als Plato aber die Wahrheit sei, so mag er sich doch gesagt sein lassen, daß es leicht ist, gegen einen Toten zu streiten. Freilich hat Plato nach seinem Hingange viele und gute Verteidigung gefunden, vor allem bezüglich seiner Ideenlehre, die Aristoteles mit allen Waffen seines Geistes und mit großer Schärfe bekämpft hatte. Am bekanntesten ist seine glänzende Verteidigung durch Augustinus, dem ein frommer Leser, wie ich glaube, nicht weniger zustimmen wird als einem Plato oder Aristoteles.

Und noch eines möchte ich hier mit Nachdruck sagen, um einen Irrtum meiner Richter und ähnlicher Leute zurückzuweisen. Dem Geschwätz des Pöbels folgend, pflegen sie mit ebenso großer Unverschämtheit als Unwissenheit einzuwenden, Aristoteles habe doch viele Bücher geschrieben. Und darin irren sie gar nicht. Viel, ohne Zweifel, hat er geschrieben, mehr noch als sie vielleicht glauben; denn einiges davon ist noch gar nicht in das Lateinische übersetzt. Aber dann behaupten sie weiter, Plato, den sie doch gar nicht kennen, und von dessen Werken sie nicht eines gelesen haben, habe gar nichts geschrieben, höchstens vielleicht einige kleine Büchlein. Das würden sie nicht sagen, wenn sie so gelehrt wären, als sie mich ungelehrt nennen. Ich habe, obwohl ich kein Grieche noch ein Gelehrter bin, sechzehn oder noch mehr Werke von Plato zu Hause, und ich zweifle, ob sie auch nur einmal den Namen von einem derselben gehört haben. Nun werden sie staunen, wenn sie das lesen. Und wenn sie es nicht glauben wollen, so mögen sie kommen und sehen. Meine Bibliothek habe ich ja in deinen Händen zurückgelassen; und sie ist durchaus nicht unwissenschaftlich, wenn sie auch einem ungebildeten Menschen gehört. Auch ist sie unseren Freunden nicht unbekannt; sie kamen ja oft zu mir, mich auf die Probe zu stellen. Nun mögen sie auch einmal kommen und den Plato auf die Probe stellen und nachprüfen, ob auch er so berühmt und dabei so ungelehrt ist. Sie werden dann alles so finden, wie ich es gesagt, und werden gestehen müssen, daß ich zwar unwissend, aber kein Lügner bin. Auch werden sie dort nicht nur griechische, sondern auch einige ins Lateinische übersetzte Bücher finden, und als höchst gebildete Menschen mögen sie über den Wert dieser Werke urteilen, wie es ihnen beliebt; über deren Zahl aber werden sie nicht anders urteilen können, als ich es sagte, und werden trotz aller Streitlust es nicht zu bestreiten wagen. Und dies ist doch nur ein Teil der Bücher des Plato, die ich schon alle mit eigenen Augen gesehen habe bei dem Kalabresen Barlaam, dem hervorragendsten Vertreter der modernen griechischen Wissenschaft, der es einst unternommen hatte, mich in der griechischen Sprache zu unterrichten, ehe ich noch der lateinischen mächtig war. Und vielleicht hätte ich darin etwas erreicht, wenn nicht der neidische Tod ihn mir geraubt und so, wie es seine Sitte ist, den hoffnungsvollen Anfängen ein rasches Ende gemacht hätte.

Doch allzulange schon verweile ich bei meiner Unwissenheit und gebe viel zu willig Geist und Feder nach. Darum will ich jetzt zum Schlusse eilen.

Dies also, mein Freund, und Ähnliches sind die Gründe, die mich dem freundschaftlichen, aber ach so bösen Urteil meiner Freunde überlieferten. Und von diesen Gründen ist, wie ich weiß, keiner stärker als der, daß ich, wenn auch ein sündiger Mensch, so doch ein Christ bin. Denn sollte ich vielleicht hören müssen, was einst dem Hieronymus vorgeworfen wurde: »Du lügst. Du bist ein Ciceronianer, kein Christ. Denn wo dein Schatz, da ist auch dein Herz!« – so würde ich antworten: meinen unvergänglichen Schatz und den höchsten Teil meines Herzens habe ich bei Christus. Aber wegen der Schwächen und Fehler des menschlichen Lebens, die nicht nur zu ertragen, sondern schon aufzuzählen eine schwere Arbeit ist, vermag ich nicht, wie ich wollte, auch die niederen Teile meines Herzens, in denen der schlimme, verführerische Hang wurzelt, zu Christus emporzuheben. So haften sie noch immer an der Erde. Wie oft habe ich es beklagt, daß ich trotz aller Anstrengung sie nicht davon wegzureißen vermag! Wie oft habe ich unter Tränen immer und immer wieder den Versuch gemacht! Und wie sehr ich darunter leide, daß es mir nicht gelingt, das weiß allein Christus, den ich bekenne und anrufe. Vielleicht erbarmt er sich und unterstützt den frommen Versuch der schwachen Seele, die von der Last der Sünde erdrückt und niedergehalten ist.

Ich leugne indes nicht, daß ich vielen eitlen und schädlichen Beschäftigungen mich hingegeben habe; aber zu diesen zähle ich den Cicero nicht. Denn von ihm weiß ich, daß er mir nie geschadet, sondern immer nur genützt hat. Und über diese meine Versicherung wird sich niemand wundern, der weiß, daß selbst Augustinus Ähnliches von sich bekennt. Doch ich erinnere mich, davon oben und anderswo gehandelt zu haben; darum begnüge ich mich jetzt, dies eine zu sagen: Ich gestehe offen, daß des Cicero Geist und Beredsamkeit mich ergötzen, wie sie auch schon, um von unzähligen andern zu schweigen, den Hieronymus so sehr ergötzt haben, daß er weder durch jene schreckliche Vision noch durch den Tadel des Rufinus sich bewegen ließ, seine Schreibweise so zu ändern, daß sie nicht doch noch irgendwie an Cicero erinnert hätte. Er selbst fühlte es und hat sich irgendwo darob entschuldigt. Auch hat das Studium des Cicero, mit Ernst und Maß betrieben, weder ihm noch einem andern geschadet. Vielmehr nützte es zahlreichen Leuten für die Beredsamkeit alles, für das Leben sehr viel, so vor allem, wie ich schon gesagt habe, dem Augustinus, der, ehe er der Ägypter Land verließ, mit der Ägypter Gold und Silber sich die Taschen füllte, der, ehe er als starker Kämpfer und Streiter für die Kirche den Kampfplatz betrat, sich mit der Feinde Waffen umgürtete.

Wo es sich also um irdische Dinge, namentlich um Beredsamkeit handelt, gestehe ich, daß ich den Cicero bewundere vor allen andern Philosophen, die je geschrieben haben; und daß ich ihn nicht bloß bewundere, sondern nachahme, während ich sonst im Gegenteil mir Mühe gebe, einen andern nicht allzusehr nachzuahmen, weil ich fürchte, daß sonst bei mir eintreten möchte, was ich bei andern Schriftstellern mißbillige. Wenn aber den Cicero bewundern soviel ist als Ciceronianer sein, so bin ich ein Ciceronianer. Denn ich bewundere ihn so sehr, daß ich mich über die wundere, die ihn nicht bewundern. Und sollte es auch als ein neues Bekenntnis meiner Unwissenheit gelten, so gestehe ich doch, daß dies wirklich meine Ansicht und Überzeugung ist.

Wenn es sich aber darum handelt, über religiöse Fragen, über die höchsten Wahrheiten, über das wahre Glück und das ewige Heil zu denken und zu sprechen, dann bin ich weder Ciceronianer noch Platoniker, sondern Christ. Bin ich doch fest überzeugt, daß auch Cicero Christ geworden wäre, wenn er Christum hätte sehen oder Christi Lehre hätte vernehmen dürfen. Bezüglich des Plato zweifelt Augustinus nicht, daß er Christ geworden wäre, wenn er zu Christi Zeit gelebt oder Christum hätte vorausahnen können. Wie Augustinus versichert, sind auch zu seiner Zeit fast alle Platoniker, zu deren Zahl auch er gehörte, zum christlichen Glauben übergetreten. Wenn ich also auf dem Standpunkt des christlichen Glaubens stehe, wie soll dann die Beredsamkeit eines Cicero dem christlichen Dogma im Wege stehen können? Was kann es schaden, des Cicero Bücher zu lesen, da es doch selbst nichts schaden, sondern nur nützen kann, die Bücher von Häretikern zu lesen, nach dem Worte des Apostels: »Es muß notwendig Häresien geben, damit unter euch offenbar werden die Erprobten.« In Fragen des Glaubens freilich werde ich dem nächsten besten Katholiken mehr Vertrauen schenken, mag er auch ungebildet sein, als selbst einem Plato oder Cicero.

Dies also sind die stärksten Beweise meiner Unwissenheit. Ich freue mich, daß sie wahr sind, und bei Gott, ich wünsche, daß sie täglich wahrer werden möchten! Und fürwahr, mit vielen großen Männern ist es mir klar, daß gewisse Leute, wenn sie hörten, daß irgendwo ein Philosoph, und wäre er auch noch so groß, und wäre es selbst ihr Abgott Aristoteles, wieder auferstanden und Christ geworden sei, diesen für ungebildet und unwissend hielten und ihn, den sie früher verehrten, in ihrer Unwissenheit nun von oben herab verachteten. So lächerlich beschränkt sind sie, und so groß ist ihr Haß der Wahrheit. Als ob jemand dadurch seine Wissenschaft verlieren könnte, daß er aus der dunkeln, geschwätzigen Unwissenheit dieser Welt bekehrt ist zu der Weisheit Gottes des Vaters!

So ist es ja auch bekannt, daß einst Victorinus, solange er Rhetorik lehrte, in höchstem Ansehen stand, und daß ihm selbst die Ehre zuteil wurde, auf dem römischen Forum eine Bildsäule zu erhalten. Später aber, als er Christ wurde und den wahren Glauben mit lauter, segensreicher Stimme verkündigte, wurde er von diesen Hochmütigen und vom Teufel Besessenen – aus Furcht vor ihren Beleidigungen soll er, wie Augustinus in seinen Bekenntnissen erzählt, seine Bekehrung lange Zeit hinausgeschoben haben – als geistesschwach und völlig wahnsinnig verschrien. Und dasselbe wissen wir auch von Augustinus. Als er damals zu Mailand unter dem Einfluß des Ambrosius, jenes glaubensstarken und heiligsten Heroldes der Wahrheit, seinen Lehrstuhl der Rhetorik verließ, um der himmlischen Wissenschaft sich zuzuwenden und den Weg des Heiles zu gehen und aus einem Kommentator des Cicero ein Prediger Christi zu werden, da ward er den Feinden Christi und seiner Kirche um so verhaßter und lästiger, je größer das Aufsehen war, das die den Christen so hochwillkommene Bekehrung eines so berühmten Mannes erregte.

Ich will hier etwas erzählen, was ich einmal gehört habe, damit du siehst, wie groß dies Laster, wie gefährlich und wie tief eingefressen es schon ist. Als ich einst einem sehr angesehenen Manne etwas von Augustinus sagte, was ihm gefiel, antwortete er mit einem tiefen Seufzer: »Wie schade, daß ein solcher Geist sich durch die öden christlichen Märchen irreleiten ließ!« Ich erwiderte darauf: »Wie bedauernswert bist du, der du dies sagst; und noch viel bedauernswerter, wenn es wirklich deine Überzeugung ist!« Worauf jener lächelnd meinte: »Nein, wie töricht bist du, wenn du so glaubst, wie du sprichst. Aber ich habe eine bessere Meinung von dir.« Worin sollte diese bessere Meinung bestehen? Doch wohl darin, daß er mich im stillen für denselben Verächter der Frömmigkeit hielt, der er selbst war?

Bei Gott und allen Gläubigen! So kann also in den Augen dieser Leute nachgerade niemand mehr gebildet sein, wenn er nicht zugleich ein Häretiker und ein Tor ist, wenn er nicht über alle Dinge unverschämt und frech aburteilt, wenn er nicht auf dem Straßenpflaster aller Städte über vierfüßige und andere Tiere spricht und dabei selbst nicht mehr als ein zweibeiniges Tier ist! Was wundere ich mich also, wenn meine Freunde mich nicht nur unwissend, sondern selbst irrsinnig nennen, da sie doch zweifellos aus dieser Herde sind, die jede Art von Frömmigkeit verächtlich und jede Religion mißtrauisch betrachtet und weder für geistreich noch für gelehrt den halten, der es wagt, gegen den Aristoteles auch nur zu mucksen. Je heftiger dagegen einer gegen den Glauben spricht, je leidenschaftlicher er ihn bekämpft – vernichtet werden kann er ja weder durch Geist noch durch Gewalt – für desto geistvoller und gelehrter halten ihn diese Leute, und je treuer und gläubiger einer denselben verteidigt, für um so bornierter und ungelehrter wird er erachtet. Als ein Geständnis der eigenen Unwissenheit gilt es, den Schleier des Glaubens zu ergreifen, um sich damit zu decken und einzuhüllen, als ob ihr Wissen von den dunkeln, unbekannten Dingen ein sicheres wäre, als ob es sich dabei nicht vielmehr um willkürliche, leere und unsichere Meinungen, um widerspruchsvolle, törichte und lächerliche Märchen handelte! Die Kenntnisse dagegen, die der wahre Glaube verleiht, sind tiefe und sichere und machen glücklicher als alle irdischen Wissenschaften, die ohne den Glauben keine Wege, sondern Abwege sind, nicht Erfolge, sondern Mißerfolge, nicht Wissen, sondern Irrtum.

Aber die Anschauungen dieser Leute sind nun einmal so, daß sie gewiß nicht nur die beiden obengenannten Christen oder andere dergleichen, sondern selbst einen Paulus, den ersten unter allen Bekehrten, verachten werden. Hat ja dieser einst nicht nur das Wohlgefallen der Juden verloren, wie Hieronymus in seiner Erklärung zum Galaterbrief schreibt, sondern wurde von Pharisäern und Priestern für völlig wahnsinnig gehalten, weil er aus einem Wolf ein Lamm, aus einem Verfolger des Christentums ein Apostel Christi wurde. Wenn mir also Unwissenheit vorgeworfen wird, kann ich mich mit der guten Gesellschaft trösten, in der ich mich dabei befinde; und ich könnte dies auch dann, wenn sie mir Wahnsinn vorwerfen sollten. Ja, mitunter freue und ergötze ich mich daran, daß ich aus ehrenvollen Gründen nicht nur für unwissend, sondern selbst für wahnsinnig gehalten werde.

So sehr ich mich aber darüber freue, ebensosehr bedaure ich meine Freunde. Denn wenn sie ihrem Urteil auch andere Gründe und vielleicht weniger unsittliche unterschieben wollen, so sind doch auch diese nicht frei von Niedrigkeit und Lieblosigkeit. Und sie sind ihnen verderblich und schmählich, mir aber höchst ehrenvoll, und sollte ich aus diesen Gründen nicht nur den Ruhm, sondern selbst mein Leben verlieren müssen, so würde ich es heiteren Gemütes ertragen können. Das Schwerwiegendste daran aber ist, daß der allerwahrste und vielleicht der einzige oder doch gewiß der bedeutsamste Grund dieses Urteils der Neid ist, der schon viele Augen, freilich nur kranke und schwache, getrübt und gezwungen hat, falsche Dinge zu sehen. Eine staunenswerte, von mir bisher noch nie erlebte Tatsache – ich wollte, ich hätte sie auch jetzt noch nicht am eigenen Leibe erfahren und kennen gelernt – daß ein Freundesherz Neid bergen kann! Ich will lieber keine Freundschaft als eine halbe und unvollkommene. Die wahre Freundschaft aber besteht darin, daß man den Freund wie sich selbst liebt. Jene lieben mich ja, aber nicht aus ganzem Herzen; oder besser, sie lieben mich aus ganzem Herzen, aber sie lieben nicht meine ganze Persönlichkeit. Sie lieben mein Leben, meinen Leib und meine Seele und alles, was ich habe – mit Ausnahme meines Ruhmes und namentlich meines wissenschaftlichen Ruhmes. Und ich würde ihn doch gern und ohne Zaudern in ihre Hände legen! Daß sie aber diese Ausnahme machen, ist weder mangelnde Liebe noch laue Freundschaft, sondern allein der Neid, der, wie ich schon gesagt, auch in Freundesherzen wohnen kann. Und wenn dies hart zu hören ist, und wenn es vielleicht mit andern Worten ausgedrückt werden kann, so will ich sagen, es ist nicht der

Neid, sondern eine gewisse schmerzliche Stimmung. Sie empfinden es vielleicht schmerzlich, das heißt, sie empfinden es ganz gewiß schmerzlich, daß sie bei gelehrten Leuten, bei denen ich, wie sie wohl wissen, mit Recht oder mit Unrecht, im Rufe eines Gebildeten stehe, weder bekannt noch geachtet sind. Darum wollen sie mir entreißen, was sie selbst nicht besitzen, und was sie sich, wenn sie bei Sinnen sind, auch nie erhoffen werden. Welch großer Widerstreit in ihren Wünschen! Dem sie alles Gute, selbst die höchsten Güter wünschen, dem mißgönnen sie das geringste – nicht als ob ich es besäße, sondern einzig deshalb weil sie es bedauerlicherweise nicht besitzen. Sie verlangen, und vielleicht nicht ganz mit Unrecht, daß in der Freundschaft alle gleich sein sollen; und da nun einmal nicht alle berühmt sein können, suchen sie wenigstens das leichtere Ziel zu erreichen und dafür zu sorgen, daß wir alle unberühmt seien und bleiben. Es ist, ich gestehe es, in der Freundschaft die Gleichheit etwas überaus Schönes. Denn wenn unter Freunden der eine den andern überragt, so scheint für die Ungleichwertigen die Freundschaft nur ein bitteres Joch zu sein. Darum ist jedenfalls eine Gleichheit in der Liebe und im Vertrauen notwendig, nicht aber im Vermögen, im Stand und im Ansehen. Dies beweisen die Unterschiede in den Freundschaftsverhältnissen zwischen Herkules und Philoktet, Theseus und Peirithous, Achill und Patroklus, Scipio und Laelius. Doch es ist Sache meiner Freunde, über meinen Ruhm zu urteilen, wie sie wollen; gegen mich selbst hegen sie ja, wenn ich mich nicht täusche, die beste Gesinnung.

Die Besteigung des Mont Ventoux

Den höchsten Berg unserer Gegend, der nicht unverdienterweise der windige *(ventosus)* genannt wird, habe ich gestern bestiegen, lediglich aus Verlangen, die namhafte Höhe des Ortes kennen zu lernen.

Seit langen Jahren lag mir diese Wanderung im Sinn; denn von Jugend an bin ich in diesen Gegenden, wie du weißt, vom Schicksal, das die Dinge des Menschen umtreibt, umhergetrieben worden.

Jener Berg, weit und breit sichtbar, stund mir fast allzeit vor Augen, allmählich ward mein Verlangen ungestüm, und ich schritt zur Ausführung, insbesondere nachdem ich tags vorher bei Lesung der römischen Geschichte im Livius auf jene Stelle gestoßen war, wo Philipp, der König von

Makedonien, der mit dem römischen Volke Krieg führte, den Berg Hämus in Thessalien besteigt, von dessen Gipfel zwei Meere, das Adriatische und der Pontus Euxinus, sichtbar sein sollen: Ob dies nun richtig oder unrichtig ist, hab' ich nicht in Erfahrung gebracht, die Entfernung des Hämus von unserm Erdteil und die Meinungsverschiedenheiten der Schriftsteller machen die Sache zweifelhaft; Pomponius Mela, der Kosmograph, meldet ohne Bedenken, daß dem so sei, Livius hält die Sage für falsch ..., soviel aber weiß ich: wenn der Hämus so in meiner Nähe läge wie der Mont Ventoux, würde ich die Sache nicht lange im unklaren ruhen lassen.

Um nun – jenes dahingestellt, auf besagten Mont Ventoux zurückzukommen, so schien mir, was bei einem greisen Könige nicht zu tadeln ist, auch bei einem jungen für sich lebenden Manne zu entschuldigen.

Da ich mir aber die Wahl eines Reisegefährten überlegte, schien kaum irgendeiner meiner Freunde allseitig passend dafür; so sehr ist auch unter Nahestehenden jene genaueste Übereinstimmung des Gemütes und der Lebensweise eine seltene; der eine erschien mir säumiger, der andere wachsamer, der eine langsamer, der andere schneller, der eine trauriger, der andere fröhlicher, der eine dummer, der andere klüger, als ich wünschte; bei dem einen schreckte mich die Schweigsamkeit, beim andern die Geschwätzigkeit, beim einen seines Leibes Gewicht und Fette, beim andern die Magerkeit und Schwäche; hier war die kühle Gleichgültigkeit, dort die allzu hitzige Tätigkeit zu bedenken – kurz, was man zu Hause geduldig hinnimmt – denn die Liebe erträgt ja alles, und die Freundschaft weigert sich keiner Last – dasselbe wird auf der Reise oftmals erdrückend.

Also wog mein Gemüt zarterweise bei diesem Wunsch einer ehrbaren Vergnügung alles ab – ohne Verletzung der Freundschaft, und suchte schweigend alles, was der vorgenommenen Reise lästig werden konnte, fernzuhalten.

Kurz und gut, endlich warb ich häusliche Hilfetruppen und eröffnete meinem jüngern Bruder, den du wohl kennst, die Sache. Dem konnte nichts fröhlicher kommen; er wünschte sich Glück, zugleich Bruders und Freundes Stelle bei mir einzunehmen.

Am bestimmten Tag zogen wir von Hause ab und kamen gegen Abend nach Maloncenes (Malausana). Dieser Ort liegt an den Abhängen des Berges gegen Norden; dort verweilten wir einen Tag, und heute endlich bestiegen wir mit etlichen dienenden Leuten den Berg, nicht ohne große Schwierigkeit, denn er ist eine steile und kaum zugängliche Masse felsigen

Terrains. Aber der Dichter sagt: *labor omnia vincit improbus.* Der Tag war lang, die Luft mild, die Gemüter waren entschlossen, die Körper stark und geübt im Marschieren; nur die Natur des Ortes schuf uns Hindernisse.

In den Schluchten des Gebirgs trafen wir einen alten Hirten, der versuchte, mit vielen Worten uns von der Besteigung abzubringen und sagte, er sei vor schier fünfzig Jahren in demselben Drang jugendlichen Feuers auf die höchste Höhe emporgestiegen, habe aber nichts mit zurückgebracht als Reue und Mühsal, Leib und Gewand zerrissen von Steinen und Gedörn, und es sei niemals wieder vorher noch nachher erhört worden, daß einer ähnliches gewagt. Während er aber also plauderte, wuchs bei uns – wie ja der Jugend Sinn stets ungläubig ist für alle Warnungen – aus der Schwierigkeit das Verlangen. Da nun der Alte merkte, daß er nichts bei uns ausrichte, ging er ein Stück weit mit und bezeichnete uns mit dem Finger einen zwischen Felsen emporziehenden steilen Fußpfad, indem er uns noch vielfach ermahnte und vieles, nachdem wir uns schon getrennt hatten, noch von rückwärts nachrief.

Bei jenem ließen wir zurück, was uns an Gewändern und Gerät lästig war und schürzten uns nun lediglich für die Bergbesteigung und stiegen wohlgemut und hitzig empor. Aber, wie es zu gehen pflegt – auf mächtige Anstrengung folgt plötzlich Ermüdung. Wir machten also nicht weit von da auf einem Felsen halt; von dort rückten wir wiederum vorwärts, aber langsamer, und ich insbesondere fing schon an, den Gebirgspfad mit bescheidenerem Schritt zu beschreiten. Mein Bruder strebte auf einem abschüssigen Pfad mitten über die Joche des Berges zur Höhe empor; ich, als weicherer Steiger, wandte mich mehr den Schluchten zu. Da er mir nun zurief und den Weg richtig bezeichnete, erwiderte ich ihm, ich hoffe, von der andern Seite leichter emporzukommen, und scheue mich nicht vor dem Umweg, wenn er mich ebener führe. Dieser Vorwand sollte die Entschuldigung meiner Trägheit sein; aber während die andern schon hoch auf der Höhe stunden, irrte ich noch durch die Täler, ohne daß irgendwo ein sanfterer Aufweg sich auftat; nur mein Weg ward verlängert und die unnötige Arbeit erschwert. Indessen, da ich mißmutig ich meines Irrtums ärgerte, beschloß ich, geradewegs die Höhe zu erstreben, erreichte auch wirklich müd und mit zitternden Knien meinen Bruder, der sich mit langem Ausruhen erquickt hatte, und wir gingen ein Stück weit gleichen Schrittes. Kaum aber hatten wir jene Höhe verlassen, so vergaß ich meine frühere Erfahrung und kam wieder mehr zur Tiefe hinab – und indem ich etliche Täler durchwandelt und die leichten langen Wege einhielt, bereitete ich mir selber große Schwierigkeit, denn ich schob die Mühsal des Emporsteigens zwar hinaus, aber durch Menschen Ingenium wird die Natur der Dinge nicht verändert, und niemals wird es möglich werden, daß einer durch Abwärtssteigen in die Höhe gelange.

Kurz, nicht ohne Lachen meines Bruders stieß mir solches während weniger Stunden drei- oder mehrmals zu. Solcherweise oft getäuscht, machte ich in einem Tale halt.

Dort, in geflügelten Gedanken von Körperlichem auf Unkörperliches übergehend, sprach ich etwa folgendes zu mir selber: »Was dir heute bei Besteigung dieses Berges so oftmals widerfahren, wisse, daß dies auch dir wie vielen andern auf dem Wege zum seligen Leben widerfährt, aber es wird darum von den Menschen nicht hoch angeschlagen, weil des Körpers Bewegungen einem jeden offenkundig sind, die der Seele aber unsichtbar und verborgen. Siehe nun, auch die Seligkeit steht auf erhabener Höhe; ein schmaler Pfad führt zu ihr hin, viele Hügel ragen dazwischen, und von Tugend zu Tugend muß mit fürsichtigen Schritten gewandelt werden.

Auf dem Gipfel ist das Ende und Ziel unseres Lebens, auf ihn ist unsre Wallfahrt gerichtet.

Dorthin wollen alle gelangen, aber wie Ovid sagt: *Velle parum est, cupias, ut re potiaris, oportet.*

Und wenn du nun entschieden empor verlangst, was hält dich zurück? Nichts anderes, als daß der Weg durch die Freuden der Erde und ihre Niederrungen ein ebnerer und beim ersten Anblick zweckmäßigerer erscheint. Aber nach langem Herumirren oder unter der Last übel hinausgeschobener Arbeit bleibt dir doch nichts übrig, als geradenwegs zum Gipfel der Seligkeit emporzusteigen oder aber in den Tälern deiner Sünden ermattet niederzusinken und – was Gott verhüten möge, wenn Finsternis und Schatten des Todes dich dort überraschten, ewige Nacht in ewiger Qual zu verbringen.«

Diese Betrachtung richtete mich unglaublich an Geist und Körper wieder auf. Gebe Gott, daß meine Seele ihre große Reise, der sie bei Tag wie bei Nacht sich entgegensehnt, glücklich zu Ende führe!

... Den obersten der Gipfel heißen die Leute im Gebirg »das Söhnlein« *(filiolum)*, warum, weiß ich nicht, vielleicht des Gegensatzes halber, denn er schaut in Wahrheit eher wie der Vater aller benachbarten Berge aus. Auf seinem Scheitel streckt sich eine kleine Ebene, dort hielten wir ermüdet Rast.

Und da du nun vernommen, von welcherlei Sorgen der Geist des Emporsteigenden erstiegen wurde, so vernimm, ehrwürdiger Vater, auch den Rest und wende ein Stündlein auf Lesung der Erlebnisse dieses meines einen Tages. Zuerst denn, von ungewohntem Zug der Luft und dem freien Schauspiel ergriffen, stand ich wie ein Staunender; – ich schaue zurück: da lagerten die Wolken zu meinen Füßen. Schon erschien mir minder fabelhaft der Athos und Olympus, da ich das, was ich von jenen gehört und gelesen hatte, an einem minder berühmten Berge erschaue.

Hernach wende ich den Strahl des Auges nach der italienischen Seite, wohin sich ja am meisten die Seele neigt: starr und schneebedeckt und ganz in meiner Nähe erschienen mir die Alpen, durch welche einst jener wildeste Feind des römischen Namens sich einen Durchgang bahnte und, wenn der Sage zu glauben, mit Essig die Felsen sprengte; – und doch sind sie ein Beträchtliches von hier entfernt. Ich seufzte, ich gestehe es, nach Italiens Himmel, der mehr meiner Seele als meinen Augen erschien, und eine unsägliche Sehnsucht, Freude und Vaterland wieder zu sehen, befiel mich – eine Sehnsucht, die ich eigentlich eine unmännliche Weichheit schelten sollte, aber auf großer Männer Zeugnis zur Entschuldigung stützen kann. Hernach kam ein neuer Gedanke über meinen Geist und führte ihn vom Raum zur Zeit. Denn ich sprach zu mir selber: »Heute erfüllt sich schon das zehnte Jahr (1326–1336), seit daß du nach Vollendung der jugendlichen Studien Bologna verlassen! O unsterblicher Gott, o unwandelbare Weisheit, wieviel und wie große Umgestaltungen deines Wesens hat diese mittlere Zeit erlebt! Unzähliges übergehe ich, denn ich bin noch nicht in dem Hafen, um sicher vergangener Stürme zu gedenken; vielleicht kommt einst die Zeit, wo ich alles in der Reihe wie es geschah, wiedererzählen kann, indem ich, wie Augustinus, als Vorwort spreche: ›Meiner vergangenen Schmählichkeiten will ich gedenken und der fleischlichen Verderbnis meiner Seele, nicht weil ich daran ein Gefallen trage, sondern um dich, mein Gott, zu lieben.‹ Jetzt aber steht mir noch viel zweideutig und lästig Geschäft bevor, was ich zu lieben pflegte, lieb' ich nicht mehr – aber, um nicht zu lügen, ich liebe es noch, aber ehrbar und in Betrübnis. Dies ist die Wahrheit: ich liebe, was nicht zu lieben mir lieb wäre, was zu hassen ich wünschte, ich liebe es zwar, aber wider meinen Willen, gezwungen, traurig und klagend, und an mir selber erprobte ich die Wirkung jenes berühmten Verses:

Odero, si potero; si non, invitus amabo.

Noch ist mir das dritte Jahr nicht verflossen, seitdem jene verkehrte und schlimme Neigung mich ganz fesselte und in dem Hofraume meines Herzens einzig und ohne Widersacher regierte; eine zweite begann, sich wider sie zu erheben und sie zu bekämpfen: auf der Walstatt meiner Gedanken wird nun täglich in schwerer, aber unentschiedener Schlacht von beiden gestritten ...«

... Also und ähnlich freute ich mich des Fortschritts, beweinte meine Unvollkommenheit, bemitleidete die allgemeine Wandelbarkeit menschlicher Handlungen und hatte schier vergessen, warum ich heraufgekommen, bis ich einsah, daß noch andere Orte passender seien, sich mit Sorgen zu plagen, und bis ich das betrachtete, dessen Anblick zulieb ich heraufgestiegen. Denn schon war es Zeit zurückzukehren, die Sonne neigte sich, der Schatten des Berges wuchs mächtig und gemahnte mich gleichsam, aufzuwachen. Da wandte ich mich rückwärts und schaute nach Westen.

Jener Grenzwall zwischen Frankreich und Spanien, die Gipfel der Pyrenäen, werden von dort aus nicht gesehen – nicht als ob ein fremder Gegenstand dazwischen stünde, sondern nur wegen der Unzulänglichkeit des menschlichen Auges.

Zur Rechten aber waren die Berge der lyonischen Provinz, zur Linken der Meerbusen und die etliche Tagereisen entfernten Gewässer von Aigues-Mortes aufs deutlichste sichtbar; die Rhone selbst strömte vor unsern Augen.

Wie ich nun dies im einzelnen bewunderte und bald mich nach irdischen Dingen erkundigte, bald nach Vorbild des Leibes auch den Geist in höhere Sphären versetzen wollte, kam mir zu Sinn, das Buch der Bekenntnisse des Augustinus, das mir deine Güte einst verehrt und dessen ich mich zur Erinnerung an den Geber bediene, aufzuschlagen – ein erprobtes Werklein, das ich allezeit zu Handen führe, klein von Umfang, aber unsäglich süß von Inhalt. Ich schlage es auf, um zu lesen, was mir entgegentreten würde – denn auf was anderes als etwas Frommes und Ergebenes könnte ich wohl stoßen? Zufällig griff ich das zehnte Buch jenes Werkes heraus. Mein Bruder, erwartungsvoll, aus meinem Munde etwas von Augustinus zu vernehmen, stund mit gespannter Aufmerksamkeit; – ich rufe Gott an und ihn selber, der bei mir war – wie ich die Augen auf das Blatt senkte, stund geschrieben: *Et eunt homines admirari alta montium, et ingentes fluctus maris, et latissimos lapsus fluminum, et oceani ambitum, et gyros siderum, et reliquunt se ipsos.* Da gehen die Menschen, die Strömungen der Flüsse, des Ozeans Umkreis und der Gestirne Bahnen, und verlieren dabei sich selber.

Ich gestehe, daß ich sehr betroffen war; meinen etwas zu hören begierigen Bruder bittend, mir nicht beschwerlich zu fallen, schloß ich das Buch, ich zürnte mir selber, daß ich auch jetzt noch irdische Dinge bewundert hatte, die ich längst schon selbst von den Philosophen der Heiden lernen gekonnt, daß nichts wunderbar als der Geist, und daß, wenn dieser groß, nichts anderes mehr groß erscheint. Dann aber, sattsam zufrieden, den Berg gesehen zu haben, wandte ich den innern Blick in mich selber zurück, und von jener Stunde an war keiner, der mich reden hörte, bis wir in der Tiefe unten wieder anlangten. Genug der Beschäftigung hatte jenes Wort über mich gebracht, ich konnte nicht glauben, daß es zufällig so eingetroffen; alles was ich gelesen, schien mir in bezug auf mich, nicht auf andere gesagt; ich erinnere mich, wie Augustinus selber ein ähnliches erlebt.

Der Rest meines Lesens war Schweigen; ich bedachte, wie arm an Rat die Sterblichen, wie sie ihr edelst Teil vernachlässigend sich über so vieles verbreiten und an leerem Schauspiel ereiteln, wie sie das, was im Innern zu finden ist, äußerlich suchen, und ich bewunderte die edle Anlage unsers Geistes, der nur leider aus freiem Willen entartet, von seinem primitiven Gehalt abgewichen ist und das, was ihm Gott zu seiner Ehre verliehen, ins Gegenteil verwandelt hat.

Wie oft, meinst du, hab' ich an jenem Tage talabwärts steigend und rückwärts gewendet den Gipfel des Berges betrachtet, aber seine Höhe schien mir kaum mehr die Höhe einer Stube, verglichen mit der Höhe menschlicher Kontemplation, wenn dieselbe nicht in den Schmutz irdischer Niedrigkeit getaucht ist.

Das auch fiel mir bei jedem Schritte ein: Wenn es uns nicht verdrießt, so viel Schweiß und Mühsal zu ertragen, um den Körper dem Himmel ein weniges näher zu bringen: welches Kreuz, welch Gefängnis, welcher Stachel darf eine Seele schrecken, die sich Gott nähern will ...!

... Unter solchen Erregungen des Herzens kam ich ohne ein Gefühl des steinigen Fußpfades wieder bei jener gastlichen Hütte des Hirten an; vor Tagesanbruch waren wir von dort aufgebrochen, in tiefer Nacht kehrten wir zurück, der Mond spendete uns seinen dankenswerten Schein auf den Marsch. Dieweil nun unsre Diener mit Herbeischaffung der Abendmahlzeit beschäftigt sind, habe ich mich in einen abgelegenen Teil des kleinen Hauses begeben, dir dieses eiligst und aus frischem Gedächtnis zu schreiben, damit nicht, wenn ich's verschiebe, durch Änderung des Ortes auch die Gedanken ein ander Gewand erhalten und der Eindruck sich abschwäche.

Betrachte es nun, geliebtester Vater; nichts an mir soll deinen Augen verborgen bleiben – mein ganzes Leben wie meine einzelnsten Gedanken teile ich dir sorgsam mit; bitte zu Gott für sie, daß sie, die so lange schweifend und unstet sind, endlich ihre Ruhe finden und nach nutzlosem vielfältigen Umhergeschleudertsein sich dem *einen* Guten, Wahren, Sicheren und Bleibenden zuwenden mögen.

Leb wohl!

Niccolò Machiavelli

(3.5.1469–22.6.1527)

Die Philosophie der politischen Macht

Niccolò Macchiavelli war der Philosoph, der den Begriff der politischen Macht neu prägte. Die Neuzeit ist das Zeitalter der *Säkularisierung*, das heißt der Verweltlichung. Die Vorstellung von dem, was und wie ein Herrscher zu sein hat, ändert sich grundlegend.

Im christlichen Mittelalter war die Macht religiös geprägt, auch wenn ihre Ausübenden, die Könige und Kaiser, weltlicher Herkunft waren. Sie nahmen ihre Privilegien direkt von ›göttlicher Gnade‹ entgegen (Gottesgnadentum). Mit dem Beginn der Neuzeit aber wandelten sich die Verhältnisse. Macht hatte immer mehr mit dem Willen des Einzelnen zu tun. Vor dem Hintergrund einer neuen Finanz- und Kriegspolitik der einflußreichen Städte Norditaliens entwickelte sich ein neuer Typus des Machthabers, der seinen Einfluß nicht mehr allein aristokratischer Herkunft oder geistlichen Weihen verdankt, sondern seiner Person und dem Einfluß des Geldes und des Krieges.

Für diese Art von Staatsmann verfaßte der Florentiner Niccolò Machiavelli seine Schrift *Der Fürst*. Sie stellt eine strategische Anleitung zum Herrschen dar. Sie entstand 1513 in der Verbannung und wurde 1532 gedruckt.

Machiavelli wurde in Florenz geboren. Über seine frühen Jahre ist nur wenig bekannt. Er selbst hat zu seiner Kindheit einmal gesagt: »Ich wurde in Armut geboren und schon im jungen Alter lernte ich, wie man die Not erträgt, nicht aber, wie man erblüht.«

Niccolòs Vater, Bernardo di Niccolò di Buonisegna, gehörte dem verarmten Zweig einer einflußreichen florentinischen Familie an. Bernardo war Anwalt und besaß eine kleine, aber gutausgestattete Bibliothek und ermöglichte so seinem Sohn eine umfangreiche Bildung, die das Studium der antiken Klassiker beinhaltete.

Niccolò schlug eine politische Laufbahn ein. Von 1498 bis 1512 war er Staatssekretär in Florenz und zuständig für die Außen- und Verteidigungspolitik der mächtigen Stadt. Als Diplomat traf er mit dem Papst und etlichen einflußreichen Herrschern Europas wie Ludwig XII. und Maximilian I. zusammen. Mit der Machtübernahme der Medicis im Jahr 1512 wurde er allerdings gezwungen, alle seine Ämter niederzulegen. Man beschuldigte ihn, an einer Verschwörung beteiligt zu sein. Er wurde verhaftet und gefoltert. Als keine Beweise gegen ihn erbracht werden konnten, ließ man ihn frei, verbannte ihn aber aus Florenz.

Die folgenden Jahre verbrachte er mit seiner Frau und sechs Kindern auf seinem kleinen Landgut Sant' Andrea di Percussina, 15 Kilometer südlich der Stadt. Erst hier im Exil widmete er sich einer umfassenden schriftstellerischen Tätigkeit und verfaßte seine bekanntesten und einflußreichsten Schriften, *Der Fürst* und die *Abhandlungen über die ersten zehn Bücher des Titus Livius* (1513–1517). Er hatte auch Erfolg als Historiker und Theaterschriftsteller, erhoffte sich mit der Schrift *Der Fürst* aber seine politische Rehabilitation und die Wiedererlangung der Gunst der Medicis. 1519 erlaubte man ihm, wieder nach Florenz zurückzukehren, doch seinen früheren politischen Einfluß erreichte er nicht mehr. Am 22. Juni 1527 starb er im Alter von 58 Jahren in seiner Heimatstadt.

Zeit seines Lebens war Machiavelli erfüllt vom dem Wunsch nach nationaler Größe und Einheit des in Stadtstaaten und Fürstentümer zerfallenen Italiens, die möglichst unter der Führung seiner Geburtsstadt Florenz zurückgewonnen werden sollten. Er haßte das Papsttum, das seiner Meinung nach dieser Entwicklung entgegenstand.

In seinen Schriften entwirft er eine politische Theorie, die die Machtsteigerung des Staates als das einziges Motiv politischen Handelns sieht. Beide Schriften, *Der Fürst* und die *Abhandlungen über die ersten zehn Bücher des Titus Livius*, sind Ausdruck einer ›realpolitischen‹ Sicht staatlicher Herrschaft: Alleiniges Ziel ist es, an die Macht zu gelangen und an der Macht zu bleiben. Alles andere ist Mittel zum Zweck, die Religion und die Moral eingeschlossen.

Machiavelli geht von der Voraussetzung aus, daß der Mensch egoistisch und schlecht, und in der Masse sogar dumm ist. Deswegen kommt er zu dem Schluß, daß »Menschen entweder geschmeichelt oder zerschlagen werden müssen«. Der Staatsmann muß sich darüber im klaren sein, daß »Rücksichtslosigkeit besser ist als Vorsicht, stürmisches Draufgängertum besser als vorsichtiges Abwägen«. Täuschung, List, Meineid, Verrat, Vertragsbruch und Gewalt können dabei durchaus zur Anwendung kommen.

Besonderes Interesse hat Machiavelli an dem Machthaber, der um seine Macht kämpft und sie rücksichtslos durchsetzt. Dabei unterscheidet er zwischen dem alteingesessenen Fürsten, der die Macht ererbt hat, und demjenigen, der durch Tüchtigkeit *(virtu)* und Glück *(fortuna)* zu ihr gekommen ist.

Der moderne Typus des Mächtigen, der bereit ist, ohne Hemmnisse seinen Herrschaftsanspruch durchzusetzen, wird für Machiavelli am eindrucksvollsten in *Cesare Borgia* repräsentiert. Dieser hatte im Auftrag seines Onkels mütterlicherseits, seinem Leumund Papst Alexander VI., und mit dessen Rückendeckung Eroberungen in der Romagna, einer Region im Nordosten Italiens, gemacht und war dabei mit besonderer Härte vorgegangen.

Machiavelli formuliert ein neuzeitliches Prinzip von Machtpolitik, das von einem persönlichen ›Willen zur Macht‹ ausgeht. Es ist von ganz anderer Natur, als das Herrschaftsverständnis, das die Jahrhunderte zuvor geprägt hatte.

Nun legitimiert sich Macht nicht mehr aus einer höheren, göttlichen Ordnung. Es liegt allein in der Kraft und im Geschick des Einzelnen, sich die Macht zu erobern und zu sichern. Auch hier zeigt sich die für die Neuzeit so wesentliche Wendung von der Vormachtstellung des Jenseitigen zu dem vom Individuum regierten Diesseitigen.

Man sollte jedoch nicht annehmen, daß Machiavelli einer entfesselten Brutalität das Wort redet. Das Ziel ist für ihn immer noch, eine Ordnung und Verfassung zu schaffen, die eine politische Stabilität herstellt, in der der Bürger seinen Geschäften in Frieden nachgehen kann. Barmherzigkeit sollte, wenn möglich, vor Grausamkeit kommen.

Machiavelli entwirft das Bild eines neuen Typus von Machthaber, der sich im Laufe der Geschichte, besonders der des 20. Jahrhunderts, oft genug durchgesetzt hat.

Heute erlangt Machiavelli in Managerseminaren Aktualität. Viele seiner im *Fürsten* formulierten Thesen werden als Strategien für die Geschäftswelt genutzt.

Diese Textsammlung gibt die ersten sieben Kapitel des *Fürsten* wieder.

Der Fürst

(Zueignung; Kapitel 1–7)

Zueignung an den Großmächtigen Lorenzo, Sohn des Piero, von Medici

Diejenigen, welche die Gunst eines Fürsten zu erwerben trachten, pflegen sich ihm mit dem zu nähern, was ihnen unter all dem, das sie besitzen, das Liebste ist oder mit dem, was ihm am meisten zu gefallen scheint: Daher werden ihm so oft Pferde, Waffen, Teppiche, Edelsteine und anderer Zierrat überreicht, die seiner Größe würdig scheinen. Indem ich mich Euch, großmächtiger Herr, mit einem Beweis meiner untertänigen Ergebenheit zu nahen wünsche, finde ich nichts in meinem Vorrat, was mir werter wäre oder das ich höher schätzte als die Kenntnis der Handlungen großer Männer, die ich mir durch lange Erfahrung der neueren Zeit und unablässiges Lesen der alten erwarb. Diese habe ich mit großem Fleiß lange durchdacht und geprüft und jetzt in ein kleines Buch zusammengefaßt, welches ich Euch überreiche, großmächtiger Herr. Und obgleich ich einsehe, daß es nicht wert sei, vor Euch gebracht zu werden, so hoffe ich doch von Eurer freundlichen Gemütsart, es werde gut aufgenommen werden in Anbetracht dessen, daß ich kein größeres Geschenk zu geben vermag als dieses, welches in die Lage versetzt, in so kurzer Zeit alles einzusehen, was ich in vielen Jahren, mit so vielen Gefahren und Mühseligkeiten erlernt und begriffen habe. Dieses Werk ist von mir weder ausgeschmückt noch mit vielem Wortgepränge oder anderer Schminke und äußerer Zierde aufgeputzt worden, wie viele andere ihre Werke zu schreiben und zu schmücken pflegen: Denn ich wollte, daß die Sache selbst sich ehre und die Wahrheit des Inhalts und der Ernst der Ausführung allein das Buch empfehle. Es werde mir aber nicht als eine Anmaßung ausgelegt, daß ich, ein Mann von geringem Stand, es wage, über die Handlungen der Großen zu urteilen und mich erdreiste sie zurechtzuweisen. Denn so wie diejenigen, welche Landschaften aufnehmen, in die Ebene herabsteigen, um die Gestalt der Berge und Höhen zu betrachten, und auf die Berge steigen, um die Täler zu beobachten, so erkennen zwar die Großen am besten die Natur des Volkes; um aber die Fürsten zu kennen, muß man aus dem Volke sein. Nehmt daher, großmächtiger Herr, dieses kleine Geschenk in der Gesinnung, mit welcher ich es überreiche. Ihr werdet darin einen brennenden Wunsch sehen, daß Ihr zu der Größe gelangt, zu welcher Euch die Glücksumstände und andere Eigenschaften bestimmt haben. Wenn Eure Hoheit aber von Eurem erhabenen Standpunkt auf die niederen Orte herabsieht, in denen ich mich befinde, so werdet Ihr erkennen, mit welchem Unrecht ich ein anhaltend widriges Schicksal ertragen muß.

1. Verschiedene Arten der Herrschaft und Wege, zu ihr zu gelangen

Alle Staaten und Gewalten, welche Herrschaft über die Menschen gehabt haben und noch haben, sind Republiken oder Fürstentümer. Diese sind entweder ererbt, indem sie von dem Geschlecht des Herrschers schon lange regiert worden sind; oder sie sind neu errichtet. Die neuen sind entweder von Grund aus neu, so wie die Herrschaft des Francesco Sforza zu Mailand; oder sie sind nur als Teile dem erblichen Staat dessen, der das Land erwirbt, hinzugefügt, wie zum Beispiel das Königreich Neapel dem König von Spanien gehört. Solche neu erworbenen Staaten sind entweder schon früher an die Herrschaft gewöhnt gewesen oder die Freiheit ist in ihnen hergebracht. Sie werden erworben durch fremde Gewalt oder durch eigene Kräfte, durch Glück oder durch Tapferkeit.

2. Von den erblichen Fürstentümern

Von Republiken will ich nicht reden, weil ich dies bereits in einem anderen Werk ausführlich getan habe. Ich wende mich zur Alleinherrschaft und werde nach der oben angegebenen Ordnung erörtern, wie solche erworben und behauptet werden kann. Ich sage also, daß in den erblichen Fürstentümern, die an die Dynastie ihrer Herren gewöhnt sind, viel weniger Schwierigkeiten entstehen, sie zu erhalten und zu behaupten, als bei neuen: Denn es kommt nur darauf an, die Verhältnisse, so wie sie unter den Vorfahren waren, nicht zu verändern und bei allen Vorfällen in die Gelegenheit zu sehen. Ein solcher Fürst wird sich also stets auf dem Thron erhalten, es sei denn, daß ganz ungewöhnliche und außerordentliche äußere Gewalt ihn desselben beraube; und wird er der Herrschaft beraubt, so vermag er sie wiederzuerlangen, sobald dem, der sie ergriffen hat, etwas

Widriges begegnet. Wir haben in Italien ein Beispiel an dem Herzog von Ferrara, der den Venezianern im Jahre 1484 und darauf Papst Julius II. durch nichts anderes Widerstand geleistet hat als durch seine in langer Zeit fest begründete Herrschaft. Denn der angestammte Herrscher hat weniger Veranlassung und ist seltener in der Notwendigkeit, Härte zu zeigen. Er ist daher weitaus beliebter und es ist natürlich, daß die Seinigen ihm wohlwollen, wenn er sich nicht durch außerordentliche Last verhaßt macht. In der Länge der Zeit einer fortgesetzten Herrschaft werden die Veranlassung der Neuerungen und die Erinnerung daran vergessen, wohingegen eine Neuerung immer durch sich selbst die Veranlassung zu anderen nachfolgenden zurückläßt.

3. Von vermischten Herrschaften

Aber die neuen Herrschaften sind ganz anderen Schwierigkeiten unterworfen. Und zwar erstens, wenn nicht das ganze Reich neu ist, sondern nur ein Teil davon und es also ein vermischtes Reich genannt werden könnte, so entstehen gewaltsame Veränderungen aus einer natürlicher Schwierigkeit, welche allen neuen Herrschaften gemein ist und daher rührt, daß die Menschen gern ihren Herrn verändern in der Hoffnung, daß es ihre Lage verbessern könne, und hierauf die Waffen ergreifen: Darin aber irren sie, denn sie erfahren bald, daß es schlimmer wird. Und das liegt wieder in der Natur der Dinge: Weil der neue Herr seine Untertanen mit Soldaten und auf manche andere Art niederzuhalten genötigt ist, bloß weil die Herrschaft neu ist. Du wirst also all diejenigen zu Feinden haben, die du durch die Eroberung selbst geschädigt hast, ohne diejenigen, durch deren Hilfe du Herr geworden bist, zu Freunden zu behalten, weil du sie nicht nach ihren Wünschen befriedigen kannst und auch keine kräftigen Heilmittel anwenden darfst wegen der Dankbarkeit, die du ihnen schuldig bist. Denn auch der Mächtigste bedarf der Begünstigung von Einheimischen, um in das Land einzudringen. Aus dieser Ursache hat Ludwig XII. von Frankreich Mailand so geschwind erobert – und so geschwind wieder verloren. Das erste Mal war die eigene Kraft des vertriebenen Herzogs Ludovico Sforza hinreichend, weil das Volk, das jenen eingeführt hatte und sich in seiner Hoffnung getäuscht fand, den Widerwillen gegen die neue Herrschaft nicht ertragen mochte. Es ist wahr, daß auf solche Weise zum zweiten Mal eroberte Länder nicht wieder so leicht verloren gehen, weil der Herr von der Rebellion Veranlassung nimmt, sich durch strenge Maßregeln zu sichern, Verbrecher zu strafen, Verdacht aufzuklären und an den schwachen Stellen Vorkehrungen zu treffen. Wenn es, um Mailand den Franzosen wieder zu entreißen, das erste Mal hinreichend war, daß Herzog Ludovico an der Mailänder Grenze Rumor anfing, so mußte sich beim zweiten Mal die ganze Welt dagegen vereinigen, um die französischen Heere zu vernichten oder zu vertreiben. Die Ursachen sind oben angegeben. Dennoch verlor Frankreich das mailändische Gebiet zum zweiten Mal. Die allgemeinen Veranlassungen der ersten Begebenheit sind erzählt; es bleibt also noch übrig, die Ursachen der zweiten zu betrachten und die Mittel anzugeben, wie man sich in solcher Lage besser behaupten kann, als der König von Frankreich es getan hat. Ich sage also, daß solche Provinzen, welche erobert und mit den alten Staaten des Eroberers verbunden werden, entweder zu demselben Land gehören und dieselbe Sprache reden oder dies nicht tun. In dem ersten Fall ist es sehr leicht, sie festzuhalten, vorzüglich wenn sie nicht an Unabhängigkeit gewöhnt gewesen sind. Um sie mit Sicherheit zu beherrschen, ist es hinreichend, die Familie ihrer vorigen Beherrscher auszurotten; denn weil die Einwohner ihre alten Gewohnheiten und Verhältnisse beibehalten, auch übrigens gleiche Sitten mit ihren neuen Mituntertanen haben, so leben sie ruhig; wie man es in der Bretagne, der Gascogne und der Normandie gesehen hat, welche schon lange mit Frankreich verbunden sind. Wenngleich zwischen diesen Provinzen und dem übrigen Frankreich in der Sprache geringer Unterschied ist, so stimmen doch die Sitten überein und daher vertragen sie sich leicht miteinander. Wer solche Provinzen erobert hat und sie behalten will, muß auf zwei Dinge Rücksicht nehmen. Erstens: Die Familie der vorigen Regenten muß ausgelöscht werden. Zweitens: Die alten Gesetze und Verfassungen darf er nicht verändern. So werden alte und neue Staaten baldmöglichst zu einem Ganzen zusammenschmelzen. Aber wenn Provinzen eines Landes erobert werden, das an Sprache, Sitten und Verfassung verschieden ist, so entstehen Schwierigkeiten und es gehört viel Glück und große Bemühung dazu, sie zu behalten. Eines der kräftigsten Mittel ist, daß der Eroberer selbst sich dorthin begebe, um daselbst seinen Wohnsitz aufzuschlagen. Dadurch wird der Besitz gesichert und dauerhaft. So haben es die Türken mit dem griechischen Reich gemacht, welches sie trotz aller übrigen angewandten Bemühungen nicht hätten behaupten können, wenn sie nicht die Residenz in Konstantinopel genommen hätten. Denn wenn der Regent sich selbst dort befindet, so sieht er alle Unordnungen in ihrer Entstehung und kann geschwind abhelfen. Ist er jedoch nicht an Ort und Stelle, so vernimmt er sie erst, wenn sie schon sehr angewachsen sind und keine Abhilfe mehr möglich ist. Außerdem wird das Land nicht von den Beamten des Regenten ausgeplündert: Es beruhigt die Einwohner, daß sie zu ihm selbst ihre Zuflucht nehmen können. Ist er gut, so wird er geliebt; ist er es nicht, so wird er doch gefürchtet. Fremde, die den Staat angreifen möchten, haben mehr Rücksicht zu nehmen. Solange der Regent dort wohnt, ist es schwer, ihn dessen zu berauben.

Das zweite vorzügliche Mittel ist, Kolonien an ein oder zwei Orten zu errichten, die Schlüsselstellen des Landes sind. Dies ist notwendig; wer es unterläßt, muß dorthin wenigstens eine hinreichende Kriegsmacht entsenden. Die Kolonien kosten den Fürsten nicht viel. Er besetzt sie ohne großen Aufwand und fügt nur denjenigen einen Schaden zu, die von Haus und Hof vertrieben werden, um neuen Bewohnern Platz zu machen. Dies ist immer nur der kleinere Teil. Diese Geschädigten leben zerstreut und sind arm: Sie können selbst wenig Schaden anrichten; und alle Übrigen werden leicht beruhigt oder sie fürchten sich, daß es ihnen so ergehen könnte wie jenen, wenn sie sich rühren. Wohl zu merken ist, daß die Menschen entweder zur Ruhe geschmeichelt oder vernichtet werden müssen. Denn wegen geringer Bedrängnisse rächen sie sich; wegen großer vermögen sie das nicht. Jede Verletzung muß also so zugefügt werden, daß keine Rache zu befürchten ist. Wird statt der Kolonien Besatzung gehalten, so kostet das so viel, daß die gesamten Einkünfte des neuen Staats dafür aufzuwenden sind. Die Eroberung schlägt also zum Schaden aus und verletzt weit mehr, weil sie den ganzen neuen Staat trifft. Jeder fühlt die Last der Einquartierung und jeder wird Feind; diese Feinde aber bleiben, wenn sie geschlagen sind, in ihren eigenen Wohnungen. Nach allen Seiten also ist diese Besatzung schädlich: Die Kolonien hingegen sind nützlich. Ferner muß der Herr einer solchen für sich bestehenden und abgesonderten Provinz sich zum Oberhaupt und Beschützer der schwächeren Nachbarn machen und die mächtigen unter ihnen zu schwächen suchen: Vor allen Dingen aber muß er verhindern, daß ein anderer Fremder, der so mächtig ist wie er selbst, hereindringt. Solche werden immer von Unzufriedenen, aus Ehrgeiz oder aus Furcht hereingelassen. Man hat einst gesehen, daß die Römer durch die Ätolier nach Griechenland gelassen wurden. Ebenso wurden sie in alle Länder, in die sie eingedrungen sind, durch die Einwohner hereingerufen. Es geht damit folgendermaßen zu: Sobald ein Fremder in einem Land Fuß faßt, so hängen sich alle Mindermächtigen in demselben an ihn aus Neid gegen denjenigen, der im Land selbst der Mächtigste war. Gegen jene Mindermächtigen ist also nur wenig zu tun. Sie sind leicht gewonnen und machen gemeinschaftliche Sache mit dem neu Eingedrungenen. Dieser hat nur dafür zu sorgen, daß jene nicht mächtiger werden; und er kann leicht diejenigen, welche das Haupt emporheben, niederdrücken und also selbst die Oberhand behalten. Wer diese Verhältnisse nicht gut zu regieren weiß, verliert seine Eroberung und hat unendliche Mühe und Verdruß, solange er sie behält. Die Römer führten ihre Sache in den eroberten Provinzen sehr gut, sandten Kolonien hin, unterstützten die Schwachen, ohne sie zu stark werden zu lassen, demütigten die Mächtigen und ließen mächtige Fremde zu keinem Ansehen aufkommen. Griechenland dient hinlänglich zum Beispiel. Sie hielten die Achäer und Ätolier aufrecht, sie erniedrigten die Könige von Mazedonien, vertrieben den Antiochus. Achäer und Ätolier konnten trotz all ihrer Verdienste um sie doch nicht die Erlaubnis erwirken, irgendeinen Staat mit sich zu verbinden; durch alle Schmeicheleien des Philipp ließen sie sich nicht dazu verleiten, seine Freunde zu sein, ohne ihn niederzuhalten; Antiochus konnte mit all seiner Macht nicht erreichen, daß sie ihm zugestanden hätten, in Griechenland festen Fuß zu fassen. Die Römer taten in diesen Fällen, was alle vorsichtigen Regenten tun müssen, welche nicht allein auf die gegenwärtigen, sondern auch auf die künftigen Unruhen achten und diesen begegnen. Was man von ferne kommen sieht, dem ist leicht abzuhelfen; wenn man aber wartet, bis das Übel da ist, so kommt die Arznei zu spät und es geht, wie die Ärzte von der Lungensucht sagen: daß sie am Anfang zwar leicht zu heilen, aber schwer zu erkennen sei; wenn sie aber am Anfang verkannt werde, sei sie in der Folge zwar leicht zu erkennen, jedoch schwer zu heilen. Ebenso geht es dem Staat. Auch in ihm sind die Übel, die man von fern erkennt, (das vermag aber nur der, welcher Verstand hat) leicht und geschwind geheilt; hat man sie aber so weit anwachsen lassen, daß jeder sie erkennt, so ist kein Mittel mehr dagegen zu finden. Die Römer also sahen die Verlegenheiten, ehe sie entstanden, von ferne und ließen sie nicht näher kommen, um einen Krieg für den Augenblick zu vermeiden. Denn sie wußten, daß man einem Krieg auf solche Weise nicht entgeht, sondern ihn nur zum Vorteil des Gegners aufschiebt. Sie beschlossen also mit Philipp und Antiochus in Griechenland Krieg zu führen, um ihn nicht in Italien selbst bestehen zu müssen. Sie konnten ihn zu der Zeit wohl vermeiden; aber es gefiel ihnen nicht, was die Weisen unserer Zeit im Munde führen: Zeit gewonnen, alles gewonnen. Sie verließen sich vielmehr auf ihre Tapferkeit und Klugheit. Denn die Zeit treibt alles vor sich her, Gutes wie Schlimmes; Schlimmes fühlt sie aber auch ebenso leicht herbei wie Gutes.

Jetzt wende ich mich Frankreich zu und will untersuchen, ob es eine ähnliche Politik verfolgt hat, und zwar rede ich von Ludwig XII. und nicht von Karl VIII., weil jener sich länger in Italien gehalten hat und der Gang seiner Unternehmungen daher klarer vor Augen liegt. Wir werden also sehen, wie er das Gegenteil von allem getan hat, was geschehen muß, um in einem fremden Land Provinzen zu behaupten. Ludwig XII. wurde nach Italien gebracht durch den Ehrgeiz der Venezianer, welche dadurch die Hälfte von Mailand zu erwerben hofften. Ich will diese seine Unternehmung nicht tadeln; denn da er nun einmal in Italien Fuß fassen wollte und wegen des Betragens seines Vorfahren, Karl VIII., keine Freunde in diesem Land hatte, so mußte er wohl die Verbindungen knüpfen, die sich anboten: Und die Sache wäre auch gelungen, wenn er keinen anderweitigen Fehler gemacht hätte. Sobald der König die Lombardei erobert hatte, war der Ruf, den Karl verloren hatte, sofort wiedergewonnen; Genua fiel und die Florentiner traten auf seine Seite. Alles kam ihm entgegen, der Marchese von Mantua, der Herzog von Ferrara, Bentivoglio (welcher Bologna innehatte), die Dame von Forli, die Herren von Faenza, von Pesaro, von Rimini, von Camerino, von Piombino, die Republiken Lucca, Pisa, Siena – alle bewarben sie sich um seine Freundschaft. Und nun konnten die Venezianer schon einsehen, wie unüberlegt sie gehandelt hatten, als sie, um selbst zwei Städte zu erlangen, ihn zum Herrn über zwei Drittel von ganz Italien gemacht hatten. Jeder kann sehen, wie leicht es dem König gewesen wäre, sein Ansehen in Italien zu behaupten, wenn er die erwähnten Grundsätze befolgt und dem großen Haufen seiner Freunde durch seinen Schutz Sicherheit gewährt hätte. Die große Zahl derselben mußte ihm wohl anhängen, denn sie waren insgesamt schwach und voller Furcht, teils vor dem Heiligen Stuhl, teils vor den Venezianern; mit ihrer Hilfe jedoch hätte er wieder alles, was noch groß und mächtig im Land war, im Zaum halten können. Kaum aber war er Herr von Mailand, so tat er das Gegenteil, indem er Papst Alexander VI. zur Herrschaft in der Provinz Romagna verhalf. Er bemerkte nicht, daß er durch diese Entschließung sich selbst Freunde und Anhänger nahm und den Papst erhob, da er diesem zu seinem so kräftigen geistlichen Ansehen noch so große weltliche Macht gab. Dieser erste Fehler zog andere nach sich, so daß er am

Ende selbst nach Italien kommen mußte, um der Macht Alexanders Grenzen zu setzen und um zu verhindern, daß dieser die Herrschaft über die Toskana an sich brachte. Nicht genug, daß er den Papst auf seine eigenen Unkosten groß gemacht hatte; aus Begierde, das Königreich Neapel zu erlangen, teilte er es mit dem König von Spanien. Das Schicksal von Italien lag bis dahin ausschließlich in seinen Händen. Hiermit aber gab er sich selbst einen Genossen, an den alle, die mit ihm unzufrieden waren, sich wenden konnten. Statt in jenem Reich einen König zu lassen, der von ihm abhängig gewesen wäre, zog er einen hinein, der ihn selbst daraus vertreiben konnte. Sie ist in der Tat eine natürliche und gewöhnliche Sache, die Begierde zu Eroberungen: Und die Menschen, die so etwas unternehmen, werden immer gelobt und nicht getadelt, wenn sie es ausführen; wenn sie das aber nicht vermögen und doch unternehmen, koste es, was es wolle: Darin liegt der Fehler und deswegen werden sie getadelt. Konnte Frankreich Neapel mit eigenen Kräften angreifen, so mochte es dies tun; konnte es dies aber nicht, so hätte es das Land doch nicht teilen dürfen. Und wenn die Teilung der Lombardei mit den Venezianern zu billigen war, weil man dieser Maßregel den Eingang in Italien verdankte, so verdient jene zweite Teilung Tadel, weil sie nicht notwendig war. Ludwig beging also fünf Fehler. Er vernichtete die Mindermächtigen, er vermehrte die Macht eines Mächtigen, er rief einen sehr mächtigen Fremden herein, er selbst schlug seinen Wohnsitz nicht im Land auf und führte keine Kolonien ein. Zu seinen eigenen Lebzeiten hätten diese fünf Fehler ihm trotzdem nicht geschadet, wenn nicht der sechste hinzugekommen wäre, die Venezianer herunterzubringen. Hätte er den päpstlichen Stuhl nicht so mächtig gemacht und die Spanier nicht hereingerufen, so wäre es vernünftig und notwendig gewesen, die Venezianer zu erniedrigen. Aber nachdem in jenes Erstere eingewilligt worden war, durfte das Letztere nicht geschehen; denn solange die Venezianer mächtig waren, hätten sie immer die andern davon abgehalten, die Lombardei zu überfallen. Sie hätten darin nie unter anderer Bedingung eingewilligt, als daß das Land ihnen selbst überliefert würde; die andern hätten es aber nie den Franzosen nehmen mögen, um es den Venezianern zu geben, und beide zugleich zu bekriegen hätte man nicht gewagt. Wendet man ein, König Ludwig habe dem Papst Alexander die Romagna und Neapel den Spaniern zugestanden, um einen Krieg zu vermeiden, so antwortete ich: Man darf aus den Gründen, die oben bereits angegeben wurden, niemals ein übles Verhältnis einreißen lassen, um einen Krieg zu vermeiden; denn er wird gar nicht vermieden, sondern nur zu deinem Nachteil aufgeschoben. Sollte man mir aber etwa das Wort entgegensetzen, das der König dem Papst gegeben hatte, daß er ihm nämlich die Unternehmung auf die Romagna verstatten wolle zum Lohn für die Einwilligung in Ludwigs Ehescheidung und für den erbetenen Kardinalshut des Erzbischofs von Rouen, so berufe ich mich auf das, was ich hiernächst über Treu und Glauben der Fürsten sagen werde und über die Art, wie sie Wort halten müssen. König Ludwig hat also die Lombardei verloren, weil er nichts von all dem beachtet hat, wodurch andere ihre Länder erobert und behalten haben. Und so ist es gar nicht verwunderlich, sondern vielmehr sehr begreiflich und natürlich. Ich sprach darüber zu Nantes mit dem Kardinal d'Amboise, Erzbischof von Rouen, als der Herzog von Valentinois (wie Cesare Borgia, Sohn von Papst Alexander VI., gewöhnlich genannt zu werden pflegte) sich zum Herrn über die Romagna machte. Der Kardinal warf mir vor, die Italiener verständen sich nicht auf den Krieg. Ich erwiderte ihm aber, die Franzosen verständen sich nicht auf die Politik: Sonst würden sie den Heiligen Stuhl nicht so mächtig werden lassen. Die Erfahrung hat es bewiesen. Frankreich hat den Papst und die Spanier in Italien groß gemacht und hat es selbst darüber verloren. Hieraus ist eine allgemeine Regel abzuleiten, die niemals oder doch nur selten trügt: Derjenige, der einen anderen groß macht, geht selbst zugrunde. Denn es kann von ihm nur durch zwei Dinge bewerkstelligt werden: durch kluge Bemühung oder durch Gewalt, und beides ist dem, der mächtig geworden ist, verdächtig.

4. Warum das Reich des Darius nach dem Tod Alexanders nicht gegen seine Nachfolger aufstand

Wenn man die Schwierigkeiten erwägt, welche es bedeutet, eine neu errungene Herrschaft zu behaupten, so könnte man sich wundern, wie es zugegangen ist, daß das ganze von Alexander dem Großen innerhalb weniger Jahre eroberte asiatische Reich, welches er erst kurz vor seinem Tod in Besitz genommen hatte und von dem man deswegen hätte glauben sollen, daß es gegen dessen Nachfolger aufstehen werde, von diesen dennoch behauptet wurde ohne irgendwelche anderen Schwierigkeiten als die, welche ihre eignen Uneinigkeiten erzeugten. Ich antworte darauf, daß alle Herrschaften, von denen man Kunde hat, auf zweierlei Weise regiert worden sind, nämlich entweder durch einen Herrn, der sich nur solcher Diener bediente, die vermöge der ihnen aus Gnaden verliehenen Gewalt bloß als Werkzeuge bei der Verwaltung mitwirkten, oder durch einen Herrn und kleine Fürsten, die ihre Stellen nicht der Gnade des Herrn, sondern ihrer eigenen Abkunft verdankten. Solche hohen Beamten haben eigene Länder und Untertanen, von denen sie als Herrn anerkannt werden und die ihnen anhängen. Die Regenten, welche bloß mittels ihrer bestellten Beamten regieren, haben weit größeres Ansehen, weil es niemanden im ganzen Land gibt, der dieses Ansehen nicht anerkennt: Und wenn er einem andern gehorcht, so tut er dies nur, wenn es sich um einen Stellvertreter und Diener des Oberherrn handelt. Solchen Personen aber sind die Untertanen nicht sonderlich zugetan. Beispiele für beide Arten von Regierungsform geben die Türken und die Franzosen. Das ganze türkische Reich wird von einem Monarchen regiert: Die andern sind seine Diener. Es ist in Bezirke aufgeteilt, die von einzelnen Personen verwaltet werden, welche der Sultan nach Willkür ein- und absetzt. Der König von Frankreich hingegen ist von einer großen Zahl von alten Fürstenhäusern umgeben, deren Herrschaft von ihren Untertanen anerkannt und geliebt wird. Diese Fürsten haben Vorrechte, die der König nicht ohne Gefahr antasten kann. Wer diese beiden Regierungsformen betrachtet, wird finden, daß es schwer ist, das türkische Reich zu erobern: Sobald es aber erobert wäre, würde es leicht sein, es zu behaupten. Die Schwierigkeiten der Eroberung sind folgende. Der Eroberer kann nicht durch inländische Fürsten hereingerufen werden und darf nicht auf die Unterstützung von Rebellen hoffen, und zwar aus oben angeführten Gründen. Da sie alle Knechte sind, so ist es schwer, sie zu bestechen, und wenn sie bestochen wären, so würde es wenig helfen, weil sie aus den angegebenen Ursachen nicht imstande sind, das Volk mit in ihr Interesse zu ziehen. Wer also die Türken angreift, muß erwarten sie einig zu finden und darf nur auf seine eigenen Kräfte rechnen, wenig auf die Uneinigkeit des Gegners. Wenn der Feind aber überwunden ist, so daß er keine Armee mehr aufzustellen vermag, so ist nichts mehr zu fürchten, außer der regierenden Familie; ist diese unschädlich gemacht, hat kein Mensch mehr Ansehen genug im Volk, um mit Erfolg aufstehen zu können. So wie der Sieger vor dem Sieg auf niemanden hoffen konnte, so hat er nach demselben niemanden mehr zu fürchten. Das Gegenteil findet statt bei Reichen, die so regiert werden wie Frankreich, in die es leicht ist einzudringen, sobald man einen von den hohen Reichsbeamten gewonnen hat, unter denen sich immer Unzufriedene und Neuerungssüchtige finden. Diese vermögen es aus oben angeführten Ursachen, den Weg ins Land zu öffnen und den Sieg zu erleichtern. Danach aber gibt es unendliche Schwierigkeiten, sich darin festzusetzen: sowohl mit denen, die Beistand geleistet haben, als auch mit den Überwundenen. Es ist alsdann nicht genug, das regierende Haus zu auszulöschen: Denn die Reichsherren bleiben übrig, die sich zu Häuptern aufwerfen und das Land dem Eroberer bei erster Gelegenheit entreißen, wenn er sie weder zu vernichten noch zufriedenzustellen weiß. Wenn man nun erwägt, von welcher Beschaffenheit das persische Reich war, so wird man viele Ähnlichkeiten mit dem heutigen türkischen finden. Alexander brauchte also nur Schlachten zu gewinnen; und sobald Darius tot war, behielt der Sieger das Reich mit vollkommener Sicherheit. Auch seine Nachfolger hätten es in völliger Ruhe behalten können und es entstanden in dem weiten Land keine anderen Unruhen als solche, die sie selbst durch ihre Uneinigkeiten erregten. Aber Länder, die eine Verfassung haben wie Frankreich, kann man nicht so ruhig besitzen. In Spanien, in Frankreich, in Griechenland entstanden unaufhörliche Empörungen gegen die Römer, und zwar wegen der vielen einheimischen Fürsten. So lange das Andenken an diese währte, blieb der Besitz ungewiß. Nachdem dieses aber erloschen war, erhielten sich die Römer durch ihre Macht und die Länge der Zeit in ruhigem Besitz. In der Folge, als die Römer unter sich selbst zerfielen, vermochte sogar jeder von ihnen einen Teil der Provinzen, nach Maßgabe des darin erlangten Ansehens, in sein Interesse zu ziehen, weil sie ihre eigenen Fürsten ganz verloren hatten und keine andere Oberherrschaft anerkannten als die römische. Erwägt man dies alles, so wird sich niemand wundern, daß es Alexander so leicht wurde, Asien in Unterwürfigkeit zu halten, wohingegen andere, wie zum Beispiel Pyrrhus, so viele Schwierigkeiten dabei hatten, ihre Eroberungen zu behaupten. Der Grund liegt nicht so sehr in der Heldenkraft des Eroberers als in der verschiedenen Beschaffenheit der Eroberungen.

5. Wie Städte oder Fürstentümer zu behandeln sind, die vor der Eroberung ihre eigene Verfassung hatten

Wenn Staaten, welche erobert worden sind, wie wir angenommen haben, es gewohnt waren, nach eigenen Gesetzen und in Unabhängigkeit zu leben, so gibt es drei Wege, sie zu behandeln. Der erste ist, sie zugrunde zu richten; der zweite, daß der Fürst seinen Wohnsitz daselbst aufschlage; der dritte, sie unter ihren eigenen Gesetzen fortleben zu lassen, sich mit einer jährlichen Steuer zu begnügen und die Regierung einer Oligarchie zu übergeben, vermittels derer das Land in Unterwürfigkeit erhalten werde. Denn eine solche Regierung weiß wohl, daß sie sich nicht ohne Unterstützung ihres Schöpfers halten kann, und muß alles tun, um ihm die Herrschaft zu sichern. Eine Stadt, die es gewohnt gewesen ist, frei zu leben, wird am leichtesten durch ihre eigenen Bürger im Gehorsam erhalten. Als Beispiele können hier die Spartaner und die Römer dienen. Die Spartaner hatten Athen und Theben inne, übergaben die Herrschaft derselben einigen wenigen und verloren ihre Eroberung trotzdem. Die Römer zerstörten Capua, Karthago und Numantia und behaupteten sich daselbst. Sie versuchten es, Griechenland so zu beherrschen, wie die Spartaner es gemacht hatten, indem sie die Freiheit proklamierten und die einheimischen Gesetze bestehen ließen – und es mißlang; so daß sie gezwungen wurden, viele Städte im Land zu zerstören, um die Herrschaft in demselben zu behaupten. Denn es gibt in der Tat kein sichereres Mittel dazu, als zu zerstören. Und wer sich zum Herrn einer Stadt macht, die gewohnt gewesen ist, in Freiheit zu leben, und sie nicht ganz auflöst, der mag nur darauf warten, selbst von ihr zugrunde gerichtet zu werden. Denn der Name der Freiheit dient immer als Vorwand für einen Aufstand und die alte Staatsverfassung wird weder über der Länge der Zeit noch über Wohltaten vergessen. Was man aber auch immer für Vorkehrungen treffen mag, so kommen, wenn die Einwohner nicht getrennt und zerstreut werden, immer der alte Name und die alte Verfassung wieder zum Vorschein, so wie in Pisa nach so langen Jahren, die es unter der Herrschaft von Florenz gestanden hatte. Sind aber Städte oder Länder es gewohnt gewesen, unter einem Fürsten zu leben, und dieser ist ihnen genommen worden und sein Geschlecht ausgelöscht; sind sie es also gewohnt, einen Fürsten zu haben, und haben doch keinen alten, so vertragen sie sich nicht darin, einen aus ihrer Mitte zu erheben; frei leben aber können sie gar nicht. Sie ergreifen also die Waffen nicht so leicht, ein Fürst bemächtigt sich ihrer ohne Mühe und behält sie auch leicht im Gehorsam. Die Republiken aber bergen mehr Hass und das Andenken an die verlorene Freiheit. Am sichersten ist es also, sie zu zerstören oder zur Residenz zu wählen.

6. Von neuen Herrschaften, die durch eigene Waffen und Tapferkeit errungen werden

Niemand wundere sich, wenn ich bei allem, was ich von ganz neuen Herrschaften und von Regenten und Staaten überhaupt sagen werde, große Beispiele anführe. Denn da die Menschen fast immer in gebahnten Wegen gehen und in ihren Handlungen andere nachahmen, so muß bei allem Unvermögen, denen gleichzukommen, die man nachahmt, ein Mann von Geist doch immer sich die edelsten Muster vorsetzen, damit er wenigstens, wenn seine Tugenden gleich das Ziel nicht erreichen, doch einigen Wohlgeruch von sich gebe; er muß es machen wie kluge Schützen, die erkennen, daß das Ziel zu weit entfernt und der Bogen zu schwach sei, und deswegen die Richtung höher nehmen: nicht um durch Anstrengung bis dahin zu gelangen, sondern um dadurch das Ziel wenigstens zu erreichen. Ich sage also, daß ein neuer Fürst mehr oder weniger Schwierigkeit findet, sich in der Herrschaft zu behaupten, je nachdem er mehr oder weniger Geisteskräfte besitzt. Und da sowohl Tapferkeit als auch Glück einen Privatmann auf den Fürstenstuhl erhebt, so können auch die Schwierigkeiten in der Behauptung der neuen Würde auf beiderlei Art vermieden oder vermindert werden. Oft hat der sich am längsten erhalten, der doch das wenigste Glück hatte. Es wird das Geschäft auch oft dadurch erleichtert, daß der gänzliche Mangel an anderen Besitzungen den Fürsten nötigt, in seinem neuen Gebiet zu wohnen. Aber um auf die zu kommen, welche durch eigene Tapferkeit mehr als durch Glück auf einen Thron erhoben sind, so sage ich, daß Moses, Cyrus, Romulus, Theseus und Ähnliche die Vorzüglichsten gewesen sind. Von Moses ist hier nicht viel zu sagen, weil er nur ausführte, was ihm von Gott aufgetragen war, und er also nur deswegen bewundert zu werden verdient, weil Gott ihn seiner Aufträge würdigte. Wenn wir aber den Cyrus und andere, die neue Herrschaften gegründet haben, betrachten, so finden wir sie selbst wirklich bewundernswert: Auch sind sie wenig in ihrer Handlungsweise von Moses verschieden, dem göttliche Belehrung zustatten kam. Wenn man ihr Leben und ihre Handlungen untersucht, so finden wir, daß sie dem Glück wenig mehr als die Gelegenheit verdankten, das auszuführen, was sie sich ausgedacht hatten. Wenn die Gelegenheit gefehlt hätte, so wäre die Kraft ihres Geistes verhaucht – hätte es aber an dieser gefehlt, so wäre die Gelegenheit vergeblich da gewesen. So mußte Moses das israelitische Volk in ägyptischer Sklaverei finden, damit es bereit war, ihm zu folgen.

Romulus mußte ausgesetzt werden, um den Gedanken zu fassen, Rom zu gründen und König zu werden. Cyrus mußte die Perser mit der medischen Herrschaft unzufrieden und die Meder durch den langen Frieden weichlich und weibisch finden, Theseus wiederum hätte seinen Geist nicht beweisen können, wenn er die Athener nicht zerstreut vorgefunden hätte. Diese Gelegenheiten haben jene großen Männer glücklich gemacht: Durch die Größe ihres Geistes aber erkannten sie die Gelegenheit und dadurch wurde ihr Vaterland glücklich und berühmt. Diejenigen, welche durch ähnliche Kraft Fürsten werden, haben Schwierigkeiten zu überwinden, um die Herrschaft zu erlangen, behaupten sie aber sehr leicht. Die Schwierigkeiten, die sie zu überwinden haben, entstehen zum Teil aus den neuen Einrichtungen, die sie einzuführen genötigt sind, um die neue Verfassung und ihre eigene Sicherheit zu begründen. Dabei muß man erwägen, daß es gar keine Sache von größerer Schwierigkeit und von zweifelhafterem Erfolg gibt, als sich zum Haupt einer neuen Staatsverfassung aufzuwerfen. Denn alle die, welche sich in der alten Ordnung der Dinge wohlbefanden, sind der neuen feindlich; und diese hat nur laue Verteidiger an denen, welche dabei zu gewinnen hoffen: teils wegen der Furcht vor den Gegnern, welche die Gesetze für sich haben, teils weil die Menschen von Natur aus mißtrauisch sind und an eine neue Sache nicht glauben, bis sie sie wirklich klar vor sich sehen. Daher kommt es, daß diejenigen, die der neuen Ordnung feindlich gegenüberstehen, sie bei jeder Gelegenheit teilweise angreifen, die Freunde derselben sie aber mit solcher Lauheit verteidigen, daß das Oberhaupt samt ihnen in Gefahr geraten kann. Um hier ein richtiges Urteil zu fällen, muß man genau untersuchen, ob die Neuerer auf eigenen Füßen stehen oder von anderen abhängig sind; ob sie mithin ihr Unternehmen mittels guter Worte oder durch Gewalt durchsetzen können. Im ersten Fall geht es ihnen stets schlecht und sie taugen zu nichts. Wenn sie aber auf eigenen Füßen stehen und sich durch eigene Kräfte mit Gewalt durchsetzen können, so mißlingt es selten. Daher haben alle bewaffneten Propheten den Sieg davongetragen; die unbewaffneten aber sind zugrunde gegangen; denn zu jenen Ursachen kommt noch der Wankelmut des Volkes hinzu, welches sich leicht etwas einreden läßt, aber sehr schwer dabei festzuhalten ist. Und der Plan muß so angelegt sein, daß, wenn sie aufhören zu glauben, man sie mit Gewalt dazu anhalten kann. Moses, Cyrus, Theseus und Romulus hätten ihre Anordnungen nicht lange aufrechterhalten können, wenn sie nicht die Gewalt der Waffen hätten gebrauchen können; so wie es zu unseren Zeiten dem Fra

Girolamo Savonarola gegangen ist, der mitsamt seiner neuen Staatsverfassung zugrunde ging, als das Volk aufhörte ihm zu glauben und er keine Mittel hatte, seine Jünger beim Glauben festzuhalten und die Ungläubigen zu überführen. Solche haben daher große Schwierigkeiten zu überwinden und müssen dies Abenteuer durch ihre eigene Tapferkeit bestehen. Sobald sie aber gesiegt haben, hohes Ansehen zu erlangen beginnen und ihre Neider daneben aus dem Weg geschafft sind, so bleiben sie mächtig, sicher, geehrt und glücklich. So großen Beispielen will ich noch eins hinzufügen, das zwar geringer ist, aber doch damit verglichen werden kann und mir stellvertretend für alle ähnlichen Beispiele dienen soll: Dies sei Hiero von Syrakus. Er wurde von einem Privatmann zum Fürsten von Syrakus und das Glück hatte keinen weiteren Anteil daran, als daß es die Gelegenheit herbeiführte: Denn die Syrakusaner, welche unterdrückt waren, wählten ihn zu ihrem Anführer und in dieser Stelle erwarb er sich durch Verdienste die fürstliche Würde. Seine Eigenschaften waren so edel, daß von ihm erzählt wird, es habe ihm schon als Privatmann nichts zum Herrschen gefehlt außer der wirklichen Herrschaft selbst. Er löste die alte Armee auf und schuf eine neue; gab seine alten Verbindungen auf und knüpfte neue an. Zahlreiche Freunde und Krieger hingen ihm an, mit deren Hilfe er jede Verfassung einrichten konnte: So hatte er zwar viel Mühe aufwenden müssen, um zu erwerben, aber nur wenig, um das Erworbene zu behaupten.

7. Von neuen Fürstentümern, die durch fremde Unterstützung und durch Glücksfälle erworben werden

Diejenigen, welche durch bloßes Glück Fürsten werden, gelangen dazu ohne sonderliche Mühe; sich aber auf dem Thron zu halten wird ihnen schwer. Auf dem Weg fanden sie keine Schwierigkeiten, denn sie wurden hinaufgehoben, wenn sie aber oben sind, so beginnen jene. Dieses trifft diejenigen, welche für Geld oder durch die Gnade eines andern Fürsten geworden sind: Zum Beispiel sind manche Griechen von Darius zu Fürsten in Ionien und am Hellespont gemacht worden, damit sie seine Sicherheit und sein Ansehen beförderten. So auch sind viele Kaiser durch Bestechung der Soldaten zu ihrer Würde gelangt. Diese hängen lediglich vom guten Willen und dem Schicksal derer ab, welchen sie ihre Erhebung verdanken – beides aber gehört zu den wandelbarsten Dingen auf Erden. Sie verstehen sich nicht darauf und sie vermögen es auch nicht, sich auf einer solchen Stelle zu erhalten; denn wenn es nicht etwa ein Mann von großem Geist und Kraft ist, so kann man nicht voraussetzen, daß derjenige, der immer im Privatstand gelebt hat, zu befehlen wisse: Sie vermögen es auch nicht, weil sie keine Mannschaft haben, die ihnen ergeben und treu wäre. Ferner können plötzlich entstandene Herrschaften, gleichwie alles, was geschwind entsteht und wächst, keine tiefen Wurzeln schlagen; mithin reißt der erste Sturm sie aus: Es sei denn, daß derjenige, den das Glück erhoben hat, so viel Verstand und Talent hat, das, was ihm der Zufall in den Schoß geworfen hat, zu bewahren und die Unterlage nachzuholen, die andere sich angeschafft haben, ehe sie Fürsten wurden. Von jeder der beiden angegebenen Arten, dazu zu gelangen, will ich je ein Beispiel aus der Geschichte unserer Tage anführen. Diese sind Francesco Sforza und Cesare Borgia. Der Erste wurde durch große Tapferkeit und überlegte Anwendung der gehörigen Mittel Herzog von Mailand. Was er mit vieler Mühe erworben hatte, war ihm durch die Umstände leicht zu bewahren. Der Zweite, Cesare Borgia (insgemein Herzog von Valentinois genannt), gelangte zu seiner hohen Stelle durch den Glücksstern seines Vaters und verlor sie zugleich mit diesem, trotzdem er alle möglichen Bemühungen anwandte und alles tat, was ein kluger und mutiger Mann zu tun hat, um in dem Staat, den er durch die Waffen und das Glück eines andern erhalten hatte, feste Wurzeln zu treiben. Denn wie schon gesagt wurde: Wer nicht damit angefangen hat, Grund zu legen, kann es allenfalls durch große Anstrengung nachholen, allemal aber doch unter Gefahren für den Baumeister ebenso wie für das Gebäude. Bei der Betrachtung aller Fortschritte des Herzogs wird man finden, wie viel er getan hat, um zu seiner künftigen Größe festen Grund zu legen. Ich halte es nicht überflüssig, dieses ausführlich darzutun, weil ich einem neuen Fürsten keinen besseren Rat zu geben weiß, als seinem Beispiele zu folgen: Und wenn seine Anstalten den Zweck dennoch verfehlten, so lag die Schuld nicht bei ihm, sondern bei einem ganz außerordentlichen und höchst widerwärtigen Schicksal. Alexander VI. fand große Schwierigkeiten in dem Plan, seinen Sohn zu erheben, und zwar sowohl in der Gegenwart als auch in der Zukunft. Vor allem sah er gar keinen Weg, ihm zu anderen Besitzungen zu verhelfen als zu solchen, die im Kirchenstaat lagen. Er wußte aber wohl, daß der Herzog von Mailand und die Venezianer das nicht gestatten würden, weil Faenza und Rimini schon unter venezianischem Schutz standen. Außerdem sah er, daß die italienischen Waffen, besonders diejenigen, deren er sich bedienen konnte, denen anhingen, welche die Größe des päpstlichen

Stuhls fürchteten. Sie waren sämtlich den Orsini und den Colonna ergeben und mithin war ihnen nicht zu trauen. Es war also notwendig, diese Verhältnisse zu stören und in den Staaten von Italien alles aufzurühren, um sich eines Teils derselben zu bemächtigen. Dies wurde ihm leicht, weil die Venezianer aus anderen Ursachen damit beschäftigt waren, die Franzosen wieder in Italien hereinzuziehen. Alexander widersetzte sich diesem also nicht, sondern begünstigte es vielmehr durch die Einwilligung, welche er zu der Ehescheidung König Ludwigs XII. erteilte. Dieser brach hierauf in Italien ein mit Zustimmung der Venezianer und des Papstes: Und kaum war er in Mailand, so hatte Alexander auch schon wegen des großen Rufs der französischen Macht hinreichend starke Truppen, um seine Unternehmung auf die Romagna zu beginnen. Als er diese Provinz erobert und die Partei der Colonna geschlagen hatte und nunmehr diese Eroberung sichern und weitergehen wollte, standen ihm zwei Dinge im Weg: erstens die unzuverlässige Treue seiner Soldaten; zweitens die Gesinnungen des Königs von Frankreich. Er fürchtete, daß die Truppen der Orsini, deren er sich bedient hatte, von ihm abfallen und nicht allein weitere Eroberungen verhindern, sondern auch die gemachten ihm wieder entreißen könnten. Vom König fürchtete er das Gleiche. Mit den Orsini hatte er es ganz recht erraten: Wie sich bewies, als er nach der Eroberung von Faenza Anstalt machte, Bologna zu belagern, und sie dabei so schlaff zu Werke gingen. In Ansehung des Königs wurde die Sache klar, als er nach der Besetzung des Herzogtums Urbino die Toskana angriff und der König ihn nötigte, von dieser Unternehmung abzustehen. Hierauf beschloß der Herzog, sich nicht weiter in Abhängigkeit von fremdem Glück und fremden Waffen zu setzen. Er fing also damit an, die Parteien der Orsini und Colonna in Rom zu schwächen, indem er alle Edelleute, die ihnen anhingen, zu sich überzog, durch Stellen, Geld und Ehre, welches alles er ihnen gab. In wenigen Monaten war die Zuneigung zu ihren vorigen Anführern erloschen und hatte sich ganz dem Herzog zugewandt. Hierauf wartete er auf eine Gelegenheit, die Orsini zu vernichten, so wie er schon die Colonna auseinandergesprengt hatte: Und das ging ihm noch besser vonstatten. Die Orsini hatten sehr spät gemerkt, daß die Größe des Herzogs und des päpstlichen Stuhls ihnen den Untergang bereitete, und sie kamen darüber zu Magione im Perusinischen zusammen. Hieraus entstanden die Rebellion von Urbino, die Aufstände in der Romagna und unzählige Gefahren für den Herzog, die er mit Hilfe der Franzosen überstand. Als er aber dadurch wieder zu Ehren gelangt war und den Franzosen ebenso wenig traute wie anderen fremden Truppen und sie auch nicht auf die Probe stellen konnte, so verlegte er sich darauf, sie zu hintergehen, und wußte sich wirklich so zu verstellen, daß die Orsini sich mit ihm durch Vermittlung des Herrn Paolo Orsini versöhnten. Er versäumte hierauf nichts, um sie zu gewinnen, beschenkte sie mit Kleidern, Geld und Pferden, bis sie sich einfältigerweise nach Sinigaglia in seine Hände locken ließen. Als er hier die Oberhäupter aus dem Weg geschafft und ihre Anhänger unterwürfig gemacht hatte, so war ein guter Grund zur Herrschaft gelegt, indem er die ganze Romagna und das Herzogtum Urbino in seine Botmäßigkeit gebracht hatte und die Völker anfingen sich darunter wohl einzurichten. Dieser Teil seines Betragens verdient besonders beachtet und nachgeahmt zu werden – daher muß ich mich darüber etwas verbreiten. Nachdem der Herzog die Romagna unter sich gebracht hatte, so fand er, daß dieses Land ohnmächtigen Herren angehört hatte, die ihre Untertanen mehr ausgeplündert als regiert und mehr Unordnung veranlaßt als öffentliche Ordnung gehandhabt hatten, so daß diese Provinzen voll von Straßenraub, Parteigängerei und aller Art von Gewalttätigkeit waren. Er fand es also nötig, sie zu beruhigen und der Obrigkeit untertan zu machen. Zu diesem Ende gab er ihr den Ramiro d'Orco zum Vorgesetzten, einen entschlossenen und grausamen Mann. Ihm erteilte er volle Gewalt. Derselbe erwarb sich großen Ruhm, indem er das Land in kurzer Zeit zur Ruhe und Sicherheit brachte. Hierauf aber schien es dem Herzog, daß eine so ausnehmende Gewalt nicht mehr gut angebracht sei, weil sie verhaßt werden könnte. Er ordnete also unter dem Vorsitz eines ganz vorzüglichen Mannes mitten im Land einen Gerichtshof an, bei welchem jede Stadt ihren Vertreter hatte. Weil die vorige Strenge aber einigen Hass erzeugt hatte, so suchte er diesen auszulöschen und das Volk vollends dadurch zu gewinnen, daß er ihm bewiese, alle begangenen Grausamkeiten rührten nicht von ihm her, sondern von der rauhen Gemütsart seines Stellvertreters. Er ergriff die erste Gelegenheit, ihn eines Tages zu Cesena auf dem öffentlichen Markt in zwei Stücke zerrissen auszustellen, mit einem Stück Holz und einem blutigen Messer zur Seite. Durch diesen gräßlichen Anblick erhielt das Volk einige Befriedigung und wurde einige Zeit lang in dumpfer Ruhe gehalten. Aber um wieder auf die Unternehmung des Herzogs zurückzukommen, so fand sich derselbe mächtig genug und für den Augenblick gegen alle Gefahren gesichert, da er nach seiner Weise hinreichende Mannschaft angeworben und die Truppen derer, die ihm in der Nähe gefährlich werden konnten, vernichtet hatte. Um weitere Eroberungen versuchen zu können, blieb nur die Rücksicht auf Frankreich übrig, von woher jene allerdings schwerlich zugelassen werden konnten, nachdem der König seinen Fehler, wenn auch spät, eingesehen hatte. Er begann also damit, sich um neue Freundschaften zu bewerben und mit Frankreich ein zweideutiges Betragen anzunehmen, als ein französisches Heer sich in Richtung des Königreichs Neapel gegen die Spanier zu bewegen anfing, die Gaeta belagerten. Seine Absicht war es, sich dieser Letzteren zu versichern, und das wäre auch gelungen, wenn nur Alexander VI. am Leben geblieben wäre. So viel tat er in Rücksicht auf die Gegenwart. In der Zukunft hatte er vornehmlich zu fürchten, daß ein nachfolgender Papst ihm weniger gewogen sein und das nehmen könnte, was Alexander ihm gegeben hatte. Dagegen gedachte er sich durch vier Mittel zu versichern: erstens durch die Auslöschung aller Geschlechter der ihrer Herrschaften beraubten Großen, um den Päpsten die Veranlassung zu entziehen, etwas gegen ihn zu unternehmen; zweitens dadurch, daß er alle Edelleute von Rom zu gewinnen trachtete, um mittels derselben den Papst selbst im Zaum zu halten; drittens, indem er sich im Kardinalskollegium so viele Freunde wie möglich machte; und endlich viertens, indem er sich vor dem Tod des Papstes eine so große Herrschaft zu erwerben suchte, daß er einem ersten feindlichen Ansturm mit eigenen Kräften hinlänglich widerstehen könnte. Von diesen vier Dingen hatte er beim Tod Alexanders drei ganz und das letzte beinahe ausgeführt. Von den beraubten Herren hatte er so viele töten lassen, wie er erreichen konnte, und nur sehr wenige waren entkommen; die römischen Edelleute hatte er für sich gewonnen und im Kardinalskollegium hatte er die meisten auf seiner Seite. Was aber die Eroberungen betrifft, so hatte er es darauf angelegt, die Toskana unter sich zu bringen: Perugia und Piombino aber besaß er wirklich und Pisa hatte er unter seinen Schutz genommen. Gleich als wenn er auf Frankreich gar keine Rücksicht mehr zu nehmen hätte (und wirklich konnte er dessen überhoben sein, nachdem die Spanier den Franzosen das Königreich Neapel abgenommen hatten und nunmehr beide Teile sich um seine Freundschaft bewerben mußten), erklärte er sich zum Herrn von Pisa, worauf Lucca und Siena fallen mußten, teils wegen der Eifersucht gegen Florenz, teils aus Furcht; Florenz selbst hatte keinen Ausweg. Wenn dies gelungen wäre (und es mußte in demselben Jahr gelingen, in welchem Alexander starb), so hätte er sich einen solchen Namen und solche Kräfte erworben, daß er für sich selbst hätte bestehen können, ohne von dem Schicksal oder der Macht eines andern abhängig zu sein, sondern ganz allein von eigener

Macht und Tapferkeit. Aber Papst Alexander starb fünf Jahre, nachdem er das Schwert gezogen hatte. Er hinterließ seinen Sohn in folgender Lage: Allein in der Romagna war die Herrschaft gesichert; mit allen Übrigen hing er noch in der Luft und zwischen zwei sehr mächtigen feindlichen Heeren; dazu war er tödlich krank. Der Herzog hatte solchen frechen Mut und solche Überlegenheit des Gemüts, er wußte so gut, wie man Menschen für sich gewinnt, und die Fundamente seiner Herrschaft, die er in so kurzer Zeit gelegt hatte, waren so fest gegründet, daß er alle Schwierigkeiten überwunden hätte, wenn er nur nicht jene beiden feindlichen Heere auf dem Halse gehabt hätte und gesund gewesen wäre. Daß sein Ansehen gut begründet war, dafür dient zum Beweis, daß man ihn in der Romagna über einen Monat lang ruhig erwartete, daß er in Rom selbst halb tot sicher war und daß die Baglioni, die Vitelli und die Orsini, die nach Rom kamen, sich keinen Anhang gegen ihn machen konnten. Er konnte zwar nicht den neuen Papst machen, aber doch verhindern, daß keiner Papst wurde, den er nicht wollte. Wäre er beim Tod Alexanders vollends gesund gewesen, so wäre ihm alles ein Leichtes gewesen. Am selben Tag, an dem Julius II. auf den päpstlichen Stuhl erhoben wurde, sagte er mir, er habe an alles gedacht, was beim Tod seines Vaters vor sich gehen könnte, und daß er gegen alles eine Mittel gefunden habe; nur daran habe er nicht gedacht, daß er zu gleicher Zeit nahe am Tode sein könnte. Wenn ich nun alle Handlungen des Herzogs zusammennehme, so kann ich ihn nicht tadeln. Vielmehr muß ich ihn all denen als Muster aufstellen, die durch Glück und fremde Macht zu einer Herrschaft gelangen. Bei seinem hohen Geist und dem Ziel, das er sich vorgesetzt hatte, konnte er nicht anders handeln. Der frühe Tod seines Vaters und seine eigene tödliche Krankheit allein waren es, die seine Pläne störten. Wer es also in seiner neuen Fürstenwürde nötig findet, sich gegen seine Feinde abzusichern, sich Freunde zu erwerben, zu siegen, sei es durch Gewalt oder durch List, sich beim Volk beliebt und gefürchtet zu machen, sich Anhang und Ansehen unter den Soldaten zu verschaffen, jene zu beseitigen, die Schaden anrichten könnten oder es nach ihrer Lage müssen, die alte Ordnung der Dinge auf eigene Weise zu erneuern, streng und gnädig, großmütig und freigebig zu sein, untreue Kriegsheere aufzulösen und neue anzuwerben, die Freundschaft von Königen und Fürsten zu erlangen, so daß sie sich gern gefällig erweisen und sich davor hüten, ihm zu schaden – der wird kein lebendigeres Beispiel finden als die Handlungen dieses Mannes. Der einzige Vorwurf, den man ihm machen kann, ist der bezüglich des

Anteils, den er an der Wahl Papst Julius II. nahm. Denn wenngleich er, wie oben gesagt worden ist, keinen Papst nach seinem eigenen Sinn machen konnte, so hätte er doch zu verhindern vermocht und hätte nie einwilligen dürfen, daß einer von den Kardinälen erhoben wurde, die ihn beleidigt hatten oder die ihn, sobald sie den päpstlichen Stuhl bestiegen hatten, fürchten mußten. Denn die Menschen befeinden sich entweder aus Hass oder aus Furcht. Diejenigen, die ihn beleidigt hatten, waren unter anderen die Kardinäle von San Pietro ad Vincula, Colonna, San Giorgio und Ascanio. Alle anderen aber mußten ihn fürchten, sobald sie Papst wurden, allein den von Rouen und die spanischen ausgenommen. Diese wegen Verwandtschaft und Verbindlichkeiten; jener, weil er dazu durch seine Verbindung mit dem König von Frankreich zu mächtig war. Der Herzog mußte also vor allen Dingen darauf dringen, daß einer von den spanischen Kardinälen zum Papst gewählt wurde. Konnte er das nicht durchsetzen, so mußte er seine Zustimmung dem Kardinal von Rouen geben und nicht dem von San Pietro ad Vincula. Denn wer da glaubt, daß bei den Großen neue Wohltaten alte Beleidigungen vergessen machen, der irrt sich. Der Herzog beging mithin bei dieser Wahl einen Fehler, welcher Ursache seines eigenen Untergangs geworden ist.

Michel Montaigne

(28.2.1533–13.9.1592)

Die Wahrheit des Essays

Die Neuzeit ist von der Hinwendung zum Individuum und zur Subjektivität gekennzeichnet. Dies zeigt sich auf allen Gebieten: im Politischen, Philosophischen und Literarischen. Das Ich will sich selbst erfahren, es will erkundet und sein Verhältnis zur Welt beschrieben werden.

Michel de Montaigne ist einer der großen, neuzeitlichen Pioniere der Erforschung des Ich. Seine berühmten *Essais* sind Zeugnisse der Selbstentdeckung. Er ist aber auch der Erfinder einer ganz neuen Gattung des reflektierenden Schreibens: des Essays.

Unter seinem vollständigen Namen Michel Eyquem, Seigneur de Montaigne, wurde er auf dem kleinen Familienschlößchen Montaigne in der Dordogne geboren. Sein Vater war französischer Katholik, seine Mutter stammte aus einer jüdisch-sephardischen Familie. Sein Großvater väterlicherseits, mit dem Beinamen Eyquem, war Weinhändler, der durch den Kauf des Gutes von Montaigne nobilitiert wurde und sich damit den Adelstitel verschafft hatte, den der Autor der *Essais* erbte.

Michels Vater war, ohne selbst gebildet zu sein, in das ›neue Wissen‹ des Humanismus vernarrt und hatte seinem Sohn eine literarische Laufbahn vorbestimmt. Schon im Alter von vier Jahren wurde er einem deutschen Pädagogen anvertraut, der ausschließlich Lateinisch mit ihm sprach, so daß Montaigne später von sich sagte, die lateinische Sprache sei ihm »gleichsam die Muttersprache«, er »verstehe sie besser, als das Französische«.

Auf diese bemerkenswerten Anfänge folgten bis zum dreizehnten Lebensjahr klassische Studien am Collège de Guyenne unter der Leitung bedeutender Humanisten. Es ist sehr wahrscheinlich, daß Montaigne anschließend in Toulouse Rechtswissenschaft studierte, um seinem Vater im Amt zu folgen und Ratsherr am Steuergerichtshof in Périgueux zu werden.

Von dort wechselte er 1557 zum Parlament von Bordeaux, wo er im Magistrat arbeitete. In dieser Zeit verband ihn eine enge Freundschaft mit dem Schriftsteller Étienne de la Boétie, der allerdings 1563 früh verstarb. Der Essay *Über die Freundschaft* ist ein Zeugnis dieser innigen Verbindung.

La Boétie übte großen Einfluß auf Montaigne aus und regte ihn an, sich mit der antiken Geschichte und der Moralphilosophie der *Stoiker* zu beschäftigen. Montaignes Werk ist geprägt von einer gekonnten Leichtigkeit im Umgang mit antiker Literatur. Die Einflüsse von Plutarch, Vergil, Cicero, aber auch von Petrarca sind in seinen Schriften offenkundig.

Montaigne lebte in der Zeit der Religionskriege. Die Reformation führte zu einer Glaubensspaltung in Frankreich. Montaigne hatte nichts für den Protestantismus übrig, er nahm Partei für den Katholizismus. Insgesamt haßte er den Fanatismus und die Grausamkeiten der religiösen Auseinandersetzungen.

Oft und gern beschrieb er sein eigenes Erscheinungsbild und seine Angewohnheiten:

Er war klein, hatte ein rundes Gesicht und trug einen vollen, aber nicht allzu langen Bart – ganz nach der Mode der Zeit. Er verfügte über eine gute Gesundheit. Sein Gang war fest, seine Bewegungen hatten etwas Schroffes. Seine Stimme war laut, aber klangvoll. Er hatte ein ungestümes Wesen und redete gern und temperamentvoll. Vor allem aß er sehr gern. Noch bis ins hohe Alter liebte er das Reiten. Der Schlaf nahm einen großen Teil seines Lebens in Anspruch.

1565 heiratete er die Tochter eines seiner Bordelaiser Kollegen, Françoise de Chassagne. Allerdings war er ohne besondere Begeisterung für die Ehe oder die Frauen. Gegen Ende seines Lebens schrieb er: »Es könnte leichter sein, auf Frauen überhaupt zu verzichten, als sich pflichtgemäß auf den Verkehr mit der einen Ehefrau zu beschränken.« Kinder gab es etliche, insgesamt 6 Töchter, doch »sie sterben mir als Säuglinge«, wie er ohne allzu große Gefühlsregung berichtet. Nur eine Tochter, die zweitgeborene Leonore, »entgeht diesem Mißgeschick«. Offensichtlich hatte er für das Familienleben nicht viel übrig.

1571, nach dem Tod seines Vaters, legte er alle öffentlichen Ämter nieder und zog sich ganz auf sein Landgut zurück, um sich nur noch dem Lesen, Recherchieren und Schreiben zu widmen. Er legte eine für die damalige Zeit äußerst umfangreiche Bibliothek an und ließ die folgende Inschrift anbringen:

»Im Jahr Christi 1571, am 28. Februar, seinem Geburtstage, hat sich Michel de Montaigne, seit längerem der Bürden des Parlaments und der öffentlichen Pflichten müde, in voller Lebenskraft in den Schoß der gelehrten Musen zurückgezogen, wo er in Ruhe und Sicherheit die Tage verbringen wird, die ihm zu leben bleiben. Vergönne ihm das Schicksal, diese Wohnung der süßen Weltflucht seiner Ahnen zu vollenden, die er seiner Freiheit, seiner Ruhe und seiner Muße geweiht hat.«

Zunächst widmete er sich der postumen Herausgabe der Schriften seines Freundes La Boétie. Schließlich begann er, die *Essais* zu schreiben. Er arbeitete insgesamt an mehreren Ausgaben, die erste veröffentlichte er 1580, im Alter von 47 Jahren. Diesen Text nahm er sich immer wieder vor, verbesserte und vervollkommnete ihn bis zum Ende seines Lebens. So erschienen etliche Ausgaben und insgesamt drei Bücher.

Nach der Fertigstellung der ersten Ausgabe der *Essais* unternahm Montaigne eine ausgedehnte Reise, die ihn über Süddeutschland nach Italien führte. Hierüber verfaßte er ein Journal, *Le Journal de Montaigne en Italie.* Die erbauliche Reise mußte er allerdings nach 17 Monaten, während einer Kur in Lucca, abbrechen, weil er zum Bürgermeister von Bordeaux ernannt wurde. Er nahm das Amt an, bekleidete es von 1581 bis 1585 und verließ die Stadt nach dem Ausbruch der Pest. Er kehrte auf sein Gut zurück und widmete sich weiteren Kapiteln, Korrekturen und Überarbeitungen der *Essais.* 1588 erschien eine um viele Zusätze erweiterte Ausgabe.

In jenem Jahr reiste er auch das letzte Mal nach Paris, wo er seine zweite große und innige Freundschaft zu dem jungen *Fräulein von Gournay* erlebte, die er seine ›Wahltochter‹ nannte. Sie machte sich nach seinem Tod um die Ausgabe seiner Werke verdient.

Am 13. September 1592 starb Montaigne während einer Messe, die an seinem Krankenlager gelesen wurde.

Das von Montaigne entwickelte Genre des Essays entspricht einer neuen, modernen Denkweise. Kurz und experimentell werden die Gedanken vor dem Leser entfaltet. Die *Essais* sind Ausdruck persönlicher Erfahrung, sie sind ungezwungene Versuche und Reflexionen des Ich auf sich selbst und die Welt.

Sie richten sich gegen jeglichen Anspruch auf eine absolute Wahrheit, gegen jede systematisierende Denkweise. Einzig im eigenen Selbst liegt die Erkenntnis. »*Ich* bin die Wahrheit«, schreibt Montaigne.

Montaigne ist kein Philosoph im herkömmlichen Sinne, »ich bin kein Philosoph«, sagt er von sich. Aber gerade diese nicht-philosophische Haltung macht ihn frei, zu denken. *Charles de Montesquieu* schrieb einmal über ihn: »In den meisten Menschen sehe ich den schreibenden Menschen, in Montaigne den denkenden Menschen.«

Jedes seiner *Essais* sind Befreiungsakte aus starren Denksystemen. Sie sind auch Ausdruck der Lebenskunst und der Lebensweisheit, die für Montaigne in Entspannung und Heiterkeit beruht. Diese Einstellung zum Leben hervorzurufen, ist Aufgabe der Philosophie: »Die Seele fühlt sich wohl, wenn die Philosophie in ihr wohnt«, schreibt er.

Montaignes *Essais* sind sein einziges Werk, aber sie enthalten ein breites Spektrum von Themen, die alle dazu beitragen sollen, die verschiedenen Facetten des Lebens zu zeigen: Frauen, Liebe und Freundschaft, Erziehung, Stolz, Reue, Erfahrung, Tod. Absicht ist, im Spiegel des Selbst die menschliche Natur und das Leben in ihrer Eigenart zu verstehen. »Leben«, sagt Montaigne, »das ist mein Handwerk und meine Kunst.«

Francis Bacon, Alexander Pope, John Locke, David Hume, Jean-Jacques Rousseau und Friedrich Nietzsche – sie alle waren von Montaigne beeinflußt und haben ebenfalls die Form des Essays für ihre philosophischen Betrachtungen gewählt.

Nietzsche sagte über ihn: »Daß ein solcher Mensch geschrieben hat, dadurch ist wahrlich die Lust auf dieser Erde zu leben vermehrt worden. Mir wenigstens geht es seit dem Bekanntwerden mit dieser freiesten und kräftigsten Seele so.«

Diese Textsammlung stellt die Essays *Philosophieren heißt sterben lernen, Über die Freundschaft* und *Über den Ruhm* vor.

Philosophieren heißt sterben lernen

Der Tod ist unvermeidlich: ›Alle steuern wir dem gleichen Ziele zu; für jeden wird sein Los in der Urne geschüttelt, bis es früher oder später herausspringt und wir mit dem Kahn in die ewige Verbannung fahren müssen.‹ Infolgedessen ist der Tod, wenn wir ihn fürchten, eine dauernde Beunruhigung für uns; diese Last kann uns nicht abgenommen werden. Von allen Seiten kann er uns überfallen; es nützt nichts, wenn wir, wie in verdächtigem Gelände, den Kopf unaufhörlich hierhin und dorthin drehen: er hängt immer über uns, wie der Felsblock über dem Haupte des Tantalus …

Das Ziel unseres Lebenslaufes ist der Tod; zwangsweise richten wir unseren Blick auf ihn: wenn er uns erschreckt, wie können wir da einen Schritt ohne Schaudern gehen? Was tut der gemeine Mann dagegen? er denkt nicht daran; aber welch tierischer Stumpfsinn gehört dazu, einer so groben Verblendung zu erliegen! …

Es ist gerade erst 14 Tage her, daß ich 39 Jahre alt geworden bin: ich müßte eigentlich wenigstens noch einmal so alt werden. Ist es nicht Torheit, sich um etwas so Fernes Sorgen zu machen? Aber wie steht es in Wirklichkeit? Junge und Alte müssen in gleicher Weise ihr Leben lassen; außerdem denkt jeder Mensch, und wenn er noch so altersschwach ist, weil er sich mit Methusalem vergleicht, er habe noch mindestens 20 Jahre im Leibe. Und dann, du armer Narr, wer hat dir denn die wahrscheinliche Lebensdauer vorgerechnet? Du stützt dich auf die Märchen der Ärzte: sieh lieber hin, wie es wirklich aussieht und was die Erfahrung lehrt. Im Vergleich mit dem Durchschnitt ist dir schon seit einiger Zeit eine ungewöhnliche Gunst zuteil geworden, daß du noch lebst: du hast die normale Lebensfrist schon überschritten. Wenn du dich überzeugen willst, daß das wirklich so ist, zähle einmal unter deinen Bekannten nach, wieviel zahlreicher die sind, die vor deinem Alter gestorben sind als die, die es erreicht haben. Selbst wenn du die Männer nimmst, auf deren Leben der Glanz des Ruhmes liegt, lege einmal eine Liste von ihnen an: ich wette, mehr von ihnen sind vor als nach dem 35. Jahr gestorben. Es ist vernünftig und fromm zugleich, das Erdenleben Jesu Christi als Beispiel zu nehmen: sein Leben endete bekanntlich mit 33 Jahren. Der größte Mensch, der einfach Mensch war, Alexander, starb auch in diesem Alter.

In wieviel überraschenden Gestalten tritt der Tod auf! Ich denke jetzt nicht an Fieberkrankheiten und Lungenentzündungen: wer hätte es für möglich gehalten, daß ein Herzog der Bretagne im Volksgewühl erdrückt werden könnte, wie Johann II. beim Einzug des Papstes Clemens V., meines Nachbarn, in Lyon? Hat man nicht erlebt, daß ein französischer König beim Turnierspiel den Tod fand? Und starb nicht einer seiner Vorfahren gespießt von einem Eber? Aischylos wäre zuerst beinahe von einem einstürzenden Haus verschüttet worden; er entkommt und ist auf seiner Hut; da fällt auf ihn eine Schildkröte, die ein Adler hoch in der Luft aus seinen Fängen verloren hatte, und erschlägt ihn …

Wenn wir uns solche Beispiele vergegenwärtigen, die häufig ja ganz gewöhnlich sind, wie ist es da möglich, daß man vom Gedanken an den Tod *loskommen* könnte? Müssen wir doch immer wieder neu den Eindruck gewinnen, daß er uns am Kragen packt.

Vielleicht kann man sagen: Das ist ja möglich, aber was schadet das, wenn man sich davon nicht anfechten läßt? Einverstanden; wenn es gelingt, sich gegen die Schläge zu decken, ganz gleich wie, und müßte ich unter ein Kalbsfell kriechen, ich würde kein Mittel scheuen; ich will weiter nichts, als mit heiler Haut davonkommen, und jede Chance, die sich mir bietet, ergreife ich, auch wenn das, was ich da tun muß, durchaus nicht rühmlich oder vorbildlich ist. ›Ich möchte lieber für übergeschnappt oder dämlich gelten, wenn das, was ich da anstelle, mir Spaß macht, oder wenn ich nicht merke, daß es verkehrt ist, als vernünftig sein und dabei mich unglücklich fühlen.‹

Aber es wäre Torheit, zu denken, man könne auf diesem Wege das Ziel erreichen. Solche Menschen laufen hin und her, sie rennen, sie tanzen; vom Tod ist nicht die Rede. Soweit ist es ganz schön; aber dann, wenn der Tod kommt, zu ihnen oder zu ihren Frauen, Kindern und Freunden, und sie plötzlich überfällt, ohne daß es eine Deckung gibt, da krümmen sie sich und schreien vor Wut, weil die Verzweiflung sie packt. Sie sind vollständig niedergebrochen, verstört, wie umgewandelt. Dagegen muß man rechtzeitig etwas tun. Die Beruhigung durch die viehische Gleichgültigkeit ist zu teuer erkauft; ich finde es ja auch ganz unmöglich, daß ein vernünftiger Mensch sich ihr überläßt. Wenn der Tod wäre wie ein Feind, dem man ausweichen kann, würde ich geradezu empfehlen, die Feigheit als Waffe zu benutzen: aber da das nun eben nicht angeht, und er dich ebenso trifft, wenn du ihm feige zu entfliehen suchst, wie wenn du ihm männlich entgegentrittst, ›Er holt den Fliehenden ein und schont auch die nicht, die zum Kriegsdienst noch zu jung sind oder die der Gefahr den Rücken kehren, und da auch die stärkste Sicherung uns nicht vor ihm schützen kann, …, wollen wir lieber lernen, wie wir ihm entgegentreten und mit ihm fertig werden können: zunächst, wenn wir ihn um den Hauptvorteil, den er uns gegenüber hat, bringen wollen, müssen wir gerade den umgekehrten Weg einschlagen, als es gewöhnlich geschieht; wir müssen versuchen, ihm seine furchtbare Fremdartigkeit zu nehmen, mit Geschick an ihn heranzukommen, uns an ihn zu gewöhnen, nichts anderes so oft wie den Tod im Kopf zu haben, ihn uns in unserer Phantasie immer wieder in den verschiedensten Erscheinungsformen auszumalen; wenn ein Pferd stolpert, wenn ein Ziegel vom Dach fällt, wenn ich mich irgendwie steche, immer wieder sage ich mir dann: ›So, und wenn das nun der Tod selber wäre!‹ Darauf können wir mit trotziger, mit männlicher Haltung reagieren. Im lauten Jubel und in der stillen Freude, immer können wir einen Ton hören, der uns mahnt, was der Mensch ist; wenn wir noch so sehr genießen, immer einmal sollten wir dann doch daran denken, wie diese Fröhlichkeit rings vom Tod bedroht ist, wie leicht er da hineingreifen kann. So dachten die alten Ägypter: beim Fest, wenn es am höchsten herging, ließen sie ein Menschengerippe in den Saal tragen, als Mahnung für die Gäste.

›Denke, daß jeder Tag der letzte sein kann, der dir leuchtet; die Stunden, mit denen du nicht fest gerechnet hast, werden dir dann besonders lieb sein.‹

Wo der Tod auf uns wartet, ist unbestimmt; wir wollen überall auf ihn gefaßt sein. Sich in Gedanken auf den Tod einrichten, heißt sich auf die Freiheit einrichten: wer zu sterben gelernt hat, den drückt *kein* Dienst mehr: nichts mehr ist schlimm im Leben für denjenigen, dem die Erkenntnis aufgegangen ist, daß es kein Unglück ist, nicht mehr zu leben. Sterbenkönnen befreit uns von aller Knechtschaft, von allem Zwang. Der König von Mazedonien war in römische Gefangenschaft geraten; er sandte an Aemilius Paulus einen Boten mit der untertänigen Bitte, ihm die Schmach des Triumphzuges zu ersparen. Dieser antwortete: ›Dies Gesuch soll er an sich selbst richten.‹

Freilich bringt uns alle Feinheit und alle Bemühung nicht recht vorwärts, wenn unsere Naturanlage nicht in demselben Sinne wirkt. Ich bin nicht melancholisch veranlagt, sondern grüblerisch: nichts ist mir, schon seit immer, so im Kopf herumgegangen wie Todesgedanken, auch in der liederlichsten Jugendzeit ... Einmal, in lustiger Damengesellschaft, glaubten meine Gefährten, ich wäre deshalb etwas benommen, weil ich im geheimen eifersüchtigen oder hoffnungsvollen Gedanken nachhinge, während ich in Wirklichkeit daran dachte, wie ein Bekannter vor kurzem an einem Fieberanfall gestorben war, nach einem ganz ähnlichen Fest, noch ganz erfüllt von Liebesgedanken und sorgloser Fröhlichkeit. Mir klang der Vers im Ohr: ›Auch das geht vorüber, und nie können wir die schöne Gegenwart später zurückrufen.‹ Aber dieser Gedanke bekümmerte mich im Grunde nicht mehr als irgendein anderer. Zunächst müssen uns solche Vorstellungen natürlich weh tun; aber allmählich, wenn man sie immer wieder vornimmt, verlieren sie bestimmt ihre Schrecken; sonst hätte ich ja dauernd in wahnsinniger Angst leben müssen, denn die selbstverständliche Lebenssicherheit anderer Menschen besaß ich durchaus nicht; nie rechnete ich damit, daß ich lange leben würde. Diese Hoffnung wird nicht größer, wenn ich gesund bin – und bis jetzt habe ich mich einer sehr kräftigen und selten unterbrochnen Gesundheit erfreut –, und sie wird nicht kleiner, wenn ich krank bin; jeden Augenblick halte ich es für möglich, daß ich plötzlich nicht mehr da bin. Deshalb wiederhole ich mir immer das Wort: ›Was einmal geschehen kann, kann auch heute geschehen. Eigentlich muß man sich doch sagen: Zufall und Gefahr bringen uns wenig oder gar nicht näher an unser Lebensende heran; und wenn wir in einer besonders bedrohlich scheinenden Lage daran denken, wieviel Millionen Gefahren außerdem noch über unserem Haupte schweben, da müssen wir doch finden, daß der Tod uns immer gleich nahe ist, ob wir kerngesund oder fieberkrank sind, auf der See oder in unserer Wohnung, in der Schlacht oder in ruhiger Sicherheit uns befinden: ›Alle sind gleich gebrechlich; keiner ist sicherer als die anderen, daß er den nächsten Tag erleben wird.‹ Werde ich wohl genügend Zeit haben, das zu erledigen, was noch vor meinem Tode fertig werden muß, auch wenn es nur eine Stunde dauert?

Vor kurzem blätterte ein Bekannter in meinen Notizen; da fand er etwas aufgeschrieben, was nach meinem Tode geschehen sollte: diese Anordnung hatte ich, so erzählte ich ihm wahrheitsgemäß, eilig auf dieses Blatt geschrieben, weil ich nicht ganz überzeugt war, ob ich lebend heimkehren würde; und doch war ich damals vollständig gesund und wohl und nur eine Stunde weit von meinem Haus entfernt …

Wir sollten, soweit das von uns abhängt, immer fertig und marschbereit sein; vor allem sollten wir es so einrichten, daß wir es dann nur mit uns zu tun haben; der Schritt, der uns bevorsteht, ist schwer genug, wir sollten uns nicht zusätzlich belasten. Da klagt zum Beispiel einer, mehr als über das Sterben selbst, darüber, daß er um einen schönen Sieg gebracht würde, ein anderer, daß er Abschied nehmen muß, ehe er seine Tochter verheiratet oder die Erziehung seiner Kinder abgeschlossen hat; der eine trauen, daß er mit seiner Frau, der andere, daß er mit seinem Sohn nicht mehr zusammen sein kann, was für ihn den wesentlichen Lebensinhalt gebildet hatte. Ich sehe, Gott sei Dank, meiner Todesstunde so gefaßt entgegen, daß ich gehen kann, wenn es ihm gefällt, ohne daß mir der Abschied von irgend etwas schwer würde. Ich löse allmählich alle Bindungen. Von allen kann ich leicht Abschied nehmen außer von mir. Niemals hat sich wohl jemand so absolut und so vollständig darauf eingestellt, daß er der Welt Lebewohl sagen muß, wie ich und sich so allseitig von ihr gelöst. Der Tod ist am selbstverständlichsten, wenn man schon vorher möglichst tot ist … Wir sind zum Schaffen geboren: ›Der Tod soll mich mitten in der Arbeit holen.‹ Ich bejahe jede Tätigkeit, man soll die Lebensarbeit so lange fortsetzen, wie man kann; ich habe nichts dagegen, daß der

Tod mich bei der Gartenarbeit überrascht, aber er soll mich nicht schrekken; und noch weniger soll es mich traurig machen, daß ich mit dem Garten nicht fertig geworden bin. Einer meiner Bekannten klagte im Todeskampf immer von neuem, daß das Schicksal ihm die Fertigstellung einer geschichtlichen Untersuchung über den 15. oder 16. unserer Könige verwehrte … Solche Launen sind unedel und schädlich. Wie die Friedhöfe neben den Kirchen und gewöhnlich in den verkehrsreichsten Teilen der Stadt angelegt sind, um das Volk, wie Lykurg sagt, die Frauen und Kinder daran zu gewöhnen, daß sie sich vor einem Toten nicht gruseln, und damit wir durch den ständigen Anblick von Gerippen, Gräbern und Leichenzügen an unsere Sterblichkeit gemahnt werden; und wie bei den Ägyptern, am Ende der Feste, ein Ausrufer den Versammelten ein großes Gerippe hinhielt mit dem Ruf: ›Trink und sei fröhlich, denn wenn du tot bist, siehst du so aus‹: so habe ich mich daran gewöhnt, den Tod vor mir zu haben; ich denke nicht nur an ihn, sondern ich rede auch fortgesetzt von ihm …

Wenn man so vorher an den Tod denkt, ist man gegen ihn zweifellos besser gewappnet; und dann ist es doch auch schon ein Gewinn, wenn wir den Weg bis zu ihm hin ohne Aufregung und ohne Angst gehen können. Die Natur hilft uns bei dieser Aufgabe und gibt uns Mut. Wenn uns ein plötzlicher gewaltsamer Tod bevorsteht, bleibt uns keine Zeit zur Todesfurcht. Wenn uns aber ein langsamer Tod erwartet, so zeigt mir die Erfahrung, daß die Lebenslust ganz natürlich in dem Maße abnimmt, wie ich der Krankheit allmählich verfalle. Es fällt mir sicher schwerer, mich zur Todesbereitschaft zu entschließen, wenn ich gesund bin, als wenn ich mit Fieber im Bett liege; denn dann lockt mich das, was das Leben Schönes bietet, nicht mehr so, da ich es doch nicht mehr recht zur Verfügung habe und mich nicht mehr recht daran freuen kann; deshalb erscheint mir dann das Bild des Todes viel weniger fürchterlich …

Eine dauernde Veränderung und ein allmähliches Absinken unserer Lebenskraft bleibt niemandem erspart; die Natur hat es aber so eingerichtet, daß wir nicht sehen, was wir verloren haben und wie es mit uns abwärts geht. Das wollen wir uns einmal vor Augen führen. Was bleibt einem Greis von der Kraft seiner Jugend, seines Lebens?

›Ach, wie klein ist der Rest des Lebens, der den Alten geblieben ist!‹ … Wenn wir auf einmal so tief herunterstürzten, so würden wir, glaube ich, nicht imstande sein, einen solchen Wechsel zu ertragen. Aber die Natur rollt uns auf einer Bahn, die sich langsam und kaum merklich senkt, allmählich, stufenweise hinab in das Elend des Alters, so daß wir es hinnehmen und keinen Stoß fühlen, wenn die Jugend in uns stirbt; und doch ist dies eigentlich und in Wahrheit ein härterer Tod als das endgültige Erlöschen eines matten Lebens und als das Sterben aus Altersschwäche. Ist doch der Sprung vom Elend ins Nichtsein nicht so hart wie der von der blühenden Jugendkraft in ein schmerzensreiches, kümmerliches Altern. Bekanntlich hat man in krummer, gebückter Haltung weniger Kraft zum Lastentragen. So geht es auch der Seele; wir müssen sie aufrichten und straffen gegen den Druck dieses Widersachers …

Es ist ja auch Torheit, wenn wir unter diesem Druck leiden aus Angst vor dem Augenblick, der uns von jedem Druck befreien wird. Wie alle Dinge für uns aufwachten, als wir geboren wurden, so wird alles für uns sterben, wenn wir sterben. Deshalb ist es gleich sinnlos, zu weinen, weil wir in hundert Jahren nicht mehr leben werden, wie darüber zu weinen, daß wir vor hundert Jahren noch nicht am Leben waren. Mit dem Tod beginnt eine andere Existenz; auch in das Erdenleben sind wir mit Tränen und Schmerzen eingegangen; auch bei diesem Neubeginn mußten wir den Schleier des Geheimnisses ablegen, der uns vorher unsere Zukunft verhüllte.

Alles Einmalige ist nicht schwer zu ertragen. Ist es vernünftig, so lange sich vor etwas zu fürchten, was so kurz dauert? Lange Zeit leben und kurze Zeit leben, durch den Tod wird das alles gleichgemacht. Denn die Begriffe lang und kurz haben keinen Sinn, bezogen auf Dinge, die nicht mehr sind. Aristoteles spricht von kleinen Tieren, die am Fluß Hypanis leben und die nur einen Tag alt werden; wenn ein solches Tier früh um 8 Uhr stirbt, so stirbt es jung; stirbt es nachmittags 5 Uhr, so ist es vor dem Sterben schon altersschwach. Jeder von uns findet es komisch, wenn man auf diese Momentdauer unsere Vorstellungen von Glück und Unglück anwenden wollte. Ebenso lächerlich ist der Gegensatz von mehr oder weniger in der Spanne unseres Lebens, wenn wir seine Dauer mit der Ewigkeit vergleichen, oder auch nur mit der der Berge, der Flüsse, der Sterne, der Bäume, ja selbst mancher Tiere.

Die Natur zwingt uns zu dieser Haltung. Sie spricht zu uns: ›Wie du in die Welt gekommen bist, so mußt du wieder aus ihr fort. Der Übergang vom Tode zum Leben, der dir kein Leiden und keine Schrecken gebracht hat, den brauchst du nur zu wiederholen, als Übergang vom Leben zum Tod. Dein Tod gliedert sich in die Weltordnung ein; es ist ein Stück Leben dieser Welt … Dies euer Leben, dessen ihr euch erfreut, ist in gleiche Teile geteilt, es gehört ebenso dem Tode wie dem Leben. Schon am ersten Tag nach eurer Geburt beginnt die Wanderung auf das Sterben wie auf das Leben zu.‹ – ›Schon bei der Geburt beginnt der Tod: und das Ende ist mit dem Anfang unlösbar verbunden.‹

Jeder gelebte Moment wird dem Gesamtleben gestohlen; von ihm wird er abgezogen. Euer ganzes Leben lang baut ihr am Tode. Ihr seid schon im Tode, wenn ihr lebt; denn wenn ihr nicht mehr lebt, seid ihr jenseits des Todes, oder, wenn das besser klingt, seid ihr tot jenseits des Lebens; aber während der ganzen Lebenszeit seid ihr schon beim Sterben; und der Tod trifft den Sterbenden viel härter als den Toten; für ihn ist er fühlbarer und wirklicher.

Wenn ihr das Leben genutzt habt, könnt ihr gesättigt und befriedigt scheiden. Und wenn ihr nichts damit habt anfangen können, wenn ihr es nutzlos vertan habt, da kann es euch doch erst recht gleichgültig sein, wenn es weg ist; was wollt ihr denn noch damit?

An sich ist das Leben nichts Gutes und nichts Böses; es ist der Hintergrund, auf dem ihr selbst Gutes und Böses anbringen könnt. Und wenn ihr einen Tag gelebt habt, habt ihr alles gesehen, was zu sehen ist: ein Tag ist wie alle anderen Tage. Das Licht und die Nacht sind immer die gleichen, es gibt keine anderen: unsere Sonne, unser Mond, unsere Sterne, unser Weltgebäude, es ist alles das gleiche, an dem sich eure Vorfahren erfreut haben und das auch eure Urenkel wieder erfreuen wird. Höchstens in einem Jahre läuft alles ab, was die Akte meiner Komödie an Abwechslungen und Verschiedenheiten aufweisen; wenn ihr aufmerksam zugesehen habt, wie meine vier Jahreszeiten vorüberziehen, so habt ihr erkennen können, daß darin Kindesalter, Jünglingsalter, Mannesalter und Greisenalter der Welt dargestellt sind. Das Spiel der Welt ist damit aus; es fällt ihr keine andre Idee ein, als es noch einmal ablaufen zu lassen; es bleibt immer das gleiche …

Beim Tode, wann er auch eintritt, ist euer ganzes Leben zu Ende. Man kann den Wert eines Lebens nicht nach der Länge messen; er ist vom Inhalt abhängig. Manches lange Leben ist inhaltlos. Nutzt es, solange ihr es in den Händen habt: von eurem Entschluß, nicht von der Lebensdauer hängt es ab, ob ihr euch mit dem Gedanken abfindet: wir haben genug gelebt. Ihr konntet doch nicht erwarten, daß ihr das Ziel, auf das ihr immer zugingt, nie erreichen würdet? …

Wozu willst du zurückweichen, wo du doch nicht endgültig ausweichen kannst? Viele waren glücklich, daß sie sterben durften, wenn dadurch großes Elend von ihnen genommen wurde: habt ihr aber jemals jemanden gesehen, dem das Sterben schlecht bekommen wäre? und doch ist es eigentlich recht einfältig, etwas abzulehnen, worüber keine Erfahrungen vorliegen, weder eure eigenen Erfahrungen noch die von anderen. Warum beklagst du dich über mich [die Natur] und über das Schicksal? Betrügen wir dich? Sollen wir uns nach dir richten oder du dich nach uns? …

Chiron lehnte die Unsterblichkeit ab; sein Vater Saturn, der Gott der Zeit und der Dauer selbst, hatte ihn darüber aufgeklärt, wie es um sie stehe. In der Tat, du brauchst dir nur zu überlegen wieviel härter und unerträglicher ein Leben, das nie ein Ende nähme, für die Menschen sein müßte, als das Leben ist, das ich ihnen gegeben habe. Hättet ihr den Tod nicht, so würdet ihr mich dauernd verfluchen, daß ich ihn euch vorenthalten hätte: ich habe dem Tod absichtlich einen etwas bitteren Geschmack gegeben, damit ihr nicht zu gierig und unbesonnen nach ihm greift, wenn ihr seht, wie einfach durch ihn alles erledigt wird … Warum fürchtest du deinen letzten Tag? Er ist kein größerer Schritt zu deinem Tode als alle anderen Tage: die Müdigkeit wird nicht durch den letzten Schritt verursacht; sie wird nur sichtbar bei ihm. Alle Tage wandern wir zum Tode; am letzten Tag kommen wir am Ziel an. So lauten die guten Lehren unserer Mutter Natur …

Über die Freundschaft

Ich werde im Anschluß an meine Essais eine Abhandlung von Étienne de la Boétie veröffentlichen, die meiner übrigen Arbeit Glanz verleihen wird. Er betitelte sie: ›Die freiwillige Unterordnung‹; spätere Leser, die diesen Titel nicht kannten, haben ihr die recht gut passende neue Überschrift gegeben: ›Gegen einen‹; er schrieb sie als eine Art Versuch in sehr jugendlichem Alter, um für die Freiheit gegen die Tyrannen Stellung zu nehmen … Das ist das einzige, was ich von seinem Nachlaß habe beibringen können, obwohl er mich, als Zeichen seiner Freundschaft, kurz vor seinem Tode in seinem Testament zum Erben seiner Bibliothek und seiner Papiere einsetzte. An diesem Schriftstück hänge ich deshalb ganz besonders, weil sich von ihm unsere erste Bekanntschaft herleitete; denn ich erhielt Kenntnis davon, lange ehe ich ihn persönlich kennenlernte; dadurch hörte ich zum ersten Male seinen Namen; und so vermittelte es diese Freundschaft, die uns, solange es Gott gefiel, verbunden hat; es war eine so vollständige und vollkommene Freundschaft, daß im Schrifttum schwerlich eine ähnliche vorkommt; unter den Menschen von heute ist so etwas erst recht nicht üblich. Um eine solche Freundschaft aufzubauen, dazu bedarf es so vieler günstiger Umstände, daß das Schicksal sie höchstens aller drei Jahrhunderte einmal zustande bringt.

Die Natur hat uns Menschen bestimmt für das Zusammenleben geschaffen. Aristoteles sagt deshalb, daß den guten Gesetzgebern die Freundschaft mehr am Herzen gelegen hat als die Gerechtigkeit. Nun ist die Freundschaft die eigentliche Erfüllung des Ideals der Gesellschaft: alle anderen Beweggründe für menschliche Bindungen, sexuelle Anziehung, Vorteil, Notwendigkeit für die Gruppe oder für den einzelnen, sind weniger schön und uneigennützig; sie sind deshalb nicht eigentlich als Freundschaften zu bezeichnen, weil sich bei ihnen andere Gesichtspunkte als Motive, als Ziel und als Gewinn einmischen, die mit der Freundschaft selbst nichts zu tun haben. Auch die vier Gattungen menschlicher Bindung, die alt überliefert sind: die durch Natur, durch soziale Stellung, durch Hausgemeinschaft, durch geschlechtliche Anziehung, lassen sich auf die Freundschaft nicht recht anwenden, weder einzeln noch im ganzen.

Was die Kinder an die Eltern bindet, ist eher der Respekt. Die Freundschaft lebt vom ungehinderten Gedankenaustausch; dieser ist zwischen Eltern und Kindern nicht möglich, wegen des zu großen Abstandes, der sie trennt; er würde wahrscheinlich natürliche Pflichten verletzen. Denn die Eltern können den Kindern nicht alles sagen, was sie innerlich denken, weil diese sonst zu einer ungehörigen Vertraulichkeit verführt würden. Aber umgekehrt steht es den Kindern auch nicht zu, ihre Eltern zu mahnen und zurechtzuweisen, was doch vielleicht die vornehmste Verpflichtung unter Freunden darstellt …

Auch bei dem Verhältnis zu den Geschwistern können ähnliche Hemmungen der unmittelbaren Zuneigung Platz greifen. Warum muß denn unter Verwandten die geistige Gleichgestimmtheit herrschen, aus der die wahre, die vollkommene Freundschaft hervorwächst? Vater und Sohn können sich charakterlich ganz fern stehen; und ebenso zwei Brüder: mein Sohn oder mein Bruder ist es auch dann, wenn er ein Starrkopf, ein Bösewicht oder ein Trottel ist. Und dann sind das eben Bindungen, die uns durch das Gesetz oder durch die Natur aufgezwungen sind, und dadurch fehlt bei ihnen etwas von der Freiwilligkeit unserer Wahl und unserer Entscheidung. Unsere freie Entscheidung kann sich aber kein Ziel setzen, das ihr so wohl ansteht als Zuneigung und Freundschaft. Ich selber verfüge freilich auf diesem Gebiet nur über die günstigsten Erfahrungen, die möglich sind: habe ich doch den besten und bis in sein hohes Alter verständnisvollsten Vater gehabt, den man sich denken kann, und stamme ich doch aus einer Familie, in der die Einigkeit unter Geschwistern vorbildlich war und die seit Generationen dafür bekannt gewesen ist.

Die Zuneigung zu den Frauen kann man mit der Freundschaft nicht gleichsetzen, obwohl wir auch zu ihr uns selbst entscheiden; sie spielt eine andere Rolle. Das Liebesfeuer ist, wie ich zugeben muß, eingreifender, brennender und peinigender; aber zugleich ist es mutwillig und unbeständig, flatternd und sich wandelnd, eine Art Fieberglut, die auf- und abschwillt; ein Feuer, das nur Teile von uns versengt. In der Freundschaft dagegen herrscht eine allgemeine Wärme, die den ganzen Menschen erfüllt und die außerdem immer gleich wohlig bleibt; eine dauernde stille, ganz süße und ganz feine Wärme, die nicht sengt und nicht verletzt. Außerdem ist das Wesentliche bei der Liebe ein unstillbares Sehnen nach einem Ziel, das immer entweicht, sobald die Liebe in das Gebiet der Freundschaft hinübergreift, das heißt, wenn die Herzen sich finden, verliert sie an Feuer und Kraft; ihre Erfüllung ist ihr Ende; denn das Ziel, das nun erreicht ist, ist ein körperliches, und damit zieht die Gefahr der Übersättigung herauf. Bei der Freundschaft jedoch sind Sehnsucht und Genuß identisch; sie steigt, sie gedeiht, sie wächst durch ihren Genuß gerade erst recht, denn sie bleibt etwas Geistiges, und die Seele veredelt sich in ihr …

Die Ehe ist ein Vertrag; nur der erste Anfang ist frei, der Fortbestand wird durch Zwang und Gewalt durchgesetzt, hängt also nicht von unserem Willen ab; der Zweck des Vertrags ist gewöhnlich nicht die Erfüllung der Liebe; außerdem bringt die Ehe viele unerwartete Probleme mit sich, die es zu lösen gilt und die oft schon genügen, eine lebendige Zuneigung zu trüben oder in die Brüche gehen zu lassen: bei der Freundschaft ist das anders; bei ihr spielen wesensfremde Gesichtspunkte geschäftlicher oder familiärer Art keine Rolle. Hierzu kommt freilich, daß Frauen in der Regel die Ansprüche an das Niveau nicht erfüllen, die man an eine Geistesgemeinschaft stellen muß, wenn daraus dieses heilige Band der Freundschaft sich entwickeln soll; es scheint so, als fehle es ihnen an seelischer Widerstandskraft, um den Druck einer so anspruchsvollen und so dauernden Bindung auszuhalten. Allerdings, wenn das nicht so wäre, wenn sich ein ganz freiwilliges und zwangloses Band so knüpfen ließe, daß nicht nur die völlige seelische Gemeinschaft genossen würde, sondern die körperliche Gemeinschaft noch dazukäme, der Mann sich also allseitig einsetzen könnte, dann würde die Freundschaft etwas noch Vollständigeres und Vollkommeneres werden: aber leider gibt es noch kein Beispiel, daß eine Frau dieses Ideal erreicht hätte; es scheint nach einhelliger Ansicht der antiken Philosophie diesem Geschlecht versagt zu sein. Was wir gewöhnlich Freunde und Freundschaften nennen, ist weiter nichts als eine durch Zufall zustande gekommene nähere Bekanntschaft, an die man sich gewöhnt hat und durch die ein gewisser geistiger Austausch erleichtert wird. Aber in einer Freundschaft, wie ich sie meine, geht eine so vollständige Verschmelzung der zwei Seelen miteinander vor sich, daß an dem Punkte, wo sie sich treffen, keine Naht mehr zu entdecken ist. Die Zweiheit ist verschwunden. Wenn ich sagen soll, warum ich ihn so liebhatte, kann ich mein Gefühl nur in die Worte kleiden: ›Weil er es war; weil ich es war.‹ Über alle Erklärung und über alle Analyse hinaus, die ich versuchen könnte, muß eine Art unerklärlicher Schicksalskraft am Werke gewesen sein, um diese Einheit zustande zu bringen. Wir suchten uns, ehe wir uns kannten; was wir voneinander hörten, regte unsere Zuneigung stärker an, als es durch den Inhalt unserer Beziehungen begreiflich erscheint; ich glaube an einen himmlischen Machtspruch, der uns vereinte. Unsere Namen schon grüßten sich aus der Ferne: bei unserer ersten zufälligen Begegnung, aus Anlaß einer großen festlichen Gesellschaft, fühlten wir uns sofort so zueinander gezogen, so miteinander bekannt und verbunden, daß wir von da an nur noch ein Herz und eine Seele waren.

Er schrieb auf Lateinisch eine ausgezeichnete Satire, in der er die Plötzlichkeit erklärt und entschuldigt, mit der sich unsere Seelengemeinschaft bis zur vollkommenen Verschmelzung entwickelt hat. Es war unserer Freundschaft nur eine kurze Frist vergönnt, und sie hatte spät begonnen (denn wir waren damals schon fertige Männer, er sogar noch etwas älter als ich); und deshalb war es, als wenn sie gefühlt hätte, daß keine Zeit zu verlieren war; daß sie nicht nach Art gewöhnlicher, matter Freundschaften vorgehen dürfe, die viel Vorsicht brauchen und sich durch einen langen Umgang vorher sichern wollen. Unsere Freundschaft hat nur an sich selbst gedacht und sich nur auf sich selbst berufen; sie hat nicht einen speziellen Gesichtspunkt für sich geltend gemacht, nicht zwei, nicht drei, nicht vier, nicht tausend; ein unbestimmbarer Kern dieser Vielheiten hat meine ganze Willenskraft bestimmt; er hat mich gezwungen, in sein Wesen einzutauchen und sich darin zu verlieren; ganz entsprechend und mit der gleichen Wucht ist auch sein ganzer Wille gepackt und dahin gelenkt worden, daß er in mein Wesen eintauchen und sich darin verlieren mußte: ich sage ausdrücklich: sich verlieren; denn es blieb uns nichts Eigenes, nichts, was nur sein oder was nur mein gewesen wäre …

Unsere Seelen sind ihren Weg so einig zusammen gegangen, sie haben sich so liebevoll ineinander versenkt und waren bis auf den Grund so ohne Geheimnisse voreinander, daß ich ihn nicht nur innerlich so genau kannte wie mich, sondern daß ich, wenn es um mich ging, lieber auf ihn als auf mich baute.

Diese Freundschaft war, wie gesagt, etwas ganz anderes als die üblichen Freundschaften; ich habe auch in solchen meine Erfahrungen, so gut wie ein anderer; sie gehörten sogar zu den vollkommensten ihrer Art; aber man darf an sie nicht das gleiche Maß anlegen; der Vergleich wäre falsch. Bei diesen anderen Freundschaften muß man vorsichtig, klug und bedacht vorgehen; die Bindung ist nicht derart, daß es unnötig wäre, in gewissem Grade auf seiner Hut zu sein. Chilon sagt: ›Man soll ihn lieben, wie wenn man mit der Möglichkeit rechnete, ihn später einmal hassen zu müssen; man soll ihn hassen, als wenn man ihn doch einmal lieben könnte.‹ Dieses Rezept ist bei der höchsten und vollkommensten Form der Freundschaft unerträglich, aber es ist heilsam bei Freundschaften, wie sie üblich und herkömmlich sind; bei diesen muß man das Wort vor Augen haben, das Aristoteles gern im Munde führte: ›Liebe Freunde, ach, es gibt keinen Freund!‹ Hilfen und Wohltaten stärken die üblichen Freundschaften; bei der edlen Seelengemeinschaft kommen sie überhaupt nicht in Betracht: und zwar, weil unsere Wesen vollständig ineinander aufgehen. Denn wie die Liebe zu mir selbst nicht größer wird dadurch, daß ich mir in der Not zu helfen weiß, und wie ich mir nicht selbst dankbar bin für einen Dienst, den ich mir leiste, so schwindet bei wirklich vollkommener Einheit von solchen Freunden das Gefühl für derartige Verpflichtungen; sie wollen nichts wissen von den Begriffen, durch welche die Zweiheit und der Unterschied betont wird, wie: Wohltat, Verpflichtung, Dankbarkeit, Bitte, Dank und ähnlichen Vorstellungen. Da alles ihnen gemeinsam gehört: Wille, Gedanken, Beurteilungen, Frauen, Kinder, Ehre und Leben, und ihre Harmonie durch das von Aristoteles so treffend geprägte Bild von einer Seele in zwei Körpern sich darstellen läßt, so können sie sich gegenseitig nichts leihen und nichts schenken …

Gewöhnlich kommt es mir bei den Menschen nur auf bestimmte Eigenschaften an, die ich gerade brauche. Ich will damit nicht sagen, wie man sich auf der Welt verhalten soll – damit geben sich genug andere Leute ab –, sondern wie ich mich verhalte. Zur Unterhaltung bei Tisch will ich einen unterhaltsamen, nicht einen vorsichtigen Gast; im Bett lieber eine schöne als eine gute Frau; für die wissenschaftliche Diskussion kommt es mir auf die geistigen Fähigkeiten an; im Notfall kann ich dabei auf charakterlichen Anstand verzichten: ähnlich ist es auch sonst. Was aber unsere besondere Freundschaft betrifft, so wünsche ich mir Leser, die etwas von dem erfahren haben, wovon ich hier berichte. Genauso ging es dem Mann, der dabei überrascht wurde, wie er beim Spiel mit seinen Kindern auf einem Stock im Zimmer herumritt; er bat den Besucher, darüber nicht zu sprechen, bis er selbst Vater geworden wäre; denn er nahm an, daß dieser einen solchen Vorgang erst richtig würde beurteilen können, wenn die gleiche Leidenschaft in ihm emporgekeimt wäre. Jedoch: in meinem Falle weiß ich, wie selten eine solche Freundschaft ist und wie fern sie von der Alltagserfahrung abliegt; deshalb vermute ich, daß ich kaum jemanden finden werde, der mein Erlebnis richtig beurteilen kann; denn selbst was im Altertum über diesen Punkt gedacht worden ist, erscheint mir matt gegenüber meinem Erlebnis. Hier ist die Wirklichkeit tiefer als selbst der philosophische Gedanke …

Wenn ich mein ganzes übriges Leben, obwohl es durch Gottes Gnade freundlich, glatt und, abgesehen von dem Verlust eines solchen Freundes, ohne schweren Kummer verlaufen ist und ich mir immer die innere Ruhe bewahren konnte, weil ich mich von vornherein mit den Freuden zufrieden gab, die meiner Natur und meinem Wesen entsprachen, und auf andere verzichtete; wenn ich dieses ganze Leben, sage ich, vergleiche mit den vier Jahren, in denen es mir vergönnt war, das beglückende Zusammensein, die süße Gemeinschaft mit dieser seltenen Persönlichkeit auszukosten, so erscheint es mir wie ein bloßer Rauch, wie eine müde, finstere Nacht. Seit dem Tag, an dem ich ihn verlor, ›Er wird für mich immer eine bittere, eine heilige Erinnerung bleiben (es war ja Euer Wille, Ihr Götter!)‹, ist mein Leben nur noch ein Dahinsiechen; selbst die Freuden, die sich mir noch bieten, können mich nicht trösten, sondern vermehren nur den Schmerz, daß ich ihn verloren habe: wir teilten alles; es ist mir, als ob ich ihn um seinen Anteil brächte …

Über den Ruhm

Wer zuerst auf den Gedanken kam, Ruhm und Schatten zu vergleichen, hat etwas Richtigeres gesagt, als er eigentlich beabsichtigte. Beide sind durchaus unwesentlich; beide sind manchmal weiter vorn als der Mensch selbst, und beide sind oft viel größer als er. Wenn bei der adligen Erziehung darauf hingewiesen wird, der Wert solle in dem gesucht werden, was geehrt wird, ›als wenn etwas nicht wertvoll wäre, was nicht besonders hervorgehoben wird.‹

Was wird dabei gewonnen? Nur die Lehre, sich nie einzusetzen, wenn es niemand sieht, und vorsichtig achtzugeben, ob auch Zeugen da sind, die von der tüchtigen Tat etwas berichten können; wo sich doch Tausende von Möglichkeiten bieten, recht zu handeln, ohne daß es auffällt? …

Was ich an Ruhm in meinem Leben erstrebe, besteht einzig darin, daß ich es ruhig gemeistert habe. Und zwar ruhig nicht nach philosophischen Lehrmeinungen, sondern ruhig nach dem Gesetz in mir. Da die Philosophie keinen Weg zur inneren Ruhe hat finden können, der allgemeingültig wäre, muß jeder diesen Weg in seinem eigenen Inneren suchen …

Wer nur recht tut, weil andre es erfahren können und weil er dann in der Schätzung der Mitmenschen steigt; wer nur unter der Voraussetzung, daß seine Tugend den Mitmenschen bekannt wird, anständig handeln will, aus dem wird keine Persönlichkeit, auf die man sich verlassen kann …

In den Krieg soll man gehen, weil die Pflicht es gebietet, und dabei soll man nur den einen Lohn erwarten, der keiner tüchtigen Tat, auch wenn sie noch so verborgen bleibt, und nicht einmal den tapferen Gedanken versagt wird; dieser Lohn besteht in der Befriedigung eines anständigen Gewissens darüber, daß man das Rechte getan hat. Tapfer soll man sein um seiner selbst willen, und weil es etwas Schönes ist, das Herz auf dem rechten Fleck zu haben und sich vom Schicksal nicht unterkriegen zu lassen …

Unsere Seele soll ihre Rolle nicht vor der Außenwelt spielen, sondern zu Haus, in unserem Inneren, wohin keine Augen reichen als unsere eigenen: dort soll sie uns ein Schirm sein vor der Todesfurcht, vor Schmerzen und selbst vor Schande; dort soll sie uns die Kraft spenden, den Verlust unserer Kinder, unserer Freunde und unserer Habe zu ertragen; und wenn es so sein soll, suchen wir dort auch einen Schutz gegen die Gefahren des Krieges. Dieser Gewinn ist wesentlich größer, und ihn sich zu wünschen und zu erhoffen ist wesentlich wertvoller, als Ruhm und Ehre zu erstreben; denn diese sind doch weiter nichts als eine vorteilhafte Beurteilung durch andere Menschen …

Wir wollen uns nicht ein so schwankendes und unsicheres Ziel stecken wie die Volksgunst es ist, sondern beständig auf dem Wege der Vernunft gehen; dorthin mag die öffentliche Anerkennung uns folgen, wenn sie will; da diese ganz und gar vom Glück abhängig ist, können wir sie ebensogut auf diesem wie auf einem anderen Wege erhoffen.

Allerdings geht es uns irgendwie gut ein, wenn wir gelobt werden: aber darauf geben wir viel zuviel. Ich kümmere mich nicht so sehr darum, was für ein Mensch ich im Geiste anderer bin, als darum, was für ein Mensch ich vor mir selbst bin: ich will mir reich vorkommen durch meinen eigenen, nicht durch geborgten Reichtum …

Ich bin der Ansicht, daß mein eigentliches Sein nur in mir selber wohnt; das andere Leben von mir besteht darin, was meine Freunde von mir wissen. Wenn ich dies zweite Leben betrachte, einfach wie es ist, gleichsam nackt, dann erkenne ich mit Sicherheit, daß ich einen Gewinn oder einen Genuß davon nur in der Einbildung, in eitler Selbstbespiegelung haben kann: und wenn ich einmal tot bin, dann habe ich noch viel weniger davon; und dann ist es auch endgültig aus mit den realen Vorteilen, die wir eigentlich aus der guten Meinung, die andere von uns haben, ziehen können. Ich kann dann mit meinem Ansehen nichts mehr anfangen; es berührt mich nicht mehr, es erreicht mich nicht mehr … Vielleicht wäre es bei einem Maler oder einem anderen Künstler, bei einem Schriftsteller oder einem Philologen entschuldbar, wenn sie sich abmühen, durch ihre Werke einen Namen zu erringen; aber bei den rein moralischen Handlungen ist das nicht so; sie sind ihrem Wesen nach darüber erhaben, einen anderen Lohn suchen zu müssen als den, der in der guten Tat selbst liegt; sie sind unabhängig von dem schwankenden Urteil der Menschen.

Wenn jedoch die falsche Ansicht, daß es auf die Billigung durch andere Leute ankomme, dazu nützlich ist, daß die Menschen zur Pflichterfüllung angehalten werden, wenn das Volk dadurch zu guten Taten ermuntert wird; wenn die Fürsten dadurch beeindruckt werden, daß Segen auf dem Andenken Trajans liegt und Fluch auf dem des Nero; wenn sie eine Lehre daraus ziehen, daß der Name dieses großen Schuftes, der zu seiner Zeit solche Furcht und solchen Schrecken erregte, jetzt ohne weiteres von jedem Schuljungen, wenn er Lust dazu verspürt, verflucht und verhöhnt werden darf, so mag diese Ansicht sich ruhig ausbreiten, man mag sie in unserem Lande fördern, sosehr man kann …

Die Menschen, unvollkommen wie sie nun einmal sind, können mit guter Münze doch nicht ganz zufriedengestellt werden, deshalb kann man auch falsches Geld für diesen Zweck verwenden. Alle Gesetzgeber haben sich dieses Mittels bedient; es gibt keine Regierungsweise, bei der nicht etwas von falschem Pomp und von Aberglauben dabei ist; solche Mittel dienen als Zügel, um damit das Volk bei der Stange zu halten …

Francis Bacon

(22.1.1561–9.4.1626)

»Wissen ist Macht«

Der Philosoph, Essayist, Staatsmann und Anwalt Francis Bacon wird als großer Befreier und Wegbereiter in der Philosophiegeschichte gesehen. Er wollte nichts weniger, als das gesamte menschliche Wissen erneuern. Der Fortschritt der Menschheit sollte auf wissenschaftlicher Erfahrung gegründet sein. Das Ziel war die Beherrschung der Natur. Das Diktum lautete: »Wissen ist Macht«.

Bacon ist einer der ersten Vertreter des *Empirismus*, der alle Erkenntnis von der Erfahrung herleitet.

Geboren wurde er in London als jüngster Sohn von Sir Nicholas Bacon, dem Großsiegelbewahrer von Elizabeth I. Seine Mutter, Lady Ann, war die Tochter eines gelehrten Humanisten und Erziehers Edwards VI.

Bacon wuchs in einem geistigen Umfeld auf, durch welches er sich sowohl zur Philosophie als auch zur Politik hingezogen fühlte. Beide Gebiete bestimmten sein zukünftiges Leben. Bacon war von großem Ehrgeiz getrieben. Nach dem Studium in Cambridge, das er schon mit 14 Jahren abschloß, war er für drei Jahre Botschaftsassistent in Paris, absolvierte dann eine juristische Ausbildung und gelangte ins englische Parlament.

Nachdem er zahlreiche Intrigen und Komplotte siegreich hatte zerschlagen können, wurde er 1586 oberster Ankläger im Prozeß um die Hinrichtung Maria Stuarts, dann Kronanwalt und schließlich Lord Chancellor. Der König ernannte ihn zum Baron von Verulam. Die meiste Zeit war er zwischen seinen politischen Aktivitäten und seinen wissenschaftlichen und schriftstellerischen Interessen hin und her gerissen. Letzteren konnte er sich nur in gelegentlichen Ruhepausen zuwenden.

Schließlich brachte ein schmählicher Sturz eine Wende in sein glänzendes Leben. 1621 wurde Bacon der Bestechung beschuldigt und überführt. Er hatte sich verschuldet und in zahlreichen Fällen Geschenke und Gelder angenommen. Seine politische Karriere war damit beendet. Die verhängte Geldstrafe von 40 000 englischen Pfund und eine Freiheitsstrafe im Tower of London wurden ihm erlassen. In Schmach zog sich Bacon aus der Öffentlichkeit zurück, lebte die letzten fünf Jahre seines Lebens auf dem Land und widmete sich nur noch seiner schriftstellerischen und wissenschaftlichen Arbeit.

Am 9. April 1626 verstarb er an den Folgen eines empirischen Versuches: Auf einer winterlichen Reise nach London hatte er plötzlich die Eingebung, Schnee zur Konservierung von Fleisch zu verwenden. Bacon wollte den Versuch sofort ausführen, kaufte einen ausgenommenen Fasan und stopfte ihn mit Schnee aus. Während der längeren, im Freien stattfindenden Beobachtung des Gefriervorgangs zog er sich eine schwere Lungenentzündung zu. Er kehrte in das nahegelegene Haus eines Freundes ein, wurde aber dort in ein schon seit langem nicht mehr benutztes, feucht-kaltes Bett gelegt. Hier erlag er nach wenigen Tagen seiner Erkältung.

Auch wenn es Bacon das Leben gekostet hatte – er war davon überzeugt, daß nur das Experiment und die konkrete Einzelbeobachtung zu gültigen Schlußfolgerungen führen konnten. Diese Vorgehensweise, die *Induktion*, wurde von ihm wissenschaftlich etabliert. Bacon war ein Gegner der *Deduktion*, die vom Allgemeinen auf das Besondere schließt und von Aristoteles entwickelt worden war. Diese hatte das gesamte mittelalterliche Wissenschaftsbild geprägt.

Damit der wissenschaftlich Tätige die induktive Methode auch anwenden kann, muß er sein Denken von Vorurteilen und überlieferten Irrtümern reinigen. In seiner berühmt gewordenen ›Lehre von den Idolen‹ aus dem *Neuen Organon* analysiert Bacon die Quellen der menschlichen Irrtümer. Diese entstehen hauptsächlich daraus, daß die Menschen fraglos Trugbildern folgen. Bacon kristallisiert vier Trugbilder heraus, die er auch ›Idole‹ oder ›Götzenbilder‹ nennt: das erste ist das Idol des »Stammes« aus dem generelle menschliche Irrtümer des Denkens hervorgehen; das zweite ist das Idol der »Höhle«, aus dem Täuschungen aufgrund der Anlagen und Gewohnheiten des Einzelnen entstehen; das dritte ist das Idol des »Marktes«, das Trugschlüsse zur Folge hat, die aus der Charakteristik des Menschen als gesellschaftlichem Wesen zu erklären sind; das vierte ist das Idol des »Theaters«, aus dem Vorurteile herrühren, die sich aus überlieferten Lehrsätzen und philosophischen Meinungen zusammensetzen. Erst die Befreiung von diesen trügerischen Vorstellungen führt zur wahren Wissenschaftlichkeit und zum reinen Denken.

Bereits als junger Student in Cambridge hatte Bacon den gigantischen Plan gefaßt, eine *Instauratio Magna*, eine *große Wiederherstellung* der gesamten naturwissenschaftlichen Erkenntnis in sechs Teilen zu verfassen. Er konnte nur Teile des umfangreichen Werkes fertigstellen, u. a. das *Neue Organon* (1620) und *Über den Wert und die Bereicherung der Wissenschaften* (1623). Das Vorhaben als solches spiegelt den Geist einer neuen Epoche wieder. Man wollte sich aus dem Bann veralteter und unzureichender theoretischer Spekulationen lösen und dem Konkreten zuwenden. Man wollte beobachten, experimentieren und entdecken.

Die neue Art der Auseinandersetzung mit der Wirklichkeit findet sich nicht nur in Bacons unvollendet gebliebenen systematisch-wissenschaftlichen Schriften, sondern auch in seinen berühmten *Essays*. Sie gelten als glanzvolle literarische Leistung, vermitteln praktische Lebensregeln und neue Denkanstöße, indem sie eine geistige Welt widerspiegeln, die sich vom Dogmatischen gelöst hat und sich an die Erfahrung und das Leben richtet.

Es ist kein Zufall, daß Bacon seine *Essays* in Titel und Form an Montaignes *Essais* (Versuche) anlehnte, die er kannte und schätzte. Auch wenn sie inhaltlich nur wenig von Montaigne beeinflußt sind, zeigen sie doch eine gewisse Verwandtschaft in der Abhandlung allgemein menschlicher Themen sowie den Einfluß antiker Autoren wie Plutarch, Seneca, Tacitus, Plinius und Livius. Bacon nennt seine Texte auch *dispersed meditations* (hingeworfene Betrachtungen), aber anders als bei Montaigne betrachten sie nicht so sehr die innere Welt des Ich, sondern richten sich auf Äußeres.

Sie dokumentieren mit scharfem Blick menschliches Handeln und seine Beweggründe. Von Intrigen bei Hof, über gesellschaftlichen Ehrgeiz bis hin zu falschen Schmeicheleien – Bacon verbirgt in seinen klaren Analysen nicht, daß er keine idealistischen Illusionen über die Menschen hegt und als Haupttriebfeder des Handelns selbst in Freundschaften meist den Eigennutz erkennt. In seinem Skeptizismus rückt er in die geistige Nähe zu Machiavelli, und in der Tat war sein Denken stark von ihm beeinflußt, wenn es auch nicht so zynisch war.

Bacon verfügte neben seinem berühmten ›Vipern-Auge‹ aber auch über einen feinen Sinn für die vergnüglich-sinnlichen Seiten des Lebens, etwa wenn er über Maskenspiele und die Wirkung von reichen Stickereien schreibt, die richtige Zimmerverteilung im Haus zur Vermeidung von Küchengerüchen bedenkt oder über Gärten und den Reiz der Blumendüfte spricht.

1597 erschien das erste Bändchen mit zehn Essays. Sie waren so erfolgreich, daß Bacon 1625 eine neue, um 29 Essays erweiterte Ausgabe veröffentlichte.

Bacons nachhaltige Wirkung setzte erst nach seinem Tod ein, zunächst in England und dann in ganz Europa. Sein Verdienst ist es, mit Vorurteilen gebrochen zu haben und auf die Erfahrung als Quelle aller Erkenntnis zu vertrauen. Er übte großen Einfluß auf Diderot, Hobbes und Hume aus.

Seit dem 18. Jahrhundert wird von einigen Forschern sogar die Meinung vertreten, daß Bacon der eigentliche Verfasser der Werke Shakespeares sei. Im 19. Jahrhundert glaubte man, eine Steganographie, eine versteckte Nachricht, auf einer Büste von Shakespeare entdeckt zu haben, von der nur noch die verwitterten Buchstaben FRA... BA... WR...T... ...EAR... ...AY... entziffert werden konnten. Man entschlüsselte daraus die Worte: *Francis Bacon wrote Shakespeare's plays*. Die Steganographie, die Kunst der geheimen Vermittlung von Information, wurde von Bacon praktiziert.

Auch heute gibt es immer noch Stimmen, die die These von Bacon als wahrem Autor des shakespeareschen Werkes aufrecht halten.

Diese Textsammlung stellt Schriften Bacons vor, die nicht nur sein wissenschaftlich-philosophisches Talent repräsentieren, sondern auch seine besondere literarische Begabung.

Abgedruckt wird die Lehre von der Induktion und den Idolen aus dem *Neuen Organon* und sechs seiner Essays, darunter der vielgepriesene *Von Gärten*.

Neues Organon

(Buch 1, Abschnitt 1–50, 103–107)

1.

Der Mensch, als Diener und Erklärer der Natur, wirkt und weiß nur so viel, als er von der Ordnung der Natur durch die Sache oder seinen Geist beobachtet hat; mehr weiß und vermag er nicht.

2.

Weder die bloße Hand noch der sich selbst überlassene Geist vermag Erhebliches; durch Werkzeuge und Hilfsmittel wird das Geschäft vollbracht; man bedarf dieser also für den Verstand wie für die Hand. Und so wie die Werkzeuge die Bewegung der Hände erwecken und leiten, so müssen auch die Werkzeuge des Geistes den Verstand stützen und behüten.

3.

Wissen und Können fällt bei dem Menschen in eins, weil die Unkenntnis der Ursache die Wirkung verfehlen läßt. Die Natur wird nur durch Gehorsam besiegt; was bei der Betrachtung als Ursache gilt, das gilt bei der Ausführung als Regel.

4.

Für seine Werke vermag der Mensch nichts weiter, als daß er die Naturkörper einander nähert oder sie von einander entfernt; das übrige vollzieht die Natur innerlich.

5.

In die Natur pflegen sich bei ihren Werken der Mechaniker, der Mathematiker, der Arzt, der Alchymist und der Zauberer einzumischen, aber alle, wie die Sachen jetzt stehen, mit schwachen Mitteln und geringem Erfolge.

6.

Es wäre unsinnig und ein Widerspruch, wenn man meinte, daß das, was bis jetzt nie bewirkt worden, nur auf eine bis jetzt noch niemals versuchte Art bewirkt werden könne.

7.

Die Erzeugnisse des Geistes und der Hände scheinen nach den Büchern und vorhandenen Arbeiten sehr zahlreich; aber all diese Mannigfaltigkeit entspringt nur aus übergroßen Spitzfindigkeiten und aus Ableitungen von wenigen erkannten Dingen, und nicht aus einer großen Zahl von Grundsätzen.

8.

Auch die Dinge, die man bis jetzt erfunden hat, verdankt man mehr dem Zufall und der Erfahrung als den Wissenschaften. Denn die jetzt vorhandenen Wissenschaften sind nur eine Zusammenstellung der schon früher entdeckten Dinge, aber keine Weisen, Neues zu erfinden, und keine Anweisungen zu neuen Werken.

9.

Die alleinige Ursache und Wurzel beinah aller Übel in den Wissenschaften ist, daß man die Kräfte des menschlichen Geistes fälschlich bewundert und erhebt und seine wahren Hilfsmittel nicht aufsucht.

10.

Die Feinheit der Natur übersteigt vielfach die Feinheit der Sinne und des Verstandes. Jene schönen Erwägungen, Spekulationen und Begründungen der Menschen sind nichts als ungesundes Zeug; aber Niemand ist da, der es bemerkt.

11.

So wie die jetzigen Wissenschaften für die Erfindung von Werken nutzlos sind, so die jetzige Logik für die Entdeckung von Wissenschaften.

12.

Die Logik, mit der man jetzt Mißbrauch treibt, dient mehr dazu, die in den gewöhnlichen Begriffen steckenden Irrtümer zu befestigen, als die Wahrheit zu erforschen; sie ist deshalb mehr schädlich als nützlich.

13.

Der Syllogismus wird für die Prinzipien der Wissenschaften nicht benutzt und für die Lehrsätze vergeblich benutzt, da er der Feinheit der Natur lange nicht gleichkommt; er legt der Zustimmung, aber nicht der Sache Fesseln an.

14.

Der Syllogismus besteht aus Sätzen; die Sätze bestehen aus Worten; die Worte sind die Zeichen der Begriffe. Sind daher die Begriffe, welche die Grundlage der Sache bilden, verworren und voreilig von den Dingen abgenommen, so kann das darauf Errichtete keine Festigkeit haben. Alle Hoffnung ruht deshalb auf der wahren Induktion.

15.

An den Begriffen, sowohl den logischen wie den physikalischen, ist nichts Gesundes; die *Substanz*, die *Qualität*, das *Handeln*, das *Leiden*, ja selbst das *Sein* sind keine guten Begriffe; noch viel weniger das *Schwere*, das *Leichte*, das *Dichte*, das *Dünne*, das *Flüssige*, das *Trockene*, die *Erzeugung*, die *Verderbnis*, das *Anziehn*, das *Fliehen*, die *Elemente*, der *Stoff*, die *Form* und dergleichen; sie sind alle phantastischer Natur und schlecht begrenzt.

16.

Die Begriffe der untersten Arten, wie des Menschen, des Hundes, der Taube, und die unmittelbaren Wahrnehmungen der Sinne, wie des Warmen, des Kalten, des Weißen, des Schwarzen, täuschen nicht sehr, aber sie werden durch den Fluß des Stoffes und die Vermischung der Dinge mitunter verworren; alle anderen, deren sich die Menschen bis jetzt bedient haben, sind Verirrungen und sind nicht in der richtigen Weise von den Gegenständen abgenommen und aufgerichtet.

17.

Die Willkür und der Irrtum ist bei der Aufstellung der Sätze so groß wie bei der Bildung der Begriffe und bei den Prinzipien selbst, welche von der gewöhnlichen Induktion entnommen sind; aber noch weit, größer bei den niederen Sätzen und Aussprüchen, welche durch Syllogismen gewonnen worden sind.

18.

Das bis jetzt in den Wissenschaften Entdeckte ist derart, daß es schon in den gemeinen Begriffen enthalten ist; um aber in das Innere und Tiefere der Natur einzudringen, müssen die Begriffe und die Sätze auf einem gewisseren und zuverlässigeren Wege entlehnt werden und eine durchaus bessere und sicherere Mithilfe des Geistes in Übung kommen.

19.

Zwei Wege zur Erforschung und Entdeckung der Wahrheit sind möglich. Auf dem einen fliegt man von den Sinnen und dem Einzelnen gleich zu den allgemeinsten Sätzen hinauf und bildet und ermittelt aus diesen obersten Sätzen, als der unerschütterlichen Wahrheit, die mittleren Sätze. Dieser Weg ist jetzt in Gebrauch. Der zweite zieht aus dem Sinnlichen und Einzelnen Sätze, steigt stetig und allmählich in die Höhe und gelangt erst zuletzt zu dem Allgemeinsten. Dies ist der wahre, aber unbetretene Weg.

20.

Jenen ersten Weg betritt der sich selbst überlassene Geist und tut es nach den Regeln der Dialektik. Denn der Geist drängt nach dem Allgemeinsten hinauf, um da auszuruhen, und der Erfahrung wird er in kurzer Zeit überdrüssig. Dieses Übel hat zuletzt die Dialektik vergrößert, um die Disputationen auszuschmücken.

21.

Bei einem mäßigen, ruhigen und ernsten Temperament versucht der sich selbst überlassene Verstand, wenn er namentlich von den hergebrachten Lehren nicht gehemmt wird, ein wenig jenen zweiten Weg, der zwar geradeaus führt, aber nur langsam weiterbringt. Denn der Verstand ist ohne Leitung und Unterstützung ein unbeständiges Ding und unfähig, die Dunkelheit der Gegenstände zu überwinden.

22.

Beide Wege beginnen mit den Sinnen und dem Einzelnen und endigen mit dem Allgemeinsten; aber sie weichen darin von einander ab, daß auf dem einen das Einzelne und die Erfahrung nur in Eile geprüft, auf dem andern aber regelmäßig und ordentlich dabei verblieben wird. Ebenso werden auf dem einen gleich im Anfang hohle und nutzlose Allgemeinheiten aufgestellt, während der andere allmählich zu denen aufsteigt, die wirklich der Sache nach die richtigen sind.

23.

Es ist ein großer Unterschied zwischen den Götzenbildern des menschlichen Geistes und den Ideen des göttlichen Geistes, d. h. zwischen gewissen leeren Bestimmungen und den wahren Zeichen und Eindrücken, wie sie den geschaffenen Dingen eingeprägt worden.

24.

Die aus Beweisen abgeleiteten Sätze helfen nicht zur Entdeckung neuer Dinge; denn die Feinheit der Natur übertrifft vielfach die Feinheit der Beweisführung; aber die Sätze, welche von dem Einzelnen richtig und ordentlich abgenommen sind, zeigen und weisen leicht auf neues Einzelne hin und machen so die Wissenschaften tätig.

25.

Die jetzt gebräuchlichen Sätze sind nur von einer leichten und handgreiflichen Erfahrung aus wenig einzelnen und alltäglichen Fällen abgeleitet, so ziemlich nach deren Maß gebildet und bemessen, und es kann deshalb nicht auffallen, daß sie zu neuem Einzelnen nicht führen. Kommt zufällig ein vorher nicht bemerkter oder erkannter Fall zum Vorschein, so sucht man durch leichtfertige Unterscheidungen den alten Satz zu retten, während es richtiger wäre, ihn zu verbessern.

26.

Die menschliche Auffassung, deren man sich jetzt für die Natur bedient, pflege ich zur Unterscheidung *Vorausnahmen aus der Natur* zu nennen; denn es sind leichtsinnige und voreilige Annahmen; aber jene Auffassung, welche in richtiger Weise aus den Gegenständen gezogen wird, nenne ich die *Erklärung der Natur*.

27.

Jene Vorausnahmen sind gut für die Einstimmigkeit; da ja selbst, wenn die Menschen in derselben Weise und gleichmäßig toll wären, sie dabei recht wohl einstimmig sein könnten.

28.

Die Vorausnahmen gewinnen viel eher die Zustimmung als die Erklärungen, weil sie von wenigem und von dem, was am meisten vorkommt, entlehnt sind; deshalb bemächtigen sie sich des Verstandes und erfüllen die Phantasie, während die Erklärungen aus mannigfachen und oft von einander sehr weit abliegenden Fällen zusammengelesen werden müssen, den Verstand nicht gleich für sich einnehmen können, und deren Aussprüche beinah so hart und ungewohnt wie die Mysterien der Religion klingen.

29.

In Wissenschaften, die sich auf die Meinung und das Belieben stützen, sind die Vorausnahmen und die Dialektik von gutem Gebrauch, da es hier darauf ankommt, die Zustimmung zu erzwingen, nicht den Gegenstand zu bezwingen.

30.

Auch wenn die geistvollsten Männer aller Zeiten sich verbänden, gemeinsam arbeiteten und alles sich mitteilten, würde durch die Vorausnahmen kein großer Fortschritt in den Wissenschaften erlangt werden, weil die radikalen, gleich bei dem Beginn der Arbeit einfließenden Irrtümer durch die Vortrefflichkeit der späteren Arbeiten und Hilfsmittel nicht wiedergutgemacht werden können.

31.

Durch neue Induktionen und neue Aufbaue auf die alten wird den Wissenschaften kein großer Zuwachs hinzutreten; vielmehr muß die Erneuerung von dem untersten Grund aus beginnen, wenn man sich nicht immer im Kreise drehen und nur schwächliche und unbedeutende Fortschritte machen will.

32.

Den alten Schriftstellern gebührt ihre Ehre, und zwar ohne Unterschied. Denn ich ziehe hier keinen Vergleich zwischen den Geistern und Talenten, sondern zwischen den Wegen, und ich übernehme nicht das Amt eines Richters, sondern eines Wegweisers.

33.

Über meinen Weg und über das auf demselben Entdeckte kann, wie ich offen erkläre, durch Vorausnahmen in der gebräuchlichen Weise kein richtiges Urteil gefällt werden; denn man kann nicht verlangen, daß mein Verfahren den zum Richter annehme, der selbst vor Gericht gezogen werden soll.

34.

Meine Weise zu lehren und das Vorgebrachte zu erklären ist nicht leicht, da das in sich Neue trotzdem in der Weise des Alten aufgefaßt zu werden pflegt.

35.

Borgia sagt von dem Zuge der Franzosen nach Italien, sie wären mit der Kreide in der Hand gekommen, um ihre Ruheplätze zu bezeichnen, und nicht mit Waffen, um Gewalt zu brauchen. Ebenso soll auch meine Lehre in die fähigen und geschickten Geister eintreten; denn Widerlegungen können da nicht angewendet werden, wo man über die Prinzipien und über die Begriffe selbst so wie über das Beweisverfahren nicht einig ist.

36.

So bleibt mir nur die einfache Weise der Belehrung, indem ich die Menschen zu dem Einzelnen, dessen Folge und Ordnung führe, und nur verlange, daß man einstweilen sich von seinen Begriffen befreie, und versuche, mit den Dingen selbst vertraut zu werden.

37.

Der Weg derer, welche sich alles Urteils enthielten, und mein Weg stimmen im Beginn überein; aber am Ende sind beide völlig getrennt und entgegengesetzt. Jene behaupten einfach, man könne nichts wissen; ich behaupte, daß man auf dem bisher üblichen Wege nicht viel von der Natur wissen könne; Jene haben dann das Ansehen der Sinne und des Verstandes zerstört; ich dagegen suche und bereite diesen Hilfe.

38.

Die Götzenbilder und falschen Begriffe, die von dem menschlichen Geist schon Besitz ergriffen haben und fest in ihm wurzeln, halten den Geist nicht bloß so besetzt, daß die Wahrheit nur schwer einen Zutritt findet, sondern daß, selbst wenn dieser Zutritt gewährt und bewilligt worden ist, sie bei der Erneuerung der Wissenschaften immer wiederkehren und belästigen, so lange man nicht sich gegen sie vorsieht und nach Möglichkeit verwahrt.

39.

Es gibt vier Arten von Götzenbildern, welche den menschlichen Geist besetzt halten. Zur leichteren Darstellung habe ich ihnen besondere Namen gegeben; die erste Art nenne ich die Götzenbilder des *Stammes*; die zweite die der *Höhle*; die dritte die des *Marktes*; die vierte die des *Theaters*.

40.

Die Aufstellung der Begriffe und Sätze vermittelst der wahren Induktion ist sicherlich ein geeignetes Mittel, um die Götzenbilder abzuhalten und zu entfernen; aber auch die Beschreibung der Götzenbilder ist von großem Nutzen; denn die Lehre von den Götzenbildern verhält sich zur Erklärung der Natur ähnlich wie die Lehre von den scholastischen Künsten zur gewöhnlichen Dialektik.

41.

Die Götzenbilder des *Stammes* haben ihren Grund in der menschlichen Natur, in dem Stamm oder Geschlecht der Menschen selbst. Denn es ist unrichtig, daß der menschliche Sinn das Maß der Dinge sei; vielmehr geschehen alle Auffassungen der Sinne und des Verstandes nach der Natur des Menschen, nicht nach der Natur des Weltalls. Der menschliche Verstand gleicht einem Spiegel mit unebener Fläche für die Strahlen der Gegenstände, welcher seine Natur mit der der letzteren vermengt, sie entstellt und verunreinigt.

42.

Die Götzenbilder der *Höhle* sind die Götzenbilder des einzelnen Menschen. Denn jeder einzelne hat neben den Verirrungen der menschlichen Natur im Allgemeinen eine besondere Höhle oder Grotte, welche das natürliche Licht bricht und verdirbt; teils in Folge der eigentümlichen und besonderen Natur eines jeden, teils in Folge der Erziehung und des Verkehrs mit andern, teils in Folge der Bücher, die er gelesen hat, und der Autoritäten, die er verehrt und bewundert, teils in Folge des Unterschiedes der Eindrücke bei einer voreingenommenen und vorurteilsvollen Sinnesart gegen eine ruhige und gleichmäßige Stimmung, und dergleichen mehr. Der menschliche Geist ist deshalb in seiner Verfassung bei dem einzelnen ein sehr veränderliches, gestörtes und gleichsam zufälliges Ding. Deshalb sagt *Heraklit* richtig, daß die Menschen die Wissenschaften in ihren kleinen Welten suchen, aber nicht in der großen und gemeinsamen.

43.

Es gibt auch Götzenbilder in Folge der gegenseitigen Berührung und Gemeinschaft des menschlichen Geschlechts, welche ich wegen des Verkehrs und der Verbindung der Menschen die Götzenbilder des *Marktes* nenne. Denn die Menschen gesellen sich zueinander vermittelst der Rede; aber die Worte werden den Dingen nach der Auffassung der Menge beigelegt; deshalb behindert die schlechte und törichte Beilegung der Namen den Geist in merkwürdiger Weise. Auch die Definitionen und Erklärungen, womit die Gelehrten sich manchmal zu schützen und zu verteidigen pflegen, bessern die Sache keineswegs. Denn die Worte tun dem Verstande Gewalt an, stören alles und verleiten die Menschen zu leeren und zahllosen Streitigkeiten und Erdichtungen.

44.

Es gibt endlich Götzenbilder, welche in die Seele der Menschen aus den mancherlei Lehrsätzen der Philosophie und auch aus verkehrten Regeln der Beweise eingedrungen sind, und die ich die Götzenbilder des *Theaters* nenne; denn so viel wie philosophische Systeme erfunden und angenommen worden sind, so viel Fabeln sind damit vorgebracht und aufgeführt worden, welche aus der Welt eine Dichtung und eine Schaubühne gemacht haben. Ich meine hier nicht bloß die schon vorhandenen oder die alten philosophischen Systeme und Sekten, da man ja noch mehr solcher Fabeln ersinnen und zusammensetzen kann; denn trotz der Mannigfaltigkeit des Irrtums ist doch die Ursache desselben überall die gleiche, Ich beziehe das nicht bloß auf die allgemeine Philosophie, sondern auch auf manche Prinzipien und Lehrsätze der besonderen Wissenschaften, die durch Herkommen, Leichtgläubigkeit und Nachlässigkeit Geltung erlangt haben.

Indes werde ich über diese einzelnen Arten von Götzenbildern noch ausführlicher und bestimmter sprechen müssen, damit der menschliche Geist dagegen geschützt bleibe.

45.

Der menschliche Geist setzt vermöge seiner Natur leicht eine größere Regelmäßigkeit und Gleichheit in den Dingen voraus, als er später findet. Und obgleich in der Natur vieles nur einmal vorkommt oder voller Ungleichheiten ist, so legt der Geist doch den Dingen viel Gleichlaufendes, Übereinstimmendes und Beziehungen bei, die es nicht gibt. Daher jene Erdichtungen, daß die Himmelskörper sich alle in vollkommenen Kreisen bewegen, und daß man alle gewundenen und Drachenlinien bis auf den Namen verworfen hat. Daher rührt das angebliche Element des Feuers mit seinem Kreise, nur damit im Verein mit den drei anderen Elementen eine Vierzahl zustande komme für alles, was den Sinnen unterliegt. Den sogenannten Elementen wird auch beliebig ein zehnfaches gegenseitiges Verhältnis der fortschreitenden Feinheit beigelegt, und was dergleichen Träumereien mehr sind. Solches Spiel wird nicht bloß mit den Lehrsätzen getrieben, sondern auch mit den einfachen Begriffen.

46.

Der menschliche Verstand zieht in das, was er einmal als wahr angenommen hat, weil es von alters her gilt und geglaubt wird, oder weil es gefällt, auch alles andere hinein, um jenes zu stützen und mit ihm übereinstimmend zu machen. Und wenn auch die Bedeutung und Anzahl der entgegengesetzten Fälle größer ist, so bemerkt oder beachtet der Geist sie nicht oder beseitigt und verwirft sie mittelst Unterscheidungen zu seinem großen Schaden und Verderben, nur damit das Ansehen jener alten fehlerhaften Verbindungen aufrechterhalten bleibe. Als deshalb jenem Mann im Tempel die aufgehangenen Votivtafeln derer, welche für ihre Errettung aus dem Schiffbruch Geschenke geweiht hatten, gezeigt wurden, und man ihn mit der Frage bedrängte, ob er nun nicht das Walten der Götter anerkenne, so fragte er mit Recht: Aber wo sind denn jene verzeichnet, die trotz ihrer ausgesprochenen Gelübde dennoch untergegangen sind? – So verhält es sich mit allem Aberglauben, sowohl in der Astrologie als bei den Träumen, den Vorbedeutungen, den Rachegöttern usw. Man erfreut sich an solchen eitlen Dingen und merkt es sich, wo es eingetroffen ist; die Fälle dagegen, welche fehlgeschlagen haben, werden, obgleich sie zahlreicher sind, nicht beachtet und übergangen. Aber in viel feinerer Weise kriecht dies Übel in der Philosophie und den Wissenschaften umher, in denen das, was einmal beliebt worden, alles andere, sei es auch viel fester und sicherer, ansteckt und sich unterwirft. Selbst wenn dabei jene erwähnte Freude und Eitelkeit nicht mitgewirkt hat, haftet doch dem menschlichen Verstande der eigentümliche Fehler an, stets mehr dem Bejahenden als dem Verneinenden sich zuzuneigen, während er doch nach Recht und Ordnung sich zu beiden gleich verhalten sollte; ja, bei jedem wahrhaft bejahenden Lehrsatze ist sogar die Kraft des verneinenden Falles die stärkere.

47.

Der menschliche Geist wird von dem, was die Seele mit einem Male und plötzlich erschüttert und durchdringt, am meisten bewegt, und seine Phantasie pflegt sich damit zu erfüllen und zu erhitzen; alles andere soll sich in nicht zu begreifender Weise ebenso verhalten wie das Wenige, was die Seele besetzt hält. Der Geist beschafft dazu Voraussetzungen und Erfindungen; aber zu jenen entfernteren und ungleichartigen Fällen, welche den Lehrsätzen erst die Feuerprobe geben, vermag er nicht überzugehen, wenn nicht ein harter Zwang und ein gewaltiges Gebot ihn dazu nötigen.

48.

Der menschliche Verstand lodert auf, aber er vermag weder zu beharren noch anzuhalten; er treibt vorwärts, aber vergeblich. Deshalb kann man sich kein Ende und kein Äußerstes der Welt vorstellen, vielmehr ist man genötigt, immer noch etwas darüber hinaus anzunehmen; ebenso wenig kann man sich vorstellen, wie die Ewigkeit bis zu dem heutigen Tage hat ablaufen können, weil der gebräuchliche Unterschied zwischen dem Unendlichen von vorn und dem Unendlichen von rückwärts unbegründet ist; denn es folgte daraus, daß ein Unendliches größer wäre als das andere, und daß das Unendliche ein Ende nähme und an das Endliche grenzte. Ähnlich verhält es sich mit der unendlichen Teilbarkeit der Linien; das Denken reicht dazu nicht aus.

Aber verderblicher zeigt sich diese Ohnmacht des Geistes bei der Auffassung der Ursachen. Denn das Allgemeinste der Natur muß von bejahendem Inhalte sein und gelten, wie es gefunden worden; es kann nicht wieder aus Ursachen abgeleitet werden. Dennoch verlangt der menschliche Verstand, der nicht ruhen kann, noch nach Höherem; bei solchem Streben nach dem Entfernteren fällt er in das Nähere zurück, nämlich in die Zwecke, die viel mehr dem Menschen angehören als dem Weltall.

Aus diesen Quellen ist die Philosophie in merkwürdiger Weise verdorben worden. Es zeigt aber den unerfahrenen und leichtsinnigen Philosophen, wenn er für das Allgemeinste nach Gründen verlangt, aber für das Untergeordnete und Niedere es nicht tut.

49.

Der menschliche Geist ist kein reines Licht, sondern erleidet einen Einfluß von dem Willen und den Gefühlen. Dies erzeugt jene »Wissenschaften für alles, was man will«; denn was man am liebsten als das Wahre haben mag, das glaubt man am leichtesten. Der Geist verwirft deshalb das Schwere, weil ihm die Geduld zur Untersuchung fehlt; desgleichen das Maßhaltende, weil es die Hoffnungen beschränkt; das Höhere in der Natur aus Aberglauben; das Licht der Erfahrung aus Hochmut und Anmaßung, damit es nicht scheine, als beschäftige sich der Geist mit Niedrigem und Vergänglichem; endlich das sonderbar Klingende wegen der Meinungen der Menge. Auf unzählige und oft unbemerkbare Weise drängt sich das Gefühl in das Denken und steckt es an.

50.

Aber das größte Hemmnis und der größte Anlaß zu Irrtümern kommt dem menschlichen Verstand von dem Staunen, von der Ohnmacht und von den Täuschungen der Sinne; alles, was die Sinne erschüttert, wird dann über das gestellt, wo dies nicht unmittelbar der Fall ist, wenn auch letzteres das Mächtigere sein sollte. Deshalb hört die Betrachtung mit dem Sehen auf, und die unsichtbaren Dinge werden wenig oder gar nicht beobachtet. Deshalb bleibt dem Menschen alle Wirksamkeit der in den fühlbaren Körpern eingeschlossenen Geister verborgen und unerkannt. Auch alle feinere Umgestaltung in den Teilen der gröberen Gegenstände (die man gewöhnlich Veränderung nennt, obgleich es nur eine sehr kleine Bewegung ist) ist in dieser Weise verhüllt. Und doch kann, bevor nicht diese Geister und Umgestaltungen ermittelt und ans Licht gebracht sind, nichts

Großes in der Natur zur Ausführung gebracht werden. Ebenso ist die Natur der gewöhnlichen Luft und der Körper, die noch feiner als die Luft sind, und deren es eine große Zahl gibt, beinah unbekannt. Denn der Sinn für sich allein ist schwach und dem Irrtum ausgesetzt; auch helfen die Werkzeuge zur Erweiterung oder Verschärfung der Sinne nicht viel; vielmehr vollzieht sich die wahre Erklärung der Natur nur durch Einzelfälle und passende Versuche, wobei die Sinne nur über den Versuch, aber der Versuch über die Natur und den Gegenstand selbst das Urteil sprechen.

103.

Wenn das Einzelne in seinem Reichtum hergerichtet und geordnet gleichsam vor Augen gestellt ist, so darf man dann nicht gleich zu neuem Einzelnen und zur Erfindung neuer Werke übergehen; sollte es geschehen, so darf man wenigstens sich nicht damit begnügen. Denn wenn auch alle Versuche in allen Künsten gesammelt und geordnet sein werden, so daß ein Mensch sie alle kennen und prüfen kann, so wird allerdings schon durch die Übertragung der Versuche aus der einen Kunst in die andere viel Neues entdeckt werden können, was für Staat und Leben von Nutzen ist, und was ich die gelehrte Erfahrung nenne. Allein dies wäre immer noch das Geringere; Größeres ist zu hoffen von dem neuen Licht der aus dem Einzelnen nach festen Regeln und Weisen abgeleiteten Grundsätze, die auf neues Einzelne führen und es andeuten.

Denn das Leben bewegt sich nicht auf der Ebene, sondern bergauf und bergab; erst schreitet man zu den Grundsätzen hinauf und dann zu den Werken hinab.

104.

Es ist aber nicht zulässig, daß der Geist von dem Einzelnen sofort zu den entlegenen und allgemeinsten Grundsätzen, die man die Prinzipien der Künste und Dinge nennt, überspringe und überfliege, wobei dann deren Wahrheit für unveränderlich gilt und die mittleren Grundsätze danach eingerichtet und abgemessen werden. Allerdings läßt sich der Geist durch einen natürlichen Drang dazu verleiten, und er ist durch die syllogistischen Beweisführungen schon lange dazu angeleitet und daran gewöhnt worden. Aber um die Wissenschaften wird es nur dann gutstehen, wenn man auf einer richtigen Leiter von Stufe zu Stufe ohne Unterbrechung und Sprünge von dem Einzelnen zu den unteren Lehrsätzen, dann höher zu den mittleren und nur zuletzt zu den allgemeinsten aufsteigt. Denn die untersten Sätze sind wenig von der Erfahrung des Einzelnen verschieden; aber jene ersterwähnten höchsten und allgemeinsten sind nur Ausgeburten des Denkens, inhaltslos und unzuverlässig. Dagegen sind die mittleren Sätze die wahren zuverlässigen und lebendigen, auf denen das Leben und Wohl der Menschen beruht. Über diesen stehen endlich auch ganz allgemeine Grundsätze, aber solche, die nicht inhaltslos sind, und die durch jene mittleren Sätze in Schranken gehalten werden.

Sonach soll man dem menschlichen Geist keine Flügel, sondern eher ein Bleigewicht beigeben, was alles Springen und Fliegen hemmt. Bis jetzt ist dies noch nicht geschehen, und wenn es geschehen sollte, kann Besseres von den Wissenschaften gehofft werden.

105.

Für die Feststellung der Lehrsätze ist eine andere als die bisher gebräuchliche Art der Induktion zu bilden; sie soll nicht bloß zur Entdeckung und zum Beweis der sogenannten Prinzipien dienen, sondern auch für die mittleren und niederen Sätze, ja überhaupt für alles. Denn die bloß auf die einfache Abzählung sich stützende Induktion ist ein kindisches Ding und führt nur zu unsicheren Schlüssen; sie bleibt der Gefahr entgegengesetzter Fälle ausgesetzt und stützt sich meistens auf die wenigen Fälle, welche gerade zur Hand sind. Dagegen muß die Induktion, welche für die Entdekkung und Beweise der Wissenschaften und Künste nützen soll, die Fälle durch Aussonderung und Zurückweisung, wo es nötig ist, trennen, und dann, je nachdem die verneinenden Fälle es gestatten, aus den bejahenden ihre Schlüsse ziehen. Dies ist bis jetzt weder geschehen noch versucht worden, *Plato* ausgenommen, welcher für die Gewinnung seiner Definitionen und Ideen dieser Art der Induktion sich mitunter bedient. Zu einer guten und richtigen Einrichtung solcher Induktionen und Beweise ist vielerlei nötig, an das bisher noch niemand gedacht hat; denn freilich ist dazu mehr Arbeit nötig, als man bisher auf den Syllogismus verwendet hat. Diese Induktion muß nicht bloß zur Entdeckung der Lehrsätze, sondern auch zur Bestimmung der Begriffe benutzt werden.

Auf diese Art von Induktion kann man große Hoffnung setzen.

106.

Bei der Ableitung der Lehrsätze mittelst solcher Induktion muß auch geprüft und erprobt werden, ob der aufgestellte Satz nur dem Maße der Einzelfälle, aus denen er abgeleitet ist, angepaßt ist, oder ob er von weiterem und größerem Umfange ist. Im letzteren Falle muß man sehen, ob diese Weite und dieser Umfang durch neue Einzelfälle, die man beachtet, gleich Bürgen bestätigt wird, damit man nicht in den bekannten stecken bleibt oder durch zu weite Fassung in Schatten und inhaltsleere Formen statt in das Feste und Bestimmte gerate.

Wenn man so verfahren sollte, wird endlich eine sichere Hoffnung erglänzen.

107.

Hier ist auch nochmals an das über die Naturphilosophie und die nach ihr eingerichteten besonderen Wissenschaften Gesagte zu erinnern. Man muß alles Zerschneiden und Verstümmeln der Wissenschaften vermeiden; sonst kann auf den Fortschritt wenig gerechnet werden.

Essays

Von der Wahrheit

»Was ist Wahrheit?« spottete Pilatus und hielt eine Antwort für überflüssig. Gibt es doch Leute denen nur Unbeständigkeit Spaß macht und die es für Knechtschaft halten, sich auf Überzeugungen festzulegen; Freiheit des Willens, wie im Handeln, so im Denken begehrend. Zwar sind die Philosophenschulen dieser Art dahin, es gibt aber noch gewisse Schwarm-Geister, die von demselben Schlage sind, obwohl nicht so vollblütig, wie die Alten. Allein nicht nur die schwere Mühe des Wahrheitsuchens oder der Druck, welchen gefundene Wahrheiten auf den menschlichen Geist ausüben, bringen Lügen in Gunst, sondern eine natürliche, wenn auch verwerfliche Liebe zur Lüge selbst.

Einer der späteren griechischen Philosophen, der über den Gegenstand nachgedacht hat, wirft die Frage auf, wie es komme, daß Leute, denen das Lügen kein Vergnügen gewährt, wie den Dichtern oder denen es keinen Vorteil bringt, wie den Kaufleuten, die Lüge lieben, rein um der Lüge willen. Vielleicht liegt es so: Wahrheit gleicht dem offenen, grellen Tageslicht, das die Maskeraden, Mummereien und Staatsaktionen der Welt nicht halb so stattlich und fein zeigt wie Kerzenlicht. Wahrheit mag wohl bis zum Preise einer Perle steigen, die sich am besten bei Tage zeigt: aber nimmer erreicht sie den Preis eines Diamanten oder Karfunkels, die sich am schönsten bei wechselndem Licht darbieten. Eine Beimischung von Lüge erhöht stets das Vergnügen. Verschwänden aus der Menschen Seelen eitle Meinungen, betrübliche Hoffnungen, falsche Wertschätzungen, Einbildungen und dergleichen, was würde von der großen Masse der Menschen übrigbleiben? Arme Schlucker, voll Schwermut und Unlust, die sich selbst zum Ekel sind.

Einer der Kirchenväter nannte, und zwar in vollem Ernst, die Poesie *vinum daemonum*, das heißt: Teufels-Wein, weil sie die Einbildungskraft sättigt und nur im Schatten der Lüge gedeiht. Dennoch richtet nicht diejenige Lüge, die durch die Seele wandert, sondern diejenige, die sich in sie hineinsenkt und in ihr festsetzt, derartigen Schaden an. Allein wie auch immer all dies nach den verderbten Urteilen und Neigungen der Leute sich verhalten möge, so lehrt doch Wahrheit, die nur sich selbst beurteilt, daß das Suchen nach Wahrheit – gleichsam das Liebes-Werben um sie –, die Erkenntnis der Wahrheit – gleichsam die Vermählung mit ihr – und die Überzeugung von der Wahrheit – gleichsam ihr Genuß – das höchste Gut der menschlichen Natur ist. Die erste Schöpfungstat Gottes an den Schöpfungstagen war das physische Licht, die letzte Schöpfungstat war das Licht der Vernunft; und sein Sonntagswerk all die Zeit seither ist die Erleuchtung durch den heiligen Geist. Zuerst hauchte er Licht auf das Angesicht des Stoffes oder des Chaos; dann hauchte er Licht auf das Antlitz des Menschen und immer noch haucht und ergießt er Licht auf das Antlitz seines Auserwählten. Jener Dichter, welcher die im übrigen minderwertige Epikureerschule zierte, sagt ausgezeichnet:

> »Es ist eine Lust, an der Küste stehend, Schiffe auf tobender See umhergeschleudert zu sehen, eine Lust, vom Fenster einer Burg aus, die Feldschlacht und ihre Gefahren zu schauen, doch nichts gleicht der Lust, auf dem sicheren Boden der Wahrheit stehend (ein Berg, der niemandem untertan und den stets reine und heitere Lüfte umspielen) die Irrtümer, Wirkungen, Nebel und Stürme dort unten im Tale zu schauen«

vorausgesetzt, daß diese Betrachtung mit Mitgefühl und nicht voll aufgeblähten Stolzes geschieht. Wahrlich, es ist der Himmel auf Erden, wenn eines Mannes Gemüt von Barmherzigkeit geleitet wird, der göttlichen Vorsehung vertraut und auf die Pole der Wahrheit gerichtet ist.

So viel von theologischer und philosophischer Wahrheit: Anlangend die Wahrhaftigkeit in bürgerlichen Angelegenheiten, so muß – selbst von denen, die sie nicht anwenden – anerkannt werden, daß offenes und gerades Verhandeln die Ehre des Geschäftsmannes bedeutet und daß Beimischung von Falschheit der Legierung bei Gold- und Silbermünzen gleicht, die das Metall zwar brauchbarer macht, jedoch es verschlechtert. Denn diese gewundenen und gekrümmten Wege sind die Wege der Schlange, die auf dem Bauche kriecht und der Füße ermangelt. Kein Laster bedeckt den Mann so mit Schande, als falsch und treulos befunden zu sein, weshalb Montaigne bei der Untersuchung darüber, weshalb die Lüge ein so verächtliches und hassenswertes Laster sei, zutreffend sagt: Recht erwogen heißt: »Jemand lügt« soviel als: »Er ist verwegen gegen Gott und feige gegen die Menschen.« Denn eine Lüge trotzt Gott und verkriecht sich vor den Menschen. Übrigens kann die Gottlosigkeit der Falschheit und des Treubruchs nicht schärfer gekennzeichnet werden als dadurch, daß sie den letzten Anstoß bilden wird, um das Gericht Gottes auf die Menschheit herabzurufen. Denn es ward prophezeit, daß, wenn Christus wieder erscheint, er keine Treue mehr auf Erden finden werde.

Vom Tode

Die Menschen fürchten den Tod, so wie Kinder sich fürchten, ins Dunkle zu gehen; und so wie bei Kindern diese natürliche Furcht durch Spukgeschichten gesteigert wird, so geht es auch bei der Todesfurcht. Ohne Frage ist die Betrachtung des Todes, als der Lohn der Sünde und der Übergang in eine andere Welt, erhaben und gottgefällig; aber die Furcht vor ihm, der doch der Natur geschuldet wird, ist schwächlich. Sogar in religiösen Betrachtungen findet man manchmal eine Mischung von Täuschung und Aberglauben. So ist in manchen Büchern über mönchische Bußübungen zu lesen, daß man überlegen möge, wie groß der Schmerz sei, wenn bloß die Fingerspitze gequetscht oder gefoltert werde, um sich vorzustellen, wie ungeheuer die Todesqualen sein müßten, wenn der ganze Leib zerrissen und aufgelöst wird; obwohl doch manchmal der Tod mit geringerem Schmerz eintritt als die Folterung eines Gliedes; denn die eigentlichen Träger des Lebens sind nicht die empfindlichsten Körperteile. Sagt doch er, der nur als Philosoph und Mensch sprach, richtig: *»Pompa mortis magis terret, quam mors ipsa«,* d. h.: »Das Schaugepränge des Todes schreckt mehr als der Tod selber.« Stöhnen und Schreien, ein fahles Antlitz, weinende Freunde, schwarze Behänge, Trauerfeierlichkeiten und dergleichen machen den Tod schrecklich. Ist es doch merkwürdig, daß im menschlichen Herzen kein Trieb so schwach ist, um nicht die Todesfurcht zu bezwingen und zu meistern; deshalb ist Tod kein so schrecklicher Feind, wenn ein Mann so viele Gefährten um sich hat, um den Kampf mit ihm zu bestehen. Rache triumphiert über den Tod; Liebe verachtet ihn; Ehre erstrebt ihn; Gram flieht zu ihm; Furcht beschleunigt ihn; auch lesen wir, daß, nach dem Selbstmord Kaiser Othos, Mitleid, die sanfteste der Gefühlsregungen, viele zum Sterben veranlaßte, aus bloßer Anhänglichkeit an den Fürsten und als Beweis treuer Gefolgschaft. Ja Seneca fügt noch Empfindsamkeit und Überdruß hinzu: *»Cogita, quamdiu eadem feceris: mori velle non tantum fortis aut miser sed etiam fastidiosus potest«,* d. h.: »Hüte dich vor der Eintönigkeit; ersehnt doch nicht nur der Tapfere oder Elende den Tod, sondern selbst der, dem das Leben zum Überdruß geworden ist.« Nicht weniger beachtenswert ist, wie wenig Eindruck die Annäherung des Todes auf große Geister macht, da sie bis zum letzten Augenblick dieselben Menschen zu bleiben scheinen. Augustus Cäsar starb mit einer Artigkeit: *»Livia, conjugii nostri memor vive et valve«,* d. h.: »Lebewohl, Livia, und vergiß nicht die Tage unseres Zusammenlebens«. Tiberius, wie Tacitus berichtet, in Verstellung: *»Jam Tiberium vires et corpus, non dissimulatio deserebant«,* d. h.: »Schon verließen Tiberius Kräfte und Körper, nicht aber die Verstellung«, Vespasian mit einem Scherz, sitzend auf dem Nachtstuhl: *»Ut puto Deus fio«,* d. h.: »Ich glaube, ich werde ein Gott«, Galba mit einem Denkspruch: *»Feri, si ex re sit populi Romani«,* d. h.: »Schlagt zu, wenn es zum Besten Roms ist«, indem er seinen Nacken darbot; Septimius Severus in Eile: *»Adeste, si quid mihi restat agendum«,* d. h.: »Beeilt euch, wenn noch irgend etwas für mich zu tun ist«, und dergleichen mehr. Allerdings legten die Stoiker zu großen Wert auf den Tod und machten ihn durch ihre großen Anstalten noch schrecklicher. Besser urteilt jener: *»qui finem vitae extremum inter munera ponat naturae«* d. h.: »der den Schluß des Lebens als eine der Wohltaten der Natur erachtet«. Zu sterben ist so natürlich wie geboren zu werden, und für einen Säugling ist vielleicht das eine so schmerzhaft wie das andere. Wer in einer ernsthaften Unternehmung stirbt, gleicht dem, der verwundet wird, wenn das Blut stürmt, da dieser, wenigstens zunächst, den Schlag kaum spürt; weshalb denn auch ein Geist, der seinen Sinn auf ein edles Ziel gerichtet hat, die Schrecken des Todes ablenkt. Doch, glaube mir, der süßeste Lobgesang vor alledem ist: *»Nunc dimittis«,* wenn jemand würdige Ziele und Hoffnungen erreicht hat. Auch das bewirkt Tod, daß er edlem Nachruhm das Tor öffnet und den Neid vertilgt. *Extinctus amabitur idem*, d. h.: »Wer im Leben beneidet wurde, den liebt man im Tode«.

Vom Unglück

Hochgemut ist der Ausspruch Senecas, im Sinne der Stoiker, daß die Gaben des Glückes wünschenswert, dagegen die Gaben des Unglücks bewundernswert seien: *Bona rerum secundarum optabilia, adversarum mirabilia.* Wahrlich, wenn Wunder die Herrschaft über die Natur bedeuten, dann zeigen sie sich zumeist im Unglück. Noch hochgemuter als dieser Ausspruch Senecas und fast zu hoch für einen Heiden ist sein folgender: »Wahre Größe ist vorhanden, wenn die Schwäche des Menschen mit göttlicher Sicherheit gepaart ist«: *»Vere magnum, habere fragilitatem hominis, securitatem Dei«.* Besser wäre dies in der Sprache der Dichter auszudrücken die eher Überschwenglichkeiten erlaubt. Und die Dichter haben in der Tat sich damit beschäftigt; denn gerade dies hat ausgedrückt werden sollen in jener seltsamen Vorstellung der alten Poeten, die des Geheimnisvollen nicht entbehrt und sich christlicher Anschauung nähert: »Als Herkules Prometheus, durch den die menschliche Natur dargestellt wird, befreien wollte, durchsegelte er die Länge des großen Ozeans in einem irdenen Topf oder Krug.« Dies trifft genau auf die christliche Gesinnung zu, die, in der zerbrechlichen Barke des Fleisches, die Wogen der Welt befährt. Doch kehren wir zu nüchterner Betrachtung zurück. Die Tugend des Glückes ist Maßhalten, die des Unglückes Tapferkeit, was, philosophisch gesprochen, die heldenhaftere Tugend ist. Glück ist die Verheißung des Alten Testaments, Unglück die des Neuen, worin die größere Segnung und die reinere Annäherung an die Huld Gottes inbegriffen ist. Doch selbst in dem alten Testament hört ihr, wenn ihr der Harfe Davids lauscht, mehr Trauergesänge als Jubellieder, und der Griffel des Heiligen Geistes hat sich mehr bemüht, die Anfechtungen Hiobs, als die Glückseligkeiten Salomons zu beschreiben. Glück ist nicht ohne Beängstigungen und Überdruß, Unglück nicht ohne Genüsse und Hoffnungen. Wir sehen an Nähereien und Stickereien, daß es gefälliger ist, ein heiteres Werk auf dunklem und ernstem Grunde, denn ein düsteres und trübes Werk auf heiterem Grunde zu entwerfen; und das Vergnügen des Herzens gleicht dem Vergnügen des Auges. Fürwahr, Tugend gleicht kostbaren Wohlgerüchen, die am meisten duften, wenn sie durch Flamme oder Schlag entfesselt werden; denn Glück offenbart am besten das Laster, Unglück am besten die Tugend.

Von der Ehe und ledigem Stande

Wer Weib und Kinder besitzt, hat dem Schicksal Geiseln gegeben; denn sie sind Hindernisse bei großen Unternehmungen, sei es zum Guten oder Bösen. Ohne Zweifel sind die besten und für das Gemeinwohl verdienstvollsten Werke von ledigen oder kinderlosen Männern vollbracht worden, die mit ihrer Neigung, wie auch ihrem Vermögen das Volk geehelicht und ausgestattet haben. Und doch wäre es begreiflicher, wenn diejenigen, die Kinder haben, die größte Sorge für die Zukunft trügen, von der sie wissen, daß sie ihr die teuersten Pfänder überweisen. Einige gibt es allerdings, die, obwohl sie ledig sind, ihre Gedanken mit sich selbst enden und zukünftige Zeiten außer acht lassen. Andere wiederum halten Weib und Kinder nur für Belastungen ihres Geldbeutels, und es gibt sogar ebenso blöde als reiche Geizhälse, die ihren Stolz darein setzen, keine Kinder zu haben, weil sie glauben, man hielte sie dann für um so reicher. Vielleicht haben sie jemand sagen hören: »Der und der ist ein sehr reicher Mann«, worauf dann ein anderer erwiderte: »Ja, aber er hat eine große Last Kinder«, als ob dadurch seine Reichtümer gedrückt würden. Die gewöhnlichste Ursache der Ehelosigkeit ist Unabhängigkeit, besonders bei gewissen selbstgenügsamen und fröhlichen Naturen, die gegen jeden Zwang so empfindlich sind, daß sie so weit gehen, ihre Gürtel und Strumpfbänder für Fesseln und Handschellen zu halten. Junggesellen sind die besten Freunde, die besten Herren, die besten Diener; aber nicht immer die besten Untertanen, denn sie sind gleich dabei, fortzulaufen, und fast alle Flüchtlinge gehören ihrem Stande an. Ehelosigkeit geziemt Priestern, denn Barmherzigkeit wässert mühsam den Ackergrund, wenn sie erst vorher einen Tümpel zu füllen hat. Gleichgültig ist sie für Richter und höhere Beamte; denn wenn sie schwach und bestechlich sind, ist ihre Schlechtigkeit eine so große, daß das Weib nicht in Betracht kommt. Krieger anlangend, finde ich, daß die Feldherren gemeinhin in ihren Ermahnungen die Mannschaften an Weib und Kinder erinnern; auch glaube ich, daß die Nichtachtung der Ehe bei den Türken den gemeinen Soldaten noch schlechter macht. Gewiß sind Weib und Kinder eine Art Erziehung zur Menschlichkeit, und Junggesellen, obwohl sie häufig, wegen ihrer weniger erschöpften Mittel, barmherziger sind, sind doch andererseits grausamer und hartherziger, daher besonders geeignet als strenge Inquisitoren, weil ihre Weichmütigkeit nicht so oft wachgerufen wird. Ernste, durch Gewohnheit geleitete und daher beständige Charaktere sind gemeinhin liebende Ehegatten; wie denn von Ulysses gesagt wird: *»Vetulam suam praetulit immortalitati«,* d. h.: »er zog seine alte Frau der Unsterblichkeit vor«. Keusche Frauen sind häufig stolz und eigensinnig, gleichsam auf das Verdienst ihrer Keuschheit pochend. Die beste Gewähr für die Keuschheit und den gehorsam eines Weibes liegt vor, wenn sie ihren Gatten für weise hält, was ausgeschlossen ist, wenn sie ihn aus Eifersucht ertappt. Frauen sind jungen Männern Geliebte, dem reiferen Alter Gefährtinnen und den Greisen Pflegerinnen, so daß ein Mann in Zwiespalt darüber geraten kann, wann es für ihn an der Zeit ist, zu heiraten. Dennoch wurde der für einen weisen Mann gehalten, der auf die Frage, wann jemand heiraten solle, die Antwort gab: »Ein junger Mann noch nicht, ein älterer Mann nicht mehr.« Man erlebt oft, daß schlechte Ehemänner sehr gute Frauen haben, sei es, weil der Wert der Besserung der Ehemänner dadurch im Preise steigt, sei es, weil die Frauen einen Stolz in ihre Geduld setzen. Stets macht man diese Beobachtung, wenn sie, gegen der Verwandten Rat, selbst den schlechten Gatten gewählt haben; denn dann sind sie darauf aus, ihre eigene Torheit zu rechtfertigen.

Vom Glück

Es kann nicht geleugnet werden, daß äußerliche Zufälle großen Einfluß auf das Glück haben: Gunst der Mächtigen, glücklicher Zufall, der Tod anderer, Gelegenheit sich auszuzeichnen. Allein zu guter Letzt muß jeder sein Glück mit seinen eigenen Händen prägen. Jeder ist seines Glückes Schmied, sagt der Dichter. Und die häufigste der äußerlichen Ursachen ist die, daß die Torheit des einen des anderen Glück macht, da niemand so schnell vorwärtskommt, als durch die Fehler anderer. *»Serpens nisi serpentem comederit not fit draco«,* d. h.: »Eine Schlange muß die andere gefressen haben, ehe sie ein Drache wird«. Offenbare und augenscheinliche Vorzüge schaffen Lob, geheime und verborgene Tugenden dagegen, das heißt gewisse Charakteräußerungen, für die es keinen Namen gibt, erzeugen das

Glück. Das spanische Wort *desenvoltura* gibt sie zum Teil wieder, falls zwar kein Halt und keine Stetigkeit im Charakter eines Mannes ist, jedoch die Räder seines Geistes mit den Rädern seines Glückes Schritt halten. So folgert Livius, nachdem er Cato Major mit den Worten beschrieben hatte: *»In illo viro tantum robur corporis et animi fuit, ut quoturus videretur«,* d. h.: »Die Kraft seines Körpers und Geistes war so groß, daß er, wo immer er auch geboren wäre, sein Glück gemacht haben würde«, daß er *»versatile ingenium«,* d. h.: »einen sich anpassenden Geist« hatte. Wenn jemand daher scharf und aufmerksam um sich schaut, wird er das Glück sehen, denn obgleich es blind ist, ist es doch nicht unsichtbar. Der Weg zum Glück gleicht der Milchstraße am Himmel, die eine Ansammlung oder einen Haufen kleiner Sterne darstellt, von denen jeder einzelne unsichtbar ist, die aber doch zusammen Licht geben. So sind es auch zahllose kleine oder kaum bemerkbare Tugenden oder besser Fähigkeiten und Gewohnheiten, die Leuten zum Glück verhelfen. Die Italiener führen deren einige auf, auf die man kaum kommen möchte. Wenn sie von jemand sprechen, der nichts Verkehrtes tun kann, so geben sie zu seinen übrigen Eigenschaften noch die Zugabe, er habe *Poco de matto*, d. h.: »etwas vom Narren«. Und wahrlich, es gibt keine zwei glückbringenderen Eigenschaften, als etwas vom Narren und nicht zuviel vom Ehrenmann an sich zu haben. Deshalb haben übereifrige Vaterlandsfreunde oder Freunde ihrer Herren niemals Glück gehabt und können es auch nicht haben. Denn wenn jemand sich seiner Gedanken zugunsten anderer entäußert, geht er nicht seinen eigenen Weg. Glück, das in den Schoß fällt, züchtet Spekulanten und Projektenmacher (was die Franzosen passender mit *entreprenant* oder *remuant* ausdrücken); errungenes Glück dagegen bildet den fähigen Mann. Glück muß man achten und ehren, und wäre es auch nur um seiner Sprößlinge willen, die Vertrauen und Ruf heißen. Denn diese beiden gebiert das Glück, ersteres in dem Glücklichen selbst, letzteres in anderen ihm gegenüber. Weise pflegen, um dem Neid anderer zu entgehen, ihre Tugenden der Vorsehung und dem Glück zuzuschreiben, denn so können sie sich solche eher beilegen, und außerdem bedeutet es schon Größe, wenn man Gegenstand der Sorge höherer Mächte ist. So sagte Cäsar zu dem Steuermann im Sturme: *»Caesarem portas et fortunam ejus«,* und aus demselben Grunde legte sich Sulla den Namen »Felix« und nicht »Magnus« bei. Auch hat man bemerkt, daß diejenigen, welche offen zuviel ihrer eigenen Weisheit und Weltklugheit zuschreiben, unglücklich enden. Man berichtet, daß der Athener Timotheus, nachdem er in einem Bericht über seine

Amtstätigkeit oft die Wendung gebraucht hatte »und hierbei hatte das Glück keinen Anteil«, in keiner späteren Unternehmung mehr glücklich war. Sicherlich gibt es Leute, deren Glück den Versen Homers gleicht, welche ja mehr Fluß und Leichtigkeit zeigen, als die anderer Dichter; wie Plutarch von dem Glück des Timoleon im Vergleich zu dem des Agesilaus und Epaminondas bemerkt. Der letzte Grund hierfür liegt in dem Menschen selbst.

Von Gärten

Gott der Allmächtige pflanzte zuerst einen Garten. Und in der Tat, dies ist die reinste aller menschlichen Ergötzungen und die größte aller Erfrischungen des menschlichen Geistes, ohne welche Gebäude und Paläste nur rohe Machwerke sind. Auch kann man beobachten, daß, bei dem Fortschritt von Zivilisation und Verfeinerung, die Menschen früher lernen, prachtvoll zu bauen, als geschmackvolle Gartenanlagen zu schaffen, als ob Gärtnerei die höhere Vollendung wäre. Bei königlichen Gärten bin ich der Meinung, daß man Gärten für jeden Jahresmonat haben muß, um die verschiedenen Pflanzen, je nach ihrer Jahreszeit, in voller Pracht zu zeigen. Für Dezember und Januar, wie auch die letzte Hälfte des November muß man Pflanzen wählen, die den ganzen Winter hindurch grünen, wie Stechpalmen, Efeu, Lorbeer, Wacholder, Zypressen, Eiben, Fichten, Kiefern, Rosmarin, Lavendel, weißes, purpurnes und blaues Immergrün, Gamander, Schwertlilien, Pomeranzenbäume, Zitronenbäume und Myrten, die man in ein Treibhaus setzen muß, sowie würzigen Majoran, der warm zu halten ist. Auf diese folgt für die letzte Hälfte des Januar und den Februar der dann blühende Seidelbast, der gelbe und veilchenblaue Frühlingskrokus, Primeln, Anemonen, die frühzeitige Tulpe, die orientalische Hyazinthe, Zwerglilie und Kaiserkrone. Im März kommen Veilchen, besonders die einfach blauen, die die frühesten sind, gelbe Affodillen, Maßliebchen, Mandel-, Pfirsich- und Kornelkirschbäume, die dann blühen, endlich Hagedorn. Im April folgen die doppelten weißen Veilchen, Goldlack, Levkojen, Schlüsselblumen, Schwert- und andere Lilien jeder Art, Rosmarin, Tulpen, doppelte Pfingstrosen, blasse Affodillen, französisches Geißblatt, blühende Kirsch-, Damaszener- und Pflaumenbäume, dichtbelaubter Weißdorn und Flieder. Im Mai und Juni kommen Nelken aller Art, besonders die Purpurnelke, Rosen aller Art, außer der Moschusrose, die später kommt, Geißblatt, Erdbeeren, Ochsenzungen,

Akelei, Ringel- und Sammetblumen, Kirschen- und Feigenbäume in Frucht, Johannis- und Himbeeren, Reben und Lavendelblüten, das duftige weißblütige Knabenkraut, Traubenhyazinthen, Maiglöckchen, Apfelbäume in Blüte. Im Juli kommen Gartennelken in allen Varietäten, Moschusrosen, die Linde in Blüte, frühe Birnen und Pflaumen, sowie Frühäpfel zur Frucht. Im August reifen alle Arten von Pflaumen, Birnen, Aprikosen, Berberitzen, Haselnüsse, Melonen, Mönchskappen in allen Farben. In September kommen Trauben, Apfel, Mohnblumen in allen Farben, Pfirsiche, Quitten, Nektarinenpfirsichen, Kornelkirschen, Winterbirnen, Apfelquitten. Im Oktober und Anfang November gibt es Ebereschen, Mispeln, Schlehen, Herbstrosen, Stechpalmen und dergleichen. Diese Aufzählung entspricht dem Londoner Klima, meine Absicht ist aber dahin zu verstehen, daß man einen *ver perpetuum*, einen ewigen Frühling, anstreben soll, je nach Belegenheit des Ortes.

Weil aber der Blütenduft in der freien Luft, wo er auf- und abwallt, gleich wirbelnder Musik, weit lieblicher ist als in der Hand, so fördert nichts mehr diesen Genuß, als die Kenntnis derjenigen Blumen und Pflanzen, die die Luft am besten mit Düften schwängern. Rosen, und zwar sowohl weiße wie rote, halten den Duft an sich, so daß man, selbst im Morgentau, an einer ganzen Reihe vorübergehen kann, ohne etwas von ihrem Wohlgeruch zu merken. Lorbeeren gewähren gleichfalls keinen Duft, solange sie wachsen, Rosmarin wenig, ebenso der wohlriechende Majoran. Diejenige Blume, welche, vor allen anderen, den süßesten Wohlgeruch der Luft spendet, ist das Veilchen, namentlich das doppelte weiße, welches zweimal im Jahre blüht, gegen Mitte April und um die Bartolomäusmesse. Nächst diesem kommt die Moschusrose und dann die Erdbeerblätter im Verwelken, die einen ausnehmend herrlichen Duft gewähren. Dann die Weinblüten, ein kleiner Staub, gleich dem Staub des Riedgrases, wenn er sich zuerst auf der Traube zeigt. Dann Hagedorn und Goldlack, welcher köstlich ist, wenn man ihn unter den Fenstern der im Erdgeschoß liegenden Wohn- und Schlafzimmer zieht. Dann Nelken und Levkojen, besonders die flockige Nelke und die Gartennelke. Dann Lindenblüten und Geißblatt, doch muß man dies etwas entfernt halten. Von Bohnenblüten spreche ich nicht, da es Feldblumen sind. Derer aber, die die Luft am köstlichsten durchduften, obwohl man nicht an ihnen vorübergeht, sondern sie mit Füßen tritt und zerknickt, sind drei: Pimpinelle, Quendel und Wasserminze. Deswegen muß man ganze Alleen von ihnen ziehen, um sich beim Spazierengehen ihren Genuß zu verschaffen.

Gärten, und zwar fürstliche Gärten, entsprechend dem, was von Gebäuden gesagt ist, müssen einen Flächenraum von nicht unter 30 Morgen einnehmen und in drei Abteilungen eingeteilt werden: einen Anger am Eingang, eine Heide oder Wildnis im Hintergrund und in der Mitte den Hauptgarten, mit Alleen zu beiden Seiten, wobei 4 Morgen für den Anger, sechs Morgen für die Heide, je 4 Morgen für die Seitenanlagen und 12 Morgen für den Hauptgarten bestimmt sein müssen. Der Anger gewährt ein zwiefaches Vergnügen, erstens weil nichts dem Auge wohltuender ist, als kurz gehaltener grüner Rasen, zweitens weil man in der Mitte einen schönen Pfad anlegen kann; auf welchem man auf den mit einer stattlichen Hecke eingeschlossenen Garten zugeht. Da dieser Pfad aber lang und zur Sommer- oder Mittagszeit heiß sein wird, braucht man den Schatten des Gartens nicht mit einem Gang durch die Sonnenhitze dieses Pfades zu erkaufen und soll daher zu beiden Seiten des Angers gedeckte, 12 Fuß hohe Gänge zimmern lassen, durch die man in den Schatten des Gartens gelangen kann. Verschlungene Wege, figurenartig, in verschiedenen Erdfarben anzulegen, etwa unter den gartenwärts liegenden Fenstern des Hauses, ist eine bloße Spielerei, da man ebenso schöne Sachen auf Torten sehen kann. Der Garten hat am besten die Form eines Vierecks, auf allen vier Seiten von einer stattlichen, gewölbten Hecke umgeben. Die Heckenwölbungen müssen auf gezimmerten Pfeilern von 10 Fuß Höhe, die in einer Entfernung von 6 Fuß aufgestellt werden, ruhen und die Zwischenräume zwischen diesen Säulen müssen ebenso groß wie die Breite der Bogen sein. Oberhalb der Wölbungen muß eine vollständige Hecke von 4 Fuß Höhe, ruhend ebenfalls auf gezimmertem Grund, angebracht werden, und über der Hecke müssen sich, über jedem Bogen, kleine Türme erheben, die groß genug sind, um einen Vogelkäfig aufzunehmen; auf den Zwischenräumen aber, zwischen den einzelnen Bögen sind mannigfaltige kleine Bildwerke mit breiten, von runden farbigen Gläsern eingefaßten Seiten anzubringen, damit die Sonne sich darin spiegeln kann. Diese Hecke muß sich jedoch auf einem nicht abschüssigen, sondern sanft abfallenden, etwa 6 Fuß hohen Erdwall erheben, der ganz und gar mit Blumen zu übersäen ist. Auch gehe ich davon aus, daß dies Gartenviereck nicht die ganze Breite des Grundstücks einnehmen, sondern an jeder Seite Raum genug für mannigfaltige Seitenalleen lassen muß, auf welche die gedeckten Gänge des Angers führen können. Dagegen dürfen weder an der Vorder- noch an der Hinterseite dieser großen Umzäumung Alleen mit Hecken sich befinden, um weder an der Vorderseite den Blick auf diese schöne Hecke vom Anger aus, noch an der Hinterseite den Blick durch die Wölbungen der Hecke auf die Heide zu hindern.

Die Einteilung des Grund und Bodens innerhalb der großen Hecke überlasse ich dem jeweiligen Geschmack, mache aber darauf aufmerksam, daß bei jeder Art der Ausführung Unruhe und Überfüllung vermieden werden muß. Die aus Wacholder oder anderen Gartengewächsen ausgeschnittenen Figuren liebe ich hierbei nicht, sie sind Spielzeug für Kinder, kleine, niedrige, abgerundete Hecken als Einfassung, mit einigen zierlichen Pyramiden, mag ich wohl leiden, und ebenso einige hübsche Säulen, die auf Holzgestellen gezogen sind. Die Alleen müssen geräumig und geschmackvoll sein, da man schmälere Alleen wohl in den Seitenanlagen, nicht aber im Hauptgarten anlegen darf. Ganz in der Mitte wünsche ich einen artigen Hügel mit drei Aufgängen, in Alleen gefaßt, breit genug, daß 4 Personen nebeneinander gehen können; der ganze Hügel muß durchaus kreisförmig, ohne jedes Bollwerk oder Erhöhung angelegt und 30 Fuß hoch sein, auf der Spitze aber ein schönes Lusthaus mit wenigen zierlichen Schornsteinen und ohne zuviel Glaswerk angebracht werden. Springbrunnen sind sehr schön und erfrischend, Teiche dagegen verderben alles und machen den Garten ungesund und voll Fliegen und Frösche. Die Springbrunnen müssen von zweierlei Art sein, solche, die Wasser ausstrahlen oder hervorsprudeln und solche, die das Wasser in ein geräumiges Wasserbecken von etwa 30 oder 40 Fuß im Geviert, das weder Fische noch Schlamm oder Schmutz enthalten darf, wieder auffangen. Für die erstere Art eignen sich sehr gut als Verzierungen die jetzt gebräuchlichen vergoldeten oder marmornen Figuren, die Hauptsache bleibt aber, das Wasser so zu leiten, daß es weder in Becken, noch Zisternen zur Ruhe kommt, damit es nicht grünlich oder rötlich oder sonstwie verfärbt werde, auch nicht in moosigen oder gar fauligen Zustand übergehe. Außerdem muß es täglich durch Handarbeit gesäubert werden. Übrigens macht es sich gut, wenn einige Stufen hinaufführen und um den Springbrunnen ein schönes Pflaster angelegt ist. Die andere Art von Springbrunnen, die man auch Badebassin nennen kann, kann mancherlei schöne Rarität aufweisen, womit wir uns jedoch nicht beschäftigen wollen, es sei denn, daß der Boden des Bassins schön und figurenreich gepflastert sein muß, ebenso die Ränder, die überall mit farbigen Gläsern und dergleichen glänzenden Dingen verziert und mit schönen niedrigen Statuen geländerartig eingefaßt sein müssen. Aber auch hier ist das, was wir schon bei der ersten Art von Springbrunnen erwähnten, die Hauptsache, nämlich, daß das Wasser in beständiger Bewegung sein muß, indem man es von einem höher als das Bassin gelegenen Punkt durch passende Röhren zuführt und unterirdisch in entsprechenden Röhren wieder ableitet, damit keine Stauung eintritt. Die schönen Spielereien, Wasser bogenförmig ausstrahlen zu lassen, ohne etwas zu verschütten, oder aus verschiedenen Formen, als Federn, Trinkbechern, Baldachinen und dergleichen springen zu lassen, sind zwar allerliebst anzusehen, tragen aber weder zur Gesundheit noch zur Annehmlichkeit etwas bei.

Die Heide, welche den dritten Teil der Anlage bildet, muß, nach meiner Ansicht, soviel als irgendmöglich zur natürlichen Wildnis ausgebildet werden. Bäume würde ich überhaupt nicht anbringen, sondern einige, nur aus Hagedorn und Geißblatt bestehende, mit wildem Wein durchzogene Gebüsche, während der Boden mit Veilchen, Erdbeeren und Primeln bepflanzt sein muß, denn diese sind wohlriechend und gedeihen im Schatten. All dies aber muß hier und da zerstreut sein, nicht in irgendwelcher Reihenfolge. Auch liebe ich kleine Anhäufungen, Maulwurfshügeln ähnlich, wie sie in wilden Heiden vorkommen, die teils mit wildem Thymian, mit Nelken und mit Gamander, der das Auge durch seine schöne Blume ergötzt, teils mit Wintergrün, Veilchen, Erdbeeren, Schlüsselblumen, Maßliebchen, roten Rosen, Maiglöckchen, roten Federnelken, Bärenklau und dergleichen niedrigen Gewächsen abwechselnd besetzt werden müssen, da diese alle wohlriechend und von gutem Aussehen sind. Ein Teil dieser Hügel soll auch kleine Strauchwerke am Gipfel tragen, der andere Teil nicht, und als Strauchwerk müssen Rosen, Wacholder, Stechpalmen, Berberitzen, diese jedoch nur hin und wieder wegen ihres starken Blütenduftes, Johannisbeeren, Stachelbeeren, Rosmarin, Lorbeeren, Hagedorn und dergleichen verwandt werden. Doch muß dies Strauchwerk oft beschnitten werden, damit es nicht außer Form wächst.

Die Seitenanlagen müssen mit mannigfaltigen stillen Alleen, die tiefen Schatten geben, und zwar bei jedem Stand der Sonne, durchzogen werden. Einige dieser Alleen sind auch gleichsam als Zufluchtsorte einzurichten, um, wenn der Wind scharf geht, wie in einer Galerie darin zu wandeln. Zu diesem Zwecke müssen sie aber an beiden Enden mit Hecken versehen sein, um den Wind abzuhalten, auch müssen sie, da sie dicht gehalten sind, stets nur mit feinem Kies bestreut und nicht mit Rasen versehen sein, da man sonst feucht gehen würde. Viele dieser Alleen müssen mit Obstbäumen jeder Art besetzt sein, sowohl längs der Mauern, wie auch in Reihen, wobei man im allgemeinen beachten muß, daß die mit

Obstbäumen bepflanzten Beete schön, groß und flachliegend, nicht aber abschüssig sein dürfen; auch können schöne Blumen angebracht werden, doch nur dünn und spärlich, um den Bäumen keinen Eintrag zu tun. Am Ende beider Seitenanlagen würde ich einen Hügel von mäßiger Höhe anbringen, so daß die Umfassungsmauer nur bis zur Brusthöhe geht, um den Blick in die Felder zu gewähren.

Auch in dem Hauptgarten gestatte ich einige schöne Alleen, an beiden Seiten mit Obstbäumen, die auch in hübschen Gruppen stehen können, sowie mit Lauben und hübsch angeordneten Sitzgelegenheiten. All dies darf aber nicht zu dicht gepflanzt werden, damit der Hauptgarten für die Luft und Sonne offen und frei bleibt. Denn, wenn man Schatten wünscht, so muß man sich an die Alleen der Seitenanlagen halten, um dort nach Gefallen in der Sommer- oder Mittagshitze spazieren zu gehen, während der Hauptgarten den gemäßigteren Teilen des Jahres und in der Sommerhitze dem Morgen und Abend oder bewölkten Tagen vorbehalten ist.

Vogelhäuser liebe ich nicht, es sei denn, daß ihre Größe gestattet, sie zu berasen und lebende Pflanzen und Sträucher in ihnen anzubringen, damit die Vögel mehr Spielraum und natürliche Nistplätze haben, auch am Boden des Vogelhauses kein Schmutz sich ansammelt.

Hiermit habe ich den Plan für die Anlage eines fürstlichen Gartens in Vorschriften und in Skizzierungen gegeben, nicht um ein Modell zu schaffen, sondern um die Grundlinien festzustellen, und hierbei habe ich den Kostenpunkt nicht beachtet. Denn es ziemt großen Fürsten nicht, sich in den Hauptfragen mit den Handwerksleuten zu beraten, die dann, mit nicht geringeren Kosten, allerhand Dinge zusammenschustern, meistens Statuen und derlei Sachen, um Pracht und Prunkes willen, anbringen, aber nichts für das wahre Vergnügen an einem Garten zu bieten verstehen.

René Descartes

(31.3.1596–11.2.1650)

Die Gewißheit des Denkens

René Descartes gilt als der eigentliche Begründer der modernen Philosophie.

Die für die Neuzeit charakteristische Hinwendung zum Individuum und seiner Befreiung aus übergeordneten Systemen hatte sich bei etlichen Denkern vor Descartes bereits vollzogen, aber noch kein begriffliches Fundament erhalten.

Die neue Autonomie des Ich wird von Descartes zum ersten Mal philosophisch begründet. Er ist ein Vertreter des *Rationalismus*, der alle Erkenntnis vom Verstand herleitet. Er entwirft eine Philosophie des Selbst, die in der berühmten Formel mündet: *Cogito ergo sum* – ich denke, also bin ich.

René Descartes stammte aus einer alten Adelsfamilie und wurde 1596 in La Haye in der Touraine geboren. Die Stadt heißt heute nach ihrem berühmtesten Sohn *Descartes*.

René war ein kränkliches Kind und begann seine wissenschaftliche Ausbildung bereits mit acht Jahren an dem bekannten jesuitischen Collège Royal in La Fleche.

Die empfindliche Konstitution des Jungen erregte das fürsorgliche Mitgefühl der Patres; er war vom morgendlichen Schulunterricht befreit, und seine spätere Angewohnheit, die Vormittage meditierend im Bett zu verbringen, fand hier ihren Anfang.

Äußerlich ein folgsamer Schüler, innerlich aber rebellierend, entwickelte er bereits am Collège eine Liebe für die Mathematik, aber auch seine tiefe Skepsis gegen die anderen Wissenschaften, vornehmlich die unlebendig gewordene, traditionelle Philosophie.

Nach seiner Ausbildung zog er um das Jahr 1612 nach Paris und führte eine kurze Zeit das für seine Herkunft übliche gesellschaftliche Leben: Er ritt, focht, tanzte und frönte dem Glücksspiel. Schnell hatte er genug davon und zog sich zwei Jahre lang in seine Pariser Wohnung zurück, um sich mathematischen und juristischen Studien zu widmen.

Nach dieser Phase der Abgeschiedenheit wurde er wieder von Neugierde auf die Welt gepackt und beschloß, »kein anderes Wissen mehr zu suchen als dasjenige, das sich in mir selbst oder in dem großen Buch der Welt finden könne«.

Er verließ Paris und verbrachte den Rest seiner Jugend damit, möglichst viele Erfahrungen zu sammeln. Er nahm als Soldat am Dreißigjährigen Krieg teil, mit der Absicht, verschiedene Länder und Menschen kennenzulernen. Die streitenden Parteien interessierten ihn nicht, einmal diente er dem bayrisch-katholischen, ein anderes Mal dem protestantisch-holländischen Heer.

Im Sommer 1619 kam er über Kopenhagen, Danzig, Böhmen und Österreich mit der Armee nach Neuburg bei Ulm. Hier, im Winterquartier, hatte er in der Nacht vom 10. auf den 11. November einen Traum, der nicht nur über seinen zukünftigen Lebensweg entscheiden sollte, sondern der ihm auch die wichtigsten Momente seiner späteren Philosophie offenbarte.

Zum einen sah er die Frage vor sich auftauchen, welchen Lebensweg er einschlagen solle, zum anderen diktierte ihm der Traum die Aufgabe, die Summe aller Wissenschaften zu bearbeiten, zu deuten und daraus eine neue, zuverlässige Grundlage der Erkenntnis zu entwickeln.

Nach seiner Traumvision, die den 23jährigen zutiefst ergriffen hatte, hielt er sich für zwei Jahre in Italien auf, wo es ihm nicht gefiel, ging dann wieder nach Frankreich, um weitere Studien zu betreiben und zog nach Holland, ein Land, in dem er sich innerlich und äußerlich völlig unabhängig und frei fühlte.

Ab 1628 lebte er hier für die nächsten 20 Jahre in völliger Abgeschiedenheit. Alle seine Werke entstanden während dieser Zeit. Descartes wohnte in seinem selbst gewählten Exil an verschiedenen Orten und war mit dem Rest der Welt nur durch seinen Pariser Freund, Pater Mersenne, verbunden. Dieser verhalf ihm zu umfangreichen wissenschaftlichen Briefwechseln mit verschiedenen Personen, unter anderem mit der schwedischen Königin Christine. Sie hatte seine Werke studiert und lud ihn 1649 unter ehrenvollen Bedingungen an den schwedischen Hof ein, um Fragen zu seiner Arbeit mit ihm persönlich zu diskutieren.

Descartes nahm die Einladung an. Allerdings mußte er seine Lebensgewohnheiten ändern. Begann der Tag für ihn normalerweise nicht vor dem Mittag, war er nun um fünf Uhr morgens bei der Königin zum Gespräch geladen. Auch das Klima behagte ihm nicht. Schweden sei »ein Land der Bären, mitten unter Felsen und Eis«, klagte er. Noch bevor er wieder abreisen konnte, erlag er den ungewohnten Strapazen. Er starb in Stockholm, mit 54 Jahren.

In aller Stille hatte Descartes seine Werke in Holland verfaßt. Das erste Buch sollte den universellen Titel *Die Welt* bekommen. Dieser Text war fast vollendet, als Descartes von der Verurteilung Galileo Galileis im Jahr 1633 hörte. Er vernichtete die Schrift, der er das Weltbild Galileis zugrundegelegt hatte, doch Teile davon fließen in seine späteren Werke wieder ein.

Seine nächste Schrift, *Abhandlung über die Methode des richtigen Vernunftgebrauchs und der wissenschaftlichen Wahrheitsfindung*, veröffentlichte er aus Vorsicht zunächst anonym. Vier Jahre später erschien sein erstes Hauptwerk, die berühmt gewordenen *Meditationen über die erste Philosophie* (1641). Obwohl er das Buch der theologischen Fakultät der Pariser Universität in dem festen Glauben widmete, der Religion einen guten Dienst zu erweisen, wurde er angefeindet. Man klagte ihn wegen Atheismus und Gotteslästerung an, die Schrift wurde auf den Index der verbotenen Bücher gesetzt. Die religiöse Obrigkeit und die öffentliche Meinung, »die Bart, Stimme und Augenbrauen der Theologen fürchtet«, wie er treffend formulierte, wandten sich gegen ihn.

1644 veröffentlichte Descartes eine systematische Ausarbeitung seiner Gedanken in seinem zweiten Hauptwerk, den *Prinzipien der Philosophie*. Sie reflektieren ein mechanistisches Weltbild, das alle Vorgänge auf rein physikalische Weise erklärt und das im Einklang mit den Naturwissenschaften steht. Alle Naturerscheinungen, »die ganze Einrichtung der Welt«, werden »aus wenigen Prinzipien hergeleitet«.

Weitere Schriften sind die *Briefe über das menschliche Glück* und *Die Leidenschaften der Seele*, sein letztes Werk. Beide wurden für die Pfalzgräfin Elisabeth geschrieben.

Was war das Brisante an Descartes Schriften und warum wurden sie von Kirche und Staat immer wieder als gefährlich angesehen?

Descartes wollte eine von der Theologie befreite Naturwissenschaft. Er wollte den Fortschritt der Erkenntnis ermöglichen und sie vom Ballast der Scholastik, der mittelalterlichen, religiös ausgerichteten Philosophie befreien.

So sah er die Gewißheit der Existenz im Menschen selbst. Erkenntnis sollte, wie bei Montaigne, *Selbsterkenntnis* sein. War der Ort der ursprünglichen Erkenntnis in der mittelalterlichen Philosophie nur in Gott zu finden, so lag dieser Ort jetzt im Menschen selbst.

Können wir aber davon ausgehen, daß das, was wir erkennen, auch wahr ist? Könnte nicht alles um uns herum Täuschung, die gesamte Wirklichkeit bloße Einbildung sein? Für Descartes steht fest: Ich muß mich »zunächst und vor allem der Sicherheit meines *Ausgangpunktes* vergewissern. Was aber ist sicher? Um sicherzugehen, werde ich zu Anfang gar nichts als sicher annehmen. Ich werde alles anzweifeln.«

Es ist der radikale Zweifel, mit dem das Philosophieren beginnt. Alles, was ich von außen wahrnehme, könnte ein Irrtum sein, alles, was ich denke, könnte falsch sein, nur eines ist gewiß: *daß ich zweifle*. Das einzige, was wahr und existent ist, ist die zweifelnde, denkende Seele: »eine Substanz, deren ganzes Wesen nur darin besteht, zu denken und die zum Sein keines Ortes bedarf.« Nur im Zweifel werde ich meiner selbst als denkendes Wesen gewiß. Nur so kann ich überhaupt wissen, daß ich existiere. *Cogito ergo sum* – ich denke, also bin ich.

Erkenntnis wird nicht durch sinnliche Erfahrung wie das »Sehen, das Berühren, oder Einbilden« eines Gegenstandes gewonnen, sondern als »eine Einsicht einzig und allein des Verstandes«, wie Descartes in den *Meditationen* schreibt. Somit ist alle Erkenntnis rational und nicht durch Wahrnehmung zu bestimmen.

Mit dieser Vorstellung schuf er zwei streng voneinander getrennte Bereiche: das Geistige, Rationale, das er mit dem Begriff *res cogitans* bezeichnete, und das Körperliche, die *res extensa*. Das Denken faßt er unkörperlich und unräumlich auf, während die Körperwelt die Eigenschaft der Ausgedehntheit, des Raumes und der Bewegung hat.

Dem Aufeinanderbezogensein von Seele und Leib trägt Descartes keine Rechnung, da er das Denken zum Wesen der Seele macht, das Wesen des Körpers aber in die bloße Ausdehnung verbannt. Seele und Leib bilden infolgedessen keine innere Einheit mehr.

Descartes war der Philosoph, der die Selbstgewißheit des Individuums auf dessen eigenes Denken bezog und es so in seine Freiheit entließ. Gleichzeitig beginnt damit die Verlassenheit des modernen Subjekts, das sich seiner Verankerung in der Welt nicht mehr rückversichern kann.

Eine Spaltung zwischen Ich und Welt wird erkennbar, ein das Denken seither prägender *Dualismus* von Geist und Materie, der die nachkommenden Philosophen bis heute beschäftigen wird.

Für diese Textsammlung wird ein Auszug aus den *Prinzipien der Philosophie* vorgestellt. Sie geben die Hauptgedanken der cartesianischen Lehre wieder.

Prinzipien der Philosophie

(Teil I, §§ 1–76)

§ 1

Da wir als Kinder geboren werden und von den sinnlichen Dingen mancherlei geurteilt haben, noch ehe wir den vollen Gebrauch unserer Vernunft hatten, so werden wir durch viele Vorurteile von der Erkenntnis des Wahren abgewendet. Diese Vorurteile können wir, so scheint es, nur los werden, wenn wir einmal im Leben geflissentlich an allem *zweifeln*, worin sich auch nur der kleinste Verdacht der Unsicherheit findet.

§ 2

Ja, es wird sogar gut sein das Zweifelhafte geradezu für *falsch* zu halten, damit wir um so deutlicher entdecken, was ganz sicher und zu erkennen ganz leicht ist.

§ 3

Indessen ist dieser Zweifel bloß auf die *theoretische* Beschäftigung mit der Wahrheit einzuschränken. Was nämlich das praktische Leben betrifft, so würde sehr oft die Gelegenheit zur Tat vorübergehen, bevor wir uns von allen unseren Bedenken befreien könnten, und so sind wir nicht selten notgedrungen in der Lage, das bloß Wahrscheinliche zu ergreifen oder auch, wenn von zwei Dingen das eine nicht wahrscheinlicher erscheint als das andere, doch eines von beiden zu wählen.

§ 4

Jetzt nun, wo wir mit der Erforschung der Wahrheit Ernst machen, werden wir vor Allem zweifeln, ob es überhaupt sinnliche oder bildliche Dinge gibt. Erstens, weil wir bisweilen die Sinne auf *Täuschungen* ertappen und es die Vorsicht gebietet, denen nicht zu viel zu vertrauen, die uns auch nur einmal getäuscht haben; dann, weil wir im *Traum* zahllose Dinge zu empfinden oder vorzustellen meinen, die nirgends sind, und uns bei solchen Zweifeln kein Merkmal gegeben ist, um den Traum vom Wachen sicher zu unterscheiden.

§ 5

Wir werden noch an anderen Dingen zweifeln, die wir vorher für ganz sicher gehalten, sogar an den *mathematischen* Beweisführungen, selbst an den

Grundsätzen, die uns bis jetzt unmittelbar gewiß schienen. Einmal deshalb, weil wir gesehen, daß Manche auch in diesen Dingen irren und für ganz sicher und unmittelbar gewiß gelten ließen, was uns falsch schien, dann besonders deshalb, weil wir gehört, es sei ein Gott, der alles vermöge und uns geschaffen habe.

Wir wissen ja nicht, ob dieser Gott uns nicht etwa so habe schaffen wollen, daß wir in fortwährender Täuschung befangen bleiben, selbst in solchen Dingen, die uns als die bekanntesten erscheinen. Denn dies wäre ebenso gut möglich, als daß wir manchmal irren, und das ist der Fall, wie wir gesehen.

Nehmen wir nun an, daß wir nicht von dem allmächtigen Gott, sondern von uns selbst oder irgendeinem anderen Wesen unser Dasein haben, so wird, je ohnmächtiger das Wesen ist, das wir als Urheber unserer Entstehung bezeichnen, um so wahrscheinlicher unsere Unvollkommenheit so groß sein, daß wir fortwährend irren.

§ 6

Indessen wer es auch sei, von dem wir unser Dasein haben, und so mächtig und trügerisch er auch sei, so fühlen wir doch in uns eine *Freiheit*, vermöge deren wir uns des Glaubens an das Unsichere und wenig Begründete enthalten und also vor dem Irrtum hüten können.

§ 7

Verwerfen wir aber auf diese Weise alles irgend Zweifelhafte und denkbarer Weise Falsche, so läßt sich zwar leicht annehmen, daß kein Gott sei, kein Himmel, keine Körper, daß wir selbst weder Hände noch Füße noch überhaupt einen Körper haben, aber es läßt sich darum nicht annehmen, daß wir, die wir solches denken, nichts sind. Denn es widerspricht sich, daß ein denkendes Wesen im Augenblick, wo es denkt, nicht existieren solle. Demnach ist diese Erkenntnis: »ich denke also bin ich« von allen die erste und sicherste, die jedem begegnet, der methodisch philosophiert.

§ 8

Und das ist der beste Weg, um die Natur des Geistes und dessen Unterschied vom Körper zu erkennen. Denn sobald wir untersuchen, was für ein Wesen eigentlich wir selbst sind, die wir alles von uns Verschiedene für falsch gelten lassen, so sehen wir deutlich, daß keine Ausdehnung, weder Figur noch Ortsveränderung, noch sonst etwas, das dem Körper zukommt, unserem Wesen angehört, sondern bloß das *Denken*. Also wird das Denken auch eher und gewisser erkannt, als irgendein körperliches Wesen. Denn jenes haben wir schon durchschaut, alles andere dagegen ist uns noch zweifelhaft.

§ 9

Unter dem Worte *Denken* verstehe ich alles, was in uns vorgeht, sofern wir unmittelbar uns dieser Vorgänge bewußt sind.

In diesem Sinne ist nicht bloß Erkennen, Wollen, Einbilden, sondern auch Empfinden dasselbe als Denken. Wenn ich sage:»ich sehe oder ich gehe spazieren, also bin ich«, und darunter den körperlichen Akt des Sehens oder Gehens verstehe, so ist der Schluß nicht ganz sicher. Denn ich kann ja, wie häufig im Traum, zu sehen oder zu gehen meinen, obgleich ich die Augen nicht öffne und von meinem Ort mich nicht fortbewege und vielleicht nicht einmal einen Körper habe. Wenn ich es aber von der Empfindung selbst verstehe oder vom *bewußten* Sehen oder Gehen, so bezieht sich dieses auf den Geist, der allein empfindet, d. h. zu sehen oder zu gehen *denkt*, und dann ist der Schluß ganz sicher.

§ 10

Ich erläutere hier nicht erst die vielen anderen Ausdrücke, die ich bereits gebraucht habe oder im folgenden brauchen werde, weil ich meine, daß sie durch sich hinlänglich bekannt sind. Auch habe ich häufig die Bemerkung gemacht, daß Philosophen gerade dadurch den Irrtum herbeiführten, daß sie das Einfachste und unmittelbar Bekannte durch logische Erklärungen zu erläutern versuchten. Denn auf diese Weise machten sie es nur dunkler. Wenn ich nun erklärt habe, der Satz: *»ich denke also bin ich«* sei vor allen der erste und gewisseste, den Jeder findet, der methodisch philosophiert, so habe ich damit nicht in Abrede gestellt, daß man vorher wissen müsse, was Denken, Existenz, Gewißheit sei, ebenso daß unmöglich ein denkendes Wesen nicht existiere, und was dergleichen mehr ist; sondern weil diese Begriffe die einfachsten sind und für sich genommen von keinem existierenden Wesen eine Kenntnis geben, deshalb habe ich geglaubt, sie nicht aufzählen zu dürfen.

§ 11

Um sich aber zu überzeugen, daß unser Geist nicht bloß eher und gewisser, sondern auch einleuchtender als der Körper erkannt werde, muß man folgendes bemerken. Es ist eine natürliche und aller Welt bekannte Wahrheit, daß keine Affektionen oder Beschaffenheiten gleich nichts ist, und daß also, wo wir etwas der Art antreffen, da notwendig ein Ding oder eine Substanz, der jene angehören, sein müsse, und daß wir jenes Ding oder jene Substanz um so klarer erkennen, je mehr wir darin entdecken. Nun aber entdecken wir in unserem Geiste mehr als in irgendeinem anderen Wesen. Warum? Weil jedes andere Objekt unserer Erkenntnis uns zugleich noch weit gewisser unseren eigenen Geist erkennbar macht. Wenn ich z. B. urteile, die Erde existiert, weil ich sie betaste oder sehe, so muß ich ja noch weit sicherer urteilen, daß mein Geist existiere. Es könnte ja sein, daß ich die Erde zu betasten meine, ohne daß die Erde existiert. Aber es kann nicht sein, daß ich diese Meinung habe, ohne daß mein Geist, der so urteilt, existiert. Und so in anderen Fällen.

§ 12

Und denen, die unmethodisch philosophierten, ist die Sache nur darum anders erschienen, weil sie den Geist niemals sorgfältig genug vom Körper unterschieden haben. Sie haben wohl auch gemeint, ihre eigene Existenz sei gewisser als irgend etwas anderes, aber sie haben nicht gesehen, daß unter ihrem *eigenen* Wesen hier bloß ihr Geist zu verstehen war. Im Gegenteil haben sie vielmehr bloß ihre Körper darunter verstanden, die sie mit Augen sahen, mit Händen faßten, und denen sie fälschlicher Weise das Empfindungsvermögen zuschrieben. Und dies hat sie von der Erkenntnis der geistigen Natur abgelenkt.

§ 13

Wenn nun der Geist, der erst seiner selbst gewiß und der anderen Dinge insgesamt noch nicht gewiß ist, überall umherblickt, um seine Erkenntnis weiter auszudehnen, so findet er zuerst bei sich die Ideen vieler Dinge. So lange er bloß diese Ideen betrachtet und es auf sich beruhen läßt, ob außer ihm etwas den Ideen Ähnliches existiert, kann er nicht irren. Weiter findet er gewisse Gemeinbegriffe und bildet daraus mannigfaltige Beweise, von deren Wahrheit er ganz überzeugt ist, solange er bloß auf sie achtet. So hat er z. B. die Ideen der Zahlen und Figuren in sich und unter den Gemeinbegriffen z. B. den Satz: *»Gleiches zu Gleichem addiert gibt Gleiches«* und ähnliche Sätze, woraus sich leicht beweisen läßt, daß die Winkel eines Dreiecks gleich zwei Rechten sind usf. Von der Wahrheit dieser und ähnlicher Sätze ist er überzeugt, solange er auf die Vordersätze, woraus er sie abgeleitet hat, achtet. Aber er kann nicht in dieser Dichtung beharren. Der Gedanke tritt dazwischen, daß er ja noch nicht wisse, ob er nicht von der Natur so geschaffen sei, daß er sich auch in den Dingen täusche, die ihm die klarsten erscheinen. Und so sieht er, daß er auch an diesen Dingen mit Recht zweifle und nicht eher ein sicheres Wissen erreichen könne, als er den Urheber seiner Entstehung erkannt habe.

§ 14

Nun steht er, daß unter den verschiedenen Ideen in seinem Innern *eine* sei, die Idee eines allwissenden, allmächtigen, vollkommensten Wesens, von allen Ideen die vornehmste, er anerkennt in ihr die Existenz, nicht bloß als möglich und zufällig, wie in den Ideen aller anderen Wesen, die er deutlich einsieht, sondern als durchaus notwendig und ewig. Er sieht ein, in der Idee des Dreiecks liege notwendig, daß seine drei Winkel gleich zwei Rechten seien, er ist deshalb vollkommen überzeugt, das Dreieck habe drei Winkel, die zwei Rechten gleich sind. Und ebenso sieht er ein, in der Idee des vollkommensten Wesens liege die notwendige und ewige Existenz. Er muß deshalb den Schluß machen: *das vollkommenste Wesen existiert.*

§ 15

Diese Überzeugung steigt, wenn er sieht, daß es in ihm keine Idee eines anderen Wesens gebe, in welcher sich ebenso die notwendige Existenz entdecken lasse. Denn hieraus erhellt, daß jene Idee des vollkommensten Wesens nicht von ihm ausgebildet sei, daß sie keinerlei Chimäre, sondern eine wirkliche und unwandelbare Natur darstelle, die existieren muß, da die notwendige Existenz in ihr liegt.

§ 16

Davon wird unser Geist leicht überzeugt sein, wenn er sich vorher aller Vorurteile gänzlich entschlagen hat. Aber wir sind gewöhnt, in allen übrigen Dingen den Begriff von der Existenz zu unterscheiden und von Dingen, die nirgends sind oder waren, diese und jene Ideen nach Belieben zu bilden. Daher kommt es leicht, daß wir in der Betrachtung des vollkommensten Wesens nicht beharrlich verweilen und nun zweifeln, ob die Idee desselben etwa zu denen zählt, die wir nach Belieben gebildet haben, oder wenigstens eine von denen ist, zu deren Begriff die Existenz nicht gehört.

§ 17

Bei näherer Betrachtung unserer Ideen sehen wir, daß sie sich von einander wenig unterscheiden, sofern sie alle gewisse Denkweisen sind, daß sie aber sehr verschieden sind, sofern die eine dieses, die andere jenes Wesen vorstellt, und daß, je mehr objektive Vollkommenheit sie in sich enthalten, um so vollkommener ihre Ursache sein müsse. So kann z. B. wenn jemand die Idee einer sehr künstlichen Maschine in sich hat, mit Recht gefragt werden: woher er denn diese Idee habe? Ob er etwa irgendwo eine solche von einem anderen verfertigte Maschine gesehen? Ob er die mechanischen Wissenschaften so genau erlernt, oder seine eigene Geisteskraft so groß sei, daß er imstande gewesen, diese nie und nirgends gesehene Maschine selbst zu erdenken? Denn das ganze Kunstwerk, das in der Idee bloß auf objektive Weise oder wie im Bilde enthalten ist, muß in deren Ursache, was nun diese Ursache auch sei, wenigstens in der ersten und hauptsächlichen, nicht bloß auf objektive oder vorgestellte Weise, sondern in Wahrheit »formaliter« oder »eminenter« enthalten sein.

§ 18

Nun haben wir in uns die Idee Gottes oder des vollkommensten Wesens, also dürfen wir mit Recht untersuchen, woher wir jene Idee haben? In ihr finden wir eine solche unermeßliche Fülle, daß wir vollkommen gewiß sind: diese Idee können wir nur von einem Wesen empfangen haben, das alle Vollkommenheiten wirklich in sich begreift, d. h. nur von dem wahrhaft existierenden Gott. Denn es ist eine ganz bekannte natürliche Wahrheit, daß nicht bloß aus nichts nichts wird, und das Vollkommene nie von dem Unvollkommenen als seiner bewirkenden Gesamtursache hervorgebracht werden könne, sondern auch, daß in uns keine Idee und kein Bild von irgend etwas sein könne, ohne daß irgendwo, es sei in oder außer uns, der Archetypus existiert, der alle jene Vollkommenheiten in der Tat in sich enthält. Jene höchsten Vollkommenheiten nun, deren Idee wir haben, finden wir auf keine Weise in uns. Also schließen wir mit Recht, daß sie in einem andern von uns verschiedenen Wesen, nämlich in Gott, sind oder wenigstens einmal gewesen sind, woraus ganz einleuchtend folgt, daß sie es noch sind.

§ 19

Das ist für alle, die sich gewöhnt haben, die Idee Gottes zu betrachten und auf die darin enthaltenen höchsten Vollkommenheiten zu merken, eine sichere und offenbare Wahrheit. Wir können zwar jene Vollkommenheiten nicht begreifen, denn das unendliche Wesen läßt sich von uns, die wir endlich sind, nicht fassen; dennoch können wir sie klarer und deutlicher als alle körperliche Wesen einsehen, weil sie mehr als diese unser Denken erfüllen, einfacher sind und durch keine Schranken verdunkelt werden.

§ 20

Weil aber nicht Alle sich dessen bewußt sind und weil sie, wie bei der Idee einer künstlichen Maschine, gewöhnlich nicht wissen, woher sie jene Idee haben, und wir inne geworden sind, daß die Idee Gottes, wie wir dieselbe stets gehabt, uns einmal von Gott zugekommen sei, so müssen wir jetzt fragen, woher wir selbst sind, die wir jene Idee der höchsten Vollkommenheiten Gottes in uns haben? Denn es ist aus natürlichen Gründen ganz klar, daß ein Wesen, welches etwas Vollkommeneres als sich selbst erkennt, nicht von sich selbst sein könne. Es würde sich sonst alle die Vollkommenheiten gegeben haben, deren Idee es in sich hat. Es kann mithin sein Dasein nur von einem Wesen haben, das alle jene Vollkommenheiten wirklich in sich hat, d. h. nur von Gott.

§ 21

Nichts kann die einleuchtende Klarheit dieses Beweises verdunkeln, achten wir nur auf das Wesen der Zeit oder der Dauer der Dinge. Denn es verhält sich mit der Zeit so, daß ihre Teile nicht von einander abhängen und nicht zugleich existieren. Also daraus, daß wir sind, folgt nicht, daß wir auch in der nächst folgenden Zeit sein werden, es müßte denn jenes Wesen, das uns zuerst hervorgebracht hat, uns immer wieder von Neuem hervorbringen, d. h. uns *erhalten*. Denn wir sehen wohl, daß in uns keine Macht ist, durch die wir uns erhalten, und daß jenes Wesen, das mächtig genug ist, um uns, die wir von ihm verschieden sind, zu erhalten, um so mehr auch sich selbst erhält, oder vielmehr nicht nötig hat, von einem anderen erhalten zu werden, daß es also mit einem Worte Gott ist.

§ 22

Diese Art, das Dasein Gottes zu beweisen, nämlich durch die Idee Gottes, hat den großen Vorzug, daß wir zugleich, so weit es die Schwäche unserer Natur zuläßt, erkennen, was für ein Wesen Gott ist. Denn im Einblick auf die uns eingeborene Idee Gottes sehen wir, daß er ewig, allwissend, allmächtig sei, Quell aller Güte und Wahrheit, Schöpfer aller Dinge, mit einem Worte, daß er etwas in sich enthalte, worin wir irgendeine unendliche oder durch keinerlei Unvollkommenheit beschränkte Vollkommenheit deutlich erblicken können.

§ 23

Denn es gibt Mancherlei, worin zwar einige Vollkommenheit sich erkennen läßt, aber auch einige Unvollkommenheit und Beschränkung. Natürlich können solche Beschaffenheiten nicht auf Gott passen. So schließt z. B. die körperliche Natur mit der räumlichen Ausdehnung die Teilbarkeit in sich. Teilbar sein ist eine Unvollkommenheit. Also ist gewiß, daß Gott kein Körper ist. Empfinden ist freilich eine gewisse Vollkommenheit in uns, aber in jeder Empfindung ist ein Leiden, leiden aber heißt von irgendeinem Wesen abhängig sein, also müssen wir dafürhalten, *daß Gott auf keine Weise empfinde, sondern nur denke und wolle*, aber auch nicht denke und wolle, wie wir, durch eine Reihe unterschiedener Tätigkeiten, sondern so, daß er durch einen einzigen, stets sich selbst gleichen, absolut einfachen Art alles zugleich denkt, will, bewirkt. Ich sage alles, d. h. alle Wesen, denn er will nicht das Böse, weil das Böse kein Wesen ist.

§ 24

Weil nun Gott von allem, was ist oder sein kann, allein die wahre Ursache ausmacht, so ist klar, daß wir die beste Methode zu philosophieren befolgen werden, wenn wir aus der Erkenntnis Gottes selbst die von ihm geschaffenen Wesen darzutun und abzuleiten suchen, um auf diese Weise die vollkommenste Wissenschaft zu erreichen, nämlich die Erkenntnis der Wirkungen durch die Ursachen. Um diese Aufgabe sicher und ohne Gefahr des Irrtums anzugreifen, müssen wir vorsichtig und mit aller Sorgfalt sowohl der Unendlichkeit Gottes als unserer eigenen Endlichkeit eingedenk sein.

§ 25

Wenn uns also Gott von seinem eigenen Wesen oder von anderen Dingen etwas offenbart, das unsere natürlichen Geisteskräfte übersteigt, wie da sind die Mysterien der Menschwerdung und Dreieinigkeit, so werden wir uns nicht weigern, zu glauben, so wenig wir diese Dinge klar erkennen. Und überhaupt wird es uns nicht befremden, daß sowohl in seinem eigenen unermeßlichen Wesen als in den von ihm geschaffenen Dingen vieles über unsere Fassungskraft hinausgeht.

§ 26

Wir wollen uns daher nicht mit Untersuchungen über das Unendliche ermüden. Da wir endliche Wesen sind, so würde es ungereimt sein, wollten wir in Betreff des Unendlichen etwas Bestimmtes aussagen und somit dasselbe zu begrenzen und zu begreifen suchen. Darum werden wir uns auch nicht mit jenen Fragen beunruhigen: ob bei einer gegebenen unendlichen Linie deren mittlerer Teil auch unendlich sei, oder ob eine unendlich große Zahl gleich oder ungleich sei, und was dergleichen mehr ist? Mit solchen Dingen plagen sich nur Leute, die ihren Geist für unendlich halten. Wir dagegen werden alle jene Dinge, bei denen sich in der Betrachtung kein Ende auffinden läßt, nicht als *unendliche*, sondern als *endlose* ansehen. So können wir uns keine Ausdehnung so groß vorstellen, daß nicht noch eine größere sich denken ließe. Darum werden wir erklären, die Größe der denkbaren Dinge sei endlos. Und weil kein Körper in so viele Teile geteilt werden kann, daß die einzelnen Teile nicht wieder teilbar erscheinen, so werden wir dafürhalten, daß die Quantität ins Endlose teilbar sei. Und weil die Zahl der Sterne sich nie so groß vorstellen läßt, daß nicht denkbarer Weise noch mehr von Gott konnten geschaffen werden, so werden wir annehmen, daß auch die Zahl der Sterne endlos sei. Und so in den anderen Fällen.

§ 27

Wir sagen in diesen Fällen lieber endlos als unendlich, einmal, um den Namen »unendlich« Gott allein vorzubehalten, weil wir in ihm allein in jeder Beziehung nicht bloß keine Grenzen finden, sondern auch positiv erkennen, daß keine da sind; dann, weil wir bei anderen Dingen nicht ebenso positiv erkennen, daß sie in irgendeiner Beziehung keine Grenzen haben, sondern nur negativ bekennen, daß wir die Grenzen, welche sie haben, nicht imstande sind zu finden.

§ 28

So werden wir auch in Betreff der natürlichen Dinge niemals die Gründe von der Absicht hernehmen, die Gott oder die Natur sich bei der Entstehung jener Dinge gesetzt hat. Denn wir dürfen uns nicht anmaßen, uns für Teilnehmer an seinen Plänen zu halten. Sondern wir werden ihn selbst als die bewirkende Ursache aller Dinge betrachten und nun zusehen, was nach der natürlichen Einsicht, die er uns gegeben, aus seinen Eigenschaften, von denen er uns einige Kenntnis hat mitteilen wollen, in Beziehung auf seine Wirkungen folgt, die unsern Sinnen erscheinen. Dabei bleiben wir, wie gesagt, eingedenk, daß die natürliche Vernunft nur solange Glauben verdient, als Gott nichts ihr Entgegengesetztes offenbart.

§ 29

Die erste Eigenschaft Gottes, die hier in Betrachtung kommt, besteht darin, daß er *absolut wahrhaft* ist und Geber alles Lichts. Darum ist es ungereimt, daß er uns täuschen oder im eigentlichen und positiven Sinn die Ursache der Irrtümer sein solle, denen wir, wie die Erfahrung zeigt, unterworfen sind. Täuschen *können* mag bei uns Menschen etwa als ein Zeichen von Geist gelten; täuschen *wollen* ist stets die unzweifelhafte Folge von Bosheit, Furcht oder Schwäche und kann darum nie von Gott gelten.

§ 30

Hieraus folgt, daß das Licht der Natur oder das uns von Gott verliehene Erkenntnisvermögen kein Objekt je erfassen könne, das nicht wahr ist, sofern es von dem Licht der Erkenntnis beleuchtet, d. h. sofern es klar und deutlich begriffen wird. Denn Gott würde mit Recht ein Lügengeist heißen, wenn er uns ein Vermögen gegeben hätte, das von Grund aus verkehrt ist und den Irrtum für Wahrheit nimmt. So ist jener gewaltige Zweifel gehoben, der daher kam, daß wir nicht wußten, ob wir nicht von Natur so beschaffen wären, daß wir uns auch in den scheinbar klarsten Dingen täuschten. Ja auch die anderen oben erwähnten Zweifelsgründe werden sich von hier aus leicht heben lassen. Denn die mathematischen Wahrheiten dürfen uns nicht weiter verdächtig sein, weil sie vollkommen durchsichtig sind. Und wenn wir darauf merken, was in den Sinnen, was im Wachen oder im Traum klar und deutlich ist, und es von dem Unklaren und Dunkeln unterscheiden, so werden wir leicht in jeder Sache erkennen, was darin als wahr gelten darf. Ich brauche hier nicht weitläufig zu sein, da ich diese Dinge schon in den metaphysischen Betrachtungen behandelt habe und ihre genauere Erörterung von dem Verständnis des folgenden abhängt.

§ 31

Obgleich uns Gott nicht täuscht, so kommt es doch häufig, daß wir irren. Um nun Ursprung und Ursache unserer Irrtümer zu erforschen und zu lernen, wie man sich davor hütet, muß man wohl beachten, daß die Irrtümer nicht sowohl vom Verstande als vom Willen abhängen und nichts

Reales sind, zu dessen Hervorbringung die tatsächliche Mitwirkung Gottes erforderlich ist, sondern daß sie in Rücksicht auf Gott nur Negationen, in Rücksicht auf uns Mängel sind.

§ 32

Alle Denkweisen nämlich, die wir in uns finden, lassen sich auf zwei Arten zurückführen: die eine ist *Vorstellung* oder Denktätigkeit, die andere *Strebung* oder Willenstätigkeit. Denn Empfinden, Einbilden, reines Denken sind verschiedene Weisen des Vorstellens; wie Begehren, Verabscheuen, Bejahen, Verneinen, Zweifeln verschiedene Weisen des Wollens.

§ 33

Wenn wir nun etwas vorstellen, ohne uns dazu irgendwie bejahend oder verneinend zu verhalten, so ist klar, daß wir uns nicht täuschen. Es ist ebenso klar, daß wir uns nicht täuschen, wenn wir nur das, was wir klar und deutlich vorstellen, als positiv oder negativ bejahen oder verneinen, sondern nur dann, wenn wir etwas, wie es wohl geschieht, nicht richtig vorstellen und dennoch darüber urteilen.

§ 34

Zum Urteilen gehört zwar der Verstand, weil wir über etwas, das wir auf keine Weise vorstellen, auch in keiner Weise urteilen können, aber es gehört dazu auch der *Wille*, um das Vorgestellte zu bejahen. Es gehört aber nicht dazu, wenigstens nicht zum Urteilen überhaupt, die vollständige und durchgängige Vorstellung eines Dinges, denn wir können vielem beistimmen, das wir nur sehr dunkel und unklar erkennen.

§ 35

Und zwar erstreckt sich die Verstandeserkenntnis nur auf ein kleines, ihr offenes Gebiet und ist in allen Fällen sehr begrenzt. Dagegen kann der *Wille* in gewissem Sinne *unendlich* genannt werden, denn es gibt, so viel wir sehen, kein Objekt irgendeines anderen, sogar des unermeßlichen göttlichen Willens, worauf nicht auch unser Wille sich erstrecken kann. So läßt sich der Wille leicht über das Gebiet der klaren Einsicht hinaus (ins Unklare) ausdehnen, und sobald dies geschieht, ist es nicht mehr zu verwundern, wenn wir irren.

§ 36

Doch in keinem Falle darf man meinen, Gott sei der Urheber unserer Irrtümer, weil er uns einen nicht allwissenden Verstand gegeben habe. Denn es liegt in der Natur des kreatürlichen Verstandes, daß er endlich, und in der Natur des endlichen Verstandes, daß er sich nicht auf alles erstreckt.

§ 37

Daß aber der Wille den weitesten Spielraum hat, ist seinem Wesen gemäß, und es ist die höchste Vollkommenheit des Menschen, daß er durch den Willen d. h. frei handelt und somit auf eigene Art Urheber seiner Handlungen ist und um ihretwillen Lob verdient. Denn Automaten lobt man nicht, weit sie alle Bewegungen, zu denen sie eingerichtet sind, genau vollziehen, denn sie machen diese Bewegungen notwendig so und nicht anders, man lobt den Künstler, der die Automaten so genau gemacht hat, denn der Künstler hat dieselben nicht notwendig, sondern frei ins Werk gerichtet. Und so dürfen wir uns, daß wir die Wahrheit ergreifen, wenn wir sie nämlich ergreifen, fürwahr mehr zurechnen, weil diese Erkenntnis eine *Willenstat* ist, als wenn sie ein Akt der Notwendigkeit wäre.

§ 38

Daß wir aber in Irrtümer verfallen, ist wohl ein Mangel in unserem Handeln oder im Gebrauch der Freiheit, aber nicht in unserem Wesen, denn dieses Wesen bleibt sich gleich, ob wir richtig oder unrichtig urteilen. Auch wenn Gott unserem Verstande einen so durchdringenden Blick hätte geben können, daß wir niemals irrten, so haben wir doch kein Recht, dies von Gott zu fordern. Wenn unter Menschen Einer die Macht hat, ein Übel zu verhindern, und es nicht tut, so sagen wir, er sei die Ursache jenes Übels. Aber so dürfen wir nicht von Gott meinen, daß er deshalb die Ursache unserer Irrtümer sei, weil er es hätte machen können, daß wir niemals irren. Denn die Macht, welche die Menschen im Verhältnis zu einander haben, ist darauf angewiesen, daß man sie braucht, um sich gegenseitig vor Übeln zu bewahren. Dagegen die Macht Gottes gegen alle übrige Wesen ist vollkommen unbedingt und frei. Darum sind wir ihm für das Gute, das er uns geschenkt, zwar allen Dank schuldig, aber haben kein Recht, darüber zu klagen, daß er uns nicht alles geschenkt habe, was er nach unserer Ansicht uns hätte schenken können.

§ 39

Daß aber unser Wille frei und wir imstande sind, vielen Dingen nach Belieben beizustimmen oder nicht beizustimmen, ist so offenbar, daß wir diese Einsicht unter die ersten und allgemeinsten uns angeborenen Begriffe rechnen müssen. Auch hat sich diese Freiheit schon kurz vorher gezeigt, als wir in unserem geflissentlichen Zweifel an allem bis zu der Annahme gingen, ein allmächtiger Urheber unserer Entstehung suche uns auf alle erdenkbare Weise zu täuschen: da erfuhren wir doch in uns jene Freiheit, kraft deren wie uns enthalten können, das nicht ganz Sichere und Ausgemachte zu glauben. Und nichts in der Welt kann unmittelbar gewisser und deutlicher sein, als was in jenem Augenblick des Zweifels zweifellos schien.

§ 40

Aber wir haben bei der Anerkennung des göttlichen Daseins zugleich begriffen, die Macht Gottes sei so unermeßlich, daß wir nicht meinen dürfen, wir vermischten etwas zu tun, das nicht vorher von Gott so geordnet war. Und so können wir uns leicht in große Schwierigkeiten verwickeln, wenn wir diese *göttliche Vorherbestimmung* mit unserer *Willensfreiheit* zu vereinigen und beide zusammen zu begreifen suchen.

§ 41

Doch werden wir uns von diesen Schwierigkeiten befreien, wenn wir bedenken, daß unser Geist endlich, Gottes Macht aber, kraft deren er alles Wirkliche und Mögliche nicht bloß von Ewigkeit vorher gewußt, sondern auch gewollt und vorherbestimmt hat, unendlich sei, daß wir mithin diese Macht zwar soweit erfassen, daß wir klar und deutlich erkennen, sie sei in Gott, aber nicht soweit begreifen, um einzusehen, wie sie die freien Handlungen der Menschen unbestimmt läßt. Aber der Freiheit und Willkür in uns sind wir uns so sehr bewußt, daß wir nichts einleuchtender und vollkommener begreifen. Es würde ja ungereimt sein, wollten wir, weil wir eines nicht begreifen, das uns nach unserer Natur offenbar unbegreiflich sein muß, deshalb an einem anderen zweifeln, das wir innerlichst begreifen und in uns selbst erfahren.

§ 42

Wenn aber, wie wir begriffen haben, unsere Irrtümer alle vom Willen abhängen, so kann es befremdlich scheinen, daß wir jemals irren, weil doch niemand irren *will.* Aber ein anderes ist *irren* wollen, ein anderes, solchen Vorstellungen beistimmen wollen, in denen sich Irrtum findet. Und wenn auch in Wahrheit keiner ausdrücklich *irren* will, so ist doch kaum einer, der nicht oft solchen Vorstellungen beistimmen will, in denen wider sein Wissen Irrtum enthalten ist. Ja sogar die Begierde nach Wahrheit erzeugt sehr häufig den Irrtum, weil die Leute ohne recht zu wissen, wie man die Wahrheit zu suchen habe, über Dinge urteilen, die sie nicht erkennen.

§ 43

Gewiß werden wir aber niemals Irrtum für Wahrheit gelten lassen, wenn wir nur solchen Dingen beistimmen, die wir klar und deutlich erkennen. Ich sage *gewiß,* weil das Erkenntnisvermögen, das uns der wahrhaftige Gott gegeben hat, sich nicht auf den Irrtum hinrichten kann, und ebensowenig das Vermögen der Beistimmung, wenn es sich bloß auf das erstreckt, was wir deutlich erkennen. Und selbst wenn dies durch keinen Grund bewiesen würde, so ist es doch allen Gemütern von Natur so eingeprägt, daß wir unwillkürlich den Vorstellungen beistimmen, die wir klar erkennen, und auf keine Weise an ihrer Wahrheit zweifeln.

§ 44

Ebenso ist es gewiß, daß, wenn wir irgendeinem Grunde, den wir nicht erkennen, beistimmen, wir entweder irren oder nur durch Zufall die Wahrheit treffen, und somit nicht wissen, daß wir recht haben. Indessen geschieht es in der Tat selten, daß wir den Objekten mit dem *Bewußtsein* der Nichterkenntnis beistimmen, denn die natürliche Vernunft heißt uns nur über erkannte Dinge urteilen. *Darin aber irren wir am häufigsten, daß wir in vielen Dingen meinen, wir hätten sie längst erkannt, sie dem Gedächtnis überlassen und nun bejahen, als ob sie vollkommen erkannt wären, während wir sie in Wahrheit doch niemals erkannt haben.*

§ 45

Ja sehr viele Menschen begreifen in ihrem ganzen Leben nichts so richtig, um sicher darüber zu urteilen. Denn zu einer Einsicht, auf die ein sicheres und unbedenkliches Urteil sich gründen kann, gehört nicht bloß, daß sie klar, sondern auch, daß sie deutlich ist. *Klar* nenne ich die Vorstellung, welche dem aufmerksamen Geist gegenwärtig und offen ist, so wie wir sagen, wir sehen klar, wenn das Objekt dem anschauenden Auge gegenwärtig und der Gesichtseindruck stark und bestimmt genug ist. *Deutlich* aber nenne ich die Vorstellung, welche klar und zugleich von allem anderen so geschieden und abgeschnitten ist, daß sie nur Klares in sich enthält.

§ 46

Wenn z. B. jemand irgendeinen heftigen *Schmerz* empfindet, so ist diese Vorstellung des Schmerzes in ihm zwar ganz klar, aber nicht immer deutlich, denn gewöhnlich verwirren die Menschen jene Vorstellung mit ihrem dunkeln Urteile von dem Objekt, das ihrer Meinung nach an der schmerzhaften Stelle der Empfindung des Schmerzes, den sie allein klar vorstellen, ähnlich ist. Und so kann eine Vorstellung klar sein, die nicht deutlich ist, aber keine Vorstellung deutlich, ohne zugleich klar zu sein.

§ 47

Nun ist in der Kindheit der Geist so sehr in den Körper versenkt, daß er zwar Mancherlei klar, doch nie etwas deutlich vorgestellt hat, und da er in jener Zeit dennoch über vieles geurteilt, so stammen von hier die vielen Vorurteile, welche die meisten Menschen auch später nie ablegen. Um uns von diesen Vorurteilen losmachen zu können, will ich hier insgesamt alle die einfachen Begriffe aufzählen, aus denen unsere Gedanken bestehen, und ich will unterscheiden, was in einem jeden dieser Begriffe klar und was dunkel oder so beschaffen ist, daß wir darin irren können.

§ 48

Was auch nur unter unsere Vorstellung fällt, betrachten wir entweder als Dinge oder Beschaffenheiten der Dinge oder als ewige Wahrheiten, die keine Existenz außer unserem Denken haben.

Von den Begriffen, die sich auf Dinge beziehen, sind die allgemeinsten Substanz, Dauer, Ordnung, Zahl und andere der Art, die sich auf alle Gattungen der Dinge erstrecken. Doch erkenne ich nicht mehr als *zwei* oberste Gattungen der Dinge: die eine der intellektuellen Dinge oder Gedankenwesen d. h. alles, was zum *Geist* oder zur denkenden Substanz gehört, die andere der materiellen Dinge oder alles, was zur ausgedehnten Substanz d. h. zum *Körper* gehört.

Vorstellung, Wille und alle Arten sowohl des Vorstellens als des Wollens gehören zur denkenden Substanz; zur ausgedehnten dagegen Größe oder die Ausdehnung selbst in Länge, Breite und Tiefe, Figur, Bewegung, auch Lage und Teilbarkeit der Teile und anderes dergleichen.

Aber wir erfahren in uns noch manches andere, das sich weder bloß auf den Geist noch bloß auf den Körper beziehen läßt, und das, wie unten an seinem Ort gezeigt werden wird, von der engen und innigen Vereinigung des Geistes mit dem Körper herrührt, nämlich die *Triebe* des Hungers, des Durstes usf. Und ebenso die Gemütsbewegungen oder *Leidenschaften*, die nicht bloß im Denken bestehen, wie die Bewegung zum Zorn, zur Heiterkeit, Trauer, Liebe usf. Und zuletzt alle *Empfindungen* z. B. Schmerz, Kitzel, Licht, Farbe, Töne, Geruch, Geschmack, Wärme, Härte und die anderen fühlbaren Beschaffenheiten.

§ 49

Dieses alles betrachten wir gleichsam als Dinge oder als Beschaffenheiten oder Modi der Dinge. Wenn wir aber anerkennen, daß unmöglich aus nichts etwas werden könne, so wird dieser Satz: *»aus nichts wird nichts«* nicht als ein existierendes Ding, auch nicht als Modus eines Dinges angesehen, sondern als eine *ewige Wahrheit*, die unserem Geiste inwohnt und Gemeinbegriff oder Axiom heißt. Von dieser Art sind die Sätze:

»unmöglich kann dasselbe zugleich sein und nicht sein«, »was geschehen ist, kann nicht ungeschehen gemacht werden«, »der Denkende muß, während er denkt, existieren«, und unzählige andere, die zwar nicht leicht alle aufzuzählen sind, doch notwendig gewußt werden, sobald der Anlaß kommt, ihrer zu gedenken, und wir durch keine Vorurteile verblendet werden.

§ 50

Was nun diese Gemeinbegriffe anlangt, so ist kein Zweifel, daß sie klar und deutlich zu erkennen sind, denn sonst würden sie nicht Gemeinbegriffe heißen. Wie denn auch einige darunter nicht gleichmäßig bei allen jenen Namen verdienen, weil sie nicht gleichmäßig von allen erkannt werden. Nicht deshalb, glaube ich, weil das Erkenntnisvermögen bei dem einen weiter reicht als bei dem andern, sondern weil jene Grundbegriffe den vorgefaßten Meinungen gewisser Leute widerstreiten, die sie deshalb nicht leicht fassen können, auch wenn manche andere, die jene Vorurteile nicht haben, diese Wahrheiten auf das Klarste einsehen.

§ 51

Was aber jene Objekte betrifft, die wir als *Dinge* oder deren *Modi* ansehen, so ist es der Mühe wert, sie einzeln jedes für sich zu betrachten.

Unter *Substanz* können wir nur ein Wesen verstehen, welches so existiert, daß es zu seiner Existenz keines anderen Wesens bedarf. Und zwar kann unter der Substanz, die in keiner Weise eines anderen Wesens bedarf, nur *eine einzige* verstanden werden, nämlich *Gott*. Alle andere dagegen können begreiflicherweise nur unter der Mitwirkung Gottes existieren. Und so paßt der Name Substanz nicht *»univoce«*, wie sich die Schule ausdrückt, auf Gott und jene andere Wesen, d. h. es gibt keine Bedeutung des Wortes Substanz, die von Gott und den Kreaturen gemeinschaftlich gelten könnte.

§ 52

Dagegen lassen sich die körperliche Substanz und der geschaffene Geist oder die denkende Substanz unter diesen gemeinschaftlichen Begriff fassen, *daß sie Wesen sind, die zu ihrer Existenz bloß Gottes Mitwirkung bedürfen.*

Indessen läßt sich aus der bloßen Existenz die Substanz zunächst nicht wahrnehmen, denn die bloße Existenz an sich macht sich uns nicht wahrnehmbar, sondern wir anerkennen die Substanz leicht aus einem ihrer *Attribute* jenem Satze gemäß: daß Attribute oder Eigenschaften oder Beschaffenheiten unmöglich gleich nichts sind. Daraus nämlich, daß wir erkennen, es sei irgendein Attribut vorhanden, schließen wir leicht, daß auch ein existierendes Wesen oder eine Substanz, der jenes Attribut zukomme, dasein müsse.

§ 53

Und zwar wird aus jedem beliebigen Attribute die Substanz erkannt. Doch gibt es bei jeder Substanz *eine* hauptsächliche Eigenschaft, die deren Natur und Wesen ausmacht, und auf die sich alle übrigen zurückführen lassen. So macht die *Ausdehnung* in Länge, Breite und Tiefe das Wesen der körperlichen Substanz aus, und das *Denken* das der denkenden. Denn alles, was sonst noch dem Körper zugeschrieben werden kann, setzt die Ausdehnung voraus und ist nur eine Art und Weise der Ausdehnung, und ebenso sind alle Vorgänge in unserm Geist nur verschiedene Weisen des Denkens. So läßt sich z. B. Figur nur in einem ausgedehnten Wesen, Bewegung nur im Raum, Einbildung, Empfindung, Wille nur in einem denkenden Wesen begreifen. Dagegen läßt sich die Ausdehnung ohne Figur und Bewegung, das Denken ohne Einbildung oder Empfindung begreifen, und so in anderen Fällen, wie es Jedem bei einiger Überlegung einleuchtet.

§ 54

So können wir leicht *zwei klare und deutliche Begriffe oder Ideen* haben: die einer geschaffenen Substanz, welche denkt, und die einer körperlichen Substanz, wenn wir nämlich alle Attribute des Denkens genau von den Attributen der Ausdehnung unterscheiden. Wie wir denn auch eine klare und deutliche Idee haben können von einer ungeschaffenen und unabhängigen Substanz, welche denkt, d. i. von Gott, wenn wir nur nicht dabei voraussetzen, daß diese Idee *alles*, das in Gott ist, vollkommen ausdrükken solle, und wir auch selbst in dieser Idee nichts willkürlich annehmen, sondern nur darauf achten, was sie in Wahrheit in sich enthält, und was, wie wir klar erkennen, zur Natur des vollkommensten Wesens gehört.

§ 55

Dauer, Ordnung, Zahl werden von uns ganz deutlich erkannt werden, wenn wir ihnen keinen Substanzbegriff andichten, sondern dafür halten: die *Dauer* irgendeines Dinges sei bloß ein Modus, unter welchem wir das Ding begreifen, sofern es zu sein beharrt, und ebenso seien *Ordnung* und *Zahl* nichts von den geordneten und gezählten Dingen Verschiedenes, sondern bloß Modi, unter denen wir jene Dinge betrachten.

§ 56

Und zwar begreifen wir hier unter *Modi* ganz dasselbe als sonst unter *Attributen* oder *Beschaffenheiten*.

Erwägen wir, daß sie die Substanz affizieren und verändern, so nennen wir sie *Modi*; erwägen wir, daß die veränderliche Substanz als eine so oder andere beschaffene bezeichnet werden kann, so nennen wir jene Modi *Beschaffenheiten* (Qualitäten); sehen wir endlich im Allgemeinen, daß *nur* solche Beschaffenheiten der Substanz inwohnen, so nennen wir sie *Attribute*.

Darum sagen wir, daß es in Gott nicht eigentlich Modi oder Beschaffenheiten, sondern nur *Attribute* gibt, denn es läßt sich in Gott keine Veränderung denken. Und ebenso muß in den geschaffenen Dingen das, was darin sich immer gleich bleibt, wie in einem existierenden und dauernden Dinge die Existenz und Dauer, nicht Beschaffenheit oder Modus, sondern Attribut heißen.

§ 57

Die einen sind in den Dingen selbst, deren Attribute oder Modi sie heißen, die anderen nur in unserem Denken. So ist die *Zeit*, wenn wir sie von der Dauer im Allgemeinen genommen unterscheiden und sagen, sie sei die *Zahl der Bewegung*, bloß ein Modus des Denkens. Denn die Dauer der Dinge ist offenbar in der Bewegung dieselbe als in der Ruhe, wie daraus erhellt, daß, wenn sich zwei Körper eine Stunde lang bewegen, der eine langsam, der andere schnell, wir bei dem einen ebenso viel Zeit als bei dem anderen, obgleich bei dem letzteren weit mehr Bewegung zählen. Um aber die Dauer der Dinge zu messen, so vergleichen wir sie mit der Dauer jener größten und gleichförmigsten Bewegungen, wodurch Jahr und Tag entstehen, und diese so gemessene Dauer nennen wir Zeit. Also ist die Zeit außer der Dauer im Allgemeinen genommen nichts weiter als eine Denkweise.

§ 58

Ebenso ist die Zahl, abgesehen von den einzelnen erschaffenen Dingen, im Abstrakten und Allgemeinen betrachtet, nur eine Denkweise, wie überhaupt alle sogenannten Universalien.

§ 59

Diese Universalien kommen nur daher, daß wir ein und dieselbe Idee brauchen, um alle unter einander ähnliche Einzeldinge vorzustellen. Wie wir auch ein und dasselbe Wort allen durch jene Idee vorgestellten Dingen beilegen, und dieses Wort ist das Allgemeine.

Wenn wir z. B. zwei Steine sehen und nicht auf deren eigentümliche Natur, sondern nur darauf achten, daß es zwei sind, so bilden wir die Idee der sogenannten *Zweizahl*, und wenn wir nachher zwei Vögel oder zwei Bäume sehen und ebenfalls nicht ihre eigentümlichen Beschaffenheiten, sondern nur, daß sie zwei sind, beachten, so wiederholen wir dieselbe Idee als vorher. Diese Idee ist mithin allgemein, wie wir denn auch diese Zahl mit demselben allgemeinen Worte als »Zwei« bezeichnen. Ebenso, wenn wir eine von drei Linien eingeschlossene Figur betrachten, so bilden wir uns deren Idee und nennen sie die Idee eines Dreiecks, und dann brauchen wir sie, um uns alle möglichen, von drei Linien begrenzten Figuren vorzustellen. Bemerken wir nun weiter, daß von den Dreiecken die einen einen rechten Winkel haben, die anderen nicht haben, so bilden wir die allgemeine Idee eines rechtwinkligen Dreiecks, die in Rücksicht auf jene erste allgemeine Idee Art (Spezies) genannt wird. Und diese rechtwinklige Beschaffenheit des Dreiecks ist die *Gattungsdifferenz*, wodurch alle rechtwinkligen Dreiecke von allen anderen unterschieden werden. Und daß in diesen Dreiecken das

Quadrat der Hypotenuse gleich ist den summierten Quadraten der Katheten, das ist eine *Eigentümlichkeit*, die allen rechtwinkligen Dreiecken und bloß ihnen zukommt. Endlich wenn wir den Fall haben, daß einige dieser so beschaffenen Dreiecke sich bewegen, andere ruhen, so wird dies eine allgemeine zufällige Beschaffenheit sein *(accidens universale)*.

Und so werden gewöhnlich diese fünf Universalien aufgezählt: Gattung, Art, Artunterschied, Eigentümlichkeit und zufällige Beschaffenheit *(genus, species, differentia, proprium, accidens)*.

§ 60

Die Zahl aber in den Dingen selbst entsteht durch deren Unterscheidung. Diese Unterscheidung ist dreifach: real, modal, rational. Real ist sie im eigentlichen Sinn nur zwischen *zwei* oder *mehreren Substanzen*. Daß diese tatsächlich von einander verschieden sind, erkennen wir daraus allein, daß die eine ohne die andere sich klar und deutlich erkennen läßt. Indem wir Gottes Dasein anerkennen, sind wir gewiß, daß er ins Werk setzen könne alles, was wir deutlich einsehen. So sind wir z. B. bloß deshalb, weil wir die Idee einer ausgedehnten oder körperlichen Substanz haben, so wenig wir schon wissen, ob eine solche Substanz in Wahrheit existiert, dennoch gewiß, daß sie existieren kann, und wenn sie existiert, daß jeder Teil derselben, den wir in Gedanken abgrenzen, von allen übrigen Teilen der Substanz zugleich unterschieden sei. Und daraus allein, daß ein jeder sich als denkendes Wesen begreift, und daß er in Gedanken jedes andere Wesen, denkendes wie ausgedehntes, von sich ausschließen kann, folgt ebenfalls sicher, daß jeder Einzelne, so betrachtet, von jeder andern denkenden und von jeder körperlichen Substanz wirklich verschieden ist.

Und selbst bei der Annahme, Gott habe mit dem denkenden Wesen ein körperliches so eng als möglich verbunden und aus beiden gleichsam *eines* zusammengefügt, bleiben die beiden Substanzen dennoch realiter verschieden. Denn wie eng sie Gott auch vereinigt hat, so konnte er doch nicht selbst die Macht von sich abtun, die er vorher hatte, um jene Substanzen zu trennen oder die eine ohne die andere zu erhalten. Und was Gott von einander trennen oder abgesondert erhalten kann, das ist in Wirklichkeit unterschieden.

§ 61

Die *modale* Unterscheidung ist eine zweifache: die eine zwischen dem eigentlich sogenannten *Modus und der Substanz*, deren Modus er ist, die andre zwischen *zwei Modi eben derselben Substanz*. Der erste Unterschied erhellt daraus, daß wir zwar die Substanz ohne den von ihr verschiedenen Modus klar begreifen können, aber nicht umgekehrt diesen Modus ohne die Substanz. Wie Figur und Bewegung sich modaliter von der körperlichen Substanz unterscheiden, so auch Bejahung und Erinnerung vom Geist. Der zweite Unterschied erhellt daraus, daß wir wohl einen Modus ohne den andern und umgekehrt zu erkennen vermögen, aber keinen ohne die Substanz selbst, der sie inwohnen. Z. B. wenn ein Stein sich bewegt und viereckig ist, so kann ich wohl seine viereckige Figur ohne Bewegung und umgekehrt seine Bewegung ohne die viereckige Figur begreifen, aber weder die Bewegung noch diese Figur ohne die Substanz des Steines.

Der Unterschied aber zwischen dem Modus einer Substanz und einer anderen Substanz oder dem Modus einer anderen Substanz, wie z. B. die Bewegung eines Körpers sich von einem andern Körper oder vom Geist unterscheidet, und wie die Bewegung vom Zweifel: dieser Unterschied muß eher real als modal heißen, weil jene Modi sich nicht klar erkennen lassen ohne die real verschiedenen Substanzen, deren Modi sie sind.

§ 62

Die *rationale* Unterscheidung endlich besteht zwischen der *Substanz und einem ihrer Attribute*, ohne welches sie selbst nicht begriffen werden kann, oder zwischen *zwei solchen Attributen* einer und derselben Substanz. Und daraus zeigt sich, daß wir die klare und deutliche Idee einer Substanz nicht bilden können, wenn wir das Attribut von ihr ausschließen, und ebenso wenig die Idee eines ihrer Attribute klar zu erkennen vermögen, wenn wir es von einem andern Attribute absondern.

Wenn z. B. eine Substanz aufhörte zu dauern, so hörte sie auch auf zu sein. Also war sie nur durch unser Denken von ihrer Dauer unterschieden. Und alle Denkweisen, die wir als Attribute der Dinge ansehen, sind nur durch unser Denken sowohl von den Dingen, denen sie zukommen, als auch in einem und demselben Dinge von einander verschieden.

Ich erinnere mich, diese Art der Unterscheidung mit der modalen einmal vermengt zu haben, nämlich am Ende meiner Erwiderung auf die ersten Einwürfe gegen die Betrachtungen über die Grundlegung der Philosophie; indessen hatte ich an jener Stelle keinen Anlaß, genauer hierüber zu handeln, und für meine damaligen Zwecke reichte es hin, jene beiden Arten von der realen zu unterscheiden.

§ 63

Denken und Ausdehnung lassen sich betrachten als die Wesenseigentümlichkeiten der erkennenden und körperlichen Substanz, und sie müssen ganz so, *wie die denkende und ausgedehnte Substanz selbst*, d. h. wie Geist und Körper, begriffen werden. So werden sie auf das Klarste und Deutlichste erkannt. Ja, wir erkennen sogar die ausgedehnte oder auch die denkende Substanz leichter als die bloße Substanz, abgesehen von ihrer denkenden oder ausgedehnten Beschaffenheit, denn es hat einige Schwierigkeit, den Begriff der Substanz von den Begriffen des Denkens und der Ausdehnung zu abstrahieren. Diese nämlich sind von der Substanz selbst nur durch unser Denken unterschieden. Und der Begriff wird dadurch nicht deutlicher, daß wir weniger in ihm zusammenfassen, sondern nur dadurch, daß wir das in ihm Zusammengefaßte von allem anderen genau unterscheiden.

§ 64

Denken und Ausdehnung kann man auch als Modi der Substanz gelten lassen, sofern nämlich ein und derselbe Geist mehrere verschiedene Gedanken haben kann, und ein und derselbe Körper bei gleicher Masse sich auf verschiedene Weise ausdehnen läßt, jetzt mehr nach der Länge und weniger nach Breite und Tiefe und bald nachher in der entgegengesetzten Weise mehr nach der Breite und weniger nach der Länge. Dann werden sie von der Substanz modaliter unterschieden und eben so klar und deutlich als jene selbst erkannt, nur daß sie nicht als Substanzen oder besonders für sich existierende Dinge, sondern nur als Modi der Dinge angesehen werden.

Denn dadurch, daß wir sie in den Substanzen, deren Modi sie sind, betrachten, unterscheiden wir sie von den Substanzen und erkennen sie so, wie sie in Wahrheit sind. Wollten wir sie dagegen ohne die Substanzen, denen sie inwohnen, betrachten, so würden wir sie als für sich existierende Wesen ansehen und auf diese Weise die Begriffe Modus und Substanz verwirren.

§ 65

Auf dieselbe Weise werden wir die verschiedenen Modi des Denkens, wie Einsicht, Einbildung, Erinnerung, Begehrung usf. und ebenso die verschiedenen Modi der Ausdehnung oder die zur Ausdehnung gehören, wie alle Figuren, Lage und Bewegung der Teile am besten erkennen, wenn wir sie nur als Modi der Dinge, denen sie inwohnen, betrachten, und was die Bewegung betrifft, wenn wir sie bloß als Ortsveränderung nehmen und keine Untersuchung über die *Kraft*, die sie hervorbringt, anstellen. Doch werde ich an seinem Orte suchen, diesen Begriff der Kraft zu entwickeln.

§ 66

Es sind noch übrig die Empfindungen, Gemütsbewegungen und Triebe, die zwar ebenfalls sich klar erkennen lassen, wenn man sich nur sorgfältig hütet, mehr davon auszusagen, als genau genommen in unserer Vorstellung liegt und dessen wir uns innerlich bewußt sind. Aber es ist sehr schwierig, dies zu beobachten, wenigstens in Betreff der Empfindungen. Denn wir Alle haben von Kindheit an gemeint, alles, was wir empfunden, seien gewisse außer unserm Geist existierende und unsren Empfindungen, d. h. den Vorstellungen, die wir davon haben, ganz ähnliche Dinge. Sahen wir z. B. Farbe, so meinten wir, ein außer uns befindliches und jener in uns empfundenen Idee der Farbe ähnliches Ding zu sehen. Und aus Gewohnheit, so zu urteilen, meinten wir, die Sache so klar und deutlich zu sehen, daß wir sie für gewiß und unzweifelhaft hielten.

§ 67

Dasselbe gilt ganz und gar auch von allen andern Empfindungen, sogar von *Kitzel* und *Schmerz*. Denn wenn man auch nicht meint, daß diese außer uns sind, so pflegt man sie doch nicht als bloß im Geist oder in unserer Vorstellung, sondern als in der Hand oder im Fuß oder sonst wo in unserem Körper vorhanden zu betrachten. Wenn wir z. B. einen Schmerz gleichsam im Fuße fühlen, so scheint es, dieser Schmerz sei etwas außer unserem Geist im Fuß Existierendes. Wenn wir das Licht gleichsam in der Sonne sehen, so scheint es, dieses Licht existiere außer uns in der Sonne. Der Schein hat in beiden Fällen die gleiche Gewißheit. Aber Beides sind kindische Vorurteile, wie sich später deutlich zeigen wird.

§ 68

Um aber hier das Klare vom Dunkeln zu unterscheiden, müssen wir sehr sorgfältig beachten, daß Schmerz und Farbe und anderes der Art klar und deutlich erkannt werden, wenn sie *nur als Empfindungen oder Gedanken* gelten, Wenn man aber meint, sie seien gewisse außer unserem Geist befindliche Dinge, so läßt sich in keiner Weise erkennen, was es für Dinge sind. Sondern, wenn Einer sagt, er sehe in einem Körper Farbe oder fühle in einem Gliede Schmerz, so heißt das ebenso viel, als wenn er sagte, er sehe oder fühle dort etwas, wovon er ganz und gar nicht wisse, was es sei, d. h. er wisse nicht, was er sehe oder fühle. Verhält er sich weniger kritisch, so wird er zwar leicht glauben, daß er das Ding einigermaßen kenne, er setzt nämlich voraus, es sei jener Empfindung der Farbe oder des Schmerzes, die er in sich erfährt, ähnlich; untersucht er aber, was für ein Ding jene Empfindung der Farbe oder des Schmerzes, die gleichsam in dem farbigen Körper oder in dem schmerzhaften Teile erstick, eigentlich vorstelle, so wird er gleich merken, daß er es nicht weiß.

§ 69

Zumal wenn er bedenkt, wie ganz anders er bei dem angeschauten Körper Größe oder Figur oder Bewegung (wenigstens die örtliche, denn die Philosophen haben auch andere von der örtlichen verschiedene Bewegungen erfunden und die Natur der Bewegung dadurch weniger begreiflich gemacht) oder Lage oder Dauer oder Zahl und ähnliche Beschaffenheiten des Körpers, die sich deutlich vorstellen lassen, erkennt, als Farbe oder Schmerz oder Geruch oder Geschmack, oder was sonst noch zu den Empfindungen gehört. Zwar sind wir beim Anblick eines Körpers seiner Existenz ebenso gewiß, weil er gestaltet als weil er gefärbt erscheint, aber wir erkennen weit einleuchtender, was es heißt, gestaltet sein, als gefärbt sein.

§ 70

Mithin erhellt: wenn wir sagen, wir nehmen in den Objekten Farben wahr, so ist es in der *Sache* ganz dasselbe, als wenn wir sagten, wir nehmen in den Objekten etwas wahr, von dem wir gar nicht wissen, was es ist, von dem aber in uns selbst eine gewisse sehr offenbare und deutliche Empfindung herrührt, die wir Farbenempfindung nennen. Aber in der *Urteilsweise* ist ein sehr großer Unterschied. Denn solange wir nur urteilen, es sei in den Objekten (d. h. in den Dingen, was es nun auch immer für Dinge sind, von denen uns die Empfindungen zukommen) etwas, das wir nicht kennen, so irren wir so wenig, daß wir uns vielmehr in diesem Punkte vor dem Irrtum bewahren; denn in dem Bewußtsein, etwas nicht zu wissen, sind wir weniger leicht geneigt, ins Blaue darüber zu urteilen. Setzen wir aber den Fall: wir meinen in den Objekten Farben wahrzunehmen, ohne doch zu wissen, was denn eigentlich das ist, was man Farbe nennt, und ohne daß wir eine Ähnlichkeit zu erkennen vermögen zwischen der Farbe, die im Objekt sein soll, und jener, die in unserer Empfindung ist;

wir sind uns aber dieser unsrer Unwissenheit nicht bewußt; wissen jedoch, daß vieles Andre in den Körpern, wie Größe, Figur, Zahl ganz so, wie es in den Objekten ist oder sein kann, von uns empfunden oder erkannt wird: in *diesem* Falle geraten wir in den Irrtum, zu urteilen, es sei, was wir in den Objekten Farbe nennen, etwas der Farbe, die wir empfinden, ganz Ähnliches, und auf diese Weise zu meinen, wir erkennen klar, was wir gar nicht erkennen.

§ 71

Hier dürfen wir den ersten und hauptsächlichsten Grund aller unserer Irrtümer entdecken. In der Kindheit nämlich haftete unser Geist so eng an dem Körper, daß er nur für solche Gedanken Raum hatte, durch welche er die körperlichen Affektionen empfand. Und diese Gedanken bezog er nicht auf etwas außer ihm Befindliches, sondern er empfand nur Schmerz, sobald dem Körper etwas Unangenehmes zustieß, und im entgegengesetzten Falle Lust, und wenn der Körper weder sehr angenehm noch sehr unangenehm affiziert wurde, hatte er nach den verschiedenen Teilen, wo, und nach den verschiedenen Arten, wie die Affektion stattfand, auch verschiedene Empfindungen, nämlich die sogenannten Empfindungen des Geschmacks und Geruchs, des Schalls, der Wärme und Kälte, des Lichts, der Farben usf., die nichts außer dem Denken Befindliches vorstellen.

Zugleich hatte er auch die Wahrnehmung von Größen, Figuren, Bewegungen usf., die sich ihm nicht als Empfindungen darstellten, sondern als Dinge oder Modi von Dingen, die außer dem Denken existieren oder wenigstens existieren können, obwohl er diesen Unterschied noch nicht bemerkte.

Und wenn dann die Maschine des Körpers, die von der Natur so eingerichtet ist, daß sie sich aus eigenem Vermögen auf verschiedene Weise bewegen kann, sich von ungefähr hierhin oder dahin wendete und durch Zufall etwas Angenehmes erreichte oder etwas Unangenehmes vermied, so begann der an dem Körper haftende Geist zu merken, es sei außer ihm, was er auf jene Weise erreichte oder vermied, und nun schrieb er diesen Objekten nicht bloß Größe, Figur, Bewegung usf. zu, die er als Dinge oder Modi der Dinge ansah, sondern auch Geschmack, Geruch usf., seine eigenen Empfindungen, die er als Wirkungen jener Objekte betrachtete. Und da er alles nur auf den Nutzen des Körpers bezog, in den er versenkt war, so meinte er, je mehr oder weniger er von einem Objekt affiziert würde, um so mehr oder weniger Realität sei in dem affizierenden Objekte enthalten. Daher war nach seiner Meinung weit mehr Substanz oder Körperlichkeit in Steinen oder Metallen, als in Wasser oder Luft, weil er in jenen mehr Härte und Gewichtigkeit spürte. Ja die Luft hielt er für gar nichts, solange er in ihr keinen Wind oder Kälte oder Wärme wahrnahm. Und weil ihm von den Sternen nicht mehr Licht, als von den kleinen Flammen der Laternen zustrahlte, so stellte er sich deshalb vor, die Sterne seien nicht größer als jene Flammen. Und weil er weder die kreisförmige Drehung noch die kugelförmige Gestalt der Erde bemerkte, so mochte er deshalb lieber die Erde für unbeweglich und ihre Oberfläche für eben halten. Und in tausend andere Vorurteile der Art war unser Geist von der frühsten Kindheit an versunken. Nachher im Knabenalter dachte er nicht daran, daß er jene Vorurteile ohne zureichende Prüfung aufgenommen habe, sondern als durch die Sinne erkannt oder von der Natur ihm angeboren ließ er sie gelten für vollkommen wahr und einleuchtend.

§ 72

Im reiferen Alter, wenn der Geist nicht mehr dem Körper ganz und gar unterworfen ist und nicht alles auf ihn bezieht, sondern die wahre Beschaffenheit der Dinge, wie sie an sich sind, untersucht, entdeckt er wohl, daß sehr viele jener früheren Urteile falsch sind. Doch deshalb entläßt er diese Urteile nicht aus dem *Gedächtnis*, und solange sie hier haften, sind sie Ursache zu mannigfaltigen Irrtümern. So haben wir uns z. B. als Kinder eingebildet, die Sterne seien sehr klein, und wenn jetzt auch die astronomischen Gründe uns einleuchtend die ungeheure Größe der Sterne beweisen, so gilt doch jene vorgefaßte Meinung immer noch so viel, daß es uns sehr schwer fällt, die Sterne anders als ehedem vorzustellen.

§ 73

Dazu kommt, daß unser Geist aus einige Dinge nicht ohne Schwierigkeit und Ermüdung achten kann, und am schwierigsten von allen Objekten ist eben die Betrachtung solcher, die weder den Sinnen noch selbst der Einbildung gegenwärtig sind; sei es nun, weil seine Natur wegen ihrer Verbindung mit dem Körper eine solche Beschaffenheit hat, sei es, weil er in der Kindheit, wo er sich bloß mit Objekten der Sinne und der Einbildung beschäftigte, sich eine größere Übung und Leichtigkeit angeeignet hat, über die sinnlichen Dinge zu denken als über die andern. Daher begreifen so viele die Substanz nur als Objekt der Einbildung, als körperliches und sogar sinnliches Ding. Denn sie wissen nicht, daß sich nur solche Objekte einbilden lassen, die in der Ausdehnung, Bewegung, Gestalt bestehen, während doch viele andere Objekte *denkbar* sind. So meinen sie, es gebe keine anderen Substanzen als *Körper* und keine andere Körper als *sinnliche.* Und weil wir, wie später sich deutlich zeigen wird, kein Wesen, wie es an sich ist, bloß durch die Sinne erkennen, so kommt es, *daß die meisten in ihrem ganzen Leben nur unklare Einsichten haben.*

§ 74

Endlich bringt es die Notwendigkeit der Rede mit sich, daß wir alle unsere Begriffe an Worte, wodurch wir sie ausdrücken, heften und sie mit den Worten zugleich dem Gedächtnis anvertrauen. Da wir uns nun nachher leichter an die Worte als an die Sachen erinnern, so haben wir fast nie den Begriff einer Sache so deutlich, daß wir ihn von allem Wortbegriff absondern können. Und die Gedanken fast aller Menschen haben mehr mit den Worten, als mit den Dingen zu tun, so daß sie sehr häufig unverstandenen Worten ihren Beifall geben, weil sie meinen, sie hätten sie einst verstanden oder von andern, die sie richtig begriffen, empfangen.

Alle diese Erklärungen, so wenig ich sie an dieser Stelle genau darlegen kann, denn ich habe die Natur des menschlichen Körpers noch nicht auseinandergesetzt und noch nicht bewiesen, daß überhaupt ein Körper existiert, scheinen doch begreiflich genug, um mit ihrer Hülfe die klaren und deutlichen Begriffe von den dunkeln und unklaren zu unterscheiden.

§ 75

Also um ernsthaft zu philosophieren und die Wahrheit aller erkennbaren Dinge zu erforschen, müssen vor allem die Vorurteile abgelegt werden, oder man muß sich sorgfältig hüten, den überlieferten Meinungen Glauben zu schenken, es sei denn, daß wir sie nach einer neuen Prüfung als wahr befunden.

Dann müssen wir in geordneter Reihe auf die Begriffe unsere Aufmerksamkeit richten, die wir selbst in uns haben; und nur die Begriffe, welche wir bei einer solchen Betrachtung klar und deutlich erkennen, dürfen allein als wahr gelten.

Bei dieser Betrachtung werden wir zuerst beweisen, daß wir *existieren,* sofern wir denkender Natur sind, und zugleich, daß auch *ein Gott ist,* von dem wir abhängen, und daß aus der Betrachtung seiner Eigenschaften die Wahrheit aller übrigen Wesen erforscht werden könne, da er ja die Ursache derselben ist. Endlich, daß außer den Begriffen Gottes und unseres

Geistes auch die Kenntnis vieler *ewiger Wahrheiten* in uns sei, wie z. B. daß aus nichts nichts wird usf., und eben so die Kenntnis einer *körperlichen* oder ausgedehnten, teilbaren, beweglichen Natur, eben so die gewisser *Empfindungen*, die uns affizieren, wie des Schmerzes, der Farben, des Geschmacks usf., obgleich wir noch nicht wissen, aus welcher Ursache sie uns so affizieren.

Und wenn wir dieses mit jenen unklaren Gedanken von ehedem vergleichen, so werden wir uns gewöhnen, von allen erkennbaren Dingen klare und deutliche Begriffe zu bilden.

In diesen wenigen Sätzen sind, so scheint mir, die hauptsächlichsten Prinzipien der menschlichen Erkenntnis enthalten.

§ 76

Dazu müssen wir unserm Gedächtnis als oberste Regel einprägen: daß die göttlichen Offenbarungen zu glauben sind als unter allen Wahrheiten die sichersten. Und wenn auch das Licht der Vernunft uns auf das Klarste und Einleuchtendste etwas anderes darzubieten den Schein hätte, so ist doch das göttliche Ansehen glaubwürdiger als unser eigenes Urteil.

Aber in den Dingen, worüber die Religion nichts lehrt, darf der Philosoph nichts für wahr gelten lassen, das er nicht als wahr eingesehen hat, *und wenn er den Sinnen mehr Glauben schenkt, so heißt dies so viel, als den unbedachten Urteilen des kindischen Alters mehr trauen, als der reifen Vernunft.*

Gottfried Wilhelm Leibniz

(1.7.1646–14.11.1716)

Die beste aller möglichen Welten

Leibniz war einer der vielseitigsten Gelehrten der Philosophiegeschichte. Seine bemerkenswerten Leistungen auf fast allen Wissensgebieten sind in der deutschen Geistesgeschichte ohne Beispiel. Er war Philosoph, Theologe, Diplomat, Mathematiker, Erfinder, Historiker und Bibliothekar.

Die eigentliche Bedeutung von Leibniz liegt aber in seinem ungewöhnlichen und originellen philosophischen Weltmodell begründet: der *Monadologie*.

Wie bei seinem Vorgänger Descartes ist das leibnizsche philosophische Denkgebäude nicht von der Mathematik zu trennen. Es zeigt ein Streben nach klarer, übersichtlicher Gestaltung und harmonischem Aufbau, nach Abgewogenheit aller Teile eines Ganzen. Ein Denken, das charakteristisch für das 17. Jahrhundert ist und das sich auch in der Architektur, der Dichtkunst und Musik widerspiegelt.

Leibniz ist ein typischer Vertreter dieser Epoche, die von einem mathematischen Erkenntnisideal und der Vorherrschaft der Vernunft geprägt ist. Er ist der erste große deutsche Aufklärer und der letzte Universalgelehrte der Neuzeit.

Gottfried Wilhelm Leibniz wurde in Leipzig als Sproß einer Professorenfamilie geboren. Er war ein Wunderkind, das sich Lesen, Schreiben und Latein selbst beigebracht haben soll. Der früh Verwaiste erwarb in seiner Kindheit eine so umfassende Bildung, daß er bereits mit 15 Jahren die Universität besuchte, mit 17 seinen Abschluß machte und mit 21 Jahren promovierte. Nachdem er wegen seines jugendlichen Alters in Leipzig abgelehnt worden war, bestand er sein Doktorexamen glänzend und unter Bewunderung aller Professoren in Altdorf bei Nürnberg. Man bot ihm sofort eine Professur an, die er aber ablehnte, um sich nicht in die Fesseln eines akademischen Lehramts zu begeben.

Vielmehr versuchte er, politisch wirksam zu werden. Im Auftrag des Kurfürsten Johann Philip von Schönborn ging Leibniz im März 1662 nach Paris, um einen von ihm entwickelten Plan umzusetzen, der den französischen König Ludwig XIV. dazu bewegen sollte, die militärischen Energien Frankreichs von den Niederlanden und Deutschland nach Ägypten umzulenken.

Leibniz vertrat die Idee, daß die christlichen Staaten Europas nicht länger ihre Kräfte in gegenseitigen kriegerischen Auseinandersetzungen aufreiben, sondern sich vereint gegen die nichtchristliche Welt richten sollten. Der Plan, Ägypten zu besetzen, wurde später von Napoleon I. umgesetzt, Ludwig der XIV. aber lehnte die Vorschläge des jungen Leibniz ab.

Um so fruchtbarer waren die vier Jahre, die Leibniz in Paris verbrachte, in wissenschaftlicher Hinsicht. Er studierte Descartes, las Spinoza, verkehrte mit den interessantesten Persönlichkeiten der Stadt und machte eine bedeutende Erfindung im Bereich der Mathematik: Er entwickelte die Differenzialrechnung, die mathematische Methode zur Annäherung an das unendlich Kleine. Newton hatte die gleiche Theorie fast zur selben Zeit entdeckt, ohne daß Leibniz Kenntnis davon hatte. Dieser Zufall führte später zu einem unerfreulichen Streit mit Newton und dessen Anhängern, da jede Seite auf der Ersterfindung beharrte.

Leibniz entwickelte auch eine Rechenmaschine, die er in jenen Jahren bauen ließ.

In Paris lernte er seinen späteren Dienstherrn, den Herzog Johann Friedrich von Hannover kennen. Bevor er 1676 als herzoglicher Bibliothekar und Berater des Hofes nach Hannover ging, reiste er nach London, um in die Forschungsschriften Newtons Einblick zu nehmen, und dann weiter nach Den Haag, wo er Spinoza traf. In Hannover blieb er für den Rest seines Lebens, obwohl er diese Stadt mit den Jahren immer weniger liebte.

Als Hofbibliothekar arbeitete Leibniz in der heute noch berühmten Bibliothek von Wolfenbüttel. Er soll ein eigentümlicher Bibliotheksleiter gewesen sein, der recht ungehalten reagierte, wenn sich jemand ein Buch ausleihen wollte.

Leibniz war überaus vielseitig. Für die Hannoveraner Fürsten arbeitete er vor allem als Staatsrechtler und Historiker. Nach langjährigem, intensivem Quellenstudium verfaßte er eine hervorragende, aber nie beendete Geschichte der Welfen. Gleichzeitig war er damit beschäftigt, die Gesetze des Herzogtums zu aktualisieren.

Daneben setzte er sich mit technischen Dingen auseinander, mit Uhren und Windmühlen, entwickelte ein Unterwasserboot und erfand eine Wasserpumpe, die in Bergwerken des Harzes verwendet wurde, wo er auch häufig als Geologe und Ingenieur arbeitete. Er kannte und schätzte die chinesische Geisteswelt. Er regte die Gründung der *Berliner Akademie der Wissenschaften* an und setzte sich für die Förderung des kulturellen Austausches zwischen den Nationen ein.

Besonders lag ihm am Herzen, die beiden christlichen Bekenntnisse Protestantismus und Katholizismus wieder zu vereinigen. Zur Umsetzung dieses höchst ehrgeizigen Plans verfaßte er theologische Schriften, die aber zu seiner Enttäuschung nie wirksam wurden. So viel hatte er neben seinen mathematischen, philosophischen und naturwissenschaftlichen Forschungen zu bearbeiten, daß er oft nicht wußte, was zuerst zu tun war, wie er in einem seiner Briefe schreibt. Vieles wurde deswegen nie zu Ende geführt, so auch nicht das umfassende Vorhaben einer Universal-Enzyklopädie.

Zu alledem führte er einen weitreichenden Briefwechsel mit den bedeutendsten Gelehrten seiner Zeit. Er hatte insgesamt 600 Korrespondenzpartner, nicht weniger als 15 000 Briefe sind erhalten. Diese Briefe sind eine der wichtigsten Quellen seines Denkens, denn aufgrund der Vielfalt seiner Interessen war es ihm kaum möglich, seine philosophischen Ideen im Zusammenhang darzustellen.

Leibniz' vielfältige Gedanken finden sich in zahllosen verstreuten Briefstellen oder kleineren Traktaten wieder, die teilweise erst Jahrzehnte nach seinem Tod veröffentlicht wurden. Und doch hat er in seiner späten Schaffensperiode einige wenige Schriften verfaßt, die eine systematische Ausarbeitung seiner Gedanken darstellen und die seinen philosophischen Ruhm begründeten. Zum einen der 1695 veröffentlichte Aufsatz *Neues System der Natur*, des weiteren die in den Jahren 1712 bis 1714 verfaßten *Prinzipien der Natur und der Gnade* und die berühmte *Monadologie*, die 1720 erschien.

Obwohl Leibniz über weitreichende Beziehungen und gesellschaftliche Kontakte verfügte, verbrachte er sein privates Leben einsam. Er blieb unverheiratet. Zwar unterhielt er Briefwechsel und führte geistreiche Gespräche mit vielen, besonders adeligen Frauen, zum Beispiel der Königin Charlotte von Preußen. Ihnen teilte er ausführlich seine philosophischen Überlegungen, naturwissenschaftlichen Entdeckungen und diplomatischen Erfolge mit. Dabei blieb er allerdings immer sachlich, ohne die geringste Galanterie. All seine Gedanken richteten sich auf Forschung und Wissenschaft.

Ein zeitgenössischer Biograph berichtet, daß er in seinen letzten Lebensjahren nur noch in seine Studien vertieft gewesen sei und kaum mehr von seinen Schreibtisch aufstand. Der Bewegungsmangel verursachte zahlreiche körperliche Beschwerden, etwa wunde Beine und Gicht, gegen deren Schmerzen er eine eigene, skurrile Behandlungsmethode erfand: Er legte sich an den besonders schmerzenden Stellen hölzerne Schraubstöcke an, um die Nerven zu betäuben. Dabei verletzte er diese jedoch so, daß er gelähmte Füße bekam und das Bett nicht mehr verlassen konnte. Er hegte tiefes Mißtrauen gegen die Ärzte, mußte am 13. November 1716 aber doch einen Mediziner konsultieren. Einen Tag später starb Leibniz, 70jährig und vereinsamt.

Leibniz teilte das Schicksal vieler großer Männer, die von Fürstenhäusern angestellt wurden: Er war am Ende seines Lebens in Ungnade gefallen und nach Berichten von Zeitgenossen sang- und klanglos beerdigt worden. Nur die französische Akademie der Wissenschaften widmete ihm einen Nachruf.

Leibniz war einer der letzten Universalgenies der europäischen Geistesgeschichte. Sein Wissensdrang, seine immense Bildung und seine Gedankenwelt sind von einem bewundernswerten Optimismus geprägt, der sich auch in seinem philosophischen Weltentwurf zeigt. Er kam zu dem berühmten Schluß, daß diese Welt die beste aller möglichen Welten sei.

Seine eigentümliche, aber höchst interessante Lehre von den *Monaden* verdeutlicht diese These auf sehr anschauliche Weise.

Was sind Monaden? Leibniz leitet das Wort vom griechischen *monas* ab, das Einheit bedeutet. Monaden sind also kleinste, unteilbare, ursprüngliche Einheiten, aus denen die gesamte Wirklichkeit besteht.

Was hat Leibniz veranlaßt, die Wirklichkeit in einem ›monadologischen‹ Sinn zu deuten? Es war zunächst die Unzufriedenheit mit der Wirklichkeitsdeutung seines Vorgängers Descartes. Dieser meinte, daß sich alle Naturerscheinungen mit den Begriffen der Ausdehnung und der Bewegung erklären ließen. Für Leibniz reichte diese Wirklichkeitssicht nicht aus. Er erklärt, daß Kraft, wir würden heute sagen: Energie, das eigentlich Reale sei. Hinter der sichtbaren Welt verbirgt sich die eigentliche, wahre Wirklichkeit der unsichtbaren Kräfte, die alles beseelen und formen.

Die Erfindung des Mikroskops hatte einen großen Eindruck auf Leibniz gemacht. Er konnte sich mit eigenen Augen davon überzeugen, daß die Materie kein ausgedehntes, raumfüllendes Kontinuum ist, wie Descartes annahm, sondern aus kleinsten Strukturen besteht.

Deswegen ist für Leibniz ein Körper ist nichts anderes als ein Komplex punktueller Kraftzentren, die als Monaden im Zusammenspiel mit den anderen Monaden zur Harmonie eines Ganzen streben. Der eigentliche Urgrund alles Seienden, lebende Materie oder tote, sind diese punktförmigen Substanzen. Jede Monade ist eine Einheit in sich, die alles lenkt und organisiert. Keine gleicht der anderen, jede spiegelt potentiell das gesamte Universum und damit auch alle anderen Monaden.

Sie bilden ein System der Lückenlosigkeit, indem eine Monade immer auf die andere und zugleich auf alles, was in der Welt geschieht, reagiert. Die Monaden sind nach außen abgeschlossen, sie haben keine Fenster. Das brauchen sie auch nicht, weil die gesamte Welt in ihnen präsent ist, sie sind ein »lebendiger, immerwährender Spiegel«, wie Leibniz schreibt.

Der unendliche Reichtum der Wirklichkeit ergibt sich aus der unendlichen Vielzahl der Monaden, von denen keine gleich ist. Alle Monaden zusammen bilden das harmonische Ganze der Welt: »So gibt es nichts Ödes, Unfruchtbares, nichts Totes im Universum«, erklärt Leibniz in einer wunderbar optimistischen Sicht auf die Welt.

So löste er mit seiner Lehre das Dilemma, vor dem Descartes stand, nämlich der Trennung von Körperlichem und Unkörperlichem. In Leibniz' System besteht ein Zusammenklang aller Substanzen, die Vorstellung einer dualen Seinsweise von Welt existiert nicht, sondern alles ist in einem unendlichen Reagieren aufeinander eingespielt. Alles ist belebt, alles beseelt.

Die Größe Leibniz' ist nicht zu verkennen: Ihm gelang es, sich scheinbar Ausschließendes zu vereinen und zusammenzufügen in dem ausbalancierten Wirklichkeitssystem der *Monadologie*, in dem alles mit allem zusammenhängt. Das bringt es in die Nähe buddhistischen Denkens und macht es für unsere Gegenwart aktuell.

Auch die Annahme, daß Materie als Kraft zu denken ist, ist in der Physik der Gegenwart zu einer der relevantesten Theorien geworden. Diese nimmt an, daß Materie nur eine besondere Erscheinungsform der Energie ist und Energie in Materie umgewandelt werden kann und umgekehrt. Die *Monadologie* trägt diesen Gedanken in sich.

Diese Textsammlung stellt *Die Monadologie* vor.

Die Monadologie

1. Die Monade, von der ich hier sprechen werde, ist nichts anderes, als eine einfache Substanz, aus welcher sich die zusammengesetzten Substanzen bilden. Die Monade ist einfach, d. h. ohne Teile. (*Theodicee* II, § 10)

2. Solche einfache Substanzen muß es geben, weil es zusammengesetzte gibt, denn das Zusammengesetzte ist nur eine Anhäufung oder ein *aggregatum* von einfachen.

3. Wo es nun keine Teile gibt, da gibt es auch keine Ausdehnung, keine Gestalt und keine Teilbarkeit. Diese Monaden sind die wahren Atome in der Natur und mit einem Wort, die Elemente der Dinge.

4. Bei denselben ist auch keine Auflösung zu fürchten und man kann sich auf keine Weise vorstellen, wie eine einfache Substanz auf natürlichem Wege untergehen kann. (*Theodicee* II, § 89)

5. Aus demselben Grunde kann man sich auch nicht vorstellen, wie eine einfache Substanz auf natürlichem Wege anfangen kann; da sie durch Zusammensetzung nicht gebildet werden kann.

6. Man kann daher sagen, daß die Monaden nur plötzlich mit einem Schlage anfangen oder enden können, d. h. sie können nur durch Erschaffung anfangen und durch Vernichtung aufhören, während das Zusammengesetzte aus Teilen anfängt oder in solche untergeht.

7. Man kann auch durch kein Mittel darlegen, wie eine Monade in ihrem Inneren durch etwas anderes Erschaffenes verändert werden, oder einen Wechsel erleiden kann, weil man nichts in sie hineinbringen, noch eine innere Bewegung vorstellen kann, welche darin erweckt, geleitet, vermehrt oder vermindert werden könnte, wie dies bei den zusammengesetzten Substanzen möglich ist, wo eine Veränderung in den Teilen stattfinden kann. Die Monaden haben keine Fenster, durch welche etwas ein- oder ausgehen könnte; denn die Akzidenzen können sich von ihren Substanzen nicht ablösen, noch außerhalb derselben sich bewegen, wie dies sonst die sinnlichen Eigenschaften bei den Scholastikern tun sollten. Deshalb kann weder eine Substanz, noch eine Akzidenz in die Monade von außen gelangen.

8. Trotzdem müssen die Monaden gewisse Eigenschaften haben, sonst würden sie nicht einmal ein Seiendes darstellen; und wenn die einfachen Substanzen nicht durch ihre Eigenschaften sich unterschieden, so könnte man überhaupt keine Veränderung an den Dingen bemerken, da alles in den zusammengesetzten Substanzen nur von den in ihnen enthaltenen

einfachen kommen kann, und da die Monaden, wenn sie keine Eigenschaften hätten, nicht von einander unterschieden werden könnten, weil sie auch in der Größe sich nicht unterscheiden können; und wenn man daher annimmt, daß der Raum ohne ein Leeres ist, so würde jeder Ort bei der Bewegung der Substanzen immer nur das Gleiche mit dem erhalten, was er vorher hatte und kein Stand der Dinge wäre dann von dem andern zu unterscheiden.

9. Es muß selbst jede Monade von allen andern verschieden sein; denn es gibt in der Natur niemals zwei Dinge, von denen das eine dem andern vollkommen gleich ist und bei welchen nicht ein innerer Unterschied oder ein solcher, welcher auf eine innere Bezeichnung sich stützt, sich findet.

10. Ich nehme auch für zugestanden an, daß jedes erschaffene Ding der Veränderung unterliegt, mithin auch die geschaffene Monade, und daß sogar diese Veränderung in jeder unaufhörlich erfolgt.

11. Aus dem Gesagten folgt, daß die natürlichen Veränderungen der Monaden von einem inneren Prinzip kommen, da eine äußere Ursache auf deren Inneres keinen Einfluß haben kann. (*Theodicee* II, §§ 396, 400)

12. Neben dem Prinzip der Veränderung bedarf es auch eines Mannigfachen, was wechselt, was so zu sagen die Eigenschaften und den Wechsel in den einfachen Substanzen herbeiführt.

13. Dieses Mannigfaltige muß eine Menge in der Einheit oder in der Monade umfassen, denn da jede natürliche Veränderung allmählich geschieht, so wechselt etwas und etwas bleibt und deshalb muß in der einfachen Substanz eine Mehrheit von Erregungen und Beziehungen bestehen, wenn sie gleich keine Teile hat.

14. Der wechselnde Zustand, welcher eine Mehrheit in der Einheit oder in der einfachen Substanz umfaßt oder darstellt, ist das, was ich *Vorstellung* nenne. Man muß sie von der Wahrnehmung und dem Wissen seiner selbst unterscheiden, wie sich aus dem Folgenden ergeben wird. Gerade darin haben die Cartesianer stark geirrt, indem sie die Vorstellungen, deren man sich nicht bewußt wird, für nichts gerechnet haben. Dies hat sie auch zu der Meinung geführt, daß bloß die Geister Monaden seien und daß die Tiere und andere Entelechien keine Seelen hätten. Auch haben sie deshalb, gleich der Menge, eine lange Betäubung mit dem Tode im strengen Sinne verwechselt und sind deshalb bei dem scholastischen Vorurteile geblieben, daß es ganz für sich bestehende Seelen gebe. Die schwächeren Köpfe sind dadurch in der Meinung von der Sterblichkeit der Seelen bestärkt worden.

15. Die Tätigkeit des inneren Prinzips, welches den Wechsel oder den Übergang von einer Vorstellung zur andern bewirkt, kann man Begehren nennen. Allerdings kann das Begehren nicht immer zu der ganzen Vorstellung gelangen, zu welcher es strebt, allein es erlangt immer etwas davon und gelangt zu neuen Vorstellungen.

16. Wir erfahren in uns selbst eine Mehrheit in der einfachen Substanz, wenn wir finden, daß der geringste Gedanke, dessen wir uns bewußt werden, eine Mannigfaltigkeit in seinem Gegenstande enthält. Wer also die Seele für eine einfache Substanz anerkennt, muß auch diese Wahrheit in der Monade anerkennen und Herr *Bayle* hätte hier keine Schwierigkeiten finden sollen, wie es in seinem Wörterbuche bei dem Artikel: *Rorarius* geschieht.

17. Man ist übrigens genötigt, anzuerkennen, daß *die Vorstellung* und, das, was von ihr abhängt, *aus mechanischen Gründen nicht erklärt werden kann*, d. h. durch Gestaltungen und Bewegungen. Gesetzt, man denke sich eine Maschine, welche mittelst ihrer Einrichtung denkt, fühlt, Vorstellungen hat, so kann man sie sich so vergrößert denken, unter Beibehaltung derselben Verhältnisse, daß man eintreten könnte, wie man in eine Mühle eintritt. Besichtigt man sie unter diesen Voraussetzungen im Innern, so würde man nur finden, daß ein Stück das andere treibt, aber niemals etwas, durch welches man sich eine Vorstellung erklären könnte. Deshalb muß man diese Vorstellungen in der einfachen Substanz und nicht in der zusammengesetzten oder in einer Maschine suchen. Also kann man auch nur dies in der einfachen Substanz finden, nämlich Vorstellungen und deren Wechsel. Auch können nur hierin alle inneren Tätigkeiten der einfachen Substanzen bestehen. (*Theodicee,* Vorrede, S. 22)

18. Man könnte alle einfachen oder geschaffenen Monaden Entelechien nennen, weil sie in sich eine gewisse Vollkommenheit enthalten (ἐχουσι το ἐντελες) (sie haben das Vollkommene); sie haben in sich eine Selbstgenügsamkeit (αὐταρκεια), welche sie zu Quellen ihrer inneren Tätigkeiten macht und gleichsam zu unkörperlichen Automaten. (*Theodicee,* Vorrede, S. 27; II, § 87)

19. Wenn man überhaupt indem allgemeinen von mir erklärten Sinne dasjenige Seele nennen will, was Vorstellungen und Begehren hat, so können alle einfachen Substanzen oder erschaffenen Monaden Seelen genannt werden; allein da der Gedanke etwas mehr, als eine bloße Vorstellung ist, so bin ich einverstanden, daß der allgemeine Name Monade, oder Entelechie für diejenigen einfachen Substanzen genügt, welche nur jene haben

und daß man bloß diejenigen Monaden Seelen nenne, deren Vorstellen deutlicher und mit Erinnerung verbunden ist.

20. Denn wir erfahren an uns selbst Zustände, wo wir uns an nichts erinnern und keine bestimmte Vorstellung haben, z. B. wenn man in Ohnmacht fällt, oder wenn man in einen tiefen Schlaf ohne Träume versunken ist. In diesem Zustande unterscheidet sich die Seele nicht merkbar von einer einfachen Monade; allein da dieser Zustand nicht dauernd ist und die Seele davon los kommt, so ist sie etwas mehr. (*Theodicee* II, § 64)

21. Auch folgt daraus nicht, daß die einfache Substanz dann ohne alle Vorstellung ist; dies ist aus den obigen Gründen nicht einmal möglich; denn sie kann nicht untergehen und sie kann auch nicht ohne alle Erregung bestehen, und diese ist nichts anderes, als ihr Vorstellen. Wenn aber eine große Menge kleiner Vorstellungen eintritt, und nichts unterschieden wird, so ist man betäubt, so, wie wenn man sich mehrmals hinter einander in derselben Richtung herumdreht, wo ein Schwindel eintritt, welcher uns ohnmächtig machen kann und nichts unterscheiden läßt. Der Tod kann die Geschöpfe für eine Zeit lang in diesen Zustand versetzen.

22. Da nun jeder gegenwärtige Zustand einer einfachen Substanz natürlicherweise eine Folge ihres vorhergehenden Zustandes ist, so kann man sagen, daß der gegenwärtige mit dem kommenden schwanger geht.

23. Da man nun bei dem Erwachen aus der Betäubung sich seiner Vorstellungen bewußt wird, so muß man solche unmittelbar vorher gehabt haben, obgleich man es nicht bemerkt hat; denn die eine Vorstellung kann auf natürliche Weise nur von einer andern kommen, wie eine Bewegung auf natürliche Weise nur von einer anderen kommen kann. (*Theodicee* II, §§ 401–403)

24. Man ersieht hieraus, daß wenn wir nichts Bestimmtes und, so zu sagen, Erhöhteres und von stärkerer Empfindung in unseren Vorstellungen hätten, wir uns immer in der Betäubung befinden würden, wie dies der Zustand der ganz einfachen Monaden ist.

25. So sieht man auch, daß die Natur den Tieren höhere Vorstellungen gegeben hat; indem sie ihnen Organe gewährt hat, welche mehrere Strahlen des Lichts oder mehrere Wellen der Luft zusammenfassen, um sie durch deren Vereinigung wirksamer zu machen. Es gibt etwas Ähnliches beim Geruch, beim Geschmack, bei dem Tasten, und vielleicht noch bei vielen anderen Sinnen, die wir nicht kennen. Ich werde nun gleich erklären, wie das, in der Seele Vorgehende das vorstellt, was in den Organen geschieht.

26. Das Gedächtnis gewährt eine Art von Folgeordnung für die Seelen, in Nachahmung der Vernunft, von der es aber unterschieden werden muß. So erwarten die Tiere bei der Vorstellung von etwas, was ihnen besonders auffällt und wovon sie schon früher eine ähnliche Vorstellung gehabt haben, vermittelst der von ihrem Gedächtnisse beigebrachten Vorstellungen wieder das, was damals damit verbunden war und neigen zu ähnlichen Empfindungen, wie die waren, welche sie damals hatten. Wenn man z. B. den Hunden den Stock zeigt, so erinnern sie sich des Schmerzes, welchen derselbe ihnen verursacht hat, heulen und laufen davon.

27. Die starke bildliche Vorstellung, welche die Seele erregt und bewegt, kommt entweder von der Größe, oder der Menge der vorhergegangenen Vorstellungen; denn ein starker Eindruck wirkt mit einem Male ebenso, wie eine lange Gewohnheit oder wie viele wiederholte mäßige Vorstellungen.

28. Die Menschen handeln in soweit wie die Tiere, als die Folge ihrer Vorstellungen nur durch das Prinzip des Gedächtnisses bestimmt wird; sie gleichen den bloß empirischen Ärzten, welche nur eine einfache Praxis ohne Theorie haben und wir sind in drei Vierteln unserer Handlungen nur Empiriker. Wenn man z. B. erwartet, daß es morgen Tag werden werde, so verhält man sich als Empiriker, weil es bis jetzt immer so gewesen ist. Nur der Astronom urteilt hier nach Gründen.

29. Dagegen ist es die Kenntnis der notwendigen und ewigen Wahrheiten, welche uns von den bloßen Tieren unterscheidet und macht, daß wir *Vernunft* und Wissenschaften haben, indem wir uns zur Kenntnis unserer selbst und Gottes erheben. Dies ist es, was man in uns die vernünftige Seele oder den *Geist* nennt.

30. Durch die Kenntnis der notwendigen Wahrheiten und deren Abstraktionen erheben wir uns zu den auf uns selbst gerichteten Beobachtungen, die uns an das denken lassen, was man das *Ich* nennt, und erwägen lassen, daß dieses und jenes in uns ist. Indem wir so an uns selbst denken, denken wir an das Seiende, an die Substanz, an das Einfache oder Zusammengesetzte, an das Stofflose und an Gott selbst, indem wir begreifen, daß das, was in uns beschränkt ist, bei ihm ohne Schranken ist. Diese auf uns selbst sich richtenden Beobachtungen bieten die hauptsächlichsten Gegenstände unserer im Denken geschehenden Erwägungen. (*Theodicee,* Vorrede, S. 4)

31. Unsere Erwägungen stützen sich auf *zwei große Prinzipien, auf das des Widerspruchs*, in Folge dessen wir falsch urteilen, so weit dabei ein Wider-

spruch vorkommt, und *wahr*, so weit es das Gegenteil vom Falschen und dem sich Widersprechenden ist. (*Theodicee* II, §§ 44, 96)

32. Das zweite Prinzip ist *das des zureichenden Grundes*, vermöge dessen wir annehmen, daß kein Ereignis wahr und wirklich und kein Ausspruch wahrhaft sein kann, wenn nicht ein zureichender Grund dafür vorhanden ist, daß es sich so und nicht anders verhält, obgleich diese Gründe in den meisten Fällen uns nicht bekannt sein können. (*Theodicee* II, §§ 144, 196)

33. Es gibt auch zwei Arten von *Wahrheiten*, die *tatsächlichen* und die *begründeten*. Die letzteren sind notwendig und ihr Gegenteil ist unmöglich; die tatsächlichen sind zufällig und ihr Gegenteil ist möglich. Wenn eine Wahrheit notwendig ist, so kann man den Grund dafür durch Analyse auffinden, indem man sie so lange in einfachere Vorstellungen und Wahrheiten auflöst, bis man zu den obersten gelangt ist. (*Theodicee* III, §§ 170, 174, 189, 280–282, 367, Anhang I, Einwurf 3)

34. In dieser Weise werden von den Mathematikern die theoretischen *Lehrsätze* und die praktischen *Regeln* durch die Analyse auf *Definitionen*, *Axiome*, und *Aufgaben* zurückgeführt.

35. Zuletzt gelangt man zu einfachen Vorstellungen, die sich nicht mehr definieren lassen. Es gibt auch Axiome und Aufgaben, mit einem Wort ursprüngliche Prinzipien, die nicht bewiesen werden können und es auch nicht brauchen; es sind dies die *identischen Aussagen*, deren Gegenteil einen ausdrücklichen Widerspruch enthält.

36. Der *zureichende Grund* muß aber auch bei den zufälligen Wahrheiten oder den tatsächlichen Wahrheiten vorhanden sein, d. h. in der Folge der Dinge, welche in dem Universum des Erschaffenen verbreitet sind, wo die Auflösung in mehr-besondere Sätze in eine Mannigfaltigkeit ohne Grenzen übergehen kann, wegen der unermeßlichen Mannigfaltigkeit der Dinge in der Natur, und der unendlichen Teilung der Körper. Es gibt eine unendliche Menge von Gestalten und Bewegungen in der Gegenwart und Vergangenheit, welche zu den wirkenden Ursachen der z. B. von mir geschriebenen Worte gehören und ebenso gibt es eine unendliche Menge kleiner Neigungen und Anlagen in meiner Seele in der Gegenwart und in der Vergangenheit, welche zu der Zweckursache gehören. (*Theodicee* II, §§ 36, 37, 44, 45, 49, 52, 121, 122, 323, 340, 344)

37. Und da diese Mannigfaltigkeit wieder andere frühere oder noch mehr vereinzelte Zufälligkeiten enthält, deren jede wieder einer ähnlichen Auflösung bedarf, um auf den Grund zu kommen, so ist man damit nicht weitergelangt und es muß deshalb der zureichende oder letzte Grund

außerhalb dieser Folge oder Reihe von mannigfachen Zufälligkeiten liegen, so endlos auch diese Reihe sein mag.

38. Deshalb muß der letzte Grund der Dinge in einer notwendigen Substanz enthalten sein, in welcher das Mannigfache der Veränderungen nur in eminenter Weise wie in der Quelle enthalten ist, und diese Substanz nennen wir *Gott.* (*Theodicee* II, § 7)

39. Da nun diese Substanz der hinreichende Grund für all das einzelne ist, was überall in Verknüpfung mit einander steht, *so gibt es nur* ***einen*** *Gott und dieser, Gott genügt.*

40. Man muß auch annehmen, daß diese höchste Substanz, welche eine einzige, allgemeine und notwendige ist, da nichts außer ihr unabhängig von ihr sein kann, und welche die einfache Folge des möglichen Seins ist, ohne Schranken sein muß, und so viel Realität als möglich enthalten muß.

41. Daraus folgt, daß Gott unbedingt vollkommen ist, da die Vollkommenheit nichts anderes ist, als die im strengen Sinne genommene Größe der positiven Realität, indem sie die Grenzen oder Schranken von sich abhält, welche die Dinge an sich haben. Also ist da, wo es keine Schranken gibt, d. h. in Gott, die Vollkommenheit unbedingt unendlich. (*Theodicee* II, § 22 und Vorrede, S. 4)

42. Hieraus folgt auch, daß die Geschöpfe ihre Vollkommenheit vermittelst Gottes Einfluß haben, und daß sie ihre Unvollkommenheiten von ihrer eigenen Natur haben, welche nicht ohne Schranken sein kann. Darin liegt ihr Unterschied von Gott. (*Theodicee* II, §§ 20, 27–31, 153, 167, 377 f.)

43. Auch ist es richtig, daß in Gott nicht bloß die Quelle des Daseins ist, sondern auch der Wesentlichkeiten, so weit sie reell sind, oder so weit in der Möglichkeit Reelles enthalten ist. Deshalb ist der Verstand Gottes der Ort für die ewigen Wahrheiten, oder die Ideen, von denen jene abhängen, und es würde ohne ihn nichts Reales in den Möglichkeiten geben und nicht bloß kein Daseiendes, sondern auch kein Mögliches. (*Theodicee* II, § 20)

44. Indes muß in den Wesentlichkeiten oder Möglichkeiten, oder vielmehr in den ewigen Wahrheiten eine Realität enthalten sein, welche in einem daseienden und wirklichen Gegenstande und folglich in dem Dasein des notwendigen Wesens begründet sein muß, in welchem letzteren seine Wesentlichkeit auch das Dasein einschließt und bei welchem es genügt, möglich zu sein, um wirklich zu sein. (*Theodicee* II, §§ 184, 189, 335)

45. So hat Gott allein (oder das notwendige Wesen) das Vorrecht, daß er bestehen muß, wenn er möglich ist, und da Nichts die Möglichkeit von

dem hemmen kann, was keine Grenzen, keine Verneinung und folglich auch keinen Widerspruch enthält, so genügt dies allein, um *a priori* das Dasein Gottes zu erkennen. Ich habe es auch durch die Realität der ewigen Wahrheiten bewiesen, allein ich gelange nun auch zu dessen Beweis *a posteriori,* weil die zufälligen Dinge bestehen, die ihren letzten oder zureichenden Grund nur in dem notwendigen Wesen haben können, welches den Grund seines Daseins in sich selbst hat.

46. Indes darf man sich nicht, wie von manchen geschieht, einbilden, daß die ewigen Wahrheiten, weil sie von Gott abhängen, willkürliche seien und von seinem Willen abhängen, wie Herr *Descartes* sie aufgefaßt zu haben scheint, und später Herr *Poiret*. Dies ist nur von den zufälligen Wahrheiten richtig, deren Prinzip die *Angemessenheit* oder die Wahl des *Besten* ist, während die notwendigen Wahrheiten nur allein von seinem Verstande abhängen und den innern Gegenstand desselben bilden. (*Theodicee* II, §§ 180, 184, 185, 335, 351, 380)

47. So ist Gott allein die erste Einheit oder die ursprüngliche einfache Substanz. Alle geschaffenen oder abgeleiteten Monaden sind sein Werk und entstehen so zu sagen durch fortwährende Ausstrahlungen der Gottheit von Moment zu Moment, welche durch die Empfänglichkeit alles Geschaffenen beschränkt wird, da denselben wesentlich ist, begrenzt zu sein. (*Theodicee* II, §§ 382–391, 395, 398)

48. In Gott ist die *Macht* enthalten, welche die Quelle von allem ist; dann das *Wissen*, welches das einzelne der Ideen enthält, und endlich der *Wille*, welcher dann die Veränderungen und die Hervorbringungen nach dem Prinzip des Besten bewirkt. Diese Eigenschaften entsprechen dem, was in den erschaffenen Monaden das Unterliegende oder die Grundlage, die vorstellende und die begehrende Fähigkeit ausmacht. In Gott sind jedoch diese Eigenschaften unbedingt unendlich oder vollkommen. In den erschaffenen Monaden oder Entelechien (oder *perfectihabiis,* wie *Hermolaus Barbarus* dieses Wort übersetzt hat) sind sie nur Nachahmungen je nach dem Maße ihrer Vollkommenheit. (*Theodicee* II, §§ 7, 87, 149, 150)

49. Von dem Geschöpfe sagt man, daß es nach außen *handele*, so weit es Vollkommenheit hat, und daß es von einem anderen *leide*, so weit es unvollkommen ist. Somit schreibt man der Monade ein *Handeln* zu, soweit sie deutliche Vorstellungen hat, und ein *Leiden*, soweit die Vorstellungen verworren sind. (*Theodicee* II, §§ 32, 66, 386)

50. Ein Geschöpf ist vollkommener als ein anderes, so weit in ihm das besteht, was dazu dient, *a priori* die Gründe von dem zu erfassen, was in

dem anderen vorgeht und dadurch ist es, daß man sagt, es handele auf ein anderes.

51. In den einfachen Substanzen ist jedoch der Einfluß der einen Monade auf, die andere nur ein idealer, welcher nur durch die Vermittelung Gottes in so weit wirksam werden kann, als in den Ideen Gottes eine Monade mit Grund verlangt, daß Gott bei Regelung der anderen seit dem Beginne der Dinge auf sie Rücksicht nehme. Denn da die erschaffene Monade keinen physischen Einfluß auf das Innere der anderen haben kann, so kann die eine nur durch dieses Mittel von einer anderen abhängig sein. (*Theodicee* II, §§ 9, 54, 65, 66, 201, Anhang I, Einwurf 3)

52. Auf diese Weise sind die Handlungen und Erleidungen zwischen den erschaffenen Dingen gegenseitig. Denn Gott findet bei Vergleichung zweier einfachen Substanzen in jeder Gründe, die ihn nötigen, die andere jener anzupassen, und deshalb ist das, was in gewisser Hinsicht handelnd ist, aus einem anderen Gesichtspunkt betrachtet, leidend; *tätig* in so weit, als das, was man deutlich in sich erkennt, den Grund für das abgibt, was in einem anderen geschieht, und *leidend* in so weit, als der Grund von dem, was in ihm vorgeht, in dem enthalten ist, welches deutlich in einem anderen erkannt wird. (*Theodicee* II, § 66)

53. Da es nun eine unzählige Menge von möglichen Universums in Gottes Vorstellen gibt und nur *eins* ins Dasein treten kann, so muß Gott für seine Wahl einen zureichenden Grund haben, welcher ihn mehr zu dem einen, wie zu dem anderen bestimmt. (*Theodicee* II, §§ 8, 10, 44, 173, 196 f., 229, 414–416)

54. Dieser Grund kann nur in der *Angemessenheit* liegen, in den Graden der Vollkommenheit, welche diese Welten enthalten, indem jede mögliche das Recht hat, das Dasein nach dem Maße der Vollkommenheit zu verlangen, welche sie enthält. (*Theodicee* II, §§ 74, 167, 350, 201, 130, 352, 345 f., 354)

55. Darin liegt der Grund für das Dasein des Besten; die Weisheit Gottes erkennt es; seine Güte erwählt es und seine Macht bringt es hervor. (*Theodicee* II, §§ 8, 78, 80, 84, 119, 204, 206, 208, Anhang I, Einwurf 8)

56. Diese Verbindung oder Anpassung aller erschaffenen Dinge an jedes und von jedem einzelnen an alle andern, bewirkt, daß jede einfache Substanz Beziehungen hat, welche alle anderen ausdrücken und daß sie deshalb ein lebendiger und fortwährender Spiegel des Universums ist. (*Theodicee* II, §§ 130, 360)

57. Wie dieselbe Stadt, wenn man sie von verschiedenen Seiten betrachtet, ganz anders und gleichsam perspektivisch vervielfältigt erscheint, so geschieht es auch, daß durch die unendliche Menge der einfachen Substanzen es gleichsam eben so viele verschiedene Universa gibt, die indes nur die Ansichten des *einen* je nach den verschiedenen Gesichtspunkten einer jeden Monade sind. (*Theodicee* II, § 147)

58. Auf diese Weise wird die möglichste Mannigfaltigkeit erlangt, aber mit der größten Ordnung, die möglich ist, d. h. es wird dadurch die möglichst große Vollkommenheit erlangt. (*Theodicee* II, §§ 120, 124, 241 f., 214, 249, 275)

59. Auch erhebt nur diese Hypothese (welche ich bewiesen zu nennen wage) die Größe Gottes so, wie es sich gehört. Herr *Bayle* hat dies erkannt, als er in seinem Wörterbuche (Artikel *Rorarius*) hier Einwendungen machte, wo er selbst sich zu der Annahme versucht fühlte, daß ich Gott zu viel und mehr als möglich sei, zuteilte. Allein er kann keinen Grund anführen, weshalb diese allgemeine Harmonie unmöglich sein sollte, welche bewirkt, daß jede Substanz alle übrigen durch die Beziehungen, welche sie hat, genau ausdrückt.

60. Man erkennt übrigens in dem von mir Gesagten die Gründe *a priori*, weshalb die Dinge nicht anders verlaufen können, nämlich weil Gott bei seiner Regelung des Ganzen auf jeden Teil Rücksicht nimmt und namentlich auf jede Monade mit einer vorstellenden Natur, da diese durch nichts dahin beschränkt werden kann, daß sie nur einen Teil der Dinge vorstelle, obgleich es richtig ist, daß diese Vorstellung des ganzen Universums nach dessen einzelnem Inhalt verworren ist und nur bei einer kleinen Zahl von Dingen deutlich sein kann, d. h. bei denen, welche entweder die nächsten oder die größten in bezug auf die betreffende Monade sind; denn sonst wäre jede Monade eine Gottheit. Die Monaden sind also nicht in den Gegenständen beschränkt, sondern in dem Grade der Kenntnis derselben. Alle Monaden gehen in verworrener Weise auf das Unendliche und Ganze, allein sie sind beschränkt und verschieden durch die Grade der deutlichen Vorstellungen.

61. Die zusammengesetzten Dinge gleichen darin den einfachen. Denn alles ist voll; dies macht den ganzen Stoff zu einem verbundenen. Da nun in dem Vollen jede Bewegung einige Wirkung auf die entfernten Körper nach Maßgabe ihres Abstandes ausübt, so daß jeder Körper nicht bloß von denen bestimmt wird, die ihn berühren und er gewissermaßen nur alles das empfindet, was diesen begegnet, sondern vermittelst dieser auch alle die

Körper empfindet, welche die ihn unmittelbar berührenden berühren, so folgt, daß dieser verbindende Verkehr selbst auf die weitesten Entfernungen sich erstreckt. Deshalb empfindet jeder Körper alles, was in dem Universum vorgeht und es könnte daher jemand, der alles sieht, in jedem einzelnen lesen, was überall geschieht, und selbst das, was geschehen ist und noch geschehen wird, indem er in dem Gegenwärtigen das Entfernte ebenso nach der Zeit, wie nach dem Orte erkennt. *Hippokrates* nannte es συμπνοια παντα; (das gleichzeitige Sehen von allem). Die einzelne Seele kann jedoch in sich nur das lesen, was deutlich vorgestellt wird, und sie kann nicht mit einem Male alle ihre Regeln entwickeln, denn sie gehen ins Unendliche.

62. Obgleich jede erschaffene Monade das ganze Universum vorstellt, so stellt sie doch den Körper deutlicher vor, der ihr besonders zugeteilt ist und dessen Entelechie sie bildet und so wie dieser Körper das ganze Universum durch den in dem Vollen stattfindenden Zusammenhang alles Stoffes ausdrückt, so stellt auch die Seele das ganze Universum vor, indem sie diesen Körper vorstellt, welcher ihr in besonderer Weise zugehört. (*Theodicee* II, § 400)

63. Indem der Körper einer Monade zugehört, welche dessen Entelechie oder Seele ist, so bildet er mit seiner Entelechie das, was man ein Lebendiges nennen kann und mit der Seele zusammen das, was man ein Geschöpf nennt. Nun ist dieser Körper eines Lebendigen oder eines Geschöpfes immer organisiert, denn da jede Monade ein Spiegel des Universums in ihrer Weise ist und das Universum nach einer vollkommenen Ordnung geregelt ist, so muß auch eine Ordnung in dem vorstellenden Wesen sein, d. h. in den Vorstellungen der Seele und folglich auch in dem Körper; nach welchem das Universum in der Seele vorgestellt wird. (*Theodicee* II, § 403)

64. So ist jeder organische Körper eines Lebendigen eine Art göttlicher Maschine oder natürlichen Automatens, welcher alle künstliche Automaten; unendlich übertrifft, da eine von den Menschen gemachte Maschine nicht in allen ihren Teilen Maschine ist. So hat z. B. der Zahn eines Messingrades Teile oder Stücke, welche nichts künstliches mehr sind und sie haben nichts an sich, welches zeigte, zu welchem Gebrauch das Rad bei der Maschine dient. Dagegen sind die Maschinen der Natur, d. h. die lebendigen Körper, noch in ihren kleinsten Teilen, ohne Ende, Maschinen. Darin liegt der Unterschied zwischen der Natur und der Kunst, d. h. zwischen der Kunst Gottes und der unsrigen. (*Theodicee* II, §§ 134, 146, 194, 403)

65. Der Schöpfer der Natur hat dieses göttliche und unendlich wunderbare Kunstwerk zustande bringen können, weil jeder Teil des Stoffes nicht bloß ohne Ende teilbar ist, wie die Alten erkannt hatten, sondern weil jeder Teil *wirklich* ohne Ende in kleine Teile geteilt ist, von denen jeder seine eigne Bewegung hat; denn sonst könnte nicht jeder Teil des Stoffes das Universum ausdrücken. (*Theodicee* I, § 70, II, § 195)

66. Hieraus sieht man, daß es eine Welt erschaffener Dinge, von lebendigen Körpern, von Geschöpfen, von Entelechien, von Seelen in dem kleinsten Teile des Stoffes gibt.

67. Jeder Teil des Stoffes kann als ein Garten voll Pflanzen oder als ein Teich voll Fische angesehen werden; aber auch jeder Zweig der Pflanze, jedes Glied des Tieres, jeder Tropfen seiner Säfte ist noch ein solcher Garten und ein; solcher Teich.

68. Wenn auch die Erde und die Luft zwischen den Pflanzen des Gartens oder das Wasser zwischen den Fischen des Teiches nicht wieder eine Pflanze oder Fisch ist, so enthalten sie doch noch deren, aber meist von einer Feinheit, daß wir sie nicht wahrnehmen.

69. So gibt es nichts Unbewohntes, nichts Unfruchtbares, nichts Todes im Universum; ebensowenig ein Chaos oder eine Verworrenheit, als nur scheinbar, beinahe so, wie es in einiger Entfernung in einem Teiche scheinen würde, in welchem man da eine verworrene und so zu sagen brodelnde Bewegung der Fische im Teiche sehen würde, ohne die Fische selbst zu unterscheiden. (*Theodicee,* Vorrede, S. 26 und 27)

70. Hieraus erhellt, wie jeder lebendige Körper eine herrschende Entelechie besitzt, welche bei dem Geschöpfe die Seele ist; aber die Glieder dieses lebendigen Körpers sind voll von anderem Lebendigen, von Pflanzen und Geschöpfen, von denen jedes noch seine herrschende Entelechie oder Seele hat.

71. Indes darf man nicht meinen, wie es von einigen geschieht, welche meine Gedanken falsch verstanden hatten, daß jede Seele eine Masse oder ein Stück Stoff zu eigen hat, welcher ihr immer anhängt und daß sie deshalb andere niedere lebende Wesen besitzt, welche immer zu ihrem Dienste bestimmt sind; denn alle Körper sind, wie die Ströme, in beständigem Fluß und fortwährend treten Stücke hinzu und gehen deren ab.

72. Deshalb wechselt die Seele ihren Körper nur allmählich, so daß sie niemals mit einem Male aller ihrer Organe beraubt ist. Es gibt oft Umwandlungen bei den Tieren, aber niemals eine Seelenwanderung, noch ein Übergehen der Seelen ineinander. Ebenso gibt es keine ganz abge-

trennten Seelen für sich und keine Genien ohne Körper; nur Gott allein ist davon ganz losgelöst. (*Theodicee* II, §§ 90, 124)

73. Deshalb gibt es auch niemals im strengen Sinne eine völlig neue Erzeugung, noch einen vollkommenen Tod, so daß sich die Seele von dem Körper trennte. Was wir *Zeugungen* nennen, sind nur Entwickelungen und Vergrößerungen, so wie das, was wir *Tod* nennen, nur Einwickelungen und Verkleinerungen sind.

74. Die Philosophen sind über den Ursprung der Formen, Entelechien oder Seelen sehr in Verlegenheit gewesen; allein nachdem man durch genaue Untersuchungen bei den Pflanzen, Insekten und Tieren bemerkt hat, daß die organischen Körper der Natur niemals aus einem Chaos oder aus einer Verwesung hervorgehen, sondern immer aus Samen, in welchem ohne Zweifel immer eine *Vorausbildung* besteht, nimmt man nicht allein an, daß der organische Körper schon vor der Empfängnis bestanden hat, sondern auch eine Seele in diesem Körper, mit einem Wort, das Tier selbst und daß dasselbe vermittelst der Empfängnis nur zu einer größeren Entwickelung veranlaßt worden ist, um ein Geschöpf von anderer Art zu werden. Man sieht selbst außerhalb der Erzeugung etwas Ähnliches, z. B. wenn die Würmer Fliegen und die Raupen Schmetterlinge werden. (*Theodicee* II, §§ 86, 89, Vorrede, S. 26; II, §§ 90, 184, 188, 403, 86, 397)

75. Die Tiere, von welchen einige zur Stufe größerer Tiere durch das Mittel der Zeugung erhoben werden, kann man Samentiere nennen; aber die von ihnen, welche in ihrer Art verbleiben, d. h. die Mehrzahl von ihnen werden geboren, vermehren sich und gehen unter, wie die großen Tiere und nur eine kleine Zahl erwählter geht auf einen größeren Schauplatz über.

76. Indes wäre dies allein nur die Hälfte der Wahrheit und ich halte daher dafür, daß, wenn das Geschöpf auf natürliche Weise niemals anfängt, es auch in natürlicher Weise nie aufhört und daß es also nicht bloß keine Erzeugung, sondern auch keine völlige Zerstörung des Stoffes oder keinen Tod im strengen Sinne hier geben wird. Diese *a posteriori* begründete und aus den Erfahrungen entlehnte Ansicht stimmt vollkommen mit meinen oben *a priori* abgeleiteten Grundsätzen. (*Theodicee* II, § 29)

77. Man kann also sagen, daß nicht bloß die Seele (der Spiegel eines unzerstörbaren Universums) unzerstörbar ist, sondern das Geschöpf selbst, obgleich seine Maschine oft teilweise untergeht und organische Trennstücke entweder abstößt oder annimmt.

78. Diese Grundsätze haben mir das Mittel zur natürlichen Erklärung der Verbindung, oder vielmehr der Gleichförmigkeit von Seele und organischem Körper gewährt. Die Seele folgt ihren eignen Gesetzen und ebenso der Körper den seinigen und sie begegnen sich vermöge der zwischen allen Substanzen vorherbestimmten Harmonie, weil sie sämtlich Darstellungen desselben Universums sind. (*Theodicee,* Vorrede, S. 26; II, §§ 340, 352, 353, 358)

79. Die Seelen handeln nach den Gesetzen der Zweckursachen, durch Begehrungen, Zwecke und Mittel. Die Körper wirken nach den Gesetzen der wirkenden Ursachen oder der Bewegung und beide Reiche, das der wirkenden Ursachen und das der Zweckursachen stehen miteinander in Harmonie.

80. *Descartes* hat anerkannt, daß die Seelen den Körpern keine Kraft mitteilen können, weil in dem Stoffe immer dieselbe Menge von Kraft enthalten ist. Allein er meinte, die Seele könne die Richtung der Bewegung ändern; indes geschah dies nur, weil zu seiner Zeit man das Naturgesetz noch nicht kannte, wonach auch dieselbe Richtung der Bewegung des Stoffes sich gleich erhält. Hätte *Descartes* dies erkannt, so würde er auf mein System der vorherbestimmten Harmonie gekommen sein. (*Theodicee,* Vorrede, S. 26; II, §§ 22, 59, 60, 61, 63, 66, 345, 346 f., 351, 355)

81. Aus diesem Systeme ergibt sich, daß die Körper sich so tätig zeigen, als wenn (das Unmögliche angenommen) es keine Seelen gäbe, und daß die Seelen so tätig sind, als wenn es keine Körper gäbe und daß beide so tätig sind, als wenn der eine auf den anderen einen Einfluß übte.

82. Was die *Geister*, oder vernünftigen Seelen anlangt, so verhält es sich zwar in allem Lebenden und in den Geschöpfen im Grunde, wie ich gesagt habe, in gleicher Weise (nämlich, daß das Geschöpf und die Seele sowohl mit der Welt zugleich anfangen und nicht eher als diese ihr Ende nehmen) – allein es besteht doch bei den vernünftigen Geschöpfen das Besondere, daß ihre kleinen Samentierchen, so lange sie nichts weiter sind, nur gewöhnliche, oder bloß empfindende Seelen haben, aber sobald die sozusagen auserwählten durch eine wirkliche Empfängnis zur menschlichen Natur gelangen, so werden ihre empfindenden Seelen zur Stufe der Vernunft und zu dem Vorrecht der Geister erhoben. (*Theodicee* II, §§ 91, 397)

83. Neben anderen Unterschieden, welche zwischen den gewöhnlichen Seelen und den Geistern bestehen, die ich zum Teil schon angegeben habe, gibt es noch den, daß die Seelen im allgemeinen lebendige Spie-

gel oder Bilder des Universums der geschaffenen Dinge sind, aber daß die Geister auch Bilder von der Gottheit selbst sind, oder von dem Schöpfer der Natur und daß sie fähig sind, das System des Universums zu erkennen und etwas davon durch architektonische Proben nachzuahmen, da jeder Geist in seinem Bezirk eine kleine Gottheit ist. (*Theodicee* II, § 117)

84. Dies bewirkt, daß die Geister deshalb allein fähig sind, in eine Art von Gesellschaft mit Gott einzutreten und daß Gott in bezug auf sie nicht bloß in dem Verhältnisse eines Erfinders zu seiner Maschine steht (wie dies bei Gott in bezug auf die übrigen erschaffenen Dinge der Fall ist), sondern auch in dem eines Fürsten zu seinen Untertanen und selbst in dem eines Vaters zu seinen Kindern.

85. Man kann also leicht daraus folgern, daß die Versammlung aller Geister den Staat Gottes bildet, d. h. den möglichst vollkommenen Staat unter dem vollkommensten Monarchen.

86. Dieser Gottesstaat, diese wahrhaft allgemeine Monarchie ist eine moralische Welt in der natürlichen Welt und das erhabenste und göttlichste seiner Werke, in dem wahrhaft der Ruhm Gottes besteht, da es einen solchen nicht geben würde, wenn seine Weisheit und seine Güte nicht von den Geistern gekannt und bewundert würden. Auch zeigt Gott seine Güte eigentlich nur in bezug auf diesen göttlichen Staat, während seine Weisheit und seine Macht sich überall zeigen. (*Theodicee* II, § 146, Anhang I, Einwurf 2)

87. So wie ich vorhin eine vollkommene Harmonie zwischen den beiden natürlichen Reichen dargelegt habe, nämlich dem der wirkenden Ursachen und dem der Zweckursachen, so mache ich hier noch auf eine andere Harmonie aufmerksam, nämlich zwischen dem physischen Reiche der Natur und dem moralischen Reiche der Gnade, d. h. zwischen Gott, aufgefaßt als Baumeister der Maschine, des Universums und Gott, aufgefaßt als Monarch des Gottesstaates der Geister. (*Theodicee* II, §§ 62, 74, 118, 248, 112, 130, 247)

88. Diese Harmonie bewirkt, daß die Dinge auf den eignen Wegen der Natur zur Gnade führen und daß unsere Erdkugel z. B. auf natürlichen Wegen in den Zeitpunkten zerstört und wiederhergestellt werden muß, wie die Regierung der Geister es zur Züchtigung der einen und zum Lohne der anderen verlangt. (*Theodicee* II, §§ 18 ff., 110, 244, 245, 340)

89. Man kann auch sagen, daß der Gott als Baumeister den Gott als Gesetzgeber in allem befriedigt und daß also die Sünden durch die Ordnung der Natur ihre Strafe mit sich führen müssen, wie selbst in Folge des

mechanischen Aufbaues der Dinge und daß die guten Handlungen auf mechanischem Wege in bezug auf die Körper ihren Lohn erlangen werden, obgleich dies nicht immer sofort geschehen kann und soll.

90. Endlich wird es bei dieser Regierung keine gute Handlung ohne Lohn und keine schlechte ohne Strafe geben. Alles soll zum Wohl der Guten endigen, d. h. derer, die in diesem großen Staate nicht unzufrieden sind, sondern vielmehr der Vorsehung vertrauen, und dem Urheber alles Guten so, wie es sich gehört, nachahmen, indem sie sich an der Betrachtung seiner Vollkommenheiten nach der Natur der wahrhaften *reinen Liebe* erfreuen, welche sich an dem Glücke des Geliebten erfreut. Dies läßt die weisen und tugendhaften Personen für alles arbeiten, was mit dem vermutlichen oder mit dem vorgehenden Willen Gottes übereinstimmend gehalten wird und läßt sie doch mit dem zufrieden sein, was Gott durch seinen verborgenen, nachfolgenden und entscheidenden Willen wirklich werden läßt. Man erkennt dabei an, daß wenn man die Ordnung des Universums genügend verstehen könnte, man finden würde, daß sie alle Wünsche der Weisesten übertrifft und daß sie nicht noch besser gemacht werden konnte, als sie ist, und zwar nicht bloß für das Ganze überhaupt, sondern auch für das im Besonderen, wenn wir so, wie es sich gehört, dem Urheber von allem ergeben sind, und ihn nicht bloß als den Künstler und die wirkende Ursache unseres Wesens auffassen, sondern auch als unsern Meister und als die Endursache, welche das ganze Ziel unseres Wollens verwirklichen und allein uns glücklich machen kann. (*Theodicee* Vorrede, S. 7; II, § 278)

Thomas Hobbes

(5.4.1588–4.12.1679)

Das Recht der Natur und der Staat

Thomas Hobbes war einer der ersten Philosophen, der eine moderne bürgerliche Staatsphilosophie entworfen hat. Mit ihm beginnt die theoretische Entdeckung des modernen Staates. Er gilt als einer der unbequemsten politischen Denker Englands.

Mit der für die Neuzeit charakteristischen Hinwendung zum Individuum gerät auch der Einzelne als Bürger in das Blickfeld der Frage, wie sich dieser Einzelne zum Ganzen einer Gesellschaft zu verhalten habe.

Die überragende Bedeutung von Hobbes liegt darin begründet, daß er in einem geschichtlichen Moment des gesellschaftlichen Umbruchs die philosophische Grundlage der bürgerlichen Gesellschaft gelegt hat, in der wir heute noch leben.

Hobbes wurde am 5.4.1588 in einfachsten Verhältnissen als Sohn eines Landvikars und einer Bauerntochter in Wiltshire geboren. Mit sechs Jahren lernte er Griechisch und Latein und übersetzte bereits als Jugendlicher die *Medea* von Euripides vom Griechischen in lateinische Jamben. Im Alter von 15 Jahren begann er sein Studium an der Universität in Oxford. 1608 schloß er es mit dem Grad eines Baccalaureus ab und wurde von Lord Cavendish als Privatlehrer für dessen Sohn engagiert. Mit diesem unternahm er zwischen 1610 und 1613 eine erste, ausgedehnte Bildungsreise auf den Kontinent. Es entwickelte sich eine lebenslange Freundschaft mit dieser Familie.

Weitere längere Aufenthalte in Frankreich und Italien folgten zwischen 1629 und 1637.

Auf seinen Reisen traf Hobbes mit etlichen hervorragenden Persönlichkeiten seiner Zeit zusammen, unter anderem mit Galileo Galilei, den er sehr bewunderte und unter dessen Einfluß er seine Gesellschaftsphilosophie auf den Grundlagen der Geometrie und der Naturwissenschaften entwickelte. Freundschaft schloß er auch mit René Descartes, mit dem ihn gegenseitiger Respekt verband. Schon als junger Mann war Hobbes in England einige Male Francis Bacon begegnet, für den er Aufsätze ins Lateinische übersetzte.

Zu Beginn des englischen Bürgerkrieges im Jahr 1640 floh er nach Paris, wo er über elf Jahre leben sollte. Der konfessionelle Krieg bedrohte ihn persönlich, denn seine Gegner bezichtigten ihn des Atheismus. Außerdem setzte er sich im Streit zwischen Krone und Parlament für die Rechte Charles' I. ein. Seine Schrift *Grundzüge des natürlichen und politischen Rechts*, wovon der erste Teil die berühmte Abhandlung *Über die menschliche Natur* bildet, zirkulierte in privaten Kreisen, während das Parlament erhitzte Debatten über die Macht des Königs führte.

Im Jahr 1642 veröffentlichte er den Text *Vom Bürger (de cive)*, den ersten Teil der Trilogie *Elemtenta Philosophiae*, der 1655 noch *Vom Körper (de corpore)* und 1658 *Vom Menschen (de homine)* folgen sollen.

In diesen Schriften entwickelt Hobbes Thesen zu zentralen naturwissenschaftlichen Fragen und vertritt dabei eine, der Zeitströmung mit ihrem Drang nach wissenschaftlicher Erklärung alles Seienden folgend, materialistisch-mechanistische Haltung. Diese erklärt vor dem Hintergrund des Denkens Descartes und der bahnbrechenden Entdeckungen Galileis, politische und soziale Verhältnisse mit den Erkenntnissen der Physik. Hobbes analysiert Abläufe innerhalb einer Gesellschaft aufgrund des Zusammenwirkens von Kräften und Elementen und reduziert soziale und physische Phänomene (von Handlungen bis hin zu Ereignissen) auf mechanische Prinzipien.

In diesem Sinne war Hobbes ein Empirist, ein Philosoph, der seine Erkenntnisse aus der Erfahrung und dem Experiment herleitet. Ganz nüchtern zieht er seine philosophischen Schlüsse aus Wirkung und Ursache und versucht, diese auch auf das menschliche und politische Leben zu übertragen.

Wesentliche Aspekte dieses mechanistischen Welt- und Menschenbildes bilden die Grundlage seiner Staatslehre. 1651 erscheint sein Hauptwerk über den Staat und der krönende Abschluß seiner politischen Philosophie, der *Leviathan*.

Die Entstehung dieses Textes muß vor dem Hintergrund des englischen Bürgerkrieges (1642–1649) gesehen werden, der auf allen Seiten zahllose Opfer forderte und chaotische Verhältnisse herbeiführte. Charles I. wurde geköpft, und Oliver Cromwell führte sein blutiges Regiment.

Es mußte einen Ausweg aus dieser lebensbedrohlichen Krise geben. Hier setzt der *Leviathan* an. Hobbes entwickelt als Lösung des Konflikts das Modell eines starken Staates, der auf einer vernünftigen Grundlage ruhte. Die Grundvoraussetzung war, daß er von allen seinen Bürgern aus tiefster Überzeugung akzeptiert werden sollte, um wirklich stark zu sein. Hobbes propagierte die Schaffung eines staatlichen Gebildes, das »aus der Macht sehr vieler Menschen zusammengesetzt ist«.

Obwohl Hobbes das Individuum in den Mittelpunkt seiner Ideen stellt, zeichnet er ein düsteres Bild des Menschen in seinem Naturzustand: Die Menschen befinden sich in ständigen kriegerischen Auseinandersetzungen, und zwar jeder gegen jeden, es herrscht ein *bellum omnium contra omnes*. Jeder Mensch ist für den anderen ein Wolf, *homo homini lupus*, jeder ein Egoist, der nach seinem eigenen Vorteil, nach Erhaltung seiner eigenen Existenz und dem Besitz möglichst vieler Güter strebt.

Dieses Menschenbild erinnert an das Machiavellis, und tatsächlich hatte sich Hobbes eingehend mit diesem beschäftigt. Es geht also darum, den egoistischen Selbsterhaltungstrieb des Einzelnen in einem kraftvollen Gemeinsamem zu bündeln und damit den primitiven Konkurrenztrieb, das Mißtrauen und die daraus entstehende Furcht in eine politisch geordnete Gesellschaft umzuleiten.

Hobbes entwirft das Muster eines *Gesellschaftsvertrages*, in dem jeder einzelne mit jedem einen Vertrag schließt. Die souveräne Instanz des Staates ist somit nichts als die Vereinigung des Willens all seiner Bürger.

Der Einzelmensch ist ebenso frei wie der souveräne Staat. Beide sind nicht länger einer göttlichen Heilsordnung unterworfen, sondern verwalten sich selbst.

Die Institution der Kirche und die Regierung fühlten sich von diesen Vorstellungen höchst bedroht, zumal der *Leviathan* schnell Verbreitung fand. Die Schrift wurde öffentlich angeprangert, vom Parlament als Gefahr angesehen und nahezu verdammt.

Trotz der Anfeindungen kehrte Hobbes im Jahr des Erscheinens des *Leviathan* nach England zurück, in der Hoffnung, ein ruhiges Leben führen zu können.

Doch er begann seinen aufsehenerregenden Disput über den freien Willen mit John Bramall, dem Bischof von Derry. Mehrere Streitschriften beider Parteien wurden in den nächsten fünf Jahren veröffentlicht.

Im Jahr 1660 geriet Hobbes in finanzielle Bedrängnis. Charles II., sein ehemaliger Schüler und nun inthronisierter König, strich ihm seinen regelmäßigen Lebensunterhalt.

Hobbes mußte von nun an ein einfaches Leben auf dem Lande führen. Er widmete sich intensiv seinen naturwissenschaftlichen und zunehmend literarisch-autobiographischen Studien.

1666, im Jahr des verheerenden Feuers von London, verwickelte sich das Parlament in innenpolitische Wirrnisse, betrieb eine Hexenjagd und versuchte, alle Anzeichen von Atheismus zu verbannen. Der *Leviathan* geriet erneut unter Beschuß. Der König intervenierte zwar in bezug auf das Buch, verbot aber Hobbes die Veröffentlichung weiterer Werke.

Der zeitgenössische Biograph und Freund John Aubrey beschreibt Hobbes in seinem Buch *Brief Lives* als angenehmen, nicht sehr auffälligen Zeitgenossen. Er hatte kein prägnantes Gesicht, aber intensive, haselnußbraune Augen. Er verfügte über einen scharfen Witz, las gern und viel, obwohl er selbst nur wenige Bücher besaß. Er sang gern laut und liebte lange Spaziergänge, er spielte noch bis ins hohe Alter Tennis. Alkohol genoß er zeit seines Lebens nur sehr moderat. Liebschaften hatte er kaum. Doch ließ es sich selbst der über 90jährige nicht nehmen, den folgenden Vers zu schreiben:

Obwohl ich schon über neunzig bin,
Und eigentlich zu alt für Cupids Treiben,
Und viele Winter mich so kalt gemacht,
Daß ich fast ganz dumm und müde drüber wurde.

Kann ich doch noch lieben,
Und hätt auch eine Geliebte gern,
So schön wie möglich und so weise wie möglich,
Und nicht zu stolz, mich zu ihrem Liebsten zu machen.

Kurz nach der Niederschrift dieses Gedichts verstarb Hobbes in Hardwick auf den Gütern seiner Gönner und Freunde Cavendish, die ihm zeitlebens die Treue hielten.

In dieser Textsammlung stellen wir Auszüge aus dem *Leviathan* vor. Nicht nur in England sorgte dieser Text zum Zeitpunkt seines Erscheinens für Aufruhr. In vielen anderen europäischen Ländern war er für lange Zeit gänzlich verboten.

Der Leviathan

(Einleitung; Abschnitt 17 und 21)

Einleitung

Die Natur oder die unbegreiflich hohe Weisheit, welche Gott in der Hervorbringung und Erhaltung der Welt darlegt, ahmt die menschliche Kunst mit einem so glücklichen Erfolg nach, daß sie unter anderen Werken auch ein solches liefern kann, welches allerdings ein künstliches Tier genannt werden muß. Denn da Leben doch nichts anderes ist als eine solche Bewegung der Glieder, die sich innerlich auf irgendeinen vorzüglichen Teil im Körper gründet – warum sollte man nicht sagen können: daß alle Automaten oder Maschinen, welche, wie z. B. die Uhren, durch Federn oder durch ein innerlich angebrachtes Räderwerk in Bewegung gesetzt werden, gleichfalls ein künstliches Leben haben? Ist nicht das Herz als Springfeder anzusehen, sind nicht die Nerven ein Strickwerk und der Gliederbau eine Menge von Rädern, die im ganzen Körper diejenigen Bewegungen hervorbringen, welche der Künstler beabsichtigte? Ja, die Kunst schränkt sich nicht bloß auf die Nachahmung der eigentlichen Tiere ein, auch das edelste darunter, den Menschen, bildet sie nach. Der große Leviathan (so nennen wir den Staat) ist ein Kunstwerk oder künstlicher Mensch – obgleich an Umfang und Kraft weit größer als der natürliche Mensch, welcher dadurch geschützt und glücklich gemacht werden soll. Bei dem künstlichen Menschen ist derjenige, welcher die höchste Gewalt besitzt, gleichsam die Seele, welche den ganzen Körper belebt und in Bewegung setzt; die Obrigkeiten und Befehlshaber stellen die künstlichen Glieder vor; die von der höchsten Gewalt abhängenden Belohnungen und Bestrafungen, wodurch jeder einzelne zur Erfüllung seiner Obliegenheiten angehalten wird, vertreten die Stelle der Nerven; das Vermögen einzelner Personen ist hier die Kraft, so wie das Glück des ganzen Volks das allgemeine Geschäft; die Staatsmänner, von welchen die nötigen Kenntnisse erwartet werden, sind das Gedächtnis; Billigkeit und Recht eine künstliche Vernunft; Einigkeit ist gesunder, Aufruhr hingegen kranker Zustand und Bürgerkrieg der Tod. Die Verträge endlich, welche die Teile dieses Staatskörpers verbinden, sind jenem bei Erschaffung der Welt von Gott gebrauchten Machtwort gleich: Es werde, oder laßt uns Menschen machen.

Um diesen künstlichen Menschen näher zu beschreiben, muß betrachtet werden:

1) Der natürliche Mensch, der dessen Inhalt und Künstler zugleich ist.

2) Wie und durch welche Verträge jener entstanden sei, welche Rechte, welche Gewalt und Macht er habe und wem die höchste Gewalt zukomme.

3) Was christlicher Staat sei.

4) Was Reich der Finsternis genannt werden müsse.

In betreff des ersteren behaupten zwar viele, man könne die Weisheit nicht so sehr aus Büchern als aus dem näheren Umgang mit dem Menschen selbst erlangen; und natürlich pflichten dieser Meinung diejenigen bei, die von ihrer Weisheit leider keinen anderen Beweis geben können, als daß sie mit vielem Selbstbehagen durch lieblose Urteile über ihre Mitmenschen sichtbar machen, wie wenig sie aus diesem Umgang gelernt haben. Es gibt aber eine andere bewährtere Anweisung, die sie, wenn sie wollten, zu einer gründlicheren Kenntnis anderer Menschen führen könnte; und diese liegt in den Worten: Lerne dich selbst kennen. Die hierin enthaltene Lehre spricht dem übermütigen Stolz Höherer gegen Geringere oder der ungesitteten Frechheit Geringerer gegen Höhere ganz und gar nicht, wie einige wähnen, das Wort; sondern sie will so viel sagen: Die Gesinnungen und Leidenschaften der Menschen, so verschieden sie auch immer sein mögen, haben dennoch eine so große Ähnlichkeit untereinander, daß, sobald ein jeder über sich nachdenkt und findet, wie und aus welchen Gründen er selbst handelt, wenn er denkt, urteilt, schließt, hofft, fürchtet usw., er auch eben dadurch aller anderen Menschen Gesinnungen und Leidenschaften, die aus ähnlichen Quellen entstehen, deutlich kennenlernt; – ähnliche Leidenschaften also, nicht aber ähnliche Gegenstände der Leidenschaften; denn diese sind, wegen der innerlichen Beschaffenheit und der Erziehung einzelner Menschen, so mannigfaltig und so versteckt, daß der wahre Zustand ihres Herzens, welcher durch Verstellung und Irrtümer einem unleserlichen und verworrenen schriftlichen Aufsatz ähnlich geworden ist, nur dem Herzenskündiger allein verständlich bleibt. Obgleich wir also zuweilen aus den Handlungen der Menschen ihre wahren Gedanken zu erraten imstande sind, so ist dies doch sehr schwer, wenn wir dabei nicht zugleich teils auf das achten, was in uns selbst vorgeht, und teils auf die verschiedenen Nebenumstände Rücksicht nehmen, welche eine Sache sehr zu verändern imstande sind. Kann wohl jemand einen fremden Aufsatz in unbekannten Chiffren lesen, wenn er den Schlüssel dazu nicht hat? Gerade so werden auch wir entweder aus Leichtgläubigkeit oder aus übertriebenem Mißtrauen, je nachdem, ob wir gut- oder schlechtdenkend sind, andere falsch beurteilen.

Auch der Hellsehendste kann nur seine vertrauten Freunde, deren es immer nur wenige gibt, recht kennenlernen. Wer hingegen eine ganze Nation leiten will, der muß, aus sich selbst heraus, nicht diesen und jenen Menschen, sondern das ganze Geschlecht kennenlernen. Freilich ist dies schwer, schwerer als das Erlernen einer neuen Sprache oder jeder anderen Wissenschaft; gelingt es mir aber, meine Gedanken hierüber gehörig und deutlich auseinanderzusetzen, so wird es anderen desto leichter werden; da sie nur bloß prüfen dürfen, ob das, was ich sage, ihren Gedanken entspreche. Denn auf keine andere Weise ist hierin eine überzeugende Erkenntnis möglich.

Siebzehnter Abschnitt: Grund, Entstehung und Wesen eines Staates

Die Absicht und Ursache, warum die Menschen bei all ihrem natürlichen Hang zur Freiheit und Selbstherrschaft sich dennoch entschließen konnten, sich gewissen Anordnungen, welche die bürgerliche Gesellschaft erfordert, zu unterwerfen, lag in dem Verlangen, sich selbst zu erhalten und ein bequemeres Leben zu führen oder, mit anderen Worten, aus dem elenden Zustand eines Krieges aller gegen alle gerettet zu werden. Dieser Zustand ist aber notwendig, wegen der menschlichen Leidenschaften, mit der natürlichen Freiheit so lange verbunden, als keine Gewalt da ist, welche die Leidenschaften aus Furcht vor Strafe gehörig einschränken kann und auf die Haltung der Naturgesetze und der Verträge dringt. Alles was die Naturgesetze fordern, als z. B. Gerechtigkeit, Billigkeit und kurz, anderen das zu tun, was wir wünschen, daß es uns von anderen geschehe, ist, wenn die Furcht vor einer Zwangsmacht wegfällt, den natürlichen Leidenschaften, Zorn, Stolz und den Begierden aller Art gänzlich zuwider.

Gesetze und Verträge können an und für sich den Zustand des Krieges aller gegen alle nicht aufheben; denn sie bestehen in Worten, und bloße Worte können keine Furcht erregen, daher fördern sie die Sicherheit der Menschen allein und ohne Hilfe der Waffen gar nicht. Hat man sich vor keiner allgemeinen Macht zu fürchten, so können Gesetze, welche alsdann jemand nur deshalb beobachtet, weil er sieht, daß sie von anderen beobachtet werden, ebensowenig verpflichten als hindern, daß ein jeder es für erlaubt halte, soviel als möglich durch Stärke und Klugheit für seine Sicherheit zu sorgen. So findet man auch in der älteren griechischen Geschichte, daß, solange man keine andere als Familienoberhäupter hatte, die Räuberei zu Wasser und zu Lande nicht bloß für ein erlaubtes Gewerbe, sondern auch für ehrenvoll gehalten wurde, weil man sich dabei aller unnötigen Grausamkeit enthielt und keinen Ackerbau trieb. Was damals kleine Familien taten, das tun jetzt bürgerliche Gesellschaften als große Familien, welche bei der geringsten Gefahr eines feindlichen Einfalls ihrer Sicherheit wegen auf Erweiterung ihres Gebiets denken und ihre Feinde, wie auch die, welche sich mit denselben verbinden könnten, mit Gewalt und List möglichst bekriegen und dadurch zu schwächen suchen. Dies geschieht aber nach allem Recht, weil sonst ihre Sicherheit leiden würde.

Ebensowenig kann die beabsichtigte Sicherheit dadurch erreicht werden, daß nur einige wenige Menschen sich miteinander verbinden, weil bei einer geringen Anzahl die durch die wenigen Verbündeten erhaltene Verstärkung den Sieg ungewiß macht und den Feinden um so mehr Mut einflößt. Wie viele aber dazu erfordert werden, um uns gewiß sicherzustellen, läßt sich überhaupt nicht angeben, sondern nur durch Vergleichung mit der feindlichen Macht bestimmen; sie muß aber wenigstens so groß sein, daß dem Feind – bei einem günstigen Zeitpunkt, um etwas Entscheidendes zu wagen – die Lust zum Angriff benommen werde.

Es mögen ihrer aber noch so viele sein, so werden sie weder gegen auswärtige Feinde noch untereinander sicher sein können, wenn sie nämlich nach dem Urteil und der Willkür dieser Personen handeln müssen. Denn bei der Uneinigkeit über die Art und Weise, wie sie ihre Kräfte anwenden sollen, wird nicht allein keiner dem anderen helfen, sondern es wird auch ihre ganze Macht durch die sich widersprechenden Anschläge gleichsam vernichtet werden. Sie werden alsdann von ihrem allgemeinen Feind leicht beisiegt werden und überdies aus Eigennutz unter sich in Streit geraten. Wollte man annehmen, daß eine große Anzahl Menschen, ohne einer allgemeinen Obermacht unterworfen zu sein, Billigkeit und alle übrigen Gesetze der Natur einmütig beobachtete, so müßte dies auch von dem ganzen Menschengeschlecht gelten, und es würde alsdann gar keine bürgerliche Einrichtung nötig sein, weil die Menschen auch ohne Oberherren auf diese Art in Frieden leben würden.

Es reicht auch nicht zu einer fortdauernden Sicherheit hin, daß die Menschen nur auf eine gewisse und bestimmte Zeit, z. B. in einem Krieg oder einzelnen Treffen, unter einem Oberherrn stehen. Gesetzt, sie überwänden auch durch eine einmütige Anstrengung ihrer Kräfte ihren Feind, so wird dennoch nachher, wenn ein und derselbe von einigen als Feind und von anderen als Freund angesehen wird, die Gesellschaft notwendig getrennt werden und wegen der Verschiedenheit ihrer Absichten ein neuer Krieg entstehen.

Aber, möchte man sagen, es gibt gewisse unvernünftige Tiere, wie die Bienen, welche in einem Stock, und die Ameisen, die in einem Haufen friedlich miteinander leben und deshalb von dem Aristoteles für staatskluge Tiere gehalten wurden. Sie regieren sich selbst, ein jedes nach seinem Urteil und Trieb, ohne vermittels einer Sprache sich einander deutlich machen zu können, was sie zum allgemeinen Wohl dienlich halten oder nicht. – Warum sollten die Menschen nicht eben das können? Hierbei erwäge man folgendes:

Einmal, die Menschen liegen der Ehre und Würde wegen miteinander in einem beständigen Streit, jene Tiere aber nicht. Unter den Menschen entsteht hieraus sowie aus mehreren Ursachen häufig Neid, Haß und Krieg, unter jenen aber höchst selten.

Zweitens, unter den genannten Tieren ist das allgemeine Gut auch das Gut eines jeden einzelnen; so wie nun jedes von ihnen nach diesem strebt, so befördert dasselbe eben dadurch auch jenes. Der Mensch aber kennt bei allem, was er besitzt, keine höhere Freude als die, daß andere nicht soviel haben.

Drittens, weil diesen Tieren die Vernunft fehlt, so finden sie in der allgemeinen Verwaltung nichts zu tadeln; unter den Menschen dünken sich aber viele klüger und zur Regierung fähiger zu sein als andere, und weil daher ein jeder nach seiner Einsicht bessern will, so entsteht Uneinigkeit unter ihnen und dadurch Krieg.

Viertens, wenngleich diese Tiere eine Art von Sprache haben, welche ihre Begierden anzudeuten hinreicht, so fehlt ihnen noch die große Kunst, durch deren Hilfe die Menschen es so weit bringen, daß das Gute für Böses, das Böse für Gutes, das Große für Kleinigkeit und eine Kleinigkeit für Großes gehalten wird, auch einer des anderen Handlung so vorstellt, daß Unruhen unvermeidlich werden.

Fünftens, die Tiere kennen keinen Unterschied zwischen Schaden und Unrecht; solange ihnen nichts fehlt, beneiden sie die anderen nicht. Wenn aber der Mensch Muße und Vermögen im Überfluß hat, so ist er alsdann gerade am unleidlichsten, weil er unter solchen Umständen am meisten geneigt ist, seine Weisheit dadurch zu zeigen, daß er die Handlungen derer, welche am Staatsruder sitzen, bitter tadelt.

Endlich ist die Eintracht unter jenen Tieren ein Werk der Natur, unter Menschen aber ist sie ein Werk der Kunst und eine Folge der Verträge. Was Wunder also, wenn unter diesen zur beständigen Dauer der Eintracht außer den Verträgen noch etwas mehr erfordert wird, nämlich eine allgemeine Macht, die jeder einzelne fürchtet und deren Anordnung gemäß er bei seinen Handlungen das allgemeine Beste vor Augen haben muß.

Um aber eine allgemeine Macht zu gründen, unter deren Schutz gegen auswärtige und innerliche Feinde die Menschen bei dem ruhigen Genuß der Früchte ihres Fleißes und der Erde ihren Unterhalt finden können, ist der einzig mögliche Weg hierzu der, daß jedweder alle seine Macht oder Kraft einem oder mehreren Menschen übertrage, wodurch der Wille aller gleichsam in einen Punkt vereinigt wird, so daß dieser eine Mensch oder diese eine Gesellschaft eines jeden einzelnen Stellvertreter werde und ein jeder die Handlungen jener so betrachte, als habe er sie selbst getan, weil sie sich dem Willen und Urteil jener freiwillig unterworfen haben. Dies faßt aber noch etwas mehr in sich als Übereinstimmung und Eintracht; denn es ist eine wahre Vereinigung aller in eine Person und beruht auf dem Vertrag eines jeden mit einem jeden, als wenn ein jeder zu einem jeden sagte: »Ich übergebe mein Recht, mich selbst zu beherrschen, diesem Menschen oder dieser Gesellschaft unter der Bedingung, daß du ebenfalls dein Recht über dich ihm oder ihr abtrittst.« Auf diese Weise werden alle einzelnen eine Person und heißen Staat oder Gemeinwesen. So entsteht der große Leviathan oder, wenn man lieber will, der sterbliche Gott, dem wir unter dem ewigen Gott allen Frieden und Schutz zu verdanken haben. Dieses von allen und jedem übertragene Recht bringt eine so große Macht und Gewalt hervor, daß durch sie die Gemüter aller zum Frieden unter sich gern geneigt gemacht und zur Verbündung gegen auswärtige Feinde leicht bewogen werden. Dies macht das Wesen eines Staates aus, dessen Erklärung folgende ist: Staat ist eine Person, deren Handlungen eine große Menge Menschen, kraft der gegenseitigen Verträge eines jeden mit einem jeden, als ihre eigenen ansehen, damit dieselbe nach ihrem Gutachten die Macht aller zum Frieden und zur gemeinschaftlichen Verteidigung anwende. Von dem Stellvertreter des Staates sagt man, er besitze die höchste Gewalt. Die übrigen alle heißen Untertanen und Bürger.

Zu dieser höchsten Gewalt gelangt man auf zweierlei Wegen. Einmal, wenn ein Vater seine Söhne zum Gehorsam zwingt, denn er kann ihnen durch Verweigerung des Unterhalts das Leben nehmen, oder auch wenn man überwundenen Feinden unter der Bedingung das Leben schenkt, daß sie sich unterwerfen. Zum anderen, wenn mehrere die höchste Gewalt einem Menschen oder einer Gesellschaft in der Hoffnung, geschützt zu werden, freiwillig übertragen. Das erstere heißt Eroberung, das letzte Errichtung eines Staates, von welcher zuerst gehandelt werden soll.

Einundzwanzigster Abschnitt: Bürgerliche Freiheit

Freiheit bedeutet eigentlich eine Abwesenheit äußerlicher Hindernisse bei einer Bewegung und wird von unvernünftigen und leblosen Dingen ebensogut gebraucht wie von vernünftigen. Denn was gebunden oder eingeschlossen ist, so daß es sich nur innerhalb eines Raumes, der von äußerlichen Körpern beschränkt wird, bewegen kann, von dem sagt man, es fehle ihm die Freiheit, weiter zu kommen. So fehlt den Tieren, welche eingesperrt oder angelegt sind, die Freiheit, dahin zu gehen, wo sie außerdem hingehen würden. Ist aber das Hindernis kein äußerliches, sondern ein innerliches, so fehlt es nicht an Freiheit, sondern an Vermögen; so sagt man von dem, der auf dem Krankenbett liegt, nicht: Er hat nicht die Freiheit zu gehen, sondern: Er hat das Vermögen dazu nicht.

Nach dieser eigentlichen und allgemein angenommenen Bedeutung des Wortes Freiheit wird der frei genannt, welcher durch nichts gehindert wird, das zu tun, wozu er Geschicklichkeit und Kräfte besitzt. Werden die Wörter frei und Freiheit von noch anderen als körperlichen Dingen gebraucht, so ist das ein Mißbrauch. Was keiner Bewegung fähig ist, dabei findet ja auch kein Hindernis statt. Sagt man also z. B., der Weg sei frei, so sieht diese Freiheit nicht auf den Weg, sondern auf den Wanderer. Ebenso wird auch bei dem Ausdruck ein freies Geschenk nicht die Freiheit des Geschenks, sondern die Freiheit des Gebers verstanden. Wenn es ferner von jemandem heißt, er rede frei, so deutet dies nicht auf die Freiheit der Rede, sondern auf die des Redners. Freier Wille endlich bedeutet nicht die Freiheit des Willens, sondern des Wollenden.

Bei ein und derselben Handlung können Furcht und Freiheit zugleich sich finden, wenn z. B. jemand aus Furcht vor einem Schiffbruch alles, was er hat, ins Meer wirft. Er tut es aus eigener Entschließung und hätte, wenn er gewollt hätte, es unterlassen können. Er handelte also frei. Ebenso handelt derjenige frei, der, um nicht ins Gefängnis gesetzt zu werden, seine Schulden bezahlt, weil es nur bei ihm stand, ob er bezahlen wollte oder nicht. So sind auch die Handlungen der Bürger, die aus Furcht vor dem Gesetz geschehen, wenn Sie dieselben ebensogut unterlassen konnten, sämtlich frei zu nennen.

Ebenso kann auch Freiheit und Notwendigkeit miteinander zugleich bestehen. So strömt das Wasser im Flußbett frei und doch zugleich aus natürlicher Notwendigkeit abwärts. Auf eben dieselbe Art sind alle willkürlichen Handlungen, welche ihrer Natur nach frei sind, darum, weil sie ihre Ursachen haben, diese wieder andere Ursachen usw. bis zu der ersten allgemeinen Ursache, nämlich dem Willen Gottes, dennoch notwendig; so daß sie dennoch offenbar als willkürliche erkannt werden müssen, wenngleich man die ganze Kette aller Ursachen davon übersehen könnte. Da nun alle Handlungen von dem Willen Gottes abhängen, so sieht dieser allwissende Regierer der Welt auch die Notwendigkeit aller Handlungen ein, und auch wenn viele Handlungen der Menschen wider die göttlichen Gesetze laufen, von welchen Gott nicht als Urheber angesehen werden kann, so regt sich doch in dem Menschen kein Wunsch und keine Begierde, wovon der erste und zureichende Grund nicht in dem Willen Gottes liegen sollte. Denn wenn der göttliche Wille dem menschlichen Willen und folglich allen daraus entstehenden Handlungen nicht eine Notwendigkeit auflegte, so würde die Freiheit des menschlichen Willens die Allmacht, Allwissenheit und Freiheit Gottes aufheben. Genug von der natürlichen und eigentlich sogenannten Freiheit.

Wie aber die Menschen, des Friedens und der Selbsterhaltung wegen, einen künstlichen Menschen (den Staat) gemacht haben, so haben sie auch künstliche Bande (bürgerliche Gesetze) erfunden, welche sie durch gegenseitige Verträge einerseits gleichsam an die Lippen des Oberherrn, andererseits aber an ihre Ohren befestigt haben. Können auch diese Bande an sich wohl zerrissen werden, so sind sie doch haltbar genug, nicht wegen der Schwierigkeit, sie zu zerreißen, sondern wegen der damit verbundenen Gefahr.

Diese künstlichen Bande sind das, wodurch die bürgerliche Freiheit eingeschränkt wird; denn da die Gesetze unmöglich auf alle und jede Handlungen ausgedehnt werden können, so schreibt man dem Bürger eine Freiheit nur einzig in Hinsicht derjenigen Handlungen zu, über welche die Gesetze nichts bestimmen. In Ansehung dieser Handlungen steht es einem jeden frei, das zu tun, was ihm gut deucht. Wäre unter bürgerlicher Freiheit nur Befreiung von Gefängnis und Ketten zu verstehen, so würden unsere jetzigen Aufrührer sich ohne Grund beschweren und Freiheit fordern, da sie dieselbe hatten und doch sich empörten. Es besteht daher die bürgerliche Freiheit nur in den Handlungen, welche der Gesetzgeber in seinen Gesetzen übergangen hat.

Es hindert indes diese bürgerliche Freiheit keineswegs, daß der Oberherr nicht das Recht über Leben und Tod in Ansehung seiner Bürger haben sollte. Denn es ist bereits erwiesen, daß den Bürgern von ihrem Oberherrn oder vom Staat kein Unrecht geschehen könne, wiewohl derselbe durch schlechte Handlungen bei Gott verantwortlich wird. Es ist daher möglich und geschieht auch nicht selten in Staaten, daß auf Befehl des Oberherren auch Unschuldige, ohne ihnen dadurch Unrecht zu tun, hingerichtet werden, wenn z. B. Jephta seine Tochter töten ließ. So handelte auch der König David bei dem Mord an Urias allerdings schlecht und versündigte sich dadurch schwer an Gott, nicht aber an dem Urias selbst, weil dieser ein Bürger des Staates war. »An dir allein hab ich gesündigt«, sagt David selbst zu Gott; denn als König stand er einzig unter Gott. Wenn die Athener durch das Scherbengericht (Ostrazismus) einen Bürger des Landes verwiesen, so klagten sie ihn dadurch nicht eines Verbrechens an; sondern welchen die meisten Bürger nicht unter sich dulden wollten, der mußte aus dem Gebiet des Staates, nicht weil er die Gesetze übertreten hatte, vielmehr weil man fürchten mußte, daß er wegen seines zu großen Einflusses die Gesetze ungestraft übertreten könne. Deshalb verjagten sie den Aristides, dem sie noch kurz zuvor den Beinamen der Gerechte gegeben hatten. So vertrieben sie auch einen gewissen Hyperbolus, einen Lustigmacher und Menschen aus dem niedrigsten Stand, den gewiß niemand fürchtete, bloß weil sie es wollten; vielleicht aus Scherz, nicht aber mit Unrecht, da sie es im Namen des Staates taten.

Die Freiheit, von der in den Schriften der älteren Griechen und Römer so viel gerühmt wird und welche noch jetzt von denen, die die Staatskunst dieser Völker über alles schätzen, mündlich und schriftlich gepriesen wird, ist nicht die Freiheit einzelner Bürger, sondern die des gesamten Staates, und sie ist einerlei mit der, die jeder Mensch gehabt haben würde, wenn keine Staaten errichtet und keine Gesetze gegeben worden wären. Denn wie unter den Menschen ohne Gesetze und Oberherren jeder mit seinem Nachbarn Krieg führt, auf seine Kinder nichts vererbt, kein Eigentum besitzt, keiner Sicherheit genießt, sondern statt alles dessen sich einer allgemeinen und unbedingten Freiheit rühmt, so haben auch Staaten, die einander nicht unterworfen sind, vollkommene Freiheit, alles das zu tun, was ihnen vorteilhaft zu sein scheint. Sie sind aber in beständiger Bereitschaft zum Angriff, als wäre es Krieg, und stellen ihre Grenzen überall durch schweres Geschütz sicher. So war also der Athener so wenig als der Römer (von Gesetzen) frei, wohl aber der Staat, in welchem ein jeder lebte. Obgleich an den Toren und Mauern der Stadt Lucca das Wort Freiheit mit großen Buchstaben steht, so genießt doch der Bürger daselbst keine größere Freiheit als der in Konstantinopel. An beiden Orten ist ihre Freiheit durch bürgerliche Gesetze beschränkt.

Durch das angenehme Wort Freiheit lassen sich diejenigen leicht irreführen, welche, aus Mangel an nötiger Kenntnis, ein dem Staat nur allein zukommendes Recht sich selbst anmaßen, als wäre es eines jedweden ererbtes Eigentum. Daß durch diesen Irrtum aber Aufruhr und Staatsumwälzung veranlaßt werden, kann niemandem auffallen, da derselbe durch das Ansehen berühmter Männer häufig unterstützt wird, die über die Staatskunst geschrieben haben. Wir Abendländer haben unsere Meinungen über die Einrichtungen der Staaten und deren Rechte aus dem Aristoteles, Cicero und aus anderen Griechen und Römern geschöpft, welche in demokratischen und aristokratischen Staaten lebten und jene Rechte aus der Natur ableiteten, aber das, was Gebrauch und Gewohnheit bei ihnen mit sich brachten, in ihre Staatsschriften ungefähr ebenso aufnahmen, wie Sprachlehrer dasjenige, was zu ihrer Zeit üblich ist, zu Sprachregeln zu machen pflegen. In Athen war, um jeden Gedanken an eine Staatsveränderung zu unterdrücken, der Grundsatz angenommen, daß diejenigen, welche in einem Volksstaat lebten, nur freie Leute, welche aber unter einem Monarchen stünden, Sklaven wären. Deshalb lehrte auch Aristoteles in seinen Staatsschriften, Buch 6, Kap. 2, nur in der Demokratie herrsche Freiheit, und sonst in keiner anderen Staatsverfassung. Das nämliche behaupteten Cicero und andere mehr, die ihre Grundsätze hierin aus dem Vorurteil der Römer hernahmen, welche so wie ihre Vorfahren, die ihren Oberherrn, den König, abgesetzt und die höchste Gewalt in Rom unter sich geteilt hatten, einen unauslöschlichen Haß gegen die monarchische Regierung hegten. Die Meinungen dieser griechischen und lateinischen Schriftsteller werden denen, die sie jetzt lesen, schon früh beigebracht und erzeugen bei ihnen den Hang, unter dem täuschenden Vorwand von Freiheit jeden Aufruhr zu begünstigen, die Handlungen derer, die im Besitz der höchsten Gewalt sind, zu tadeln; und dies geschieht mit

Vergießung einer so großen Menge Blutes, daß den Abendländern die Erlernung der griechischen und lateinischen Sprache wahrlich sehr teuer zu stehen gekommen ist.

Um auf die wahre Beschaffenheit der bürgerlichen Freiheit zu kommen oder um zu bestimmen, welches diejenigen Handlungen sind, welche, wenngleich sie vom Oberherrn vorgeschrieben waren, doch, ohne Ungerechtigkeit zu begehen, unterlassen werden können, so muß man erwägen, welchen Rechten man entsagt und welcher Freiheiten man alsdann sich begibt, wenn man einem oder mehreren die höchste Gewalt überträgt. Diese Handlung bewirkt sowohl eine Verbindlichkeit als eine Freiheit, so daß aus ihr die Quellen und Gründe von beiden hergenommen werden müssen. Zu etwas, wozu man seine Einwilligung nicht gab, kann wegen der natürlichen Freiheit aller Menschen keiner als verpflichtet angesehen werden. Weil aber diese Gründe teils aus den Worten selbst: Ich bekenne mich als den Urheber aller Handlungen desjenigen, dem wir die höchste Gewalt übergeben haben, teils aus der Absicht dessen, der sich der höchsten Gewalt unterwirft (welche sich immer aus dem Endzweck seiner Unterwerfung ergibt), hergenommen werden müssen, so werden dadurch diese Worte und diese Absicht die Quellen der Verbindlichkeit und Freiheit einzelner Bürger. Und nun erinnere man sich, daß Friede und Schutz der allgemeine Endzweck bei der Errichtung eines Staates ist.

Ein Staat wird durch Verträge, die ein jeder mit jedem macht, errichtet; folglich behält der Bürger seine Freiheit in Ansehung alles dessen, worauf er sein Recht weder durch einen Vertrag einem andern übertragen noch er selbst demselben entsagen kann. Im vierzehnten Abschnitt ist aber gezeigt worden, daß Verträge, nach welchen man sich gegen Gewalt nicht zu verteidigen verspricht, gar keine Kraft haben; und so ergibt sich folgendes: Wenn der Oberherr befiehlt, daß ein Bürger, sei er auch durch Urteil und Recht zum Tode verdammt, sich selbst umbringen, verstümmeln oder verwunden oder sich einem gewaltsamen Angriff nicht widersetzen oder daß er sich der Nahrungsmittel, der Arznei, der Luft und dem, was sonst zur Erhaltung des Lebens nötig ist, enthalten soll – so steht es dem Bürger frei, sich dessen zu weigern.

Wenn ein Bürger von dem Oberherrn oder auf dessen Befehl über ein von ihm begangenes Verbrechen befragt wird, so ist er zum Geständnis desselben nicht eher verpflichtet, als bis er der Verzeihung versichert worden ist. Keiner kann nämlich, wie schon gesagt, durch irgendeinen Vertrag verpflichtet werden, sich selbst anzuklagen. Außerdem machte sich ja der Bürger unterwürfig mit den Worten: Ich bin der Urheber aller Handlungen desjenigen, dem wir die höchste Gewalt übergeben haben. In diesen Worten aber wird die natürliche Freiheit keineswegs eingeschränkt; denn übertrage ich gleich das Recht, mich töten zu können, an ihn, so verpflichte ich mich doch dadurch nicht, auf seinen Befehl mich selbst zu töten. Es ist ganz etwas anderes, wenn man sagt: Töte mich oder meinen Mitbürger, wenn du willst, als wenn man sagt: Ich will mich oder meinen Mitbürger töten. Folglich liegt in jenen Worten keine Verpflichtung, sich oder einen Mitbürger zu töten. Die Verpflichtung, die bisweilen jemand auf sich haben kann, auf Befehl der höchsten Gewalt eine gefahrvolle oder unwürdige Tat zu verrichten, hängt also nicht von den ausdrücklichen Worten ab, mit welchen er sich unterwarf, sondern von der Absicht, die aus dem Zweck, zu welchem ein Staat errichtet wird, hervorgeht. Gesetzt aber, daß der verweigerte Gehorsam den Zweck, zu welchem der Staat errichtet wurde, vernichte, so steht alsdann die Weigerung des Gehorsams keinem frei; sonst kann er überall seine natürliche Freiheit gebrauchen.

Erhält jemand den Befehl, gegen einen öffentlichen Feind ins Feld zu ziehen, und er weigert sich dessen, so hat die höchste Gewalt allerdings das Recht, ihn zu bestrafen. Übrigens gibt es doch Fälle, in welchen er, auch ohne ungerecht zu handeln, den Befehl nicht zu erfüllen braucht, wenn er z. B. für sich einen gleich tüchtigen Mann stellt, weil er alsdann gegen den Staat nicht treulos handelt. Außerdem muß auch einige Nachsicht gebraucht werden, wegen der natürlichen Furchtsamkeit, die sich bei verschiedenen findet, nicht allein aus dem weiblichen Geschlecht, als von welchem so gefahrvolle Pflichten niemals erwartet werden, sondern auch aus dem männlichen, die oft ebenso furchtsam sind. Ein jedes Treffen endigt sich immer damit, daß die eine oder die andere Partei flieht; wird indes diese Flucht nicht durch Treulosigkeit, sondern durch Furcht bewirkt, so nennt man sie nicht eine ungerechte, sondern eine schändliche und unanständige Flucht; wenn jemand einem Treffen auszuweichen sucht, so ist dies aus gleichem Grund keine Ungerechtigkeit, sondern Feigherzigkeit. Jedweder aber, der sich unter ein Kriegsheer anwerben läßt, darf sich mit der natürlichen Furchtsamkeit nicht weiter entschuldigen und ist verpflichtet, sowohl ins Treffen zu gehen als auch aus demselben nicht wider den Willen seines Heerführers zu fliehen. Erfordert die Verteidigung des Staates die Hilfe sämtlicher Bürger, so ist nicht bloß jeder Waffenfähige, sondern jeder, der, wäre es auch noch so wenig, nur etwas zum Sieg beitragen kann, zu Kriegsdiensten verpflichtet, weil sonst die Errichtung des

Staates, zu dessen Erhaltung die Bürger alsdann weder Willen noch Mut hätten, vergeblich sein würde.

Zur Verteidigung eines anderen, er sei schuldig oder unschuldig, wider den Staat die Waffen zu ergreifen, steht keinem frei; denn eine solche Freiheit würde dem Oberherrn die Mittel zur Verteidigung der Bürger rauben und den Staat selbst gänzlich zerstören. Gesetzt aber, es hätten mehrere zugleich gegen die höchste Gewalt im Staat ein Hauptverbrechen begangen, weswegen sie, falls sie sich nicht davor sicherstellen, den Tod erwarten müssen – wird es diesen freistehen, sich mit vereinten Kräften zu verteidigen? Allerdings, denn sie streiten nur für ihr Leben, wozu der Schuldige so gut als der Unschuldige berechtigt ist. Die anfängliche Übertretung ihrer Pflicht war eine Ungerechtigkeit, daß sie sich aber nachher zu ihrer Verteidigung bewaffneten, ist kein neues Verbrechen. Sobald ihnen jedoch Verzeihung angeboten wurde, so fällt die Entschuldigung ihrer nachherigen Selbstverteidigung weg, und sie sind strafbar, wenn sie den anderen noch ferner beistehen.

Außer den angeführten Fällen hängt die Freiheit von dem Stillschweigen der Gesetze ab. Das, was durch die Gesetze nicht bestimmt ist, kann jeder Bürger tun oder unterlassen, und diese Freiheit wird, je nachdem der Oberherr es für gut findet, bald ausgedehnt, bald eingeschränkt sein. Hat ein Bürger mit dem Oberherrn einen Streit über den rechtmäßigen Besitz gewisser Äcker oder anderer Güter oder über eine Leibes- oder Geldstrafe, die in einem vorher gegebenen Gesetz sich gründet, so hat der Bürger die Freiheit, gegen seinen Oberherrn ebenso zu verfahren wie gegen jeden seiner Mitbürger; nur wird der Oberherr immer der Richter sein. Denn der Oberherr gründet seine Forderung nicht auf seine höchste Gewalt, sondern auf das zuvor gegebene Gesetz, und man nimmt von ihm an, daß er darin nicht weiter gehen werde, als ihn das Gesetz berechtigt. Deshalb begeht auch der Bürger in einem solchen Fall nichts, was dem Willen des Oberherrn zuwiderläuft. Sollte dieser aber seine Forderungen auf seine höchste Gewalt gründen, so kann der Bürger gegen denselben nicht nach dem Gesetz verfahren. Alles, was er vermöge der höchsten Gewalt fordert, fordert er als Bevollmächtigter des Bürgers selbst; und was dieser daher gegen die höchste Gewalt unternimmt, unternimmt er gegen sich selbst.

Wenn von dem oder den Inhabern der höchsten Gewalt einem oder mehreren Bürgern besondere Vorrechte oder Freiheiten zugestanden werden, wodurch die höchste Gewalt an der Beförderung des allgemeinen Wohls gehindert wird, so ist die Erteilung solcher Rechte ungültig, wofern nicht zugleich die höchste Gewalt mit deutlichen Worten ganz aufgegeben oder einem anderen übertragen wird, denn da die höchste Gewalt, wenn man es gewollt hätte, mit deutlichen Worten hätte aufgegeben oder übertragen werden können, beides aber nicht geschah, so muß dies so verstanden werden, daß man weder das eine noch das andere habe tun wollen und folglich die Erteilung solcher Freiheiten daher kam, daß man den Widerspruch zwischen den ereilten Freiheiten und der höchsten Gewalt nicht bemerkt hatte. In einem solchen Fall wird daher die höchste Gewalt, und mit derselben alle Rechte, die zu deren Ausübung gehören, beibehalten, als die Macht, Krieg und Frieden zu beschließen, richterliche Entscheidung, die Besetzung der obrigkeitlichen und Staatsämter und alles dasjenige, welches im achtzehnten Abschnitt angeführt worden ist.

Die Verpflichtung der Bürger gegen den Oberherrn kann nur so lange dauern, als derselbe imstande ist, die Bürger zu schützen, denn das natürliche Recht der Menschen, sich selbst zu schützen, falls dies kein anderer tun kann, wird durch keinen Vertrag vernichtet. Der Oberherr ist gleichsam die Seele des Staates; sobald aber die Seele vom Körper getrennt ist, vermag sie auch die Glieder desselben nicht mehr zu bewegen. Der Zweck des Gehorsams ist Schutz; je nachdem man nun die Erfüllung dieses Zwecks von einem anderen oder von sich selbst erwartet, dringt die Natur auch auf Gehorsam oder auf eigenes Streben. Die höchste Gewalt soll zwar nach der Absicht derer, welche sie gründeten, immerfort dauern; dennoch aber kann sie sehr leicht durch einen auswärtigen Krieg gewaltsam aufgehoben werden, und sie selbst hat schon von ihrer Gründung an, wegen der Unwissenheit und Leidenschaften der Menschen, vermöge der Uneinigkeit der Bürger, manchen Keim zu ihrem Untergang in sich.

Wird ein Bürger zum Kriegesgefangenen gemacht und hängt also von der Willkür der Feinde gänzlich ab, es wird ihm aber unter der Bedingung Freiheit und Leben geschenkt, daß er des Siegers Untertan werde, so steht es dem Bürger frei, darin einzuwilligen, und von dieser Zeit an ist er Untertan des Siegers; denn nur dies war für ihn das einzige Mittel, sein Leben zu erhalten. Wird er aber vom Feind in gefänglicher Haft aufbewahrt und ist ihm so seine persönliche Freiheit genommen, so bindet ihn kein Vertrag, und er kann mit Recht entweder durch Flucht oder sonst auf eine Weise sich retten.

Entsagt der Monarch der höchsten Gewalt in seinem und seiner Erben Namen, so werden alsdann die Bürger in den Naturzustand wieder zurückgebracht. Denn wenngleich auch ein Sohn oder nächster Verwandter von ihm offenbar da ist, so hängt dennoch die Ernennung seines Erben, dem vorigen Abschnitt zufolge, nur von ihm ab; und wenn er also keinen Thronfolger haben will, so hört mit der höchsten Gewalt auch die Unterwürfigkeit auf. Eben dies ist auch der Fall, wenn man bei seinem Absterben von seinen etwaigen Verwandten keine Nachricht und er selbst keinen Erben ausgenannt hat. Alsdann hört der Gehorsam auf, weil man nicht weiß, wem er geleistet werden soll.

Schickt der Landesherr einen Untertan ins Elend, so ist dieser während seiner Landesverweisung kein Untertan von ihm. Wer aber gewisser Geschäfte wegen in einen anderen Staat geschickt wird oder Erlaubnis zum Reisen erhält, bleibt Bürger und Untertan, und zwar nur einzig vermöge gewisser Verträge der Staaten untereinander; außerdem aber ist jeder allemal den Gesetzen des Staates unterworfen, in dessen Grenzen er sich befindet.

Unterwirft sich ein im Krieg überwundener Monarch seinem Sieger, so hört die bisherige Verbindlichkeit seiner Bürger gegen ihn auf, und sie sind nunmehr dem Sieger Gehorsam schuldig. Wird der Monarch aber gefangen gehalten, so geht er dadurch der obersten Gewalt in seinem Staat noch nicht verlustig; vielmehr sind seine Untertanen gehalten, auch dann den von ihm angesetzten und bevollmächtigten obrigkeitlichen Personen, wie sonst, zu gehorchen. Denn da er im Besitz seines Rechts bleibt, so kommt es nur bloß auf die Verwaltung des Staates, d. i. auf die obrigkeitlichen Personen und Staatsdiener an, welche der Monarch selbst angesetzt hat und darum, weil er unter den Umständen keine Veränderung mit ihnen vornehmen kann, sie notwendig anerkennen muß.

David Hume

(7.5.1711–25.8.1776)

Erkenntnis aus der Erfahrung

David Hume ist einer der großen englischen Empiristen der Neuzeit. England ist das Land des Empirismus, der philosophischen Richtung, die alle Erkenntnis aus der Erfahrung ableitet. Mit Francis Bacon begann diese Tradition, von Hume wurde sie weitergeführt.

Hume ist dafür berühmt geworden, daß er zum ersten Mal eine ausgearbeitete empirische Theorie des Menschen lieferte. Mit seinen Überlegungen suchte er Reichweite und Leistungsfähigkeit des menschlichen Erkenntnisvermögens zu bestimmen.

Für Hume kann der Verstand allein keine Wahrheit erfassen. Die Wahrheit leitet sich allein aus den unmittelbaren Sinneseindrücken ab. Von diesen geht alle Erkenntnis aus, hinter sie kann man nicht mehr zurückgehen.

Hume sagte zwei philosophischen Traditionen den Kampf an: der Metaphysik, die nach dem fragt, was *hinter* dem sinnlich Erfahrbaren liegt, und dem Rationalismus, wie er von Descartes vertreten wurde und für den nur das wahr ist, was sich aus der Vernunft ableitet.

David Hume stammte aus Schottland und wurde in Edinburgh als Sohn eines Aristokraten geboren. Bereits mit 16 Jahren faßte er den Entschluß, Philosoph zu werden. Doch seine Eltern drängten ihn, ein Studium der Rechte zu beginnen. Dieses brach er nach einem Jahr ab und wechselte zur Philosophie über.

Intensiv beschäftigte er sich in jenen Jahren mit Cicero und äußerte sich mit Begeisterung über die Entdeckung einer neuen Gedankenwelt, die ihn auf einen bisher nicht bekannten Weg führen sollte. Es entstanden etliche philosophische Aufzeichnungen, die er allerdings alle verbrannte, sodaß keine Zeugnisse dieser enthusiastischen Frühphase erhalten blieben.

Während seines Studiums geriet der jung Hume in eine Nervenkrise und litt vier Jahre unter schweren Depressionen. Offensichtlich bedeutete sein Wechsel zur Philosophie auch den Bruch mit seiner anerzogenen calvinistischen Religion, was ihn in einen inneren Konflikt stürzte. Allerdings erklärt sich durch diesen Gewissenskonflikt sein lebenslanges Engagement für moralphilosophische und religiöse Fragen.

Hume schloß sein Studium nicht ab. Er begann eine kaufmännische Ausbildung in einem Zuckerhandelshaus in Bristol. Bald schon überwarf er sich mit dem Leiter des Betriebes, verließ England und begann seine philosophischen Studien wieder aufzunehmen.

Dazu siedelte er nach Frankreich über, angeblich, weil dort die Lebenshaltungskosten niedriger waren. Er lebte vor allem in La Flèche, dem Kolleg, an dem schon Descartes studiert hatte. Mit 26 Jahren verfaßte er hier sein bedeutendstes Werk: *Eine Abhandlung über die menschliche Natur.*

Die Schrift erschien 1740 in London. Aber niemand nahm Kenntnis davon. Hume fühlte sich mißachtet, unverstanden und einsam. Er schrieb: »Ich sehe mich durch die menschenleere Einsamkeit, in die mich meine Philosophie geführt hat, in Schrecken und Verwirrung gesetzt.« Mehr Beachtung fand er mit einer Reihe kleinerer Essays über Moral und Politik, die er in den folgenden Jahren veröffentlichte.

Er bewarb sich um eine Professur für Ethik in England, scheiterte aber, weil man ihn des Atheismus bezichtigte. Auch eine weitere Bewerbung um ein akademisches Lehramt war vergeblich. Er nahm verschiedene Stellungen an, so als Hauslehrer und Sekretär des Generals Sinclair. Dabei fand er Zeit und Muße, sein Jugendwerk umzuarbeiten. Es erschien, acht Jahre nach der Erstveröffentlichung, noch einmal, nun in zwei Teilen. Der erste Teil trägt den Titel *Eine Untersuchung über den menschlichen Verstand* und ist der bedeutendere, der zweite Teil nennt sich *Untersuchungen über die Prinzipien der Moral.*

Berufliche Sicherheit fand Hume ab 1752 durch eine Stellung als Bibliothekar am Juristenkollegium in Edinburgh. Langsam stellte sich auch der lang ersehnte Erfolg ein. Seine nationalökonomischen Schriften *Political Discourses* (1752) fanden Beachtung. Vor allem aber verfaßte er seine zwischen 1754 und 1762 erschienene *The History of England* (*Geschichte Englands),* ein Werk, das ihn berühmt und wohlhabend machte.

Nach den schwierigen Anfangsjahren brachte ihm sein weiteres Leben Erfolg und Ehren. Er gab seine Stellung als Bibliothekar auf und wurde Gesandtschaftssekretär in Paris. Hier nahm er Beziehungen zu führenden Persönlichkeiten des gesellschaftlichen und intellektuellen Lebens auf. Besonders bedeutsam ist seine Freundschaft zu Jean-Jacques Rousseau.

Er machte auch die Bekanntschaft mit Madame Pompadour und vielen Damen der Gesellschaft. Ein gewisser Baron Grimm berichtet: »Die Damen rissen sich förmlich um den ungefügen Schotten.« Hume selbst beschrieb sein neues, glamouröses Leben mit folgenden Worten: »Sie fragen mich nach meinem Leben. Ich kann nur sagen, daß ich nichts als Ambrosia esse, nichts als Nektar trinke, nichts als Weihrauch atme und auf nichts als Blumen wandle.«

Der glanzvolle Aufenthalt in Paris währte allerdings nicht lange. Hume fühlte sich nicht am richtigen Ort und beschloß, »die feinen Leute zu verlassen, bevor sie mich verlassen«.

Er kehrte nach England zurück und lebte in Edinburgh, wo er seine letzten Lebensjahre als reicher und unabhängiger Mann im Kreis seiner Freunde verbrachte. Doch schon nach wenigen Jahren befiel ihn eine unheilbare Krankheit, an der Hume 65jährig verstarb. Nach den Aussagen seines Freundes Adam Smith war er in den letzten Monaten seines Lebens ganz gelassen, fürchtete den Tod nicht und befand sich »in völliger Ruhe seines Geistes«.

»Die Gewohnheit ist die große Führerin im menschlichen Leben.« Mit diesem Satz aus der Schrift *Eine Untersuchung über den menschlichen Verstand* läßt sich vielleicht am besten die Philosophie Humes zusammenfassen. Mit ›Gewohnheit‹ meint er ›Erfahrung‹, und von ihr geht für Hume all unser Denken aus.

Deswegen mußte er untersuchen, was überhaupt die Inhalte unseres Bewußtseins sind. Er unterteilte sie in zwei Klassen: die Eindrücke *(impressions),* die aus der ganz unmittelbaren Erfahrung, den Sinneseindrücken wie riechen, sehen, hören und tasten, hervorgehen, und die Gedanken und Vorstellungen *(ideas),* die Abbilder dieser Eindrücke sind.

Für Hume gibt es keine Realität hinter der Welt der Eindrücke. Alles ist nach seiner Sicht lediglich ein Bündel von Wahrnehmungen. Gesetzmäßigkeiten, die man glaubt zu erkennen, gründen sich nicht auf einer kosmischen Ordnung oder einem höheren Prinzip, sondern werden allein im Bewußtsein des Menschen hergestellt. Die Idee Gottes und die Idee der Seele können demnach nicht aus sich heraus wahr sein, eben weil sie keinen Bezug zur Erfahrung haben.

Humes Beweisführung will sich nicht gegen den gesunden Menschenverstand richten, sondern gegen dogmatische Philosophen und Metaphysiker, die ständig Grenzen des Bewußtseins überschreiten und vorgeben, etwas zu wissen, wo man nichts wissen kann.

In diesem Sinne ist Hume auch ein Glaubensskeptiker und Aufklärer. Kritisches, aufgeklärtes Denken äußert sich als Infragestellung der Religion und Absage an jeden Aberglauben. Der Glaube an Wunder ist für ihn ein wesentlicher Teil der Religion und deswegen abzulehnen. »Kein Zeugnis reicht aus, ein Wunder festzustellen«, schreibt er. Was Hume in der *Untersuchung über den menschlichen Verstand* über Wunder sagt, kommt einer vollständigen Vernichtung der Religion gleich. Seine atheistischen Essays *Über den Selbstmord* und *Über die Unsterblichkeit der Seele* durften nicht veröffentlicht werden, weil sie antireligiös waren.

Der grundsätzliche Skeptizismus, den Hume allem gegenüber an den Tag legt, was nicht der Erfahrung standhält, hat tatsächlich den Blick der Philosophie auf die Fragwürdigkeit so mancher sehr allgemeiner Begrifflichkeiten, abstrakter Ausführungen und nicht nachvollziehbarer Gottesbeweise freigegeben.

Selbst Immanuel Kant, der ein Kritiker Humes war, mußte bekennen, daß er erst durch dessen Gedanken aus dem »dogmatischen Schlummer« erweckt wurde und begann, die Metaphysik grundsätzlich zu hinterfragen

Hume schlägt die folgenden Testfragen für die Nützlichkeit eines philosophischen Werkes vor: »Enthält es irgendeinen Gedankengang über Größe oder Zahl? Nein. Enthält es irgendeinen auf Erfahrung gestützten Gedankengang über Tatsachen und Dasein? Nein. Nun, so werft es ins Feuer, denn es kann nichts als Blendwerk und Täuschung enthalten.« Diese Kriterien gelten in vieler Hinsicht auch heute noch.

Für diese Textsammlung wurden die ersten Abschnitte der *Untersuchung über den menschlichen Verstand* ausgewählt, die abgesehen von ihrem philosophischen Gehalt ein Dokument von hoher literarischer Qualität darstellen.

Eine Untersuchung über den menschlichen Verstand

(Abschnitt 1 und 4)

Erster Abschnitt: Über die verschiedenen Arten der Philosophie

Die Philosophie des Geistes oder die Wissenschaft von der menschlichen Natur läßt sich auf zwei verschiedene Weisen behandeln, von denen jede ihr besonderes Verdienst hat und zur Unterhaltung, Belehrung und Besserung der Menschheit beitragen kann. Die eine betrachtet den Menschen hauptsächlich als zum Handeln geboren, in diesem Handeln durch Geschmack und Gefühl beeinflußt, einem Gegenstand nachstrebend und den anderen vermeidend, je nach dem Wert, den diese Gegenstände zu haben scheinen, und der Beleuchtung, in der sie sich darstellen. Nun ist von allen Gegenständen die Tugend der wertvollste, und so malen die Philosophen dieser Gattung sie in den anmutigsten Farben, entlehnen dazu die Hilfsmittel der Dicht- und Redekunst und behandeln ihren Vorwurf in einer leichten und einleuchtenden Weise, wie sie der Einbildung am wohlgefälligsten ist und die Neigungen fesselt. Sie wählen die schlagendsten Beobachtungen und Beispiele aus dem täglichen Leben, stellen einander entgegengesetzte Charaktere in geeigneten Kontrast, und nachdem sie uns durch die Aussichten von Ruhm und Glück auf die Pfade der Tugend gelockt haben, lenken sie unsere ferneren Schritte durch höchst gesunde Vorschriften und leuchtende Beispiele. Sie lassen uns den Unterschied zwischen Laster und Tugend *empfinden*; sie erwecken und regeln unsere Gefühle, und können sie nur unsere Herzen für die Liebe zu Rechtschaffenheit und wahrer Ehre gewinnen, so glauben sie den Endzweck ihrer Anstrengungen voll erreicht zu haben.

Die Philosophen der zweiten Gattung betrachten den Menschen mehr im Lichte eines vernünftigen, als eines tätigen Wesens und bemühen sich mehr, seinen Verstand zu bilden, als seine Sitten zu veredeln. Sie betrachten die menschliche Natur als einen Gegenstand spekulativen Nachdenkens und prüfen sie aufs genaueste, um diejenigen Prinzipien aufzufinden, welche unseren Verstand regeln, unsere Gefühle erregen und uns veranlassen, ein bestimmtes Ding, eine Handlung oder ein Betragen zu billigen oder zu tadeln. Nach ihnen gereicht es aller Wissenschaft zum Vorwurf, daß die Philosophie noch immer nicht über jeden Streit erhaben die Grundlage der Moral, der Vernunfttätigkeit und der Geschmacksurteile festgelegt hat; daß sie fortwährend über Wahrheit und Unwahrheit, Laster und Tugend, Schönheit und Häßlichkeit redet, ohne die Quelle dieser Unterschiede bestimmen zu können. Sie nehmen diese mühevolle Aufgabe in Angriff und lassen sich dabei durch keine Schwierigkeiten abschrecken; sondern von Einzelfällen zu allgemeinen Prinzipien aufsteigend, dehnen sie ihre Forschungen auf noch allgemeinere aus und gönnen sich keine Ruhe, bis sie zu jenen Prinzipien gelangen, welche in jeder Wissenschaft den menschlichen Erkenntnistrieb beschränken müssen. Mögen auch ihre Spekulationen dem gewöhnlichen Leser abstrakt, ja unverständlich erscheinen, – sie erstreben die Billigung des Gelehrten und des Weisen und halten sich für die Anstrengungen ihres ganzen Lebens genugsam entschädigt, wenn sie einige verborgene Wahrheiten entdecken können, die vielleicht zur Belehrung der Nachwelt beitragen.

Sicherlich wird die leichte und einleuchtende Philosophie stets bei der Mehrzahl aller Menschen den Vorzug vor der genauen und unzugänglichen behaupten, und viele werden sie nicht nur als angenehmer, sondern auch als nützlicher der anderen gegenüber empfehlen. Sie findet leichter Fühlung mit dem täglichen Leben, formt Herz und Gemüt, und durch Berührung jener Prinzipien, welche das Handeln des Menschen auslösen, bessert sie dessen Lebensführung und nähert ihn dem von ihr aufgestellten Muster der Vollkommenheit an. Die unzugängliche Philosophie dagegen beruht auf einer Geistesrichtung, welche nicht ins praktische Leben eingehen kann; daher entschwindet sie, wenn der Philosoph das Dunkel verläßt und ins Tageslicht tritt; auch können ihre Prinzipien nicht leicht nachhaltigen Einfluß auf unsere Führung und unser Verhalten ausüben. Vor den Empfindungen unseres Herzens, den Stürmen unserer Leidenschaften, der Heftigkeit unserer Neigungen zerstieben alle ihre Schlüsse, und vom tiefsinnigen Philosophen bleibt nichts als der gewöhnliche Sterbliche.

Auch muß anerkannt werden, daß die leichte Philosophie den dauerhaftesten sowie rechtmäßigsten Ruhm errungen hat; dagegen scheinen abstrakte Denker bisher, wohl wegen der Laune und Unwissenheit ihres eigenen Zeitalters, sich nur eines vorübergehenden Ansehens erfreut zu haben, ohne bei der billiger denkenden Nachwelt ihren Ruf behaupten zu können. Leicht kann einem tiefsinnigen Philosophen in seinen überfeinen Gedankengängen ein Versehen unterlaufen – das eine Versehen wird aber notwendig zum Erzeuger eines zweiten. Inzwischen geht der Philosoph in seinen Folgerungen weiter, ohne vor irgendeinem Schluß zurückzuschrecken, mag dieser auch ungewöhnlich erscheinen oder der Volksmeinung widersprechen. Begeht aber ein Philosoph, der nur den gemeinen Menschenverstand in schöneren und gewinnenderen Farben wiedergeben möchte, zufällig ein Versehen, so führt ihn das nicht weiter; sondern er kehrt von neuem zu dem gemeinen Verstand und den natürlichen Gefühlen des Geistes zurück, kommt dadurch wieder auf die rechte Bahn und sichert sich vor jeder gefährlichen Täuschung. Der Ruhm Ciceros blüht noch heute; der des Aristoteles welkte völlig dahin. La Bruyère dringt über die Meere und behauptet seinen Ruf auch dort; aber der Glanz des Malebranche ist auf sein eigenes Volk und seine eigene Zeit beschränkt; und Addison wird vielleicht mit Vergnügen gelesen werden, wenn Locke völlig vergessen sein wird.

Der reine Philosoph ist eine Person, die der Welt meist nicht genehm ist, weil er angeblich weder zum Nutzen noch zum Vergnügen der Gesellschaft irgend beiträgt. Denn er lebt fern vom Verkehr mit den Menschen, eingesponnen in Prinzipien und Begriffe, die ihrem Verständnis gleichfalls fernstehen. Anderseits wird der völlig Unwissende noch mehr verachtet; und nichts gilt in einer Zeit und bei einem Volke, wo die Wissenschaften blühen, für ein so sicheres Zeichen eines kulturlosen Geistes, als jeden Geschmacks an dieser edlen Beschäftigung bar zu sein. Die vollkommenste Persönlichkeit wird meist zwischen jenen Extremen gesucht; für Bücher, Gesellschaft und Geschäfte soll sie gleich geschickt und genußfähig bleiben; soll in der Unterhaltung jene Feinheit und jenen Takt bewahren, die aus den schönen Wissenschaften gewonnen wird, und in Geschäften jene genaue Rechtlichkeit, die das natürliche Ergebnis einer richtigen Weltanschauung ist. Um so vollendete Persönlichkeiten zu fördern und zu pflegen, sind Schriften in der gefälligen Manier die allerdienlichsten. Sie ziehen nicht zu sehr vom Leben ab, erfordern für ihr Verständnis keine ernste Anspannung oder Zurückgezogenheit und geben ihren Schüler erfüllt von edlen Gefühlen und weisen Vorschriften, die jedem Anspruch des menschlichen Lebens genügen, seinen Mitmenschen wieder. Dank solchen Schriften wird die Tugend liebenswürdig, die Wissenschaft angenehm, Geselligkeit belehrend und Einsamkeit unterhaltend.

Der Mensch ist ein vernünftiges Wesen und empfängt als solches seine eigentümliche Speise und Nahrung von der Wissenschaft. Aber so eng sind die Schranken des menschlichen Verstandes, daß weder von der Ausdehnung noch von der Sicherheit seiner Errungenschaften auf diesem Gebiet viel Befriedigung erhofft werden kann. Der Mensch ist auch ein geselliges und nicht nur ein vernünftiges Wesen; aber er kann sich nicht immer angenehm unterhaltenden Umgangs erfreuen, noch sich die rechte Genußfähigkeit dafür bewahren. Der Mensch ist endlich ein tätiges Wesen und muß wegen dieser Anlage sowie wegen der mannigfachen Bedürfnisse des menschlichen Lebens sich den Geschäften und der Arbeit unterziehen; aber bisweilen verlangt der Geist nach Erholung und kann nicht fortwährend die Last der Sorge und Arbeit ertragen. Die Natur scheint daher dem Menschengeschlecht eine gemischte Lebensweise als die geeignetste angewiesen und es im geheimen gewarnt zu haben, sich hier keiner Voreingenommenheit allzusehr hinzugeben und dadurch die Fähigkeit für andere Arbeiten und Vergnügungen einzubüßen. Fröhne deiner Liebe zur Wissenschaft, spricht sie, aber deine Wissenschaft sei menschlich und lasse sich in unmittelbare Beziehung zum tätigen und geselligen Leben setzen. Unzugängliche Gedanken und tiefbohrende Forschungen untersage ich; ihre strenge Strafe sei grübelnde Schwermut, zu der sie dich führen, endlose Ungewißheit, in die sie dich, verstricken, und die kalte Aufnahme, welche die Mitteilung deiner angeblichen Entdekkungen erfahren wird. Sei ein Philosoph; aber inmitten all deiner Philosophie bleibe Mensch!

Begnügte sich die Mehrzahl der Menschen, damit, die leichte Philosophie der abstrakten und tiefsinnigen vorzuziehen, ohne auf letztere Tadel und Verachtung zu häufen, so wäre es vielleicht am richtigsten, sich dieser allgemeinen Ansicht anzuschließen und jedermann den Genuß seines eigenen Geschmacks und Gefühls ohne Widerrede zu gönnen. Aber da man oft weitergeht und schlechthin alle tieferen Gedankengänge oder das, was man gewöhnlich *Metaphysik* nennt, verwirft, so wollen wir nun im folgenden in Betracht ziehen, was vernünftigerweise zu ihren Gunsten angeführt werden kann.

Zunächst ließe sich bemerken, daß aus der genauen und abstrakten Philosophie als ein beträchtlicher Vorteil sich die förderung der leichten und menschlichen ergibt; diese nämlich kann ohne jene niemals einen genügenden Grad von Bestimmtheit in ihren Ansichten, Vorschriften oder Gedankengängen erlangen. Alle schönen Wissenschaften bestehen nur aus Schilderungen des menschlichen Lebens in seinen mannigfachen Lagen und Zuständen; sie erwecken in uns verschiedene Gefühle, Lob oder Tadel, Bewunderung oder Spott, je nach der Beschaffenheit des uns vorgeführten Gegenstandes. Ein Künstler wird dieser Aufgabe erfolgreicher gewachsen sein, wenn er nicht nur einen feinen Geschmack und rasche Aufnahmefähigkeit besitzt, sondern auch eine genaue Kenntnis des inneren Baues, der Verstandesvorgänge, des Spiels der Affekte und der vielfachen Arten von Gefühlen, durch die wir Laster von Tugend unterscheiden. Wie mühsam auch diese nach innen gekehrte Forschung und Untersuchung erscheinen mag, so ist sie doch für diejenigen gewissermaßen unentbehrlich, welche mit Erfolg die sichtbaren und äußeren Erscheinungen des Lebens und der Sitten beschreiben wollen. Der Anatom zeigt dem Auge die abschreckendsten und widerwärtigsten Gegenstände; aber seine

Wissenschaft ist dem Maler selbst beim Entwurf einer Venus oder Helena von Nutzen. Während dieser die üppigsten Farben seiner Kunst anwendet und seinen Gestalten den zierlichsten und reizvollsten Anstand verleiht, muß er doch dabei die innere Struktur des menschlichen Körpers, die Stellung der Muskeln, den Bau der Knochen und Gebrauch wie Gestalt jedes Teils und Organs aufmerksam beobachten. Genauigkeit kommt immer der Schönheit zugute, und richtiges Denken dem zarten Gefühl. Es ist vergeblich, das eine auf Kosten des anderen erheben zu wollen.

Außerdem zeigt sich in jeder Kunst und jedem Beruf, selbst in solchen, die dem Handeln und Leben am nächsten stehen, daß ein Geist der Genauigkeit, wie immer erworben, sie alle der Vollkommenheit näher bringt und den Interessen der Gesellschaft dienlicher macht. Und mag auch ein Philosoph fern von Geschäften leben, so muß doch der Geist der Philosophie, wenn er von Lehrern sorgsam gepflegt wird, allmählich die ganze Gesellschaft durchdringen und jeder Kunst wie jedem Beruf eine ähnliche Genauigkeit verleihen. Der Staatsmann wird mehr Voraussicht und Scharfblick in der Verteilung und Ausgleichung der Gewalten gewinnen; der Rechtsgelehrte mehr Methode und reinere Prinzipien für seine Gedankengänge, der Feldherr größere Pünktlichkeit im Dienst und mehr Vorsicht in seinen Plänen und Unternehmungen. Die Beständigkeit der neueren Staatsformen gegenüber den alten und die Genauigkeit der neueren Philosophie sind im gleichen Verhältnis gewachsen und werden es vermutlich auch weiterhin tun.

Ließe sich aber auch außer der Befriedigung einer unschuldigen Wißbegierde kein Vorteil aus diesen Studien ziehen, so wäre selbst das als ein Zuwachs an jenen wenigen ungefährlichen und harmlosen Freuden, welche dem Menschengeschlecht zugeteilt sind, nicht zu verachten. Der angenehmste und unschädlichste Lebensweg führt durch die Pfade der Wissenschaft und Gelehrsamkeit; und jeder, der ein Hindernis von diesem Wege zu räumen oder eine neue Aussicht zu eröffnen vermag, sollte insofern als ein Wohltäter der Menschheit gelten. Diese Untersuchungen mögen beschwerlich und ermüdend scheinen; aber es geht manchem Geist ebenso wie manchem Körper, der, mit kräftiger und blühender Gesundheit begabt, nach anstrengenden Übungen verlangt und ein Vergnügen aus dem zieht, was den meisten Menschen vielleicht wie eine lästige Arbeit vorkommt. Die Finsternis ist tatsächlich für den Geist so peinlich wie für das Auge; Licht aus der Finsternis gewinnen, sei diese Arbeit auch noch so schwer, kann deshalb nur angenehm und erfreulich sein.

Man hat aber gegen die Dunkelheit dieser tiefsinnigen und abstrakten Philosophie nicht nur geltend gemacht, daß sie beschwerlich und ermüdend, sondern auch, daß sie die unvermeidliche Quelle von Ungewißheit und Irrtum ist. Hierin liegt allerdings der gerechteste und einleuchtendste Vorwurf gegen einen beträchtlichen Teil der Metaphysik: daß sie nicht eigentlich eine Wissenschaft ist, sondern entweder das Ergebnis fruchtloser Anstrengungen der menschlichen Eitelkeit, welche in Gegenstände eindringen möchte, die dem Verstand durchaus unzugänglich sind, oder aber das listige Werk des Volksaberglaubens, welcher auf offenem Plan sich nicht verteidigen kann und hinter diesem verstrickenden Gestrüpp Schutz und Deckung für seine Schwäche sucht. Verjagt vom freien Felde, flieht dieser Räuber in den Wald und liegt auf der Lauer, um in jeden unbewachten Zugang des Geistes einzubrechen und ihn durch religiöse Ängste und Vorurteile zu überwältigen. Der stärkste Gegner unterliegt, wenn er einen Augenblick in seiner Wachsamkeit nachläßt; und viele öffnen aus Feigheit und Torheit dem Feinde die Pforten und empfangen ihn bereitwillig mit Ehrfurcht und Unterwürfigkeit als ihr rechtmäßiges Oberhaupt.

Ist dies indes ein hinreichender Grund für den Philosophen, von solchen Untersuchungen abzustehen und den Aberglauben weiter im Besitz seines Zufluchtsorts zu lassen? Ist es nicht angebracht, daß man den gerade entgegengesetzten Schluß zieht und die Notwendigkeit begreift, den Krieg in die geheimsten Schlupfwinkel des Feindes zu tragen? Vergeblich hoffen wir, daß der Mensch durch häufige Enttäuschungen endlich zum Verlassen solcher luftigen Wissenschaften bestimmt werden und das eigentliche Gebiet der menschlichen Vernunft entdecken möchte. Denn einmal finden viele Leute allzu merklich ihr Interesse dabei, solche Fragen immer wieder aufzurollen, dann aber kann auch der Beweggrund der blinden Verzweiflung vernünftigerweise niemals eine Stelle in den Wissenschaften haben; denn, trotz des erfolglosen Ausgangs früherer Versuche, bleibt doch noch Raum für die Hoffnung, daß der Fleiß, das gute Glück oder der gesteigerte Scharfsinn folgender Geschlechter zu Entdeckungen gelangen könnten, von denen frühere Zeiten nichts wußten. Jeder unternehmende Geist wird immer wieder nach dem hochgesteckten Preise langen und das Scheitern seiner Vorgänger wird ihn eher anreizen als entmutigen; er hofft dabei, daß ihm allein der Ruhm aufgespart sei, ein so schweres Abenteuer zu bestehen. Die einzige Methode, die Wissenschaft mit einem Male von solch unzugänglichen Fragen frei zu machen, besteht in einer ernstlichen Untersuchung der Natur des menschlichen Verstandes und in dem aus genauer Zergliederung seiner Kräfte und Fähigkeiten gewonnenen Nachweis, daß er keineswegs für solche entlegenen und dunklen Gegenstände geeignet ist. Wir müssen uns dieser Mühe unterziehen, um nachher für alle Zeiten in Ruhe zu leben: wir müssen die echte Metaphysik mit einer gewissen Sorgfalt pflegen, um die unechte und verfälschte zu zerstören. Trägheit, welche manchen vor dieser trügerischen Philosophie bewahrt, wird bei anderen durch die Wißbegierde überwogen; Verzweiflung, welche zeitweilig die Oberhand hat, weicht vielleicht später unbedachten Hoffnungen und Erwartungen. Genaue und richtige Vernunfttätigkeit ist das einzige Allheilmittel für jedermann und in allen Gemütslagen. Es allein ist imstande, jene unzugängliche Philosophie und das metaphysische Kauderwelsch zu zerstören, weiches, vermischt mit dem Volksaberglauben, dieselbe für sorglose Denker gewissermaßen undurchdringlich macht und ihr das Ansehen von Wissenschaft und Weisheit verleiht.

Neben diesem Vorteil, nach bedachtsamer Untersuchung den ungewissesten und unerfreulichsten Teil der Wissenschaft auszuschalten, entstehen aus einer sorgfältigen Prüfung der Kräfte und Fähigkeiten der menschlichen Natur auch viele positive Vorteile. Die geistigen Tätigkeiten haben das Merkwürdige an sich, daß sie, obgleich am innerlichsten uns gegenwärtig, doch in Dunkel gehüllt scheinen, sobald sie Gegenstand der Überlegung werden; auch kann das Auge nicht ohne weiteres jene Linien und Grenzen finden, welche sie auseinanderhalten und unterscheiden. Diese Gegenstände sind zu fein, um lange denselben Anblick und dieselbe Lage zu bieten; sie müssen in einem Augenblick erfaßt werden, mit höherer Einsicht, welche Naturgabe ist und sich durch Übung und Überlegung steigert. Es gestaltet sich also schon allein zu einem nicht unbedeutenden Teil der Wissenschaft, die verschiedenen Vorgänge im Geiste zu erkennen, sie voneinander zu sondern, sie unter die passenden Rubriken zu bringen und die ganze scheinbare Unordnung zu regeln, in welcher man sie antrifft, wenn man sie zum Gegenstand der Überlegung und Untersuchung macht. Diese Aufgabe des Einordnens und Unterscheidens, deren Erfüllung in bezug auf Körper der Außenwelt, die Gegenstände unserer Sinne, kein Verdienst ist, steigt im Werte, wenn sie sich auf die geistigen Vorgänge richtet, entsprechend der Schwierigkeit und Mühe, die uns bei ihrer Durchführung begegnen. Und können wir auch nicht über diese geistige Geographie oder Umreißung der verschiedenen Teile und Kräfte des Geistes hinauskommen, so ist es wenigstens eine Genugtuung, so weit zu gelangen. Je selbstverständlicher solche Wissenschaft übrigens erscheinen mag (und sie ist es keineswegs), um so verächtlicher muß ihre Unkenntnis bei denen erachtet werden, die auf Gelehrsamkeit und Philosophie Anspruch erheben.

Auch dürfen wir nicht argwöhnen, daß diese Wissenschaft ungewiß und chimärisch sei; man müßte denn einem solchen Skeptizismus huldigen, daß jede Forschung und selbst alles Handeln aufgehoben würde. Es läßt sich nicht bezweifeln, daß der Geist mit einer Mehrzahl von Kräften und Fähigkeiten begabt ist, daß diese Kräfte voneinander verschieden sind und daß, was wirklich für die unmittelbare Auffassung verschieden ist, auch durch Überlegung unterschieden werden kann; folglich also, daß es in allen Behauptungen auf diesem Gebiet ein Wahr und ein Falsch gibt, und zwar ein Wahr und Falsch, das nicht jenseits des Bereichs des menschlichen Verstandes liegt. Es gibt so manchen einleuchtenden Unterschied dieser Art, wie den zwischen Wille und Verstand, Einbildungskraft und Affekten, die dem Verständnis jedes menschlichen Wesens erreichbar sind. Die feineren und philosophischeren Untersuchungen sind nun nicht weniger wirklich und gewiß, wenn sie auch schwerer zu fassen sind.

Einige, namentlich neuere Beispiele von Erfolg in diesen Untersuchungen mögen von der Gewißheit und Zuverlässigkeit dieses Zweiges der Wissenschaft einen genaueren Begriff geben. Sollte es uns der Arbeit eines Philosophen würdig dünken, ein richtiges System der Planeten zu entwerfen und die Lage und Ordnung dieser entfernten Körper in Übereinstimmung zu bringen; während wir jene zu übersehen belieben, welche mit so viel Erfolg die Gebiete des Geistes umschreiben, woran wir doch so innerlich beteiligt sind?

Und dürfen wir nicht hoffen, daß die Philosophie bei sorgfältiger Pflege und durch öffentliche Beachtung ermutigt in ihren Untersuchungen noch weiter fortschreiten werde und wenigstens in gewissem Grade die geheimen Triebfedern und Prinzipien entdecken, durch welche die Vorgänge im menschlichen Geiste ausgelöst werden? Die Astronomen hatten sich lange begnügt, aus den Erscheinungen die wahre Bewegung, Ordnung und Größe der Himmelskörper zu beweisen; bis endlich ein Philosoph auftrat, der durch einen besonders glücklichen Gedankengang anscheinend auch die Gesetze und Kräfte bestimmt hat, durch welche der Umlauf der Planeten beherrscht und gelenkt wird. Das gleiche ist für andere Teile der Natur vollbracht worden. Man hat nun keinen Grund, an einem ebensolchen Erfolge in unseren Untersuchungen über die Kräfte und die Verfassung des Geistes zu verzweifeln, wenn mit gleicher Begabung und Behutsamkeit vorgegangen wird. Es ist wahrscheinlich, daß *ein* Vorgang und Prinzip des Geistes von einem anderen abhängig ist, daß dieses wieder auf ein allgemeineres und umfassenderes zurückgeführt werden kann; und vor, ja selbst nach einem sorgfältigen Versuch wird es uns schwer fallen, genau zu bestimmen, bis wie weit diese Forschungen möglicherweise geführt werden können. Soviel ist gewiß, daß Anläufe dieser Art tagtäglich selbst von Leuten gemacht werden, welche höchst nachlässig philosophieren; und doch ist erstes Erfordernis, das Unternehmen mit gründlichster Sorgfalt und Aufmerksamkeit in Angriff zu nehmen; damit, wenn es im Bereich des menschlichen Verstandes liegt, es endlich glücklich vollendet werde; und wo nicht, immerhin mit einiger Zuversicht und Sicherheit verworfen werden könne. Dies letzte Schlußergebnis ist wahrlich nicht wünschenswert und darf auch nicht zu voreilig angenommen werden; denn wieviel müßte die Schönheit und der Wert dieser Art Philosophie bei solch einer Voraussetzung einbüßen! Die Moralphilosophen pflegten bisher in Anbetracht der großen Menge und Verschiedenheit der Handlungen, welche Billigung oder Mißbilligung hervorrufen, nach einem gemeinsamen Prinzip zu suchen, von dem diese Mannigfaltigkeit der Gefühle wohl abhängen könnte. Sind sie auch aus Liebhaberei für irgendein bestimmtes allgemeines Prinzip bisweilen zu weit gegangen, so sind sie doch gewiß, entschuldbar, wenn sie allgemeine Prinzipien zu finden erwarten, auf welche alle Laster und Tugenden mit Recht zurückzuführen wären. Das gleiche haben die Ästhetiker, Logiker und selbst die Politiker zu leisten versucht. Auch sind ihre Bemühungen nicht ganz erfolglos geblieben, obschon vielleicht längere Zeit, größere Genauigkeit und angestrengterer Fleiß diese Wissenschaften ihrer Vollkommenheit noch näher bringen mögen. Allen Ansprüchen dieser Art ohne weiteres zu entsagen, darf mit Recht für voreiliger, überstürzter und dogmatischer angesehen werden, als selbst die kühnste and positivste Philosophie, die je ihre krassen Vorschriften und Prinzipien dem Menschen aufzudrängen versucht hat.

Was tut's, wenn diese Gedankengänge über die menschliche Natur abstrakt und schwer verständlich erscheinen? Dies gibt uns keinen Grund zu der Annahme, daß sie falsch seien. Es scheint im Gegenteil unmöglich, daß dasjenige ganz augenfällig und zugänglich sein könne, was bisher so vielen weisen und tiefen Philosophen entgangen ist. Und trotz aller Mühe, welche diese Untersuchungen uns kosten mögen, dürfen wir uns für genugsam belohnt halten, an Nutzen und auch an Vergnügen, wenn wir damit unseren Vorrat an Kenntnissen über Gegenstände von so unsäglicher Wichtigkeit vermehren können.

Indes ist schließlich das Abstrakte solcher Spekulationen keine Empfehlung, sondern vielmehr ein Nachteil für sie, und da diese Schwierigkeit vielleicht durch Sorgfalt und Geschick und durch Vermeidung aller unnötigen Ausführlichkeit überwunden werden kann, so habe ich in der folgenden Untersuchung mich bemüht, einiges Licht über Gebiete zu verbreiten, deren Ungewißheit den Weisen und deren Dunkelheit den Unwissenden bisher abgeschreckt haben. Schätzen wir uns glücklich, wenn wir die trennenden Eigentümlichkeiten der verschiedenen Arten von Philosophie dadurch vereinigen können, daß wir Tiefe der Forschung mit Klarheit und Wahrheit mit Neuheit versöhnen! Noch glücklicher, wenn wir durch diese ansprechende Art des Gedankengangs die Grundlagen einer unzugänglichen Philosophie untergraben können, welche bisher anscheinend nur dem Aberglauben als Zuflucht und dem Widersinn und Irrtum als Deckmantel gedient hat!

Vierter Abschnitt: Skeptische Zweifel in betreff der Verstandestätigkeiten (Teil I)

Alle Gegenstände der menschlichen Vernunft und Forschung lassen sich naturgemäß in zwei Arten zerlegen, nämlich in *Beziehungen von Vorstellungen* und in *Tatsachen.* Von der ersten Art sind die Wissenschaften der Geometrie, Algebra und Arithmetik; und kurz gesagt, jede Behauptung von entweder intuitiver oder demonstrativer Gewißheit. *Daß das Quadrat der Hypotenuse gleich ist den Quadraten der beiden Seiten*, ist ein Satz, der eine Beziehung zwischen diesen Figuren ausdrückt. *Daß dreimal fünf gleich der Hälfte von dreißig ist*, drückt eine Beziehung zwischen diesen Zahlen aus. Sätze dieser Art sind durch die reine Tätigkeit des Denkens zu entdecken ohne von irgendeinem Dasein in der Welt abhängig zu sein. Wenn es auch niemals einen Kreis oder ein Dreieck in der Natur gegeben hätte, so würden doch die von Euklid demonstrierten Wahrheiten für immer ihre Gewißheit und Evidenz behalten.

Tatsachen, der zweite Gegenstand der menschlichen Vernunft sind nicht in gleicher Weise als gewiß verbürgt; ebensowenig ist unsere Evidenz von ihrer Wahrheit, wenn auch noch so stark, von der gleichen Art wie bei der vorhergehenden. Das Gegenteil jeder Tatsache bleibt immer möglich, denn es kann niemals einen Widerspruch in sich schließen und wird vom Geist mit derselben Leichtigkeit und Deutlichkeit vorgestellt, als wenn es noch so sehr mit der Wirklichkeit übereinstimmte. *Daß die Sonne morgen nicht aufgehen wird*, ist ein nicht minder verständlicher Satz und nicht widerspruchsvoller, als die Behauptung, *daß sie aufgehen wird*. Wir würden daher vergeblich versuchen, seine Falschheit zu demonstrieren. Wäre er demonstrativ falsch, so enthielte er einen Widerspruch und ließe sich niemals deutlich vom Geiste vorstellen.

Es dürfte also des Interesses wert sein, die Natur jener Evidenz zu erforschen, die uns jede wirkliche Existenz und Tatsache sicherstellt, welche über das gegenwärtige Zeugnis der Sinne oder die Angaben unseres Gedächtnisses hinausgehen. Es fällt auf, daß dieser Teil der Philosophie bei den Alten wie bei den Neueren wenig gepflegt worden ist; und daher mögen unsere Zweifel und Irrtümer bei der Verfolgung einer so wichtigen Untersuchung um so entschuldbarer sein, als wir diese schwierigen Pfade ganz ohne Führer und Weiser beschreiten. Sie können sich sogar als nützlich erzeigen, wenn sie die Wißbegierde wecken und jenes unbedingte Vertrauen und Sicherheitsgefühl zerstören, welches Gift für alle Vernunfttätigkeit und freie Forschung ist. Die Entdeckung von Mängeln in der üblichen Philosophie, wenn solche vorhanden, wird meines Erachtens nicht entmutigen, sondern gerade, wie so oft, ein Ansporn sein, etwas Vollständigeres und Befriedigenderes zu erstreben, als bisher dem Publikum geboten wurde.

Alle Denkakte, die Tatsachen betreffen, scheinen sich auf die Beziehung von *Ursache* und *Wirkung* zu gründen. Einzig mit Hilfe dieser Beziehung können wir über die Evidenz unseres Gedächtnisses und unserer Sinne hinausgehen. Würde man jemanden fragen, warum er irgendeine Tatsache glaubt, die nicht gegenwärtig ist, z. B. daß sein Freund auf Lande oder in Frankreich sich befindet, so würde er einen Grund angeben, und dieser Grund würde eine andere Tatsache sein, etwa ein von ihm erhaltener Brief, oder die Kenntnis seiner früheren Entschließungen und Zusagen. Findet jemand auf einer wüsten Insel eine Uhr oder sonst eine Maschine, so würde er schließen, daß einst Menschen auf dieser Insel gewesen sind. All unsere Gedankengänge, die Tatsachen betreffen, sind von derselben Art. Es wird hier beständig vorausgesetzt, daß zwischen der gegenwärtigen Tatsache und der aus ihr abgeleiteten eine Verknüpfung besteht. Wäre kein Band zwischen ihnen vorhanden, so wäre die Ableitung völlig haltlos. Eine in der Dunkelheit vernommene artikulierte Stimme und vernünftige Rede versichern uns der Gegenwart irgendeiner Person. Und warum? weil dies die Wirkungen menschlicher Bildung und Beschaffenheit und eng mit dieser verknüpft sind. Zergliedern wir alle anderen Gedankengänge solcher Art, so werden wir finden, daß sie sich auf die Beziehung von Ursache und Wirkung gründen und daß diese Beziehung eine nahe oder entfernte, eine direkte oder parallele ist. Hitze und Helligkeit sind Parallelwirkungen des Feuers, und die eine Wirkung kann mit Recht aus der anderen abgeleitet werden.

Wollen wir also eine befriedigende Aufklärung über die Natur jener Evidenz erhalten, die uns der Tatsachen versichert, so müssen wir untersuchen, wie wir zur Kenntnis von Ursache und Wirkung gelangen. Ich wage es als einen allgemeinen und ausnahmelosen Satz hinzustellen, daß die Kenntnis dieser Beziehung in keinem Falle, durch Denkakte a priori gewonnen wird; sondern daß sie ganz und gar aus der Erfahrung stammt, indem wir finden, daß gewisse Gegenstände beständig in Zusammenhang stehen. Es werde einem Manne von noch so starker natürlicher Vernunft und Begabung ein Gegenstand vorgelegt – ist dieser ihm gänzlich fremd, so wird er selbst bei der genauesten Prüfung der sinnlichen Eigenschaften desselben nicht imstande sein, irgendwelche von seinen Ursachen oder Wirkungen zu entdecken. Gesetzt den Fall, Adam hätte anfänglich durchaus vollkommene Vernunftkräfte besessen, so hätte er doch aus der Flüssigkeit und Durchsichtigkeit des Wassers nicht herleiten können, daß es ihn ersticken, noch aus der Helligkeit und Wärme des Feuers, daß es ihn verzehren würde. Kein Gegenstand enthüllt jemals durch die Eigenschaften, die den Sinnen erscheinen, die Ursachen, die ihn hervorgebracht haben, noch die Wirkungen, die aus ihm entspringen werden; auch kann unsere Vernunft ohne Beistand der Erfahrung niemals irgendwelche Ableitungen in bezug auf wirkliches Dasein und Tatsachen vollziehen.

Dieser Satz: *daß Ursachen und Wirkungen nicht durch die Vernunft, sondern durch die Erfahrung zu entdecken sind*, wird leicht für solche Gegenstände zugegeben werden, von denen wir uns erinnern, daß sie uns früher gänzlich unbekannt gewesen sind; müssen wir uns doch bewußt sein, daß wir damals völlig unfähig waren, vorauszusagen, was aus ihnen entstehen werde. Man gebe einem Menschen, der keinen Schimmer von Naturwissenschaft hat, zwei glatte Marmorstücke; und er wird nie entdecken, daß sie in einer Weise aneinander haften werden, die große Kraft erfordert, wenn man sie in senkrechter Richtung trennen will, während sie dem seitlichen Druck nur geringen Widerstand entgegensetzen. Bei Vorgängen, die wenig Analoges im gewöhnlichen Naturlauf besitzen, gibt man ebenfalls anstandslos zu, daß man sie nur aus der Erfahrung kennt; auch bildet niemand sich ein, daß die Entladung des Schießpulvers oder die Anziehungskraft eines Magneten je durch Begründungen a priori entdeckt werden könnte. Ebenso sträuben wir uns nicht, all unsere Kenntnis von Wirkungen, deren Abhängigkeit von einem verwickelten Getriebe oder einem verborgenen Aufbau der Teile angenommen wird, der Erfahrung zuzuschreiben. Wer wollte behaupten, den letzten Grund dafür angeben zu können, daß Milch und Brot eine geeignete Nahrung für Menschen, aber nicht für Löwen oder Tiger ist?

Doch die gleiche Wahrheit scheint vielleicht auf den ersten Blick nicht die gleiche Evidenz zu haben, wenn sie sich auf Ereignisse bezieht, die uns von unserem ersten Eintritt in die Welt an vertraut geworden sind, die eine genaue Analogie zu dem ganzen Naturlauf zeigen, und die von den einfachen Eigenschaften der Dinge abhängen sollen, nicht von einem verborgenen Aufbau der Teile. Wir sind geneigt, uns einzubilden, wir könnten diese Wirkungen ohne Erfahrung durch reine Tätigkeit unserer Vernunft entdecken. Wir meinen, wenn wir plötzlich in die Welt gestellt würden, so hätten wir von Anfang an herleiten können, daß eine Billardkugel durch Stoß einer anderen Bewegung mitteilen würde, und daß wir nicht auf das Ereignis hätten zu warten brauchen, um mit Gewißheit darüber auszusagen. So groß ist der Einfluß der Gewohnheit, daß da, wo sie am stärksten ist, sie nicht nur unsere natürliche Unwissenheit verdeckt, sondern auch sich selbst verbirgt, und nur deshalb nicht da zu sein scheint, weil sie in höchstem Grade vorhanden ist.

Um uns aber zu überzeugen, daß alle Naturgesetze und alle Vorgänge an Körpern ausnahmslos nur durch Erfahrung gekannt werden, mögen vielleicht folgende Überlegungen genügen. Wird uns ein beliebiger Gegenstand vorgelegt und wir sollen die von ihm ausgehende Wirkung angeben, ohne frühere Beobachtungen zu Rate zu ziehen – auf welche Weise, in aller Welt, soll der Geist dabei zu Werke gehen? Er muß sich ein Ereignis erfinden oder ausdenken, das er dem Gegenstand als dessen Wirkung zuschreibt; es ist aber klar, daß diese Erfindung nur durchaus willkürlich sein kann. Der Geist kann unmöglich je die Wirkung in der angenommenen Ursache finden, selbst bei der genauesten Untersuchung und Prüfung. Denn die Wirkung ist von der Ursache ganz und gar verschieden und kann folglich niemals in dieser entdeckt werden. Die Bewegung der zweiten Billardkugel ist ein völlig verschiedenes Ereignis von der Bewegung der ersten; auch ist in der einen nichts enthalten, das die leiseste Andeutung der anderen lieferte. Ein Stein oder ein Metallstück, das in die Luft erhoben und dort ohne Stütze gelassen wird, fällt sofort nieder; betrachten wir aber die Sache a priori, läßt sich wohl irgend etwas an dieser Lage entdecken, das die Vorstellung einer Bewegung des Steins oder Metalls nach unten eher als nach oben oder nach irgendeiner anderen Richtung erzeugte?

Und wie die erste Einbildung oder Erfindung einer besonderen Wirkung in allen Naturvorgängen da willkürlich bleibt, wo wir nicht die Erfahrung befragen, so müssen wir als willkürlich auch das angenommene Band oder die Verknüpfung zwischen Ursache und Wirkung ansehen, die sie zusammenhält und es unmöglich macht, daß eine andere Wirkung aus der Tätigkeit dieser Ursache folge. Sehe ich z. B. eine Billardkugel sich in gerader Linie gegen eine andere bewegen – selbst angenommen, die Bewegung der zweiten Kugel falle mir zufällig als das Ergebnis der Berührung oder des Stoßes ein – kann ich mir nicht vorstellen, daß hundert verschiedene Ereignisse ebensogut aus dieser Ursache hervorgehen könnten? Könnten nicht alle beiden Kugeln in voller Ruhe verharren? Könnte nicht der erste Ball in gerader Linie zurückprallen, oder von dem zweiten nach irgendeiner Seite oder Richtung abspringen? All diese Annahmen sind widerspruchslos und vorstellbar. Weshalb sollten wir also der einen den Vorzug geben, die nicht widerspruchloser oder vorstellbarer ist als die übrigen? Alle Denkakte a priori werden nie imstande sein, uns eine Unterlage für diese Bevorzugung zu liefern.

Mit einem Wort, jede Wirkung ist ein von ihrer Ursache verschiedenes Ereignis. Sie kann daher in der Ursache nicht entdeckt werden, und was man sich zuerst a priori von ihr erfindet oder vorstellt, muß gänzlich willkürlich sein. Und selbst nachdem sie uns in den Sinn gekommen, muß ihr Zusammenhang mit der Ursache ebenso willkürlich scheinen; weil es immer eine Menge anderer Wirkungen gibt, die der Vernunft genau so widerspruchslos und natürlich dünken müssen. Vergeblich würden wir uns also anmaßen, den Ablauf eines einzelnen Ereignisses zu bestimmen, oder irgendeine Ursache oder Wirkung herzuleiten, ohne den Beistand von Beobachtung und Erfahrung.

Hieraus läßt sich der Grund entnehmen, warum kein Philosoph, der verständig und bescheiden ist, sich jemals angemaßt hat, die letzte Ursache irgendeines Naturvorgangs anzugeben oder deutlich die Betätigung jener

Kraft aufzuzeigen, welche jede einzelne Wirkung im Weltall hervorbringt. Es gilt als höchstes Bestreben der menschlichen Vernunft, die Prinzipien, welche die Naturerscheinungen erzeugen, einfacher zu gestalten und die vielen einzelnen Wirkungen durch Denkakte auf Grund von Analogie, Erfahrung und Beobachtung in einige wenige allgemeine Ursachen einmünden zu lassen. Aber die Ursachen dieser allgemeinen Ursachen würden wir vergeblich zu entdecken suchen, und wir werden auch niemals imstande sein, in irgendeiner bestimmten Erklärung derselben Befriedigung zu finden. Diese letzten Grundkräfte und Prinzipien sind ganz und gar der menschlichen Wißbegierde und Forschung verschlossen. Elastizität, Schwerkraft, Kohäsion der Teile, Mitteilung der Bewegung durch Stoß: dies sind wahrscheinlich die letzten Ursachen und Prinzipien, die wir jemals in der Natur entdecken werden; wir können uns noch glücklich genug schätzen, wenn wir durch sorgfältige Untersuchung und Vernunfttätigkeit die besonderen Erscheinungen bis oder nahe bis auf diese allgemeinen Prinzipien zurückführen können. Die vollkommenste Naturwissenschaft schiebt nur unsere Unwissenheit ein wenig weiter zurück, wie vielleicht die vollkommenste Geisteswissenschaft nur dazu dient, weitere Gebiete unserer Unwissenheit aufzudecken. So ist die Betrachtung der menschlichen Blindheit und Schwäche das Ergebnis aller Philosophie und begegnet uns bei jeder Wendung, trotz all unserer Versuche, sie zu umgehen oder zu vermeiden.

Ebensowenig ist die Geometrie, wenn die Naturwissenschaft sie zu Hilfe nimmt, jemals imstande, diesem Mangel abzuhelfen, oder uns zur Kenntnis letzter Ursachen zu führen, trotz aller Genauigkeit in ihrem Gedankengang, die man mit Recht von ihr rühmt. Jeder Teil der angewandten Mathematik geht von der Annahme aus, daß die Natur ihren Vorgängen gewisse Gesetze zugrunde legt; und abstrakte Gedankengänge werden nur herangezogen, um die Erfahrung bei der Entdeckung dieser Gesetze zu unterstützen, oder deren Einfluß in besonderen Fällen, in denen es auf genaue Grade der Entfernung oder Maße ankommt, zu bestimmen. So ist es ein durch Erfahrung entdecktes Bewegungsgesetz, daß das Moment oder die Kraft eines bewegten Körpers in geradem Verhältnis proportional ist zum Produkt aus der Masse in die Geschwindigkeit und folglich, daß eine geringe Kraft das größte Hindernis forträumen oder das größte Gewicht heben kann, wenn durch irgendeine Einrichtung oder ein Getriebe wir die Schnelligkeit dieser Kraft so weit verstärken, daß sie die Übermacht über ihre Gegenkraft erhält. Die Geometrie hilft uns bei der Anwendung dieses Gesetzes, durch Angabe der richtigen Größenverhältnisse aller Teile und Formen, die in einer beliebigen Maschine verwendet werden können; doch die Entdeckung des Gesetzes selbst verdankt man allein der Erfahrung, und alle abstrakten Denkakte der Welt könnten uns auch keinen Schritt diesem Wissen näherbringen. Wenn wir a priori Denkakte vollziehen und einen Gegenstand oder eine Ursache rein, wie sie dem Geist erscheint, betrachten, unabhängig von aller Beobachtung, dann könnte sie uns niemals den Begriff eines so unterschiedenen Gegenstandes, wie es ihre Wirkung ist, nahelegen; viel weniger, uns die untrennbare und unverletzliche Verknüpfung zwischen ihnen anzeigen. Es müßte ein höchst scharfsinniger Mensch sein, der durch Vernunfttätigkeit allein entdecken könnte, daß Kristalle die Wirkung der Hitze und Eis die Wirkung der Kälte seien, wenn er nicht vorher mit der Wirksamkeit dieser Eigenschaften vertraut war.

Jean-Jacques Rousseau

(28.6.1712–2.7.1778)

Der Mensch ist frei geboren

Mit Rousseau begegnen wir dem ersten Kultur- und Zivilisationskritiker der abendländischen Geistesgeschichte. Mit ihm regt sich erstmals ein kritisches Bewußtsein des Fortschrittsgedankens, der die neuzeitliche Gesellschaft durch die Vormachtstellung der Vernunft so stark geprägt hatte.

Rousseau ist eines der größten Genies der Aufklärung und zugleich ihr schärfster Gegner. Obwohl er als skurrile Existenz am Rande der Gesellschaft lebte, übte er dennoch einen enormen Einfluß aus. Sein politisches Buch *Der Gesellschaftsvertrag* gehört heute zu den Grundtexten der Philosophie.

Er war wahrscheinlich auch der größte Egozentriker der Philosophiegeschichte, der alles, was er über den Menschen und die Welt sagte, nur aus seiner eigenen Betrachtung bezog. Sein zweites berühmtes Buch, die *Bekenntnisse*, ist eine Lebensbeschreibung, die mit einer an Exhibitionismus grenzenden Offenheit sein eigenes Ich ins Zentrum stellt.

Jean-Jacques Rousseau wurde als Sohn eines Uhrmachers und Calvinisten in Genf geboren. Seine Mutter überlebte die Geburt nur wenige Tage. »Ich kostete meiner Mutter das Leben, und meine Geburt war mein erstes Unglück«, sollte er später schreiben. Früh schon brachte ihm der sorgsame Vater das Lesen bei, das dem phantasievollen Jungen schon bald zur Leidenschaft wurde. Jacques las von sentimentalen französischen Autoren bis hin zu den Übersetzungen antiker Klassiker alles, was die großväterliche Bibliothek zu bieten hatte. Er entwickelte unter anderem die Fähigkeit, unter vollkommen erfundenen Figuren in einer Phantasiewelt zu leben.

Als der Vater Genf verlassen mußte, um einem drohenden Gerichtsverfahren zu entgehen, wurde Jacques bei einem Pfarrer zur Erziehung in Pension gegeben. Es war der Beginn eines verwirrenden Lebenslaufes mit Höhen und Tiefen, Freunden und Feinden, vibrierender Tätigkeit und trägem Dahinleben, nervösen Zusammenbrüchen und undenkbar vielen Berufen.

In seiner Jugend arbeitete er als Kupferstecher, Kammerdiener, Schreiberlehrling, Handwerker, umherziehender Musikant, Erzieher, Angestellter beim Katasteramt. Später wurde er Sekretär im diplomatischen Dienst, Dirigent, recht erfolgreicher Opernkomponist und Dramenschriftsteller. Er irrte von einem Land zum anderen, zog von einer Stadt zur nächsten und wurde hier und da wegen Diebereien und Verleumdung auffällig. Geldsorgen waren sein ständiger Begleiter.

1741/42 siedelte er nach Paris über, wo der Autodidakt schon bald mit den bekanntesten Künstlern und Intellektuellen in Kontakt trat, zum Beispiel Denis Diderot und Étienne Condillac. 1745 begann er ein Verhältnis mit Thérèse Laevasseur, einer Frau aus einfachsten Verhältnissen, die er oft seine »Haushälterin« nannte. Erst 20 Jahre später, im Jahr 1768, heiratete er sie. Zur Kindererziehung war Rousseau allerdings nicht in der Lage: Alle fünf Kinder aus der Beziehung mit Thérèse hat Rousseau ins Findelhaus gegeben. Sein Zeitgenosse und ehemaliger Freund Voltaire hat dieses schmähliche Verhalten an die Öffentlichkeit gebracht und damit auf eine Widersprüchlichkeit hingewiesen, die für Rousseau sehr peinlich war. Denn Rousseau war auch Pädagoge, und sogar einer »der ganzen Menschheit«, wie er seinen Ruf geltend machte.

Im Jahr 1750 begann Rousseaus Ruhm: Er erhielt von der Akademie in Dijon den ersten Preis für seine *Abhandlung über die Wissenschaften und Künste*. Mit einem Schlag war er ein gefeierter Schriftsteller.

Rousseau ging in diesem Aufsatz der gestellten Frage nach, ob »die Wiederherstellung der Künste und der Wissenschaft (seit der Renaissance) zur Verbesserung und Hebung der Sittlichkeit« beigetragen habe. Dieses Thema war wie ein Funken, der in Rousseau ein leidenschaftliches Feuer derjenigen Gedanken entfachte, die ihn berühmt gemacht haben.

In einer logisch und wissenschaftlich noch ungeschulten Art, aber in einer direkten und mitreißenden Sprache antwortete er mit einem entschiedenen »Nein!«.

Er kam zu dem Ergebnis, daß kulturelle Verfeinerung und Geistesbildung überall in der Geschichte mit Ungerechtigkeit und einem Sinken der Sittlichkeit einherging. Der größte Teil der Menschheit lebt in Unfreiheit und Elend, weil sie ihre ursprüngliche Unbefangenheit durch die Prozesse der Zivilisation verloren hat. Konkurrenzneid, Ungleichheit und Feindschaft der Bürger untereinander sind die Folge einer Entfremdung, weil die Menschen keine natürliche Tugend mehr besitzen.

Mit glühenden Worten rief er aus: »Allmächtiger Gott, befreie uns von der Erleuchtung unserer Väter: führe uns zurück zur Einfalt, Unschuld und Armut, den einzigen Gütern, welche unser Glück befördern.«

Rousseau löste mit seinen Thesen eine so umfassende Diskussion aus, daß die Akademie zu einer zweiten Preisfrage angeregt wurde. Sie wollte nun wissen, wie die Ungleichheit unter den Menschen entstanden sei und ob es ein natürliches Recht gäbe. Rousseau antwortete mit der *Abhandlung über Ursprung und Grundlagen der Ungleichheit unter den Menschen* (1753), in der er das berühmte Bild des »Naturzustandes« des Menschen zeichnete.

Dieser war für ihn, im Gegensatz zu dem, was sich Hobbes darunter vorgestellt hatte, paradiesisch. Es herrschte ein Zustand der allgemeinen Gesundheit, der einfachen Tugenden, der Unabhängigkeit und Gleichheit, aber auch der Reflexions- und Sprachlosigkeit. Das Ende dieses Ideals wurde erreicht, als der Mensch sich ein Grundstück einhegte, den Boden aufteilte. Von hier ab nahm die Geschichte ihren Lauf: Sie begann mit dem widernatürlichen Heraustreten aus dem »Naturzustand« durch Besitzaneignung und wurde gefolgt von Mord und Krieg, der Entstehung von Herrschaft und Unterwerfung, von Habgier und Boshaftigkeit. Die natürliche Selbstentfaltung war dahin, es existierte nur noch das Recht des Stärkeren.

Rousseau war der Meinung, daß die Ungerechtigkeit in der Welt ihren Ursprung im Privatbesitz, in der Arbeitsteilung und den daraus hervorgehenden betrügerischen politischen Institutionen hat. Es liegt auf der Hand, daß diese Thesen Einfluß auf Marx und seinen Entwurf vom Kommunismus hatten.

Rousseau gewann zwar mit seiner zweiten Abhandlung keinen Preis, aber er suchte für sich selbst nach einer Antwort auf die Frage, ob es eine Möglichkeit der Umkehr zum natürlichen Zustand geben könnte. Das Ergebnis dieser Überlegungen machte er mit dem 1762 erschienenen *Gesellschaftsvertrag* publik.

»Der Mensch ist von Natur aus frei, und dennoch sehen wir ihn überall mit Ketten beladen.« Mit diesen berühmt gewordenen Worten beginnt die Schrift und fordert, daß es eine Gesellschaft geben muß, die nur auf Übereinkunft und freier Zustimmung gegründet werden sollte. Die Prämisse war: Jeder gibt sich selbst, und alles, was er zu geben vermag, ist Allgemeingut. Dieses Gemeinwesen, das sich aus dem Gesamtwillen aller zusammensetzt, garantiert die Freiheit des Einzelnen. Es verbürgt sich auch dafür, die ursprüngliche, verlorene Einheit mit sich selbst wiederzufinden.

Der Grundgedanke, den Rousseau durch alle seine Werke hindurch entwickelt, ist, daß der Mensch von Natur gut ist und erst durch die Gesellschaft verdorben wird.

Das unterscheidet Rousseaus Gedanken von denen Machiavellis und Hobbes', die von einer negativen menschlichen Natur ausgingen. Deswegen legte er besonderen Wert auf die richtige Erziehung und entwickelte eine pädagogische Lehre, die darauf abzielte, den heranwachsenden Menschen von verderblichen Einflüssen fernzuhalten.

In seinem Erziehungsroman *Emile* (1762) beschreibt Rousseau seine erzieherischen Ideen. Kant schätzte dieses Werk sehr. Er soll sein pedantisch eingehaltenes Ritual des Abendspaziergangs nur einmal unterbrochen haben, nämlich um *Emile* zu Ende zu lesen. Über Rousseau sagte er: »Rousseau hat mich zurechtgebracht«, denn »ich lerne die Menschen ehren«.

In privater Hinsicht begann für Rousseau mit der öffentlichen Anerkennung seiner Schriften und dem Erfolg aber auch die Zeit der Zerwürfnisse, Streitereien und der Isolation. Mit zunehmendem Alter entwickelte er Depressionen und Verfolgungswahn. Zeitweise verlor er den Bezug zur Wirklichkeit, weil er glaubte, die ganze Welt habe sich im Komplott gegen ihn verschworen.

Er sonderte sich immer mehr ab, überwarf sich mit den Freunden Voltaire, Diderot, d'Alembert und Grimm, die seine Ansichten immer weniger teilten. Voltaire schrieb nach der Lektüre der *Abhandlung über die Ungleichheit*: »Niemand hat es mit mehr Geist unternommen, uns zu Tieren zu machen.« Rousseau erwiderte in einem Brief an Voltaire: »Ich hasse Sie.«

Die Schwierigkeiten häuften sich, auch die Behörden stellten sich gegen ihn, wegen der Unchristlichkeit seiner Schriften wurde sogar Haftbefehl gegen ihn erlassen.

Auch mit David Hume, der ihn aus der bedrängten Lage retten wollte und ihn mit nach England nahm, zerstritt er sich und kehrte nach Frankreich zurück. Nicht nur sein Verhalten, auch sein äußeres Erscheinungsbild wurde immer eigenartiger. Täglich soll er ein wunderliches armenisches Gewand und eine Pelzkappe getragen haben.

Acht Jahre vor seinem Tod vollendete er die *Bekenntnisse*, seine Autobiographie. Das Buch ist ein schonungsloser Lebensbericht und das ausschließliche Bekenntnis zur Individualität. Bei keinem anderen Denker ist das Werk so eins mit dem eigenen Leben wie bei ihm.

Ab 1770 lebte Rousseau zurückgezogen mit Thérèse in Paris. Acht Jahre später starb er, 66jährig, auf dem Landgut eines adeligen Gönners, auf das er gerade gezogen war.

Eine seiner letzten Aussagen war: »So bin ich denn allein auf der Erde, habe keinen Bruder, keinen, der mir nahesteht, keinen Freund, keine andere Gesellschaft als mich selbst. [...] Speien nicht die Vorübergehenden vor mir aus, statt mich zu grüßen? Belustigt sich nicht eine ganze Generation damit, mich lebendig zu begraben?«

Rousseaus Nachruhm war trotz seiner Paranoia unaufhaltsam. Goethe und Schiller verehrten ihn, Nietzsche und Marx nahmen seine Gedanken auf.

Für diese Textsammlung wurden Auszüge aus dem *Gesellschaftsvertrag* und den *Bekenntnissen* ausgewählt.

Der Gesellschaftsvertrag

(Kapitel 1, 2 und 8)

Erstes Kapitel: Von dem Gegenstande, welchen das erste Buch behandelt

Der Mensch ist von Natur aus frei, und dennoch sehen wir ihn überall mit Ketten beladen; wer sich Herr dünkt über andere, ist nicht minder Sklave denn sie. Wie hat sich diese Veränderung vollzogen? Ich weiß es nicht. Hat sie eine innere Berechtigung? Diese Frage glaube ich lösen zu können.

Würde ich nur auf die Gewalt und deren Folgen Rücksicht nehmen, dann könnte ich sagen: »Solange ein Volk gezwungen ist zu gehorchen, und gehorcht, tut es gut daran; sobald es aber in die Lage kommt, das Joch abzuschütteln, und es abschüttelt, tut es noch besser.« Denn entweder ist das Volk berechtiget, kraft desselben Rechtes, welches man gegen dasselbe geltend machte, seine Freiheit sich zurückzuerobern, oder man war nicht berechtiget, ihm diese zu rauben.

Die soziale Ordnung ist zwar ein geheiligtes Recht, auf welchem alle übrigen beruhen; aber kein natürliches, ihre Quelle ist vielmehr ein freies Übereinkommen.

Bevor wir jedoch den Gegenstand weiter verfolgen, werde ich den Beweis für die hier aufgestellte Behauptung zu liefern suchen.

Zweites Kapitel: Von dem Ursprunge der Gesellschaft

Die älteste und einzig der Natur des Menschen entsprechende Gesellschaft ist die Familie. Die Kinder bleiben jedoch nur solange in der Verbindung mit dem Vater, bis sie seiner zur Erhaltung bedürfen; sobald dieses Verhältnis nicht mehr besteht, löst sich das natürliche Band von selbst; für die Kinder entfällt dann die Verpflichtung zum Gehorsam gegen den Vater, für diesen die Sorge für die Kinder, beide Teile werden somit von einander gänzlich unabhängig. Setzen sie die Gemeinschaft länger fort, dann hört sie auf, eine natürliche zu sein, die Familie besteht nunmehr auf Grund einer geschlossenen Übereinkunft.

Diese gemeinsame Freiheit ist eine natürliche Folge des Grundgesetzes der Menschheit, der Sorge nämlich für die eigene Existenz. Die ersten Pflichten sind jene gegen sich selbst, sobald der Mensch daher seine Verstandeskräfte zu gebrauchen gelernt, vermag nur er allein die geeigneten Mittel zu seiner Erhaltung zu beurteilen und zu bestimmen, er wird in Folge dessen sein eigener Herr.

Die Familie ist daher, könnte man sagen, das Vorbild der Gesellschaft; das Oberhaupt desselben gleicht dem paterfamilias, dem Hausvater, das Volk den Kindern; beide sind gleich und frei geboren, sie entäußern sich der Freiheit nur mit Rücksicht auf ihren Nutzen. Der einzige Unterschied liegt darin, daß in der Familie der Vater in der Liebe zu den Kindern den Ersatz seiner Sorge für ihr Bestes findet, während für den Herrscher das Vergnügen zu herrschen die ihm unbekannte Liebe für das Volk ersetzt.

Hugo Grotius stellt in Abrede, daß jede von Menschen geübte Gewalt zugunsten der Beherrschten eingeführt sei, und sucht diese Behauptung durch den Hinweis auf die Sklaverei nach seiner gewohnten Art zu rechtfertigen, indem er das Recht aus den Tatsachen ableitet; eine zwar gerade nicht sehr konsequente Schlußweise, welche jedoch für die Ansprüche der *Herrschenden* nicht günstiger gedacht werden könnte.

Nach Grotius bleibt es überhaupt zweifelhaft, ob das Menschengeschlecht das Eigentum von einigen hundert Menschen, oder ob diese hundert Menschen überhaupt zur Menschheit gehören; wie aus dem Inhalte seines Buches ersichtlich, scheint er sich gleich Hobbes der ersteren Ansicht zuzuneigen. Die Menschheit zerfällt dieser Anschauung gemäß in tierähnliche Herden, an deren Spitze je ein Oberhaupt steht, welches sie behütet, *um* sie – zu verzehren.

Gleichwie der Hirt seiner Natur nach weit höher steht, als die Herde, stehen auch die Völkerhirten ihrer Natur nach weit höher als die Völker, so urteilte wenigstens nach dem Zeugnisse Philos der Kaiser Caligula, welcher aus dieser Analogie den weiteren Schluß zog, daß die Könige entweder zu den Göttern, oder die Völker zum lieben Vieh gehören.

Diese Aufstellung Caligulas läuft übrigens auf jene des Grotius und Hobbes hinaus. Aristoteles seinerseits behauptet, daß die Menschen von Natur aus nicht gleich sind, daß die einen zum Herrschen, die anderen zur Sklaverei geboren werden. (Aristoteles Politik I. Kap. 2, 8 und I. 5, 5. Der Satz lautet aber: »Daß die Einen zum Herrschen, die Andern zum *Beherrschtwerden* geboren sind.« Der Übers.) Er hatte dabei ganz recht, nur beging er den Fehler, die Wirkung für die Ursache zu nehmen. Jeder, der als Sklave geboren, wird unzweifelhaft für die Sklaverei geboren. (Vgl. Aristoteles Politik I. 2, 7 u. 13; Grotius III. 7, 2 und 3. Der Übers.) Die Sklaven verlieren in ihrer Erniedrigung alles, selbst den Wunsch, aus derselben zu treten; sie lieben die Sklavenketten gleichwie die Gefährten des Odysseus ihre viehische Dummheit. (Siehe eine kleine Abhandlung Plutarchs, welche den Titel führt: »Daß die Tiere die Vernunft gebrauchen.«) Wenn es sonach Sklaven in Folge der Geburt gibt, so rührt dies daher, weil es überhaupt im Widerspruche mit dem Naturgesetze Sklaven gibt und gegeben. Die Gewalt hat die Sklaverei geschaffen, die Feigheit gab ihr Bestand. Ich habe weder des Königs Adam, noch des Kaisers Noë Erwähnung getan, dessen drei Söhne das Weltall nach dem Beispiele der Kinder Saturns, deren Identität mit jenen man nachweisen wollte, unter sich verteilten; hoffentlich wird man mir dafür Dank wissen, denn nachdem ich direkt von einem dieser Fürsten abstamme, ja sogar vielleicht von der ältesten Linie, könnte ich am Ende gar meinen Rechtstitel bewähren, und mich als legitimer König des gesamten Menschengeschlechtes entpuppen. Sei dem wie immer, leugnen läßt sich nicht, daß Adam gerade wie Robinson auf seiner Insel in so lange der Herr der Welt war, als er deren einziger Bewohner, eine Herrschaft, welche übrigens mehr Licht- als Schattenseiten hatte, denn König Adam saß damals gar fest auf seinem Throne, hatte weder Aufruhr noch Krieg, noch Verschwörungen zu fürchten.

Achtes Kapitel: Vom Kulturzustande

Durch den Übergang aus dem Natur- in den Kulturzustand wurde der Mensch wesentlich verändert, die Gerechtigkeit trat, seine Handlungen bestimmend, an die Stelle des Instinktes, seine Handlungen wurden nun von den Grundsätzen der Sittlichkeit, die ihm früher fremd waren bestimmt. Anstatt dem physischen Antriebe zu folgen, hört der Mensch nunmehr auf die Mahnungen der Pflicht, das Recht verdrängt die heimlichen Gelüste, der Mensch, welcher einzig auf seine persönlichen Interessen Rücksicht nahm, sieht sich gezwungen, seine Handlungsweise nach anderen Grundsätzen zu regeln, und früher die Vernunft zu befragen, bevor er seinen Neigungen Gehör schenkt.

Allerdings entgehen dem Menschen im Kulturzustande viele Vorteile, welche die Natur ihm zugewiesen; dafür tauscht er aber andere bei weitem größere ein, seine Fähigkeiten entwickeln sich in Folge der steten Übung, der Kreis seiner Ideen erweitert sich, sie nehmen einen weit edleren Charakter, als ihnen früher innewohnte, an, seine psychische Tätigkeit erlangt mit einem Worte einen Grad der Vollkommenheit, welche ihn veranlassen müßte, die Stunde zu segnen, in der er für immer dem Naturzustande entrissen wurde, in welcher er aus einem dummen, einfältigen Tiere zu einem denkenden Wesen, einem Menschen wurde, wenn nicht andererseits der Mißbrauch seiner neuen Lage den Menschen häufig auf eine weit niedere Rangstufe unter den belebten Wesen herabdrükken würde, als er im Naturzustande einnahm.

Wenn wir den Gewinn und Verlust, welcher für die Menschheit daraus entstanden, daß sie dem Naturzustande entsagte, gegeneinander abwägen, werden wir finden, daß der Mensch in Folge des Gesellschaftsvertrages die natürliche Freiheit und das unbeschränkte Recht, auf alles, was seine Begierde reizt, was er zu erlangen vermag, verloren; dafür aber die bürgerliche Freiheit und das Eigentum alles dessen, was er besitzt, gewonnen hat. Um aber richtig beurteilen zu können, ob Gewinn und Verlust sich in diesem Falle ausgleichen, muß man den Unterschied zwischen natürlicher und bürgerlicher Freiheit wohl im Auge behalten. Die natürliche Freiheit kennt keine andere Grenze, als die Kraft des Individuums, die bürgerliche Freiheit hingegen wird von dem Willen der Allgemeinheit beschränkt; ebenso muß man den Besitz, welcher entweder auf roher Gewalt oder auf dem Rechte des zuerst Besitz Ergreifenden beruht, von dem Eigentum sondern, welches sich auf einen positiven Rechtstitel stützt.

Den bereits erwähnten Vorteilen des Kulturzustandes könnte man füglich noch die moralische Freiheit zuzählen, welche allein dem Menschen die Herrschaft über sich selbst zu sichern vermag; die ungezähmten Antriebe des Gelüstes machen den Menschen zum Sklaven; der Gehorsam gegen die selbstgegebenen Gesetze hingegen macht ihn frei.

Die philosophische Begründung des Begriffes »Freiheit« gehört jedoch nicht hierher; ich will ihn daher nicht des Weiteren erörtern.

Bekenntnisse

(Auszug)

Ich beginne ein Unternehmen, das bis heute beispiellos ist, und dessen Ausführung keinen Nachahmer finden wird. Ich will meinen Mitgeschöpfen einen Menschen in seiner ganzen Naturwahrheit zeigen; und dieser Mensch werde ich selber sein.

Ich allein. Ich kenne meine Gefühle, und ich kenne die Menschen. Ich gleiche keinem von allen, die ich gesehen habe; ich bin kühn genug, zu glauben, nicht wie ein einziger von denen, welche mit mir leben, geschaffen zu sein. Wenn ich auch nicht besser bin, bin ich doch anders. Und erst wenn man mich gelesen hat, wird man darüber urteilen können, ob die Natur recht tat oder nicht, als sie die Form zerstörte, worin sie mich gegossen.

Möge die Posaune des jüngsten Gerichts ertönen, wann sie will: ich werde mich mit diesem Buche in der Hand dem Weltenrichter stellen. Ich werde laut sagen: Hier ist, was ich getan, was ich gedacht und was ich gewesen. Ich habe mit derselben Offenheit das Gute und das Schlechte erzählt. Ich habe nichts Schlimmes verschwiegen, nichts Gutes hinzugedichtet, und wo ich eine unwesentliche Ausschmückung anbrachte, war es meine Gedächtnisschwäche, die mich veranlaßte, eine Lücke zu füllen; ich habe als wahr annehmen können das, wovon ich wußte, daß es wahr sein könnte – niemals das, wovon ich wußte, daß es falsch sei. Ich habe mich so gezeigt, wie ich war, verächtlich und niedrig, wann ich es war; gut, hochherzig, groß, wann ich es war; ich habe mein Inneres enthüllt, so wie du selbst es gesehen hast. Versammle um mich, du einziges Wesen, die unzählbaren Scharen meiner Mitgeschöpfe; mögen sie meine Bekenntnisse hören, über meine Schwächen seufzen und erröten über das Gemeine in mir. Möge dann jeder von ihnen der Reihe nach zu den

Füßen deines Thrones mit demselben Freimut sein Inneres enthüllen, und wer es wagt, mag zu dir sprechen: Ich war besser als dieser Mensch da!

Ich bin 1712 zu Genf von dem Bürger Isaak Rousseau und der Bürgerin Susanne Bernard geboren; da bei der Teilung eines sehr mäßigen Vermögens unter fünfzehn Geschwistern auf meinen Vater fast nichts gekommen war, so hatte er zu seinem Lebensunterhalt nur sein Uhrmacherhandwerk, worin er jedoch außerordentlich geschickt war. Meine Mutter, Tochter des Predigers Bernard, war vermögender; sie war klug und schön; auch hatte mein Vater nicht ohne Mühe ihre Hand erhalten. Ihre gegenseitige Neigung hatte fast mit ihrem Leben begonnen; schon im Alter von acht bis neun Jahren waren sie alle Abende auf der Treille lustwandeln gegangen; mit zehn Jahren konnten sie nicht mehr ohneeinander sein. Die Sympathie, die Übereinstimmung der Seelen befestigte in ihnen das Gefühl, welches aus der Gewohnheit entstanden war. Beide, voll weicher Empfindung, erwarteten nur den Augenblick, in einem andern dieselbe Stimmung zu finden – oder vielmehr, dieser Augenblick erwartete sie selbst, und jedes von ihnen gab sein Herz an das erste Gemüt dahin, das sich erschloß, dies Herz in sich aufzunehmen. Das Schicksal, welches sich ihrer Leidenschaft entgegenzustellen schien, konnte diese nur steigern. Der junge Mann, der die Geliebte unerreichbar sah, verzehrte sich vor Schmerz; sie riet ihm, auf die Wanderschaft zu gehen, um sie zu vergessen. Er ging, aber umsonst, und kehrte zurück verliebter als je. Seine Geliebte fand er treu und unverändert. Nach dieser Probe blieb nichts übrig, als sich für ewig zu lieben. Sie schwuren es sich, und der Himmel segnete ihren Schwur.

Gabriel Bernard, der Bruder meiner Mutter, verliebte sich in eine der Schwestern meines Vaters; aber sie willigte nur unter der Bedingung in eine Verbindung mit dem Bruder ein, daß ihr Bruder die Schwester heiraten dürfe. Die Liebe vollbrachte alles, und die beiden Trauungen wurden an einem Tage vollzogen. So wurde mein Onkel der Mann meiner Tante, und ihre Kinder wurden doppelt meine rechten Vettern. Am Ende eines Jahres wurde eins auf beiden Seiten geboren; und dann folgte noch einmal eine Trennung. –

Mein Onkel Bernard war Ingenieur; er nahm Dienst im Reich und in Ungarn, unter dem Prinzen Eugen. Er zeichnete sich bei der Belagerung und in der Schlacht von Belgrad aus. Mein Vater aber reiste nach der Geburt meines einzigen Bruders nach Konstantinopel, wo er Uhrmacher des Serails ward. Während seiner Abwesenheit blieben die Schönheit, der

Geist und die Talente meiner Mutter nicht ohne Huldigungen. Am eifrigsten, ihr solche darzubringen, zeigte sich Herr de la Closure, der französische Resident. Seine Leidenschaft mußte groß sein, weil ich ihn nach dreißig Jahren in Rührung geraten sah, als er mir von ihr sprach. Um zu widerstehen, hatte meine Mutter mehr als ihre Tugend; sie liebte zärtlich ihren Gatten; sie drängte ihn, zurückzukehren. Er ließ alles im Stich und kam. Ich wurde die traurige Frucht dieser Rückkehr. Zehn Monate später wurde ich geboren, schwächlich und kränklich; ich kostete meiner Mutter das Leben, und meine Geburt war mein erstes Unglück.

Ich habe nicht erfahren, wie mein Vater diesen Verlust ertrug; das aber weiß ich, daß er sich nie darüber tröstete. Er glaubte sie in mir wieder zu sehen, ohne vergessen zu können, daß ich sie ihm geraubt; nie umarmte er mich, ohne daß ich an seinen Seufzern, an der Art, wie er mich krampfhaft an sich drückte, wahrgenommen, daß ein bittrer Kummer sich in seine Liebkosungen mischte, die nur um so zärtlicher waren. Wenn er zu mir sprach: Jean-Jacques, reden wir von deiner Mutter, so antwortete ich ihm: Wir sollen also ins Weinen geraten, Vater – und dies Wort allein schon ließ seine Tränen fließen. Ach, sagte er dann seufzend, gib sie mir zurück, tröste mich um ihretwillen, fülle mir die Lücke aus, die sie in meiner Seele gelassen hat. Würde ich dich so lieben, wenn du nur mein Sohn wärest? – Vierzig Jahre, nachdem er sie verloren, ist er in den Armen einer zweiten Frau gestorben, aber den Namen der ersten auf den Lippen und ihr Bild auf dem Grunde seines Herzens.

So waren die Urheber meiner Tage. Von allen Gaben, welche der Himmel ihnen verliehen, ist ein empfindsames Herz die einzige, die sie mir hinterließen; aber für sie war es die Quelle ihres Glücks gewesen, für mich war es die Quelle alles Unglücks meines Lebens.

Ich war fast sterbend zur Welt gekommen, man hatte wenig Hoffnung, mich zu erhalten. Ich trug den Keim eines Leidens in mir, das die Jahre entwickelt haben und das mir jetzt nur zuweilen Ruhe läßt, um sich in anderer Weise grausamer fühlbar zu machen. Eine Schwester meines Vaters, ein braves, vernünftiges Mädchen, nahm sich meiner mit solcher Sorgfalt an, daß sie mich rettete. In dem Augenblick, wo ich dies schreibe, ist sie noch am Leben – mit achtzig Jahren einen Mann pflegend, der jünger als sie, aber durch den Trunk hinfällig geworden ist. Liebe Tante, ich vergebe dir, daß du mich im Leben erhalten hast, und ich beklage es, daß ich dir am Ende deines Lebens nicht die zärtliche Sorge vergelten kann, welche du am Beginne des meinigen an mich verschwendetest. Ich habe auch meine Wärterin, Jacqueline, noch am Leben, gesund und kräftig. Die Hände, welche mir bei meiner Geburt die Augen öffneten, werden sie mir bei meinem Tode zudrücken können.

Ich fühlte eher, als ich dachte; das ist das gemeinsame Schicksal der Menschheit. Ich erfuhr es mehr als andere. Ich weiß nicht, was ich bis zum Alter von fünf oder sechs Jahren machte; ich entsinne mich nicht, wie ich lesen lernte; nur meiner ersten Lektüre erinnere ich mich und ihres Eindruckes auf mich; es ist die Zeit, von welcher an ich mein ununterbrochenes Selbstbewußtsein rechne. Meine Mutter hatte Romane hinterlassen. Wir begannen sie zu lesen, nach dem Abendessen, mein Vater und ich. Es handelte sich im Anfang nur darum, mich durch unterhaltende Bücher im Lesen zu üben. Bald aber wurde das Interesse so lebhaft, daß wir abwechselnd ohne Aufhören lasen und die Nächte bei dieser Beschäftigung zubrachten. Wir konnten nie vor dem Ende eines Bandes aufhören. Zuweilen sagte mein Vater, wenn er am Morgen das Zwitschern der Schwalben hörte, ganz beschämt: Legen wir uns zu Bett, ich bin noch mehr ein Kind als du.

In kurzer Zeit gewann ich auf diesem gefährlichen Wege nicht allein eine außerordentliche Übung im Lesen und im Auffassen, sondern auch ein bei meinem Alter unerhörtes Verständnis der Leidenschaften. Ich hatte noch keinen Begriff vorn wirklichen Leben, als mir alles Gefühlsleben schon vertraut war. Begriffen hatte ich nichts, aber alles gefühlt. Die unklaren Eindrücke, welche ich einen nach dem anderen erhielt, verwirrten zwar die Vernunft nicht, die ich noch nicht hatte; aber sie prägten mir eine besondere aus und gaben mir über das menschliche Leben verkehrte und schwärmerische Vorstellungen, von denen Erfahrung und Nachdenken mich nie haben recht heilen können.

Die Romane hörten auf mit dem Sommer des Jahres 1719. Der folgende Winter brachte uns anderes. Da die Bücher meiner Mutter ausgelesen waren, gingen wir zu denen über, welche uns aus der Nachlassenschaft ihres Vaters zugefallen waren. Glücklicherweise waren es gute Bücher, und das konnte nicht wohl anders sein, da sie gesammelt waren zwar von einem Prediger, und einem gelehrten sogar, wie es damals Mode war, und doch einem Manne von Geschmack und Geist. Die Geschichte der Kirche und des Kaisertums von Le Sueur, die Abhandlung Bossuets über die Weltgeschichte, die Lebensbeschreibungen des Plutarch, die Geschichte Venedigs von Nani, die Verwandlungen des Ovid, La Bruyère, die Welten von Fontenelle, seine Gespräche der Toten und einige Bände von Molière wurden in die Stube meines Vaters hinübergebracht, und ich las ihm täglich während seiner Arbeit vor. Ich faßte eine in diesem Alter seltene und vielleicht einzige Vorliebe dafür. Vor allem wurde Plutarch meine Lieblingslektüre. Der Genuß, den er mir bei stetem Wiederlesen gewährte, heilte mich ein wenig von den Romanen, und ich zog bald Agesilaus, Brutus Aristides dem Orondates, Artamenes und Juba vor. Durch diese anziehende Lektüre und die mit meinem Vater darüber geführten Unterhaltungen bildete sich in mir jener freie oder republikanische Geist, jener unbezähmbare und stolze Charakter aus, der sich gegen Unterjochung und Sklaverei empört und mich mein ganzes Leben hindurch in Verhältnissen, welche am wenigsten geeignet waren, ihm Spielraum zu gewähren, geplagt hat. Ohne Aufhören mit Rom und Athen beschäftigt, mit den großen Männern derselben sozusagen lebend, selbst geborener Bürger eines freien Gemeinwesens und Sohn eines Vaters, dessen stärkste Leidenschaft die Vaterlandsliebe war, entflammte ich an seinem Beispiele; ich träumte, ich sei ein Grieche oder Römer; ich wurde die Gestalt, von der ich las; die Erzählung der Züge von Ausdauer und Unerschrockenst, die mich ergriffen, ließen meine Augen glänzen und meine Stimme stärker tönen. Eines Tages, als ich bei Tische die Geschichte von Scävola erzählte, erschrak man, mich aufstehen und die Hand über ein Kohlenbecken ausstrecken zu sehen, um seine Handlung darzustellen.

Ich hatte einen um sieben Jahre älteren Bruder. Er lernte das Handwerk meines Vaters. Die außerordentliche Zärtlichkeit, welche man für mich hatte, war schuld, daß man ihn ein wenig vernachlässigte, und ich bin weit entfernt, das zu billigen. Seine Erziehung litt unter dieser Vernachlässigung. Er geriet vor der Zeit auf schlimme Wege. Man brachte ihn bei einem anderen Meister unter, bei welchem er aus der Arbeit fortlief, wie er es im väterlichen Hause getan hatte. Ich sah ihn fast nicht; ich kann kaum sagen, ihn gekannt zu haben, und doch hatte ich eine zärtliche Anhänglichkeit an ihn, und er liebte mich, soviel ein Gassenbube etwas lieben kann. Ich erinnere mich, daß mein Vater ihn eines Tages hart und im Zorn züchtigte, und daß ich mich stürmisch zwischen beide warf und ihn immer umarmte. Ich bedeckte ihn so mit meinem Leibe und erhielt die Schläge, die gegen ihn geführt waren, und ich blieb so hartnäckig in dieser Stellung, daß mein Vater endlich von ihm ablassen mußte, entweder entwaffnet durch mein Schreien und Weinen, oder um nicht mich mehr zu mißhandeln als ihn. Endlich verwilderte mein Bruder so, daß er auf und davon ging und ganz verschwand. Einige Zeit nachher erfuhr man, daß er in Deutschland sei. Er schrieb nur ein einziges Mal. Seitdem ist nichts mehr von ihm kund geworden, und so bin ich einziger Sohn geblieben.

Wenn dieser arme Knabe in der Erziehung vernachlässigt worden, so war das nicht bei seinem Bruder der Fall, und Kinder von Königen könnten nicht mit mehr Sorgfalt gehütet werden, als ich es in meinen ersten Jahren wurde – angebetet von allem. was mich umgab, und, was viel seltener ist, immer als geliebtes, aber nie als verzogenes Kind behandelt. Bis ich das väterliche Haus verließ, hat man mich niemals auch nur ein einziges Mal mit den anderen Kindern aus der Gasse allein umherlaufen lassen; niemals hatte man in mir einen jener eigenwilligen Einfälle zu befriedigen oder zu unterdrücken, die aus dem Charakter herrühren sollen und die doch nur Schuld der Erziehung sind. Ich hatte die Fehler meines Alters; ich war geschwätzig, Leckermaul, log auch zuweilen. Ich werde Obst, Bonbons, Eßwaren gestohlen haben; aber nie habe ich Vergnügen daran gefunden, Schaden anzustiften, etwas zu verderben, andere zu beschuldigen oder arme Tiere zu quälen. Ich erinnere mich jedoch, einmal in den Topf einer unserer Nachbarinnen, einer Frau Clot, während sie in der Predigt war, gepißt zu haben. Ich gestehe selbst, daß die Erinnerung daran mich lachen macht, weil Frau Clot, eine übrigens ganz gute Frau, doch die verdrießlichste Alte war, die ich in meinem Leben gekannt habe. Das ist die kurze und wahrhafte Geschichte aller meiner kindlichen Missetaten.

Wie hätte ich böse werden können, wenn ich nur Beispiele der Sanftmut vor Augen hatte und um mich nur die besten Menschen von der Welt? Mein Vater, meine Tante, meine Wärterin, meine Verwandten, unsere Freunde, alles, was mich umgab, gehorchte mir freilich, aber es liebte mich; und ich liebte sie wieder. Der Eigenwille wurde so wenig in mir gereizt, es wurde ihm so wenig widersprochen, daß es mir nicht einfallen konnte, ihn zu haben. Ich kann schwören, daß bis ich unter die Zucht eines Meisters kam, ich nicht gewußt habe, was ein eigensinniger Einfall sei. Außer der Zeit, die ich mit Lesen und Schreiben bei meinem Vater zubrachte, und der, worin meine Wärterin mich spazieren führte, war ich immer bei meiner Tante und stand oder saß neben ihr, um ihr beim Sticken zuzusehen oder sie singen zu hören, und war vergnügt dabei. Ihre Heiterkeit, ihre Sanftmut, ihr hübsches Gesicht haben mir einen so lebhaften Eindruck hinterlassen, daß ich noch ihre Miene, ihren Blick, ihre Gestalt vor mir sehe; ich erinnere mich ihrer liebkosenden Worte; ich könnte beschreiben, wie sie gekreidet und frisiert war, ohne die beiden

Häkchen zu vergessen, welche ihr schwarzes Haar auf den Schläfen machte – nach der Mode jener Tage.

Ich bin überzeugt, daß ich ihr den Geschmack oder die Leidenschaft für die Musik verdanke, die sich erst lange nachher in mir entwickelt hat. Sie kannte eine erstaunliche Menge von Arien und Liedern, die sie mit einer fadendünnen, sehr sanften Stimme sang. Die Seelenheiterkeit dieses vortrefflichen Mädchens hielt von ihr und von allem, was sie umgab, Ernst und Traurigkeit ab. Der Reiz, den ihr Gesang auf mich ausübte, war so groß, daß mir nicht allein mehrere ihrer Lieder immer im Gedächtnis geblieben sind, sondern daß heute, wo ich sie nicht mehr habe, und in dem Maß, wie ich älter werde, mehrere von diesen Liedern wieder in mir auftauchen, mit einem Zauber, den ich nicht ausdrücken kann. Sollte man es glauben, daß ich alter Faselhans, von Sorgen und Mühen durchmürbt, mich zuweilen dabei ertappe, wie ich gleich einem Kinde weine, wenn ich solch ein Liedchen mit einer schon gebrochenen und zitternden Stimme vor mich hin singe? Vor allen ist eins darunter, das mir ganz wieder eingefallen ist, d. h. die Weise; die zweite Hälfte der Worte jedoch hat sich hartnäckig allen meinen Anstrengungen, mich darauf zu besinnen, entzogen, obwohl mir die Endreime verworren vorschweben. Der Anfang und was mir vom Übrigen noch im Gedächtnis geblieben ist, lautet:

Tircis, je n'ose
Ecouter ton chalumeau
Sous l'ormeau;
Car on en cause
Déjà dans notre hameau.
– – – – – – – – – –
– – – – un berger
– – – – s'engager
– – – – sans danger
Et toujours l'épine est sous la rose.

Ich frage mich, wo der rührende Reiz liegt, den dies Lied auf mein Herz ausübt; es ist eine Seltsamkeit, die ich durchaus nicht erklären kann, aber es ist mir durchaus unmöglich, es bis zu Ende zu singen, ohne durch meine Tränen unterbrochen zu werden. Ich habe mir hundertmal vorgenommen, nach Paris zu schreiben, um den Rest der Worte, wenn sie dort noch irgend jemand kennen sollte, suchen zu lassen. Aber ich bin fast sicher, daß das Vergnügen, welches ich dabei empfinde, mich dieses Liedes zu erinnern, zum Teil verschwinden würde, wenn ich den Beweis erhielte, daß andere als meine arme Tante Susanne es gesungen haben.

So waren meine ersten Herzensregungen bei meinem Eintritt ins Leben; so begann sich in mir jenes Herz zu bilden oder zu zeigen, das zugleich so stolz und so zärtlich ist, jener weibische Charakter, der doch unbezähmbar ist, der immer zwischen Schwäche und Mut, Weichlichkeit und Selbstbeherrschung schwankend mich ohne Aufhören in Widerspruch mit mir selbst gesetzt hat und schuld ist, daß Enthaltung und Genuß, Vergnügen und Vernunft mir gleich wenig zuteil geworden sind.

Dieser Erziehungsgang wurde unterbrochen durch ein Ereignis, dessen Folgen auf mein ganzes Leben Einfluß gehabt haben. Mein Vater geriet in eine Schlägerei mit einem Herrn G., Hauptmann in französischen Diensten, und vervettert mit dem Stadtrat. Diesem G., einem unverschämten und niederträchtigen Menschen, floß dabei das Blut aus der Nase, und, um sich zu rächen, beschuldigte er meinen Vater, er habe innerhalb der Stadt den Degen gezogen. Mein Vater, den man ins Gefängnis schicken wollte, bestand darauf, daß man nach dem Gesetz den Ankläger ebensowohl ins Gefängnis bringen müsse, wie ihn auch. Da er dies nicht erwirken konnte, zog er vor, sich aus Genf zu entfernen und für seine übrige Lebenszeit das Vaterland zu verlassen, lieber als in einem Punkte, wobei ihm Ehre und Freiheit gefährdet schienen, nachzugeben.

Ich blieb unter der Obhut meines Oheims Bernard, der damals bei den Festungsbauten von Genf angestellt war, zurück. Seine älteste Tochter war gestorben, aber er hatte einen Sohn von meinem Alter. Wir wurden zusammen in Bossey bei dem Pfarrer Lambercier in Pension getan, um dort neben dem Latein den ganzen kleinen Plunder zu lernen, den man dran hängt, als sogenannte »Erziehung«.

Zwei im Dorfe zugebrachte Jahre milderten ein wenig meine römische Strenge und machten mich wieder zum Kinde. In Genf, wo man mir nichts aufgab, liebte ich das Lernen und das Lesen, fast meine einzige Erholung; in Bossey machten die Lernaufgaben mir das Spiel lieber, das sie unterbrach. Auf dem Lande zu sein, war mir etwas so Neues, daß ich nicht müde werden konnte, es zu genießen. Ich fand ein solches Gefallen daran, daß es mich seitdem nie wieder verlassen hat. Die Erinnerung an die auf dem Lande zugebrachten glücklichen Tage hat mich in jedem Alter bis zu dem, in welchem ich aufs Land zurückkehren konnte, mit Sehnsucht nach ihm und seinen Vergnügungen erfüllt. Lambercier war ein sehr vernünftiger Mann, der unsere Erziehung nicht vernachlässigte und uns doch nicht mit Aufgaben überbürdete. Der Beweis, daß er die richtige Weise hatte, ist, daß ich trotz meines Widerstrebens gegen den Zwang doch nie mit Widerwillen an meine Lernstunden gedacht habe, und daß ich, wenn ich auch nicht viel von ihm lernte, doch das, was ich lernte, ohne Mühe lernte und nichts davon vergessen habe.

Die Einfachheit des Landlebens brachte mir ein unschätzbares Gut, indem es mir das Herz für die Freundschaft erschloß. Bis dahin hatte ich nur erhabene, aber eingebildete Empfindungen gekannt. Die Gewohnheit friedlichen Zusammenlebens verband mich innig mit meinem Vetter Bernard. In kurzer Zeit wurde mein Gefühl für ihn wärmer, als das für meinen Bruder gewesen, und dies ist nie erloschen. Er war ein großer, sehr magerer, sehr schwächlicher Knabe, so sanft von Gemüt wie schwach von Körper, der die Vorliebe, welche man für ihn als den Sohn meines Vormundes im Hause hatte, nicht zu sehr mißbrauchte. Unsere Arbeiten, unsere Vergnügungen, unsere Liebhabereien waren dieselben; wir waren allein; wir waren vom selben Alter; jeder von beiden bedurfte eines Gefährten; uns zu trennen hieß gewissermaßen, uns vernichten. Obwohl wir wenig Gelegenheit hatten, unsere gegenseitige Anhänglichkeit zu beweisen, war sie doch grenzenlos, und wir konnten nicht allein keinen Augenblick getrennt sein, wir hielten es auch nicht für möglich, daß wir es je sein könnten. Alle beide nachgiebig gegen Liebkosungen, willig, wenn man uns nicht zwingen wollte, waren wir stets über alles im Einverständnis. Wenn er unter den Augen derer, die uns beaufsichtigten, vor mir dadurch, daß sie ihn begünstigten, etwas voraushatte, so hatte ich, wenn wir allein waren, etwas vor ihm voraus, was das Gleichgewicht herstellte. In unseren Lehrstunden sagte ich ihm seine Lektion vor, wenn er stockte; wenn ich meine Aufgabe gemacht hatte, half ich ihm bei der seinigen, und bei unserem Vergnügen übernahm mein lebhafterer Sinn immer die Führung. Kurz, unsere beiden Charaktere stimmten gut zusammen, und die Freundschaft, welche uns verband, war so aufrichtig, daß in den mehr als fünf Jahren, während deren wir in Bossey oder Genf fast untrennbar waren, wir uns allerdings oft rauften, man aber niemals nötig hatte, uns auseinanderzubringen, niemals eine unserer Streitigkeiten länger als eine Viertelstunde dauerte, und wir nicht ein einziges Mal einer gegen den anderen eine Klage vorbrachten. Diese Bemerkungen sind, wenn man will, kindisch, aber sie zeigen doch ein fast einziges Beispiel, solange wie es Kinder gegeben hat.

Das Leben, welches ich in Bossey führte, gefiel mir so wohl, daß es nur hätte länger zu dauern brauchen, um meinem Charakter sein völliges Gepräge zu geben. Die zärtlichen, hingebenden, sanften Gefühle bildeten die Grundlage desselben. Ich glaube, daß niemals ein Individuum unserer Gattung von Natur weniger Eitelkeit hatte als ich. Stoßweise erhob ich mich zu erhabenem Schwunge; aber ich fiel sogleich wieder in meine Abspannung zurück. Von allem, was mir nahte, geliebt zu werden, war mein lebhaftestes Verlangen. Während zweier Jahre war ich weder Zeuge noch Opfer einer heftigen Empfindung. Alles nährte in meinem Herzen die Anlagen, welche es von der Natur empfing. Ich kannte kein höheres Glück, als alle Welt mit mir und mit allen Dingen zufrieden zu sehen. Ich werde immer daran denken, wie in der Kirche, wenn ich aus dem Katechismus befragt wurde, mich beim Stocken nichts mehr in Verwirrung brachte, als die Zeichen von Unruhe und Unzufriedenheit auf dem Gesichte von Fräulein Lambercier zu bemerken. Das allein betrübte mich mehr als die Beschämung, mich öffentlich bloßzustellen, was mir doch sehr zu Herzen ging; denn obwohl für Lob wenig empfänglich, war ich es doch immer sehr für die Beschämung, und ich kann hier sagen, daß die Erwartung der Vorwürfe des Fräuleins Lambercier mich weniger beunruhigte, als die Furcht, ihr Kummer zu machen.

Und doch fehlte es ihr nötigenfalls nicht an Strenge, ebenso wenig wie ihrem Bruder; aber da diese fast immer gerechte Strenge nie heftig wurde, so betrübte sie mich, ohne mich widersetzlich zu machen. Zu mißfallen, war mir empfindlicher, als die Strafe, und das Zeichen der Unzufriedenheit tat mir mehr wehe als die Züchtigung. Es macht mich verlegen, mich klarer auszudrücken, und doch muß ich es. Wie würde man anders mit der Jugend verfahren, wenn man besser die ganze Nachwirkung der Art, wie man immer unterschiedslos und oft unvorsichtig verfährt, einsähe!

Die große Lehre, welche man aus einem ebenso allgemeinen als traurigen Beispiel entnehmen kann, bringt mich zu dem Entschluß, dieses zu geben. –

Da Fräulein Lambercier für uns die Liebe einer Mutter hatte, übte sie auch deren Gewalt über uns aus und trieb dies zuweilen so weit, uns, wenn wir es verdient hatten, die Züchtigung des Kindes angedeihen zu lassen. Ziemlich lange begnügte sie sich mit der Drohung, und diese Drohung einer für mich ganz neuen Strafe, erschreckte mich sehr; aber nach der Ausführung fand ich sie in der Wirklichkeit weniger schrecklich, als ich in der Erwartung gefürchtet hatte, und was noch seltsamer dabei, das ist, daß diese Züchtigung mich noch anhänglicher an diejenige, welche sie mir erteilt hatte, machte. Es bedurfte sogar der ganzen Macht dieser Anhänglichkeit und meiner ganzen natürlichen Folgsamkeit, um mich abzuhalten, etwas zu tun, was mir dieselbe Züchtigung wieder zugezogen hätte; denn ich hatte in dem Schmerz, in der Scham sogar ein Gefühl von Sinnlichkeit gefunden, das mir weniger Furcht davor zurückgelassen hatte, als Verlangen, es von derselben Hand von neuem zu erfahren. Ohne Zweifel mischte sich in die Sache eine vorzeitige Regung des Geschlechtlichen, denn von ihrem Bruder wären mir dieselben Züchtigungen nichts weniger als vergnüglich vorgekommen. Bei seinem Charakter aber war das nicht zu befürchten, und wenn ich mich enthielt, die Züchtigung zu verdienen, so geschah es einzig aus Furcht, Fräulein Lambercier Verdruß zu machen; denn solche Gewalt üben Güte und Wohlwollen, selbst das, welchem die Sinnlichkeit zugrunde liegt, über mich, daß diese sich von jenem in meinem Herzen immer hat beherrschen lassen.

Die Wiederholung, die ich vermied, ohne sie zu fürchten, trat ein ohne mein Verschulden, d. h. meinen Willen, und ich ließ sie mir, ich kann sagen, mit Gewissensruhe gefallen. Dies zweite Mal war aber auch das letzte; denn da Fräulein Lambercier ohne Zweifel an irgend etwas gemerkt hatte, daß diese Züchtigung nicht ihren Zweck erreiche, erklärte sie, daß sie davon abstehe und daß es sie zu sehr ermüde. Wir hatten bis dahin in ihrem Zimmer geschlafen und im Winter sogar zuweilen in ihrem Bette. Zwei Tage nachher ließ man uns in einem anderen Zimmer schlafen, und ich hatte von nun an die gern entbehrte Ehre, von ihr als großer Knabe behandelt zu werden.

Wer sollte glauben, daß diese mit acht Jahren von der Hand eines Mädchens von dreißig Jahren erhaltene Züchtigung über meinen Geschmack, meine Begierden, meine Leidenschaften, über mich selbst für mein übriges Leben entschieden hat, und das in einer Weise, welche dem, was natürliche Folge hätte sein müssen, gerade entgegengesetzt war?

In derselben Zeit, worin meine Sinne entzündet wurden, nahmen meine Begierden eine falsche Richtung, so daß sie, auf das, was ich empfunden, sich beschränkend, nicht darauf kamen, anderes zu suchen. Trotz meines, fast von meiner Geburt an von Sinnlichkeit erhitzten Blutes habe ich mich rein von aller Befleckung gehalten bis zu dem Alter, wo die kältesten und phlegmatischsten Naturen sich entwickeln. Lange gepeinigt, ohne zu wissen, wovon, verschlang ich mit brennendem Auge junge Mädchen; meine Einbildungskraft stellte sie mir immer wieder vor, einzig um sie nach meiner Weise zu beschäftigen und ebensoviel Fräulein Lambercier daraus zu machen.

Selbst nach der vollen Entwicklung hat dieser mir treubleibende wunderliche Geschmack, bis zur Liederlichkeit und Verrücktheit gehend, mir doch den sittlichen Anstand bewahrt, den er mir schien rauben zu müssen. – Wenn je eine Erziehung eingezogen und keusch war, so war es sicherlich die, welche ich erhielt. Meine drei Tanten waren nicht allein von musterhafter Aufführung, sondern auch von einer Zurückhaltung, welche seit langer Zeit die Frauen nicht mehr kennen. Mein Vater, der ein Lebemann war, aber den Galanten nach der alten Mode machte, hat nie in Gegenwart der Frauen, die er am meisten liebte, etwas gesprochen, worüber das jungfräulichste Wesen hätte erröten müssen, und niemals hat man die Rücksicht, die man den Kindern schuldet, weiter getrieben, als vor mir und in meiner Familie. Bei Lambercier fand ich dieselbe Behutsamkeit, und hier wurde eine sehr gute Magd fortgeschickt wegen eines etwas ausgelassenen Wortes, das sie vor uns hatte fallen lassen. Ich hatte bis zu meinen Jünglingsjahren nicht allein durchaus keine bestimmte Vorstellung von der Vereinigung beider Geschlechter, sondern das verworrene Bild davon stellte sich mir auch nur unter einer häßlichen und ekelhaften Form dar. Für öffentliche Dirnen hatte ich einen Abscheu, der sich nie verloren hat; ich konnte einen liederlichen Menschen nicht ohne Verachtung, ja nicht ohne Schrecken sehen. So weit ging mein Widerwillen gegen die Ausschweifung, seitdem ich einmal in Klein-Sacconex, durch einen Hohlweg wandernd, auf beiden Seiten Spuren von Lagern gesehen, wo, wie man mir sagte, solche Leute sich zusammenfänden. Was ich an den Hündinnen beobachtet, kam mir obendrein immer wieder ins Gedächtnis, wenn ich an solche Dinge dachte, und bei dieser Vorstellung allein schon drehte sich mir das Herz im Leibe um.

Diese Richtung der Erziehung, an sich schon geeignet, die ersten Ausbrüche eines leicht entzündlichen Temperaments zu verzögern, wurde, wie gesagt, durch die Wendung unterstützt, welche das erste Auftauchen der Sinnlichkeit in mir nahm. In der Phantasie nur mit dem, was ich gefühlt, beschäftigt, wußte ich trotz sehr unbequemer Wallungen des Blutes meine Begierden nur der Art von Wollust zuzuwenden, die mir bekannt war, ohne je zu der überzugehen, die mir verhaßt gemacht worden, und die doch, ohne daß ich es im mindesten ahnte, der anderen so verwandt war. In meiner dummen Phantasie, in meinen erotischen Rasereien, in den verrückten Handlungen, wozu diese mich zuweilen brachten, zog ich mir in meiner Einbildung zuweilen das andere Geschlecht zur Hilfe herbei, ohne je zu denken, daß es zu anderem Gebrauche als zu dem, wozu ich es zu benutzen brannte, tauglich sei.

So bin ich nicht allein mit einem sehr feurigen, sehr wollüstigen, sehr frühreifen Temperament dennoch zum mannbaren Alter gekommen, ohne einen anderen sinnlichen Genuß zu verlangen und selbst zu kennen als den, worin mich Fräulein Lambercier sehr unschuldigerweise eingeweiht hatte; und als die Jahre mich endlich zum Manne gemacht hatten, bewahrte mich noch das, was mich hätte verderben müssen. Mein alter kindlicher Geschmack ging, statt sich zu verlieren, so in den anderen über, daß ich ihn nie aus meinen sinnlichen Begierden entfernen konnte; und diese Verrücktheit hat mich im Verein mit meiner natürlichen Schüchternheit immer sehr wenig unternehmend bei den Frauen gemacht, weil ich weder alles zu sagen wagte, noch alles zu tun vermochte. Die Art von Genuß, wovon der andere, natürliche, nur das letzte Ende war, konnte von dem, welcher danach verlangte, nicht gefordert, noch von der, welche ihn gewähren konnte, erraten werden. So habe ich mein Leben lang mich begnügt, den Personen, die ich am meisten liebte, gegenüber zu verlangen. Zu blöde, meinen Geschmack je zu gestehen, befriedigte ich ihn wenigstens in Situationen, die in Beziehung zu ihm standen, ihn lebendig erhielten. Einer herrischen Geliebten zu Füßen liegen, ihren Befehlen zu gehorchen, Vergebung von ihr zu erbitten, das war mir ein süßer Genuß, und je mehr meine lebhafte Einbildungskraft mir das Blut erhitzte, desto mehr hatte ich das Aussehen eines in reiner Liebe Verlorenen. Man begreift, daß diese Art zu werben nicht zu raschen Erfolgen führt und der Tugend derjenigen, um welche man wirbt, nicht sehr gefährlich ist. Ich habe deshalb sehr selten besessen, aber ich habe darum nicht weniger auf meine Weise genossen, d. h. in der Einbildung. So ist es geschehen, daß sich meine Sinne in Harmonie mit meinem scheuen Wesen und meinem überspannten Geist, meine Gefühle rein und meine Sitten tadelfrei gehalten haben – mit Hilfe desselben Geschmacks, der, zu etwas mehr Unverschämtheit gesellt, mich vielleicht in die gemeinsten Wollüste gestürzt haben könnte.

Ich habe den ersten und schwierigsten Schritt in das dunkle und schmutzige Labyrinth meiner Bekenntnisse gemacht. Man kann viel leichter das, was verbrecherisch ist, gestehen, als das, was lächerlich und beschämend ist. Von nun an bin ich meiner sicher; nachdem ich so viel zu sagen gewagt, kann mich nichts mehr zurückschrecken. Was mich solche

Geständnisse gekostet haben, kann man daraus entnehmen, daß ich niemals in meinem ganzen Leben gewagt habe, meine Narrheit denen einzugestehen, die ich mit der Raserei einer Leidenschaft liebte, daß ich zuweilen nicht sah und nicht hörte, daß ich außer mir geriet und mein ganzer Körper krampfhaft erzitterte; und doch habe ich es nie über mich gebracht, auch nicht in der innigsten Vertraulichkeit, von ihnen zu verlangen, mir die einzige Gunst, die zu den anderen noch fehlte, zu gewähren. Dies ist mir nur einmal in meinen Kinderjahren geschehen, bei einem Kinde meines Alters; obendrein war sie es, die es zuerst vorschlug.

Indem ich so zu den ersten Regungen meines Gefühlslebens zurückgehe, finde ich Elemente, die zuweilen unverträglich scheinen und doch sich verbunden haben, um kräftig eine harmonische und einfache Wirkung hervorzubringen; und ich finde andere, die, dem Anschein nach dieselben, durch die Mitwirkung gewisser Umstände so verschiedene Kombinationen gebildet haben, daß man nie auf den Gedanken kommen sollte, daß diese Elemente irgendeinen Zusammenhang hätten. Wer würde z. B. glauben, daß eine der mächtigsten Triebfedern meiner Seele aus derselben Quelle, aus der Wollust und Sinnlichkeit in mein Blut geströmt sind, ihre Stärke erhalten habe? Ohne den Gegenstand, von dem ich geredet habe, zu verlassen, werde ich durch denselben einen sehr verschiedenen Eindruck hervorrufen.

Ich lernte eines Tages allein meine Aufgabe in dem an die Küche anstoßenden Zimmer. Die Magd hatte die Kämme des Fräuleins Lambercier zum Trocknen auf die Herdplatte gelegt. Als sie zurückkam, um sie zu holen, war an einem eine ganze Seite der Zähne abgebrochen. Wer konnte den Schaden angestiftet haben? Niemand anders als ich war in das Zimmer getreten. Man verhört mich; ich leugne, die Kämme berührt zu haben. Herr und Fräulein Lambercier beginnen beide mich zu ermahnen, zu drängen, zu bedrohen, ich widerstehe hartnäckig; aber die Augenscheinlichkeit war zu stark, sie siegte über alle meine Beteuerungen, obwohl es das erstemal war, daß man mich so kühn lügen sah. Die Sache wurde ernst genommen; sie verdiente es. Die Bosheit, die Lüge, die Hartnäckigkeit erschienen gleich strafbar; aber diesmal war es nicht Fräulein Lambercier, durch welche die Strafe an mir vollstreckt wurde. Man schrieb meinem Oheim Bernard; er kam. Mein armer Vetter war eines anderen, nicht weniger schweren Verbrechens bezüchtigt; wir wurden von derselben Züchtigung heimgesucht. Sie war furchtbar. Wenn man das Heilmittel im Übel selber hätte suchen und mich für immer von der Verderbtheit meiner Sinne kurieren wollen, hätte man es nicht gründlicher anfangen können. Auch ließen letztere mich für lange in Ruh.

Das verlangte Geständnis vermochte man mir nicht zu entreißen. Mehrmals wieder vorgenommen und furchtbar zugerichtet, blieb ich unerschütterlich. Ich hätte den Tod erduldet und war entschlossen dazu. Die Gewalt vermochte nichts gegen den teuflischen Eigensinn eines Kindes; denn anders wurde meine Unbeugsamkeit nicht genannt. Ich ging aus dieser grausamen Probe endlich zerschlagen und zersetzt, aber siegreich hervor.

Es sind jetzt fast fünfzig Jahre seitdem verflossen, und ich habe nicht mehr zu fürchten, daß ich von neuem für dieselbe Tat gestraft werde. Nun wohl, ich erkläre im Angesicht des Himmels, daß ich unschuldig war, daß ich den Kamm nicht zerbrochen, nicht berührt hatte, daß ich der Herdplatte nicht einmal zu nahe gekommen war, und daß ich nicht daran gedacht hatte. Man frage mich nicht, wie der Schaden entstanden; ich weiß es nicht und kann es nicht begreifen; was ich nur gewiß weiß, ist, daß ich unschuldig daran war.

Man stelle sich einen im gewöhnlichen Leben scheuen und folgsamen, aber in der Leidenschaft feurigen, stolzen, unbezähmbaren Charakter vor; ein immer nach der Stimme der Vernunft geleitetes, mit Sanftmut, Milde, Wohlwollen behandeltes Kind, das von der Ungerechtigkeit nicht einmal einen Begriff hat und zum erstenmal eine so furchtbare gerade von seiten der Leute erfährt, welche es am meisten liebt und am meisten verehrt! Welcher Umsturz der Vorstellungen, welche Verwilderung der Gefühle; welche Verwirrung in seinem Herzen, in seinem Kopfe, in seinem ganzen kleinen Geistes- und Seelenwesen! Das alles stelle man sich vor, sage ich, wenn man kann; denn was mich angeht, so bin ich nicht imstande, die geringste Spur von dem, was damals in mir vorging, zu entwirren und zu verfolgen.

Ich hatte noch nicht Vernunft genug, um zu fühlen, wie sehr der Schein mich verdammte, und um mich an die Stelle der andern zu setzen. Ich hielt mich auf der meinigen, und alles, was ich fühlte war die Härte einer schrecklichen Züchtigung für ein Verbrechen, welches ich nicht begangen hatte. Den körperlichen Schmerz, so lebhaft er war, fühlte ich wenig, ich fühlte nur die Empörung, die Wut, die Verzweiflung. Mein Vetter, der in einem fast ähnlichen Falle war, und den man wegen eines unwillkürlichen Fehlers wie wegen einer vorbedachten Tat bestraft hatte, geriet nach meinem Vorbilde in Wut und arbeitete sich so zu sagen in dieselbe Aufregung hinein wie ich. Beide im selben Bette, umarmten wir uns mit krampfhaften Verzückungen; wir erstickten; und wenn unsre jungen Herzen ein wenig erleichtert ihren Zorn ausschreien konnten, setzten wir uns aufrecht und begannen beide mit aller Kraft hundertmal zu rufen: *Carnifex, Carnifex, Carnifex!*

Indem ich dies schreibe, fühle ich, wie noch mein Puls höher klopft; jene Augenblicke würden mir gegenwärtig bleiben, wenn ich hunderttausend Jahre lebte. Dieses erste Gefühl der Gewalt und der Ungerechtigkeit ist so tief meiner Seele eingeschrieben geblieben, daß alle Vorstellungen, welche sich darauf beziehen, mir eine erste Erschütterung wiedergeben; und dieses in seinem Ursprung sich auf mich persönlich beziehende Gefühl ist in sich selbst so stark geworden und hat sich von allem persönlichen Interesse so losgelöst, daß beim Anblick oder bei der Erzählung jeder ungerechten Handlung, wer auch ihr Opfer, wo auch ihr Schauplatz sei, mein Herz in Flammen gerät, als ob die Wirkung auf mich selber zurückfiele. Wenn ich die Grausamkeiten eines scheußlichen Tyrannen, die schwarzen Ränke eines schuftigen Priesters geschildert lese, so machte ich mich gern auf den Weg, um diesen Elenden zu erdolchen, und ginge ich hundertmal dabei zugrunde. Ich habe mich oft in Schweiß gesetzt, um im Laufe oder mit Steinwürfen einen Hahn, eine Kuh, einen Hund, ein Tier zu verfolgen, das ich ein anderes nur deshalb quälen sah, weil es sich als den Stärkeren fühlte. Ich mag diese Anlage von Natur haben und glaube, daß dem so ist; aber der tiefe Eindruck der ersten Ungerechtigkeit, welche ich erlitt, war zu lange und zu stark damit verbunden, um die ursprüngliche Anlage nicht sehr zu vergrößern!

Das heitere Leben des Kindes war damit für mich zu Ende. Von diesem Augenblicke an hörte ich auf, ein reines Glück zu genießen, und ich fühle selbst heute noch, daß die Erinnerung an das Schöne der Kindheit hier aufhört. Wir blieben noch einige Monate zu Bossey. Wir waren dort, wie man uns den ersten Menschen vorstellt, noch im irdischen Paradiese, aber ohne es weiter zu genießen. Dem Anschein nach war es dieselbe Lage, und in der Wirklichkeit ein ganz anderes Sein. Die Anhänglichkeit, die Ehrfurcht, das innige Vertrauen verbanden die Zöglinge nicht mehr mit ihren Leitern; wir betrachteten sie nicht mehr wie Götter, die in unseren Herzen lasen; wir schämten uns weniger, übles zu tun, und fürchteten mehr, beschuldigt zu werden; wir begannen uns zu verstecken, uns aufzulehnen, zu lügen. Alle Laster unsres Alters verdarben unsere Unschuld und brachten ihre Häßlichkeit in unsere Spiele. Die Gegend, das

Land selbst verlor in unseren Augen den einfachen sanften Reiz, der zum Herzen geht. Es schien uns öde und traurig; es hatte sich wie mit einem Schleier bedeckt, der uns die Schönheiten desselben verhüllte. Wir hörten auf, unseren kleinen Garten, unsere Pflanzen, unsere Blumen zu pflegen. Wir kratzten nicht mehr leicht die Erde auf, um vor Vergnügen zu jubeln, wenn wir das Korn, welches wir gesät hatten, am Keimen sahen. Wir wurden des Lebens überdrüssig, und man wurde unserer überdrüssig; mein Oheim holte uns ab, und wir trennten uns von Herrn und Fräulein Lambercier, einer des anderen satt und wenig gerührt durch den Abschied.

Immanuel Kant

(22.4.1724–12.2.1804)

Die gewagten Abenteuer der Vernunft

Heinrich Heine schrieb über Immanuel Kant, daß ein »sonderbarer Kontrast zwischen dem äußeren Leben des Mannes und seinen zerstörenden, weltzermalmenden Gedanken« bestand.

In der Tat gestaltet sich Kants Biographie nicht sehr ereignisreich, sein Denken aber stellt einen der Höhe- und Wendepunkte der abendländischen Philosophie dar. Sie ist ein regelrechtes Abenteuer, ein »gewagtes Abenteuer der Vernunft«, wie er selbst sagt.

Nach Kant konnte die Philosophie nie wieder so sein, wie sie war, sie mußte anders werden.

Immanuel Kant wurde in Königsberg als Sohn eines Sattlers in einfachen Verhältnissen geboren. Seine Mutter war eine fromme Frau, die ihn in Berührung mit dem Pietismus brachte.

Nach einem siebenjährigen Besuch des Gymnasiums in seiner Heimatstadt, das ihm nach eigenen Worten nichts von Interesse lehrte, begann er als 16jähriger an der Königsberger Universität die Fächer Theologie, Philosophie, Mathematik, Philologie und Naturwissenschaft zu studieren. Sein Studium besserte er durch Privatstunden und Gewinne beim Billardspiel auf. Nach dem Tod seines Vaters verlor er jegliche finanzielle Unterstützung, verließ die Universität und verdiente sich neun Jahre lang seinen Lebensunterhalt als Hauslehrer auf Adelsgütern in der Umgebung Königsbergs. Dabei hatte er offenbar Gelegenheit, neben der Vertiefung seiner philosophischen Bildung sich auch eine gewisse weltmännische Gewandtheit anzueignen. Trotzdem hat Kant sein Leben lang Königsberg nie verlassen.

Der Verlauf seiner Karriere ist schnell wiedergegeben. Ab 1755 promovierte er und ließ sich als Privatdozent an der Universität nieder. Langsam wurde er bekannt, vor allem durch seine naturwissenschaftliche Schrift *Allgemeine Naturgeschichte und Theorie des Himmels* (1755). Nun an ihn herangetragene Angebote auswärtiger Universitäten lehnte er ab. »Alle Veränderung macht mich bange«, schrieb er an einen Freund. Erst 15 Jahre später, also mit 46 Jahren, erhielt er eine Professur für Metaphysik und Logik in Königsberg, die er bis an sein Lebensende innehatte.

Vierzig Jahre lang hielt Kant Vorlesungen, nicht nur über diese beiden Fächer, sondern auch über Physik, Geographie, Theologie und Anthropologie. Er war ein beliebter und anregender Lehrer, der ebenso spannend über die Philosophie wie über fremde Länder und Völker sprechen konnte, die er nie gesehen hatte.

Gottfried Herder, einer seiner Studenten, berichtet, daß er stets heiter, voller Witz, guter Laune und äußerst unterhaltsam gewesen sei. Seine Gestalt war klein, schmächtig und etwas verwachsen – eine Schulter war ein wenig höher als die andere. Aber er soll auffallend schöne, tiefblickende blaue Augen gehabt haben.

Von Geburt an war er von schwacher Gesundheit. Das erklärt auch, warum er Zeit seines Lebens einen strikt reglementierten Tagesablauf hatte, den er niemals änderte und der ihm half, seine Gesundheit bis ins hohe Alter zu bewahren und mit eiserner Konzentration seiner Lebensaufgabe, der Philosophie, nachzugehen. Er hat »der Natur das Leben abgezwungen«, schrieb sein Biograph und Freund R. B. Jachmann.

Übereinstimmend schildern Zeitgenossen in Berichten und Briefen das selbstgesetzte Tagesprogramm, das er so genau einhielt, daß die Königsberger die Uhr danach hätten stellen können.

Jeden Morgen um fünf Minuten vor fünf weckte ihn sein Diener Martin Lampe mit den Worten: »Es ist Zeit!« Sofort stand er auf, trank seinen Tee und rauchte die einzige Pfeife des Tages. Dabei dachte er nach. Von 7 bis 9 Uhr hielt er seine Vorlesungen. Die Hauptarbeitszeit für das eigene Studium, in der auch seine wissenschaftlichen Schriften entstanden, lag zwischen 9 und 1 Uhr.

Das Mittagessen wurde immer mit guten Freunden eingenommen und zog sich bis 4 Uhr nachmittags hin. Er war ein beliebter Gastgeber und anregender, phantasievoller Gesprächspartner, der auf allen Gebieten bewandert war und ein unglaubliches Gedächtnis hatte. Er vermied explizit philosophische Erörterungen und unterhielt sich am liebsten über ferne Reisen oder Politik. Vorzugsweise umgab er sich mit Menschen aus dem praktischen Leben.

Nach dem Essen machte er alleine einen Spaziergang, der ebenfalls genauester Einteilung und Regelmäßigkeit unterlag, nahm seine Arbeit noch einmal auf und ging um Punkt 10 Uhr ins Bett. Heinrich Heine bemerkte dazu: »Aufstehen, Kaffeetrinken, Schreiben. Kollegienlesen, Essen, Spazierengehen, alles hatte seine bestimmte Zeit, und die Nachbarn wußten ganz genau, daß die Glocke halb vier sei, wenn Immanuel Kant [...] aus der Tür trat und nach der kleinen Lindenallee wanderte.«

Trotz seiner Achtung sich selbst und anderen gegenüber, trotz seiner Heiterkeit und Menschenfreundlichkeit bis ins hohe Alter, trotz zahlreicher Ehrungen und Berühmtheit, die er noch zu Lebzeiten erlangte, schrieb sein Biograph: »Welcher seiner Freunde hätte es nicht überaus oft aus seinem Munde gehört, daß er um keinen Preis unter der Bedingung, eben so noch einmal vom Anfange zu leben, seine Existenz wiederholen möchte.«

Als Kant nach mehrjährigem körperlichen und geistigen Verfall im hohen Alter von 80 Jahren starb, liefen Menschen aller Herkunft in seine Wohnung, um ihn noch einmal zu sehen. Stadt, Universität und Bevölkerung bereiteten ihm ein feierliches Begräbnis, wie man es im stillen Königsberg noch nicht erlebt hatte. Sein Nachlaß wurde allerdings sofort nach der Beerdigung versteigert. Aus seinem Wohnhaus wurde eine Gaststätte für Billard- und Kegelspiele.

Was beinhaltete Kants Denken, daß es eine Veränderung herbeiführte, wie sie die Philosophie weder vorher noch nachher erlebt hat?

1781, als Kant bereits 57 Jahre alt war, erschien sein Hauptwerk, die *Kritik der reinen Vernunft.* Rasch folgten die anderen Schriften, *Prolegomena zu einer jeden künftigen Metaphysik, die als Wissenschaft auftreten kann* (1783); *Grundlegung zur Metaphysik der Sitten* (1785); *Kritik der praktischen Vernunft* (1788); *Kritik der Urteilskraft* (1790); *Die Religionen innerhalb der Grenzen der Vernunft* (1793); *Die Metaphysik der Sitten in zwei Teilen* (1797).

Die Wirkung der *Kritik der reinen Vernunft* ließ zunächst auf sich warten. Doch mit Beginn der 90er Jahre setzte sie schlagartig ein, als sie, erläutert durch die *Prolegomena*, 1778 in einer erweiterten, zweiten Auflage erschien. Der umwälzende Erfolg rührte zuletzt aber auch daher, daß *Friedrich Schiller* die kantischen Gedanken voller Begeisterung verbreitete. Um 1800 war das kantische Werk offizielle Philosophie an den deutschen Universitäten geworden.

Kant hat sich mit seiner Philosophie nichts weniger zur Aufgabe gemacht, als die Struktur des menschlichen Denkvermögens zu untersuchen und so die Grenzen der menschlichen Vernunft aufzuzeigen. Das hatte auf derart kritische Weise noch niemand vor ihm getan.

Er wollte untersuchen, ob der menschliche Verstand jemals über die Welt der Erscheinungen hinausgehen und überhaupt so etwas wie Gott, die Seele, die Welt denken kann. Die große Frage war: Wie kommt Erkenntnis zustande?

Kant gelangt zu der revolutionären Ansicht, daß sich unsere Erkenntnis nicht nach den Gegenständen richtet, sondern die Gegenstände nach unserer Erkenntnis. Das heißt, wir gestalten die Wirklichkeit selbst, wir sind ihr Gesetzgeber! Die *Kritik der reinen Vernunft* erklärt den Menschen zum Urheber seiner Welt. Diese Sicht prägt heute noch unser Welt- und Menschenbild.

Jede Ordnung, die wir in der Natur wahrnehmen, jede Gesetzmäßigkeit liegt nicht in der Natur selbst, sondern rührt allein daher, daß unser Verstand diese nach den ihm zugrundeliegenden Normen und Strukturen so verknüpft, daß wir annehmen, es gäbe eine Ordnung. Wenn wir etwas wahrnehmen, haben wir nicht die Beschaffenheit des Gegenstandes, wie er ›an sich‹ ist, erkannt, sondern ihm nur die Strukturen unseres eigenen Denkens auferlegt. Wie ›das Ding an sich‹ ist, können wir niemals wissen!

Kant schreibt: »Bisher ging man davon aus, alle unsere Erkenntnis müßte sich nach den Gegenständen richten«, jetzt nehmen wir an, »die Gegenstände müssen sich nach unserer Erkenntnis richten«. Alle Erfahrung ergibt sich durch die formende Tätigkeit des Verstandes.

Heinrich von Kleist stürzte nach der Lektüre von Kant in eine tiefe Verzweiflung, die legendäre ›Kant-Krise‹. Er wurde sich der Tragweite dieses neuen Denkens bewußt, das endgültig die Existenz objektiver, vom Menschen unabhängiger Wahrheiten *ad acta* legte. In einem Brief an seine Verlobte schrieb Kleist am 22. März 1801:

»Wir können nicht entscheiden, ob das, was wir Wahrheit nennen, wahrhaft Wahrheit ist, oder ob es uns nur so scheint. Ist das letzte, so *ist* die Wahrheit, die wir hier sammeln, nach dem Tode nicht mehr. Alles Bestreben, ein Eigentum sich zu erwerben, das uns auch in das Grab folgt, ist vergeblich. Mein einziges, höchstes Ziel ist gesunken, und ich habe nun keins mehr.« Jegliches Streben nach bleibenden Werten schien von nun an sinnlos.

Die Grenzen unserer Vernunft liegen genau da, wo das Erfahrungswissen aufhört. Wir werden nie mehr von der Wirklichkeit wissen können, als das, was unser Verstandesvermögen uns vorgibt. Die Welt ist *die* Welt, die unser eigenes Bewußtsein herstellt. Auch über Gott, die Seele oder das Weltganze werden wir niemals etwas wissen können, weil wir sie nicht erkennen können.

Das ist zwar ein niederschmetterndes Ergebnis für jeden religiösen Menschen, doch Kant ist auch ein Menschenfreund. Er räumt eine Tröstung ein: Gott kann zwar nicht bewiesen, aber er kann auch nicht widerlegt werden. Insofern ist Platz geschaffen, um an ihn zu *glauben*. Ich muß also »das Wissen aufheben, um dem Glauben Platz zu machen«, wie der berühmte Satz lautet.

Kant gibt also dem Glauben an Gott eine Möglichkeit, wenn auch nicht in der Vernunft, so doch im praktischen Leben, wo der Mensch als handelndes Wesen agiert.

Dies ist die Thematik der zweiten großen Kritik, der *Kritik der praktischen Vernunft*. Hier analysiert er, wie sich der Mensch im tatsächlichen Leben und als sittliches Wesen verhält.

Es wird deutlich, daß der Mensch einen unwiderstehlichen Drang danach hat, über die Welt der Erscheinungen hinauszugehen. So entwickelt Kant eine Ethik als Lehre vom richtigen Handeln, das jedem die Freiheit gibt, nach subjektiven Grundsätzen so zu glauben und zu handeln, wie es für den Einzelnen von Bedeutung ist.

Auch hier waltet das Prinzip der Vernunft, nach der der Mensch seine Handlungsgrundsätze (Maximen) zurichten kann. Diese Maximen gelten aber nur für den einzelnen Menschen und sind Ausdruck seiner Willensfreiheit, gleichzeitig sollen sie die Mitmenschen nicht aus dem Blick verlieren. Kant entwirft den *kategorischen Imperativ*, der besagt: »Handle so, daß die Maxime deines Willens jederzeit zugleich als Prinzip einer allgemeinen Gesetzgebung gelten könne.«

Dieser Satz zeigt, wie sehr Kant an die Würde des Menschen, seine Freiheit und sein sittliches Handeln glaubt.

Nach der *Kritik der reinen Vernunft* und der *Kritik der praktischen Vernunft* erschien noch eine dritte Kritik, die *Kritik der Urteilskraft*. Hier entdeckt Kant als einer der ersten die Ästhetik als Gegenstand philosophischen Nachdenkens.

Wie prinzipiell in seinem Werk, geht er von den menschlichen Verstandesleistungen aus, und zwar diesmal in bezug auf die Wahrnehmung des Schönen. Kant analysiert, wie sich das menschliche Gemüt in bezug auf die Wahrnehmung der Natur aber auch der menschlichen Kunst verhält.

So bilden die drei Kritiken ein Gesamtsystem, das die grundsätzlichen Anlagen des menschlichen Wesens untersucht.

In der *Kritik der reinen Vernunft* geht es um das Denken und Erkennen, in der *Kritik der praktischen Vernunft* um das Wollen und Handeln und in der *Kritik der Urteilskraft* um das Gefühl und die Phantasie.

Für diese Textsammlung wurde die ›Vorrede zur zweiten Auflage‹ der *Kritik der reinen Vernunft* ausgesucht. Hier führt Kant seine Ideen auf, die er in seinen drei Kritiken entwickelt. Diese Schrift gibt einen kleinen, aber guten Einblick in das immense Werk eines Mannes, dessen Denken die Philosophie revolutioniert hat, weil er zum ersten Mal dargelegte, was *Selbstdenken* eigentlich heißt.

Kritik der reinen Vernunft

(Vorrede zur zweiten Auflage)

Ob die Bearbeitung der Erkenntnisse, die zum Vernunftgeschäfte gehören, den sicheren Gang einer Wissenschaft gehe oder nicht, das läßt sich bald aus dem Erfolg beurteilen. Wenn sie nach viel gemachten Anstalten und Zurüstungen, so bald es zum Zweck kommt, in Stecken gerät, oder, um diesen zu erreichen, öfters wieder zurückgehen und einen andern Weg einschlagen muß; imgleichen wenn es nicht möglich ist, die verschiedenen Mitarbeiter in der Art, wie die gemeinschaftliche Absicht erfolgt werden soll, einhellig zu machen: so kann man immer überzeugt sein, daß ein solches Studium bei weitem noch nicht den sicheren Gang einer Wissenschaft eingeschlagen, sondern ein bloßes Herumtappen sei, und es ist schon ein Verdienst um die Vernunft, diesen Weg wo möglich ausfindig zu machen, sollte auch manches als vergeblich aufgegeben werden müssen, was in dem ohne Überlegung vorher genommenen Zwecke enthalten war.

Daß die *Logik* diesen sicheren Gang schon von den ältesten Zeiten her gegangen sei, läßt sich daraus ersehen, daß sie seit dem *Aristoteles* keinen Schritt rückwärts hat tun dürfen, wenn man ihr nicht etwa die Wegschaffung einiger entbehrlichen Subtilitäten, oder deutlichere Bestimmung des Vorgetragenen, als Verbesserungen anrechnen will, welches aber mehr zur Eleganz, als zur Sicherheit der Wissenschaft gehört. Merkwürdig ist noch an ihr, daß sie auch bis jetzt keinen Schritt vorwärts hat tun können, und also allem Ansehen nach geschlossen und vollendet zu sein scheint. Denn, wenn einige Neuere sie dadurch zu erweitern dachten, daß sie teils *psychologische* Kapitel von den verschiedenen Erkenntniskräften (der Einbildungskraft, dem Witze), teils *metaphysische* über den Ursprung der Erkenntnis oder der verschiedenen Art der Gewißheit nach Verschiedenheit der Objekte (dem Idealism, Skeptizism usw.), *teils anthropologische* von Vorurteilen (den Ursachen derselben und Gegenmitteln) hineinschoben, so rührt dieses von ihrer Unkunde der eigentümlichen Natur dieser Wissenschaft her. Es ist nicht Vermehrung, sondern Verunstaltung der Wissenschaften, wenn man ihre Grenzen in einander laufen läßt; die Grenze der Logik aber ist dadurch ganz genau bestimmt, daß sie eine Wissenschaft ist, welche nichts als die formalen Regeln alles Denkens (es mag a priori oder empirisch sein, einen Ursprung oder Objekt haben, welches es wolle, in unserem Gemüte zufällige oder natürliche Hindernisse antreffen) ausführlich darlegt und strenge beweiset.

Daß es der Logik so gut gelungen ist, diesen Vorteil hat sie bloß ihrer Eingeschränktheit zu verdanken, dadurch sie berechtigt, ja verbunden ist, von allen Objekten der Erkenntnis und ihrem Unterschiede zu abstrahieren, und in ihr also der Verstand es mit nichts weiter, als sich selbst und seiner Form zu tun hat. Weit schwerer mußte es natürlicher Weise für die Vernunft sein, den sicheren Weg der Wissenschaft einzuschlagen, wenn sie nicht bloß mit sich selbst, sondern auch mit Objekten zu schaffen hat; daher jene auch als Propädeutik gleichsam nur den Vorhof der Wissenschaften ausmacht, und wenn von Kenntnissen die Rede ist, man zwar eine Logik zu Beurteilung derselben voraussetzt, aber die Erwerbung derselben in eigentlich und objektiv so genannten Wissenschaften suchen muß.

So fern in diesen nun Vernunft sein soll, so muß darin etwas a priori erkannt werden, und ihre Erkenntnis kann auf zweierlei Art auf ihren Gegenstand bezogen werden, entweder diesen und seinen Begriff (der anderweitig gegeben werden muß) bloß zu *bestimmen*, oder ihn auch *wirklich zu machen*. Die erste ist *theoretische*, die andere *praktische Erkenntnis* der Vernunft. Von beiden muß der *reine Teil*, so viel oder so wenig er auch enthalten mag, nämlich derjenige, darin Vernunft gänzlich a priori ihr Objekt bestimmt, vorher allein vorgetragen werden, und dasjenige, was aus anderen Quellen kommt, damit nicht vermengt werden; denn es gibt übele Wirtschaft, wenn man blindlings ausgibt, was einkommt, ohne nachher, wenn jene in Stecken gerät, unterscheiden zu können, welcher Teil der Einnahme den Aufwand tragen könne, und von welcher man denselben beschneiden muß.

Mathematik und *Physik* sind die beiden theoretischen Erkenntnisse der Vernunft, welche ihre *Objekte* a priori bestimmen sollen, die erstere ganz rein, die zweite wenigstens zum Teil rein, denn aber auch nach Maßgabe anderer Erkenntnisquellen als der der Vernunft.

Die *Mathematik* ist von den frühesten Zeiten her, wohin die Geschichte der menschlichen Vernunft reicht, in dem bewundernswürdigen Volke der Griechen den sichern Weg einer Wissenschaft gegangen. Allein man darf nicht denken, daß es ihr so leicht geworden, wie der Logik, wo die Vernunft es nur mit sich selbst zu tun hat, jenen königlichen Weg zu treffen, oder vielmehr sich selbst zu bahnen; vielmehr glaube ich, daß es lange mit ihr (vornehmlich noch unter den Ägyptern) beim Herumtappen geblieben ist, und diese Umänderung einer *Revolution* zuzuschreiben sei, die der glückliche Einfall eines einzigen Mannes in einem Versuche zustande brachte, von welchem an die Bahn, die man nehmen mußte, nicht mehr zu verfehlen war, und der sichere Gang einer Wissenschaft für alle Zeiten und in unendliche Weiten eingeschlagen und vorgezeichnet war. Die Geschichte dieser Revolution der Denkart, welche viel wichtiger war als die Entdeckung des Weges um das berühmte Vorgebirge, und des Glücklichen, der sie zustande brachte, ist uns nicht aufbehalten. Doch beweiset die Sage, welche *Diogenes der Laertier* uns überliefert, der von den kleinesten, und, nach dem gemeinen Urteil, gar nicht einmal eines Beweises benötigten, Elementen der geometrischen Demonstrationen den angeblichen Erfinder nennt, daß das Andenken der Veränderung, die durch die erste Spur der Entdeckung dieses neuen Weges bewirkt wurde, den Mathematikern äußerst wichtig geschienen haben müsse, und dadurch unvergeßlich geworden sei. Dem ersten, der den *gleichseitigen Triangel* demonstrierte (er mag nun *Thales* oder wie man will geheißen haben), dem ging ein Licht auf; denn er fand, daß er nicht dem, was er in der Figur sahe, oder auch dem bloßen Begriffe derselben nachspüren und gleichsam davon ihre Eigenschaften ablernen, sondern durch das, was er nach Begriffen selbst a priori hineindachte und darstellete (durch Konstruktion), hervorbringen müsse, und daß er, um sicher etwas a priori zu wissen, er der Sache nichts beilegen müsse, als was aus dem notwendig folgte, was er seinem Begriffe gemäß selbst in sie gelegt hat.

Mit der Naturwissenschaft ging es weit langsamer zu, bis sie den Heeresweg der Wissenschaft traf; denn es sind nur etwa anderthalb Jahrhunderte, daß der Vorschlag des sinnreichen *Baco* von Verulam diese Entdekkung teils veranlaßte, teils, da man bereits auf der Spur derselben war, mehr belebte, welche eben sowohl nur durch eine schnell vorgegangene Revolution der Denkart erklärt werden kann. Ich will hier nur die Naturwissenschaft, so fern sie auf *empirische* Prinzipien gegründet ist, in Erwägung ziehen.

Als *Galilei* seine Kugeln die schiefe Fläche mit einer von ihm selbst gewählten Schwere herabrollen, oder *Torricelli* die Luft ein Gewicht, was er sich zum voraus dem einer ihm bekannten Wassersäule gleich gedacht hatte, tragen ließ, oder in noch späterer Zeit *Stahl* Metalle in Kalk und diesen wiederum in Metall verwandelte, indem er ihnen etwas entzog und wiedergab: so ging allen Naturforschern ein Licht auf. Sie begriffen, daß die Vernunft nur das einsieht, was sie selbst nach ihrem Entwurfe hervorbringt, daß sie mit Prinzipien ihrer Urteile nach beständigen Gesetzen vorangehen und die Natur nötigen müsse, auf ihre Fragen zu antworten, nicht aber sich von ihr allein gleichsam am Leitbande gängeln lassen müsse; denn sonst hängen zufällige, nach keinem vorher entworfenen Plane gemachte Beobachtungen gar nicht in einem notwendigen Gesetze zusammen, welches doch die Vernunft sucht und bedarf. Die Vernunft muß mit ihren Prinzipien, nach denen allein übereinkommende Erscheinungen für Gesetze gelten können, in einer Hand, und mit dem Experiment, das sie nach jenen ausdachte, in der anderen, an die Natur gehen, zwar um von ihr belehrt zu werden, aber nicht in der Qualität eines Schülers, der sich alles vorsagen läßt, was der Lehrer will, sondern eines bestallten Richters, der die Zeugen nötigt, auf die Fragen zu antworten, die er ihnen vorlegt. Und so hat sogar Physik die so vorteilhafte Revolution ihrer Denkart lediglich dem Einfalle zu verdanken, demjenigen, was die Vernunft selbst in die Natur hineinlegt, gemäß, dasjenige in ihr zu suchen (nicht ihr anzudichten), was sie von dieser lernen muß, und wovon sie für sich selbst nichts wissen würde. Hiedurch ist die Naturwissenschaft allererst in den sicheren Gang einer Wissenschaft gebracht worden, da sie so viel Jahrhunderte durch nichts weiter als ein bloßes Herumtappen gewesen war.

Der *Metaphysik*, einer ganz isolierten spekulativen Vernunfterkenntnis, die sich gänzlich über Erfahrungsbelehrung erhebt, und zwar durch bloße Begriffe (nicht wie Mathematik durch Anwendung derselben auf Anschauung), wo also Vernunft selbst ihr eigener Schüler sein soll, ist das Schicksal bisher noch so günstig nicht gewesen, daß sie den sichern Gang einer Wissenschaft einzuschlagen vermocht hätte; ob sie gleich älter ist, als alle übrige, und bleiben würde, wenn gleich die übrigen insgesamt in dem Schlunde einer alles vertilgenden Barbarei gänzlich verschlungen werden sollten. Denn in ihr gerät die Vernunft kontinuierlich in Stecken, selbst wenn sie diejenigen Gesetze, welche die gemeinste Erfahrung bestätigt (wie sie sich anmaßt), a priori einsehen will. In ihr muß man unzählige mal den Weg zurück tun, weil man findet, daß er dahin nicht führt, wo man hin will, und was die Einhelligkeit ihrer Anhänger in Behauptungen betrifft, so ist sie noch so weit davon entfernt, daß sie vielmehr ein Kampfplatz ist, der ganz eigentlich dazu bestimmt zu sein scheint, seine Kräfte im Spielgefechte zu üben, auf dem noch niemals irgendein Fechter sich auch den kleinsten Platz hat erkämpfen und auf seinen Sieg einen dauerhaften Besitz gründen können. Es ist also kein Zweifel, daß ihr Verfahren bisher ein bloßes Herumtappen, und, was das Schlimmste ist, unter bloßen Begriffen, gewesen sei.

Woran liegt es nun, daß hier noch kein sicherer Weg der Wissenschaft hat gefunden werden können? Ist er etwa unmöglich? Woher hat denn die Natur unsere Vernunft mit der rastlosen Bestrebung heimgesucht, ihm als einer ihrer wichtigsten Angelegenheiten nachzuspüren? Noch mehr, wie wenig haben wir Ursache, Vertrauen in unsere Vernunft zu setzen, wenn sie uns in einem der wichtigsten Stücke unserer Wißbegierde nicht bloß verläßt, sondern durch Vorspiegelungen hinhält, und am Ende betrügt! Oder ist er bisher nur verfehlt: welche Anzeige können wir benutzen, um bei erneuertem Nachsuchen zu hoffen, daß wir glücklicher sein werden, als andere vor uns gewesen sind?

Ich sollte meinen, die Beispiele der Mathematik und Naturwissenschaft, die durch eine auf einmal zustande gebrachte Revolution das geworden sind, was sie jetzt sind, wäre merkwürdig genug, um dem wesentlichen Stücke der Umänderung der Denkart, die ihnen so vorteilhaft geworden ist, nachzusinnen, und ihnen, so viel ihre Analogie, als Vernunfterkenntnisse, mit der Metaphysik verstattet, hierin wenigstens zum Versuche nachzuahmen. Bisher nahm man an, alle unsere Erkenntnis müsse sich nach den Gegenständen richten; aber alle Versuche, über sie a priori etwas durch Begriffe auszumachen, wodurch unsere Erkenntnis erweitert würde, gingen unter dieser Voraussetzung zunichte. Man versuche es daher einmal, ob wir nicht in den Aufgaben der Metaphysik damit besser fortkommen, daß wir annehmen, die Gegenstände müssen sich nach unserem Erkenntnis richten, welches so schon besser mit der verlangten Möglichkeit einer Erkenntnis derselben a priori zusammenstimmt, die über Gegenstände, ehe sie uns gegeben werden, etwas festsetzen soll. Es ist hiemit eben so, als mit den ersten Gedanken des *Kopernikus* bewandt, der, nachdem es mit der Erklärung der Himmelsbewegungen nicht gut fort wollte, wenn er annahm, das ganze Sternheer drehe sich um den Zuschauer, versuchte, ob es nicht besser gelingen möchte, wenn er den Zuschauer sich drehen, und dagegen die Sterne in Ruhe ließ. In der Metaphysik kann man nun, was die *Anschauung* der Gegenstände betrifft, es auf ähnliche Weise versuchen. Wenn die Anschauung sich nach der Beschaffenheit der Gegenstände richten müßte, so sehe ich nicht ein, wie man a priori von ihr etwas wissen könne; richtet sich aber der Gegenstand (als Objekt der Sinne) nach der Beschaffenheit unseres Anschauungsvermögens, so kann ich mir diese Möglichkeit ganz wohl vorstellen. Weil ich aber bei diesen Anschauungen, wenn sie Erkenntnisse werden sollen, nicht stehen bleiben kann, sondern sie als Vorstellungen auf irgend etwas als Gegenstand beziehen und diesen durch jene bestimmen muß, so kann ich entweder annehmen, die *Begriffe*, wodurch ich diese Bestimmung zu Stande bringe, richten sich auch nach dem Gegenstande, und denn bin ich wiederum in derselben Verlegenheit, wegen der Art, wie ich a priori hievon etwas wissen könne; oder ich nehme an, die Gegenstände, oder, welches einerlei ist, die *Erfahrung*, in welcher sie allein (als gegebene Gegenstände) erkannt werden, richte sich nach diesen Begriffen, so sehe ich sofort eine leichtere Auskunft, weil Erfahrung selbst eine Erkenntnisart ist, die Verstand erfordert, dessen Regel ich in mir, noch ehe mir Gegenstände gegeben werden, mithin a priori voraussetzen muß, welche in Begriffen a priori ausgedrückt wird, nach denen sich also alle Gegenstände der Erfahrung notwendig richten und mit ihnen übereinstimmen müssen. Was Gegenstände betrifft, so fern sie bloß durch Vernunft und zwar notwendig gedacht, die aber (so wenigstens, wie die Vernunft sie denkt) gar nicht in der Erfahrung gegeben werden können, so werden die Versuche, sie zu denken (denn denken müssen sie sich doch lassen), hernach einen herrlichen Probierstein desjenigen abgeben, was wir als die veränderte Methode der Denkungsart annehmen, daß wir nämlich von den Dingen nur das a priori erkennen, was wir selbst in sie legen.

Dieser Versuch gelingt nach Wunsch, und verspricht der Metaphysik in ihrem ersten Teile, da sie sich nämlich mit Begriffen a priori beschäftigt, davon die korrespondierenden Gegenstände in der Erfahrung jenen angemessen gegeben werden können, den sicheren Gang einer Wissenschaft. Denn man kann nach dieser Veränderung der Denkart die Möglichkeit einer Erkenntnis a priori ganz wohl erklären, und, was noch mehr ist, die Gesetze, welche a priori der Natur, als dem Inbegriffe der Gegenstände der Erfahrung, zum Grunde liegen, mit ihren genugtuenden Beweisen versehen, welches beides nach der bisherigen Verfahrungsart unmöglich war. Aber es ergibt sich aus dieser Deduktion unseres Vermögens a priori zu erkennen im ersten Teile der Metaphysik ein befremdliches und dem ganzen Zwecke derselben, der den zweiten Teil beschäftigt, dem Anscheine nach sehr nachteiliges Resultat, nämlich daß wir mit ihm nie über die Grenze möglicher Erfahrung hinauskommen können, welches doch gerade die wesentlichste Angelegenheit dieser Wissenschaft ist. Aber hierin liegt eben das Experiment einer Gegenprobe der Wahrheit des Resultats jener ersten Würdigung unserer Vernunfterkenntnis a priori, daß sie nämlich nur auf Erscheinungen gehe, die Sache an sich selbst dagegen zwar als für sich wirklich, aber von uns unerkannt, liegen lasse. Denn das, was uns notwendig über die Grenze der Erfahrung und aller Erscheinungen hinaus zugehen treibt, ist das *Unbedingte*, welches die Vernunft in den Dingen an sich selbst notwendig und mit allem Recht zu allem Bedingten, und dadurch die Reihe der Bedingungen als vollendet verlangt. Findet sich nun, wenn man annimmt, unsere Erfahrungserkenntnis richte sich nach den Gegenständen als Dingen an sich selbst, daß das Unbedingte *ohne Widerspruch gar nicht gedacht* werden könne; dagegen, wenn man annimmt, unsere Vorstellung der Dinge, wie sie uns gegeben werden, richte sich nicht nach diesen, als Dingen an sich selbst, sondern diese Gegenstände vielmehr, als Erscheinungen, richten sich nach unserer Vorstellungsart, *der Widerspruch wegfalle*; und daß folglich das Unbedingte nicht an Dingen, so fern wir sie kennen (sie uns gegeben werden), wohl aber an ihnen, so fern wir sie nicht kennen, als Sachen an sich selbst, angetroffen werden müsse: so zeiget sich, daß, was wir anfangs nur zum Versuche annahmen, gegründet sei. Nun bleibt uns immer noch übrig, nachdem der spekulativen Vernunft alles Fortkommen in diesem Felde des Übersinnlichen abgesprochen worden, zu versuchen, ob sich nicht in ihrer praktischen Erkenntnis Data finden, jenen transzendenten Vernunftbegriff des Unbedingten zu bestimmen, und auf solche Weise, dem Wunsche der Metaphysik gemäß, über die Grenze aller möglichen Erfahrung hinaus mit unserem, aber nur in praktischer Absicht möglichen Erkenntnisse a priori zu gelangen. Und bei einem solchen Verfahren hat uns die spekulative Vernunft zu solcher Erweiterung immer doch wenigstens Platz verschafft, wenn sie ihn gleich leer lassen mußte, und es bleibt uns also noch unbenommen, ja wir sind gar dazu durch sie auf gefedert, ihn durch praktische Data derselben, wenn wir können, auszufüllen.

In jenem Versuche, das bisherige Verfahren der Metaphysik umzuändern, und dadurch, daß wir nach dem Beispiele der Geometer und Naturforscher eine gänzliche Revolution mit derselben vornehmen, besteht nun das Geschäfte dieser Kritik der reinen spekulativen Vernunft. Sie ist ein

Traktat von der Methode, nicht ein System der Wissenschaft selbst; aber sie verzeichnet gleichwohl den ganzen Umriß derselben, so wohl in Ansehung ihrer Grenzen, als auch den ganzen inneren Gliederbau derselben. Denn das hat die reine spekulative Vernunft Eigentümliches an sich, daß sie ihr eigen Vermögen, nach Verschiedenheit der Art, wie sie sich Objekte zum Denken wählt, ausmessen, und auch selbst die mancherlei Arten, sich Aufgaben vorzulegen, vollständig vorzählen, und so den ganzen Vorriß zu einem System der Metaphysik verzeichnen kann und soll; weil, was das erste betrifft, in der Erkenntnis a priori den Objekten nichts beigelegt werden kann, als was das denkende Subjekt aus sich selbst hernimmt, und, was das zweite anlangt, sie in Ansehung der Erkenntnisprinzipien eine ganz abgesonderte für sich bestehende Einheit ist, in welcher ein jedes Glied, wie in einem organisierten Körper, um aller anderen und alle um eines willen dasind, und kein Prinzip mit Sicherheit in *einer* Beziehung genommen werden kann, ohne es zugleich in der *durchgängigen* Beziehung zum ganzen reinen Vernunftgebrauch untersucht zu haben. Dafür aber hat auch die Metaphysik das seltene Glück, welches keiner andern Vernunftwissenschaft, die es mit Objekten zu tun hat (denn die *Logik* beschäftigt sich nur mit der Form des Denkens überhaupt), zu Teil werden kann, daß, wenn sie durch diese Kritik in den sicheren Gang einer Wissenschaft gebracht worden, sie das ganze Feld der für sie gehörigen Erkenntnisse völlig befassen und also ihr Werk vollenden und für die Nachwelt, als einen nie zu vermehrenden Hauptstuhl, zum Gebrauche niederlegen kann, weil sie es bloß mit Prinzipien und den Einschränkungen ihres Gebrauchs zu tun hat, welche durch jene selbst bestimmt werden. Zu dieser Vollständigkeit ist sie daher, als Grundwissenschaft, auch verbunden, und von ihr muß gesagt werden können: nil actum reputans, si quid superesset agendum.

Aber was ist denn das, wird man fragen, für ein Schatz, den wir der Nachkommenschaft, mit einer solchen durch Kritik geläuterten, dadurch aber auch in einen beharrlichen Zustand gebrachten Metaphysik, zu hinterlassen gedenken? Man wird bei einer flüchtigen Übersicht dieses Werks wahrzunehmen glauben, daß der Nutzen davon doch nur *negativ* sei, uns nämlich mit der spekulativen Vernunft niemals über die Erfahrungsgrenze hinaus zu wagen, und das ist auch in der Tat ihr erster Nutzen. Dieser aber wird alsbald *positiv*, wenn man inne wird, daß die Grundsätze, mit denen sich spekulative Vernunft über ihre Grenze hinauswagt, in der Tal nicht *Erweiterung*, sondern, wenn man sie näher betrachtet, *Verengung* unseres

Vernunftgebrauchs zum unausbleiblichen Erfolg haben, indem sie wirklich die Grenzen der Sinnlichkeit, zu der sie eigentlich gehören, über alles zu erweitern und so den reinen (praktischen) Vernunftgebrauch gar zu verdrängen drohen. Daher ist eine Kritik, welche die erstere einschränkt, so fern zwar *negativ*, aber, indem sie dadurch zugleich ein Hindernis, welches den letzteren Gebrauch einschränkt, oder gar zu vernichten droht, aufhebt, in der Tat von *positivem* und sehr wichtigem Nutzen, so bald man überzeugt wird, daß es einen schlechterdings notwendigen praktischen Gebrauch der reinen Vernunft (den moralischen) gebe, in welchem sie sich unvermeidlich über die Grenzen der Sinnlichkeit erweitert, dazu sie zwar von der spekulativen keiner Beihülfe bedarf, dennoch aber wider ihre Gegenwirkung gesichert sein muß, um nicht in Widerspruch mit sich selbst zu geraten. Diesem Dienste der Kritik den *positiven* Nutzen abzusprechen, wäre eben so viel, als sagen, daß Polizei keinen positiven Nutzen schaffe, weil ihr Hauptgeschäfte doch nur ist, der Gewalttätigkeit, welche Bürger von Bürgern zu besorgen haben, einen Riegel vorzuschieben, damit ein jeder seine Angelegenheit ruhig und sicher treiben könne. Daß Raum und Zeit nur Formen der sinnlichen Anschauung, also nur Bedingungen der Existenz der Dinge als Erscheinungen sind, daß wir ferner keine Verstandesbegriffe, mithin auch gar keine Elemente zur Erkenntnis der Dinge haben, als so fern diesen Begriffen korrespondierende Anschauung gegeben werden kann, folglich wir von keinem Gegenstande als Dinge an sich selbst, sondern nur so fern es Objekt der sinnlichen Anschauung ist, d. i. als Erscheinung, Erkenntnis haben können, wird im analytischen Teile der Kritik bewiesen; woraus denn freilich die Einschränkung aller nur möglichen spekulativen Erkenntnis der Vernunft auf bloße Gegenstände der *Erfahrung* folgt. Gleichwohl wird, welches wohl gemerkt werden muß, doch dabei immer vorbehalten, daß wir eben dieselben Gegenstände auch als Dinge an sich selbst, wenn gleich nicht *erkennen*, doch wenigstens müssen *denken* können. Denn sonst würde der ungereimte Satz daraus folgen, daß Erscheinung ohne etwas wäre, was da erscheint. Nun wollen wir annehmen, die durch unsere Kritik notwendiggemachte Unterscheidung der Dinge, als Gegenstände der Erfahrung, von eben denselben, als Dingen an sich selbst, wäre gar nicht gemacht, so müßte der Grundsatz der Kausalität und mithin der Naturmechanism in Bestimmung derselben durchaus von allen Dingen überhaupt als wirkenden Ursachen gelten. Von eben demselben Wesen also, z. B. der menschlichen Seele, würde ich nicht sagen können, ihr Wille sei frei, und er sei doch zugleich der Naturnotwendigkeit unterworfen, d. i. nicht frei, ohne in einen offenbaren Widerspruch zu geraten; weil ich die Seele in beiden Sätzen *in eben derselben Bedeutung*, nämlich als Ding überhaupt (als Sache an sich selbst) genommen habe, und, ohne vorhergehende Kritik, auch nicht anders nehmen konnte. Wenn aber die Kritik nicht geirrt hat, da sie das Objekt in *zweierlei Bedeutung* nehmen lehrt, nämlich als Erscheinung, oder als Ding an sich selbst; wenn die Deduktion ihrer Verstandesbegriffe richtig ist, mithin auch der Grundsatz der Kausalität nur auf Dinge im ersten Sinne genommen, nämlich so fern sie Gegenstände der Erfahrung sind, geht, eben dieselbe aber nach der zweiten Bedeutung ihm nicht unterworfen sind: so wird eben derselbe Wille in der Erscheinung (den sichtbaren Handlungen) als dem Naturgesetze notwendig gemäß und so fern *nicht frei*, und doch andererseits, als einem Dinge an sich selbst angehörig, jenem nicht unterworfen, mithin als *frei* gedacht, ohne daß hiebei ein Widerspruch vorgeht. Ob ich nun gleich meine Seele, von der letzteren Seite betrachtet, durch keine spekulative Vernunft (noch weniger durch empirische Beobachtung), mithin auch nicht die Freiheit als Eigenschaft eines Wesens, dem ich Wirkungen in der Sinnenwelt zuschreibe, *erkennen* kann, darum weil ich ein solches seiner Existenz nach, und doch nicht in der Zeit, bestimmt erkennen müßte (welches, weil ich meinem Begriffe keine Anschauung unterlegen kann, unmöglich ist), so kann ich mir doch die Freiheit *denken*, d. i. die Vorstellung davon enthält wenigstens keinen Widerspruch in sich, wenn unsere kritische Unterscheidung beider (der sinnlichen und intellektuellen) Vorstellungsarten und die davon herrührende Einschränkung der reinen Verstandesbegriffe, mithin auch der aus ihnen fließenden Grundsätze, Statt hat. Gesetzt nun, die Moral setze notwendig Freiheit (im strengsten Sinne) als Eigenschaft unseres Willens voraus, indem sie praktische in unserer Vernunft liegende ursprüngliche Grundsätze als *Data* derselben a priori anführt, die ohne Voraussetzung der Freiheit schlechterdings unmöglich wären, die spekulative Vernunft aber hätte bewiesen, daß diese sich gar nicht denken lasse, so muß notwendig jene Voraussetzung, nämlich die moralische, derjenigen weichen, deren Gegenteil einen offenbaren Widerspruch enthält, folglich *Freiheit* und mit ihr Sittlichkeit (denn deren Gegenteil enthält keinen Widerspruch, wenn nicht schon Freiheit vorausgesetzt wird) dem *Naturmechanism* den Platz einräumen. So aber, da ich zur Moral nichts weiter brauche, als daß Freiheit sich nur nicht selbst widerspreche, und sich also doch wenigstens denken lasse, ohne nötig zu haben, sie weiter einzusehen, daß sie also dem

Naturmechanism eben derselben Handlung (in anderer Beziehung genommen) gar kein Hindernis in den Weg lege: so behauptet die Lehre der Sittlichkeit ihren Platz, und die Naturlehre auch den ihrigen, welches aber nicht Statt gefunden hätte, wenn nicht Kritik uns zuvor von unserer unvermeidlichen Unwissenheit in Ansehung der Dinge an sich selbst belehrt, und alles, was wir theoretisch *erkennen* können, auf bloße Erscheinungen eingeschränkt hätte. Eben diese Erörterung des positiven Nutzens kritischer Grundsätze der reinen Vernunft läßt sich in Ansehung des Begriffs von *Gott* und der *einfachen Natur* unserer *Seele* zeigen, die ich aber der Kürze halber vorbeigehe. Ich kann also *Gott, Freiheit* und *Unsterblichkeit* zum Behuf des notwendigen praktischen Gebrauchs meiner Vernunft nicht einmal *annehmen*, wenn ich nicht der spekulativen Vernunft zugleich ihre Anmaßung überschwenglicher Einsichten *benehme*, weil sie sich, um zu diesen zu gelangen, solcher Grundsätze bedienen muß, die, indem sie in der Tat bloß auf Gegenstände möglicher Erfahrung reichen, wenn sie gleichwohl auf das angewandt werden, was nicht ein Gegenstand der Erfahrung sein kann, wirklich dieses jederzeit in Erscheinung verwandeln, und so alle *praktische Erweiterung* der reinen Vernunft für unmöglich erklären. Ich mußte also das *Wissen* aufheben, um zum *Glauben* Platz zu bekommen, und der Dogmatism der Metaphysik, d. i. das Vorurteil, in ihr ohne Kritik der reinen Vernunft fortzukommen, ist die wahre Quelle alles der Moralität widerstreitenden Unglaubens, der jederzeit gar sehr dogmatisch ist. – Wenn es also mit einer nach Maßgabe der Kritik der reinen Vernunft abgefaßten systematischen Metaphysik eben nicht schwer sein kann, der Nachkommenschaft ein Vermächtnis zu hinterlassen, so ist dies kein für gering zu achtendes Geschenk; man mag nun bloß auf die Kultur der Vernunft durch den sicheren Gang einer Wissenschaft überhaupt, in Vergleichung mit dem grundlosen Tappen und leichtsinnigen Herumstreifen derselben ohne Kritik sehen, oder auch auf bessere Zeitanwendung einer wißbegierigen Jugend, die beim gewöhnlichen Dogmatism so frühe und so viel Aufmunterung bekommt, über Dinge, davon sie nichts versteht, und darin sie, so wie niemand in der Welt, auch nie etwas einsehen wird, bequem zu vernünfteln, oder gar auf Erfindung neuer Gedanken und Meinungen auszugehen, und so die Erlernung gründlicher Wissenschaften zu verabsäumen; am meisten aber, wenn man den unschätzbaren Vorteil in Anschlag bringt, allen Einwürfen wider Sittlichkeit und Religion auf *sokratische* Art, nämlich durch den klarsten Beweis der Unwissenheit der Gegner, auf alle künftige Zeit ein

Ende zu machen. Denn irgendeine Metaphysik ist immer in der Welt gewesen, und wird auch wohl ferner, mit ihr aber auch eine Dialektik der reinen Vernunft, weil sie ihr natürlich ist, darin anzutreffen sein. Es ist also die erste und wichtigste Angelegenheit der Philosophie, einmal für allemal ihr dadurch, daß man die Quelle der Irrtümer verstopft, allen nachteiligen Einfluß zu benehmen.

Bei dieser wichtigen Veränderung im Felde der Wissenschaften, und dem *Verluste*, den spekulative Vernunft an ihrem bisher eingebildeten Besitze erleiden muß, bleibt dennoch alles mit der allgemeinen menschlichen Angelegenheit, und dem Nutzen, den die Welt bisher aus den Lehren der reinen Vernunft zog, in demselben vorteilhaften Zustande, als es jemalen war, und der Verlust trifft nur das *Monopol der Schulen*, keinesweges aber das *Interesse der Menschen*. Ich frage den unbiegsamsten Dogmatiker, ob der Beweis von der Fortdauer unserer Seele nach dem Tode aus der Einfachheit der Substanz, ob der von der Freiheit des Willens gegen den allgemeinen Mechanism durch die subtilen, obzwar ohnmächtigen, Unterscheidungen subjektiver und objektiver praktischer Notwendigkeit, oder ob der vom Dasein Gottes aus dem Begriffe eines allerrealesten Wesens (der Zufälligkeit des Veränderlichen, und der Notwendigkeit eines ersten Bewegers), nachdem sie von den Schulen ausgingen, jemals haben bis zum Publikum gelangen und auf dessen Überzeugung den mindesten Einfluß haben können? Ist dieses nun nicht geschehen, und kann es auch, wegen der Untauglichkeit des gemeinen Menschenverstandes zu so subtiler Spekulation, niemals erwartet werden; hat vielmehr, was das erstere betrifft, die jedem Menschen bemerkliche Anlage seiner Natur, durch das Zeitliche (als zu den Anlagen seiner ganzen Bestimmung unzulänglich) nie zufriedengestellt werden zu können, die Hoffnung eines *künftigen Lebens*, in Ansehung des zweiten die bloße klare Darstellung der Pflichten im Gegensatze aller Ansprüche der Neigungen das Bewußtsein der *Freiheit*, und endlich, was das dritte anlangt, die herrliche Ordnung, Schönheit und Vorsorge, die allerwärts in der Natur hervorblickt, allein den Glauben an einen weisen und großen *Welturheber*, die sich aufs Publikum verbreitende Überzeugung, so fern sie auf Vernunftgründen beruht, ganz allein bewirken müssen: so bleibt ja nicht allein dieser Besitz ungestört, sondern er gewinnt vielmehr dadurch noch an Ansehn, daß die Schulen nunmehr belehrt werden, sich keine höhere und ausgebreitetere Einsicht in einem Punkte anzumaßen, der die allgemeine menschliche Angelegenheit betrifft, als diejenige ist, zu der die große (für uns achtungswürdigste) Menge auch eben so leicht gelangen kann, und sich also auf die Kultur dieser allgemein faßlichen und in moralischer Absicht hinreichenden Beweisgründe allein einzuschränken. Die Veränderung betrifft also bloß die arroganten Ansprüche der Schulen, die sich gerne hierin (wie sonst mit Recht in vielen anderen Stücken) für die alleinigen Kenner und Aufbewahrer solcher Wahrheiten möchten halten lassen, von denen sie dem Publikum nur den Gebrauch mitteilen, den Schlüssel derselben aber für sich behalten (quod mecum nescit, solus vult scire videri). Gleichwohl ist doch auch für einen billigern Anspruch des spekulativen Philosophen gesorgt. Er bleibt immer ausschließlich Depositär einer dem Publikum, ohne dessen Wissen, nützlichen Wissenschaft, nämlich der Kritik der Vernunft; denn die kann niemals populär werden, hat aber auch nicht nötig, es zu sein; weil, so wenig dem Volke die feingesponnenen Argumente für nützliche Wahrheiten in den Kopf wollen, eben so wenig kommen ihm auch die eben so subtilen Einwürfe dagegen jemals in den Sinn; dagegen, weil die Schule, so wie jeder sich zur Spekulation erhebende Mensch, unvermeidlich in beide gerät, jene dazu verbunden ist, durch gründliche Untersuchung der Rechte der spekulativen Vernunft einmal für allemal dem Skandal vorzubeugen, das über kurz oder lang selbst dem Volke aus den Streitigkeiten aufstoßen muß, in welche sich Metaphysiker (und als solche endlich auch wohl Geistliche) ohne Kritik unausbleiblich verwickeln, und die selbst nachher ihre Lehren verfälschen. Durch diese kann nun allein dem *Materialism, Fatalism, Atheism*, dem freigeisterischen *Unglauben*, der *Schwärmerei* und *Aberglauben*, die allgemein schädlich werden können, zuletzt auch dem *Idealism* und *Skeptizism*, die mehr den Schulen gefährlich sind, und schwerlich ins Publikum übergehen können, selbst die Wurzel abgeschnitten werden. Wenn Regierungen sich ja mit Angelegenheiten der Gelehrten zu befassen gut finden, so würde es ihrer weisen Vorsorge für Wissenschaften sowohl als Menschen weit gemäßer sein, die Freiheit einer solchen Kritik zu begünstigen, wodurch die Vernunftbearbeitungen allein auf einen festen Fuß gebracht werden können, als den lächerlichen Despotism der Schulen zu unterstützen, welche über öffentliche Gefahr ein lautes Geschrei erheben, wenn man ihre Spinneweben zerreißt, von denen doch das Publikum niemals Notiz genommen hat, und deren Verlust es also auch nie fühlen kann.

Die Kritik ist nicht dem *dogmatischen Verfahren* der Vernunft in ihrem reinen Erkenntnis, als Wissenschaft, entgegengesetzt (denn diese muß jederzeit dogmatisch, d. i. aus sicheren Prinzipien a priori strenge beweisend sein), sondern dem *Dogmatism*, d. i. der Anmaßung, mit einer reinen Erkenntnis aus Begriffen (der philosophischen), nach Prinzipien, so wie sie die Vernunft längst im Gebrauche hat, ohne Erkundigung der Art und des Rechts, womit sie dazu gelanget ist, allein fortzukommen. Dogmatism ist also das dogmatische Verfahren der reinen Vernunft, *ohne vorangehende Kritik ihres eigenen Vermögens*. Diese Entgegensetzung soll daher nicht der geschwätzigen Seichtigkeit, unter dem angemaßten Namen der Popularität, oder wohl gar dem Skeptizism, der mit der ganzen Metaphysik kurzen Prozeß macht, das Wort reden; vielmehr ist die Kritik die notwendige vorläufige Veranstaltung zur Beförderung einer gründlichen Metaphysik als Wissenschaft, die notwendig dogmatisch und nach der strengsten Forderung systematisch, mithin schulgerecht (nicht populär) ausgeführt werden muß, denn diese Forderung an sie, da sie sich anheischig macht, gänzlich a priori, mithin zu völliger Befriedigung der spekulativen Vernunft ihr Geschäfte auszuführen, ist unnachlaßlich. In der Ausführung also des Plans, den die Kritik vorschreibt, d. i. im künftigen System der Metaphysik, müssen wir dereinst der strengen Methode des berühmten *Wolff*, des größten unter allen dogmatischen Philosophen, folgen, der zuerst das Beispiel gab (und durch dies Beispiel der Urheber des bisher noch nicht erloschenen Geistes der Gründlichkeit in Deutschland wurde), wie durch gesetzmäßige Feststellung der Prinzipien, deutliche Bestimmung der Begriffe, versuchte Strenge der Beweise, Verhütung kühner Sprünge in Folgerungen der sichere Gang einer Wissenschaft zu nehmen sei, der auch eben darum eine solche, als Metaphysik ist, in diesen Stand zu versetzen vorzüglich geschickt war, wenn es ihm beigefallen wäre, durch Kritik des Organs, nämlich der reinen Vernunft selbst, sich das Feld vorher zu bereiten: ein Mangel, der nicht sowohl ihm, als vielmehr der dogmatischen Denkungsart seines Zeitalters beizumessen ist, und darüber die Philosophen, seiner sowohl als aller vorigen Zeiten, einander nichts vorzuwerfen haben. Diejenigen, welche seine Lehrart und doch zugleich auch das Verfahren der Kritik der reinen Vernunft verwerfen, können nichts andres im Sinne haben, als die Fesseln der *Wissenschaft* gar abzuwerfen, Arbeit in Spiel, Gewißheit in Meinung, und Philosophie in Philodoxie zu verwandeln.

Was diese zweite Auflage betrifft, so habe ich, wie billig, die Gelegenheit derselben nicht vorbeilassen wollen, um den Schwierigkeiten und der Dunkelheit so viel möglich abzuhelfen, woraus manche Mißdeutungen entsprungen sein mögen, welche scharfsinnigen Männern, vielleicht nicht ohne meine Schuld, in der Beurteilung dieses Buchs aufgestoßen sind. In den Sätzen selbst und ihren Beweisgründen, imgleichen der Form sowohl als der Vollständigkeit des Plans, habe ich nichts zu ändern gefunden; welches teils der langen Prüfung, der ich sie unterworfen hatte, ehe ich es dem Publikum vorlegte, teils der Beschaffenheit der Sache selbst, nämlich der Natur einer reinen spekulativen Vernunft, beizumessen ist, die einen wahren Gliederbau enthält, worin alles Organ ist, nämlich alles um eines willen und ein jedes einzelne um aller willen, mithin jede noch so kleine Gebrechlichkeit, sie sei ein Fehler (Irrtum) oder Mangel, sich im Gebrauche unausbleiblich verraten muß. In dieser Unveränderlichkeit wird sich dieses System, wie ich hoffe, auch fernerhin behaupten. Nicht Eigendünkel, sondern bloß die Evidenz, welche das Experiment der Gleichheit des Resultats im Ausgange von den mindesten Elementen bis zum Ganzen der reinen Vernunft und im Rückgange vom Ganzen (denn auch dieses ist für sich durch die Endabsicht derselben im. Praktischen gegeben) zu jedem Teile bewirkt, indem der Versuch, auch nur den kleinsten Teil abzuändern, sofort Widersprüche, nicht bloß des Systems, sondern der allgemeinen Menschenvernunft herbeiführt, berechtigt mich zu diesem Vertrauen. Allein in der *Darstellung* ist noch viel zu tun, und hierin habe ich mit dieser Auflage Verbesserungen versucht, welche teils dem Mißverstande der Ästhetik, vornehmlich dem im Begriffe der Zeit, teils der Dunkelheit der Deduktion der Verstandesbegriffe, teils dem vermeintlichen Mangel einer genugsamen Evidenz in den Beweisen der Grundsätze des reinen Verstandes, teils endlich der Mißdeutung der der rationalen Psychologie vorgerückten Paralogismen abhelfen sollen. Bis hieher (nämlich nur bis zu Ende des ersten Hauptstücks der transzendentalen Dialektik) und weiter nicht erstrecken sich meine Abänderungen der Darstellungsart, weil die Zeit zu kurz und mir in Ansehung des übrigen auch kein Mißverstand sachkundiger und unparteiischer Prüfer vorgekommen war, welche, auch ohne daß ich sie mit dem ihnen gebührenden Lobe nennen darf, die Rücksicht, die ich auf ihre Erinnerungen genommen habe, schon von selbst an ihren Stellen antreffen werden. Mit dieser Verbesserung aber ist ein kleiner Verlust für den Leser verbunden, der nicht zu verhüten war, ohne das Buch gar zu voluminös zu machen, nämlich daß Verschiedenes, was zwar nicht wesentlich zur Vollständigkeit des Ganzen gehört, mancher Leser aber doch ungerne missen mochte, indem es sonst in anderer Absicht brauchbar sein kann, hat weggelassen oder abgekürzt vorgetragen werden müssen, um meiner, wie ich hoffe, jetzt faßlicheren Darstellung Platz zu machen, die im Grunde in Ansehung der Sätze und selbst ihrer

Beweisgründe schlechterdings nichts verändert, aber doch in der Methode des Vertrages hin und wieder so von der vorigen abgeht, daß sie durch Einschaltungen sich nicht bewerkstelligen ließ. Dieser kleine Verlust, der ohnedem, nach jedes Belieben, durch Vergleichung mit der ersten Auflage ersetzt werden kann, wird durch die größere Faßlichkeit, wie ich hoffe, überwiegend ersetzt. Ich habe in verschiedenen öffentlichen Schriften (teils bei Gelegenheit der Rezension mancher Bücher, teils in besondern Abhandlungen) mit dankbarem Vergnügen wahrgenommen, daß der Geist der Gründlichkeit in Deutschland nicht erstorben, sondern nur durch den Modeton einer geniemäßigen Freiheit im Denken auf kurze Zeit überschrien worden, und daß die dornichten Pfade der Kritik, die zu einer schulgerechten, aber als solche allein dauerhaften und daher höchstnotwendigen Wissenschaft der reinen Vernunft führen, mutige und helle Köpfe nicht gehindert haben, sich derselben zu bemeistern. Diesen verdienten Männern, die mit der Gründlichkeit der Einsicht noch das Talent einer lichtvollen Darstellung (dessen ich mir eben nicht bewußt bin) so glücklich verbinden, überlasse ich, meine in Ansehung der letzteren hin und wieder etwa noch mangelhafte Bearbeitung zu vollenden; denn widerlegt zu werden, ist in diesem Falle keine Gefahr, wohl aber, nicht verstanden zu werden. Meinerseits kann ich mich auf Streitigkeiten von nun an nicht einlassen, ob ich zwar auf alle Winke, es sei von Freunden oder Gegnern, sorgfältig achten werde, um sie in der künftigen Ausführung des Systems dieser Propädeutik gemäß zu benutzen. Da ich während dieser Arbeiten schon ziemlich tief ins Alter fortgerückt bin (in diesem Monate ins vier und sechzigste Jahr), so muß ich, wenn ich meinen Plan, die Metaphysik der Natur sowohl als der Sitten, als Bestätigung der Richtigkeit der Kritik der spekulativen sowohl als praktischen Vernunft, zu liefern, ausführen will, mit der Zeit sparsam verfahren, und die Aufhellung sowohl der in diesem Werke anfangs kaum vermeidlichen Dunkelheiten, als die Verteidigung des Ganzen von den verdienten Männern, die es sich zu eigen gemacht haben, erwarten. An einzelnen Stellen läßt sich jeder philosophische Vortrag zwacken (denn er kann nicht so gepanzert auftreten, als der mathematische), indessen, daß doch der Gliederbau des Systems, als Einheit betrachtet, dabei nicht die mindeste Gefahr läuft, zu dessen Übersicht, wenn es neu ist, nur wenige die Gewandtheit des Geistes, noch wenigere aber, weil ihnen alle Neuerung ungelegen kommt, Lust besitzen. Auch scheinbare Widersprüche lassen sich, wenn man einzelne Stellen, aus ihrem Zusammenhange gerissen, gegeneinander vergleicht, in jeder, vornehmlich als freie Rede fortgehenden Schrift, ausklauben, die in den Augen dessen, der sich auf fremde Beurteilung verläßt, ein nachteiliges Licht auf diese werfen, demjenigen aber, der sich der Idee im Ganzen bemächtigt hat, sehr leicht aufzulösen sind. Indessen, wenn eine Theorie in sich Bestand hat, so dienen Wirkung und Gegenwirkung, die ihr anfänglich große Gefahr droheten, mit der Zeit nur dazu, um ihre Unebenheiten abzuschleifen, und, wenn sich Männer von Unparteilichkeit, Einsicht und wahrer Popularität damit beschäftigen, ihr in kurzer Zeit auch die erforderliche Eleganz zu verschaffen.

Königsberg im Aprilmonat 1787.

Georg Wilhelm Friedrich Hegel

(27.8.1770–14.11.1831)

»Der Weg des Geistes ist der Umweg«

Hegel ist einer der schwierigsten, aber auch tiefgründigsten Philosophen der Geschichte. Sein Denken ist von unerschöpflicher Fülle und hat Generationen von Philosophen beeinflußt. Er hat als erster die Geschichte des menschlichen Bewußtseins aufgezeigt. Sein Hauptwerk *Die Phänomenologie des Geistes* zählt zu den wichtigsten Werken der Philosophie überhaupt.

Georg Wilhelm Friedrich Hegel wurde in Stuttgart geboren. Sein Vater war herzoglicher Beamter in gehobener Stellung, seine Mutter eine für die damalige Zeit hochgebildete Frau. Georg Friedrich war das älteste von drei Kindern.

Insgesamt verlief sein Leben ruhig und unspektakulär, erst spät, mit etwa 50 Jahren, wurde er bekannt.

Zwischen 1788 und 1793 studierte er im berühmten ›Tübinger Stift‹ Theologie. Er beschäftigte sich ausgiebig mit der Philosophie Kants und der griechischen Antike. Er war ein begeisterter Anhänger der französischen Revolution, die in die Zeit seines Studiums fiel. Im ›Stift‹ lernte er den gleichaltrigen Friedrich Hölderlin und den um fünf Jahre jüngeren, frühreif-genialen Friedrich Wilhelm Josef Schelling kennen. Die drei schlossen eine enge Freundschaft. Eine zeitlang teilten sich die Genies sogar ein Zimmer, was als denkwürdiges Ereignis in die Geistesgeschichte eingegangen ist.

Eine auffallende Begabung war bei Hegel allerdings in jenen Jahren noch nicht zu erkennen. Er war ein langsamer Denker. Nach dem Studium wurde er zunächst Hauslehrer in Bern und dann, auf Vermittlung seines Freundes Hölderlin, in Frankfurt. Nach etlichen Jahren dieser mühseligen und unergiebigen Tätigkeit erfüllte sich sein sehnlichster Wunsch: Er konnte seiner inneren Berufung folgen und eine Karriere an der Universität beginnen. 1799 machte er durch den Tod seines Vaters eine kleine Erbschaft und war nun in einer zwar bescheidenen, aber unabhängigen finanziellen Lage. Auf Schellings Empfehlung hin ging er 1801 an die Universität in Jena und habilitierte zum Professor der Philosophie.

Jena war das geistige Zentrum des damaligen Deutschlands. Schiller hatte dort eine Professur für Geschichte inne, Fichte und der erst 23jährige Schelling unterrichteten Philosophie, die Romantiker Tieck, Novalis und die beiden Schlegel-Brüder betrachteten die Stadt als Mittelpunkt der romantischen Bewegung.

Von 1801 bis 1806 lehrte Hegel in Jena, zunächst in enger Zusammenarbeit mit Schelling. Er entfaltete eine große Produktivität, gab mit dem Jugendfreund eine Zeitschrift heraus, das *Kritische Journal der Philosophie*, und verfaßte sein erstes bedeutendes Werk. Es sollte eines der originellsten, aber auch komplexesten Bücher der Philosophiegeschichte werden: die *Phänomenologie des Geistes*.

Kaum daß sein Werk vollendet war, mußte er im Jahr 1806 wegen hereinbrechender Kriegsereignisse aus Jena fliehen. Er führte das Manuskript mit sich, als die Franzosen einmarschierten und am selben Tag in der Schlacht bei Jena und Auerstädt die Preußen besiegten. An diesem Tag, dem 13. Oktober 1806, hatte Hegel aber noch ein Erlebnis, das bei ihm einen bleibenden Eindruck hinterließ: Er sah Napoleon.

Zutiefst ergriffen, war er davon überzeugt, der ›Weltseele‹, begegnet zu sein. Er schrieb: »Den Kaiser – diese Weltseele – sah ich durch die Stadt zum Rekognoszieren herausreiten; – es ist in der Tat eine wunderbare Empfindung, ein solches Individuum zu sehen, das hier auf einen Punkt konzentriert, auf einem Pferde sitzend, über die Welt übergreift und sie beherrscht.«

Die Kriegswirren stürzten Hegel in beträchtliche persönliche und finanzielle Schwierigkeiten. Sein Haus wurde geplündert, sein Gehalt nicht mehr bezahlt und die Lage durch die Geburt eines unehelichen Sohnes erschwert.

Dem arbeits- und mittellosen Philosophen blieb nichts anderes übrig, als eine Stelle als Redakteur der provinziellen *Bamberger Zeitung* anzunehmen. Doch die ständige Zensur hing wie ein Damoklesschwert über ihm und behinderte seine Arbeit. Er beschloß, einen Posten als Rektor an einem Nürnberger Gymnasium anzunehmen. Hier unterrichtete er von 1808 bis 1816 und war wegen seines höflichen Verhaltens seinen Schülern gegenüber äußerst beliebt; jeden einzelnen sprach er mit ›Herr‹ an. Trotz der zeitaufwendigen Lehrtätigkeit gelang es ihm, ein weiteres wichtiges Werk der Philosophiegeschichte zu verfassen: die *Wissenschaft der Logik* (1812/1816) in drei Bänden.

Das Werk trug ihm einen Ruf an den philosophischen Lehrstuhl nach Heidelberg ein, wo er von 1816 bis 1818 lehrte. Hier kam er mit den reichen Kunstschätzen der Stadt in Berührung. Die daraus gewonnenen Erkenntnisse konnte er in seinen Vorlesungen zur Ästhetik weitergeben. Des weiteren verfaßte er in der Heidelberger Zeit die *Enzyklopädie der Wissenschaften* (1817).

Aus Briefen wissen wir, daß Hegel als 40jähriger Mann eine »organische Reife« in sich verspürte, die ihn dazu veranlaßte, das Bündnis der Ehe einzugehen. Die Auserwählte war die 20jährige Marie von Tucher, Tochter einer angesehenen Nürnberger Adelsfamilie. 1813 wurde der Sohn Karl und im folgenden Jahr Immanuel geboren. Der uneheliche Sohn aus der Jenaer Zeit wurde mit in die Familie aufgenommen. Die Ehe scheint im Verlauf der 20 gemeinsamen Jahre sehr harmonisch verlaufen zu sein.

Im Jahr 1819 berief man Hegel als Professor nach Berlin. Er war seine Provinzexistenz leid geworden, nun konnte er in »einem Mittelpunkt« sein und sich als Teil eines »lebendigen Wirkungskreises« fühlen.

In Berlin erlangte er relativ schnell großes Ansehen und Einfluß. Es bildete sich eine Anhängerschaft um ihn. Nach kurzer Zeit wurde er zum Rektor der Berliner Universität ernannt. Seine Äußerungen zu kulturellen Ereignissen, wie beispielsweise einer Opernaufführung, waren Stadtgespräch, seine Vorlesungen eine Attraktion. Sie zogen nicht nur Studenten, sondern auch führende Persönlichkeiten aus Staat und Kultur an. Bekannt waren Hegels Vorträge in Geschichte, Ästhetik und Philosophie nicht nur wegen ihrer immensen Wissensfülle, sondern auch wegen der eigentümlich dunklen Sprechweise des Dozenten. Ein Student berichtet: »Denkt ihr vielleicht, daß die persönliche Gabe der Rede das Urteil des Zuhörers bezaubert? Keineswegs. Hegel sprach nicht glatt, nicht fließend, fast bei jedem Ausdruck krächzte er, räusperte, hustete, verbesserte sich ständig.« Dennoch hielt er die Zuhörer mit »magischer Kraft« gefangen.

Was war an Hegels Philosophie, daß sie solch eine Anziehungskraft ausübte, trotz ihrer schweren Verständlichkeit, die sich nicht nur im Vortrag, sondern auch im Inhalt zeigt?

Die *Phänomenologie des Geistes*, mit der er schon zu Lebzeiten berühmt geworden war, irritiert den Leser bis heute durch die Abstraktheit der Sprache, die Umständlichkeit der Formulierungen, die kaum nachzuvollziehenden, ausufernden Gedankengänge. Warum wurde dieses Werk zu einem der wichtigsten Bücher der Philosophiegeschichte?

Ein berühmter Zeitgenosse jedenfalls konnte sich Hegels Popularität überhaupt nicht erklären. »Die größte Frechheit im Auftischen baren Unsinns, im Zusammenschmieren sinnleerer, rasender Wortgeflechte, wie man sie bis dahin nur in Tollhäusern vernommen hatte, trat endlich in Hegel auf.« Dieser sei doch nichts als ein »platter, geistloser, ekelhaft-widerlicher, unwissender Scharlatan, der mit beispielloser Frechheit Aberwitz und Unsinn zusammenschmierte.«

Dieser harsche Angriff kam von keinem Geringeren als Arthur Schopenhauer, der zur gleichen Zeit wie Hegel Vorlesungen im benachbarten Hörsaal hielt, zu denen allerdings aufgrund der Popularität seines Nachbarn niemand erschien. Schopenhauers einziger Trost war, daß der verabscheuungswürdige Hegel ja doch nur »mit starken Schritten der Verachtung entgegengehe« und »der Nachwelt das unerschöpfliche Thema des Spottes über seine Zeit liefern« würde.

Die Nachwelt aber befand, daß Hegel eine neue Form des Denkens entwickelt hatte: die *Dialektik*. Zwar ist der Vorläufer der dialektischen Denkweise der vorsokratische Philosoph Heraklit, von dem Hegel auch stark beeinflußt war. »Es ist kein Satz des Heraklit, den ich nicht in meiner Logik aufgenommen habe«, schreibt er. Dennoch bildete Hegel die Dialektik zu einer Form aus, die systematisch ist und dem Neuen seines eigenen Denkens entspricht. Die Dialektik stellt eine philosophische Denkmethode dar, die entgegengesetzte Pole zu einer Einheit zusammenführt. Subjekt und Objekt, Vernunft und Sinnlichkeit, Glauben und Wissen, Denken und Wahrnehmen usw. werden zwar in ihrer Gegensätzlichkeit erkannt, aber nicht getrennt voneinander gesehen, wie es zum Beispiel bei den Philosophen Descartes oder Kant der Fall war, die ein *dualistisches*, also zweigeteiltes Weltbild vertreten.

Hegel ist der Überwinder des *Dualismus*, indem er zwar die Gegensätzlichkeiten in der Welt anerkennt, sie aber als Teil eines Ganzen begreift und in stetiger Wechselwirkung zueinander sieht. Damit setzt er der inneren Zerrissenheit, die bereits seine eigene Epoche kennzeichnet, ein Denkmodell entgegen, das die Zusammengehörigkeit aller Phänomene gerade in ihrer Gegensätzlichkeit betont.

Das Bedürfnis nach Philosophie beginnt für Hegel dann, wenn sich die Entzweiung in der Wirklichkeit so festgesetzt hat und die opponierenden Pole so machtvoll geworden sind, daß man sich nach einem Ausgleich sehnt. Der Auftrag seiner Philosophie ist es, diesen Ausgleich herzustellen.

Hegel sieht sich selbst als den Vollender der Philosophie. Er ist davon überzeugt, daß er es ist, der die gesamte Wirklichkeit als fortwährenden

Prozeß von These und Antithese erkannt hat und nun zu zeigen vermag, wie ein allem übergeordneter ›Weltgeist‹ die gesamte menschliche Geschichte durchwaltet und im Laufe der Jahrtausende zu immer größerer Klarheit und Bewußtheit geführt hat. Es schien Hegel, daß eine Art geschichtlicher Endzustand erreicht worden sei, in welchem das Denken – *sein* Denken – in der Lage war, das Geschehene zu überschauen und zu reflektieren.

Dies ist der Kern der *Phänomenologie des Geistes*, dieses nur schwer zugänglichen, aber immens reichen und tiefgründigen Werkes, das die gesamte menschliche Geschichte als Entfaltung eines übergeordneten ›Weltgeistes‹ begreifen will.

Die *Phänomenologie des Geistes* läßt sich als ein ›philosophischer Reiseroman‹ beschreiben: Er schildert den langen Weg der Entwicklung des Menschengeschlechts von den Griechen bis Napoleon. Er zeichnet die Struktur des menschlichen Bewußtseins auf, das sich, ebenso wie die Wirklichkeit, in einem ständigen Wechsel und Fluß befindet.

Wie sehr Hegel ein Erbe Heraklits ist, in dessen Sinne das Wort *panta rhei*, »alles fließt«, geprägt wurde, zeigt sich immer wieder.

Geschichte ist für Hegel nichts anderes als fortlaufende Bewegung, in der verschiedene Formen des ›Weltgeistes‹ erscheinen (*Phänomenologie* bedeutet ›Erscheinung‹). Sei es in der Kunst, Religion oder in einzelnen Persönlichkeiten – Hegel zeigt, wie sich das Spezifische der jeweiligen Zeit als ›Zeitgeist‹ (ein berühmt gewordener und bis heute verwendeter hegelianischer Begriff) manifestiert. Ein gutes Beispiel ist Napoleon, der für Hegel Ausdruck einer gesamten Epoche ist. Nicht der Einzelne handelt, sondern der ›Weltgeist‹ handelt durch den Einzelnen. Für Hegel sind Individuen, Völker und Epochen nur Durchgangsstadien des großen weltgeschichtlichen Prozesses. Sie treten in die Geschichte ein, und wenn ihre Sendung erfüllt ist, werden sie abgelöst. Der Zeitpunkt dieses Eintretens wird von der welthistorischen Vernunft bestimmt. Sie entscheidet, was ihr in jenem Moment entspricht, was also wirklich werden soll. Das ist der Sinn des berühmten Satzes aus der Vorrede der *Phänomenologie des Geistes*: »Was vernünftig ist, das ist wirklich; und was wirklich ist, das ist vernünftig.«

Geschichte ist in diesem Sinne nicht eine Ansammlung aufeinanderfolgender Ereignisse, sondern ein Prozeß von wechselnden Seinsweisen oder Grundauffassungen, die im Laufe ihrer Entwicklung immer mehr in der Lage sind, sich selbst zu beurteilen, also sich zu reflektieren.

Hegels Denken ist eine Philosophie der Veränderung. Die vielleicht tiefgreifendste Auswirkung dieser Philosophie und ihrer dialektisch-spekulativen Logik manifestiert sich im politischen Denken von Karl Marx. Dieser verstand sich als eigentlicher Erbe Hegels.

Hegel starb im Alter von 51 Jahren an der Cholera, die in Berlin ausgebrochen war. Sein plötzlicher Tod war ein schwerer Schock für seine Schüler.

Diese Textsammlung gibt die *Einleitung* zur *Phänomenologie des Geistes* wieder. Hier stellt Hegel das Programm seiner faszinierenden Weltphilosophie vor, die die Mühe des Verstehens lohnt.

Phänomenologie des Geistes
(Einleitung)

Es ist eine natürliche Vorstellung, daß, ehe in der Philosophie an die Sache selbst, nämlich an das wirkliche Erkennen dessen, was in Wahrheit ist, gegangen wird, es notwendig sei, vorher über das Erkennen sich zu verständigen, das als das Werkzeug, wodurch man des Absoluten sich bemächtige, oder als das Mittel, durch welches hindurch man es erblicke, betrachtet wird. Die Besorgnis scheint gerecht, teils, daß es verschiedene Arten der Erkenntnis geben und darunter eine geschickter als eine andere zur Erreichung dieses Endzwecks sein möchte, hiermit auch falsche Wahl unter ihnen, – teils auch daß, indem das Erkennen ein Vermögen von bestimmter Art und Umfange ist, ohne die genauere Bestimmung seiner Natur und Grenze Wolken des Irrtums statt des Himmels der Wahrheit erfaßt werden. Diese Besorgnis muß sich wohl sogar in die Überzeugung verwandeln, daß das ganze Beginnen, dasjenige, was an sich ist, durch das Erkennen dem Bewußtsein zu erwerben, in seinem Begriffe widersinnig sei, und zwischen das Erkennen und das Absolute eine sie schlechthin scheidende Grenze falle. Denn ist das Erkennen das Werkzeug, sich des absoluten Wesens zu bemächtigen, so fällt sogleich auf, daß die Anwendung eines Werkzeugs auf eine Sache sie vielmehr nicht läßt, wie sie für sich ist, sondern eine Formierung und Veränderung mit ihr vornimmt. Oder ist das Erkennen nicht Werkzeug unserer Tätigkeit, sondern gewissermaßen ein passives Medium, durch welches hindurch das Licht der Wahrheit an uns gelangt, so erhalten wir auch so sie nicht, wie sie an sich, sondern wie sie durch und in diesem Medium ist. Wir gebrauchen in beiden Fällen ein Mittel, welches unmittelbar das Gegenteil seines Zwecks hervorbringt; oder das Widersinnige ist vielmehr, daß wir uns überhaupt eines Mittels bedienen. Es scheint zwar, daß diesem Übelstande durch die Kenntnis der Wirkungsweise des *Werkzeugs* abzuhelfen steht, denn sie macht es möglich, den Teil, welcher in der Vorstellung, die wir durch es vom Absoluten erhalten, dem Werkzeuge angehört, im Resultate abzuziehen und so das Wahre rein zu erhalten. Allein diese Verbesserung würde uns in der Tat nur dahin zurückbringen, wo wir vorher waren. Wenn wir von einem formierten Dinge das wieder wegnehmen, was das Werkzeug daran getan hat, so ist uns das Ding – hier das Absolute – gerade wieder soviel als vor dieser somit überflüssigen Bemühung. Sollte das Absolute durch das Werkzeug uns nur überhaupt nähergebracht werden, ohne etwas an ihm zu verändern, wie etwa durch die Leimrute der Vogel, so würde es wohl, wenn es nicht an und für sich schon bei uns wäre und sein wollte, dieser List spotten; denn eine List wäre in diesem Falle das Erkennen, da es durch sein vielfaches Bemühen ganz etwas anderes zu treiben sich die Miene gibt, als nur die unmittelbare und somit mühelose Beziehung hervorzubringen. Oder wenn die Prüfung des Erkennens, das wir als ein *Medium* uns vorstellen, uns das Gesetz seiner Strahlenbrechung kennen lehrt, so nützt es ebenso nichts, sie im Resultate abzuziehen; denn nicht das Brechen des Strahls, sondern der Strahl selbst, wodurch die Wahrheit uns berührt, ist das Erkennen, und dieses abgezogen, wäre uns nur die reine Richtung oder der leere Ort bezeichnet worden.

Inzwischen, wenn die Besorgnis, in Irrtum zu geraten, ein Mißtrauen in die Wissenschaft setzt, welche ohne dergleichen Bedenklichkeiten ans Werk selbst geht und wirklich erkennt, so ist nicht abzusehen, warum nicht umgekehrt ein Mißtrauen in dies Mißtrauen gesetzt und besorgt werden soll, daß diese Furcht zu irren schon der Irrtum selbst ist. In der Tat setzt sie etwas, und zwar manches, als Wahrheit voraus und stützt darauf ihre Bedenklichkeiten und Konsequenzen, was selbst vorher zu prüfen ist, ob es Wahrheit sei. Sie setzt nämlich *Vorstellungen* von dem *Erkennen* als einem *Werkzeuge* und *Medium*, auch einen *Unterschied unserer selbst von diesem Erkennen* voraus; vorzüglich aber dies, daß das Absolute *auf einer Seite* stehe und *das Erkennen auf der andern Seite* für sich und getrennt von dem Absoluten doch etwas Reelles [sei], oder hiermit, daß das Erkennen, welches, indem es außer dem Absoluten, wohl auch außer der Wahrheit ist, doch wahrhaft sei, – eine Annahme, wodurch das, was sich Furcht vor dem Irrtume nennt, sich eher als Furcht vor der Wahrheit zu erkennen gibt.

Diese Konsequenz ergibt sich daraus, daß das Absolute allem wahr oder das Wahre allein absolut ist. Sie kann abgelehnt werden durch den Unterschied, daß ein Erkennen, welches zwar nicht, wie die Wissenschaft will, das Absolute erkennt, doch auch wahr und das Erkennen überhaupt, wenn es dasselbe zu fassen zwar unfähig sei, doch anderer Wahrheit fähig sein könne. Aber wir sehen nachgerade, daß solches Hin- und Herreden auf einen trüben Unterschied zwischen einem absoluten Wahren und einem sonstigen Wahren hinausläuft und das Absolute, das Erkennen usf. Worte sind, welche eine Bedeutung voraussetzen, um die zu erlangen es erst zu tun ist.

Statt mit dergleichen unnützen Vorstellungen und Redensarten von dem Erkennen als einem Werkzeuge, des Absoluten habhaft zu werden, oder als einem Medium, durch das hindurch wir die Wahrheit erblicken usf. – Verhältnisse, worauf wohl alle diese Vorstellungen von einem Erkennen, das vom Absoluten, und einem Absoluten, das von dem Erkennen getrennt ist, hinauslaufen –, statt mit den Ausreden, welche das Unvermögen der Wissenschaft aus der Voraussetzung solcher Verhältnisse schöpft, um von der Mühe der Wissenschaft zugleich sich zu befreien und zugleich sich das Ansehen eines ernsthaften und eifrigen Bemühens zu geben, sowie statt mit Antworten auf alles dieses sich herumzuplacken, könnten sie als zufällige und willkürliche Vorstellungen geradezu verworfen und der damit verbundene Gebrauch von Worten wie dem Absoluten, dem Erkennen, auch dem Objektiven und Subjektiven und unzähligen anderen, deren Bedeutung als allgemein bekannt vorausgesetzt wird, sogar als Betrug angesehen werden. Denn das Vorgeben, teils daß ihre Bedeutung allgemein bekannt ist, teils auch daß man selbst ihren Begriff hat, scheint eher nur die Hauptsache ersparen zu sollen, nämlich diesen Begriff zu geben. Mit mehr Recht dagegen könnte die Mühe gespart werden, von solchen Vorstellungen und Redensarten, wodurch die Wissenschaft selbst abgewehrt werden soll, überhaupt Notiz zu nehmen, denn sie machen nur eine leere Erscheinung des Wissens aus, welche vor der auftretenden Wissenschaft unmittelbar verschwindet. Aber die Wissenschaft darin, daß sie auftritt, ist sie selbst eine Erscheinung; ihr Auftreten ist noch nicht sie in ihrer Wahrheit ausgeführt und ausgebreitet. Es ist hierbei gleichgültig, sich vorzustellen, daß *sie* die Erscheinung ist, weil sie *neben anderem* auftritt, oder jenes andere unwahre Wissen ihr Erscheinen zu nennen. Die Wissenschaft muß sich aber von diesem Scheine befreien, und sie kann dies nur dadurch, daß sie sich gegen ihn wendet. Denn sie kann ein Wissen, welches nicht wahrhaft ist, weder als eine gemeine Ansicht der Dinge nur verwerfen und versichern, daß sie eine ganz andere Erkenntnis und jenes Wissen für sie gar nichts ist, noch sich auf die Ahnung eines besseren in ihm selbst berufen. Durch jene *Versicherung* erklärte sie ihr *Sein* für ihre Kraft; aber das unwahre Wissen beruft sich ebenso darauf, daß *es ist*, und *versichert*, daß ihm die Wissenschaft nichts ist; *ein* trockenes Versichern gilt aber gerade soviel als ein anderes. Noch weniger kann sie sich auf die bessere Ahnung berufen, welche in dem nicht wahrhaften Erkennen vorhanden und in ihm selbst die Hinweisung auf sie sei; denn einesteils beriefe sie sich ebenso wieder auf ein Sein, anderenteils aber auf sich als auf die Weise, wie sie im nicht wahrhaften Erkennen ist, d. h. auf eine schlechte Weise ihres Seins und auf ihre Erscheinung vielmehr als darauf, wie sie an und für sich ist. Aus diesem Grunde soll hier die Darstellung des erscheinenden Wissens vorgenommen werden.

Weil nun diese Darstellung nur das erscheinende Wissen zum Gegenstande hat, so scheint sie selbst nicht die freie, in ihrer eigentümlichen Gestalt sich bewegende Wissenschaft zu sein, sondern sie kann von diesem Standpunkte aus als der Weg des natürlichen Bewußtseins, das zum wahren Wissen dringt, genommen werden, oder als der Weg der Seele, welche die Reihe ihrer Gestaltungen, als durch ihre Natur ihr vorgesteckter Stationen, durchwandert, daß sie sich zum Geiste läutere, indem sie durch die vollständige Erfahrung ihrer selbst zur Kenntnis desjenigen gelangt, was sie an sich selbst ist.

Das natürliche Bewußtsein wird sich erweisen, nur Begriff des Wissens oder nicht reales Wissen zu sein. Indem es aber unmittelbar sich vielmehr für das reale Wissen hält, so hat dieser Weg für es negative Bedeutung, und ihm gilt das vielmehr für Verlust seiner selbst, was die Realisierung des Begriffs ist; denn es verliert auf diesem Wege seine Wahrheit. Er kann deswegen als der Weg des *Zweifels* angesehen werden oder eigentlicher als der Weg der Verzweiflung; auf ihm geschieht nämlich nicht das, was unter Zweifeln verstanden zu werden pflegt, ein Rütteln an dieser oder jener vermeinten Wahrheit, auf welches ein gehöriges Wiederverschwinden des Zweifels und eine Rückkehr zu jener Wahrheit erfolgt, so daß am Ende die Sache genommen wird wie vorher. Sondern er ist die bewußte Einsicht in die Unwahrheit des erscheinenden Wissens, dem dasjenige das Reellste ist, was in Wahrheit vielmehr nur der nicht realisierte Begriff ist.

Dieser sich vollbringende Skeptizismus ist darum auch nicht dasjenige, womit wohl der ernsthafte Eifer um Wahrheit und Wissenschaft sich für diese fertig gemacht und ausgerüstet zu haben wähnt; nämlich mit dem *Vorsatze*, in der Wissenschaft auf die Autorität [hin] sich den Gedanken anderer nicht zu ergeben, sondern alles selbst zu prüfen und nur der eigenen Überzeugung zu folgen oder, besser noch, alles selbst zu produzieren und nur die eigene Tat für das Wahre zu halten. Die Reihe seiner Gestaltungen, welche das Bewußtsein auf diesem Wege durchläuft, ist vielmehr die ausführliche Geschichte der *Bildung* des Bewußtseins selbst zur Wissenschaft. Jener Vorsatz stellt die Bildung in der einfachen Weise des Vorsatzes als unmittelbar abgetan und geschehen vor; dieser Weg aber ist gegen diese Unwahrheit die wirkliche Ausführung. Der eigenen Überzeugung folgen ist allerdings mehr, als sich der Autorität ergeben; aber durch die Verkehrung des Dafürhaltens aus Autorität in Dafürhalten aus eigener Überzeugung ist nicht notwendig der Inhalt desselben geändert und an die Stelle des Irrtums Wahrheit getreten. Auf die Autorität anderer oder aus eigener Überzeugung im Systeme des Meinens und des Vorurteils zu stecken, unterscheidet sich voneinander allein durch die Eitelkeit, welche der letzteren Weise beiwohnt. Der sich auf den ganzen Umfang des erscheinenden Bewußtseins richtende Skeptizismus macht dagegen den Geist erst geschickt zu prüfen, was Wahrheit ist, indem er eine Verzweiflung an den sogenannten natürlichen Vorstellungen, Gedanken und Meinungen zustande bringt, welche es gleichgültig ist, eigene oder fremde zu nennen, und mit welchen das Bewußtsein, das *geradezu* ans Prüfen geht, noch erfüllt und behaftet, dadurch aber in der Tat dessen unfähig ist, was es unternehmen will.

Die *Vollständigkeit* der Formen des nicht realen Bewußtseins wird sich durch die Notwendigkeit des Fortganges und Zusammenhanges selbst ergeben. Um dies begreiflich zu machen, kann im allgemeinen zum voraus bemerkt werden, daß die Darstellung des nicht wahrhaften Bewußtseins in seiner Unwahrheit nicht eine bloß *negative* Bewegung ist. Eine solche einseitige Ansicht hat das natürliche Bewußtsein überhaupt von ihr; und ein Wissen, welches diese Einseitigkeit zu seinem Wesen macht, ist eine der Gestalten des unvollendeten Bewußtseins, welche in den Verlauf des Weges selbst fällt und darin sich darbieten wird. Sie ist nämlich der Skeptizismus, der in dem Resultate nur immer das *reine Nichts* sieht und davon abstrahiert, daß dies Nichts bestimmt das Nichts *dessen* ist, *woraus es resultiert.* Das Nichts ist aber nur, genommen als das Nichts dessen, woraus es herkommt, in der Tat das wahrhafte Resultat; es ist hiermit selbst ein *bestimmtes* und hat einen *Inhalt*. Der Skeptizismus, der mit der Abstraktion des Nichts oder der Leerheit endigt, kann von dieser nicht weiter fortgehen, sondern muß es erwarten, ob und was Ihm etwa Neues sich darbietet, um es in denselben leeren Abgrund zu werfen. Indem dagegen das Resultat, wie es in Wahrheit ist, aufgefaßt wird, als *bestimmte* Negation, so ist damit unmittelbar eine neue Form entsprungen und in der Negation der Übergang gemacht, wodurch sich der Fortgang durch die vollständige Reihe der Gestalten von selbst ergibt.

Das *Ziel* aber ist dem Wissen ebenso notwendig als die Reihe des Fortganges gesteckt; es ist da, wo es nicht mehr über sich selbst hinauszugehen nötig hat, wo es sich selbst findet und der Begriff dem Gegenstande, der Gegenstand dem Begriffe entspricht. Der Fortgang zu diesem Ziele ist daher auch unaufhaltsam, und auf keiner früheren Station ist Befriedigung zu finden. Was auf ein natürliches Leben beschränkt ist, vermag durch sich selbst nicht über sein unmittelbares Dasein hinauszugehen; aber es wird durch ein Anderes darüber hinausgetrieben, und dies Hinausgerissenwerden ist sein Tod. Das Bewußtsein aber ist für sich selbst sein *Begriff*, dadurch unmittelbar das Hinausgehen über das Beschränkte und, da ihm dies Beschränkte angehört, über sich selbst; mit dem Einzelnen ist ihm zugleich das Jenseits gesetzt, wäre es auch nur, wie im räumlichen Anschauen, *neben* dem Beschränkten. Das Bewußtsein leidet also diese Gewalt, sich die beschränkte Befriedigung zu verderben, von ihm selbst. Bei dem Gefühle dieser Gewalt mag die Angst vor der Wahrheit wohl zurücktreten und sich dasjenige, dessen Verlust droht, zu erhalten streben. Sie kann aber keine Ruhe finden, es sei, daß sie in gedankenloser Trägheit stehen bleiben will – der Gedanke verkümmert die Gedankenlosigkeit, und seine Unruhe stört die Trägheit – oder daß sie als Empfindsamkeit sich befestigt, welche alles in *seiner Art gut* zu finden versichert; diese Versicherung leidet ebenso Gewalt von der Vernunft, welche gerade darum etwas nicht gut findet, insofern es eine Art ist. Oder die Furcht der Wahrheit mag sich vor sich und anderen hinter dem Scheine verbergen, als ob gerade der heiße Eifer für die Wahrheit selbst es ihr so schwer, ja unmöglich mache, eine andere Wahrheit zu finden als die einzige der Eitelkeit, immer noch gescheiter zu sein als jede Gedanken, welche man aus sich selbst oder von anderen hat; diese Eitelkeit, welche sich jede Wahrheit zu vereiteln, daraus in sich zurückzukehren versteht und an diesem eigenen Verstande sich weidet, der alle Gedanken immer aufzulösen und statt alles Inhalts nur das trockene Ich zu finden weiß, ist eine Befriedigung, welche sich selbst überlassen werden muß; denn sie flieht das Allgemeine und sucht nur das Fürsichsein.

Wie dieses vorläufig und im allgemeinen über die Weise und Notwendigkeit des Fortgangs gesagt worden ist, so kann noch über *die Methode der Ausführung* etwas zu erinnern dienlich sein. Diese Darstellung, als ein *Verhalten* der *Wissenschaft* zu dem *erscheinenden* Wissen und als *Untersuchung* und *Prüfung der Realität des Erkennen:* vorgestellt, scheint nicht ohne irgendeine Voraussetzung, die als *Maßstab* zugrunde gelegt wird, stattfinden zu können. Denn die Prüfung besteht in dem Anlegen eines angenommenen Maßstabes, und in der sich ergebenden Gleichheit oder Ungleichheit dessen, was geprüft wird, mit ihm [liegt] die Entscheidung, ob es richtig oder unrichtig ist; und der Maßstab überhaupt und ebenso die Wissenschaft, wenn sie der Maßstab wäre, ist dabei als das *Wesen* oder als das *Ansich* angenommen. Aber hier, wo die Wissenschaft erst auftritt, hat weder sie selbst noch was es sei sich als das Wesen oder als das Ansich gerechtfertigt; und ohne ein solches scheint keine Prüfung stattfinden zu können.

Dieser Widerspruch und seine Wegräumung wird sich bestimmter ergeben, wenn zuerst an die abstrakten Bestimmungen des Wissens und der Wahrheit erinnert wird, wie sie an dem Bewußtsein vorkommen. Dieses *unterscheidet* nämlich etwas von sich, worauf es sich zugleich *bezieht*; oder wie dies ausgedrückt wird: es ist etwas *für dasselbe*; und die bestimmte Seite dieses *Beziehens* oder des *Seins* von etwas *für ein Bewußtsein* ist das *Wissen.* Von diesem Sein für ein Anderes unterscheiden wir aber das *Ansichsein,* (las auf das Wissen Bezogene wird ebenso von ihm unterschieden und gesetzt als *seiend* auch außer dieser Beziehung; die Seite dieses Ansich heißt *Wahrheit.* Was eigentlich an diesen Bestimmungen sei, geht uns weiter hier nichts an; denn indem das erscheinende Wissen unser Gegenstand ist, so werden auch zunächst seine Bestimmungen aufgenommen, wie sie sich unmittelbar darbieten; und so, wie sie gefaßt worden sind, ist es wohl, daß sie sich darbieten.

Untersuchen wir nun die Wahrheit des Wissens, so scheint es, wir untersuchen, was es *an sich* ist. Allein in dieser Untersuchung ist es *unser* Gegenstand, es ist *für uns*; und das *Ansich* desselben, welches sich ergäbe, [wäre] so vielmehr sein Sein *für uns*; was wir als sein Wesen behaupten würden, wäre vielmehr nicht seine Wahrheit, sondern nur unser Wissen von ihm. Das Wesen oder der Maßstab fiele in uns, und dasjenige, was mit ihm verglichen und über welches durch diese Vergleichung entschieden werden sollte, hätte ihn nicht notwendig anzuerkennen.

Aber die Natur des Gegenstandes, den wir untersuchen, überhebt dieser Trennung oder dieses Scheins von Trennung und Voraussetzung. Das Bewußtsein gibt seinen Maßstab an ihm selbst, und die Untersuchung wird dadurch eine Vergleichung seiner mit sich selbst sein; denn die Unterscheidung, welche soeben gemacht worden ist, fällt in es. Es ist in ihm eines *für ein* Anderes, oder es hat überhaupt die Bestimmtheit des Moments des Wissens an ihm; zugleich ist ihm dies Andere nicht nur *für es*, sondern auch außer dieser Beziehung oder *an sich*, das Moment der Wahrheit. An dem also, was das Bewußtsein innerhalb seiner für das *Ansich* oder das *Wahre* erklärt, haben wir den Maßstab, den es selbst aufstellt, sein Wissen daran zu messen. Nennen wir das *Wissen* den *Begriff*, das Wesen oder das *Wahre* aber das Seiende oder den *Gegenstand*, so besteht die Prüfung darin, zuzusehen, ob der Begriff dem Gegenstande entspricht. Nennen wir aber *das Wesen* oder das Ansich *des Gegenstandes den Begriff* und verstehen dagegen unter dem *Gegenstande* ihn als *Gegenstand*, nämlich wie er *für ein Anderes* ist, so besteht die Prüfung darin, daß wir zusehen, ob der Gegenstand seinem Begriffe entspricht. Man sieht wohl, daß beides dasselbe ist; das Wesentliche aber ist, dies für die ganze Untersuchung festzuhalten, daß diese beiden Momente, *Begriff* und *Gegenstand, Für-ein-Anderes-* und *Ansich-selbst-Sein*, in das Wissen, das wir untersuchen, selbst fallen und hiermit wir nicht nötig haben, Maßstäbe mitzubringen und *unsere* Einfälle und Gedanken bei der Untersuchung zu applizieren; dadurch, daß wir diese weglassen, erreichen wir es, die Sache, wie sie *an* und *für sich* selbst ist, zu betrachten.

Aber nicht nur nach dieser Seite, daß Begriff und Gegenstand, der Maßstab und das zu Prüfende, in dem Bewußtsein selbst vorhanden sind, wird eine Zutat von uns überflüssig, sondern wir werden auch der Mühe der Vergleichung beider und der eigentlichen *Prüfung* überhoben, so daß, indem das Bewußtsein sich selbst prüft, uns auch von dieser Seite nur das reine Zusehen bleibt. Denn das Bewußtsein ist einerseits Bewußtsein des Gegenstandes, andererseits Bewußtsein seiner selbst; Bewußtsein dessen, was ihm das Wahre ist, und Bewußtsein seines Wissens davon. Indem beide *für dasselbe* sind, ist es selbst ihre Vergleichung; es wird *für dasselbe*, ob sein Wissen von dem Gegenstande diesem entspricht oder nicht. Der Gegenstand scheint zwar für dasselbe nur so zu sein, wie es ihn weiß; es scheint gleichsam nicht dahinterkommen zu können, wie er *nicht für dasselbe*, sondern wie er *an sich* ist, und also auch sein Wissen nicht an ihm prüfen zu können. Allein gerade darin, daß es überhaupt von einem Gegenstande weiß, ist schon der Unterschied vorhanden, daß *ihm* etwas das *Ansich*, ein anderes Moment aber das Wissen oder das Sein des Gegenstandes *für* das Bewußtsein ist. Auf dieser Unterscheidung, welche vorhanden ist, beruht die Prüfung. Entspricht sich in dieser Vergleichung beides nicht, so scheint das Bewußtsein sein Wissen ändern zu müssen, um es dem Gegenstande gemäß zu machen; aber in der Veränderung des Wissens ändert sich ihm in der Tat auch der Gegenstand selbst, denn das vorhandene Wissen war wesentlich ein Wissen von dem Gegenstande; mit dem Wissen wird auch er ein anderer, denn er gehörte wesentlich diesem Wissen an. Es wird hiermit dem Bewußtsein, daß dasjenige, was ihm vorher das *Ansich* war, nicht an sich ist oder daß es nur *für es* an sich war. Indem es also an seinem Gegenstande sein Wissen diesem nicht entsprechend findet, hält auch der Gegenstand selbst nicht aus; oder der Maßstab der Prüfung ändert sich, wenn dasjenige, dessen Maßstab er sein sollte, in der Prüfung nicht besteht; und die Prüfung ist nicht nur eine Prüfung des Wissens, sondern auch ihres Maßstabes.

Diese *dialektische* Bewegung, welche das Bewußtsein an ihm selbst, sowohl an seinem Wissen als an seinem Gegenstande ausübt, *insofern ihm der neue wahre Gegenstand* daraus *entspringt*, ist eigentlich dasjenige, was *Erfahrung* genannt wird. Es ist in dieser Beziehung an dem soeben erwähnten Verlaufe ein Moment noch näher herauszuheben, wodurch sich über die wissenschaftliche Seite der folgenden Darstellung ein neues Licht verbreiten wird. Das Bewußtsein weiß *etwas*, dieser Gegenstand ist das Wesen oder das *Ansich*; er ist aber auch für das Bewußtsein das *Ansich*, damit tritt die Zweideutigkeit dieses Wahren ein. Wir sehen, daß das Bewußtsein jetzt zwei Gegenstände hat, den einen das erste *Ansich*, den zweiten das *Für-es-Sein dieses Ansich*. Der letztere scheint zunächst nur die Reflexion des Bewußtseins in sich selbst zu sein, ein Vorstellen nicht eines Gegenstandes, sondern nur seines Wissens von Jenem ersten. Allein wie vorhin gezeigt worden, ändert sich ihm dabei der erste Gegenstand; er hört auf, das Ansich zu sein, und wird ihm zu einem solchen, der nur *für es* das *Ansich* ist; somit aber ist dann dies: *das Für-es-Sein dieses Ansich*, das Wahre, das heißt aber, dies ist das *Wesen oder sein Gegenstand*. Dieser neue Gegenstand enthält die Nichtigkeit des ersten, er ist die über ihn gemachte Erfahrung.

An dieser Darstellung des Verlaufs der Erfahrung ist ein Moment, wodurch sie mit demjenigen nicht übereinzustimmen scheint, was unter der Erfahrung verstanden zu werden pflegt. Der Übergang nämlich vom ersten Gegenstande und dem Wissen desselben zu dem anderen Gegenstande, *an dem* man sagt, daß die Erfahrung gemacht worden sei, wurde so angegeben, daß das Wissen vom ersten Gegenstande, oder das *Für*-das-Bewußtsein des ersten Ansich, der zweite Gegenstand selbst werden soll. Dagegen es sonst scheint, daß wir die Erfahrung von der Unwahrheit unseres ersten Begriffs *an einem anderen* Gegenstande machen, den wir zufälligerweise und äußerlich etwa finden, so daß überhaupt nur das reine *Auffassen* dessen, was an und für sich ist, in uns falle. In jener Ansicht aber zeigt sich der neue Gegenstand als geworden, durch eine *Umkehrung des Bewußtseins* selbst. Diese Betrachtung der Sache ist unsere Zutat, wodurch sich die Reihe der Erfahrungen des Bewußtseins zum wissenschaftlichen Gange erhebt und welche nicht für das Bewußtsein ist, das wir betrachten. Es ist aber dies in der Tat auch derselbe Umstand, von welchem oben schon in Ansehung des Verhältnisses dieser Darstellung zum Skeptizismus die Rede war, daß nämlich das jedesmalige Resultat, welches sich an einem nicht wahrhaften Wissen ergibt, nicht in ein leeres Nichts zusammenlaufen dürfe, sondern notwendig als Nichts *desjenigen, dessen Resultat* es ist, aufgefaßt werden müsse; ein Resultat, welches das enthält, was das vorhergehende Wissen Wahres an ihm hat. Dies bietet sich hier so dar, daß, indem das, was zuerst als der Gegenstand erschien, dem Bewußtsein zu einem Wissen von ihm herabsinkt und das *Ansich* zu einem Für-das-*Bewußtsein-Sein des Ansich* wird, dies der neue Gegenstand ist, womit auch eine neue Gestalt des Bewußtseins auftritt, welcher etwas anderes das Wesen ist als der vorhergehenden. Dieser Umstand ist es, welcher die ganze Folge der Gestalten des Bewußtseins in ihrer Notwendigkeit leitet. Nur diese Notwendigkeit selbst oder die *Entstehung* des neuen Gegenstandes, der dem Bewußtsein, ohne zu wissen, wie ihm geschieht, sich darbietet, ist es, was für uns gleichsam hinter seinem Rücken vorgeht. Es kommt dadurch in seine Bewegung ein Moment des *Ansich-* oder *Fürunsseins*, welches nicht für das Bewußtsein, das in der Erfahrung selbst begriffen ist, sich darstellt; der *Inhalt* aber dessen, was uns entsteht, ist *für es*, und wir begreifen nur das Formelle desselben oder sein reines Entstehen; *für es* ist dies Entstandene nur als Gegenstand, *für uns* zugleich als Bewegung und Werden.

Durch diese Notwendigkeit ist dieser Weg zur Wissenschaft selbst schon *Wissenschaft* und nach ihrem Inhalte hiermit Wissenschaft der *Erfahrung des Bewußtseins*.

Die Erfahrung, welche das Bewußtsein über sich macht, kann ihrem Begriffe nach nichts weniger in sich begreifen als das ganze System desselben oder das ganze Reich der Wahrheit des Geistes, so daß die Momente derselben in dieser eigentümlichen Bestimmtheit sich darstellen, nicht abstrakte, reine Momente zu sein, sondern so, wie sie für das Bewußtsein sind oder wie dieses selbst in seiner Beziehung auf sie auftritt, wodurch die Momente des Ganzen *Gestalten des Bewußtseins sind*. Indem es zu seiner wahren Existenz sich forttreibt, wird es einen Punkt erreichen, auf welchem es seinen Schein ablegt, mit Fremdartigem, das nur für es und als ein Anderes ist, behaftet zu sein, oder wo die Erscheinung dem Wesen gleich wird, seine Darstellung hiermit mit eben diesem Punkte der eigentlichen Wissenschaft des Geistes zusammenfällt; und endlich, indem es selbst dies sein Wesen erfaßt, wird es die Natur des absoluten Wissens selbst bezeichnen.

VI.

Umbruch der Systeme

Karl Marx
(5.5.1818–14.3.1883)

Geschichte ist die Geschichte von Klassenkämpfen

»Mögen die herrschenden Klassen vor einer kommunistischen Revolution zittern. Die Proletarier haben nichts zu verlieren als ihre Ketten. Sie haben eine Welt zu gewinnen. *Proletarier aller Länder, vereinigt euch!«*

Dies sind die berühmten Schlußworte eines Werkes, das wie kaum ein anderes das Gesicht des 20. Jahrhunderts verändert hat. *Das Kommunistische Manifest* ist philosophisches System und politisches Programm, es ist Gesellschaftskritik und Kampfansage. Kein Werk der Geistesgeschichte hatte einen so direkten Einfluß auf die Gesellschaft. Keine Schrift ist von einem solchem Ansporn geprägt, Ideen wirklich werden zu lassen. Politische Philosophie als Aufruf zur Tat.

Das Kommunistische Manifest erschien 1848 in London und entstand aus der Zusammenarbeit zwischen Karl Marx und Friedrich Engels.

Marx begnügte sich nicht damit, die Welt zu interpretieren, er wollte sie verändern. Er wurde als Sohn eines wohlhabenden Justizrates jüdischer Abstammung in Trier geboren, seine Vorfahren waren Rabbiner. Von 1830 bis 1835 besuchte er das Jesuitengymnasium. Von seiner Jugend weiß man nicht viel, außer, daß er sich zum Dichter berufen fühlte. Sein Vater riet ihm von dieser Laufbahn ab: »Mich würde es jammern, Dich als gemeines Poetlein auftreten zu sehen.«

So studierte der junge Marx zunächst in Bonn und dann in Berlin Rechtswissenschaft. Er war kein vorbildlicher Student. Er ging verschwenderisch mit Geld um und besuchte monatelang kaum Vorlesungen. Um so mehr geriet er in den Bann der Philosophie Hegels. Nach einem Jahr Berlin zog er Bilanz und berichtete seinem Vater, zu dem er eine sehr enge Beziehung hatte und von dem er zeitlebens eine Fotografie bei sich trug, in dem berühmt gewordenen Brief vom 10. November 1837 von seinem »Drang, mit der Philosophie zu ringen«. Gemeint war die Hegelsche Philosophie. Anfangs gefiel ihm deren »groteske Felsenmelodie« gar nicht. Während einer langen Krankheit jedoch hatte er »Hegel von Anfang bis Ende, samt den meisten seiner Schüler kennengelernt [...] und immer fester heftete ich mich selbst an die jetzige Weltphilosophie, der ich zu entrinnen gedacht.« Diese Äußerungen sind aufschlußreich, denn Hegel wird Marx sein Leben lang beschäftigen.

Dem Vater behagten die studentischen Umtriebe seines Sohnes allerdings nur wenig: »Ordnungslosigkeit, dumpfes Herumschweben in allen Teilen des Wissens, dumpfes Brüten bei der düsteren Öllampe; Verwilderung bei dem Bierglase, zurückscheuchende Ungeselligkeit mit Hintansetzung alles Anstandes« warf er ihm vor.

Doch Marx gelang es, seine Doktordissertation über die *Differenz der demokritischen und epikureischen Naturphilosophie* in Jena einzureichen (1840/41). Die akademische Laufbahn aber, die er sich gewünscht hatte, blieb ihm verschlossen. Als linksgerichteter Junghegelianer hatte er im reaktionären politischen Klima, das in Preußen seit dem Regierungsantritt Friedrich Wilhelms IV. herrschte, keine Chance. Er wurde Journalist für die in Köln erscheinende liberale *Rheinische Zeitung*. Hier mußte er einen erbitterten Kampf gegen die preußische Zensur führen. Seine Tätigkeit zwang ihn auch dazu, sich mit konkreten Problemen politischer und ökonomischer Art zu beschäftigen. Unter dem Druck der Verhältnisse gab er allerdings seinen Posten auf und entschloß sich, nach Paris zu ziehen. Vorher, im Jahr 1843, heiratete er noch seine Jugendliebe Jenny von Westphalen, mit der er sieben Jahre lang verlobt war.

In Paris gab er zusammen mit Arnold Ruge eine neue Zeitschrift heraus, die *Deutsch-Französischen Jahrbücher*. Er blieb eineinhalb Jahre in Paris und machte die Bekanntschaft mit Dichtern wie Heinrich Heine und einflußreichen Mitgliedern der sozialistischen Bewegung. 1844 freundete er sich mit Friedrich Engels an, der sein engster Mitarbeiter und Freund wurde.

In jenen Jahren, von 1843 bis 1845, beschäftigte sich Marx sehr intensiv mit Nationalökonomie und Philosophie. Mit Engels begann er, anhand der Kritik an Hegels Geschichtsphilosophie, einen neuen Entwurf von »Geschichte« und »menschlicher Praxis« zu entwickeln. Man wurde auf Marx aufmerksam. Schon 1841 schrieb Moses Heß an einen Freund: »Du kannst Dich darauf gefaßt machen, den größten, vielleicht *einzigen* jetzt lebenden *eigentlichen Philosophen* kennenzulernen [...]. Dr. Marx ist noch ein ganz junger Mann [...], der der mittelalterlichen Religion und Philosophie den letzten Stoß versetzen wird.«

Auch in politischen Kreisen spürte man, daß Marx' unbequeme Denkungsart gefährlich werden könnte. Er wurde auf Verlangen der preußischen Regierung aus Paris ausgewiesen. Er zog für drei Jahre nach Brüssel, wo er zusammen mit Engels das *Kommunistische Korrespondenz Komitee* aufbaute. In Zusammenarbeit mit diesem verfaßte er die *Deutsche Ideologie* (1845), eine Aufzeichnung der gesellschaftlich-geschichtlichen Bedingungen des menschlichen Denkens, mit der Absicht, die entglittenen ökonomischen Verhältnisse wieder unter Kontrolle zu bringen. Die Freunde beteiligten sich verstärkt an der internationalen Politik.

Der *Bund der Kommunisten* beauftragte Marx und Engels mit der Ausarbeitung eines neuen, kommunistischen Glaubensbekenntnisses, das *Manifest der Kommunistischen Partei*, das 1848, rechtzeitig zur deutschen Märzrevolution, in London erschien.

Marx und Engels lebten nun für einige Zeit in Köln. Ein Jahr lang gaben sie hier die *Neue Rheinische Zeitung* heraus und nahmen intensiv an den revolutionären Vorgängen in Deutschland Anteil. Nach dem Zusammenbruch der Revolution wurde Marx vor Gericht gestellt, freigesprochen, aber erneut ausgewiesen. Er ging nach Paris zurück, wurde wieder ausgewiesen und emigrierte nach London. Hier lebte er mit seiner Familie bis zu seinem Tod.

Das Leben in London war von finanziellen Nöten geprägt. Marx arbeitete als Journalist, doch viel Geld brachten die Artikel nicht ein. Die mittlerweile sechsköpfige Familie lebte in wirtschaftlichem Elend. Die Wohnverhältnisse waren katastrophal, Einrichtungsgegenstände mußten hin und wieder verpfändet werden, es kam vor, daß Marx nicht ausgehen konnte, weil seine Garderobe zu heruntergekommen war. Die Schulden waren erdrückend, Krankheiten plagten die Familie und etliche seiner zahlreichen Kinder überlebten die ersten Lebensjahre nicht. Die häuslichen Umstände wurden zusätzlich durch eine Affäre zwischen Marx und dem Hausmädchen gestört. Anfang der 60er Jahre wurde ein uneheliches Kind geboren. Friedrich Engels zeigte sich als Freund und Retter in der Not. Er gab sich nicht nur offiziell als Vater aus, sondern unterstützte Marx auch finanziell, und zwar bis zu seinen letzten Lebensjahren. Ohne dessen Hilfe hätte die Familie die »Misere des Lebens«, wie Marx es nannte, nicht überstanden. Ehefrau Jenny, die zwar oft dem Verzweifeln nahe war, ertrug die Situation in bewundernswerter Weise, und ihr Mann entlohnte sie trotz aller Eskapaden mit großer Liebe bis ins hohe Alter.

Marx war ein zäher, kämpferischer Mann, der entgegen aller Schwierigkeiten verbissen weiterarbeitete. Der Russe Paul Annenkow beschreibt ihn mit dem folgenden Worten: »Er selbst stellte den Typus eines Menschen dar, der aus Energie, Willenskraft und unbeugsamer Überzeugung zusammengesetzt ist.«

1864 wurde die *Erste Internationale* gegründet, ein Zusammenschluß internationaler sozialistischer Gruppen. Marx stand ihr vor und übernahm viele Organisationsarbeiten. Außerdem schrieb er intensiv an seinem Hauptwerk, *Das Kapital*. Hier entwickelt er die volkswirtschaftlichen Grundlagen seiner Lehre. Er führt die Selbstentfremdung des Menschen auf das Wirtschaftssystem des Kapitalismus zurück und fordert eine klassenlose Gesellschaft. Dieses Werk entstand zum größten Teil in Nachtarbeit im berühmten Kuppelsaal der *British Library*. Doch die schwierigen privaten Lebensumstände forderten ihren Tribut. »Es ist undenkbar«, schreibt ein Biograph, »daß die Misere diesen stolzen und empfindlichen Menschen nicht hart getroffen [...] und tiefe Spuren hinterlassen haben sollte.«

Es ist die Spur des Unfertigen, die sein Lebenswerk zeichnet. Marx hat 1867 nach umfangreichen Vorarbeiten nur den ersten Teil des *Kapitals* vollenden können. Band zwei und drei konnten von Engels erst nach mühevoller Überarbeitung der Manuskripte herausgegeben werden. Der vierte Band, die sogenannten *Theorien über den Mehrwert*, erschienen sogar erst 1905–1910.

Marx starb an den Folgen der Überbeanspruchung seiner Gesundheit im Alter von 65 Jahren in London.

Die vorliegende Textsammlung stellt *Das Kommunistische Manifest* vor. Dieses Werk kann nicht gleichgesetzt werden mit dem Marxismus schlechthin, aber es beinhaltet die wesentlichen Züge der marxistischen Weltanschauung.

Es leitet sich, philosophisch gesehen, hauptsächlich aus dem Denksystem Hegels ab, allerdings mit einigen entscheidenden Unterschieden: Für Marx muß der Ausgangspunkt des Philosophierens die *konkrete Wirklichkeit* sein, nicht der Bereich des Denkens, den Hegel in seiner idealistischen Weltsicht zur Grundlage macht. Denn es ist die Veränderung der Welt, die Marx mit seiner Weltanschauung anstrebt, nicht die Reflexion über die Welt, die von den meisten Philosophen betrieben wird.

Der Marxismus ist eine Philosophie der Existenz. Im Zentrum steht deswegen nicht der reflektierende, sondern der tätige Mensch. Dieser ist ein gesellschaftliches Wesen. Eine der Hauptthesen lautet: »Es ist nicht das Bewußtsein der Menschen, das ihr Sein, sondern umgekehrt, ihr gesellschaftliches Sein, das ihr Bewußtsein bestimmt.«

Nicht übergeordnete Ideen, wie es die Philosophie seit Platon behauptet, oder ein alles durchwaltender ›Weltgeist‹, wie es Hegel sah, formen die Welt, sondern etwas viel Direkteres: die Arbeit. Die produktiven Kräfte sind die Basis des Daseins, und die wirtschaftlichen Verhältnisse beeinflussen die Gesellschaft. Nichts anderes. Und nur in dem Maße, in dem sich die ökonomischen Verhältnisse wandeln, wandelt sich auch die Gesellschaft. Dies ist eine *materialistische* Grundauffassung der menschlichen Geschichte.

Die Gesellschaft selbst besteht für Marx seit jeher aus gegensätzlichen Elementen, die sich im Kampf miteinander befinden: »Freier und Sklave, Patrizier und Plebejer, Baron und Leibeigener, Zunftbürger und Gesell, kurz Unterdrücker und Unterdrückte standen im steten Gegensatz zueinander, führten einen ununterbrochenen, bald versteckten, bald offenen Kampf« heißt es im *Kommunistischen Manifest.*

Die Vorstellung des Widerstreits zweier gegensätzlicher Kräfte ist eine *dialektische*. Marx hat sie von Hegel übernommen. Daraus entsteht bei Marx der Gedanke der Revolution: Werden und Vergehen verlaufen in einer Gesellschaft nicht gradlinig, sondern sind von plötzlichen Umbrüchen gezeichnet.

Diese Erkenntnis gilt es zu nutzen und eine Veränderung der Wirklichkeit herbeizuführen. Das Ziel ist eine klassenlose Gesellschaft, in der es keine Herrscherschicht mehr gibt. Zwei Richtungen haben sich in der weiteren Entwicklung des Marxismus herausgebildet: die eine wollte eine sozialistische Ordnung durch allmähliche Reformen herbeiführen, die andere gelangte als revolutionärer Kommunismus in der Sowjetunion ab 1917 an die Macht. Diese Form des radikalen Marxismus, der aus einer *Utopie* eine *totalitäre Ideologie* machte, setzte ihre Ziele, wie wir wissen, in den kommunistischen Diktaturen des 20. Jahrhunderts durch die Gewaltherrschaft Einzelner durch.

Das kommunistische Manifest

Ein Gespenst geht um in Europa – das Gespenst des Kommunismus. Alle Mächte des alten Europa haben sich zu einer heiligen Hetzjagd gegen dies Gespenst verbündet, der Papst und der Zar, Metternich und Guizot, französische Radikale und deutsche Polizisten.

Wo ist die Oppositionspartei, die nicht von ihren regierenden Gegnern als kommunistisch verschrien worden wäre, wo die Oppositionspartei, die den fortgeschritteneren Oppositionsleuten sowohl wie ihren reaktionären Gegnern den brandmarkenden Vorwurf des Kommunismus nicht zurückgeschleudert hätte?

Zweierlei geht aus dieser Tatsache hervor.

Der Kommunismus wird bereits von allen europäischen Mächten als eine Macht anerkannt.

Es ist hohe Zeit, daß die Kommunisten ihre Anschauungsweise, ihre Zwecke, ihre Tendenzen vor der ganzen Welt offen darlegen und dem Märchen vom Gespenst des Kommunismus ein Manifest der Partei selbst entgegenstellen.

Zu diesem Zweck haben sich Kommunisten der verschiedensten Nationalität in London versammelt und das folgende Manifest entworfen, das in englischer, französischer, deutscher, italienischer, flämischer und dänischer Sprache veröffentlicht wird.

I

Bourgeois und Proletarier

Die Geschichte aller bisherigen Gesellschaft ist die Geschichte von Klassenkämpfen.

Freier und Sklave, Patrizier und Plebejer, Baron und Leibeigener, Zunftbürger und Gesell, kurz, Unterdrücker und Unterdrückte standen im steten Gegensatz zueinander, führten einen ununterbrochenen, bald versteckten, bald offenen Kampf, einen Kampf, der jedesmal mit einer revolutionären Umgestaltung der ganzen Gesellschaft endete oder mit dem gemeinsamen Untergang der kämpfenden Klassen.

In den früheren Epochen der Geschichte finden wir fast überall eine vollständige Gliederung der Gesellschaft in verschiedene Stände, eine mannigfaltige Abstufung der gesellschaftlichen Stellungen. Im alten Rom haben wir Patrizier, Ritter, Plebejer, Sklaven; im Mittelalter Feudalherren, Vasallen, Zunftbürger, Gesellen, Leibeigene und noch dazu in fast jeder dieser Klassen wieder besondere Abstufungen.

Die aus dem Untergang der feudalen Gesellschaft hervorgegangene moderne bürgerliche Gesellschaft hat die Klassengegensätze nicht aufgehoben. Sie hat nur neue Klassen, neue Bedingungen der Unterdrückung neue Gestaltungen des Kampfes an die Stelle der alten gesetzt.

Unsere Epoche, die Epoche der Bourgeoisie, zeichnet sich jedoch dadurch aus, daß sie die Klassengegensätze vereinfacht hat. Die ganze Gesellschaft spaltet sich mehr und mehr in zwei große feindliche Lager, in zwei große, einander direkt gegenüberstehende Klassen: Bourgeoisie und Proletariat.

Aus den Leibeigenen des Mittelalters gingen die Pfahlbürger der ersten Städte hervor; aus dieser Pfahlbürgerschaft entwickelten sich die ersten Elemente der Bourgeoisie.

Die Entdeckung Amerikas, die Umschiffung Afrikas schufen der aufkommenden Bourgeoisie ein neues Terrain. Der ostindische und chinesische Markt, die Kolonisierung von Amerika, der Austausch mit den Kolonien, die Vermehrung der Tauschmittel und der Waren überhaupt gaben dem Handel, der Schiffahrt, der Industrie einen nie gekannten Aufschwung und damit dem revolutionären Element in der zerfallenden feudalen Gesellschaft eine rasche Entwicklung.

Die bisherige feudale oder zünftige Betriebsweise der Industrie reichte nicht mehr aus für den mit neuen Märkten anwachsenden Bedarf. Die Manufaktur trat an ihre Stelle. Die Zunftmeister wurden verdrängt durch den industriellen Mittelstand; die Teilung der Arbeit zwischen den verschiedenen Korporationen verschwand vor der Teilung der Arbeit in der einzelnen Werkstatt selbst.

Aber immer wuchsen die Märkte, immer stieg der Bedarf. Auch die Manufaktur reichte nicht mehr aus. Da revolutionierte der Dampf und die Maschinerie die industrielle Produktion. An die Stelle der Manufaktur trat die moderne große Industrie, an die Stelle des industriellen Mittelstandes traten die industriellen Millionäre, die Chefs ganzer industrieller Armeen, die modernen Bourgeois.

Die große Industrie hat den Weltmarkt hergestellt, den die Entdeckung Amerikas vorbereitete.

Der Weltmarkt hat dem Handel, der Schiffahrt, den Landkommunikationen eine unermeßliche Entwicklung gegeben. Diese hat wieder auf die Ausdehnung der Industrie zurückgewirkt, und in demselben Maße, worin Industrie, Handel, Schiffahrt, Eisenbahnen sich ausdehnten, in demselben Maße entwickelte sich die Bourgeoisie, vermehrte sie ihre Kapitalien, drängte sie alle vom Mittelalter her überlieferten Klassen in den Hintergrund.

Wir sehen also, wie die moderne Bourgeoisie selbst das Produkt eines langen Entwicklungsganges, einer Reihe von Umwälzungen in der Produktions- und Verkehrsweise ist.

Jede dieser Entwicklungsstufen der Bourgeoisie war begleitet von einem entsprechenden politischen Fortschritt. Unterdrückter Stand unter der Herrschaft der Feudalherren, bewaffnete und sich selbst verwaltende Assoziation in der Kommune, hier unabhängige städtische Republik, dort dritter steuerpflichtiger Stand der Monarchie, dann zur Zeit der Manufaktur Gegengewicht gegen den Adel in der ständischen oder in der absoluten Monarchie, Hauptgrundlage der großen Monarchien überhaupt, erkämpfte sie sich endlich seit der Herstellung der großen Industrie und des Weltmarktes im modernen Repräsentativstaat die ausschließliche politische Herrschaft. Die moderne Staatsgewalt ist nur ein Ausschuß, der die gemeinschaftlichen Geschäfte der ganzen Bourgeoisklasse verwaltet.

Die Bourgeoisie hat in der Geschichte eine höchst revolutionäre Rolle gespielt.

Die Bourgeoisie, wo sie zur Herrschaft gekommen, hat alle feudalen, patriarchalischen, idyllischen Verhältnisse zerstört. Sie hat die buntscheckigen Feudalbande, die den Menschen an seinen natürlichen Vorgesetzten knüpften, unbarmherzig zerrissen und kein anderes Band zwischen Mensch und Mensch übriggelassen, als das nackte Interesse, als die gefühllose »bare Zahlung«. Sie hat die heiligen Schauer der frommen Schwärmerei, der ritterlichen Begeisterung, der spießbürgerlichen Wehmut in dem eiskalten Wasser egoistischer Berechnung ertränkt. Sie hat die persönliche Würde in den Tauschwert aufgelöst und an die Stelle der zahllosen verbrieften und wohlerworbenen Freiheiten die *eine* gewissenlose Handelsfreiheit gesetzt. Sie hat, mit einem Wort, an die Stelle der mit religiösen und politischen Illusionen verhüllten Ausbeutung die offene, unverschämte, direkte, dürre Ausbeutung gesetzt.

Die Bourgeoisie hat alle bisher ehrwürdigen und mit frommer Scheu betrachteten Tätigkeiten ihres Heiligenscheins entkleidet. Sie hat den Arzt, den Juristen, den Pfaffen, den Poeten, den Mann der Wissenschaft in ihre bezahlten Lohnarbeiter verwandelt.

Die Bourgeoisie hat dem Familienverhältnis seinen rührend-sentimentalen Schleier abgerissen und es auf ein reines Geldverhältnis zurückgeführt.

Die Bourgeoisie hat enthüllt, wie die brutale Kraftäußerung, die die Reaktion so sehr am Mittelalter bewundert, in der trägsten Bärenhäuterei ihre passende Ergänzung fand. Erst sie hat bewiesen, was die Tätigkeit der

Menschen zustande bringen kann. Sie hat ganz andere Wunderwerke vollbracht als ägyptische Pyramiden, römische Wasserleitungen und gotische Kathedralen, sie hat ganz andere Züge ausgeführt als Völkerwanderungen und Kreuzzüge.

Die Bourgeoisie kann nicht existieren, ohne die Produktionsinstrumente, also die Produktionsverhältnisse, also sämtliche gesellschaftlichen Verhältnisse fortwährend zu revolutionieren. Unveränderte Beibehaltung der alten Produktionsweise war dagegen die erste Existenzbedingung aller früheren industriellen Klassen. Die fortwährende Umwälzung der Produktion, die ununterbrochene Erschütterung aller gesellschaftlichen Zustände, die ewige Unsicherheit und Bewegung zeichnet die Bourgeoisepoche vor allen anderen aus. Alle festen, eingerosteten Verhältnisse mit ihrem Gefolge von altehrwürdigen Vorstellungen und Anschauungen werden aufgelöst, alle neugebildeten veralten, ehe sie verknöchern können. Alles Ständische und Stehende verdampft, alles Heilige wird entweiht, und die Menschen sind endlich gezwungen, ihre Lebensstellung, ihre gegenseitigen Beziehungen mit nüchternen Augen anzusehn.

Das Bedürfnis nach einem stets ausgedehnteren Absatz für ihre Produkte jagt die Bourgeoisie über die ganze Erdkugel. Überall muß sie sich einnisten, überall anbauen, überall Verbindungen herstellen.

Die Bourgeoisie hat durch ihre Exploitation des Weltmarkts die Produktion und Konsumtion aller Länder kosmopolitisch gestaltet. Sie hat zum großen Bedauern der Reaktionäre den nationalen Boden der Industrie unter den Füßen weggezogen. Die uralten nationalen Industrien sind vernichtet worden und werden noch täglich vernichtet. Sie werden verdrängt durch neue Industrien, deren Einführung eine Lebensfrage für alle zivilisierten Nationen wird, durch Industrien, die nicht mehr einheimische Rohstoffe, sondern den entlegensten Zonen angehörige Rohstoffe verarbeiten und deren Fabrikate nicht nur im Lande selbst, sondern in allen Weltteilen zugleich verbraucht werden. An die Stelle der alten, durch Landeserzeugnisse befriedigten Bedürfnisse treten neue, welche die Produkte der entferntesten Länder und Klimate zu ihrer Befriedigung erheischen. An die Stelle der alten lokalen und nationalen Selbstgenügsamkeit und Abgeschlossenheit tritt ein allseitiger Verkehr, eine allseitige Abhängigkeit der Nationen voneinander. Und wie in der materiellen, so auch in der geistigen Produktion. Die geistigen Erzeugnisse der einzelnen Nationen werden Gemeingut. Die nationale Einseitigkeit und Beschränktheit wird mehr und mehr unmöglich, und aus den vielen nationalen und lokalen Literaturen bildet sich eine Weltliteratur.

Die Bourgeoisie reißt durch die rasche Verbesserung aller Produktionsinstrumente, durch die unendlich erleichterten Kommunikationen alle, auch die barbarischsten Nationen in die Zivilisation. Die wohlfeilen Preise ihrer Waren sind die schwere Artillerie, mit der sie alle chinesischen Mauern in den Grund schießt, mit der sie den hartnäckigsten Fremdenhaß der Barbaren zur Kapitulation zwingt. Sie zwingt alle Nationen, die Produktionsweise der Bourgeoisie sich anzueignen, wenn sie nicht zugrunde gehen wollen; sie zwingt sie, die sogenannte Zivilisation bei sich selbst einzuführen, das heißt Bourgeois zu werden. Mit einem Wort, sie schafft sich eine Welt nach ihrem eigenen Bilde.

Die Bourgeoisie hat das Land der Herrschaft der Stadt unterworfen. Sie hat enorme Städte geschaffen, sie hat die Zahl der städtischen Bevölkerung gegenüber der ländlichen in hohem Grade vermehrt und so einen bedeutenden Teil der Bevölkerung dem Idiotismus des Landlebens entrissen. Wie sie das Land von der Stadt hat sie die barbarischen und halbbarbarischen Länder von den zivilisierten, die Bauernvölker von den Bourgeoisvölkern, den Orient vom Okzident abhängig gemacht.

Die Bourgeoisie hebt mehr und mehr die Zersplitterung der Produktionsmittel, des Besitzes und der Bevölkerung auf. Sie hat die Bevölkerung agglomeriert, die Produktionsmittel zentralisiert und das Eigentum in wenigen Händen konzentriert. Die notwendige Folge hiervon war die politische Zentralisation. Unabhängige, fast nur verbündete Provinzen mit verschiedenen Interessen, Gesetzen, Regierungen und Zöllen wurden zusammengedrängt in *eine* Nation, *eine* Regierung, *ein* Gesetz, *ein* nationales Klasseninteresse, *eine* Douanenlinie.

Die Bourgeoisie hat in ihrer kaum hundertjährigen Klassenherrschaft massenhaftere und kolossalere Produktionskräfte geschaffen, als alle vergangnen Generationen zusammen. Unterjochung der Naturkräfte, Maschinerie, Anwendung der Chemie auf Industrie und Ackerbau, Dampfschiffahrt, Eisenbahnen, elektrische Telegraphen, Urbarmachung ganzer Weltteile, Schiffbarmachung der Flüsse, ganze aus dem Boden hervorgestampfte Bevölkerungen – welches frühere Jahrhundert ahnte, daß solche Produktionskräfte im Schoße der gesellschaftlichen Arbeit schlummerten.

Wir haben also gesehen: Die Produktions- und Verkehrmittel, auf deren Grundlage sich die Bourgeoisie heranbildete, wurden in der feudalen Gesellschaft erzeugt. Auf einer gewissen Stufe der Entwicklung dieser Produktions- und Verkehrsmittel entsprachen die Verhältnisse, worin die feudale Gesellschaft produzierte und austauschte, die feudale Organisation der Agrikultur und Manufaktur, mit einem Wort die feudalen Eigentumsverhältnisse den schon entwickelten Produktivkräften nicht mehr. Sie hemmten die Produktion, statt sie zu fördern. Sie verwandelten sich in ebenso viele Fesseln. Sie mußten gesprengt werden, sie wurden gesprengt.

An ihre Stelle trat die freie Konkurrenz mit der ihr angemessenen gesellschaftlichen und politischen Konstitution, mit der ökonomischen und politischen Herrschaft der Bourgeoisklasse.

Unter unsern Augen geht eine ähnliche Bewegung vor. Die bürgerlichen Produktions- und Verkehrsverhältnisse, die bürgerlichen Eigentumsverhältnisse, die moderne bürgerliche Gesellschaft, die so gewaltige Produktions- und Verkehrsmittel hervorgezaubert hat, gleicht dem Hexenmeister, der die unterirdischen Gewalten nicht mehr zu beherrschen vermag, die er heraufbeschwor. Seit Dezennien ist die Geschichte der Industrie und des Handels nur die Geschichte der Empörung der modernen Produktivkräfte gegen die modernen Produktionsverhältnisse, gegen die Eigentumsverhältnisse, welche die Lebensbedingungen der Bourgeoisie und ihrer Herrschaft sind. Es genügt, die Handelskrisen zu nennen, welche in ihrer periodischen Wiederkehr immer drohender die Existenz der ganzen bürgerlichen Gesellschaft in Frage stellen. In den Handelskrisen wird ein großer Teil nicht nur der erzeugten Produkte, sondern der bereits geschaffenen Produktivkräfte regelmäßig vernichtet. In den Krisen bricht eine gesellschaftliche Epidemie aus, welche allen früheren Epochen als ein Widersinn erschienen wäre – die Epidemie der Überproduktion. Die Gesellschaft findet sich plötzlich in einen Zustand momentaner Barbarei zurückversetzt; eine Hungersnot, ein allgemeiner Vernichtungskrieg scheinen ihr alle Lebensmittel abgeschnitten zu haben; die Industrie, der Handel scheinen vernichtet, und warum? Weil sie zuviel Zivilisation, zuviel Lebensmittel, zuviel Industrie, zuviel Handel besitzt. Die Produktivkräfte, die ihr zur Verfügung stehn, dienen nicht mehr zur Beförderung der bürgerlichen Eigentumsverhältnisse; im Gegenteil, sie sind zu gewaltig für diese Verhältnisse geworden, sie werden von ihnen gehemmt; und sobald sie dies Hemmnis überwinden, bringen sie die ganze bürgerliche Gesellschaft in Unordnung, gefährden sie die Existenz des bürgerlichen Eigentums. Die bürgerlichen Verhältnisse sind zu eng geworden, um den von ihnen erzeugten Reichtum zu fassen. – Wodurch überwindet die Bourgeoisie die Krisen? Einerseits durch die erzwungene Vernichtung einer Masse von Produktivkräften; anderseits durch die Eroberung neuer Märkte und die gründlichere Ausbeutung alter Märkte. Wodurch also?

Dadurch, daß sie allseitigere und gewaltigere Krisen vorbereitet und die Mittel, den Krisen vorzubeugen, vermindert.

Die Waffen, womit die Bourgeoisie den Feudalismus zu Boden geschlagen hat, richten sich jetzt gegen die Bourgeoisie selbst.

Aber die Bourgeoisie hat nicht nur die Waffen geschmiedet, die ihr den Tod bringen; sie hat auch die Männer gezeugt, die diese Waffen führen werden – die modernen Arbeiter, die *Proletarier*.

In demselben Maße, worin sich die Bourgeoisie, d. h. das Kapital entwickelt, in demselben Maße entwickelt sich das Proletariat, die Klasse der modernen Arbeiter, die nur so lange leben, als sie Arbeit finden, und die nur so lange Arbeit finden, als ihre Arbeit das Kapital vermehrt. Diese Arbeiter, die sich stückweise verkaufen müssen, sind eine Ware, wie jeder andere Handelsartikel, und daher gleichmäßig allen Wechselfällen der Konkurrenz, allen Schwankungen des Marktes ausgesetzt.

Die Arbeit der Proletarier hat durch die Ausdehnung der Maschinerie und die Teilung der Arbeit allen selbständigen Charakter und damit allen Reiz für den Arbeiter verloren, Er wird ein bloßes Zubehör der Maschine, von dem nur der einfachste, eintönigste, am leichtesten erlernbare Handgriff verlangt wird. Die Kosten, die der Arbeiter verursacht, beschränken sich daher fast nur auf die Lebensmittel, die er zu seinem Unterhalt und zur Fortpflanzung seiner Rasse bedarf. Der Preis einer Ware, also auch der Arbeit, ist aber gleich ihren Produktionskosten. In demselben Maße, in dem die Widerwärtigkeit der Arbeit wächst, nimmt daher der Lohn ab. Noch mehr, in demselben Maße, wie Maschinerie und Teilung der Arbeit zunehmen, in demselben Maße nimmt auch die Masse der Arbeit zu, sei es durch Vermehrung der Arbeitsstunden, sei es durch Vermehrung der in einer gegebenen Zeit geforderten Arbeit, beschleunigten Lauf der Maschinen usw.

Die moderne Industrie hat die kleine Werkstube des patriarchalischen Meisters in die große Fabrik des industriellen Kapitalisten verwandelt. Arbeitermassen, in der Fabrik zusammengedrängt, werden soldatisch organisiert. Sie werden als gemeine Industriesoldaten unter die Aufsicht einer vollständigen Hierarchie von Unteroffizieren und Offizieren gestellt. Sie sind nicht nur Knechte der Bourgeoisklasse, des Bourgeoisstaates, sie sind täglich und stündlich geknechtet von der Maschine, von dem Aufseher, und vor allem von den einzelnen fabrizierenden Bourgeois selbst. Diese Despotie ist um so kleinlicher, gehässiger, erbitternder, je offener sie den Erwerb als ihren Zweck proklamiert.

Je weniger die Handarbeit Geschicklichkeit und Kraftäußerung erheischt, d. h. je mehr die moderne Industrie sich entwickelt, desto mehr wird die Arbeit der Männer durch die der Weiber verdrängt. Geschlechts- und Altersunterschiede haben keine gesellschaftliche Geltung mehr für die Arbeiterklasse. Es gibt nur noch Arbeitsinstrumente, die je nach Alter und Geschlecht verschiedene Kosten machen.

Ist die Ausbeutung des Arbeiters durch den Fabrikanten so weit beendigt, daß er seinen Arbeitslohn bar ausgezahlt erhält, so fallen die anderen Teile der Bourgeoisie über ihn her, der Hausbesitzer, der Krämer, der Pfandleiher usw.

Die bisherigen kleinen Mittelstände, die kleinen Industriellen, Kaufleute und Rentiers, die Handwerker und Bauern, alle diese Klassen fallen ins Proletariat hinab, teils dadurch, daß ihr kleines Kapital für den Betrieb der großen Industrie nicht ausreicht und der Konkurrenz mit den größeren Kapitalisten erliegt, teils dadurch, daß ihre Geschicklichkeit von neuen Produktionsweisen entwertet wird. So rekrutiert sich das Proletariat aus allen Klassen der Bevölkerung.

Das Proletariat macht verschiedene Entwicklungsstufen durch. Sein Kampf gegen die Bourgeoisie beginnt mit seiner Existenz.

Im Anfang kämpfen die einzelnen Arbeiter, dann die Arbeiter einer Fabrik, dann die Arbeiter eines Arbeitszweiges an einem Ort gegen den einzelnen Bourgeois, der sie direkt ausbeutet. Sie richten ihre Angriffe nicht nur gegen die bürgerlichen Produktionsverhältnisse, sie richten sie gegen die Produktionsinstrumente selbst; sie vernichten die fremden konkurrierenden Waren, sie zerschlagen die Maschinen, sie stecken die Fabriken in Brand, sie suchen die untergegangene Stellung des mittelalterlichen Arbeiters wieder zu erringen.

Auf dieser Stufe bilden die Arbeiter eine über das ganze Land zerstreute und durch die Konkurrenz zersplitterte Masse. Massenhaftes Zusammenhalten der Arbeiter ist noch nicht die Folge ihrer eigenen Vereinigung, sondern die Folge der Vereinigung der Bourgeoisie, die zur Erreichung ihrer eigenen politischen Zwecke das ganze Proletariat in Bewegung setzen muß und es einstweilen noch kann. Auf dieser Stufe bekämpfen die Proletarier also nicht ihre Feinde, sondern die Feinde ihrer Feinde, die Reste der absoluten Monarchie, die Grundeigentümer, die nichtindustriellen Bourgeois, die Kleinbürger. Die ganze geschichtliche Bewegung ist so in den Händen der Bourgeoisie konzentriert; jeder Sieg, der so errungen wird, ist ein Sieg der Bourgeoisie.

Aber mit der Entwicklung der Industrie vermehrt sich nicht nur das Proletariat; es wird in größeren Massen zusammengedrängt, seine Kraft wächst, und es fühlt sie mehr. Die Interessen, die Lebenslagen innerhalb des Proletariats gleichen sich immer mehr aus, indem die Maschinerie mehr und mehr die Unterschiede der Arbeit verwischt und den Lohn fast überall auf ein gleich niedriges Niveau herabdrückt. Die wachsende Konkurrenz der Bourgeois unter sich und die daraus hervorgehenden Handelskrisen machen den Lohn der Arbeiter immer schwankender; die immer rascher sich entwickelnde, unaufhörliche Verbesserung der Maschinerie macht ihre ganze Lebensstellung immer unsicherer; immer mehr nehmen die Kollisionen zwischen dem einzelnen Arbeiter und dem einzelnen Bourgeois den Charakter von Kollisionen zweier Klassen an. Die Arbeiter beginnen damit, Koalitionen gegen die Bourgeois zu bilden; sie treten zusammen zur Behauptung ihres Arbeitslohns. Sie stiften selbst dauernde Assoziationen, um sich für die gelegentlichen Empörungen zu verproviantieren. Stellenweise bricht der Kampf in Erneuten aus.

Von Zeit zu Zeit siegen die Arbeiter, aber nur vorübergehend. Das eigentliche Resultat ihrer Kämpfe ist nicht der unmittelbare Erfolg, sondern die immer weiter um sich greifende Vereinigung der Arbeiter. Sie wird befördert durch die wachsenden Kommunikationsmittel, die von der großen Industrie erzeugt werden und die Arbeiter der verschiedenen Lokalitäten miteinander in Verbindung setzen. Es bedarf aber bloß der Verbindung, um die vielen Lokalkämpfe von überall gleichem Charakter zu einem nationalen, zu einem Klassenkampf zu zentralisieren. Jeder Klassenkampf ist aber ein politischer Kampf. Und die Vereinigung, zu der die Bürger des Mittelalters mit ihren Vizinalwegen Jahrhunderte bedurften, bringen die modernen Proletarier mit den Eisenbahnen in wenigen Jahren zustande.

Diese Organisation der Proletarier zur Klasse, und damit zur politischen Partei, wird jeden Augenblick wieder gesprengt durch die Konkurrenz unter den Arbeitern selbst. Aber sie ersteht immer wieder, stärker, fester, mächtiger. Sie erzwingt die Anerkennung einzelner Interessen der Arbeiter in Gesetzesform, indem sie die Spaltungen der Bourgeoisie unter sich benutzt. So die Zehnstundenbill in England.

Die Kollisionen der alten Gesellschaft überhaupt fördern mannigfach den Entwicklungsgang des Proletariats. Die Bourgeoisie befindet sich in fortwährendem Kampfe: anfangs gegen die Aristokratie; später gegen die

Teile der Bourgeoisie selbst, deren Interessen mit dem Fortschritt der Industrie in Widerspruch geraten; stets gegen die Bourgeoisie aller auswärtigen Länder. In allen diesen Kämpfen sieht sie sich genötigt, an das Proletariat zu appellieren, seine Hilfe in Anspruch zu nehmen und es so in die politische Bewegung hineinzureißen. Sie selbst führt also dem Proletariat ihre eigenen Bildungselemente, das heißt Waffen gegen sich selbst zu.

Es werden ferner, wie wir sahen, durch den Fortschritt der Industrie ganze Bestandteile der herrschenden Klasse ins Proletariat hinabgeworfen oder wenigstens in ihren Lebensbedingungen bedroht. Auch sie führen dem Proletariat eine Masse Bildungselemente zu.

In Zeiten endlich, wo der Klassenkampf sich der Entscheidung nähert, nimmt der Auflösungsprozeß innerhalb der herrschenden Klasse, innerhalb der ganzen alten Gesellschaft, einen so heftigen, so grellen Charakter an, daß ein kleiner Teil der herrschenden Klasse sich von ihr lossagt und sich der revolutionären Klasse anschließt, der Klasse, welche die Zukunft in ihren Händen trägt. Wie daher früher ein Teil des Adels zur Bourgeoisie überging, so geht jetzt ein Teil der Bourgeoisie zum Proletariat über, und namentlich ein Teil der Bourgeoisideologen, welche zum theoretischen Verständnis der ganzen geschichtlichen Bewegung sich hinaufgearbeitet haben.

Von allen Klassen, welche heutzutage der Bourgeoisie gegenüberstehen, ist nur das Proletariat eine wirklich revolutionäre Klasse. Die übrigen Klassen verkommen und gehen unter mit der großen Industrie, das Proletariat ist ihr eigenstes Produkt.

Die Mittelstände, der kleine Industrielle, der kleine Kaufmann, der Handwerker, der Bauer, sie alle bekämpfen die Bourgeoisie, um ihre Existenz als Mittelstände vor dem Untergang zu sichern. Sie sind also nicht revolutionär, sondern konservativ. Noch mehr, sie sind reaktionär, sie suchen das Rad der Geschichte zurückzudrehen. Sind sie revolutionär, so sind sie es im Hinblick auf den ihnen bevorstehenden Übergang ins Proletariat, so verteidigen sie nicht ihre gegenwärtigen, sondern ihre zukünftigen Interessen, so verlassen sie ihren eigenen Standpunkt, um sich auf den des Proletariats zu stellen.

Das Lumpenproletariat, diese passive Verfaulung der untersten Schichten der alten Gesellschaft, wird durch eine proletarische Revolution stellenweise in die Bewegung hineingeschleudert, seiner ganzen Lebenslage nach wird es bereitwilliger sein, sich zu reaktionären Umtrieben erkaufen zu lassen.

Die Lebensbedingungen der alten Gesellschaft sind schon vernichtet in den Lebensbedingungen des Proletariats. Der Proletarier ist eigentumslos; sein Verhältnis zu Weib und Kindern hat nichts mehr gemein mit dem bürgerlichen Familienverhältnis; die moderne industrielle Arbeit, die moderne Unterjochung unter das Kapital, dieselbe in England wie in Frankreich, in Amerika wie in Deutschland, hat ihm allen nationalen Charakter abgestreift. Die Gesetze, die Moral, die Religion sind für ihn ebenso viele bürgerliche Vorurteile, hinter denen sich ebenso viele bürgerliche Interessen verstecken.

Alle früheren Klassen, die sich die Herrschaft eroberten, suchten ihre schon erworbene Lebensstellung zu sichern, indem sie die ganze Gesellschaft den Bedingungen ihres Erwerbes unterwarfen. Die Proletarier können sich die gesellschaftlichen Produktivkräfte nur erobern, indem sie ihre eigene bisherige Aneignungsweise und damit die ganze bisherige Aneignungsweise abschaffen. Die Proletarier haben nichts von dem ihrigen zu sichern, sie haben alle bisherigen Privatsicherheiten und Privatversicherungen zu zerstören.

Alle bisherigen Bewegungen waren Bewegungen von Minoritäten oder im Interesse von Minoritäten. Die proletarische Bewegung ist die selbständige Bewegung der ungeheuren Mehrzahl im Interesse der ungeheuren Mehrzahl. Das Proletariat, die unterste Schicht der jetzigen Gesellschaft, kann sich nicht erheben, nicht aufrichten, ohne daß der ganze Überbau der Schichten, die die offizielle Gesellschaft bilden, in die Luft gesprengt wird.

Obgleich nicht dem Inhalt, ist der Form nach der Kampf des Proletariats gegen die Bourgeoisie zunächst ein nationaler. Das Proletariat eines jeden Landes muß natürlich zuerst mit seiner eigenen Bourgeoisie fertig werden.

Indem wir die allgemeinsten Phasen der Entwicklung des Proletariats zeichneten, verfolgten wir den mehr oder minder versteckten Bürgerkrieg innerhalb der bestehenden Gesellschaft bis zu dem Punkt, wo er in eine offene Revolution ausbricht und durch den gewaltsamen Sturz der Bourgeoisie das Proletariat seine Herrschaft begründet.

Alle bisherige Gesellschaft beruhte, wie wir gesehen haben, auf dem Gegensatz unterdrückender und unterdrückter Klassen. Um aber eine Klasse unterdrücken zu können, müssen ihr Bedingungen gesichert sein, innerhalb derer sie wenigstens ihre knechtische Existenz fristen kann. Der Leibeigene hat sich zum Mitglied der Kommune in der Leibeigenschaft herangearbeitet, wie der Kleinbürger zum Bourgeois unter dem Joch des feudalistischen Absolutismus. Der moderne Arbeiter dagegen, statt sich mit dem Fortschritt der Industrie zu heben, sinkt immer tiefer unter die Bedingungen seiner eigenen Klasse herab. Der Arbeiter wird zum Pauper, und der Pauperismus entwickelt sich noch schneller als Bevölkerung und Reichtum. Es tritt hiermit offen hervor, daß die Bourgeoisie unfähig ist, noch länger die herrschende Klasse der Gesellschaft zu bleiben und die Lebensbedingungen ihrer Klasse der Gesellschaft als regelndes Gesetz aufzuzwingen. Sie ist unfähig, zu herrschen, weil sie unfähig ist, ihrem Sklaven die Existenz selbst innerhalb seiner Sklaverei zu sichern, weil sie gezwungen ist, ihn in eine Lage herabsinken zu lassen, wo sie ihn ernähren muß, statt von ihm ernährt zu werden. Die Gesellschaft kann nicht mehr unter ihr leben, das heißt ihr Leben ist nicht mehr verträglich mit der Gesellschaft.

Die wesentliche Bedingung für die Existenz und für die Herrschaft der Bourgeoisklasse ist die Anhäufung des Reichtums in den Händen von Privaten, die Bildung und Vermehrung des Kapitals; die Bedingung des Kapitals ist die Lohnarbeit. Die Lohnarbeit beruht ausschließlich auf der Konkurrenz der Arbeiter unter sich. Der Fortschritt der Industrie, dessen willenloser und widerstandsloser Träger die Bourgeoisie ist, setzt an die Stelle der Isolierung der Arbeiter durch die Konkurrenz ihre revolutionäre Vereinigung durch die Assoziation. Mit der Entwicklung der großen Industrie wird also unter den Füßen der Bourgeoisie die Grundlage selbst hinweggezogen, worauf sie produziert und die Produkte sich aneignet. Sie produziert vor allem ihren eignen Totengräber. Ihr Untergang und der Sieg des Proletariats sind gleich unvermeidlich.

II

Proletarier und Kommunisten

In welchem Verhältnis stehen die Kommunisten zu den Proletariern überhaupt?

Die Kommunisten sind keine besondere Partei gegenüber den andern Arbeiterparteien.

Sie haben keine von den Interessen des ganzen Proletariats getrennten Interessen.

Sie stellen keine besonderen Prinzipien auf, wonach sie die proletarische Bewegung modeln wollen.

Die Kommunisten unterscheiden sich von den übrigen proletarischen Parteien nur dadurch, daß sie einerseits in den verschiedenen nationalen Kämpfen der Proletarier die gemeinsamen, von der Nationalität unabhängigen Interessen des gesamten Proletariats hervorheben und zur Geltung bringen, andererseits dadurch, daß sie in den verschiedenen Entwicklungsstufen, welche der Kampf zwischen Proletariat und Bourgeoisie durchläuft, stets das Interesse der Gesamtbewegung vertreten.

Die Kommunisten sind also praktisch der entschiedenste, immer weiter treibende Teil der Arbeiterparteien aller Länder; sie haben theoretisch vor der übrigen Masse des Proletariats die Einsicht in die Bedingungen, den Gang und die allgemeinen Resultate der proletarischen Bewegung voraus.

Der nächste Zweck der Kommunisten ist derselbe wie der aller übrigen proletarischen Parteien; Bildung des Proletariats zur Klasse, Sturz der Bourgeoisieherrschaft, Eroberung der politischen Macht durch das Proletariat.

Die theoretischen Sätze der Kommunisten beruhen keineswegs auf Ideen, auf Prinzipien, die von diesem oder jenem Weltverbesserer erfunden oder entdeckt sind.

Sie sind nur allgemeine Ausdrücke tatsächlicher Verhältnisse eines existierenden Klassenkampfs, einer unter unsern Augen vor sich gehenden geschichtlichen Bewegung. Die Abschaffung bisheriger Eigentumsverhältnisse ist nichts den Kommunismus eigentümlich Bezeichnendes.

Alle Eigentumsverhältnisse waren einem beständigen geschichtlichen Wechsel, einer beständigen geschichtlichen Veränderung unterworfen.

Die französische Revolution zum Beispiel schaffte das Feudaleigentum zugunsten des bürgerlichen ab.

Was den Kommunismus auszeichnet, ist nicht die Abschaffung des Eigentums überhaupt, sondern die Abschaffung des bürgerlichen Eigentums.

Aber das moderne bürgerliche Privateigentum ist der letzte und vollendetste Ausdruck der Erzeugung und Aneignung der Produkte, die auf Klassengegensätzen, auf der Ausbeutung der einen durch die andern beruht.

In diesem Sinne können die Kommunisten ihre Theorie in dem einen Ausdruck, Aufhebung des Privateigentums, zusammenfassen.

Man hat uns Kommunisten vorgeworfen, wir wollten das persönlich erworbene, selbst erarbeitete Eigentum abschaffen, das Eigentum, welches die Grundlage aller persönlichen Freiheit, Tätigkeit und Selbständigkeit bilde.

Erarbeitetes, erworbenes, selbst verdientes Eigentum! Sprecht ihr von dem kleinbürgerlichen, kleinbäuerlichen Eigentum, welches dem bürgerlichen Eigentum vorherging? Wir brauchen es nicht abzuschaffen, die Entwicklung der Industrie hat es abgeschafft und schafft es täglich ab.

Oder sprecht ihr vom modernen bürgerlichen Privateigentum?

Schafft aber die Lohnarbeit, die Arbeit des Proletariers ihm Eigentum? Keineswegs Sie schafft das Kapital, das heißt das Eigentum, welches die Lohnarbeit ausbeutet, welches sich nur unter der Bedingung vermehren kann, daß es neue Lohnarbeit erzeugt, um sie von neuem auszubeuten. Das Eigentum in seiner heutigen Gestalt bewegt sich in dem Gegensatz von Kapital und Lohnarbeit. Betrachten wir die beiden Seiten dieses Gegensatzes.

Kapitalist sein, heißt nicht nur eine rein persönliche, sondern eine gesellschaftliche Stellung in der Produktion einnehmen. Das Kapital ist ein gemeinschaftliches Produkt und kann nur durch eine gemeinsame Tätigkeit vieler Mitglieder, ja in letzter Instanz nur durch die gemeinsame Tätigkeit aller Mitglieder der Gesellschaft in Bewegung gesetzt werden.

Das Kapital ist also keine persönliche, es ist eine gesellschaftliche Macht.

Wenn also das Kapital in gemeinschaftliches, allen Mitgliedern der Gesellschaft angehöriges Eigentum verwandelt wird, so verwandelt sich nicht persönliches Eigentum in gesellschaftliches. Nur der gesellschaftliche Charakter des Eigentums verwandelt sich. Er verliert seinen Klassencharakter.

Kommen wir zur Lohnarbeit:

Der Durchschnittspreis der Lohnarbeit ist das Minimum des Arbeitslohnes, das heißt die Summe der Lebensmittel, die notwendig sind, um den Arbeiter als Arbeiter am Leben zu erhalten. Was also der Lohnarbeiter durch seine Tätigkeit sich aneignet, reicht bloß dazu hin, um sein nacktes Leben wieder zu erzeugen. Wir wollen diese persönliche Aneignung der Arbeitsprodukte zur Wiedererzeugung des unmittelbaren Lebens keineswegs abschaffen, eine Aneignung, die keinen Reinertrag übrigläßt, der Macht über fremde Arbeit geben könnte. Wir wollen nur den elenden Charakter dieser Aneignung aufheben, worin der Arbeiter nur lebt, um das Kapital zu vermehren, nur so weit lebt, wie es das Interesse der herrschenden Klasse erheischt.

In der bürgerlichen Gesellschaft ist die lebendige Arbeit nur ein Mittel, die aufgehäufte Arbeit zu vermehren. In der kommunistischen Gesellschaft ist die aufgehäufte Arbeit nur ein Mittel, um den Lebensprozeß der Arbeiter zu erweitern, zu bereichern, zu befördern.

In der bürgerlichen Gesellschaft herrscht also die Vergangenheit über die Gegenwart, in der kommunistischen die Gegenwart über die Vergangenheit. In der bürgerlichen Gesellschaft ist das Kapital selbständig und persönlich, während das tätige Individuum unselbständig und unpersönlich ist.

Und die Aufhebung dieses Verhältnisses nennt die Bourgeoisie Aufhebung der Persönlichkeit und Freiheit! Und mit Recht. Es handelt sich allerdings um die Aufhebung der Bourgeois-Persönlichkeit, -Selbständigkeit und -Freiheit.

Unter Freiheit versteht man innerhalb der jetzigen bürgerlichen Produktionsverhältnisse den freien Handel, den freien Kauf und Verkauf.

Fällt aber der Schacher, so fällt auch der freie Schacher. Die Redensarten vom freien Schacher, wie alle übrigen Freiheitsbravaden unserer Bourgeoisie, haben überhaupt nur einen Sinn gegenüber dem gebundenen Schacher, gegenüber dem geknechteten Bürger des Mittelalters, nicht aber gegenüber der kommunistischen Aufhebung des Schachers, der bürgerlichen Produktionsverhältnisse und der Bourgeoisie selbst.

Ihr entsetzt euch darüber, daß wir das Privateigentum aufheben wollen. Aber in eurer bestehenden Gesellschaft ist das Privateigentum für neun Zehntel ihrer Mitglieder aufgehoben; es existiert gerade dadurch, daß es für neun Zehntel nicht existiert. Ihr werft uns also vor, daß wir ein Eigentum aufheben wollen, welches die Eigentumslosigkeit der ungeheuren Mehrzahl der Gesellschaft als notwendige Bedingung voraussetzt.

Ihr werft uns mit einem Worte vor, daß wir euer Eigentum aufheben wollen. Allerdings, das wollen wir.

Von dem Augenblick an, wo die Arbeit nicht mehr in Kapital, Geld, Grundrente, kurz in eine monopolisierbare gesellschaftliche Macht verwandelt werden kann, das heißt von dem Augenblick, wo das persönliche Eigentum nicht mehr in bürgerliches umschlagen kann, von dem Augenblick an erklärt ihr, die Person sei aufgehoben.

Ihr gesteht also, daß ihr unter der Person niemanden anders versteht, als den Bourgeois, den bürgerlichen Eigentümer. Und diese Person soll allerdings aufgehoben werden.

Der Kommunismus nimmt keinem die Macht, sich gesellschaftliche Produkte anzueignen, er nimmt nur die Macht, sich durch diese Aneignung fremde Arbeit zu unterjochen.

Man hat eingewendet, mit der Aufhebung des Privateigentums werde alle Tätigkeit aufhören und eine allgemeine Faulheit einreißen.

Hiernach müßte die bürgerliche Gesellschaft längst an der Trägheit zugrunde gegangen sein; denn die in ihr arbeiten, erwerben nicht, und die in ihr erwerben, arbeiten nicht. Das ganze Bedenken läuft auf die Tautologie hinaus, daß es keine Lohnarbeit mehr gibt, sobald es kein Kapital mehr gibt.

Alle Einwürfe, die gegen die kommunistische Aneignungs- und Produktionsweise der materiellen Produkte gerichtet werden, sind ebenso auf die Aneignung und Produktion der geistigen Produkte ausgedehnt worden. Wie für den Bourgeois das Aufhören des Klasseneigentums das Aufhören der Produktion selbst ist, so ist für ihn das Aufhören der Klassenbildung identisch mit dem Aufhören der Bildung überhaupt.

Die Bildung, deren Verlust er bedauert, ist für die enorme Mehrzahl die Heranbildung zur Maschine.

Aber streitet nicht mit uns, indem ihr an euren bürgerlichen Vorstellungen von Freiheit, Bildung, Recht usw. die Abschaffung des bürgerlichen Eigentums meßt. Eure Ideen selbst sind Erzeugnisse der bürgerlichen Produktions- und Eigentumsverhältnisse, wie euer Recht nur der zum Gesetz erhobene Wille eurer Klasse ist, ein Wille, dessen Inhalt gegeben ist in den materiellen Lebensbedingungen eurer Klasse.

Die interessierte Vorstellung, worin ihr eure Produktions- und Eigentumsverhältnisse aus geschichtlichen, in dem Lauf der Produktion vorübergehenden Verhältnissen in ewige Natur- und Vernunftgesetze verwandelt, teilt ihr mit allen untergegangenen herrschenden Klassen. Was ihr für das antike Eigentum begreift, was ihr für das feudale Eigentum begreift, dürft ihr nicht mehr begreifen für das bürgerliche Eigentum.

Aufhebung der Familie! Selbst die Radikalsten ereifern sich über diese schändliche Absicht der Kommunisten.

Worauf beruht die gegenwärtige, die bürgerliche Familie? Auf dem Kapital, auf dem Privaterwerb. Vollständig entwickelt existiert sie nur für die Bourgeoisie; aber sie findet ihre Ergänzung in der erzwungenen Familienlosigkeit der Proletarier und der öffentlichen Prostitution.

Die Familie der Bourgeois fällt natürlich weg mit dem Wegfallen dieser ihrer Ergänzung, und beide verschwinden mit dem Verschwinden des Kapitals.

Werft ihr uns vor, daß wir die Ausbeutung der Kinder durch ihre Eltern aufheben wollen? Wir gestehen dieses Verbrechen ein.

Aber, sagt ihr, wir heben die trautesten Verhältnisse auf, indem wir an die Stelle der häuslichen Erziehung die gesellschaftliche setzen.

Und ist nicht auch eure Erziehung durch die Gesellschaft bestimmt? Durch die gesellschaftlichen Verhältnisse, innerhalb deren ihr erzieht, durch die direktere oder indirektere Einmischung der Gesellschaft, vermittels der Schule usw.? Die Kommunisten erfinden nicht die Einwirkung der Gesellschaft auf die Erziehung; sie verändern nur ihren Charakter, sie entreißen die Erziehung dem Einfluß der herrschenden Klasse.

Die bürgerlichen Redensarten über Familie und Erziehung, über das traut Verhältnis von Eltern und Kindern werden um so ekelhafter, je mehr infolge der großen Industrie alle Familienbande für die Proletarier zerrissen und die Kinder in einfache Handelsartikel und Arbeitsinstrumente verwandelt werden.

Aber ihr Kommunisten wollt die Weibergemeinschaft einführen, schreit uns die ganze Bourgeoisie im Chor entgegen.

Der Bourgeois sieht in seiner Frau ein bloßes Produktionsinstrument. Er hört, daß die Produktionsinstrumente gemeinschaftlich ausgebeutet werden sollen, und kann sich natürlich nichts anderes denken, als daß das Los der Gemeinschaftlichkeit die Weiber gleichfalls treffen wird.

Er ahnt nicht, daß es sich eben darum handelt, die Stellung der Weiber als bloße Produktionsinstrumente aufzuheben.

Übrigens ist nichts lächerlicher als das hochmoralische Entsetzen unserer Bourgeois über die angebliche offizielle Weibergemeinschaft der Kommunisten. Die Kommunisten brauchen die Weibergemeinschaft nicht einzuführen, sie hat fast immer existiert.

Unsere Bourgeois, nicht zufrieden damit, daß ihnen die Weiber und Töchter ihrer Proletarier zur Verfügung stehen, von der offiziellen Prostitution gar nicht zu sprechen, finden ein Hauptvergnügen darin, ihre Ehefrauen wechselseitig zu verführen.

Die bürgerliche Ehe ist in Wirklichkeit die Gemeinschaft der Ehefrauen. Man könnte höchstens den Kommunisten vorwerfen, daß sie an Stelle einer heuchlerisch versteckten eine offizielle, offenherzige Weibergemeinschaft einführen wollten. Es versteht sich übrigens von selbst, daß mit Aufhebung der jetzigen Produktionsverhältnisse auch die aus ihnen hervorgehende Weibergemeinschaft, das heißt die offizielle und nichtoffizielle Prostitution, verschwindet.

Den Kommunisten ist ferner vorgeworfen worden, sie wollten das Vaterland, die Nationalität, abschaffen.

Die Arbeiter haben kein Vaterland. Man kann ihnen nicht nehmen, was sie nicht haben. Indem das Proletariat zunächst sich die politische Herrschaft erobern, sich zur nationalen Klasse erheben, sich selbst als Nation konstituieren muß, ist es selbst noch national, wenn auch keineswegs im Sinne der Bourgeoisie.

Die nationalen Absonderungen und Gegensätze der Völker verschwinden mehr und mehr schon mit der Entwicklung der Bourgeoisie, mit der Handelsfreiheit, dem Weltmarkt, der Gleichförmigkeit der industriellen Produktion und der ihr entsprechenden Lebensverhältnisse.

Die Herrschaft des Proletariats wird sie noch mehr verschwinden machen. Vereinigte Aktion, wenigstens der zivilisierten Länder, ist eine der ersten Bedingungen seiner Befreiung.

In dem Maße, wie die Exploitation des einen Individuums durch das andere aufgehoben wird, wird die Exploitation einer Nation durch die andere aufgehoben.

Mit dem Gegensatz der Klassen im Innern der Nation fällt die feindliche. Stellung der Nationen gegeneinander.

Die Anklagen gegen den Kommunismus, die von religiösen, philosophischen und ideologischen Gesichtspunkten überhaupt erhoben werden, verdienen keine ausführlichere Erörterung.

Bedarf es tiefer Einsicht, um zu begreifen, daß mit den Lebensverhältnissen der Menschen, mit ihren gesellschaftlichen Beziehungen, mit ihrem gesellschaftlichen Dasein, auch ihre Vorstellungen, Anschauungen und Begriffe, mit einem Wort auch ihr Bewußtsein sich ändert?

Was beweist die Geschichte der Ideen anders, als daß die geistige Produktion sich mit der materiellen umgestaltet? Die herrschenden Ideen einer Zeit waren stets nur die Ideen der herrschenden Klasse.

Man spricht von Ideen, welche eine ganze Gesellschaft revolutionieren; man spricht damit nur die Tatsache aus, daß sich innerhalb der alten Gesellschaft die Elemente einer neuen gebildet haben, daß mit der Auflösung der alten Lebensverhältnisse die Auflösung der alten Ideen gleichen Schritt hält.

Als die alte Welt im Untergehen begriffen war, wurden die alten Religionen von der christlichen Religion besiegt. Als die christlichen Ideen im 18. Jahrhundert den Aufklärungsideen unterlagen, rang die feudale Gesellschaft ihren Todeskampf mit der damals revolutionären Bourgeoisie.

Die Ideen der Gewissens- und Religionsfreiheit sprachen nur die Herrschaft der freien Konkurrenz auf dem Gebiete des Wissens aus.

»Aber«, wird man sagen, »religiöse, moralische, philosophische, politische, rechtliche Ideen usw. modifizierten sich allerdings im Lauf der geschichtlichen Entwicklung. Die Religion, die Moral, die Philosophie, die Politik, das Recht erhielten sich stets in diesem Wechsel.

Es gibt zudem ewige Wahrheiten, wie Freiheit, Gerechtigkeit usw., die allen gesellschaftlichen Zuständen gemeinsam sind. Der Kommunismus aber schafft die ewigen Wahrheiten ab, er schafft die Religion ab, die Moral, statt sie neu zu gestalten, er widerspricht also allen bisherigen geschichtlichen Entwicklungen.«

Worauf reduziert sich diese Anklage? Die Geschichte der ganzen bisherigen Gesellschaft bewegte sich in Klassengegensätzen, die in den verschiedenen Epochen verschieden gestaltet waren.

Welche Form sie aber auch immer angenommen, die Ausbeutung des einen Teils der Gesellschaft durch den andern ist eine allen vergangenen Jahrhunderten gemeinsame Tatsache. Kein Wunder daher, daß das gesellschaftliche Bewußtsein aller Jahrhunderte, aller Mannigfaltigkeit und Verschiedenheit zum Trotz, in gewissen gemeinsamen Formen sich bewegt, in Bewußtseinsformen, die nur mit dem gänzlichen Verschwinden des Klassengegensatzes sich vollständig auflösen.

Die kommunistische Revolution ist das radikalste Brechen mit den überlieferten Eigentumsverhältnissen; kein Wunder, daß in ihrem Entwicklungsgange am radikalsten mit den überlieferten Ideen gebrochen wird.

Doch lassen wir die Einwürfe der Bourgeoisie gegen den Kommunismus.

Wir sahen schon oben, daß der erste Schritt in der Arbeiterrevolution die Erhebung des Proletariats zur herrschenden Klasse, die Erkämpfung der Demokratie ist.

Das Proletariat wird seine politische Herrschaft dazu benutzen, der Bourgeoisie nach und nach alles Kapital zu entreißen, alle Produktionsinstrumente in den Händen des Staates, das heißt des als herrschende Klasse organisierten Proletariats zu zentralisieren und die Masse der Produktionskräfte möglichst rasch zu vermehren.

Es kann dies natürlich zunächst nur geschehn vermittels despotischer Eingriffe in das Eigentumsrecht und in die bürgerlichen Produktionsverhältnisse, durch Maßregeln also, die ökonomisch unzureichend und unhaltbar erscheinen, die aber im Lauf der Bewegung über sich selbst hinaustreiben und als Mittel zur Umwälzung der ganzen Produktionsweise unvermeidlich sind.

Diese Maßregeln werden natürlich je nach den verschiedenen Ländern verschieden sein.

Für die fortgeschrittensten Länder werden jedoch die folgenden ziemlich allgemein in Anwendung kommen können:

1. Expropriation des Grundeigentums und Verwendung der Grundrente zu Staatsausgaben.

2. Starke Progressivsteuer.

3. Abschaffung des Erbrechts.

4. Konfiskation des Eigentums aller Emigranten und Rebellen.

5. Zentralisation des Kredits in den Händen des Staats durch eine Nationalbank mit Staatskapital und ausschließlichem Monopol.

6. Zentralisation des Transportwesens in den Händen des Staats.

7. Vermehrung der Nationalfabriken, Produktionsinstrumente, Urbarmachung und Verbesserung der Ländereien nach einem gemeinschaftlichen Plan.

8. Gleicher Arbeitszwang für alle, Errichtung industrieller Armeen, besonders für den Ackerbau.

9. Vereinigung des Betriebs von Ackerbau und Industrie, Hinwirken auf die allmähliche Beseitigung des Unterschieds von Stadt und Land.

10. Öffentliche und unentgeltliche Erziehung aller Kinder. Beseitigung der Fabrikarbeit der Kinder in ihrer heutigen Form. Vereinigung der Erziehung mit der materiellen Produktion usw.

Sind im Laufe der Entwicklung die Klassenunterschiede verschwunden, und ist alle Produktion in den Händen der assoziierten Individuen konzentriert, so verliert die öffentliche Gewalt den politischen Charakter. Die politische Gewalt im eigentlichen Sinne ist die organisierte Gewalt einer Klasse zur Unterdrückung einer anderen. Wenn das Proletariat im Kampfe gegen die Bourgeoisie sich notwendig zur Klasse vereint, durch eine Revolution sich zur herrschenden Klasse macht und als herrschende Klasse gewaltsam die alten Produktionsverhältnisse aufhebt, so hebt es mit diesen Produktionsverhältnissen die Existenzbedingungen des Klassengegensatzes, die Klassen überhaupt und damit seine eigene Herrschaft als Klasse auf.

An die Stelle der alten bürgerlichen Gesellschaft mit ihren Klassen und Klassengegensätzen tritt eine Assoziation, worin die freie Entwicklung eines jeden die Bedingung für die freie Entwicklung aller ist.

III

Sozialistische und kommunistische Literatur

1. Der reaktionäre Sozialismus

a) Der feudale Sozialismus

Die französische und englische Aristokratie war ihrer geschichtlichen Stellung nach dazu berufen, Pamphlete gegen die moderne bürgerliche Gesellschaft zu schreiben. In der französischen Julirevolution von 1830, in der englischen Reformbewegung war sie noch einmal dem verhaßten Emporkömmling erlegen. Von einem ernsten politischen Kampfe konnte nicht mehr die Rede sein. Nur der literarische Kampf blieb ihr übrig. Aber auch auf dem Gebiete der Literatur waren die alten Redensarten der Restaurationszeit unmöglich geworden. Um Sympathie zu erregen, mußte die Aristokratie scheinbar ihre Interessen aus dem Auge verlieren und nur im Interesse der exploitierten Arbeiterklasse ihren Anklageakt gegen die Bourgeoisie formulieren. Sie bereitete so die Genugtuung vor, Schmählieder auf ihren neuen Herrscher singen und mehr oder minder unheilschwangere Prophezeiungen ihm ins Ohr raunen zu dürfen.

Auf diese Art entstand der feudalistische Sozialismus, halb Klagelied, halb Pasquill, halb Rückhall der Vergangenheit, halb Dräuen der Zukunft, mitunter die Bourgeoisie ins Herz treffend durch bitteres, geistreich zerreißendes Urteil, stets komisch wirkend durch gänzliche Unfähigkeit, den Gang der modernen Geschichte zu begreifen.

Den proletarischen Bettelsack schwenkten sie als Fahne in der Hand, um das Volk hinter sich her zu versammeln. Sooft es ihnen aber folgte, erblickte es auf ihrem Hintern die alten feudalen Wappen und verlief sich mit lautem und unehrerbietigem Gelächter.

Ein Teil der französischen Legitimisten und das junge England gaben dies Schauspiel zum besten.

Wenn die Feudalen beweisen, daß ihre Weise der Ausbeutung anders gestaltet war als die bürgerliche Ausbeutung, so vergessen sie nur, daß sie unter gänzlich verschiedenen und jetzt überlebten Umständen und Bedingungen ausbeuteten. Wenn sie nachweisen, daß unter ihrer Herrschaft nicht das moderne Proletariat existiert hat, so vergessen sie nur, daß eben die moderne Bourgeoisie ein notwendiger Sprößling ihrer Gesellschaftsordnung war.

Übrigens verheimlichen sie den reaktionären Charakter ihrer Kritik so wenig, daß ihre Hauptanklage gegen die Bourgeoisie eben darin besteht, unter ihrem Regime entwickle sich eine Klasse, welche die ganze alte Gesellschaftsordnung in die Luft sprengen werde.

Sie werfen der Bourgeoisie mehr noch vor, daß sie ein revolutionäres Proletariat, als daß sie überhaupt ein Proletariat erzeugt.

In der politischen Praxis nehmen sie daher an allen Gewaltmaßregeln gegen die Arbeiterklasse teil, und im gewöhnlichen Leben bequemen sie sich, allen ihren aufgeblähten Redensarten zum Trotz die goldnen Äpfel aufzulesen und Treue, Liebe, Ehre mit dem Schacher in Schafswolle, Runkelrüben und Schnaps zu vertauschen.

Wie der Pfaffe immer Hand in Hand ging mit dem Feudalen, so der pfäffische Sozialismus mit dem feudalistischen.

Nichts leichter, als dem christlichen Asketismus einen sozialistischen Anstrich zu geben. Hat das Christentum nicht auch gegen das Privateigentum, gegen die Ehe, gegen den Staat geeifert? Hat es nicht die Wohltätigkeit und den Bettel, das Zölibat und die Fleischesertötung, das Zellenleben und die Kirche an ihrer Stelle gepredigt? Der christliche Sozialismus ist nur das Weihwasser, womit der Pfaffe den Ärger des Aristokraten einsegnet.

b) Kleinbürgerlicher Sozialismus

Die feudale Aristokratie ist nicht die einzige Klasse, welche durch die Bourgeoisie gestürzt wurde, deren Lebensbedingungen in der modernen bürgerlichen Gesellschaft verkümmerten und abstarben. Das mittelalterliche Pfahlbürgertum und der kleine Bauernstand waren die Vorläufer der modernen Bourgeoisie. In den weniger industriell und kommerziell entwickelten Ländern vegetiert diese Klasse noch fort neben der aufkommenden Bourgeoisie.

In den Ländern, wo sich die moderne Zivilisation entwickelt hat, hat sich eine neue Kleinbürgerschaft gebildet, die zwischen dem Proletariat und der Bourgeoisie schwebt und als ergänzender Teil der bürgerlichen Gesellschaft stets von neuem sich bildet, deren Mitglieder aber beständig durch die Konkurrenz ins Proletariat hinabgeschleudert werden, ja selbst mit der Entwicklung der großen Industrie einen Zeitpunkt herannahen sehen, wo sie als selbständiger Teil der modernen Gesellschaft gänzlich verschwinden, und im Handel, in der Manufaktur, in der Agrikultur durch Arbeitsaufseher und Domestiken ersetzt werden.

In Ländern, wie in Frankreich, wo die Bauernklasse weit mehr als die Hälfte der Bevölkerung ausmacht, war es natürlich, daß Schriftsteller, die für das Proletariat gegen die Bourgeoisie auftraten, an ihre Kritik des Bourgeoisregimes den kleinbürgerlichen und kleinbäuerlichen Maßstab anlegten und die Partei der Arbeiter vom Standpunkt des Kleinbürgertums ergriffen. Es bildete sich so der kleinbürgerliche Sozialismus. Sismondi ist das Haupt dieser Literatur nicht nur für Frankreich, sondern auch für England.

Dieser Sozialismus zergliederte höchst scharfsinnig die Widersprüche in den modernen Produktionsverhältnissen. Er enthüllte die gleisnerischen Beschönigungen der Ökonomen. Er wies unwiderleglich die zerstörenden Wirkungen der Maschinerie und der Teilung der Arbeit nach, die Konzentration der Kapitalien und des Grundbesitzes, die Überproduktion, die Krisen, den notwendigen Untergang der kleinen Bürger und Bauern, das Elend des Proletariats, die Anarchie in der Produktion, die schreienden Mißverhältnisse in der Verteilung des Reichtums, den industriellen Vernichtungskrieg der Nationen untereinander, die Auflösung der alten Sitten, der alten Familienverhältnisse, der alten Nationalitäten.

Seinem positiven Gehalte nach will jedoch dieser Sozialismus entweder die alten Produktions- und Verkehrsmittel wiederherstellen und mit ihnen die alten Eigentumsverhältnisse und die alte Gesellschaft oder er will die modernen Produktions- und Verkehrsmittel in den Rahmen der alten Eigentumsverhältnisse, die von ihnen gesprengt wurden, gesprengt werden mußten, gewaltsam wieder einsperren. In beiden Fällen ist er reaktionär und utopistisch zugleich.

Zunftwesen in der Manufaktur und patriarchalische Wirtschaft auf dem Lande, das sind seine letzten Worte.

In ihrer weiteren Entwicklung hat sich diese Richtung in einen feigen Katzenjammer verlaufen.

c) Der deutsche oder der »wahre« Sozialismus

Die sozialistische und kommunistische Literatur Frankreichs, die unter dem Druck einer herrschenden Bourgeoisie entstand und der literarische Ausdruck des Kampfes gegen diese Herrschaft ist, wurde nach Deutschland eingeführt zu einer Zeit, wo die Bourgeoisie soeben ihren Kampf gegen den feudalen Absolutismus begann.

Deutsche Philosophen, Halbphilosophen und Schöngeister bemächtigten sich gierig dieser Literatur und vergaßen nur, daß bei der Einwanderung jener Schriften aus Frankreich die französischen Lebensverhältnisse nicht gleichzeitig nach Deutschland eingewandert waren. Den deutschen Verhältnissen gegenüber verlor die französische Literatur alle unmittelbar praktische Bedeutung und nahm ein rein literarisches Aussehen an. Als müßige Spekulation über die Verwirklichung des menschlichen Wesens mußte sie erscheinen. So hatten für die deutschen Philosophen des 18. Jahrhunderts die Forderungen der ersten französischen Revolution nur den Sinn, Forderungen der »praktischen Vernunft« im allgemeinen zu sein, und die Willensäußerungen der revolutionären französischen Bourgeoisie bedeuteten in ihren Augen die Gesetze des reinen Willens, des Willens, wie er sein muß, des wahrhaft menschlichen Willens.

Die ausschließliche Arbeit der deutschen Literaten bestand darin, die neuen französischen Ideen mit ihrem alten philosophischen Gewissen in Einklang zu setzen oder vielmehr von ihrem philosophischen Standpunkte aus die französischen Ideen sich anzueignen.

Diese Aneignung geschah in derselben Weise, wodurch man sich überhaupt eine fremde Sprache aneignet, durch die Übersetzung.

Es ist bekannt, wie die Mönche Manuskripte, worauf die klassischen Werke der alten Heidenzeit verzeichnet waren, mit abgeschmackten katholischen Heiligengeschichten überschrieben. Die deutschen Literaten gingen umgekehrt mit der profanen französischen Literatur um. Sie schrieben ihren philosophischen Unsinn hinter das französische Original. Zum Beispiel hinter die französische Kritik der Geldverhältnisse schrieben sie »Entäußerung des menschlichen Wesens«, hinter die französische Kritik des Bourgeoisstaates schrieben sie »Aufhebung der Herrschaft des abstrakt Allgemeinen« usw.

Die Unterschiebung dieser philosophischen Redensarten unter die französischen Entwicklungen tauften sie »Philosophie der Tat«, »wahrer Sozialismus«, »Deutsche Wissenschaft des Sozialismus«, »philosophische Begründung des Sozialismus« usw.

Die französische sozialistisch-kommunistische Literatur wurde so förmlich entmannt. Und da sie in der Hand des Deutschen aufhörte, den Kampf einer Klasse gegen die andere auszudrücken, so war der Deutsche sich bewußt, die »französische Einseitigkeit« überwunden, statt wahrer

Bedürfnisse das Bedürfnis der Wahrheit, und statt der Interessen des Proletariats die Interessen des menschlichen Wesens, des Menschen überhaupt, vertreten zu haben, des Menschen, der keiner Klasse, der überhaupt nicht der Wirklichkeit, der nur dem Dunsthimmel der philosophischen Phantasie angehört.

Dieser deutsche Sozialismus, der seine unbeholfenen Schulübungen so ernst und feierlich nahm und so marktschreierisch ausposaunte, verlor indes nach und nach seine pedantische Unschuld.

Der Kampf der deutschen, namentlich der preußischen Bourgeoisie gegen die Feudalen und das absolute Königtum, mit einem Wort, die liberale Bewegung, wurde ernsthafter.

Dem »wahren« Sozialismus war so erwünschte Gelegenheit geboten, der politischen Bewegung die sozialistischen Forderungen gegenüberzustellen, die überlieferten Anatheme gegen den Liberalismus, gegen den Repräsentativstaat, gegen die bürgerliche Konkurrenz, bürgerliche Preßfreiheit, bürgerliches Recht, bürgerliche Freiheit und Gleichheit zu schleudern und der Volksmasse vorzupredigen, wie sie bei dieser bürgerlichen Bewegung nichts zu gewinnen, vielmehr alles zu verlieren habe. Der deutsche Sozialismus vergaß rechtzeitig, daß die französische Kritik, deren geistloses Echo er war, die moderne bürgerliche Gesellschaft mit den entsprechenden materiellen Lebensbedingungen und der angemessenen politischen Konstitution vorausgesetzt, lauter Voraussetzungen, um deren Erkämpfung es sich erst in Deutschland handelte.

Er diente den deutschen absoluten Regierungen mit ihrem Gefolge von Pfaffen, Schulmeistern, Krautjunkern und Bürokraten als erwünschte Vogelscheuche gegen die drohend aufstrebende Bourgeoisie.

Er bildete die süßliche Ergänzung zu den bitteren Peitschenhieben und Flintenkugeln, womit dieselben Regierungen die deutschen Arbeiteraufstände beantworteten.

Ward der »wahre« Sozialismus dergestalt eine Waffe in der Hand der Regierungen gegen die deutsche Bourgeoisie, so vertrat er auch unmittelbar ein reaktionäres Interesse, das Interesse der deutschen Pfahlbürgerschaft. In Deutschland bildet das vom 16. Jahrhundert her überlieferte und seit der Zeit in verschiedener Form hier immer neu wieder auftauchende Kleinbürgertum die eigentliche gesellschaftliche Grundlage der bestehenden Zustände.

Seine Erhaltung ist die Erhaltung der bestehenden deutschen Zustände. Von der industriellen und politischen Herrschaft der Bourgeoisie fürchtet es den sichern Untergang, einerseits infolge der Konzentration des Kapitals, andrerseits durch das Aufkommen eines revolutionären Proletariats. Der »wahre« Sozialismus schien ihm beide Fliegen mit einer Klappe zu schlagen. Er verbreitete sich wie eine Epidemie.

Das Gewand, gewirkt aus spekulativem Spinnweb, überstickt mit schöngeistigen Redeblumen, durchtränkt von liebesschwülem Gemütstau, dies überschwengliche Gewand, worin die deutschen Sozialisten ihre paar knöchernen »ewigen Wahrheiten« einhüllten, vermehrte nur den Absatz ihrer Ware bei diesem Publikum.

Seinerseits erkannte der deutsche Sozialismus immer mehr seinen Beruf, der hochtrabende Vertreter dieser Pfahlbürgerschaft zu sein.

Er proklamierte die deutsche Nation als die normale Nation und den deutschen Spießbürger als den Normalmenschen. Er gab jeder Niedertracht desselben einen verborgenen, höheren, sozialistischen Sinn, worin sie ihr Gegenteil bedeutete. Er zog die letzte Konsequenz, indem er direkt gegen die »rohdestruktive« Richtung des Kommunismus auftrat, und seine unparteiische Erhabenheit über alle Klassenkämpfe verkündete. Mit sehr wenigen Ausnahmen gehört alles, was in Deutschland von angeblich sozialistischen und kommunistischen Schriften zirkuliert, in den Bereich dieser schmutzigen, entnervenden Literatur.

2. Der konservative oder Bourgeoissozialismus

Ein Teil der Bourgeoisie wünscht den sozialen Mißständen abzuhelfen, um den Bestand der bürgerlichen Gesellschaft zu sichern.

Es gehören hierher: Ökonomisten, Philanthropen, Humanitäre, Verbesserer der Lage der arbeitenden Klassen, Wohltätigkeitsorganisierer, Abschaffer der Tierquälerei, Mäßigkeitsvereinsstifter, Winkelreformer der buntscheckigsten Art. Und auch zu ganzen Systemen ist dieser Bourgeoissozialismus ausgearbeitet worden.

Als Beispiel führen wir Proudhons »Philosophie de la Misère« an.

Die sozialistischen Bourgeois wollen die Lebensbedingungen der modernen Gesellschaft ohne die notwendig daraus hervorgehenden Kämpfe und Gefahren. Sie wollen die bestehende Gesellschaft mit Abzug der sie revolutionierenden und sie auflösenden Elemente. Sie wollen die Bourgeoisie ohne das Proletariat. Die Bourgeoisie stellt sich die Welt, worin sie herrscht, natürlich als die beste Welt vor. Der Bourgeoissozialismus arbeitet diese tröstliche Vorstellung zu einem halben oder ganzen System aus. Wenn er das Proletariat auffordert, seine Systeme zu verwirklichen und in das neue Jerusalem einzugehn, so verlangt er im Grunde nur, daß es in der jetzigen Gesellschaft stehenbleibe, aber seine gehässigen Vorstellungen von derselben abstreife.

Eine zweite, weniger systematische, nur mehr praktische Form des Sozialismus suchte der Arbeiterklasse jede revolutionäre Bewegung zu verleiden, durch den Nachweis, wie nicht diese oder jene politische Veränderung, sondern nur eine Veränderung der materiellen Lebensverhältnisse, der ökonomischen Verhältnisse ihr von Nutzen sein könne. Unter Veränderung der materiellen Lebensverhältnisse versteht dieser Sozialismus aber keineswegs Abschaffung der bürgerlichen Produktionsverhältnisse, die nur auf revolutionärem Weg möglich ist, sondern administrative Verbesserungen, die auf dem Boden dieser Produktionsverhältnisse vor sich gehn, also an dem Verhältnis von Kapital und Lohnarbeit nichts ändern, sondern im besten Fall der Bourgeoisie die Kosten ihrer Herrschaft vermindern und ihren Staatshaushalt vereinfachen.

Seinen entsprechenden Ausdruck erreicht der Bourgeoissozialismus erst da, wo er zur bloßen rednerischen Figur wird.

Freier Handel! im Interesse der arbeitenden Klasse; Schutzzölle! im Interesse der arbeitenden Klasse; Zellengefängnisse! im Interesse der arbeitenden Klasse; das ist das letzte, das einzige ernst gemeinte Wort des Bourgeoissozialismus.

Der Sozialismus der Bourgeoisie besteht eben in der Behauptung, daß die Bourgeois Bourgeois sind – im Interesse der arbeitenden Klasse.

3. Der kritisch-utopistische Sozialismus und Kommunismus

Wir reden hier nicht von der Literatur, die in allen großen modernen Revolutionen die Forderungen des Proletariats aussprach. (Schriften Babeufs etc.)

Die ersten Versuche des Proletariats, in einer Zeit allgemeiner Aufregung, in der Periode des Umsturzes der feudalen Gesellschaft direkt sein eigenes Klasseninteresse durchzusetzen, scheiterten notwendig an der unentwickelten Gestalt des Proletariats selbst, wie an dem Mangel der materiellen Bedingungen seiner Befreiung, die eben erst das Produkt der bürgerlichen Epoche sind. Die revolutionäre Literatur, welche diese ersten Bewegungen des Proletariats begleitete, ist dem Inhalt nach notwendig reaktionär. Sie lehrt einen allgemeinen Asketismus und eine rohe Gleichmacherei.

Die eigentlich sozialistischen und kommunistischen Systeme, die Systeme St. Simons, Fouriers, Owens usw. tauchen auf in der ersten unentwickelten Periode des Kampfes zwischen Proletariat und Bourgeoisie, die wir oben dargestellt haben. (Siehe Bourgeoisie und Proletariat.)

Die Erfinder dieser Systeme sehen zwar den Gegensatz der Klassen, wie die Wirksamkeit der auflösenden Elemente in der herrschenden Gesellschaft selbst. Aber sie erblicken auf der Seite des Proletariats keine geschichtliche Selbsttätigkeit, keine ihm eigentümliche politische Bewegung.

Da die Entwicklung des Klassengegensatzes gleichen Schritt hält mit der Entwicklung der Industrie, finden sie ebensowenig die materiellen Bedingungen zur Befreiung des Proletariats vor und suchen nach einer sozialen Wissenschaft, nach sozialen Gesetzen, um diese Bedingungen zu schaffen.

An die Stelle der gesellschaftlichen Tätigkeit muß ihre persönlich erfinderische Tätigkeit treten, an die Stelle der geschichtlichen Bedingungen der Befreiung phantastische, an die Stelle der allmählich vor sich gehenden Organisation des Proletariats zur Klasse eine eigens ausgeheckte Organisation der Gesellschaft. Die kommende Weltgeschichte löst sich für sie auf in die Propaganda und die praktische Ausführung ihrer Gesellschaftspläne.

Sie sind sich zwar bewußt, in ihren Plänen hauptsächlich das Interesse der arbeitenden Klasse als der leidendsten Klasse zu vertreten. Nur unter diesem Gesichtspunkt der leidendsten Klasse existiert das Proletariat für sie.

Die unentwickelte Form des Klassenkampfes, wie ihre eigene Lebenslage bringen es aber mit sich, daß sie weit über jenen Klassengegensatz erhaben zu sein glauben. Sie wollen die Lebenslage aller Gesellschaftsglieder, auch der bestgestellten, verbessern. Sie appellieren daher fortwährend an die ganze Gesellschaft ohne Unterschied, ja vorzugsweise an die herrschende Klasse. Man braucht ihr System ja nur zu verstehen, um es als den, bestmöglichen Plan der bestmöglichen Gesellschaft anzuerkennen.

Sie verwerfen daher alle politische, namentlich alle revolutionäre Aktion, sie wollen ihr Ziel auf friedlichem Weg erreichen und versuchen, durch kleine, natürlich fehlschlagende Experimente, durch die Macht des Beispiels dem neuen gesellschaftlichen Evangelium Bahn zu brechen.

Die phantastische Schilderung der zukünftigen Gesellschaft entspringt in einer Zeit, wo das Proletariat noch höchst unentwickelt ist, also selbst noch phantastisch seine eigene Stellung auffaßt, seinem ersten ahnungsvollen Drängen nach einer allgemeinen Umgestaltung der Gesellschaft.

Die sozialistischen und kommunistischen Schriften bestehen aber auch aus kritischen Elementen. Sie greifen alle Grundlagen der bestehenden Gesellschaft an. Sie haben daher höchst wertvolles Material zur Aufklärung der Arbeiter geliefert. Ihre positiven Sätze über die zukünftige Gesellschaft, zum Beispiel Aufhebung des Gegensatzes zwischen Stadt und Land, der Familie, des Privaterwerbs, der Lohnarbeit, die Verkündigung der gesellschaftlichen Harmonie, die Verwandlung des Staates in eine bloße Verwaltung der Produktion – alle diese ihre Sätze drücken bloß das Wegfallen des Klassengegensatzes aus, der eben erst sich zu entwickeln beginnt, den sie nur noch in seiner ersten gestaltlosen Unbestimmtheit kennen. Diese Sätze selbst haben daher noch einen rein utopistischen Sinn.

Die Bedeutung des kritisch-utopistischen Sozialismus und Kommunismus steht im umgekehrten Verhältnis zur geschichtlichen Entwicklung. In demselben Maße, worin der Klassenkampf sich entwickelt und gestaltet, verliert diese phantastische Erhebung über denselben, diese phantastische Bekämpfung desselben allen praktischen Wert, alle theoretische Berechtigung. Waren daher die Urheber dieser Systeme auch in vieler Beziehung revolutionär, so bilden ihre Schüler jedesmal reaktionäre Sekten. Sie halten die alten Anschauungen der Meister fest gegenüber der geschichtlichen Fortentwicklung des Proletariats. Sie suchen daher konsequent den Klassenkampf wieder abzustumpfen und die Gegensätze zu vermitteln. Sie träumen noch immer die versuchsweise Verwirklichung ihrer gesellschaftlichen Utopien, Stiftung einzelner Phalanstere, Gründung von Home-Kolonien, Errichtung eines kleinen, Ikariens – Duodezausgabe des neuen Jerusalems – und zum Aufbau aller dieser spanischen Schlösser müssen sie an die Philanthropie der bürgerlichen Herzen und Geldsäcke appellieren. Allmählich fallen sie in die Kategorie der oben geschilderten reaktionären oder konservativen Sozialisten und unterscheiden sich nur noch von ihnen durch mehr systematische Pedanterie, durch den fanatischen Aberglauben an die Wunderwirkungen ihrer sozialen Wissenschaft.

Sie treten daher mit Erbitterung aller politischen Bewegung der Arbeiter entgegen, die nur aus blindem Unglauben an das neue Evangelium hervorgehen konnte.

Die Owenisten in England, die Fourieristen in Frankreich reagieren dort gegen die Chartisten, hier gegen die Reformisten.

IV

Stellung der Kommunisten zu den verschiedenen oppositionellen Parteien

Nach Abschnitt II versteht sich das Verhältnis der Kommunisten zu den bereits konstituierten Arbeiterparteien von selbst, also ihr Verhältnis zu den Chartisten in England und den agrarischen Reformern in Nordamerika.

Sie kämpfen für die Erreichung der unmittelbar vorliegenden Zwecke und Interessen der Arbeiterklasse, aber sie vertreten in der gegenwärtigen Bewegung zugleich die Zukunft der Bewegung. In Frankreich schließen sich die Kommunisten an die sozialistisch-demokratische Partei an gegen die konservative und radikale Bourgeoisie, ohne darum das Recht aufzugeben, sich kritisch zu den aus der revolutionären Überlieferung herrührenden Phrasen und Illusionen zu verhalten.

In der Schweiz unterstützen sie die Radikalen, ohne zu verkennen, daß diese Partei aus widersprechenden Elementen besteht, teils aus demokratischen Sozialisten im französischen Sinn, teils aus radikalen Bourgeois.

Unter den Polen unterstützen die Kommunisten die Partei, welche eine agrarische Revolution zur Bedingung der nationalen Befreiung macht, dieselbe Partei, welche die Krakauer Insurrektion von 1846 ins Leben rief.

In Deutschland kämpft die Kommunistische Partei, sobald die Bourgeoisie revolutionär auftritt, gemeinsam mit der Bourgeoisie gegen die absolute Monarchie, das feudale Grundeigentum und die Kleinbürgerei.

Sie unterläßt aber keinen Augenblick, bei den Arbeitern ein möglichst klares Bewußtsein über den feindlichen Gegensatz zwischen Bourgeoisie und Proletariat herauszuarbeiten, damit die deutschen Arbeiter sogleich die gesellschaftlichen und politischen Bedingungen, welche die Bourgeoisie mit ihrer Herrschaft herbeiführen muß, als ebenso viele Waffen gegen die Bourgeoisie kehren können, damit nach dem Sturz der reaktionären Klassen in Deutschland sofort der Kampf gegen die Bourgeoisie selbst beginnt.

Auf Deutschland richten die Kommunisten ihre Hauptaufmerksamkeit, weil Deutschland am Vorabend einer bürgerlichen Revolution steht, und weil es diese Umwälzung unter fortgeschrittneren Bedingungen der europäischen Zivilisation überhaupt, und mit einem viel weiter entwickelten

Proletariat vollbringt, als England im 17. und Frankreich im 18. Jahrhundert, die deutsche bürgerliche Revolution also nur das unmittelbare Vorspiel einer proletarischen Revolution sein kann.

Mit einem Wort, die Kommunisten unterstützen überall jede revolutionäre Bewegung gegen die bestehenden gesellschaftlichen und politischen Zustände.

In allen diesen Bewegungen heben sie die Eigentumsfrage, welche mehr oder minder entwickelte Form sie auch angenommen haben möge, als die Grundfrage der Bewegung hervor.

Die Kommunisten arbeiten endlich überall an der Verbindung und Verständigung der demokratischen Parteien aller Länder.

Die Kommunisten verschmähen es, ihre Ansichten und Absichten zu verheimlichen. Sie erklären es offen, daß ihre Zwecke nur erreicht werden können durch den gewaltsamen Umsturz aller bisherigen Gesellschaftsordnung. Mögen die herrschenden Klassen vor einer kommunistischen Revolution zittern. Die Proletarier haben nichts in ihr zu verlieren als ihre Ketten Sie haben eine Welt zu gewinnen.

Proletarier aller Länder, vereinigt euch!

Arthur Schopenhauer

(22.2.1788–21.9.1860)

Alles Leben ist Leid

Schopenhauer gilt als der große Pessimist der Philosophiegeschichte. Sein Denken läßt sich keiner Schule zuordnen, sondern ist das Produkt eines Einzelgängers und Querdenkers, der seine Epoche mit beißender Kritik verurteilte und die Menschheit mit Verachtung strafte.

Er sah das Leben als »jammervoll und keineswegs wünschenswert« und die Welt als »Hölle«, in der die Menschen »einerseits die gequälten Seelen und anderseits der Teufel darin« sind.

Arthur Schopenhauer wurde als Sohn eines Danziger Bank-Großkaufmanns geboren und verbrachte etliche Jahre seiner Kindheit in Frankreich bei einem Freund des Vaters. Hier lernte er so gut Französisch, daß er seine Muttersprache zeitweilig fast ganz vergaß. Später nahmen ihn seine Eltern auf ausgedehnte Reisen durch ganz Europa mit. Die umfassende Bildung und die Nähe zur europäischen Literatur, die er durch seine international geprägten Jugendjahre gewann, wurden zu einer reichen Quelle, aus der er später immer wieder in Form von zahlreichen schillernden Zitaten schöpfte.

Als 16jähriger begann er auf Wunsch seines Vaters eine kaufmännische Lehre, obwohl diese ganz seinen Neigungen widersprach. Viel lieber hätte er wissenschaftlich gearbeitet.

Doch Schopenhauers Werdegang änderte sich mit dem Tod des Vaters im Jahr 1805. Seine Mutter, eine damals bekannte Romanschriftstellerin, zog nach Weimar, in das kulturelle Zentrum Deutschlands. Hier führte die lebenslustige und geistreiche Frau ein freizügiges Leben. Ihr dortiges Haus wurde zum gesellschaftlichen und geistigen Mittelpunkt, Männer wie Goethe, Wieland und die beiden Schlegel gingen ein und aus. Der junge Sohn wurde durch das intellektuell anregende Treiben beflügelt, Goethe selbst weihte ihn in seine Farbenlehre ein. Schopenhauer begann sich weiterzubilden, gab seinen kaufmännischen Beruf auf, nahm Privatunterricht in Gotha und Weimar und studierte anschließend ab 1809 zwei Jahre in Göttingen Philosophie, Geschichte und Naturwissenschaften. Ende 1811 wechselte er nach Berlin, wo er ebenfalls Philosophie, vornehmlich bei Fichte, sowie Philosophiegeschichte bei Schleiermacher hörte.

Allerdings schien dem Sohn die freie Lebensführung seiner Mutter zu mißfallen. Das Verhältnis zwischen beiden war immer schon schwierig gewesen, es kam wiederholt zu Streitigkeiten und bald zum endgültigen Bruch. Als er der Mutter seine Dissertation mit dem Titel *Über die vierfache Wurzel des Satzes vom unzureichenden Grunde* überreichte, konnte sie nur spotten: »Das ist wohl ein Buch für Apotheker.« Er erwiderte: »Man wird es noch lesen, wenn von deinen Schriften kaum mehr ein Exemplar in einer Rumpelkammer stecken wird.« Darauf entgegnete sie: »Von den deinigen wird die ganze Auflage noch zu haben sein.« Beide sollten recht behalten. 1814 trennte sich Schopenhauer von seiner Mutter und sah sie nie wieder.

Sein berühmt-berüchtigter Frauenhaß, aber auch grundlegende, pessimistische Gedanken seiner Philosophie könnten in dem problematischen Mutter-Sohn-Verhältnis eine Erklärung finden.

Schopenhauer verließ Weimar und lebte zunächst vier Jahre in Dresden. Hier verfaßte er die Abhandlung *Über das Sehen von Farben* (1816) und sein Hauptwerk *Die Welt als Wille und Vorstellung*, das Ende 1818, als Schopenhauer gerade 30 Jahre alt war, erschien.

1820 begann er seine Universitätslaufbahn in Berlin, die ganze sechs Monate dauerte. Der höchst selbstbewußte junge Dozent, der bereits in einem Gedicht von sich geschrieben hatte: »Ein Denkmal wird die Nachwelt mir errichten!«, glaubte, die akademische Welt im Sturm erobern zu können. Deswegen legte er, der Unbekannte, seine Vorlesungen just in die Zeit, in der auch der berühmte und von ihm erbittert gehaßte Hegel las – in Erwartung, daß die Hörer ihm nur so zulaufen würden. Aber das Gegenteil trat ein. Fast niemand erschien, und nach nur wenigen Wochen fand er sich allein im Hörsaal.

In seinem Stolz verletzt, zog sich er zurück und verbrachte die nächsten zehn Jahre in Italien, Dresden und dann wieder Berlin, ohne je wieder eine Vorlesung zu halten. Als er 1831 Berlin wegen des Ausbruchs der Cholera verließ (Hegel war ihr erlegen), spotteten die Berliner Studenten über ihn: »Er hätte hierbleiben sollen – er war doch sein einziger Hörer.«

Schopenhauer zog nach Frankfurt am Main. Er verwaltete seinen Anteil am väterlichen Erbe so geschickt, daß er davon existieren konnte. So war er in der Lage, das Dasein zu führen, das seinem knorrigen Charakter und seiner Einstellung zur Welt und den Menschen am ehesten entsprach: das eines Einsiedlers, der sein Leben mit seinem getreuen Hausgenossen, dem Pudel ›Atma‹ (indisch für ›Weltseele‹) teilte, und sich in bissiger Verachtung allem gegenüber erging.

Die Öffentlichkeit nahm kaum Kenntnis von seinem Werk. 16 Jahre nach dem Erscheinen teilte ihm sein Verleger mit, daß ein großer Teil der Erstauflage von *Die Welt als Wille und Vorstellung* als Altpapier verkauft würde. Trotzdem entschloß er sich zu einer erweiterten Neuauflage, die 1844 erschien.

Denn nach nichts sehnte er sich mehr als nach Anerkennung und Ruhm. Dieses Bedürfnis lag in ständigem Widerstreit mit seinem Welt- und Menschenpessimismus: »Welche gemischte Gesellschaft trifft doch in jenem Tempel des allgemeinen Ruhms zusammen! Feldherren, Quacksalber, Gaukler, Tänzer, Sänger, Millionäre und Juden: ja, die Vorzüge all dieser werden dort viel aufrichtiger geschätzt [...] als die geistigen.« Er befand, daß die Früchte seines Genies von den Universitätsprofessoren, die sein Werk nicht beachteten, aus Mißgunst und Neid vereitelt würden.

Überhaupt ist in den Augen Schopenhauers die zeitgenössische Philosophie verdammenswert. Hegel ist ein »Unsinnschmierer« und »Scharlatan«, Fichte verfaßt nur »Hokuspokus« und »Wischiwaschi«. Außer Platon, Aristoteles, Kant und einigen englischen Philosophen hat die Philosophiegeschichte nichts aufzuweisen als flache und bedeutungslose Denker – abgesehen von ihm, Schopenhauer selbst. So nennt er sich den »heimlichen Kaiser der Philosophie« und ist der Meinung, daß zwischen ihm und Kant nichts Erwähnenswertes geschehen sei. Bescheidenheit liegt ihm nicht, sie ist seiner Meinung nach eine Eigenschaft der Heuchler: »Was ist Bescheidenheit anderes als geheuchelte Demut, mittels welcher man in einer von niederträchtigem Neide strotzenden Welt für Vorzüge und Verdienste die Verzeihung derer erbetteln will, die keine haben?« Es scheint, als habe eine tiefe Enttäuschung dem Leben gegenüber Schopenhauer zu einem Misanthropen und Pessimisten werden lassen. Er entwickelt eine Philosophie des »Melancholischen und Trostlosen«, wie er selber sagt.

So erscheint ihm das menschliche Dasein insgesamt nichts als »ein vielgestaltetes Leiden und ein durchweg unseliger Zustand«, der nur damit endet, daß jeder »von Hoffnungen genarrt, dem Tode in die Arme tanzt«. Alles, was dem Leben entspringt, ist der »endlose [...] Schmerz, davon die Welt übervoll ist«. Selbst die Menschen untereinander tun sich nichts Gutes an, ihre »Handlungsweisen« sind von »Ungerechtigkeit, äußerster Unbilligkeit, Härte, ja Grausamkeit« gekennzeichnet. »Die Wilden fressen einander auf, die Zahmen betrügen einander: das nennt man den Weltlauf«.

Nicht nur jede menschliche »Lebensgeschichte ist eine Leidensgeschichte«, sondern die ganze Natur »ist ein Tummelplatz gequälter und geängstigter Wesen, welche nur dadurch bestehen, daß eines das andere verzehrt, wo daher jedes reißende Tier das lebendige Grab tausend anderer und seine Selbsterhaltung eine Kette von Martertoden ist«.

Was aber ist überhaupt der Grund für das Leben, wie wird es aufrecht erhalten? Warum löscht es sich nicht einfach selbst aus? Diese Fragen stellt sich Schopenhauer in seinem Hauptwerk *Die Welt als Wille und Vorstellung* und entwickelt die These, daß das Leben sich allein durch eine treibende, hinter allem verborgene Kraft erhält: den *Willen*. Dieser blinde und dunkle Trieb wirkt durch alles hindurch, von der Materie über die Pflanzen und Tiere bis hin zum Menschen. Es ist der Wille zum Leben, der ohne Ziel und Zweck nur sich selbst erfüllt, der sich in einem ewigen Werden, in einem endlosen Fluß in jedem Körper manifestiert. Wir selbst sind immer nur ein Sklave des Willens, der nicht unser eigener ist, sondern etwas Übergeordnetes. Wir selbst wollen immer irgend etwas, sind also »Subjekt des Wollens«. Dieses entsteht aus einem »Mangel, also aus Leiden«. Unser ganzes Leben müssen wir dem »Drang der Wünsche mit seinem steten Hoffen und Fürchten« folgen. Deswegen finden wir »nimmermehr dauerndes Glück noch Ruhe«.

Die Welt selbst ist für Schopenhauer nur ein oberflächliches Trugbild, unser bewußtes Leben nur eine Art Traum. Sie ist allein Produkt unserer *Vorstellung*.

Wir können niemals hinter die Erscheinungen der Welt vordringen, wir können niemals wissen, wie die Dinge ›an sich‹ sind. »Wie immer man auch forschen mag, so gewinnt man nichts, als Bilder und Namen«. Mit diesem Gedanken schließt sich Schopenhauer eng an Kant an. Dessen Lehre besagt, daß uns die Dinge nur als Erscheinungen gegeben sind, und wir zur »eigentlichen Wirklichkeit niemals mit dem Verstand vordringen können«.

Aber es gibt einen Zugang zum Inneren der Welt, etwas, was uns jenseits des Verstandes mit den tieferen Zusammenhängen und der in allem wirkenden Kraft verbindet: eben der Wille. Damit wollte Schopenhauer die von Kant vorgegebene Trennung von äußerer Erscheinung und innerem Wesen (dem ›an sich Sein‹) überwinden. Der alles durchdringende Wille läßt erkennen, wie die Welt in ihrem Innersten beschaffen ist. Und das, so wird der Pessimist Schopenhauer nicht müde zu beschreiben, ist ein Kreislauf von Begehren und Leiden.

Gibt es eine Möglichkeit aus diesem verhängnisvollen Zirkel herauszutreten und sich zu befreien? Schopenhauer, der sich sein ganzes Leben lang nicht nur mit Kant, sondern auch mit buddhistischer Philosophie und den indischen Veden auseinandergesetzt hat, kommt zu einem Schluß, daß es einen Weg der Erlösung gibt. Es ist der Weg Buddhas: die Weltverneinung, die Askese. Es ist die bewußte Absage an das blinde Begehren, an das rastlose Drängen und Treiben, an die »nie befriedigenden und nie ersterbenden Hoffnungen, daraus der Lebenstraum des wollenden Menschen besteht«. Erst daraus kann »jener Friede« erwachsen, »der höher ist als die Vernunft, jene Meeresstille des Gemüts, jene tiefe Ruhe, unerschütterliche Zuversicht und Heiterkeit«, die nur aus der vorsätzlichen Auslöschung des Willens eintritt, so wie es den Heiligen gelingt, oder wie es im *Nirwana* eintritt.

Nicht alles also sieht Schopenhauer in schwarzem Licht. Es gibt Hoffnung. Auch er selbst konnte noch den Geschmack des Lebensglücks kosten, dessen Existenz er immer verneint hatte: und zwar in Form eines späten Ruhmes, den er sich so lange gewünscht hatte.

Seit etwa 1850 begann man sich für Schopenhauers pessimistische Weltsicht zu interessieren. Die Ära der Hegelschen Schule war zu Ende gegangen. Die Stimmung in Deutschland hatte sich nach der gescheiterten Revolution von 1848 gewandelt. Enttäuschung machte sich breit. Auch die Literatur war von einer Woge des Pessimismus ergriffen. Nicht nur das Bürgertum, auch Kunst und Künstler waren nun bereit, Schopenhauers Philosophie aufzunehmen. Richard Wagner war vom Geist dieser Philosophie fasziniert, sandte begeisterte Worte und ein Exemplar des *Ring des Nibelungen.* Gelehrte aus aller Welt kamen zu Besuch. Man las neben *Die Welt als Wille und Vorstellung* auch das Buch *Parerga und Paralipomena*, in dem er eine Vielzahl an Themen behandelt und aus dem besonders die darin enthaltenen *Aphorismen zur Lebensweisheit* berühmt wurden. Sein stilistischer Glanz und die Vollkommenheit in der sprachlichen Darstellung nehmen noch heute den Leser gefangen.

Schopenhauers Wesen schien sich zu wandeln, er wurde mitteilsamer und freundlicher. Doch lange konnte er die Anerkennung nicht genießen. Nach nur zehn Jahren starb er unerwartet an einem Herzschlag.

Sein Vermögen vermachte er wohltätigen Stiftungen, bedachte anteilig Verwandte sowie seine Dienstmagd.

Der Begriff des ›Willens‹ als etwas blind und untergründig Waltendes wurde von Nietzsche aufgegriffen (siehe dessen Schrift *Schopenhauer als Erzieher*) und bestimmt bis heute in der Unterscheidung von Bewußtem und Unbewußtem, von Vernunft und Unvernunft unsere Wirklichkeitserfahrung.

Diese Textsammlung bringt einen Abschnitt aus dem zweiten Buch von Schopenhauers Hauptwerk *Die Welt als Wille und Vorstellung*. Hier geht er über die Welt als Vorstellung hinaus und beginnt, die Welt als Wille, als *Ding an sich*, zu interpretieren.

Die Welt als Wille und Vorstellung

(Buch 2, Betrachtung 1, §§ 17–22)

Die Objektivation des Willens

Nos habitat, non tartara, sed nec sidera coeli:
Spiritus, in nobis qui viget, illa facit.

§ 17

Wir haben im ersten Buch die Vorstellung nur als solche, also nur der allgemeinen Form nach, betrachtet. Zwar, was die abstrakte Vorstellung, den Begriff, betrifft, so wurde diese uns auch ihrem Gehalt nach bekannt, sofern sie nämlich allen Gehalt und Bedeutung allein hat durch ihre Beziehung auf die anschauliche Vorstellung, ohne welche sie wert- und inhaltslos wäre. Gänzlich also auf die anschauliche Vorstellung hingewiesen, werden wir verlangen, auch ihren Inhalt, ihre näheren Bestimmungen und die Gestalten, welche sie uns vorführt, kennen zu lernen. Besonders wird uns daran gelegen sein, über ihre eigentliche Bedeutung einen Aufschluß zu erhalten, über jene ihre sonst nur gefühlte Bedeutung, vermöge welcher diese Bilder nicht, wie es außerdem sein müßte, völlig fremd und nichtssagend an uns vorüberziehen, sondern unmittelbar uns ansprechen, verstanden werden und ein Interesse erhalten, welches unser ganzes Wesen in Anspruch nimmt.

Wir richten unsern Blick auf die Mathematik, die Naturwissenschaft und die Philosophie, von welchen jede uns hoffen läßt, daß sie einen Teil des gewünschten Aufschlusses geben werde. – Nun finden wir aber zuvörderst die Philosophie als ein Ungeheuer mit vielen Köpfen, deren jeder eine andere Sprache redet. Zwar sind sie über den hier angeregten Punkt, die Bedeutung jener anschaulichen Vorstellung, nicht alle uneinig unter einander: denn, mit Ausnahme der Skeptiker und Idealisten, reden die anderen, der Hauptsache nach, ziemlich übereinstimmend von einem *Objekt*, welches der Vorstellung zum *Grunde* läge, und welches zwar von der Vorstellung seinem ganzen Sein und Wesen nach verschieden, dabei ihr aber doch in allen Stücken so ähnlich, wie ein Ei dem andern wäre. Uns wird aber damit nicht geholfen sein: denn wir wissen solches Objekt von der Vorstellung gar nicht zu unterscheiden; sondern finden, daß beide nur Eines und das Selbe sind, da alles Objekt immer und ewig ein Subjekt voraussetzt und daher doch Vorstellung bleibt; wie wir denn auch das Objektsein als zur allgemeinsten Form der Vorstellung, welche eben das Zerfallen in Objekt und Subjekt ist, gehörig, erkannt haben. Zudem ist der Satz vom Grund, auf den man sich dabei beruft, uns ebenfalls nur Form der Vorstellung, nämlich die gesetzmäßige Verbindung einer Vorstellung mit einer andern, nicht aber die Verbindung der gesamten, endlichen oder endlosen Reihe der Vorstellungen mit etwas, das gar nicht Vorstellung wäre, also auch gar nicht vorstellbar sein kann. – Von Skeptikern aber und Idealisten ist oben, bei Erörterung des Streites über die Realität der Außenwelt, geredet worden.

Suchen wir nun um die gewünschte nähere Kenntnis jener uns nur ganz allgemein, der bloßen Form nach, bekannt gewordenen anschaulichen Vorstellung bei der Mathematik nach; so wird uns diese von jenen Vorstellungen nur reden, sofern sie Zeit und Raum füllen, d. h. sofern sie Größen sind. Sie wird das Wieviel und Wiegroß höchst genau angeben: da aber dieses immer nur relativ, d. h. eine Vergleichung einer Vorstellung mit anderen, und zwar nur in jener einseitigen Rücksicht auf Größe ist; so wird auch dieses nicht die Auskunft sein, die wir hauptsächlich suchen.

Blicken wir endlich auf das weite, in viele Felder geteilte Gebiet der Naturwissenschaft, so können wir zuvörderst zwei Hauptabteilungen derselben unterscheiden. Sie ist entweder Beschreibung von Gestalten, welche ich *Morphologie*, oder Erklärung der Veränderungen, welche ich *Ätiologie* nenne. Erstere betrachtet die bleibenden Formen, letztere die wandelnde Materie, nach den Gesetzen ihres Übergangs aus einer Form in die andere. Erstere ist das, was man, wenn gleich uneigentlich, Naturgeschichte nennt, in seinem ganzen Umfange: besonders als Botanik und Zoologie lehrt sie uns die verschiedenen, beim unaufhörlichen Wechsel der Individuen, bleibenden, organischen und dadurch fest bestimmten Gestalten kennen, welche einen großen Teil des Inhalts der anschaulichen Vorstellung ausmachen: sie werden von ihr klassifiziert, gesondert, vereinigt, nach natürlichen und künstlichen Systemen geordnet, unter Begriffe gebracht, welche eine Übersicht und Kenntnis aller möglich machen. Es wird ferner auch eine durch alle gehende, unendlich nuancierte Analogie derselben im Ganzen und in den Teilen nachgewiesen *(unité de plan),* vermöge welcher sie sehr mannigfaltigen Variationen auf ein nicht mitgegebenes Thema gleichen. Der Übergang der Materie in jene Gestalten, d. h. die Entstehung der Individuen, ist kein Hauptteil der Betrachtung, da jedes Individuum aus dem ihm gleichen durch Zeugung hervorgeht, welche, überall gleich geheimnisvoll, sich bis jetzt der deutlichen Erkenntnis entzieht: das Wenige aber, was man davon weiß, findet seine Stelle in der Physiologie, die schon der ätiologischen Naturwissenschaft angehört. Zu dieser neigt sich auch schon die der Hauptsache nach zur Morphologie gehörende Mineralogie hin, besonders da, wo sie Geologie wird. Eigentliche Ätiologie sind nun alle die Zweige der Naturwissenschaft, welchen die Erkenntnis der Ursach und Wirkung überall die Hauptsache ist: diese lehren, wie, gemäß einer unfehlbaren Regel, auf *einen* Zustand der Materie notwendig ein bestimmter anderer folgt; wie eine bestimmte Veränderung notwendig eine andere, bestimmte, bedingt und herbeiführt: welche Nachweisung *Erklärung* genannt wird. Hier finden wir nun hauptsächlich Mechanik, Physik, Chemie, Physiologie.

Wenn wir uns aber ihrer Belehrung hingeben, so werden wir bald gewahr, daß die Auskunft, welche wir hauptsächlich suchen, uns von der Ätiologie so wenig, als von der Morphologie zu Teil wird. Diese letztere führt uns unzählige, unendlich mannigfaltige und doch durch eine unverkennbare Familienähnlichkeit verwandte Gestalten vor, für uns Vorstellungen, die auf diesem Wege uns ewig fremd bleiben und, wenn bloß so betrachtet, gleich unverstandenen Hieroglyphen vor uns stehen. – Die Ätiologie hingegen lehrt uns, daß, nach dem Gesetze von Ursach und Wirkung, dieser bestimmte Zustand der Materie jenen andern herbeiführt, und damit hat sie ihn erklärt und das Ihrige getan. Indessen tut sie im Grunde nichts weiter, als daß sie die gesetzmäßige Ordnung, nach der die Zustände in Raum und Zeit eintreten, nachweist und für alle Fälle lehrt, welche Erscheinung zu dieser Zeit, an diesem Orte, notwendig eintreten muß: sie bestimmt ihnen also ihre Stelle in Zeit und Raum, nach einem Gesetz, dessen bestimmten Inhalt die Erfahrung gelehrt hat, dessen allgemeine Form und Notwendigkeit jedoch unabhängig von ihr uns bewußt ist. Über das innere Wesen irgendeiner jener Erscheinungen erhalten wir dadurch aber nicht den mindesten Aufschluß: dieses wird *Naturkraft* genannt und liegt außerhalb des Gebiets der ätiologischen Erklärung, welche die unwandelbare Konstanz des Eintritts der Äußerung einer solchen Kraft, so oft die ihr bekannten Bedingungen dazu da sind, *Naturgesetz* nennt. Dieses Naturgesetz, diese Bedingungen, dieser Eintritt, in bezug auf bestimmten Ort zu bestimmter Zeit, sind aber alles was sie weiß und je wissen kann. Die Kraft selbst, die sich äußert, das innere Wesen der nach jenen Gesetzen eintretenden Erscheinungen, bleibt ihr ewig ein Geheimnis, ein ganz Fremdes und Unbekanntes, sowohl bei der einfachsten, wie bei der kompliziertesten Erscheinung. Denn, wiewohl die Ätiologie bis jetzt ihren Zweck am vollkommensten in der Mechanik, am unvollkommensten in der Physiologie erreicht hat; so ist dennoch die Kraft, vermöge welcher ein Stein zur Erde fällt, oder ein Körper den andern fortstößt, ihrem inneren Wesen nach, uns nicht minder fremd und geheimnisvoll, als die, welche die Bewegungen und das Wachstum eines Tieres hervorbringt. Die Mechanik setzt Materie, Schwere, Undurchdringlichkeit, Mitteilbarkeit der Bewegung durch Stoß, Starrheit usw. als unergründlich voraus, nennt sie Naturkräfte, ihr notwendiges und regelmäßiges Erscheinen unter gewissen Bedingungen Naturgesetz, und danach erst fängt sie ihre Erklärung an, welche darin besteht, daß sie treu und mathematisch genau angibt, wie, wo, wann jede Kraft sich äußert, und daß sie jede ihr vorkommene Erscheinung auf eine jener Kräfte zurückführt. Ebenso machen es Physik, Chemie, Physiologie in ihrem Gebiet, nur daß sie noch viel mehr voraussetzen und weniger leisten. Demzufolge wäre auch die vollkommenste ätiologische Erklärung der gesammten Natur eigentlich nie mehr, als ein Verzeichnis der unerklärlichen Kräfte, und eine sichere Angabe der Regel, nach welcher die Erscheinungen derselben in Zeit und Raum eintreten, sich succedieren, einander Platz machen: aber das innere Wesen der also erscheinenden Kräfte müßte sie, weil das Gesetz dem sie folgt nicht dahin führt, stets unerklärt lassen, und bei der Erscheinung und deren Ordnung stehen bleiben. Sie wäre insofern dem Durchschnitt eines Marmors zu vergleichen, welcher vielerlei Adern neben einander zeigt, nicht aber den Lauf jener Adern im Innern des Marmors bis zu jener Fläche erkennen läßt. Oder wenn ich mir ein scherzhaftes Gleichnis, weil es frappanter ist, erlauben darf, – bei der vollendeten Ätiologie der ganzen Natur müßte dem philosophischen Forscher doch immer so zu Mute sein, wie jemanden, der, er wüßte gar nicht wie, in eine ihm gänzlich unbekannte Gesellschaft geraten wäre, von deren Mitgliedern, der Reihe nach, ihm immer eines das andere als seinen Freund und Vetter präsentierte und so hinlänglich bekannt machte: er selbst aber hätte unterdessen, indem er jedesmal sich über den Präsentierten zu freuen versicherte, stets die Frage auf den Lippen: »Aber wie Teufel komme ich denn zu der ganzen Gesellschaft?«

Also auch die Ätiologie kann uns nimmermehr über jene Erscheinungen, welche wir nur als unsere Vorstellungen kennen, den erwünschten, uns hierüber hinausführenden Aufschluß geben. Denn nach allen ihren Erklärungen, stehen sie noch als bloße Vorstellungen, deren Bedeutung wir nicht verstehen, völlig fremd vor uns. Die ursächliche Verknüpfung gibt bloß die Regel und relative Ordnung ihres Eintritts in Raum und Zeit an, lehrt uns aber das, was also eintritt, nicht näher kennen. Zudem hat das Gesetz der Kausalität selbst nur Gültigkeit für Vorstellungen, für Objekte einer bestimmten Klasse, unter deren Voraussetzung es allein Bedeutung hat: es ist also, wie diese Objekte selbst, immer nur in Beziehung auf das Subjekt, also bedingterweise da; weshalb es auch ebenso wohl wenn man vom Subjekt ausgeht, d. h. *a priori*, als wenn man vom Objekt ausgeht, d. h. *a posteriori*, erkannt wird, wie eben Kant uns gelehrt hat.

Was aber uns jetzt zum Forschen antreibt, ist eben, daß es uns nicht genügt zu wissen, daß wir Vorstellungen haben, daß sie solche und solche sind, und nach diesen und jenen Gesetzen, deren allgemeiner Ausdruck allemal der Satz vom Grunde ist, zusammenhängen. Wir wollen die Bedeutung jener Vorstellung wissen: wir fragen, ob diese Welt nichts weiter, als Vorstellung sei; in welchem Falle sie wie ein wesenloser Traum, oder ein gespensterhaftes Luftgebilde, an uns vorüberziehen müßte, nicht unserer Beachtung wert; oder aber ob sie noch etwas Anderes, noch etwas außerdem ist, und was sodann dieses sei. Soviel ist gleich gewiß, daß dieses Nachgefragte etwas von der Vorstellung völlig und seinem ganzen Wesen nach Grundverschiedenes sein muß, dem daher auch ihre Formen und ihre Gesetze völlig fremd sein müssen; daß man daher, von der Vorstellung aus, zu ihm nicht am Leitfaden derjenigen Gesetze gelangen kann, die nur Objekte, Vorstellungen, unter einander verbinden; welches die Gestaltungen des Satzes vom Grunde sind.

Wir sehen schon hier, daß *von außen* dem Wesen der Dinge nimmermehr beizukommen ist: wie immer man auch forschen mag, so gewinnt man nichts, als Bilder und Namen. Man gleicht einem, der um ein Schloß herumgeht, vergeblich einen Eingang suchend und einstweilen die Fassaden skizzierend. Und doch ist dies der Weg, den alle Philosophen vor mir gegangen sind.

§ 18

In der hat würde die nachgeforschte Bedeutung der mir lediglich als meine Vorstellung gegenüberstehenden Welt, oder der Übergang von ihr, als bloßer Vorstellung des erkennenden Subjekts, zu dem, was sie noch außerdem sein mag, nimmermehr zu finden sein, wenn der Forscher selbst nichts weiter als das rein erkennende Subjekt (geflügelter Engelskopf ohne Leib) wäre. Nun aber wurzelt er selbst in jener Welt, findet sich nämlich in ihr als *Individuum*, d. h. sein Erkennen, welches der bedingende Träger der ganzen Welt als Vorstellung ist, ist dennoch durchaus vermittelt durch einen Leib, dessen Affektionen, wie gezeigt, dem Verstande der Ausgangspunkt der Anschauung jener Welt sind. Dieser Leib ist dem rein erkennenden Subjekt als solchem eine Vorstellung wie jede andere, ein Objekt unter Objekten: die Bewegungen, die Aktionen desselben sind ihm insoweit nicht anders, als wie die Veränderungen aller anderen anschaulichen Objekte bekannt, und wären ihm ebenso fremd und unverständlich, wenn die Bedeutung derselben ihm nicht etwa auf eine ganz andere Art enträtselt wäre. Sonst sähe er sein Handeln auf dargebotene Motive mit der Konstanz eines Naturgesetzes erfolgen, eben wie die Veränderungen anderer Objekte auf Ursachen, Reize, Motive. Er würde aber den Einfluß der Motive nicht näher verstehen, als die Verbindung jeder andern ihm erscheinenden Wirkung mit ihrer Ursache. Er würde dann das innere, ihm unverständliche Wesen jener Äußerungen und Handlungen seines Leibes, eben auch eine Kraft, eine Qualität, oder einen Charakter, nach Belieben, nennen, aber weiter keine Einsicht darin haben. Diesem allen nun aber ist nicht so: vielmehr ist dem als Individuum erscheinenden Subjekt des Erkennens das Wort des Rätsels gegeben: und dieses Wort heißt *Wille*. Dieses, und dieses allein, gibt ihm den Schlüssel zu seiner eigenen Erscheinung, offenbart ihm die Bedeutung, zeigt ihm das innere Getriebe seines Wesens, seines Tuns, seiner Bewegungen. Dem Subjekt des Erkennens, welches durch seine Identität mit dem Leibe als Individuum auftritt, ist dieser Leib auf zwei ganz verschiedene Weisen gegeben: einmal als Vorstellung in verständiger Anschauung, als Objekt unter Objekten, und den Gesetzen dieser unterworfen; sodann aber auch zugleich auf eine ganz andere Weise, nämlich als jenes jedem unmittelbar Bekannte, welches das Wort *Wille* bezeichnet. Jeder wahre Akt seines Willens ist sofort und unausbleiblich auch eine Bewegung seines Leibes: er kann den Akt nicht wirklich wollen, ohne zugleich wahrzunehmen, daß er als Bewegung des Leibes erscheint. Der Willensakt und die Aktion des Leibes sind nicht zwei objektiv erkannte verschiedene Zustände, die das Band der Kausalität verknüpft, stehen nicht im Verhältnis der Ursache und Wirkung; sondern sie sind Eines und das Selbe, nur auf zwei gänzlich verschiedene Weisen gegeben: einmal ganz unmittelbar und einmal in der Anschauung für den Verstand. Die Aktion des Leibes ist nichts Anderes, als der objektivierte, d. h. in die Anschauung getretene Akt des Willens. Weiterhin wird sich uns zeigen, daß dieses von jeder Bewegung des Leibes gilt, nicht bloß von der auf Motive, sondern auch von der auf bloße Reize erfolgenden unwillkürlichen, ja, daß der ganze Leib nichts Anderes, als der objektivierte, d. h. zur Vorstellung gewordene Wille ist; welches alles sich im weiteren Verfolg ergeben und deutlich werden wird. Ich werde daher den Leib, welchen ich im vorigen Buch und in der Abhandlung über den Satz vom Grunde, nach dem dort mit Absicht einseitig genommenen Standpunkt (dem der Vorstellung), das *unmittelbare Objekt* hieß, hier, in einer andern Rücksicht, die *Objektität des Willens* nennen. Auch kann man daher in gewissem Sinne sagen: der Wille ist die Erkenntnis *a priori* des Leibes, und der Leib die Erkenntnis *a posteriori* des Willens. – Willensbeschlüsse, die sich auf die Zukunft beziehen, sind bloße Überlegungen der Vernunft, über das, was man dereinst wollen wird, nicht eigentliche Willensakte: nur die Ausführung stempelt den Entschluß, der bis dahin immer nur noch veränderlicher Vorsatz ist und nur in der Vernunft, *in abstrakto* existiert. In der Reflexion allein ist Wollen und Tun verschieden: in der Wirklichkeit sind sie eins. Jeder wahre, echte, unmittelbare Akt des Willens ist sofort und unmittelbar auch erscheinender Akt des Leibes: und diesem entsprechend ist andererseits jede Einwirkung auf den Leib sofort und unmittelbar auch Einwirkung auf den Willen: sie heißt als solche Schmerz, wenn sie dem Willen zuwider; Wohlbehagen, Wollust, wenn sie ihm gemäß ist. Die Gradationen beider sind sehr verschieden. Man hat aber gänzlich Unrecht, wenn man Schmerz und Wollust Vorstellungen nennt: das sind sie keineswegs, sondern unmittelbare Affektionen des Willens, in seiner Erscheinung, dem Leibe: ein erzwungenes augenblickliches Wollen oder Nichtwollen des Eindrucks, den dieser erleidet. Unmittelbar als bloße Vorstellungen zu betrachten und daher von dem eben Gesagten auszunehmen, sind nur gewisse wenige Eindrücke auf den Leib, die den Willen nicht anregen und durch welche allein der Leib unmittelbares Objekt des Erkennens ist, da er als Anschauung im Verstande schon mittelbares Objekt, gleich allen anderen, ist. Das hier Gemeinte sind nämlich die Affektionen der rein objektiven Sinne, des Gesichts, Gehörs und Getastes, wiewohl auch nur, sofern diese Organe auf die ihnen besonders eigentümliche, spezifische, naturgemäße Weise affiziert werden, welche eine so äußerst schwache Anregung der gesteigerten und spezifisch modifizierten Sensibilität dieser Teile ist, daß sie nicht den Willen affiziert; sondern, durch keine Anregung desselben gestört, nur dem Verstande die Data liefert, aus denen die Anschauung wird. Jede stärkere, oder andersartige Affektion jener Sinneswerkzeuge ist aber schmerzhaft, d. h. dem Willen entgegen, zu dessen Objektität also auch sie gehören. – Nervenschwäche äußert sich darin, daß die Eindrücke, welche bloß den Grad von Stärke haben sollten, der hinreicht sie zu Datis für den Verstand zu machen, den höhern Grad erreichen, auf welchem sie den Willen bewegen, d. h. Schmerz oder Wohlgefühl erregen, wiewohl öfterer Schmerz, der aber zum Teil dumpf und undeutlich ist, daher nicht nur einzelne Töne und starkes Licht schmerzlich empfinden läßt, sondern auch im Allgemeinen krankhafte hypochondrische Stimmung veranlaßt, ohne deutlich erkannt zu werden. – Ferner zeigt sich die Identität des Leibes und Willens unter anderem auch darin, daß jede heftige und übermäßige Bewegung des Willens, d. h. jeder Affekt, ganz unmittelbar den Leib und dessen inneres Getriebe erschüttert und den Gang seiner vitalen Funktionen stört. Dies findet man speziell ausgeführt im »Willen in der Natur«, S. 27 der zweiten Auflage.

Endlich ist die Erkenntnis, welche ich von meinem Willen habe, obwohl eine unmittelbare, doch von der meines Leibes nicht zu trennen. Ich erkenne meinen Willen nicht im Ganzen, nicht als Einheit, nicht vollkommen seinem Wesen nach, sondern ich erkenne ihn allein in seinen einzelnen Akten, also in der Zeit, welche die Form der Erscheinung meines Leibes, wie jedes Objekts ist: daher ist der Leib Bedingung der Erkenntnis meines Willens. Diesen Willen ohne meinen Leib kann ich demnach eigentlich nicht vorstellen. In der Abhandlung über den Satz vom Grund ist zwar der Wille, oder vielmehr das Subjekt des Wollens als eine besondere Klasse der Vorstellungen oder Objekt aufgestellt: allein schon daselbst sahen wir dieses Objekt mit dem Subjekt zusammenfallen, d. h. eben aufhören Objekt zu sein: wir nannten dort dieses Zusammenfallen das Wunder κατ' εξοχην: gewissermaßen ist die ganze gegenwärtige Schrift die Erklärung desselben. – Sofern ich meinen Willen eigentlich als Objekt erkenne, erkenne ich ihn als Leib: dann bin ich aber wieder bei der in jener Abhandlung aufgestellten ersten Klasse der Vorstellungen, d. h. bei den realen Objekten. Wir werden im weitern Fortgang mehr und mehr einsehen, daß jene erste Klasse der Vorstellungen ihren Aufschluß, ihre Enträtselung, eben nur findet an der dort aufgestellten vierten Klasse, welche nicht mehr eigentlich als Objekt dem Subjekt gegenüberstehen wollte, und daß wir, Dem entsprechend, aus dem die vierte Klasse beherrschenden Gesetz der Motivation, das innere Wesen des in der ersten Klasse geltenden Gesetzes der Kausalität, und dessen was diesem gemäß geschieht, verstehen lernen müssen.

Die nun vorläufig dargestellte Identität des Willens und des Leibes kann nur, wie hier, und zwar zum ersten Male, geschehen ist und im weiteren Fortgang mehr und mehr geschehen soll, nachgewiesen, d. h. aus dem unmittelbaren Bewußtsein, aus der Erkenntnis *in concreto*, zum Wissen der Vernunft erhoben, oder in die Erkenntnis *in abstracto* übertragen werden: hingegen kann sie ihrer Natur nach niemals bewiesen, d. h. als mittelbare Erkenntnis aus einer anderen unmittelbaren abgeleitet werden, eben weil sie selbst die unmittelbarste ist, und wenn wir sie nicht als solche auffassen und festhalten, werden wir vergebens erwarten, sie irgend mittelbar, als abgeleitete Erkenntnis wiederzuerhalten. Sie ist eine Erkenntnis ganz eigener Art, deren Wahrheit eben deshalb nicht einmal eigentlich unter eine der vier Rubriken gebracht werden kann, in welche ich in der Abhandlung über den Satz vom Grund, § 29 ff., alle Wahrheit geteilt habe, nämlich in logische, empirische, metaphysische und metalogische: denn sie ist nicht, wie alle jene, die Beziehung einer abstrakten Vorstellung auf eine andere Vorstellung, oder auf die notwendige Form des intuitiven oder des abstrakten Vorstellens; sondern sie ist die Beziehung eines Urteils auf das Verhältnis, welches eine anschauliche Vorstellung, der Leib, zu dem hat, was gar nicht Vorstellung ist, sondern ein von dieser *toto genere* Verschiedenes: Wille. Ich möchte darum diese Wahrheit vor allen anderen auszeichnen und sie κατ' εξοχην *philosophische Wahrheit* nennen. Den Ausdruck derselben kann man verschiedentlich wenden, und sagen: mein Leib und mein Wille sind eines; – oder was ich als anschauliche Vorstellung meinen Leib nenne, nenne ich, sofern ich desselben auf eine ganz verschiedene, keiner anderen zu vergleichende Weise mir bewußt bin, meinen Willen; – oder, mein Leib ist die *Objektität* meines Willens; – oder, abgesehen davon, daß mein Leib meine Vorstellung ist, ist er nur noch mein Wille; usw.

§ 19

Wenn wir im ersten Buch, mit innerem Widerstreben, den eigenen Leib, wie alle übrigen Objekte dieser anschaulichen Welt, für bloße Vorstellung des erkennenden Subjekts erklärten; so ist es uns nunmehr deutlich geworden, was im Bewußtsein eines jeden, die Vorstellung des eigenen Leibes von allen anderen, dieser übrigens ganz gleichen, unterscheidet, nämlich dies, daß der Leib noch in einer ganz anderen, *toto genere* verschiedenen Art im Bewußtsein vorkommt, die man durch das Wort Wille bezeichnet, und daß eben diese doppelte Erkenntnis, die wir vom eigenen Leibe haben, uns über ihn selbst, über sein Wirken und Bewegen auf Motive, wie auch über sein Leiden durch äußere Einwirkung, mit Einem Wort, über das, was er, nicht als Vorstellung, sondern außerdem, also *an sich* ist, denjenigen Aufschluß gibt, welchen wir über das Wesen, Wirken und Leiden aller anderen realen Objekte unmittelbar nicht haben.

Das erkennende Subjekt ist eben durch diese besondere Beziehung auf den einen Leib, der ihm, außer derselben betrachtet, nur eine Vorstellung gleich allen übrigen ist, Individuum. Die Beziehung aber, vermöge welcher das erkennende Subjekt *Individuum* ist, ist ebendeshalb nur zwischen ihm und einer einzigen unter allen seinen Vorstellungen, daher es nur dieser einzigen nicht bloß als einer Vorstellung, sondern zugleich in ganz anderer Art, nämlich als eines Willens, sich bewußt ist. Da aber, wenn es von jener besondern Beziehung, von jener zwiefachen und ganz heterogenen Erkenntnis des Einen und Nämlichen, abstrahiert; dann jenes Eine, der Leib, eine Vorstellung gleich allen andern ist: so muß, um sich hierüber zu orientieren, das erkennende Individuum entweder annehmen, daß das Unterscheidende jener einen Vorstellung bloß darin liegt, daß seine Erkenntnis nur zu jener einen Vorstellung in dieser doppelten Beziehung steht, nur in dieses *eine* anschauliche Objekt ihm auf zwei Weisen zugleich die Einsicht offen steht, daß dies aber nicht durch einen Unterschied dieses Objekts von allen anderen, sondern nur durch einen Unterschied des Verhältnisses seiner Erkenntnis zu diesem einen Objekt, von dem, so es zu allen anderen hat, zu erklären ist; oder auch es muß annehmen, daß dieses eine Objekt wesentlich von allen anderen verschieden ist, ganz allein unter allen zugleich Wille und Vorstellung ist, die übrigen hingegen bloße Vorstellung, d. h. bloße Phantome sind, sein Leib also das einzige wirkliche Individuum in der Welt, d. h. die einzige Willenserscheinung und das einzige unmittelbare Objekt des Subjekts. – Daß die anderen Objekte, als bloße *Vorstellungen* betrachtet, seinem Leibe gleich sind, d. h. wie dieser den (nur als Vorstellung selbst möglicherweise vorhandenen) Raum füllen, und auch wie dieser im Raum wirken, dies ist zwar beweisbar gewiß, aus dem für Vorstellungen *a priori* sicheren Gesetz der Kausalität, welches keine Wirkung ohne Ursache zuläßt: aber, abgesehen davon, daß sich von der Wirkung nur auf eine Ursache überhaupt, nicht auf eine gleiche Ursache schließen läßt; so ist man hiermit immer noch im Gebiet der bloßen Vorstellung, für die allein das Gesetz der Kausalität gilt, und über welches hinaus es nie führen kann. Ob aber die dem Individuo nur als Vorstellungen bekannten Objekte, dennoch, gleich seinem eigenen Leibe, Erscheinungen eines Willens sind; dies ist, wie bereits im vorigen Buch ausgesprochen, der eigentliche Sinn der Frage nach der Realität der Außenwelt: dasselbe zu leugnen, ist der Sinn des *theoretischen Egoismus*, der eben dadurch alle Erscheinungen, außer seinem eigenen Individuum, für Phantome hält, wie der praktische Egoismus genau das Selbe in praktischer Hinsicht tut, nämlich nur die eigene Person als eine wirklich solche, alle übrigen aber als bloße Phantome ansieht und behandelt. Der theoretische Egoismus ist zwar durch Beweise nimmermehr zu widerlegen: dennoch ist er zuverlässig in der Philosophie nie anders, denn als skeptisches Sophisma, d. h. zum Schein gebraucht worden. Als ernstliche Überzeugung hingegen könnte er allein im Tollhaus gefunden werden: als solche bedürfte es dann gegen ihn nicht sowohl eines Beweises, als einer Kur. Daher wir uns insofern auf ihn nicht weiter einlassen, sondern ihn allein als die letzte Feste des Skeptizismus, der immer polemisch ist, betrachten. Bringt nun also unsere stets an Individualität gebundene und eben hierin ihre Beschränkung habende Erkenntnis es notwendig mit sich, daß jeder nur eines *sein*, hingegen alles andere *erkennen* kann, welche Beschränkung eben eigentlich das Bedürfnis der Philosophie erzeugt; so werden wir, die wir eben deshalb durch Philosophie die Schranken unserer Erkenntnis zu erweitern streben, jenes sich uns hier entgegenstellende skeptische Argument des theoretischen Egoismus ansehen als eine kleine Grenzfestung, die zwar auf immer unbezwinglich ist, deren Besatzung aber durchaus auch nie aus ihr herauskann, daher man ihr vorbeigehen und ohne Gefahr sie im Rücken liegen lassen darf.

Wir werden demzufolge die nunmehr zur Deutlichkeit erhobene doppelte, auf zwei völlig heterogene Weisen gegebene Erkenntnis, welche wir vom Wesen und Wirken unseres eigenen Leibes haben, weiterhin als einen Schlüssel zum Wesen jeder Erscheinung in der Natur gebrauchen und alle Objekte, die nicht unser eigener Leib, daher nicht auf doppelte Weise, sondern allein als Vorstellungen unserem Bewußtsein gegeben sind, eben nach Analogie jenes Leibes beurteilen und daher annehmen, daß, wie sie einerseits, ganz so wie er, Vorstellung und darin mit ihm gleichartig sind, auch andererseits, wenn man ihr Dasein als Vorstellung des Subjekts bei Seite setzt, das dann noch übrig Bleibende, seinem innern Wesen nach, das selbe sein muß, als was wir an uns *Wille* nennen. Denn welche andere Art von Dasein oder Realität sollten wir der übrigen Körperwelt beilegen? Woher die Elemente nehmen, aus der wir eine solche zusammensetzten? Außer dem Willen und der Vorstellung ist uns gar nichts bekannt, noch denkbar. Wenn wir der Körperwelt, welche unmittelbar nur in unserer Vorstellung dasteht, die größte uns bekannte Realität beilegen wollen; so geben wir ihr die Realität, welche für jeden sein eigener Leib hat: denn der ist jedem das Realste. Aber wenn wir nun die Realität dieses Leibes und seiner Aktionen analysieren, so treffen wir, außerdem daß er unsere Vorstellung ist, nichts darin an, als den Willen: damit ist selbst seine Realität erschöpft. Wir können daher eine anderweitige Realität, um sie der Körperwelt beizulegen, nirgends finden. Wenn also die Körperwelt noch etwas mehr sein soll, als bloß unsere Vorstellung, so müssen wir sagen, daß sie außer der Vorstellung, also an sich und ihrem innersten Wesen nach, Das sei, was wir in uns selbst unmittelbar als Willen finden. Ich sage, ihrem innersten Wesen nach: dieses Wesen des Willens aber haben wir zuvörderst näher kennen zu lernen, damit wir Das, was nicht ihm selbst, sondern schon seiner, viele Grade habenden Erscheinung angehört, von ihm zu unterscheiden wissen: dergleichen ist z. B. das Begleitetsein von Erkenntnis und das dadurch bedingte Bestimmtwerden durch Motive: dieses gehört, wie wir im weiteren Fortgang einsehen werden, nicht seinem Wesen, sondern bloß seiner deutlichen Erscheinung als Tier und Mensch an. Wenn ich daher sagen werde: die Kraft, welche den Stein zur Erde treibt, ist ihrem Wesen nach, an sich und außer aller Vorstellung, Wille; so wird man diesem Satz nicht die tolle Meinung unterlegen, daß der Stein sich nach einem erkannten Motiv bewegt, weil im

Menschen der Wille also erscheint*. – Nunmehr aber wollen wir das bis hierher vorläufig und allgemein Dargestellte ausführlicher und deutlicher nachweisen, begründen und in seinem ganzen Umfang entwickeln.

§ 20

Als des eigenen Leibes Wesen an sich, als dasjenige, was dieser Leib ist, außerdem daß er Objekt der Anschauung, Vorstellung ist, gibt, wie gesagt, der *Wille* zunächst sich kund in den willkürlichen Bewegungen dieses Leibes, sofern diese nämlich nichts Anderes sind, als die Sichtbarkeit der einzelnen Willensakte, mit welchen sie unmittelbar und völlig zugleich eintreten, als Ein und dasselbe mit ihnen, nur durch die Form der Erkennbarkeit, in die sie übergegangen, d. h. Vorstellung geworden sind, von ihnen unterschieden.

Diese Akte des Willens haben aber immer noch einen Grund außer sich, in den Motiven. Jedoch bestimmen diese nie mehr, als das was ich zu *dieser* Zeit, an *diesem* Ort, unter *diesen* Umständen will; nicht aber daß ich überhaupt will, noch was ich überhaupt will, d. h. die Maxime, welche mein gesamtes Wollen charakterisiert. Daher ist mein Wollen nicht seinem ganzen Wesen nach aus den Motiven zu erklären; sondern diese bestimmen bloß seine Äußerung im gegebenen Zeitpunkt, sind bloß der Anlaß, bei dem sich mein Wille zeigt: dieser selbst hingegen liegt außerhalb des Gebietes des Gesetzes der Motivation: nur seine Erscheinung in jedem Zeitpunkt ist durch dieses notwendig bestimmt. Lediglich unter Voraussetzung meines empirischen Charakters ist das Motiv hinreichender Erklärungsgrund meines Handelns: abstrahiere ich aber von meinem Charakter und frage dann, warum ich überhaupt dieses und nicht jenes will; so ist keine Antwort darauf möglich, weil eben nur die *Erscheinung* des Willens dem Satz vom Grunde unterworfen ist, nicht aber er selbst, der insofern *grundlos* zu nennen ist. Hierbei setze ich teils Kants Lehre vom empirischen

* Wir werden also keineswegs dem Bako von Verulam beistimmen, wenn er *(de augm. scient. L. 4 in fine)* meint, daß alle mechanischen und physischen Bewegungen der Körper erst nach vorhergegangener Rezeption in diesen Körpern erfolgten; obgleich eine Ahndung der Wahrheit auch diesem falschen Satz das Dasein gab. Ebenso verhält es sich mit Keplers Behauptung, in seiner Abhandlung *de planeta Martis*, daß die Planeten Erkenntnis haben müßten, um ihre elliptischen Bahnen so richtig zu treffen und die Schnelligkeit ihrer Bewegung so abzumessen, daß die Triangel der Fläche ihrer Bahn stets der Zeit proportional bleiben, in welcher sie deren Basis durchlaufen

und intelligiblen Charakter, wie auch meine in den »Grundproblemen der Ethik«, S. 48–58, und wieder S. 178 ff. der ersten Auflage, dahin gehörigen Erörterungen voraus, teils werden wir im vierten Buch ausführlicher davon zu reden haben. Für jetzt habe ich nur darauf aufmerksam zu machen, daß das Begründetsein einer Erscheinung durch die andere, hier also der Tat durch das Motiv, gar nicht damit streitet, daß ihr Wesen an sich Wille ist, der selbst keinen Grund hat, indem der Satz vom Grunde, in allen seinen Gestalten, bloß Form der Erkenntnis ist, seine Gültigkeit sich also bloß auf die Vorstellung, die Erscheinung, die Sichtbarkeit des Willens erstreckt, nicht auf diesen selbst, der sichtbar wird.

Ist nun jede Aktion meines Leibes Erscheinung eines Willensaktes, in welchem sich, unter gegebenen Motiven, mein Wille selbst überhaupt und im Ganzen, also mein Charakter, wieder ausspricht; so muß auch die unumgängliche Bedingung und Voraussetzung jeder Aktion Erscheinung des Willens sein: denn sein Erscheinen kann nicht von etwas abhängen, das nicht unmittelbar und allein durch ihn, das mithin für ihn nur zufällig wäre, wodurch sein Erscheinen selbst nur zufällig würde: jene Bedingung aber ist der ganze Leib selbst. Dieser selbst also muß schon Erscheinung des Willens sein, und muß zu meinem Willen im Ganzen, d. h. zu meinem intelligiblen Charakter, dessen Erscheinung in der Zeit mein empirischer Charakter ist, sich so verhalten, wie die einzelne Aktion des Leibes zum einzelnen Akt des Willens. Also muß der ganze Leib nichts Anderes sein, als mein sichtbar gewordener Wille, muß mein Wille selbst sein, sofern dieser anschauliches Objekt, Vorstellung der ersten Klasse ist. – Als Bestätigung hievon ist bereits angeführt, daß jede Einwirkung auf meinen Leib sofort und unmittelbar auch meinen Willen affiziert und in dieser Hinsicht Schmerz oder Wollust, im niedrigeren Grad angenehme oder unangenehme Empfindung heißt, und auch, daß umgekehrt jede heftige Bewegung des Willens, also Affekt und Leidenschaft, den Leib erschüttert und den Lauf seiner Funktionen stört. – Zwar läßt sich, wenn gleich sehr unvollkommen, von der Entstehung, und etwas besser von der Entwicklung und Erhaltung meines Leibes auch ätiologisch eine Rechenschaft geben, welche eben die Physiologie ist: allein diese erklärt ihr Thema gerade nur so, wie die Motive das Handeln erklären. So wenig daher die Begründung der einzelnen Handlung durch das Motiv und die notwendige Folge derselben aus diesem damit streitet, daß die Handlung überhaupt und ihrem Wesen nach nur Erscheinung eines an sich selbst grundlosen Willens ist; ebenso wenig tut die physiologische Erklärung der Funktionen des Leibes der philosophischen Wahrheit Eintrag, daß das ganze Dasein dieses Leibes und die gesamte Reihe seiner Funktionen nur die Objektivierung eben jenes Willens ist, der in desselben Leibes äußerlichen Aktionen nach Maßgabe der Motive erscheint. Sucht doch die Physiologie auch sogar eben diese äußerlichen Aktionen, die unmittelbar willkürlichen Bewegungen, auf Ursachen im Organismus zurückzuführen, z. B. die Bewegung des Muskels zu erklären aus einem Zufluß von Säften (»wie die Zusammenziehung eines Strickes der naß wird« sagt Reil, in seinem Archiv für Physiologie, Bd. 6, S. 153): allein gesetzt, man käme wirklich zu einer gründlichen Erklärung dieser Art, so würde dies doch nie die unmittelbar gewisse Wahrheit aufheben, daß jede willkürliche Bewegung *(functiones animales)* Erscheinung eines Willensaktes ist. Ebenso wenig nun kann je die physiologische Erklärung des vegetativen Lebens *(functiones naturales, vitales),* und gediehe sie auch noch so weit, die Wahrheit aufheben, daß dieses ganze, sich so entwickelnde tierische Leben selbst Erscheinung des Willens ist. Überhaupt kann ja, wie oben erörtert worden, jede ätiologische Erklärung nie mehr angeben, als die notwendig bestimmte Stelle in Zeit und Raum einer einzelnen Erscheinung, ihren notwendigen Eintritt daselbst nach einer festen Regel: hingegen bleibt das innere Wesen jeder Erscheinung auf diesem Weg immer unergründlich, und wird von jeder ätiologischen Erklärung vorausgesetzt und bloß bezeichnet durch die Namen Kraft, oder Naturgesetz, oder, wenn von Handlungen die Rede ist, Charakter, Wille. – Obgleich also jede einzelne Handlung, unter Voraussetzung des bestimmten Charakters, notwendig bei dargebotenem Motiv erfolgt, und obgleich das Wachstum, der Ernährungsprozeß und sämtliche Veränderungen im tierischen Leibe nach notwendig wirkenden Ursachen (Reizen) vor sich gehen; so ist dennoch die ganze Reihe der Handlungen, folglich auch jede einzelne, und ebenso auch deren Bedingung, der ganze Leib selbst, der sie vollzieht, folglich auch der Prozeß durch den und in dem er besteht – nichts Anderes, als die Erscheinung des Willens, die Sichtbarwerdung, *Objektität des Willens.* Hierauf beruht die vollkommene Angemessenheit des menschlichen und tierischen Leibes zum menschlichen und tierischen Willen überhaupt derjenigen ähnlich, aber sie weit übertreffend, die ein absichtlich verfertigtes Werkzeug zum Willen des Verfertigers hat, und deshalb erscheinend als Zweckmäßigkeit, d. h. die teleologische Erklärbarkeit des Leibes. Die Teile des Leibes müssen deshalb den Hauptbegehrungen, durch welche der Wille sich manifestiert, vollkommen entsprechen, müssen der sichtbare Ausdruck derselben sein: Zähne, Schlund und Darmkanal sind der objektivierte Hunger; die Genitalien der objektivierte Geschlechtstrieb; die greifenden Hände, die raschen Füße entsprechen dem schon mehr mittelbaren Streben des Willens, welches sie darstellen. Wie die allgemeine menschliche Form dem allgemeinen menschlichen Willen, so entspricht dem individuell modifizierten Willen, dem Charakter des Einzelnen, die individuelle Korporisation, welche daher durchaus und in allen Teilen charakteristisch und ausdrucksvoll ist. Es ist sehr bemerkenswert, daß dieses schon Parmenides, in folgenden von Aristoteles (Metaph. III, 5) angeführten Versen, ausgesprochen hat:

Ως γαρ ἑκαστος εχει κρασιν πολυκαμπτων,
Τως νοος ανθρωποισι παρεστηκεν το γαρ αυτο
Εστιν, ὁπερ φρονεει, μελεων φυσις ανθρωποισι,
Και πασιν και παντι το γαρ πλεον εστι νοημαζ

(Ut enim cuique complexio membrorum flexibilium se habet, ita mens hominibus adest: idem namque est, quod sapit, membrorum natura hominibus, et omnibus et omni: quod enim plus est, intelligentia est.)

§ 21

Wem nun, durch alle diese Betrachtungen, auch *in abstracto*, mithin deutlich und sicher, die Erkenntnis geworden ist, welche *in concreto* jeder unmittelbar, d. h. als Gefühl besitzt, daß nämlich das Wesen an sich seiner eigenen Erscheinung, welche als Vorstellung sich ihm sowohl durch seine Handlungen, als durch das bleibende Substrat dieser, seinen Leib, darstellt, sein *Wille* ist, der das Unmittelbarste seines Bewußtseins ausmacht, als solches aber nicht völlig in die Form der Vorstellung, in welcher Objekt und Subjekt sich gegenüber stehen, eingegangen ist; sondern auf eine unmittelbare Weise, in der man Subjekt und Objekt nicht ganz deutlich unterscheidet, sich kund gibt, jedoch auch nicht im Ganzen, sondern nur in seinen einzelnen Akten dem Individuo selbst kenntlich wird: – wer, sage ich, mit mir diese Überzeugung gewonnen hat, dem wird sie, ganz von selbst, der Schlüssel werden zur Erkenntnis des innersten Wesens der gesamten Natur, indem er sie nun auch auf alle jene Erscheinungen überträgt, die ihm nicht, wie seine eigene, in unmittelbarer Erkenntnis neben der mittelbaren, sondern bloß in letzterer, also bloß einseitig, als *Vorstellung* allein, gegeben sind. Nicht allein in denjenigen Erscheinungen, welche seiner eigenen ganz ähnlich sind, in Menschen und Tieren, wird er als ihr innerstes Wesen jenen nämlichen Willen anerkennen; sondern die fortgesetzte Reflexion wird ihn dahin leiten, auch die Kraft, welche in der Pflanze treibt und vegetiert, ja, die Kraft durch welche der Kristall anschießt, die, welche den Magnet zum Nordpol wendet, die, deren Schlag ihm aus der Berührung heterogener Metalle entgegenfährt, die, welche in den Wahlverwandtschaften der Stoffe als Fliehen und Suchen, Trennen und Vereinen erscheint, ja, zuletzt sogar die Schwere, welche in aller Materie so gewaltig strebt, den Stein zur Erde und die Erde zur Sonne zieht, – diese Alle nur in der Erscheinung für verschieden, ihrem inneren Wesen nach aber als das Selbe zu erkennen, als jenes ihm unmittelbar so intim und besser als alles Andere Bekannte, was da, wo es am deutlichsten hervortritt, *Wille* heißt. Diese Anwendung der Reflexion ist es allein, welche uns nicht mehr bei der Erscheinung stehen bleiben läßt, sondern hinüberführt zum *Ding an sich*. Erscheinung heißt Vorstellung, und weiter nichts: alle Vorstellung, welcher Art sie auch sei, alles *Objekt*, ist *Erscheinung. Ding an sich* aber ist allein der Wille: als solcher ist er durchaus nicht Vorstellung, sondern *toto genere* von ihr verschieden: er ist es, wovon alle Vorstellung, alles Objekt, die Erscheinung, die Sichtbarkeit, die *Objektität* ist. Er ist das Innerste, der Kern jedes Einzelnen und ebenso des Ganzen: er erscheint in jeder blindwirkenden Naturkraft: er auch erscheint im überlegten Handeln des Menschen; welcher beiden große Verschiedenheit doch nur den Grad des Erscheinens, nicht das Wesen des Erscheinenden trifft.

§22

Dieses *Ding an sich* (wir wollen den Kantischen Ausdruck als stehende Formel beibehalten), welches als solches nimmermehr Objekt ist, eben weil alles Objekt schon wieder seine bloße Erscheinung, nicht mehr es selbst ist, mußte, wenn es dennoch objektiv gedacht werden sollte, Namen und Begriff von einem Objekt borgen, von etwas irgendwie objektiv Gegebenem, folglich von einer seiner Erscheinungen: aber diese durfte, um als Verständigungspunkt zu dienen, keine andere sein, als unter allen seinen Erscheinungen die vollkommenste, d. h. die deutlichste, am meisten entfaltete, vom Erkennen unmittelbar beleuchtete: diese aber eben ist des Menschen *Wille*. Man hat jedoch wohl zu bemerken, daß wir hier allerdings nur eine *denominatio a potiori* gebrauchen, durch welche eben deshalb der Begriff Wille eine größere Ausdehnung erhält, als er bisher hatte. Erkenntnis des Identischen in verschiedenen Erscheinungen und des Verschiedenen in ähnlichen ist eben, wie Platon so oft bemerkt, Bedingung zur Philosophie. Man hatte aber bis jetzt die Identität des Wesens jeder irgend strebenden und wirkenden Kraft in der Natur mit dem Willen nicht erkannt, und daher die mannigfaltigen Erscheinungen, welche nur verschiedene Species desselben Genus sind, nicht dafür angesehen, sondern als heterogen betrachtet: deswegen konnte auch kein Wort zur Bezeichnung des Begriffs dieses Genus vorhanden sein. Ich benenne daher das Genus nach der vorzüglichsten Species, deren uns näher liegende, unmittelbare Erkenntnis zur mittelbaren Erkenntnis aller anderen führt. Daher aber würde in einem immerwährenden Mißverständnis befangen bleiben, wer nicht fähig wäre, die hier geforderte Erweiterung des Begriffs zu vollziehen, sondern bei dem Worte *Wille* immer nur noch die bisher allein damit bezeichnete eine Species, den vom Erkennen geleiteten und ausschließlich nach Motiven, ja wohl gar nur nach abstrakten Motiven, also unter Leitung der Vernunft sich äußernden Willen verstehen wollte, welcher, wie gesagt, nur die deutlichste Erscheinung des Willens ist. Das uns unmittelbar bekannte innerste Wesen eben dieser Erscheinung müssen wir nun in Gedanken rein aussondern, es dann auf alle schwächeren, undeutlicheren Erscheinungen desselben Wesens übertragen, wodurch wir die verlangte Erweiterung des Begriffs Wille vollziehen. – Auf die entgegengesetzte Weise würde mich aber der mißverstehen, der etwa meinte, es sei zuletzt einerlei, ob man jenes Wesen an sich aller Erscheinung durch das Wort Wille, oder durch irgendein anderes bezeichnete. Dies würde der Fall sein, wenn jenes Ding an sich etwas wäre, auf dessen Existenz wir bloß *schlössen* und es so allein mittelbar und bloß *in abstracto* erkennten: dann könnte man es allerdings nennen wie man wollte: der Name stände als bloßes Zeichen einer unbekannten Größe da. Nun aber bezeichnet das Wort *Wille*, welches uns, wie ein Zauberwort, das innerste Wesen jedes Dinges in der Natur aufschließen soll, keineswegs eine unbekannte Größe, ein durch Schlüsse erreichtes Etwas; sondern ein durchaus unmittelbar Erkanntes und so sehr Bekanntes, daß wir, was Wille sei, viel besser wissen und verstehen, als sonst irgend etwas, was immer es auch sei. – Bisher subsumierte man den Begriff *Wille* unter den Begriff *Kraft*: dagegen mache ich es gerade umgekehrt und will jede Kraft in der Natur als Wille gedacht wissen. Man glaube ja nicht, daß dies Wortstreit, oder gleichgültig sei: vielmehr ist es von der allerhöchsten Bedeutsamkeit und Wichtigkeit.

Denn dem Begriff *Kraft* liegt, wie allen anderen, zuletzt die anschauliche Erkenntnis der objektiven Welt, d. h. die Erscheinung, die Vorstellung, zu Grunde, und daraus ist er geschöpft. Er ist aus dem Gebiet abstrahiert, wo Ursach und Wirkung herrscht, also aus der anschaulichen Vorstellung, und bedeutet eben das Ursachsein der Ursache, auf dem Punkt, wo es ätiologisch durchaus nicht weiter erklärlich, sondern eben die notwendige Voraussetzung aller ätiologischen Erklärung ist. Hingegen der Begriff *Wille* ist der einzige, unter allen möglichen, welcher seinen Ursprung *nicht* in der Erscheinung, *nicht* in bloßer anschaulicher Vorstellung hat, sondern aus dem Innern kommt, aus dem unmittelbarsten Bewußtsein eines jeden hervorgeht, in welchem dieser sein eigenes Individuum, seinem Wesen nach, unmittelbar, ohne alle Form, selbst ohne die von Subjekt und Objekt, erkennt und zugleich selbst ist, da hier das Erkennende und das Erkannte zusammenfallen. Führen wir daher den Begriff der *Kraft* auf den des *Willens* zurück, so haben wir in der Tat ein Unbekannteres auf ein unendlich Bekannteres, ja, auf das einzige uns wirklich unmittelbar und ganz und gar Bekannte zurückgeführt und unsere Erkenntnis um ein sehr großes erweitert. Subsumieren wir hingegen, wie bisher geschah, den Begriff *Wille* unter den der *Kraft*; so begeben wir uns der einzigen unmittelbaren Erkenntnis, die wir vom inneren Wesen der Welt haben, indem wir sie untergehen lassen in einen aus der Erscheinung abstrahierten Begriff, mit welchem wir daher nie über die Erscheinung hinauskönnen.

Sören Kierkegaard

(5.5.1813–11.11.1855)

Existenz aus Leidenschaft

Kierkegaard ist der Begründer der Existenzphilosophie. Diese geht davon aus, daß der Einzelne durch die tiefe, lebendige Einsicht in sich selbst zu seiner eigenen Wahrheit finden und so ein authentischeres Dasein führen kann. Dazu ist der Bruch mit der Masse, ihren Lebensgewohnheiten und Selbstverständlichkeiten unumgänglich.

Kierkegaard war eine höchst empfindsame und komplizierte Persönlichkeit. Voller Intensität setzte er sich dem aus, was für ihn Existieren bedeutete, nämlich »die Wahrheit zu finden, die *für mich* ist, *die Idee zu finden, für die ich leben und sterben will.*«

Er wurde als siebentes Kind eines wohlhabenden Kaufmanns in Kopenhagen geboren. Seine Jugend war von der großen Schwermut seines Vaters überschattet. Die Mutter und fünf seiner Geschwister waren innerhalb weniger Jahre gestorben. Die religiöse Verzweiflung seines Vaters und dessen Melancholie wegen dieses Schicksalsschlages übertrugen sich auf den jungen Sören und prägten ihn zeitlebens. Er schrieb: »Als Kind wurde ich streng und ernst im Christentum erzogen: bereits in der frühesten Kindheit hatte ich mich an den Eindrücken verhoben, unter denen der schwermütige alte Mann, der sie auf mich gelegt hatte, selber zusammensank – ein Kind, auf wahnsinnige Weise dazu verkleidet, ein schwermütiger alter Mann zu sein.«

1835 starb der Vater und hinterließ ihm sein Vermögen. Kierkegaard unternahm keinen Versuch, es zu mehren oder zu erhalten. Er wohnte in dem Haus seines Vaters und führte, zumindest nach außen hin, das Leben eines Dandys. Er kleidete sich ungewöhnlich, promenierte Abend für Abend durch die Straßen Kopenhagens, hielt sich in Cafés und dem Vergnügungspark der Stadt auf. In seinem tiefsten Innern aber sah es anders aus: »Ich komme jetzt eben aus einer Gesellschaft, wo ich die Seele war, die Witze strömten aus meinem Mund, alle lachten, alle bewunderten mich, aber ich, ja, der Gedankenstrich müßte genau so lang sein wie die Radien der Erde – ging fort und wollte mich erschießen.«

Er studierte Theologie. Doch als er sich 1835 zum Examen hätte melden sollen, erschien er nicht, weil er in einer tiefen Krise steckte. Erst

1840 legte er seine Abschlußprüfung ab – nach zehn Jahren Studium. Bürgerliche Konventionen und geradlinige Lebensläufe interessierten ihn nicht. Er beschäftigte sich ausgiebig mit der deutschen Klassik und Frühromantik, und wie es sich für einen Romantiker gehörte, verachtete er die Welt der Spießbürger, in der die Menschen »ganz und gar zu Stein erstarrt waren«.

Auch die Ehe verweigerte er, weil er nicht das Gefühl hatte, das nötige Verantwortungsbewußtsein und die dazu geforderte, unbedingte Offenheit bieten zu können. Für ein Jahr, von 1840 bis 1841 war er mit Regine Olsen verlobt, einem sehr schönen 18jährigen Mädchen. Nach inneren Kämpfen, die ihn scheinbar fast vernichtet hatten, löste er das Verlöbnis. Seine innere Stimme hatte ihm eine Weisung gegeben, die lautete: »Du hast sie freizugeben.« Zeitlebens dachte er darüber nach, betrachtete aber seine Entscheidung als richtig. Er glaubte, Regine seine Abgründe nicht offenbaren zu können. Er schrieb in sein Tagebuch: »Aber wollte ich mich erklären, müßte ich sie in fürchterliche Dinge einweihen, in mein Verhältnis zu meinem Vater, seine Schwermut, die ewige Nacht, die im Innersten brütet, meine Verirrungen, meine Lüste und Ausschweifungen«. Lakonisch bemerkt er an anderer Stelle auch: »Zu heiraten, Theologie zu lehren, all das erschien ihm gleichermaßen problematisch. Statt dessen schrieb er.« Insgesamt schätzte er sich als Ausnahmemenschen ein, von denen es in einer Generation nur wenige gibt und die »in schrecklichen Leiden entdecken sollen, was den anderen zu Gute kommt«. Schon früh machte sich eine gewisse »raffinierte Selbstquälerei« bemerkbar, wie der Philosoph Nicolai Hartmann formulierte.

Tatsächlich entwickelte Kierkegaard nach der Trennung von Regine eine immense Schaffenskraft. In nur wenigen Jahren verfaßte er die wichtigsten seiner Werke: *Entweder – Oder* (1843); *Die Wiederholung* (1843); *Furcht und Zittern* (1843); *Der Begriff der Angst*; *Philosophische Brocken* (1844); *Abschließende unwissenschaftliche Nachschrift zu den Philosophischen Brocken* (1846); *Krankheit zum Tode* (1849); *Einübung ins Christentum* (1850).

Bemerkenswerterweise erschienen fast alle Schriften unter Pseudonymen, also unter erfundenen, meist sehr mysteriösen Namen. Manchmal wurden auch mehrere Autoren für ein Werk angegeben. In *Entweder – Oder* nennt sich der Herausgeber Victor Eremita, ein Verfasser namens »A« oder »B« tritt zusätzlich auf. *Der Begriff der Angst* erschien unter dem Pseudonym Vigilius Haufniensis, *Furcht und Zittern* unter dem Namen Johannes de Silentio. Die *Abschließende unwissenschaftliche Nachschrift zu den Philoso-*

phischen Brocken nennt als Autor einen gewissen Johannes Climaeus. Wozu dieses Verwirrspiel?

Kierkegaard glaubte nicht an eine direkte und objektive Form der Mitteilung, diese stellte für ihn nur einen allgemein akzeptierten Wissensstand dar, der nicht die eigentliche Wahrheit ausmacht. Seine Absicht war, verdeckte Wahrheiten transparent zu machen und gesellschaftlich verkrustete und überlieferte Meinungen aufzubrechen. Dazu mußte er sich der indirekten Mitteilung bedienen. Der Übergang von Philosophie und Dichtung ist deswegen bei ihm fließend. Die literarische Qualität seiner Werke ist außergewöhnlich und von einer Kraft, die nur bei wenigen Philosophen zu finden ist. Raffiniert spielt er mit dem Leser, will ihn aufrütteln und aus seinen Lebens- und Glaubensgewohnheiten herausreißen. Er will ihn zu einer intensiveren Wahrnehmung seiner selbst führen, ihn dazu animieren, ein ›Einzelner‹ zu sein und nicht Teil der von Konventionen geprägten Masse.

Er will ihm zeigen, was es heißt, wahrhaft zu *existieren.*

Das Wort ›Existenz‹ hat bei Kierkegaard eine neue, intensivere Bedeutung erhalten. In seiner *Abschließenden unwissenschaftlichen Nachschrift zu den Philosophischen Brocken* schreibt er: »Existieren, wenn man darunter nicht so eine Art von Existieren versteht, kann man nicht ohne Leidenschaft.« Wahre Existenz soll den ganzen Menschen leidenschaftlich ergreifen. »So eine Art von Existieren« tut es nicht. Leben die meisten doch nicht bewußt, sondern entfernen sich von sich selbst, indem sie allein durch eine äußere Daseinsform wie Beruf oder soziale Schicht zu ihrer Identität finden. Auch die Philosophie, die zeigen soll, was das Dasein eigentlich bedeutet, bewegt sich für Kierkegaard oft genug von der Wirklichkeit fort. Mit ihren eigenen Mitteln, wie das der Abstraktion oder dem sogenannten ›reinen Denken‹, täuscht sie eine vermeintliche Objektivität vor. So verfehlt sie ihren eigentlichen Sinn, nämlich den Einzelmenschen und sein Leben zu verstehen. Denn existieren heißt begreifen, daß es keinen objektiven Halt gibt, sondern bloß das eigene ›Selbst‹.

Dies gilt auch für die Erfahrung des Glaubens. Jeder ist auch vor Gott ›einzeln‹ und individuell. Die leeren, vernunftgesteuerten Kirchenrituale, durch die der brave Bürger im Laufe seines Lebens geschleust wird, wie Taufe, Konfirmation und Trauung, empfand Kierkegaard als verlogen. In seinen Augen stellen sie nur die Vereinheitlichung eines Verhältnisses dar, das eigentlich höchst persönlich sein sollte: nämlich das zu Gott. So kommt es darauf an, »den Verstand fahren zu lassen um den Sprung zu machen ins Religiöse«. Dieser Sprung »in Gottes Arme« muß eine leidenschaftliche, existentielle Erfahrung sein – ein unerhörtes Wagnis, das nur jeder alleine, ganz für sich eingehen kann. Dazu aber müssen die äußeren Strukturen des Christentums gebrochen, die Selbstzufriedenheit und Konventionalität der kirchlichen Obrigkeit, aber auch der Christen selbst erschüttert werden.

Kierkegaard war so überzeugt von seiner Mission, daß er bereit war, sich auf einen Kampf gegen die Gesellschaft einzulassen. Er entfesselte ihn in seinen letzten beiden Lebensjahren. Er verfaßte Zeitungsartikel und Flugblätter, die er *Der Augenblick* nannte und die nun nicht mehr unter einem Pseudonym erschienen. Er schlug einen prophetisch-warnenden Ton an: »Dadurch, daß du nicht mehr an dem öffentlichen Gottesdienst teilnimmst, wie er jetzt ist, dadurch hast du beständig eine Schuld weniger: du nimmst nicht daran teil, Gott zum Narren zu halten, daß man für neutestamentliches Christentum ausgibt, was es doch nicht ist.«

Er betrieb die Durchsetzung seines Wahrheitsbegriffes und die damit einhergehende Zertrümmerung überkommener Ansichten unter Aufbietung all seiner Kräfte, ohne Kompromisse. Der öffentliche Streit gegen die dänische Staatskirche beanspruchte ihn auf das Äußerste. Anfang Oktober 1855 brach er auf der Straße zusammen. Am 11. November starb er im Alter von 42 Jahren ohne ersichtliche Krankheitssymptome und bei klarstem Bewußtsein.

Er wußte, daß sein Vermögen gerade aufgezehrt war. Er hatte es hauptsächlich für den Druck seiner Schriften verwendet.

Kierkegaard hinterließ unter dem Schutz einer Maske ein gewaltiges Lebenswerk. Seine Vorstellung eines leidenschaftlichen Existenz- und Glaubensbewußtseins war von großer Wirkung. Im 19. Jahrhundert beeinflußte es Dichter wie Strindberg und Ibsen. Im 20. Jahrhundert verbreitete es sich durch die ersten deutschen Übersetzungen bis nach England, Frankreich und Amerika. Sein Denken fand Eingang in die protestantische Theologie. Die Existenzphilosophie, die mit den Namen von Jean-Paul Sartre und Albert Camus verbunden wird, ist ohne Kierkegaard nicht denkbar. Seine Analyse der ›Angst‹ als grundsätzliche menschliche Bedingung war von immenser Bedeutung und brachte das Lebensgefühl einer Epoche auf den Punkt. Wesentliche, von ihm in einem ganz neuen Zusammenhang benutzte Begriffe wie ›Einsamkeit‹ und ›Geworfenheit‹ gingen in die Psychologie ein, wurden in der Kunst des 20. Jahrhunderts umgesetzt und prägen die sprachliche Terminologie von Philosophen wie Martin Heidegger.

Diese Textsammlung stellt eine der Hauptschriften Kierkegaards vor: *Die abschließende unwissenschaftliche Nachschrift zu den Philosophischen Brokken.*

Es wurde das dritte Kapitel ausgewählt, das sich mit den zentralen Themen der kierkegaardschen Philosophie beschäftigt, dem Existieren und der Wirklichkeit.

Es ist nicht schwer, Kierkegaard zu lesen. Seine Sprache ist anschaulich und illustrativ, denn er ist gegen alles Abstrakte und Allgemeine.

Denken hat für ihn, genauso wie Existieren, mit Leidenschaft zu tun. Ohne Leidenschaft ist beides sinnlos.

Abschließende unwissenschaftliche Nachschrift

(Teil 2, § 1, Kapitel 3)

Die wirkliche Subjektivität, die ethische; der subjektive Dichter

In der Sprache der Abstraktion kommt eigentlich nie das vor, was die Schwierigkeit der Existenz und des Existierenden ausmacht, geschweige daß die Schwierigkeit erklärt wird. Weil das abstrakte Denken eben *sub specie aeterni* ist, sieht es von dem Konkreten, von der Zeitlichkeit ab, vom Werden der Existenz, von der Not des Existierenden, daß er durch Zusammenfügung des Ewigen und Zeitlichen in die Existenz gesetzt ist[1]. Will man nun annehmen, daß das abstrakte Denken das Höchste sei, so

[1] Daß Hegel in seine Logik beständig eine Vorstellung mit hineinspielen läßt, die nur allzu gut von der Konkretion und von den Nächsten unterrichte ist, das der Herr Professor jedesmal, trotz dem notwendigen Übergang, braucht, um weiter zu kommen, ist natürlich ein Fehler, den Trendlenburg [Logische Untersuchungen II: Die dialektische Methode] vortrefflich nachgewiesen hat. Wie ist, um an das zu erinnern, was hier zunächst vor Augen haben, der Übergang gebildet, durch welchen die Existenz zu den Existenzen wird? »Die Existenz [Enzyklopädie, 2. Ausg. (1827), § 123] ist die unmittelbare Einheit der Reflexion-in-sich und der Reflexions-im-anbeten. Sie ist *daher* (?) die unbestimmte Menge von Existierenden.« Wie kommt die rein abstrakte Bestimmung der Existenz dazu, sich so zu zersplittern?

folgt daraus, daß die Wissenschaft und die Denker stolz aus der Existenz gehen und uns anderen Menschen das Schlimmste überlassen. Ja es folgt daraus zugleich etwas für den abstrakten Denker selbst, daß er nämlich, da er ja doch auch selbst ein Existierender ist, auf diese oder jene Weise zerstreut sein muß.

Abstrakt nach Wirklichkeit fragen (selbst wenn es richtig ist, abstrakt danach zu fragen, da ja doch das Einzelne, das Zufällige mit zur Wirklichkeit gehört und die Abstraktion gerade nicht) und abstrakt darauf antworten ist lange nicht so schwer wie danach fragen und darauf antworten, was es heißt, daß dieses bestimmte Etwas eine Wirklichkeit ist. Die Abstraktion sieht nämlich von diesem bestimmten Etwas ab, aber die Schwierigkeit liegt gerade darin, dieses bestimmte Etwas und die Idealität des Denkens dadurch zusammenzusetzen, daß man es denken will. Um einen solchen Widerspruch kann sich die Abstraktion nicht einmal kümmern, denn die Abstraktion verhindert ihn eben.

Die Mißlichkeit der Abstraktion zeigt sich gerade bei allen Existenzfragen, wo die Abstraktion die Schwierigkeit entfernt, indem sie sie ausläßt und sich dann rühmt alles zu erklären. Sie erklärt die Unsterblichkeit überhaupt, und siehe da, es geht ausgezeichnet, indem Unsterblichkeit mit Ewigkeit identisch wird, mit der Ewigkeit, welche wesentlich Medium des Gedankens ist. Ob aber ein einzelner existierender Mensch unsterblich ist, worin gerade die Schwierigkeit liegt, darum kümmert sich die Abstraktion nicht. Sie ist interesselos, aber die Schwierigkeit der Existenz besteht in dem Interesse des Existierenden und daß den Existierenden das Existieren unendlich interessiert. Das abstrakte Denken verhilft mir daher so zur Unsterblichkeit, daß sie mich als einzelnes existierendes Individuum totschlägt und mich dann unsterblich macht, und hilft daher ungefähr wie der Doktor bei Holberg, der mit seiner Medizin dem Patienten das Leben nahm / aber auch das Fieber vertrieb. Wenn man daher einen abstrakten Denker betrachtet, der sich selbst nicht klar machen und gestehen will, wie sich sein abstraktes Denken dazu verhält, daß er ein Existierender ist, so macht er, selbst wenn er noch so tüchtig wäre, einen komischen Eindruck, weil er im Begriff steht, kein Mensch mehr zu sein.

Während ein wirklicher Mensch, aus Unendlichkeit und Endlichkeit zusammengesetzt, eben seine Wirklichkeit darin hat, diese zusammenzuhalten, unendlich fürs Existieren interessiert, ist ein solcher abstrakter Denker ein Doppelwesen: ein phantastisches Wesen, das im reinen Sein der Abstraktion lebt, und eine zuweilen traurige Professorengestalt, welche von jenem abstrakten Wesen beiseite gestellt wird, wie man einen Stock wegstellt.

Wenn man den Lebenslauf eines solchen Denkers liest (denn seine Schriften sind vielleicht vortrefflich), so gruselt's einem zuweilen bei dem Gedanken, was es doch heißt, ein Mensch sein[1]. Ob eine Spitzenklöpplerin noch so reizende Spitzen macht, ist es doch betrübend, an diese verkümmerte arme Person zu denken, und so wirkt der Anblick eines Denkers komisch, der trotz aller Bravour persönlich wie ein armer Schlucker existiert, der sich wohl persönlich verheiratet, aber die Macht des Verliebens weder kennt noch fühlt, dessen ehe daher ebenso unpersönlich wie sein Denken ist, dessen persönliches Leben ohne Pathos und ohne pathologische Kämpfe verläuft und sich philisterhaft nur damit beschäftigt, welche Universität das beste Einkommen biete. Ein solches Mißverhältnis sollte man in bezug auf das Denken für unmöglich halten, man sollte glauben, das gehöre nur zum Elend der äußeren Welt, wo der eine Mensch ein Sklave des anderen ist, so daß man, wenn man an die Klöpplerin denkt, die Spitzen nicht ohne tränen bewundern kann. Man sollte glauben, ein Denker führe das reichste menschliche Leben / so war es Griechenland.

Mit dem abstrakten Denker ist es eine andere Sache, wenn er, ohne sich selbst und das Verhältnis des abstrakten Denkens zur Existenz verstanden zu haben, entweder dem Trieb eines Talentes folgt, oder dressiert wird so etwas zu sein. Ich weiß wohl, daß man eine Künstlerexistenz zu bewundern pflegt, die, ohne sich davon Rechenschaft abzulegen, was Mensch sein heißt, ihrem Talent folgt, so daß sie der Bewunderer über ihr Kunstwerk vergißt; aber ich weiß auch, daß ein solcher Existierender sein tragisches darin hat, daß er eine im Ethischen nicht persönlich reflektierte Differenz ist, und ich weiß auch, daß in Griechenland ein Denker keine verkümmerte Existenz war, die Kunstwerke hervorbrachte, sondern daß er selbst ein existierendes Kunstwerk war. Denker sein sollte sich doch wohl auch am allerwenigsten zum Menschsein wie eine Differenz verhalten. Wenn es so feststeht, daß es einem abstrakten Denker an Sinn für das Komische gefehlt hat, so ist das *eo ipso* ein Beweis dafür, daß sein ganzes Denken die Leistung eines vielleicht ausgezeichneten Talen-

[1] Und wenn man dann in seinen Schriften liest: Denken und Sein ist eins, so denkt man, wenn man an sein Leben und Dasein denkt: das Sein, mit dem das Denken identisch ist, heißt wohl nicht Mensch sein.

tes, aber nicht eines Menschen ist, der in hervorragender Weise als Mensch existiert hat.

Und doch doziert man, Denken sei das Höchste, Denken enthalte alles, und zu gleicher Zeit erhebt man keine Einsprache dagegen, daß der Denker wesentlich nicht *qua* Mensch, sondern als Differenz eines Talentes existiert. Daß sich die Aussage vom Denken nicht in der Vorstellung vom Denker redupliziert, daß die eigne Existenz des Denkers seinem Denken widerspricht, zeigt, daß man bloß doziert. Denken steht höher als Gefühl und Phantasie, das wird von einem Denker doziert, der selbst weder Pathos noch Leidenschaft besitzt; es wird doziert, daß Denken höher stehe als Ironie und Humor, und das wird von einem Denker doziert, dem der Sinn für das Komische vollständig abgeht. Wie komisch! Wie das ganze abstrakte Denken dem Christentum und allen Existenzproblemen gegenüber ein Versuch im Komischen ist, so ist das sogenannte reine Denken überhaupt eine psychologische Merkwürdigkeit, eine bewunderungswürdige Art von sinnreichem Zusammensetzen und Konstruieren in einem phantastischen Medium: dem reinen Sein. Dieses reine Denken ohne weiteres als das Höchste zu vergöttern, zeigt, daß der Denker nie *qua* Mensch existiert hat, daß er unter anderem nie in hervorragender Weise gehandelt hat, ich rede nicht von Geschäft, sondern von Innerlichkeit. Aber in hervorragender Weise zu handeln gehört wesentlich mit dazu, *qua* Mensch zu existieren. Und wenn man handelt, wenn man in äußerster subjektiver Leidenschaft mit dem vollen Bewußtsein von einer ewigen Verantwortung das Entscheidende wagt (was ja jeder Mensch vermag), dann bekommt man etwas anderes und auch dies zu wissen, daß Mensch sein nicht darin besteht, daß man jahraus jahrein etwas zu einem System zusammenschustert. Wenn man wesentlich als Mensch existiert, bekommt man auch Empfänglichkeit für das Komische. Ich behaupte nicht, daß jeder, der wirklich als Mensch existiert, darum imstande sei, ein komischer Dichter oder komischer Schauspieler zu werden, aber er hat Empfänglichkeit dafür.

Daß die Sprache der Abstraktion die Schwierigkeit der Existenz und des Existierenden eigentlich nicht hervortreten läßt, will ich in bezug auf eine entscheidende Frage beleuchten, von der soviel geredet und geschrieben worden ist. Bekanntlich hat die Hegelsche Philosophie den Grundsatz des Widerspruchs aufgehoben, und mehr als einmal hat Hegel selbst mit Nachdruck über solche Denker Gerichtstag gehalten, die in der Sphäre des Verstandes und der Reflexion blieben und darum behaupteten, es gebe ein Entweder / Oder. Seit der Zeit ist es ein beliebtes Spiel geworden, daß, sobald einer etwas von einem *aut / aut* verlauten läßt, tripp trapp trapp ein Hegelianer zu Roß kommt (wie der Waldhüter Jens in der Kallundborger Chronik) und einen Sieg gewinnt und wieder nach Hause reitet. Auch bei uns sind die Hegelianer mehrmals auf der Fahrt gewesen, besonders gegen Bischof Mynster, um einen glänzenden Sieg der Spekulation zu gewinnen, und Bischof Mynster ist mehr als einmal ein überwundener Standpunkt geworden; obgleich er sich für einen überwundenen Standpunkt recht gut hält und eher zu fürchten ist, die ungeheure Anstrengung des Sieges habe die unüberwindlichen Sieger zu stark angegriffen.

Und doch liegt für den Kampf und Sieg vielleicht ein Mißverständnis zugrunde. Hegel hat darin vollkommen und absolut recht, daß es ewig gesehen, *sub specie aeterni* in der Sprache der Abstraktion, im reinen Denken und reinen Sein kein *aut / aut* gibt; wo zum Kuckuck sollte es das geben, da ja eben die Abstraktion den Widerspruch entfernt, so daß Hegel und die Hegelianer sich lieber die Mühe machen sollten, uns darüber aufzuklären, was die Spiegelfechterei zu bedeuten habe, Widerspruch, Bewegung, Übergang usw. in die Logik hineinzubringen. Die Verteidiger von *aut / aut* haben unrecht, wenn sie in das Gebiet des reinen Denkens eindringen, und da ihre Sache verteidigen wollen. Wie jener Riese, mit dem Herkules kämpfte, sobald er vom Erdboden aufgehoben wurde, seine Stärke verlor, so ist das *aut / aut* des Widerspruchs *eo ipso* beseitigt, sobald es aus der Existenz herausgehoben und in die Ewigkeit der Abstraktion geführt wird. Andererseits hat Hegel ebenso vollkommen unrecht, wenn er, die Abstraktion vergessend, aus ihr in die Existenz herniederstürzt, um mit Macht und Gewalt das Doppelte *aut* aufzuheben. Dies läßt sich nämlich in der Existenz unmöglich tun, denn er hebt dann zugleich die Existenz auf. Wenn ich die Existenz wegnehme (abstrahiere), so gibt es kein *aut / aut* wenn ich es in der Existenz wegnehme, so bedeutet dies, daß ich die Existenz wegnehme, aber dann hebe ich es ja nicht in der Existenz auf. Ist es unrichtig, daß in der Theologie etwas wahr sei, was es in der Philosophie nicht ist, so ist es ganz richtig, daß für einen Existierenden etwas wahr ist, was es in der Abstraktion nicht ist, und es ist zugleich ethisch wahr, daß das reine Sein Phantasterei ist, und es einem Existierenden untersagt ist, zu vergessen, daß er existiert.

Man muß sich daher mit einem Hegelianer mit Vorsicht einlassen und sich vor allem vergewissern, mit wem man die Ehre habe zu reden, ob er ein Mensch, ein existierender Mensch sei, ob er selbst dann *sub specie aeterni* sei, wenn er schlafe, esse, sich die Nase putze und was solch ein Mensch sonst tut? Ob er das reine Ich-Ich sei, was doch wohl nie einem Philosophen eingefallen ist, und wenn er es nicht ist, wie er sich dann existierend zu ihm verhalte, ob die Zwischenbestimmung, in der die ethische Verantwortung in und mit und bei dem Existieren liegt, gehörig respektiert sei? Ob er existiere? Und wenn er existiert, ob er dann nicht im Werden sei? Und wenn er im Werden ist, ob er sich dann nicht zu etwas Zukünftigem verhalte? Ob er sich dann niemals so zu dem Zukünftigen verhalte, daß er handle? Und wenn er niemals handelt, ob er dann nicht erlauben wolle, daß ein ethisches Individuum in Leidenschaft mit dramatischer Wahrheit von ihm sage, daß er ein Dummkopf sei?

Wenn er aber *sensu eminenti* handelt, ob er sich dann nicht in un-endlicher Leidenschaft zum Zukünftigen verhalte? Ob da also nicht ein *aut / aut* sei? Ob nicht die Ewigkeit für einen Existierenden / nicht die Ewigkeit, sondern das Zukünftige, und nur für den Ewigen, der nicht wird, die Ewigkeit sei? Man frage ihn, ob er auf folgende Frage antworten könne, d. h. ob sich eine solche Frage an ihn richten lasse: ob das, daß er das Existieren soweit als möglich aufgebe, um *sub specie aeterni* zu sein, ob das ihm widerfahre oder ob man es kraft eines Beschlusses tue, ob man das vielleicht sogar tun müsse? Denn muß ich es tun, so ist *eo ipso* selbst für das *sub specie aeterni*-sein ein *aut / aut* etabliert. Oder ob er *sub specie aeterni* geboren sei und seit der Zeit *sub specie aeterni* dahinlebe und daher nicht einmal verstehen könne, was das ist, wonach ich frage, da er nie mit etwas Zukünftigem zu tun gehabt oder von einer Entscheidung vernommen habe? In diesem Falle sehe ich ja wohl ein, daß es kein Mensch ist, womit ich zu reden die Ehre habe.

Aber damit bin ich noch nicht fertig, denn es erscheint mir sonderbar, daß sich solche rätselhaften Wesen zeigen. Vor dem Ausbruch der Cholera kommt gewöhnlich eine Art Fliegen, die man sonst nicht sieht; sollten so diese märchenhaften reinen Denker nicht ein Zeichen sein, daß der Menschheit ein Unglück bevorstehe, daß sie z. B. des Ethischen und Religiösen verlustig gehe? Also sei man einem abstrakten Denker gegenüber vorsichtig, der nicht nur im reinen Sein der Abstraktion bleiben will, sondern behauptet, dieses sei für einen Menschen das Höchste, und ein solches Denken, das zum Ignorieren des Ethischen und zum Mißverstehen des Religiösen führt, sei das höchste menschliche Denken. Dagegen gehe man nicht hin und sage, *sub specie aeterni*, »wo alles ist und nichts entsteht« (Lehre der Eleaten), da gebe es ein *aut / aut*[1].

Wo dagegen alles im Werden, wo nur so viel von der Ewigkeit zur Stelle ist, daß sie in der leidenschaftlichen Entscheidung zurückhalten kann, wo die Ewigkeit sich als das Zukünftige zu dem *werdenden* Menschen verhält, da ist die absolute Disjunktion zu Hause. Wenn ich nämlich Ewigkeit und Werden zusammensetze, bekomme ich nicht Ruhe, sondern Zukunft. Daher kommt es, daß das Christentum die Ewigkeit als das Zukünftige verkündigt hat, weil es existierend verkündigt wurde, und daher nimmt es auch ein absolutes *aut / aut* an.

Alles logische Denken geschieht in der Sprache der Abstraktion und *sub specie aeterni*. Die Existenz so denken heißt von der Schwierigkeit absehen, das Ewige im Werden zu denken, wozu man wohl genötigt ist, da der Denkende selbst im Werden ist. Daher ist abstrakt denken leichter als existieren, wenn dieses nicht heißen soll: was man so existieren nennt, wie was man so ein Subjekt nennt. Hier haben wir wieder ein Beispiel davon, wie die einfachste Aufgabe die schwierigste ist. Existieren, meint man, sei keine Sache, geschweige denn eine Kunst, wir existieren ja alle, aber abstrakt denken: das ist etwas. Aber in Wahrheit existieren, also mit Bewußtsein in seine Existenz eindringen, zugleich ewig gleichsam weit über sie hinaus und doch in ihr gegenwärtig und doch im Werden: das ist fürwahr schwierig. Wenn denken zu unserer Zeit nicht so etwas Sonderbares, Angelerntes geworden wäre, so würden Denker auch einen ganz anderen Eindruck auf die Menschen machen, wie es in Griechenland der Fall war, wo ein Denker zugleich ein in Leidenschaft durch sein Denken begeister-

[1] Von dem ewigen Reden von einem fortgesetzten Prozeß verleitet, in welchem sich die Gegenstände in einer höheren Einheit vereinigen, und dann wieder in einer höheren usw., hat man die Lehre Hegels mit der Heraklis parallelisiert, daß alles fließe und nichts bleibe. Dies ist jedoch ein Mißverständnis, weil alles, was bei Hegel von Prozeß und Werden geredet wird, illusorisch ist. Darum fehlt dem System eine Ethik, darum weiß das System nichts, wenn die lebende Generation und das lebende Individuum im Ernst nach dem Werden fragt, nämlich um zu handeln. Die Weltgeschichte versteht daher Hegel, trotz allem Reden von Prozeß, nicht im Werden, sondern mit Hilfe des Sinnesbetrugs der Vergangenheit, versteht sie in Abgeschlossenheit, wo alles Werden ausgeschlossen ist. Daher kann sich ein Hegelianer mit Hilfe seiner Philosophie unmöglich selbst verstehen, denn er kann nur verstehen, was vorbei und fertig ist, aber ein noch Lebender ist doch kein Verstorbener.

Vermutlich tröstet er sich damit, daß wenn man China und Persien und 6000 Jahre Weltgeschichte verstehe, so pfeife man auf ein einzelnes Individuum, auch wenn man dies selbst sei. Mir erscheint dies nicht so, ich verstehe es besser umgekehrt, daß wenn einer sich selbst nicht versteht, sein Verständnis von China und Persien usw. wohl von eigner Art ist.

ter Existierender war, wie es einmal in der Christenheit der Fall war, wo ein Denker ein Glaubender war, der sich selbst in der Existenz des Glaubens begeistert zu verstehen suchte.

Wenn es zu unserer Zeit so mit den Denkern stünde, würde das reine Denken zu einem Selbstmord nach dem andern geführt haben; denn Selbstmord ist die einzige Existenz-Konsequenz des reinen Denkens, wenn dieses sich nicht zum Menschsein wie etwas Partielles verhalten soll, das mit dem ethischen und religiösen persönlichen Existieren eine Übereinkunft trifft, sondern wenn es alles und das Höchste sein soll. Wir preisen den Selbstmord nicht, wohl aber die Leidenschaft. Nun dagegen ist ein Denker ein sehenswürdiges Tier, das zu gewissen Zeiten des Tages in seltener Weise Geist verrät, aber sonst mit einem Menschen nichts gemein hat.

Die Existenz *sub specie aeterni* und in Abstraktion denken, heißt sie wesentlich aufheben und gleicht dem ausposaunten Verdienst, den Grundsatz des Widerspruchs aufzuheben. Existenz läßt sich nicht ohne Bewegung denken, und Bewegung läßt sich nicht *sub specie aeterni* denken. Die Bewegung auslassen ist nicht gerade ein Meisterstück, und sie als Übergang und mit ihr Zeit und Raum in die Logik hineinbringen, verursacht nur neue Verwirrung. Insofern indes, als alles Denken ewig ist, ist die Schwierigkeit für einen Existierenden da. Mit Existenz umzugehen ist ebenso schwierig wie mit Bewegung. Denke ich sie, so hebe ich sie auf, und so denke ich sie nicht. So könnte man wohl mit Recht sagen, es gebe etwas, was sich nicht denken lasse: das Existieren. Aber dann ist die Schwierigkeit wieder, daß es die Existenz dadurch, daß der Denkende existiert, zusammensetzt.

Weil die griechische Philosophie nicht zerstreut war, bildet die Bewegung immer wieder den Gegenstand ihrer dialektischen Anstrengungen. Der griechische Philosoph war ein Existierender und vergaß dies nicht. Darum nahm er seine Zuflucht zum Selbstmord oder zum Absterben im pythagoreischen Sinne, oder zum Totsein im sokratischen Sinne, um denken zu können. Er ward sich bewußt, daß er ein Denkender war, aber ward sich zugleich bewußt, daß die Existenz als Medium das war, was ihn fortwährend hinderte, kontinuierlich zu denken, weil sie ihn beständig ins Werden stellte. Um also in Wahrheit denken zu können, entleibte er sich selbst. Die moderne Philosophie lächelt vornehm über solche Kinderei, als ob jeder moderne Denker nicht ebenso gewiß, wie er weiß, daß Denken und Sein eins ist, zugleich wüßte, daß es sich nicht der Mühe verlohnt, das zu sein, was er denkt.

In diesem Punkt des Existierens und der Anforderung des Ethischen an den Existierenden muß man zurückhalten, wenn eine abstrakte Philosophie und ein reines Denken alles erklären will, indem es das Entscheidende wegerklärt; man wage es nur getrost, ein Mensch zu sein, und lasse sich nicht durch Erschrecken dahin bringen oder durch Verlegenheit dazu verlocken, so etwas wie ein Phantom zu werden. Etwas anderes ist es, wenn das reine Denken sich über sein Verhältnis zum Ethischen und über sein Verhältnis zu einer ethischen existierenden Individualität erklären will. Aber dies tut es niemals, ja macht nicht einmal Miene dazu, da es sich ja sonst auch mit einer anderen Art Dialektik, der griechischen oder der Existenz-Dialektik einlassen müßte. Von allem, was sich Weisheit nennt, darf jeder Existierende mit Recht die Unterschrift der Ethik verlangen.

Ist einmal der Anfang gemacht, vergißt ein Mensch, ohne den Übergang zu merken, allmählich zu existieren, um *sub specie aeterni* zu denken: dann kommt der Einwand von einer anderen Seite. Innerhalb des reinen Denkens läßt sich vielleicht mancher, mancher Einwand gegen das Hegelsche machen, aber dabei bleibt alles wesentlich unverändert. Aber wie bereitwillig ich als geringer Leser, der sich keineswegs ein Richteramt anmaßt, Hegels Logik bewundere, wie bereitwillig ich einräume, daß ich, wenn ich zu ihr wieder zurückkehre, viel lernen kann, so stolz, so trotzig, so hartnäckig bin ich auch, so unverzagt in meiner Behauptung: daß die Hegelsche Philosophie, indem sie das Verhältnis zum Existierenden nicht bestimmt, indem sie das Ethische ignoriert, die Existenz verwirre. Die Skepsis ist immer die gefährlichste, die am wenigsten als solche aussieht, aber daß das reine Denken die positive Wahrheit für einen Existierenden sein soll, das ist Skepsis, denn diese Positivität ist schimärisch, das Vergangene, die ganze Weltgeschichte erklären zu können, ist herrlich; soll aber nur verstehen zu können, was vergangen ist, das Höchste für einen noch Lebenden sein, so ist diese Positivität Skepsis, und eine gefährliche Skepsis, weil das ungeheuer Große, das man versteht, so täuschend aussieht.

Daher kann der Hegelschen Philosophie das Schreckliche begegnen, daß der indirekte Angriff der gefährlichste ist. Mag ein zweifelnder Jüngling, aber ein existierender Denker, mag er sich mit liebenswürdigem unbegrenztem Vertrauen der Jugend zu einem Heros der Wissenschaft dessen vertrösten, in der Hegelschen Positivität die Wahrheit, die Wahrheit für die Existenz zu finden: er schreibt auf Hegel ein entsetzliches Epigramm. Man mißverstehe mich nicht. Ich meine nicht, jeder Jüngling sei imstande, Hegel zu besiegen; keineswegs; ist der Jüngling so eingebildet und töricht, es zu glauben, so hat sein Angriff nichts zu bedeuten. Nein, wenn er nie an einen Angriff denkt, wenn er im Gegenteil sich mit weiblicher Hingebung unbedingt unter Hegel beugen will, aber doch auch mit genügender Stärke seine Frage festzuhalten: so ist er, ohne es zu ahnen, ein Satiriker. Der Jüngling ist ein existierender Zweifler; beständig im Zweifel schwebend greift er nach der Wahrheit / um in ihr existieren zu können. Er ist also negativ; und Hegels Philosophie ist ja positiv, kein Wunder, daß er sich ihrer getröstet! Aber siehe, das reine Denken ist für einen Existierenden eine Schimäre, wenn die Wahrheit darin bestehen soll, in ihr zu existieren. Unter Leitung des reinen Denkens existieren zu sollen ist, wie wenn man in Dänemark nach einer kleinen Karte von ganz Europa reisen soll, auf der Dänemark nicht größer als eine Stahlfeder ist / ja es ist noch unmöglicher. Die Bewunderung des Jünglings, seine Begeisterung, sein unbegrenztes Vertrauen zu Hegel ist gerade eine Satire auf Hegel.

Man würde dies längst eingesehen haben, wenn sich das reine Denken nicht mit Hilfe einer Opinion hielte, die den Menschen imponiert, so daß sie nur sagen dürfen, es sei vortrefflich, daß sie es verstanden haben / obgleich dies doch in einem gewissen Sinne unmöglich ist, da niemand durch diese Philosophie dahin geführt werden kann, sich selbst zu verstehen, was doch wohl eine absolute Bedingung für alles andere Verständnis ist. Sokrates hat recht ironisch gesagt, daß er nicht mit Bestimmtheit wisse, ob er ein Mensch oder etwas anderes sei; aber ein Hegelianer kann im Beichtstuhl mit aller Feierlichkeit sagen: ich weiß nicht, ob ich ein Mensch bin / aber das System habe ich verstanden. Ich will doch lieber sagen: ich weiß, daß ich ein Mensch bin, und ich weiß, daß ich das System nicht verstanden habe. Und wenn ich dies ganz offen gesagt habe, will ich hinzufügen, daß wenn einer von unseren Hegelianern sich meiner annehmen und mir zum Verständnis des Systems verhelfen wolle, werde meinerseits nichts im Wege stehen. Ich werde mich bestreben, so dumm wie möglich zu sein, um womöglich keine einzige Voraussetzung zu haben, außer meiner Unwissenheit, damit ich desto mehr lernen kann; und werde mich bestreben, gegen jede Beschuldigung der Unwissenschaftlichkeit so gleichgültig wie möglich zu sein, damit ich nur sicher etwas lerne.

Existieren, wenn man darunter nicht so eine Art von Existieren versteht, kann man nicht ohne Leidenschaft. Jeder griechische Denker war daher auch wesentlich ein leidenschaftlicher Denker. Ich habe öfter darüber nachgedacht, wie man einen Menschen in Leidenschaft bringen kann. Wenn ich ihn, habe ich gedacht, auf ein Pferd setzte, und dies dann scheu machte und in die wildeste Karriere brächte; oder noch besser, um die Leidenschaft recht zum Ausbruch kommen zu lassen, wenn ich einen Mann, der so geschwind wie möglich an einen Ort gelangen will (und also schon etwas in Leidenschaft ist), auf ein Pferd setzte, das kaum gehen kann: und doch verhält es sich mit dem Existieren so, wenn man sich dessen bewußt sein soll. Oder wenn man einem Fuhrmann, der sonst nicht in Leidenschaft zu bringen ist, einen Pegasus und eine Schindmähre zusammen vor den Wagen spannte und sagte: fahre nun / dann würde es, denke ich, glücken. So steht es mit dem Existieren, wenn man sich dessen bewußt sein soll. Die Ewigkeit ist wie jener beschwingte Kenner unendlich geschwind, die Zeitlichkeit eine Schindmähre, und der Existierende ist der Fuhrmann, wenn das Existieren nämlich nicht das ist, was man so Existieren nennt, denn dann ist der Existierende kein Fuhrmann, sondern ein betrunkener Bauer, der im Wagen liegt und schläft und die Pferde sich selbst überläßt. Das versteht sich, auch er fährt, auch er ist Kutscher, und so gibt es vielleicht manchen, der / auch existiert.

Insofern als Existenz Bewegung ist, muß etwas Kontinuierliches da sein, das die Bewegung zusammenhält, sonst gibt es nämlich keine Bewegung. Wie das, daß alles wahr sei, bedeutet, daß nichts wahr ist, so bedeutet das, daß alles in Bewegung sei, daß es keine Bewegung gibt.[1]

Das Unbewegliche gehört mit zur Bewegung als Ziel und Maß der Bewegung, sonst bedeutet das, daß alles in Bewegung sei, wenn man auch die Zeit wegnehmen und sagen will, daß alles immer Bewegung sei, *eo ipso* Stillstand. Aristoteles, der auf so mancherlei Weise die Bewegung hervorhebt, sagt daher, daß Gott, selbst unbewegt, alles bewege. Während nun das reine Denken ohne weiteres alle Bewegung aufhebt, oder sie sinnlos mit hinein in die Logik bekommt, ist die Schwierigkeit für den Existierenden die, der Existenz die Kontinuierlichkeit zu geben, ohne welche alles bloß verschwindet. Eine abstrakte Kontinuierlichkeit ist keine Kontinuierlichkeit, und das Existieren des Existierenden verhindert die Kontinuierlichkeit wesentlich, während Leidenschaft die momentweise Kontinuierlichkeit ist, die zu gleicher Zeit zurückhält und der Impuls der Bewegung ist. Für einen Existierenden ist Entscheidung und Wiederholung Ziel und Maß der Bewegung. Das Ewige ist die Kontinuierlichkeit der Bewegung, aber

[1] Das meinte offenbar jener Schüler Heraklits, der sagte, daß man auch nicht einmal durch denselben Fluß gehen könne. Johannes *de silentio* (in »Furcht und Zittern«) machte eine Hindeutung auf die Aussage dieses Schülers, aber mehr mit rhetorischem Schwung als mit Wahrheit.

eine abstrakte Ewigkeit liegt außerhalb der Bewegung, und eine konkrete Ewigkeit ist im Existierenden die höchste Leidenschaft. Alle idealisierende[1] Leidenschaft ist nämlich Antizipation des Ewigen in der Existenz für einen, der zum Existieren existiert[2]; die Ewigkeit der Abstraktion gewinnt man, indem man von der Existenz absieht; zum reinen Denken kann ein Existierender nur durch ein mißliches Beginnen gekommen sein, welche Mißlichkeit sich auch dadurch rächt, daß die Existenz des Existierenden unbedeutend wird und seine Rede etwas verrückt. So geht es in unserer Zeit fast der Menge der Menschen, unter der man selten oder nie einen Menschen so reden hört, als ob er sich ein einzelner existierender Mensch zu sein bewußt wäre. Pantheistisch schwindelt es fast einem jeden, wenn auch er von Millionen und Staaten und weltgeschichtlicher Entwicklung redet. Aber die leidenschaftliche Antizipation des Ewigen für einen Existierenden ist doch nicht die absolute Kontinuierlichkeit, sondern nur die Möglichkeit der Annäherung an die einzig wahre, die es für einen Existierenden gibt. Damit wird man wieder an meine These erinnert, daß die Subjektivität die Wahrheit sei, denn die objektive Wahrheit ist für einen Existierenden gleichsam die Ewigkeit der Abstraktion.

Die Abstraktion ist interesselos, aber das Existieren ist des Existierenden höchstes Interesse. Der Existierende hat daher beständig ein τελος, von welchem τελος Aristoteles redet, wenn er (*de anima* III. 10, 2) sagt, daß der νους θεωρητικος vom νους πρακτικος τῳ τελει verschieden sei. Dagegen ist das reine Denken ganz schwebend, und nicht wie die Abstraktion, die wohl von der Existenz absieht, aber doch ein Verhältnis zu ihr bewahrt, während das reine Denken, in mystischem Schweben ohne ein Verhältnis zu einem Existierenden, innerhalb seiner selbst alles, aber nicht sich selbst erklärt, wodurch eine entscheidende Erklärung von dem, wonach eigentlich gefragt wird, unmöglich wird. Wenn so ein Existierender fragt, wie nun das reine Denken sich zu einem Existierenden verhalte, wie er sich zu benehmen habe, um in dasselbe hineinzukommen, so antwortet das reine Denken nichts, aber erklärt die Existenz innerhalb seines rei-

[1] Die irdische Leidenschaftlichkeit hindert das Existieren, indem sie die Existenz in etwas Augenblickliches verwandelt.

[2] Man hat Poesie und Kunst eine Antizipation des ewigen genannt [vgl. Schiller: Das Ideal und das Leben]. Will man sie so nennen, so muß man doch dabei bemerken, daß sic Poesie und Kunst nicht wesentlich zu einem Existierenden verhalten, da die Betrachtung von Poesie und Kunst, »die Freude am Schönen«, interesselos ist, und sich der Betrachter kontemplativ außerhalb seiner selbst als Existieren befindet.

nen Denkens und verwirrt dadurch alles, daß dem, woran das reine Denken stranden muß, an der Existenz, daß dem in einem verflüchtigten Sinne ein Platz innerhalb des reinen Denkens angewiesen wird, wodurch alles, was auch da drinnen von Existenz gesagt werden mag, wesentlich widerrufen ist. Wenn im reinen Denken von einer unmittelbaren Einheit der Reflexion in sich und der Reflexion in dem andern geredet wird und von der Aufhebung dieser unmittelbaren Einheit, so muß ja etwas zwischen die Momente der unmittelbaren Einheit treten. Was ist dies? Ja, das ist die Zeit. Aber die Zeit läßt sich keinen Platz innerhalb des reinen Denkens anweisen. Was soll also das mit der Aufhebung und dem Übergang und der neuen Einheit bedeuten? Was soll es überhaupt heißen, so zu denken, daß man beständig nur die Miene macht, als denke man, weil doch alles, was da gesagt wird, absolut widerrufen ist? Und warum gesteht man es nicht ein, daß man so denkt, sondern posaunt diese positive Wahrheit des reinen Denkens beständig aus?

Wie die Existenz denken und existieren dadurch zusammengesetzt hat, daß ein Existierender ein Denkender ist, so gibt es zwei Medien: das der Abstraktion und das der Wirklichkeit. Aber das reine Denken ist noch ein drittes Medium, ein ganz neuerfundenes. Es beginnt, wie es daher heißt, nach der erschöpfendsten Abstraktion. Von dem Verhältnis, das die Abstraktion noch beständig zu dem hat, wovon es abstrahiert, weiß das reine Denken, soll ich sagen aus Frömmigkeit oder Gedankenlosigkeit, nichts. In diesem reinen Denken ist Ruhe vor allem Zweifel, ist die ewige positive Wahrheit, oder was einem sonst zu sagen beliebt. Das heißt: das reine Denken ist ein Phantom. Und ist die Hegelsche Philosophie frei von allen Postulaten, so hat sie dies durch ein wahnsinniges Postulat: durch den Beginn des reinen Denkens gewonnen.

Dem Existierenden ist das Existieren das höchste Interesse, und die Interessiertheit am Existieren die Wirklichkeit. Was Wirklichkeit ist, läßt sich in der Sprache der Abstraktion nicht ausdrücken. Die Wirklichkeit ist ein *inter-esse* zwischen der hypothetischen Abstraktionseinheit von Denken und Sein. Die Abstraktion behandelt Möglichkeit und Wirklichkeit, aber ihre Auffassung von der Wirklichkeit ist eine falsche Wiedergabe, da nicht die Wirklichkeit das Medium bildet, sondern die Möglichkeit. Die Abstraktion kann sich der Wirklichkeit nur so bemächtigen, daß sie dieselbe aufhebt, aber sie aufheben heißt sie in Möglichkeit verwandeln. Alles, was von Wirklichkeit in der Sprache der Abstraktion innerhalb der Abstraktion ausgesagt wird, wird innerhalb der Möglichkeit gesagt. In der

Sprache der Wirklichkeit verhält sich nämlich die ganze Abstraktion wie eine Möglichkeit zur Wirklichkeit, nicht zu einer Wirklichkeit innerhalb der Abstraktion und der Möglichkeit. Die Wirklichkeit, die Existenz ist das dialektische Moment in einer Trilogie, deren Anfang und deren Schluß für einen Existierenden nicht da ist, der sich *qua* Existierender in dem dialektischen Moment befindet. Die Abstraktion schließt die Trilogie zusammen. Ganz recht. Aber wie macht sie das? Ist die Abstraktion so etwas, oder ist sie nicht vielmehr ein Akt des Abstrahierenden? Aber der Abstrahierende ist ja ein Existierender, und als Existierender also in dem dialektischen Moment, das er nicht mediieren oder zusammenschließen, am allerwenigsten absolut zusammenschließen kann, so lange er existiert. Wenn er es also tut, so muß dies sich wie eine Möglichkeit zur Wirklichkeit, zur Existenz verhalten, in der er selbst ist. Er muß erklären, wie er sich benimmt, d. h. wie er sich dabei als ein Existierender benimmt, oder ob er aufhört zu existieren, und ob ein Existierender das darf.

In demselben Augenblick, wo wir so zu fragen anfangen, fragen wir ethisch und machen die Forderung des Ethischen an den Existierenden geltend, die nicht darin bestehen kann, daß er von der Existenz abstrahieren, sondern daß er existieren soll, was auch des Existierenden höchstes Interesse ist.

Die Aufhebung des dialektischen Moments (der Existenz) kann er als Existierender am allerwenigsten absolut festhalten; dazu ist ein anderes Medium erforderlich als die Existenz, welche ja eben das dialektische Moment ist. Kann ein Existierender von der Aufhebung wissen, so kann er von ihr nur als von einer Möglichkeit wissen, welche, wenn das Interesse auftritt, nicht zurückzuhalten vermag. Darum kann er davon nur interesselos wissen, was er als Existierender niemals ganz werden kann, und was er als Existierender, ethisch gesehen, gar nicht *approximando* erreichen wollen darf, da ihm umgekehrt das Ethische das Interesse an der Existenz unendlich macht, so unendlich, daß der Grundsatz des Widerspruchs absolute Gültigkeit erhält.

Was oben nachgewiesen wurde, zeigt sich hier wieder: auf die Schwierigkeit, die in der Existenz und im Existierenden liegt, läßt sich die Abstraktion gar nicht ein. Wirklichkeit ist leichter im Medium der Möglichkeit als im Medium der Existenz zu denken, wo die Existenz als das Werden den Existierenden am Denken hindern will, als ließe sich Wirklichkeit nicht denken, während doch der Existierende ein Denkender ist. Im reinen Denken sitzt man im Tiefsinn bis über die Ohren, und doch bekommt man mitunter den Eindruck, das Ganze leide etwas an Zerstreutheit, weil der reine Denker nicht klar darüber ist, was ein existierender Mensch ist.

Jedes Wissen von Wirklichkeit ist Möglichkeit; die einzige Wirklichkeit, von der ein Existierender nicht nur weiß, ist seine eigene, daß er da ist; und diese Wirklichkeit macht sein absolutes Interesse aus. Die Forderung der Abstraktion an ihn ist, daß er interesselos werde, damit er etwas zu wissen bekomme; die Forderung des Ethischen, daß er sich unendlich für das Existieren interessiere.

Die einzige Wirklichkeit, die es für einen Existierenden gibt, ist seine eigene ethische; von aller anderen Wirklichkeit weiß er nur, aber das wahre Wissen ist ein Übersetzen in die Möglichkeit.

Die Zuverlässigkeit der sinnlichen Wahrnehmung ist ein Betrug. Das hat schon die griechische Skepsis zur Genüge gezeigt, und ebenso der moderne Idealismus. Die Zuverlässigkeit, die das Wissen des Geschichtlichen beansprucht, ist auch nur Betrug, insofern als sie die Zuverlässigkeit der Wirklichkeit sein will, da der Wissende erst dann von einer geschichtlichen Wirklichkeit weiß, wenn er sie in Möglichkeit aufgelöst hat. (Hiervon im folgenden mehr.) Abstraktion ist Möglichkeit, vorausgehende oder nachfolgende Möglichkeit. Das reine Denken ist ein Phantom.

Die wirkliche Subjektivität ist nicht die wissende, denn durch wissen befindet man sich im Medium der Möglichkeit, sondern die ethisch-existierende Subjektivität. Ein abstrakter Denker ist wohl da, aber daß er existiert, ist eher eine Satire über ihn. Daß er sein Dasein damit beweist, daß er denkt, ist ein sonderbarer Widerspruch, denn in demselben Grade, wie er abstrakt denkt, abstrahiert er gerade davon, daß er da ist. Insofern wird freilich sein Dasein als eine Voraussetzung klar, von welcher er sich losreißen will, aber die Abstraktion selbst wird doch wohl ein eigentümlicher Beweis für sein Dasein, da sein Dasein gerade aufhören würde, wenn sie ihm ganz glückte. Das kartesianische *cogito ergo sum* ist oft genug wiederholt worden. Versteht einer unter diesem Ich in *cogito* einen einzelnen Menschen, so beweist der Satz nichts: ich bin denkend, *ergo* bin ich, aber bin ich denkend, dann ist's kein Wunder, daß ich bin, das ist ja schon gesagt, und das erste sagt also sogar mehr als das letzte. Versteht dann einer unter dem Ich, das in *cogito* liegt, einen einzelnen existierenden Menschen, so ruft die Philosophie: Torheit, Torheit, hier ist nicht von meinem oder deinem Ich die Rede, sondern von dem reinen Ich. Aber dieses reine Ich kann doch wohl keine andere Existenz als Gedankenexistenz haben, was soll dann die Schlußformel bedeuten, dann wird ja gar nicht geschlossen, denn dann ist der Satz eine Tautologie.

Wenn gesagt wird, der abstrakte Denker beweise durch sein Denken so wenig sein Dasein, daß er eher an den Tag lege, daß es seiner Abstraktion nicht ganz gelinge, das Gegenteil zu beweisen, wenn dies gesagt wird, und man daraus umgekehrt schließen wollte, daß ein Existierender, der wirklich existiere, gar nicht denke, so wäre das ein willkürliches Mißverständnis. Freilich denkt er, aber er denkt umgekehrt alles in Relation auf sich, unendlich fürs Existieren interessiert. So war Sokrates freilich ein Denker, aber er stellte alles andere Wissen in Indifferenz, indem er das ethische Wissen unendlich betonte, welches sich zu dem für Existenz unendlich interessierten, existierenden Subjekt verhält.

Vom Denken aufs Dasein zu schließen ist also ein Widerspruch, denn das Denken nimmt gerade umgekehrt vom Wirklichen das Dasein weg und denkt es, indem es dasselbe aufhebt und in Möglichkeit hinübersetzt. (Hiervon im folgenden mehr.) Von jeder anderen als der eigenen Wirklichkeit gilt, daß man durch Denken etwas von ihr wissen kann. In bezug auf die eigene wird es darauf beruhen, ob es dem Denken gelingt, ganz von der Wirklichkeit zu abstrahieren. Das will ja freilich der abstrakte Denker, aber es hilft ihm nichts, er existiert doch weiter, und diese Fortdauer seiner Existenz, »diese zuweilen klägliche Professorengestalt« ist ein Epigramm auf den abstrakten Denker, um nicht von den Ansprüchen zu reden, welche die Ethik an ihn macht.

In Griechenland war man doch darauf aufmerksam, was existieren bedeute. Die skeptische Ataraxie war daher ein Existenzversuch vom Existieren zu abstrahieren. In unseren Tagen abstrahiert man im Druck, wie man im Druck an allem ein für allemal zweifelt. Das hat unter anderem im modernen Philosophieren so große Konfusion veranlaßt, daß die Philosophen so viele kurze Aussprüche über unendliche Aufgaben besitzen und dies Papiergeld gegenseitig respektieren, während es fast nie jemand einfällt, sich selbst darin zu versuchen, die Forderung der Aufgabe existierend zu realisieren. Auf die Weise kann man leicht mit allem fertig werden und dazu kommen, voraussetzungslos anzufangen. Die Voraussetzung z. B. an allem zu zweifeln, würde ein ganzes Menschenleben in Anspruch nehmen, nun dagegen ist es eben so geschwind getan wie gesagt.

Friedrich Nietzsche

(15.10.1844–25.8.1900)

Die Umwertung aller Werte

Nietzsche ist der große Prophet des Nihilismus, der Entwertung aller Werte. Er sah sich als »freier Denker« und verkündete: »Gott ist tot.«

Friedrich Nietzsche wurde in Röcken bei Uelzen, einem kleinen sächsischen Dorf südwestlich von Leipzig, als Sohn des dortigen evangelischen Pfarrers geboren. Damit stammte er, wie viele andere deutsche Philosophen vor ihm, aus dem kulturellen Milieu eines protestantischen Pfarrhauses. Er wurde auf den Namen ›Friedrich Wilhelm‹ getauft, weil er just am Geburtstag des Königs auf die Welt kam. Schon früh nimmt er die Frömmigkeit seines Elternhauses auf, rezitiert Bibelsprüche und singt geistliche Lieder. Als Friedrich fünf Jahre alt ist, stirbt sein Vater. Der empfindsame und talentierte Junge wächst ganz in weiblicher Umgebung unter dem Einfluß der Großmutter, der Mutter, der Schwester und diverser Tanten auf.

Mit 14 Jahren kommt er in das berühmte, aber für seine strenge Erziehung berüchtigte Internat Schulpforta. Hier wird um vier Uhr morgens aufgestanden, der Unterricht beginnt um sechs Uhr und besteht unter anderem aus der Lektüre antiker Schriftsteller und dem Studium der Philosophie. Der junge Nietzsche zeigt sich als glänzender Schüler. Schon mit zwölf Jahren schreibt er ausführlich Tagebuch, verfaßt Gedichte und zeigt ein ungewöhnlich musikalisch-kompositorisches Talent. Er entwickelt eine große Liebe zum klassischen Altertum und beginnt mit 20 Jahren das Studium der klassischen Philologie in Bonn und Leipzig.

In Leipzig entdeckt er das Werk Schopenhauers für sich und ist vom düsteren, pessimistischen Geist dieses Philosophen zutiefst ergriffen. Aber auch die erste Berührung mit Richard Wagners Musik, in der er den Einfluß des schopenhauerschen Denkens verspürt, beeindruckt ihn und läßt ihn zum großen Verehrer werden: »Von dem Augenblick an, wo es einen Klavierauszug aus dem Tristan gab, war ich Wagnerianer.« Musik bedeutete Nietzsche alles. »Ohne Musik wäre mir das Leben ein Irrtum.« Er selbst war ein begnadeter Musiker, komponierte auch selbst. Er brillierte durch stundenlanges, freies Phantasieren auf dem Flügel und verstand es, seine Zuhörer zu ergreifen.

Auch seine überragenden Leistungen in der Philologie erregten Aufmerksamkeit. Sein Lehrer war so überzeugt von ihm, daß er ihm, dem erst 25jährigen, eine Professur für klassische Philologie in Basel vermittelt. 1869 tritt Nietzsche die Stelle an, ohne die sonst nötige Promotion und Habilitation. Eine glänzende und gesicherte akademische Laufbahn liegt vor ihm. Aber es kommt anders.

Krankheitssymptome machen sich bemerkbar. Besonders starke Kopf- und Augenschmerzen erschweren ihm das Leben. Zwar litt er schon im Alter von zwölf Jahren darunter, aber seit Beginn der 70er Jahre steigern sich die Schmerzen zu migräneartigen Anfällen, die oft in Bewußtlosigkeit enden. Auch die Sehkraft läßt nach. Es kommt vor, daß er wochenlang nicht lesen und deswegen keine Vorlesungen halten kann. Aber auch andere Krankheiten plagen ihn: eine Brustverletzung, eine Ruhr und Rachendiphterie, die er sich beim Militärdienst zugezogen hat. Dem Schreiben kann er sich nur schubweise in den Perioden widmen, in denen es ihm besser geht. Dann befindet er sich in seelischer Hochstimmung und verfügt über eine immense Schaffenskraft, bis ihn abermals Krankheit und Schwermut überfallen. Immer öfter muß er sich von seiner Lehrtätigkeit beurlauben lassen. 1879, nach zehnjährigem Professorendasein, wird er schließlich mit einem Ruhegehalt pensioniert.

Von da ab wandert er als »herumirrender Flüchtling« zwischen verschiedenen Orten in der Schweiz, in Frankreich und Italien hin und her. Den Sommer verbringt er meist in Sils Maria, im Oberengadin, im Winter hält er sich Cannes, Nizza und Turin auf. Er lebt in bescheidenen Hotelzimmern und wird immer einsamer. Kontakt besteht nur noch zu wenigen engen Freunden. Nähere Beziehungen zu Frauen waren schon lange abgebrochen, sie scheiterten zumeist an seiner Schüchternheit und Ungeschicktheit. 1882 überwarf er sich mit seiner großen Liebe Lou Andreas Salomé, die sich mit seinem Freund, dem Schriftsteller Paul Rée zusammentat. Über mehrere Jahre bestand eine enge Freundschaft zu Richard Wagner, dessen Schaffen Nietzsche als Bote einer kulturellen Erneuerung pries. Doch noch während der Bayreuther Festspiele und der Aufführung des *Parsifal* (1879) kam es zum unüberwindlichen Bruch. Nietzsche warf Wagner nationale Selbstbeweihräucherung und Anbiederung an das Christentum vor.

Mit zunehmender Isolation verfaßt Nietzsche in unglaublicher Geschwindigkeit ein Werk nach dem anderen. Doch seine Schriften finden kaum Resonanz. Voller Verletzung über seine Wirkungslosigkeit schreibt er: »Den letzten Philosophen nenne ich mich, denn ich bin der letzte Mensch. Niemand redet mit mir als ich selbst, und meine Stimme kommt wie die eines Sterbenden zu mir.« Als auch der *Zarathustra* ohne Widerhall bleibt, verzweifelt er fast: »Nach einem solchen Aufruf aus der innersten Seele keinen Laut von Antwort zu hören, das ist ein furchtbares Erlebnis, es hat mich aus allen Banden mit lebendigen Menschen herausgehoben.« Er weiß, daß es sein Schicksal ist, »immer am Abgrund« zu sein. Dieser tut sich dann endgültig in einem erschütternden Zusammenbruch am 3. Januar 1889 auf:

In Turin fällt er auf offener Straße einem armseligen, von einem Kutscher mißhandelten Pferd um den Hals und schluchzt so laut, daß sich eine Menschenansammlung bildet. Unter wirren Reden wird er zurück in sein Hotelzimmer gebracht. Als er aus zweitägiger Bewußtlosigkeit erwacht, tanzt er nackt wilde, dionysische Tänze, steigert sich in laute Gesänge und Rasereien am Klavier und verschickt an Freunde und hochgestellte Persönlichkeiten die sogenannten »Wahnsinnszettel«, kurze Briefe, die er mit »Dionysos« oder »der Gekreuzigte« unterschreibt. Sein bester Freund, der Theologe Franz Overbeck, eilt sofort zu Hilfe. Nietzsche wird in eine Nervenklinik nach Basel gebracht. Die Ärzte vermuten eine in früheren Jahren erworbene Syphilisinfektion, diese Diagnose und die Ursache für sein Krankheitsbild bleiben allerdings zweifelhaft und sind bis heute umstritten. Ab 1890 lebt der vom Wahnsinn Gebrochene in einem Dämmerzustand bei seiner Mutter in Naumburg und wird nach deren Tod (1897) von seiner Schwester in Weimar, in der Villa Silberblick versorgt, wo er wie ein Schaustück ausgestellt wurde. Am 25. August 1900 erliegt er einer Lungenentzündung.

Gegen Ende seines bewußten Lebens, 1888, schrieb Nietzsche über sich: »Ich kenne mein Los. Es wird sich einmal mit meinem Namen die Erinnerung an etwas Ungeheures anknüpfen – an eine Krisis, wie es keine auf Erden gab, an die tiefste Gewissens-Kollision, an eine Entscheidung heraufbeschworen gegen alles, was bis dahin geglaubt, gefordert, geheiligt worden war. Ich bin kein Mensch, ich bin Dynamit. Aber meine Wahrheit ist *furchtbar*, denn man hieß bisher die *Lüge* Wahrheit.«

Dieses Zitat stammt aus Nietzsches Werk *Menschliches, Allzumenschliches*, das den Untertitel *Ein Buch für freie Geister* trägt. Es zeigt zum einen eine gewisse maßlose Selbstübersteigerung, die sich besonders in seiner späten Lebens- und Schaffensphase äußert, zum anderen illustriert es sehr gut, worauf es Nietzsche im Wesentlichen mit seiner Philosophie ankommt: den Kampf gegen die seit Jahrtausenden herrschenden Werte wie Wahrheit, Moral und Glaube. In diesem Kampf war Nietzsche kompromißlos und radikal bis zur Selbstvernichtung, er war ein Mensch, der »über sich hinaus schaffen will und so zugrunde geht«, wie es in seinem vielleicht berühmtesten Werk *Zarathustra* heißt. Wie bei keinem anderen Philosophen ist Nietzsches eigene Existenz mit seinem Denken verbunden. Er selbst war ein *freier Geist*, jemand der sich von traditionellen Lebensgewohnheiten entfernt hat, jemand der »sein entscheidendes Ereignis in einer großen Loslösung gehabt« hat, der ganz vom Willen »zum freien Willen« getrieben war. Diesen Weg ging er mit rücksichtloser Konsequenz und machte sich daran, alle bisher geltenden Werte zu zertrümmern und als Illusion zu entlarven.

Nietzsches Denkweg vollzog sich in drei Phasen. Es waren Wandlungen seines eigenen Lebens und Denkens, die er auch auf die Wandlung des menschlichen Geistes übertrug. Im *Zarathustra* schreibt er: »Drei Verwandlungen nenne ich euch des Geistes: wie der Geist zum Kamele wird, und zum Löwen das Kamel und zum Kinde zuletzt der Löwe.«

Das Kamel repräsentiert die erste geistige Phase der Menschheit, es ist der »tragsame Geist«, dem Ehrfurcht vor einer höheren Macht innewohnt, der an Ideale glaubt und seine kulturellen und moralischen Werte formt: »Der erste Gang: Besser verehren (und gehorchen und lernen) als irgendeiner. Alles Verehrenswerte sammeln und miteinander kämpfen lassen. Alles Schwere tragen.«

Nietzsches eigenes, frühes Wirken ist mit dieser ersten Menschheitsphase vergleichbar. Intensiv beschäftigt er sich mit der Antike. Er verehrt das klassische, griechische Denken und die kulturellen Leistungen der Vergangenheit. Er entdeckt die vorsokratischen Philosophen. Besonders Heraklit wird zu seinem Lehrer. Doch bereits hier zeigt sich Nietzsches ›unzeitgemäßes‹ Denken. Sein philosophisches Jugendwerk *Die Geburt der Tragödie aus dem Geiste der Musik* (1872) entspringt einem tiefen Unbehagen an der eigenen Gegenwart und entwickelt eine völlig neue Deutung des frühen Griechentums. Er entdeckt das Aufkommen eines Menschentypus, der noch unsere Zeit prägt. Es ist der ›theoretische‹, ›apollinische‹ Mensch, der Maß und Ordnung hält und der mit Hilfe der Wissenschaft die Welt zu einem Apparat der Vernunft macht. Sokrates ist für Nietzsche das erste Beispiel eines solchen Menschen: ein Mensch, der alles wissen und dabei zugleich moralisch einwandfrei handeln will. Nietzsche wünscht sich das Wiederaufleben des gegenteiligen, des ›dionysischen‹ Prinzips, das die griechische Tragödie prägte und das Schöpferische, Unkontrollierte, Sinnliche ausdrückt. In der Philosophie Schopenhauers und der Musik Richard Wagners sieht er die Vorboten der neuen, ›dionysisch‹ geprägten Kultur. Wichtige Werke aus der Frühphase sind: *Über Wahrheit und Lüge im außermoralischen Sinne* (1872), *Unzeitgemäße Betrachtungen* (1873–1876), *Schopenhauer als Erzieher* (1874), *Richard Wagner in Bayreuth* (1876).

Der Löwe symbolisiert die zweite Verwandlung des menschlichen Geistes. Er will die Freiheit, er muß gegen überkommene Bildungsideale und Moralvorstellungen kämpfen. Die Epoche des freien Geistes bricht an. Menschheitsgeschichtlich ist es »die Zeit eines großen, inneren Verfalles und Auseinanderfalles«. In Nietzsches Werk beginnt diese mittlere Phase mit der Beendung seiner Universitätslaufbahn, also 1879, mit dem Wanderleben und einer intensiven schriftlichen Produktion. Sein Schreibstil verändert sich. Seine Waffe ist jetzt der *Aphorismus*, der kurze, philosophische Gedankensplitter. Er verkündet den Zusammenbruch aller Werte: »Ich beschreibe, was kommt, was nicht mehr anders kommen kann: die Heraufkunft des Nihilismus.« Damit meint er die bevorstehende Epoche, in der Wahrheit, Glaube und Moral ihre Gültigkeit verloren haben, weil sie als Illusion entlarvt wurden.

Sein Angriff richtet sich besonders gegen die 2000 Jahre alte tragende Säule der abendländischen Kultur: das Christentum. In seinen Augen ist es der Inbegriff des Unnatürlichen und Lebensverneinenden, der Todfeind der Sinnlichkeit, der Freude und des Mutes. Es hat die hiesige, die einzige dem Menschen gegebene Welt zu einem »Jammertal« und »Schein« abgewertet, es hat Gott selbst zu einem »Krankengott« und zum »Widerspruch des Lebens« gemacht. Es hat den Blick auf ein unerreichbares Jenseits gelenkt. So verkündet Nietzsche das größte Ereignis der Gegenwart: »Gott ist tot! […] *Wir haben ihn getötet* – ihr und ich!« Es ist einer der eindringlichsten Texte, der von diesen ungeheuerlichen Neuigkeiten spricht, der Aphorismus 125 in *Die fröhliche Wissenschaft* (1882).

Nietzsches ganzes Trachten zielt darauf ab, die christliche Auffassung des Daseins umzukehren. Unerbittlich kritisiert er die christliche Moral. Kategorien wie ›gut‹ und ›böse‹ spalten die Welt in zwei nicht existierende Lager, Angst und Hoffung legen sich wie eine Zwangsjacke um die Körper, das schlechte Gewissen ist ein innerer Kontrollmechanismus, Tugenden wie Gehorsam, Keuschheit und Ehrfurcht sind Instrumente der Unterwerfung.

Nietzsches Philosophie bedeutet zuerst die Zertrümmerung all dessen, an was der Mensch bisher geglaubt hat. Sie bedeutet aber auch die Hinwendung zum Menschen und die Ermutigung, sich den Sinn selbst zu geben und das eigene Ich zu stärken, denn die ›Umwertung aller Werte‹ geschieht durch den Menschen selbst, durch seine Hinwendung zur Fülle des Lebens.

Wichtige Texte aus der mittleren Phase sind: *Menschliches, Allzumenschliches. Ein Buch für freie Geister* (1878); *Morgenröte. Gedanken über moralische Vorurteile* (1881); *Die fröhliche Wissenschaft* (1882).

Damit ist die dritte Phase erreicht, die des *Kindes*. Es repräsentiert den Neubeginn. Es überwindet den Nihilismus, und es sagt ›Ja‹ zum Leben und zur Welt im Hier und Jetzt. Der Mensch dieser neuen, unschuldigen Zeit hat keinen Gott oder anderen Menschen über sich, er übernimmt Verantwortung für sich selbst. Er ist ein Schaffender, der ständig über sich selbst hinausdrängt. Er ist ein »Übergang und ein Untergang«, wie Nietzsche im *Zarathustra* schreibt, dem Werk, das auch den Übergang zu seiner dritten und letzten Schaffensphase herstellt. Hier entwickelt er die drei Konzepte, für die seine Philosophie berühmt geworden ist: das des *Übermenschen*, des *Willens zur Macht* und der *Ewigen Wiederkunft des Gleichen*.

Der *Übermensch*, dieser »Blitz aus der dunklen Wolke Mensch«, wird zum ersten Mal im *Zarathustra* verkündet, dem dichterischsten aller Werke Nietzsches. Er ist die Überwindung des jetzigen Menschen, weil er um den Tod Gottes weiß, sich deswegen der Erde und dem Leben hingibt und voller Freude ›Ja‹ dazu sagt. Das irdische Dasein faßt Nietzsche grundsätzlich als *Willen zur Macht* – ein Leitbegriff, der sich leicht verbiegen läßt. Er bedeutet nicht den Willen zur Macht über andere, sondern muß als ›Wille zum Leben‹ gedeutet werden, als eine Art Trieb- und Instinkthaftigkeit, ähnlich wie dies Schopenhauer in seinem Begriff vom ›Willen‹ entwickelt hat. Für Nietzsche stellt der *Wille zur Macht* einen Gegenpol zu Moral und Wahrheit dar. Anstatt »du sollst!« sagt der Übermensch »ich will!«.

Der Übermensch ist schließlich auch derjenige, der die *ewige Wiederkehr des Gleichen* aushalten kann. Gemeint ist damit der Gedanke, daß sich alles in einem unendlichen Kreislauf wiederholt. Die Geschichte entwickelt sich nicht linear und zweckgerichtet, sondern »alles geht, alles kommt zurück; ewig rollt das Rad des Seins«. Dieser Gedanke findet sich bereits bei einigen Vorsokratikern, etwa Parmenides und Heraklit, die Nietzsche sehr beeinflußt haben. Er umschließt die Vorstellung, daß die Zeit und das Sein unendlich sind und deswegen jede mögliche Kombination der Dinge irgendwann schon einmal erreicht gewesen sein muß. Es nützt nichts, zu glauben, es gäbe ein höheres Ziel. Es ist besser, das Dasein mit allem, was es zu bieten hat, und dem, was immer wiederkommt, zu bejahen. In *Ecce homo*, seiner Autobiographie, schreibt Nietzsche: »Meine Formel für die Größe am Menschen ist *amor fati* (lat. Liebe zum Schicksal): daß man nichts anderes haben will, vorwärts nicht, rückwärts nicht, in alle Ewigkeit nicht. Das Notwendige nicht bloß ertragen, noch weniger verhehlen – aller Idealismus ist Verlogenheit vor dem Notwendigen –, sondern es zu lieben.« In der Liebe zum Schicksal liegt für Nietzsche die Überwindung des Nihilismus.

Die wichtigsten Werk aus der letzten Phase, dem »stürmischen Finale« (Giorgio Colli) sind: *Also sprach Zarathustra. Ein Buch für alle und keinen* (1884–1886); *Jenseits von Gut und Böse. Vorspiel einer Philosophie der Vernunft* (1886); *Zur Genealogie der Moral* (1887); *Götzendämmerung oder Wie man mit dem Hammer philosophiert* (1889) und *Der Antichrist. Fluch auf das Christentum* (1889).

Erst seit 1890, also nach Nietzsches Zusammenbruch, setzte die Auseinandersetzung mit seinem Werk ein. Er wurde schnell zu einer Kultfigur. Besonders die kulturelle Avantgarde entdeckte Nietzsche für sich: August Strindberg und Henrik Ibsen gehörten zu den Ersten, die die Größe seines Denkens erkannten. Tief beeinflußt vom Vitalismus und der ungeheuren Sprachkraft seiner Philosophie waren auch Dichter wie Hugo von Hofmannsthal, Rainer Maria Rilke, Thomas Mann, Alfred Döblin, Bertolt Brecht und viele andere. Im 20. Jahrhundert war es der Philosoph Martin Heidegger, der die Gedanken Nietzsches zu einem wesentlichen Moment seines eigenen Denkens machte, ebenso Karl Jaspers, der auch als Psychologe Zugang zu Nietzsches Denken suchte. Ähnlich waren die französischen Poststrukturalisten Jacques Derrida und Michel Foucault von ihm beeinflußt.

Allerdings ist erst dank der seit Ende der 60er Jahre erscheinenden Gesamtausgabe von Giorgio Colli und Mazzino Montinari ein objektiver Überblick über Nietzsches Gesamtwerk möglich. Die ersten Ausgaben waren teilweise von den Verwaltern seines Nachlasses, besonders von seiner Schwester Elisabeth Förster-Nietzsche, die das Nietzsche-Archiv gegründet hatte, verfälscht worden. Eine Zusammenfassung von Schriften, die im Nachhinein als *Wille zur Macht* benannt und erst nach Nietzsches Tod herausgegeben wurden, waren von der Schwester im Sinne faschistischer und antisemitischer Aussagen bewußt verändert worden.

Diese Textsammlung stellt drei, für jede Schaffensphase Nietzsches repräsentative Schriften vor: *Über Wahrheit und Lüge im außermoralischen Sinne* steht für das Frühwerk, Auszüge aus der Aphorismensammlung *Menschliches, Allzumenschliches* für das mittlere Werk und *Also sprach Zarathustra* für das Spätwerk.

Über Wahrheit und Lüge im außermoralischen Sinn

1

In irgendeinem abgelegenen Winkel des in zahllosen Sonnensystemen flimmernd ausgegossenen Weltalls gab es einmal ein Gestirn, auf dem kluge Tiere das Erkennen erfanden. Es war die hochmütigste und verlogenste Minute der »Weltgeschichte«; aber doch nur eine Minute. Nach wenigen Atemzügen der Natur erstarrte das Gestirn, und die klugen Tiere mußten sterben. – So könnte jemand eine Fabel erfinden und würde doch nicht genügend illustriert haben, wie kläglich, wie schattenhaft und flüchtig, wie zwecklos und beliebig sich der menschliche Intellekt innerhalb der Natur ausnimmt. Es gab Ewigkeiten, in denen er nicht war; wenn es wieder mit ihm vorbei ist, wird sich nichts begeben haben. Denn es gibt für jenen Intellekt keine weitere Mission, die über das Menschenleben hinausführte. Sondern menschlich ist er, und nur sein Besitzer und Erzeuger nimmt ihn so pathetisch, als ob die Angeln der Welt sich in ihm drehten. Könnten wir uns aber mit der Mücke verständigen, so würden wir vernehmen, daß auch sie mit diesem Pathos durch die Luft schwimmt und in sich das fliegende Zentrum dieser Welt fühlt. Es ist nichts so verwerflich und gering in der Natur, was nicht durch einen kleinen Anhauch jener Kraft des Erkennens sofort wie ein Schlauch aufgeschwellt würde; und wie jeder Lastträger seinen Bewunderer haben will, so meint gar der stolzeste Mensch, der Philosoph, von allen Seiten die Augen des Weltalls teleskopisch auf sein Handeln und Denken gerichtet zu sehen.

Es ist merkwürdig, daß dies der Intellekt zustande bringt, er, der doch gerade nur als Hilfsmittel den unglücklichsten, delikatesten, vergänglichsten Wesen beigegeben ist, um sie eine Minute im Dasein festzuhalten, aus dem sie sonst, ohne jene Beigabe, so schnell wie Lessings Sohn zu flüchten allen Grund hätten. Jener mit dem Erkennen und Empfinden verbundene Hochmut, verblendende Nebel über die Augen und Sinne der Menschen legend, täuscht sich also über den Wert des Daseins, dadurch, daß er über das Erkennen selbst die schmeichelhafteste Wertschätzung in sich trägt. Seine allgemeinste Wirkung ist Täuschung – aber auch die einzelsten Wirkungen tragen etwas von gleichem Charakter an sich.

Der Intellekt als Mittel zur Erhaltung des Individuums entfaltet seine Hauptkräfte in der Verstellung; denn diese ist das Mittel, durch das die schwächeren, weniger robusten Individuen sich erhalten, als welchen einen Kampf um die Existenz mit Hörnern oder scharfem Raubtier-Gebiß zu führen versagt ist. Im Menschen kommt diese Verstellungskunst auf ihren Gipfel: hier ist die Täuschung, das Schmeicheln, Lügen und Trügen, das Hinter-dem-Rücken-Reden, das Repräsentieren, das im erborgten Glanze leben, das Maskiertsein, die verhüllende Konvention, das Bühnenspiel vor anderen und vor sich selbst, kurz das fortwährende Herumflattern um die *eine* Flamme Eitelkeit so sehr die Regel und das Gesetz, daß fast nichts unbegreiflicher ist, als wie unter den Menschen ein ehrlicher und reiner Trieb zur Wahrheit aufkommen konnte. Sie sind tief eingetaucht in Illusionen und Traumbilder, ihr Auge gleitet nur auf der Oberfläche der Dinge herum und sieht »Formen«, ihre Empfindung führt nirgends in die Wahrheit, sondern begnügt sich, Reize zu empfangen und gleichsam ein tastendes Spiel auf dem Rücken der Dinge zu spielen. Dazu läßt sich der Mensch nachts ein Leben hindurch im Traume belügen, ohne daß sein moralisches Gefühl dies je zu verhindern suchte: während es Menschen geben soll, die durch starken Willen das Schnarchen beseitigt haben. Was weiß der Mensch eigentlich von sich selbst! Ja, vermöchte er auch nur sich einmal vollständig, hingelegt wie in einen erleuchteten Glaskasten, zu perzipieren? Verschweigt die Natur ihm nicht das allermeiste, selbst über seinen Körper, um ihn, abseits von den Windungen der Gedärme, dem raschen Fluß der Blutströme, den verwickelten Fasererzitterungen, in ein stolzes gauklerisches Bewußtsein zu bannen und einzuschließen! Sie warf den Schlüssel weg: und wehe der verhängnisvollen Neubegier, die durch eine Spalte einmal aus dem Bewußtseinszimmer heraus und hinab zu sehen vermöchte und die jetzt ahnte, daß auf dem

Erbarmungslosen, dem Gierigen, dem Unersättlichen, dem Mörderischen der Mensch ruht in der Gleichgültigkeit seines Nichtwissens und gleichsam auf dem Rücken eines Tigers in Träumen hängend. Woher, in aller Welt, bei dieser Konstellation der Trieb zur Wahrheit!

Soweit das Individuum sich gegenüber andern Individuen erhalten will, benutzt es in einem natürlichen Zustand der Dinge den Intellekt zumeist nur zur Verstellung: weil aber der Mensch zugleich aus Not und Langeweile gesellschaftlich und herdenweise existieren will, braucht er einen Friedensschluß und trachtet danach, daß wenigstens das allergrößte *bellum omnium contra omnes* aus seiner Welt verschwinde. Dieser Friedensschluß bringt etwas mit sich, was wie der erste Schritt zur Erlangung jenes rätselhaften Wahrheitstriebes aussieht. Jetzt wird nämlich das fixiert, was von nun an »Wahrheit« sein soll, das heißt, es wird eine gleichmäßig gültige und verbindliche Bezeichnung der Dinge erfunden, und die Gesetzgebung der Sprache gibt auch die ersten Gesetze der Wahrheit: denn es entsteht hier zum ersten Male der Kontrast von Wahrheit und Lüge. Der Lügner gebraucht die gültigen Bezeichnungen, die Worte, um das Unwirkliche als wirklich erscheinen zu machen; er sagt zum Beispiel: »Ich bin reich«, während für seinen Zustand gerade »arm« die richtige Bezeichnung wäre. Er mißbraucht die festen Konventionen durch beliebige Vertauschungen oder gar Umkehrungen der Namen. Wenn er dies in eigennütziger und übrigens Schaden bringender Weise tut, so wird ihm die Gesellschaft nicht mehr trauen und ihn dadurch von sich ausschließen. Die Menschen fliehen dabei das Betrogenwerden nicht so sehr als das Beschädigtwerden durch Betrug: sie hassen, auch auf dieser Stufe, im Grunde nicht die Täuschung, sondern die schlimmen, feindseligen Folgen gewisser Gattungen von Täuschungen. In einem ähnlichen beschränkten Sinne will der Mensch auch nur die Wahrheit: er begehrt die angenehmen, Leben erhaltenden Folgen der Wahrheit, gegen die reine folgenlose Erkenntnis ist er gleichgültig, gegen die vielleicht schädlichen und zerstörenden Wahrheiten sogar feindlich gestimmt. Und überdies: wie steht es mit jenen Konventionen der Sprache? Sind sie vielleicht Erzeugnisse der Erkenntnis, des Wahrheitssinnes, decken sich die Bezeichnungen und die Dinge? Ist die Sprache der adäquate Ausdruck aller Realitäten?

Nur durch die Vergeßlichkeit kann der Mensch je dazu kommen zu wähnen, er besitze eine »Wahrheit« in dem eben bezeichneten Grade. Wenn er sich nicht mit der Wahrheit in der Form der Tautologie, das heißt mit leeren Hülsen begnügen will, so wird er ewig Illusionen für

Wahrheiten einhandeln. Was ist ein Wort? Die Abbildung eines Nervenreizes in Lauten. Von dem Nervenreiz aber weiterzuschließen auf eine Ursache außer uns, ist bereits das Resultat einer falschen und unberechtigten Anwendung des Satzes vom Grunde. Wie dürften wir, wenn die Wahrheit bei der Genesis der Sprache, der Gesichtspunkt der Gewißheit bei den Bezeichnungen allein entscheidend gewesen wäre, wie dürften wir doch sagen: der Stein ist hart: als ob uns »hart« noch sonst bekannt wäre, und nicht nur als eine ganz subjektive Reizung! Wir teilen die Dinge nach Geschlechtern ein, wir bezeichnen den Baum als männlich, die Pflanze als weiblich: welche willkürlichen Übertragungen! Wie weit hinausgeflogen über den Kanon der Gewißheit! Wir reden von einer »Schlange«: die Bezeichnung trifft nichts als das Sichwinden, könnte also auch dem Wurme zukommen. Welche willkürlichen Abgrenzungen, welche einseitigen Bevorzugungen bald der, bald jener Eigenschaft eines Dinges! Die verschiedenen Sprachen, nebeneinandergestellt, zeigen, daß es bei den Worten nie auf die Wahrheit, nie auf einen adäquaten Ausdruck ankommt: denn sonst gäbe es nicht so viele Sprachen. Das »Ding an sich« (das würde eben die reine folgenlose Wahrheit sein) ist auch dem Sprachbildner ganz unfaßlich und ganz und gar nicht erstrebenswert. Er bezeichnet nur die Relationen der Dinge zu den Menschen und nimmt zu deren Ausdruck die kühnsten Metaphern zu Hilfe. Ein Nervenreiz, zuerst übertragen in ein Bild! Erste Metapher. Das Bild wird nachgeformt in einem Laut! Zweite Metapher. Und jedesmal vollständiges Überspringen der Sphäre, mitten hinein in eine ganz andre und neue. Man kann sich einen Menschen denken, der ganz taub ist und nie eine Empfindung des Tones und der Musik gehabt hat: wie dieser etwa die chladnischen Klangfiguren im Sande anstaunt, ihre Ursachen im Erzittern der Saite findet und nun darauf schwören wird, jetzt müsse es wissen, was die Menschen den »Ton« nennen, so geht es uns allen mit der Sprache. Wir glauben etwas von den Dingen selbst zu wissen, wenn wir von Bäumen, Farben, Schnee und Blumen reden, und besitzen doch nichts als Metaphern der Dinge, die den ursprünglichen Wesenheiten ganz und gar nicht entsprechen. Wie der Ton als Sandfigur, so nimmt sich das rätselhafte X des Dings an sich einmal als Nervenreiz, dann als Bild, endlich als Laut aus. Logisch geht es also jedenfalls nicht bei der Entstehung der Sprache zu, und das ganze Material, worin und womit später der Mensch der Wahrheit, der Forscher, der Philosoph arbeitet und baut, stammt, wenn nicht aus Wolkenkuckucksheim, so doch jedenfalls nicht aus dem Wesen der Dinge.

Denken wir besonders noch an die Bildung der Begriffe. Jedes Wort wird sofort dadurch Begriff, daß es eben nicht für das einmalige ganz und gar individualisierte Urerlebnis, dem es sein Entstehen verdankt, etwa als Erinnerung dienen soll, sondern zugleich für zahllose, mehr oder weniger ähnliche, das heißt streng genommen niemals gleiche, also auf lauter ungleiche Fälle passen muß. Jeder Begriff entsteht durch Gleichsetzen des Nichtgleichen. So gewiß nie ein Blatt einem andern ganz gleich ist, so gewiß ist der Begriff Blatt durch beliebiges Fallenlassen dieser individuellen Verschiedenheiten, durch ein Vergessen des Unterscheidenden gebildet und erweckt nun die Vorstellung, als ob es in der Natur außer den Blättern etwas gäbe, das »Blatt« wäre, etwa eine Urform, nach der alle Blätter gewebt, gezeichnet, abgezirkelt, gefärbt, gekräuselt, bemalt wären, aber von ungeschickten Händen, so daß kein Exemplar korrekt und zuverlässig als treues Abbild der Urform ausgefallen wäre. Wir nennen einen Menschen »ehrlich«; warum hat er heute so ehrlich gehandelt? fragen wir. Unsere Antwort pflegt zu lauten: seiner Ehrlichkeit wegen. Die Ehrlichkeit! Das heißt wieder: das Blatt ist die Ursache der Blätter. Wir wissen ja gar nichts von einer wesenhaften Qualität, die »die Ehrlichkeit« hieße, wohl aber von zahlreichen individualisierten, somit ungleichen Handlungen, die wir durch Weglassen des Ungleichen gleichsetzen und jetzt als ehrliche Handlungen bezeichnen; zuletzt formulieren wir aus ihnen eine *qualitas occulta* mit dem Namen: »die Ehrlichkeit«. Das Übersehen des Individuellen und Wirklichen gibt uns den Begriff, wie es uns auch die Form gibt, wohingegen die Natur keine Formen und Begriffe, also auch keine Gattungen kennt, sondern nur ein für uns unzugängliches und undefinierbares X. Denn auch unser Gegensatz von Individuum und Gattung ist anthropomorphisch und entstammt nicht dem Wesen der Dinge, wenn wir auch nicht zu sagen wagen, daß er ihm nicht entspricht: das wäre nämlich eine dogmatische Behauptung und als solche ebenso unerweislich wie ihr Gegenteil.

Was ist also Wahrheit? Ein bewegliches Heer von Metaphern, Metonymien, Anthropomorphismen, kurz eine Summe von menschlichen Relationen, die, poetisch und rhetorisch gesteigert, übertragen, geschmückt wurden und die nach langem Gebrauch einem Volke fest, kanonisch und verbindlich dünken: die Wahrheiten sind Illusionen, von denen man vergessen hat, daß sie welche sind, Metaphern, die abgenutzt und sinnlich kraftlos geworden sind, Münzen, die ihr Bild verloren haben und nun als Metall, nicht mehr als Münzen, in Betracht kommen.

Wir wissen immer noch nicht, woher der Trieb zur Wahrheit stammt: denn bis jetzt haben wir nur von der Verpflichtung gehört, die die Gesellschaft, um zu existieren, stellt: wahrhaft zu sein, das heißt die usuellen Metaphern zu brauchen, also moralisch ausgedrückt: von der Verpflichtung, nach einer festen Konvention zu lügen, herdenweise in einem für alle verbindlichen Stile zu lügen. Nun vergißt freilich der Mensch, daß es so mit ihm steht; er lügt also in der bezeichneten Weise unbewußt und nach hundertjährigen Gewöhnungen – und kommt eben *durch diese Unbewußtheit*, eben durch dies Vergessen zum Gefühl der Wahrheit. An dem Gefühl, verpflichtet zu sein, ein Ding als »rot«, ein anderes als »kalt«, ein drittes als »stumm« zu bezeichnen, erwacht eine moralische, auf Wahrheit sich beziehende Regung: aus dem Gegensatz des Lügners, dem niemand traut, den alle ausschließen, demonstriert sich der Mensch das Ehrwürdige, Zutrauliche und Nützliche der Wahrheit. Er stellt jetzt sein Handeln als *»vernünftiges«* Wesen unter die Herrschaft der Abstraktionen; er leidet es nicht mehr, durch die plötzlichen Eindrücke, durch die Anschauungen fortgerissen zu werden, er verallgemeinert alle diese Eindrücke erst zu entfärbteren, kühleren Begriffen, um an sie das Fahrzeug seines Lebens und Handelns anzuknüpfen. Alles, was den Menschen gegen das Tier abhebt, hängt von dieser Fähigkeit ab, die anschaulichen Metaphern zu einem Schema zu verflüchtigen, also ein Bild in einen Begriff aufzulösen. Im Bereich jener Schemata nämlich ist etwas möglich, was niemals unter den anschaulichen ersten Eindrücken gelingen möchte: eine pyramidale Ordnung nach Kasten und Graden aufzubauen, eine neue Welt von Gesetzen, Privilegien, Unterordnungen, Grenzbestimmungen zu schaffen, die nun der andern anschaulichen Welt der ersten Eindrücke gegenübertritt als das Festere, Allgemeinere, Bekanntere, Menschlichere und daher als das Regulierende und Imperativische. Während jede Anschauungsmetapher individuell und ohne ihresgleichen ist und deshalb allem Rubrizieren immer zu entfliehen weiß, zeigt der große Bau der Begriffe die starre Regelmäßigkeit eines römischen Kolumbariums und atmet in der Logik jene Strenge und Kühle aus, die der Mathematik zu eigen ist. Wer von dieser Kühle angehaucht wird, wird es kaum glauben, daß auch der Begriff, knöchern und achteckig wie ein Würfel und versetzbar wie jener, doch nur als das *Residuum einer Metapher* übrigbleibt, und daß die Illusion der künstlerischen Übertragung eines Nervenreizes in Bilder, wenn nicht die Mutter, so doch die Großmutter eines jeden Begriffs ist. Innerhalb dieses Würfelspiels der Begriffe heißt aber »Wahrheit«, jeden Würfel so zu gebrauchen, wie er bezeichnet ist, genau seine Augen zu zählen, richtige Rubriken zu bilden und nie gegen die Kastenordnung und gegen die Reihenfolge der Rangklassen zu verstoßen. Wie die Römer und Etrusker sich den Himmel durch starke mathematische Linien zerschnitten und in einem solchermaßen abgegrenzten Raum als in ein *templum*, einen Gott bannten, so hat jedes Volk über sich einen solchen mathematisch zerteilten Begriffshimmel und versteht nun unter der Forderung der Wahrheit, daß jeder Begriffsgott nur in *seiner* Sphäre gesucht werde. Man darf hier den Menschen wohl bewundern als ein gewaltiges Baugenie, dem auf beweglichen Fundamenten und gleichsam auf fließendem Wasser das Auftürmen eines unendlich komplizierten Begriffsdomes gelingt – freilich, um auf solchen Fundamenten Halt zu finden, muß es ein Bau wie aus Spinnefäden sein, so zart, um von der Welle mit fortgetragen, so fest, um nicht von jedem Winde auseinandergeblasen zu werden. Als Baugenie hebt sich solchermaßen der Mensch weit über die Biene: diese baut aus Wachs, das sie aus der Natur zusammenholt, er aus dem weit zarteren Stoff der Begriffe, die er erst aus sich fabrizieren muß. Er ist hier sehr zu bewundern – aber nur nicht wegen seines Triebes zur Wahrheit, zum reinen Erkennen der Dinge. Wenn jemand ein Ding hinter einem Busche versteckt, es ebendort wieder sucht und auch findet, so ist an diesem Suchen und Finden nicht viel zu rühmen: so aber steht es mit dem Suchen und Finden der »Wahrheit« innerhalb des Vernunft-Bezirkes. Wenn ich die Definition des Säugetieres mache und dann erkläre nach Besichtigung eines Kamels: »Siehe, ein Säugetier«, so wird damit eine Wahrheit zwar ans Licht gebracht, aber sie ist von begrenztem Werte, ich meine, sie ist durch und durch anthropomorphisch und enthält keinen einzigen Punkt, der »wahr an sich«, wirklich und allgemeingültig, abgesehen von dem Menschen, wäre. Der Forscher nach solchen Wahrheiten sucht im Grunde nur die Metamorphose der Welt in den Menschen, er ringt nach einem Verstehen der Welt als eines menschenartigen Dinges und erkämpft sich besten Falles das Gefühl einer Assimilation. Ähnlich wie der Astrolog die Sterne im Dienste der Menschen und im Zusammenhange mit ihrem Glück und Leid betrachtete, so betrachtet ein solcher Forscher die ganze Welt als geknüpft an den Menschen, als den unendlich gebrochenen Wiederklang eines Urklanges, des Menschen, als das vervielfältigte Abbild des einen Urbildes, des Menschen. Sein Verfahren ist, den Menschen als Maß an alle Dinge zu halten: wobei er aber von dem Irrtum ausgeht, zu glauben, er habe diese Dinge unmittelbar, als reine Objekte vor sich. Er vergißt also die originalen Anschauungsmetaphern als Metaphern und nimmt sie als die Dinge selbst.

Nur durch das Vergessen jener primitiven Metapherwelt, nur durch das Hart- und Starrwerden einer ursprünglichen, in hitziger Flüssigkeit aus dem Urvermögen menschlicher Phantasie hervorströmenden Bildermasse, nur durch den unbesiegbaren Glauben, *diese* Sonne, *dieses* Fenster, *dieser* Tisch sei eine Wahrheit an sich, kurz nur dadurch, daß der Mensch sich als Subjekt, und zwar als *künstlerisch schaffendes* Subjekt, vergißt, lebt er mit einiger Ruhe, Sicherheit und Konsequenz: wenn er einen Augenblick nur aus den Gefängniswänden dieses Glaubens herauskönnte, so wäre es sofort mit seinem »Selbstbewußtsein« vorbei. Schon dies kostet ihn Mühe, sich einzugestehen, wie das Insekt oder der Vogel eine ganz andere Welt perzipieren als der Mensch, und daß die Frage, welche von beiden Weltperzeptionen richtiger ist, eine ganz sinnlose ist, da hierzu bereits mit dem Maßstabe der *richtigen Perzeption*, das heißt mit einem *nicht vorhandenen* Maßstabe, gemessen werden müßte. Überhaupt aber scheint mir »die richtige Perzeption« – das würde heißen: der adäquate Ausdruck eines Objekts im Subjekt – ein widerspruchsvolles Unding: denn zwischen zwei absolut verschiedenen Sphären, wie zwischen Subjekt und Objekt, gibt es keine Kausalität, keine Richtigkeit, keinen Ausdruck, sondern höchstens ein *ästhetisches* Verhalten, ich meine eine andeutende Übertragung, eine nachstammelnde Übersetzung in eine ganz fremde Sprache: wozu es aber jedenfalls einer frei dichtenden und frei erfindenden Mittelsphäre und Mittelkraft bedarf. Das Wort »Erscheinung« enthält viele Verführungen, weshalb ich es möglichst vermeide: denn es ist nicht wahr, daß das Wesen der Dinge in der empirischen Welt erscheint. Ein Maler, dem die Hände fehlen und der durch Gesang das ihm vorschwebende Bild ausdrücken wollte, wird immer noch mehr bei dieser Vertauschung der Sphären verraten, als die empirische Welt vom Wesen der Dinge verrät. Selbst das Verhältnis eines Nervenreizes zu dem hervorgebrachten Bilde ist an sich kein notwendiges: wenn aber dasselbe Bild millionenmal hervorgebracht und durch viele Menschengeschlechter hindurch vererbt ist, ja zuletzt bei der gesamten Menschheit jedesmal infolge desselben Anlasses erscheint, so bekommt es endlich für den Menschen dieselbe Bedeutung, als ob es das einzig notwendige Bild sei und als ob jenes Verhältnis des ursprünglichen Nervenreizes zu dem hergebrachten Bilde ein strenges Kausalitätsverhältnis sei: wie ein Traum, ewig wiederholt, durchaus als Wirklichkeit empfunden und beurteilt werden würde. Aber das Hart- und Starr-Werden einer Metapher verbürgt durchaus nichts für die Notwendigkeit und ausschließliche Berechtigung dieser Metapher.

Es hat gewiß jeder Mensch, der in solchen Betrachtungen heimisch ist, gegen jeden derartigen Idealismus ein tiefes Mißtrauen empfunden, so oft er sich einmal recht deutlich von der ewigen Konsequenz, Allgegenwärtigkeit und Unfehlbarkeit der Naturgesetze überzeugte; er hat den Schluß gemacht: hier ist alles, soweit wir dringen, nach der Höhe der teleskopischen und nach der Tiefe der mikroskopischen Welt so sicher ausgebaut, endlos, gesetzmäßig und ohne Lücken; die Wissenschaft wird ewig in diesen Schachten mit Erfolg zu graben haben, und alles Gefundene wird zusammenstimmen und sich nicht widersprechen. Wie wenig gleicht dies einem Phantasieerzeugnis: denn wenn es dies wäre, müßte es doch irgendwo den Schein und die Unrealität erraten lassen. Dagegen ist einmal zu sagen: hätten wir noch, jeder für sich, eine verschiedenartige Sinnesempfindung, könnten wir selbst nur bald als Vogel, bald als Wurm, bald als Pflanze perzipieren oder sähe der eine von uns denselben Reiz als rot, der andere als blau, hörte ein dritter ihn sogar als Ton, so würde niemand von einer solchen Gesetzmäßigkeit der Natur reden, sondern sie nur als ein höchst subjektives Gebilde begreifen. Sodann: was ist für uns überhaupt ein Naturgesetz? Es ist uns nicht an sich bekannt, sondern nur in seinen Wirkungen, das heißt in seinen Relationen zu andern Naturgesetzen, die uns wieder nur als Summen von Relationen bekannt sind. Also verweisen alle diese Relationen immer nur wieder aufeinander und sind uns ihrem Wesen nach unverständlich durch und durch; nur das, was wir hinzubringen, die Zeit, der Raum, also Sukzessionsverhältnisse und Zahlen, sind uns wirklich daran bekannt. Alles Wunderbare aber, das wir gerade an den Naturgesetzen anstaunen, das unsere Erklärung fordert und uns zum Mißtrauen gegen den Idealismus verführen könnte, liegt gerade und ganz allein nur in der mathematischen Strenge und Unverbrüchlichkeit der Zeit, und Raum-Vorstellungen. Diese aber produzieren wir in uns und aus uns mit jener Notwendigkeit, mit der die Spinne spinnt; wenn wir gezwungen sind, alle Dinge nur unter diesen Formen zu begreifen, so ist es dann nicht mehr wunderbar, daß wir an allen Dingen eigentlich nur eben diese Formen begreifen: denn sie alle müssen die Gesetze der Zahl an sich tragen, und die Zahl gerade ist das Erstaunlichste in den Dingen. Alle Gesetzmäßigkeit, die uns im Sternenlauf und im chemischen Prozeß so imponiert, fällt im Grunde mit jenen Eigenschaften zusammen, die wir selbst an die Dinge heranbringen, so daß wir damit uns selber imponieren. Dabei ergibt sich allerdings, daß jene künstlerische Metapherbildung, mit der in uns jede Empfindung beginnt, bereits jene Formen voraussetzt, also in ihnen vollzogen wird; nur aus dem festen Verharren dieser Urformen erklärt sich die Möglichkeit, wie nachher wieder aus den Metaphern selbst ein Bau der Begriffe konstituiert werden konnte. Dieser ist nämlich eine Nachahmung der Zeit-, Raum- und Zahlenverhältnisse auf dem Boden der Metaphern.

2

An dem Bau der Begriffe arbeitet ursprünglich, wie wir sahen, die *Sprache*, in späteren Zeiten die *Wissenschaft*. Wie die Biene zugleich an den Zellen baut und die Zellen mit Honig füllt, so arbeitet die Wissenschaft unaufhaltsam an jenem großen Kolumbarium der Begriffe, der Begräbnisstätte der Anschauungen, baut immer neue und höhere Stockwerke, stützt, reinigt, erneut die alten Zellen und ist vor allem bemüht, jenes ins Ungeheure aufgetürmte Fachwerk zu füllen und die ganze empirische Welt, das heißt die anthropomorphische Welt, hineinzuordnen. Wenn schon der handelnde Mensch sein Leben an die Vernunft und ihre Begriffe bindet, um nicht fortgeschwemmt zu werden und sich nicht selbst zu verlieren, so baut der Forscher seine Hütte dicht an den Turmbau der Wissenschaft, um an ihm mithelfen zu können und selbst Schutz unter dem vorhandenen Bollwerk zu finden. Und Schutz braucht er: denn es gibt furchtbare Mächte, die fortwährend auf ihn eindringen und die der wissenschaftlichen »Wahrheit« ganz anders geartete »Wahrheiten« mit den verschiedenartigsten Schildzeichen entgegenhalten.

Jener Trieb zur Metapherbildung, jener Fundamentaltrieb des Menschen, den man keinen Augenblick wegrechnen kann, weil man damit den Menschen selbst wegrechnen würde, ist dadurch, daß aus seinen verflüchtigten Erzeugnissen, den Begriffen, eine reguläre und starre neue Welt als eine Zwingburg für ihn gebaut wird, in Wahrheit nicht bezwungen und kaum gebändigt. Er sucht sich ein neues Bereich seines Wirkens und ein anderes Flußbett und findet es im *Mythus* und überhaupt in der *Kunst*. Fortwährend verwirrt er die Rubriken und Zellen der Begriffe dadurch, daß er neue Übertragungen, Metaphern, Metonymien hinstellt, fortwährend zeigt er die Begierde, die vorhandene Welt des wachen Menschen so bunt unregelmäßig, folgenlos unzusammenhängend, reizvoll und ewig neu zu gestalten, wie es die Welt des Traumes ist. An sich ist ja der wache Mensch nur durch das starre und regelmäßige Begriffsgespinst darüber im klaren, daß er wache, und kommt eben deshalb mitunter in den Glauben, er träume, wenn jenes Begriffsgespinst einmal durch die Kunst zerrissen wird. Pascal hat recht, wenn er behauptet, daß wir, wenn uns jede Nacht derselbe Traum käme, davon ebenso beschäftigt würden als von den Dingen, die wir jeden Tag sehen: »Wenn ein Handwerker gewiß wäre, jede Nacht zu träumen, volle zwölf Stunden hindurch, daß er König sei, so glaube ich«, sagt Pascal, »daß er ebenso glücklich wäre als ein König, welcher alle Nächte während zwölf Stunden träumte, er sei Handwerker.« Der wache Tag eines mythisch erregten Volkes, etwa der älteren Griechen, ist durch das fortwährend wirkende Wunder, wie es der Mythus annimmt, in der Tat dem Traume ähnlicher als dem Tag des wissenschaftlich ernüchterten Denkers. Wenn jeder Baum einmal als Nymphe reden oder unter der Hülle eines Stieres ein Gott Jungfrauen wegschleppen kann, wenn die Göttin Athene selbst plötzlich gesehn wird, wie sie mit einem schönen Gespann in der Begleitung des Pisistratus durch die Märkte Athens fährt – und das glaubte der ehrliche Athener –, so ist in jedem Augenblicke wie im Traume alles möglich, und die ganze Natur umschwärmt den Menschen, als ob sie nur die Maskerade der Götter wäre, die sich nur einen Scherz daraus machten, in allen Gestalten den Menschen zu täuschen.

Der Mensch selbst aber hat einen unbesiegbaren Hang, sich täuschen zu lassen, und ist wie bezaubert vor Glück, wenn der Rhapsode ihm epische Märchen wie wahr erzählt oder der Schauspieler im Schauspiel den König noch königlicher agiert, als ihn die Wirklichkeit zeigt. Der Intellekt, jener Meister der Verstellung, ist so lange frei und seinem sonstigen Sklavendienste enthoben, als er täuschen kann, ohne zu *schaden*, und feiert dann seine Saturnalien. Nie ist er üppiger, reicher, stolzer, gewandter und verwegener: mit schöpferischem Behagen wirft er die Metaphern durcheinander und verrückt die Grenzsteine der Abstraktionen, so daß er zum Beispiel den Strom als den beweglichen Weg bezeichnet, der den Menschen trägt, dorthin, wohin er sonst geht. Jetzt hat er das Zeichen der Dienstbarkeit von sich geworfen: sonst mit trübsinniger Geschäftigkeit bemüht, einem armen Individuum, dem es nach Dasein gelüstet, den Weg und die Werkzeuge zu zeigen, und wie ein Diener für seinen Herrn auf Raub und Beute ausziehend, ist er jetzt zum Herrn geworden und darf den Ausdruck der Bedürftigkeit aus seinen Mienen wegwischen. Was er jetzt auch tut, alles trägt im Vergleich mit seinem früheren Tun die Verstellung, wie das frühere die Verzerrung an sich. Er kopiert das Menschenleben, nimmt es aber für eine gute Sache und scheint mit ihm sich recht zufrieden zu geben. Jenes ungeheure Gebälk und Bretterwerk der Begriffe, an das sich klammernd der bedürftige Mensch sich durch das Leben rettet, ist dem freigewordnen Intellekt nur ein Gerüst und ein Spielzeug für seine verwegensten Kunststücke: und wenn er es zerschlägt, durcheinanderwirft, ironisch wieder zusammensetzt, das Fremdeste paarend und das Nächste trennend, so offenbart er, daß er jene Notbehelfe der Bedürftigkeit nicht braucht und daß er jetzt nicht von Begriffen, sondern von Intuitionen geleitet wird. Von diesen Intuitionen aus führt kein regelmäßiger Weg in das Land der gespenstischen Schemata, der Abstraktionen: für sie ist das Wort nicht gemacht, der Mensch verstummt, wenn er sie sieht, oder redet in lauter verbotenen Metaphern und unerhörten Begriffsfügungen, um wenigstens durch das Zertrümmern und Verhöhnen der alten Begriffsschranken dem Eindrucke der mächtigen gegenwärtigen Intuition schöpferisch zu entsprechen.

Es gibt Zeitalter, in denen der vernünftige Mensch und der intuitive Mensch nebeneinanderstehn, der eine in Angst vor der Intuition, der andere mit Hohn über die Abstraktion; der letztere ebenso unvernünftig, als der erstere unkünstlerisch ist. Beide begehren über das Leben zu herrschen; dieser, indem er durch Vorsorge, Klugheit, Regelmäßigkeit den hauptsächlichsten Nöten zu begegnen weiß, jener, indem er als ein »überfroher Held« jene Nöte nicht sieht und nur das zum Schein und zur Schönheit verstellte Leben als real nimmt. Wo einmal der intuitive Mensch, etwa wie im älteren Griechenland, seine Waffen gewaltiger und siegreicher führt als sein Widerspiel, kann sich günstigenfalls eine Kultur gestalten und die Herrschaft der Kunst über das Leben sich gründen: jene Verstellung, jenes Verleugnen der Bedürftigkeit, jener Glanz der metaphorischen Anschauungen und überhaupt jene Unmittelbarkeit der Täuschung begleitet alle Äußerungen eines solchen Lebens. Weder das Haus noch der Schritt noch die Kleidung, noch der tönerne Krug verraten, daß die Notdurft sie erfand: es scheint so, als ob in ihnen allen ein erhabenes Glück und eine olympische Wolkenlosigkeit und gleichsam ein Spielen mit dem Ernste ausgesprochen werden sollte. Während der von Begriffen und Abstraktionen geleitete Mensch durch diese das Unglück nur abwehrt, ohne selbst aus den Abstraktionen sich Glück zu erzwingen, während er nach möglichster Freiheit von Schmerzen trachtet, erntet der intuitive Mensch, inmitten einer Kultur stehend, bereits von seinen Intuitionen, außer der Abwehr des Übels, eine fortwährend einströmende Erhellung, Aufheiterung, Erlösung. Freilich leidet er heftiger, *wenn* er leidet: ja er leidet auch öfter, weil er aus der Erfahrung nicht zu lernen versteht und immer wieder in dieselbe Grube fällt, in die er einmal gefallen. Im Leide ist er dann ebenso unvernünftig wie im Glück, er schreit laut und hat keinen Trost. Wie anders steht unter dem gleichen Mißgeschick der stoische, an der Erfahrung belehrte, durch Begriffe sich beherrschende Mensch da! Er, der sonst nur Aufrichtigkeit, Wahrheit, Freiheit von Täuschungen und Schutz vor berückenden Überfällen sucht, legt jetzt, im Unglück, das Meisterstück der Verstellung ab wie jener im Glück; er trägt kein zuckendes und bewegliches Menschengesicht, sondern gleichsam eine Maske mit würdigem Gleichmaße der Züge, er schreit nicht und verändert nicht einmal seine Stimme: wenn eine rechte Wetterwolke sich über ihn ausgießt, so hüllt er sich in seinen Mantel und geht langsamen Schrittes unter ihr davon.

Menschliches, Allzumenschliches

(Band 2, Abteilung 2, Einleitung; Abschnitt 1–15)

Der Wanderer und sein Schatten

Der Schatten: Da ich dich so lange nicht reden hörte, so möchte ich dir eine Gelegenheit geben.

Der Wanderer: Es redet; – wo? und wer? Fast ist es mir, als hörte ich mich selber reden, nur mit noch schwächerer Stimme als die meine ist.

Der Schatten (nach einer Weile): Freut es dich nicht, Gelegenheit zum Reden zu haben?

Der Wanderer: Bei Gott und allen Dingen, an die ich nicht glaube, mein Schatten redet; ich höre es, aber glaube es nicht.

Der Schatten: Nehmen wir es hin und denken wir nicht weiter darüber nach, in einer Stunde ist alles vorbei.

Der Wanderer: Ganz so dachte ich, als ich in einem Walde bei Pisa erst zwei und dann fünf Kamele sah.

Der Schatten: Es ist gut, daß wir beide auf gleiche Weise nachsichtig gegen uns sind, wenn einmal unsere Vernunft stille steht: so werden wir uns auch im Gespräche nicht ärgerlich werden und nicht gleich dem andern Daumenschrauben anlegen, falls sein Wort uns einmal unverständlich klingt. Weiß man gerade nicht zu antworten, so genügt es schon, etwas zu sagen: das ist die billige Bedingung, unter der ich mich mit jemandem unterrede. Bei einem längeren Gespräche wird auch der Weiseste einmal zum Narren und dreimal zum Tropf.

Der Wanderer: Deine Genügsamkeit ist nicht schmeichelhaft für den, welchem du sie eingestehst.

Der Schatten: Soll ich denn schmeicheln?

Der Wanderer: Ich dachte, der menschliche Schatten sei seine Eitelkeit; diese würde aber nie fragen: »soll ich denn schmeicheln?«

Der Schatten: Die menschliche Eitelkeit, soweit ich sie kenne, fragt auch nicht an, wie ich schon zweimal tat, *ob* sie reden dürfe; sie redet immer.

Der Wanderer: Ich merke erst, wie unartig ich gegen dich bin, mein geliebter Schatten: ich habe noch mit keinem Worte gesagt, wie sehr ich mich *freue*, dich zu hören und nicht bloß zu sehen. Du wirst es wissen, ich liebe den Schatten, wie ich das Licht liebe. Damit es Schönheit des Gesichts, Deutlichkeit der Rede, Güte und Festigkeit des Charakters gebe, ist der Schatten so nötig wie das Licht. Es sind nicht Gegner: sie halten sich vielmehr liebevoll an den Händen, und wenn das Licht verschwindet, schlüpft ihm der Schatten nach.

Der Schatten: Und ich hasse dasselbe, was du hassest, die Nacht; ich liebe die Menschen, weil sie Lichtjünger sind und freue mich des Leuchtens, das in ihrem Auge ist, wenn sie erkennen und entdecken, die unermüdlichen Erkenner und Entdecker. Jener Schatten, welchen alle Dinge zeigen, wenn der Sonnenschein der Erkenntnis auf sie fällt, – jener Schatten bin ich auch.

Der Wanderer: Ich glaube dich zu verstehen, ob du dich gleich etwas schattenhaft ausgedrückt hast. Aber du hattest recht: gute Freunde geben einander hier und da ein dunkles Wort als Zeichen des Einverständnisses, welches für jeden dritten ein Rätsel sein soll. Und wir sind gute Freunde. Deshalb genug des Vorredens! Ein paar hundert Fragen drükken auf meine Seele, und die Zeit, da du auf sie antworten kannst, ist vielleicht nur kurz. Sehen wir zu, worüber wir in aller Eile und Friedfertigkeit miteinander zusammenkommen.

Der Schatten: Aber die Schatten sind schüchterner als die Menschen: du wirst niemandem mitteilen, wie wir zusammen gesprochen haben!

Der Wanderer: Wie wir zusammen gesprochen haben? Der Himmel behüte mich vor langgesponnenen schriftlichen Gesprächen! Wenn Plato weniger Lust am Spinnen gehabt hätte, würden seine Leser mehr Lust an Plato haben. Ein Gespräch, das in der Wirklichkeit ergötzt, ist, in Schrift verwandelt und gelesen, ein Gemälde mit lauter falschen Perspektiven: Alles ist zu lang oder zu kurz. – Doch werde ich vielleicht mitteilen dürfen, *worüber* wir übereingekommen sind?

Der Schatten: Damit bin ich zufrieden; denn alle werden darin nur deine Ansichten wiedererkennen: des Schattens wird niemand gedenken.

Der Wanderer: Vielleicht irrst du, Freund! Bis jetzt hat man in meinen Ansichten mehr den Schatten wahrgenommen als mich.

Der Schatten: Mehr den Schatten als das Licht? Ist es möglich?

Der Wanderer: Sei ernsthaft, lieber Narr! Gleich meine erste Frage verlangt Ernst. –

1

Vom Baume der Erkenntnis. – Wahrscheinlichkeit, aber keine Wahrheit: Freischeinlichkeit, aber keine Freiheit, – diese beiden Früchte sind es, derentwegen der Baum der Erkenntnis nicht mit dem Baum des Lebens verwechselt werden kann.

2

Die Vernunft der Welt. – Daß die Welt *nicht* der Inbegriff einer ewigen Vernünftigkeit ist, läßt sich endgültig dadurch beweisen, daß jenes *Stück Welt,* welches wir kennen – ich meine unsre menschliche Vernunft –, nicht allzu vernünftig ist. Und wenn *sie* nicht allezeit und vollständig weise und rationell ist, so wird es die übrige Welt auch nicht sein; hier gilt der Schluß *a minori ad majus, a parte ad totum,* und zwar mit entscheidender Kraft.

3

»Am Anfang war«. – Die Entstehung verherrlichen – das ist der metaphysische Nachtrieb, welcher bei der Betrachtung der Historie wieder aus-

schlägt und durchaus meinen macht, am Anfang aller Dinge stehe das Wertvollste und Wesentlichste.

4

Maß für den Wert der Wahrheit. – Für die Höhe der Berge ist die Mühsal ihrer Besteigung durchaus kein Maßstab. Und in der Wissenschaft soll es anders sein! – sagen uns einige, die für eingeweiht gelten wollen –, die Mühsal um die Wahrheit soll gerade über den Wert der Wahrheit entscheiden! Diese tolle Moral geht von dem Gedanken aus, daß die »Wahrheiten« eigentlich nichts weiter seien, als Turngerätschaften, an denen wir uns wacker müde zu arbeiten hätten, – eine Moral für Athleten und Festturner des Geistes.

5

Sprachgebrauch und Wirklichkeit. – Es gibt eine erheuchelte Mißachtung aller Dinge, welche tatsächlich die Menschen am wichtigsten nehmen, *aller nächsten Dinge.* Man sagt zum Beispiel »man ißt nur, um zu leben«, – eine verfluchte *Lüge*, wie jene, welche von der Kindererzeugung als der eigentlichen Absicht aller Wollust redet. Umgekehrt ist die Hochschätzung der »wichtigsten Dinge« fast niemals ganz echt: die Priester und Metaphysiker haben uns zwar auf diesen Gebieten durchaus an einen heuchlerisch übertreibenden *Sprachgebrauch* gewöhnt, aber das Gefühl doch nicht umgestimmt, welches diese wichtigsten Dinge nicht so wichtig nimmt wie jene verachteten nächsten Dinge. – Eine leidige Folge dieser doppelten Heuchelei aber ist immerhin, daß man die nächsten Dinge, zum Beispiel Essen, Wohnen, Sich-Kleiden, Verkehren, nicht zum Objekt des stetigen unbefangenen und *allgemeinen* Nachdenkens und Umbildens macht, sondern, weil dies für herabwürdigend gilt, seinen intellektuellen und künstlerischen Ernst davon abwendet; so daß hier die Gewohnheit und die Frivolität über die Unbedachtsamen, namentlich über die unerfahrene Jugend, leichten Sieg haben: während andererseits unsere fortwährenden Verstöße gegen die einfachsten Gesetze des Körpers und Geistes uns alle, Jüngere und Ältere, in eine beschämende Abhängigkeit und Unfreiheit bringen, – ich meine in jene im Grunde überflüssige Abhängigkeit von

Ärzten, Lehrern und Seelsorgern, deren Druck jetzt immer noch auf der ganzen Gesellschaft liegt.

6

Die irdische Gebrechlichkeit und ihre Hauptursache. – Man trifft, wenn man sich umsieht, immer auf Menschen, welche ihr Leben lang Eier gegessen haben, ohne zu bemerken, daß die länglichen die wohlschmeckendsten sind, welche nicht wissen, daß ein Gewitter dem Unterleib förderlich ist, daß Wohlgerüche in kalter klarer Luft am stärksten riechen, daß unser Geschmackssinn an verschiedenen Stellen des Mundes ungleich ist, daß jede Mahlzeit, bei der man gut spricht oder gut hört, dem Magen Nachteil bringt. Man mag mit diesen Beispielen für den Mangel an Beobachtungssinn nicht zufrieden sein, um so mehr möge man zugestehen, daß die *allernächsten Dinge* von den meisten sehr schlecht gesehen, sehr selten beachtet werden. Und ist dies gleichgültig? – Man erwäge doch, daß aus diesem Mangel sich *fast alle leiblichen und seelischen Gebrechen* der einzelnen ableiten: nicht zu wissen, was uns förderlich, was uns schädlich ist, in der Einrichtung der Lebensweise, Verteilung des Tages, Zeit und Auswahl des Verkehres, in Beruf und Muße, Befehlen und Gehorchen, Natur- und Kunstempfinden, Essen, Schlafen und Nachdenken; *im Kleinsten und Alltäglichsten unwissend* zu sein und keine scharfen Augen zu haben – das ist es, was die Erde für so viele zu einer »Wiese des Unheils« macht. Man sage nicht, es liege hier wie überall an der menschlichen *Unvernunft*: vielmehr – Vernunft genug und übergenug ist da, aber sie wird *falsch gerichtet* und *künstlich* von jenen kleinen und allernächsten Dingen *abgelenkt*. Priester und Lehrer, und die sublime Herrschsucht der Idealisten jeder Art, der gröberen und feineren, reden schon dem Kinde ein, es komme auf etwas ganz anderes an: auf das Heil der Seele, den Staatsdienst, die förderung der Wissenschaft, oder auf Ansehen und Besitz, als die Mittel, der ganzen Menschheit Dienste zu erweisen, während das Bedürfnis des einzelnen, seine große und kleine Not innerhalb der vierundzwanzig Tagesstunden etwas Verächtliches oder Gleichgültiges sei. – Sokrates schon wehrte sich mit allen Kräften gegen diese hochmütige Vernachlässigung des Menschlichen zugunsten des Menschen und liebte es, mit einem Worte Homers, an den wirklichen Umkreis und Inbegriff alles Sorgens und Nachdenkens zu mahnen: Das ist es und nur das, sagte er, »was mir zu Hause an Gutem und Schlimmem begegnet«.

7

Zwei Trostmittel. – Epikur, der Seelen-Beschwichtiger des späteren Altertums, hatte jene wundervolle Einsicht, die heutzutage immer noch so selten zu finden ist, daß zur Beruhigung des Gemüts die Lösung der letzten und äußersten theoretischen Fragen gar nicht nötig sei. So genügte es ihm, solchen, welche »die Götterangst« quälte, zu sagen: »wenn es Götter gibt, so bekümmern sie sich nicht um uns«, – anstatt über die letzte Frage, ob es Götter überhaupt gebe, unfruchtbar und aus der Ferne zu disputieren. Jene Position ist viel günstiger und mächtiger: man gibt dem andern einige Schritte vor und macht ihn so zum Hören und Beherzigen gutwilliger. Sobald er sich aber anschickt, das Gegenteil zu beweisen – daß die Götter sich um uns bekümmern –, in welche Irrsale und Dorngebüsche muß der Arme geraten, ganz von selber, ohne die List des Unterredners, der nur genug Humanität und Feinheit haben muß, um sein Mitleiden an diesem Schauspiele zu verbergen. Zuletzt kommt jener andere zum Ekel, dem stärksten Argument gegen jeden Satz, zum Ekel an seiner eigenen Behauptung; er wird kalt und geht fort mit derselben Stimmung, wie sie auch der reine Atheist hat: »was gehen mich eigentlich die Götter an! Hole sie der Teufel!« – In anderen Fällen, namentlich wenn eine halb physische, halb moralische Hypothese das Gemüt verdüstert hatte, widerlegte er nicht diese Hypothese, sondern gestand ein, daß es wohl so sein könne: aber es gebe *noch eine zweite* Hypothese, um dieselbe Erscheinung zu erklären; vielleicht könne es sich auch noch anders verhalten. *Die Mehrheit* der Hypothesen genügt auch in unserer Zeit noch, zum Beispiel über die Herkunft der Gewissensbisse, um jenen Schatten von der Seele zu nehmen, der aus dem Nachgrübeln über eine einzige, allein sichtbare und dadurch hundertfach überschätzte Hypothese so leicht entsteht. – Wer also Trost zu spenden wünscht, an Unglückliche, Übeltäter, Hypochonder, Sterbende, möge sich der beiden beruhigenden Wendungen Epikurs erinnern, welche auf sehr viele Fragen sich anwenden lassen. In der einfachsten Form würden sie etwa lauten: erstens, gesetzt es verhält sich so, so geht es uns nichts an; zweitens: es kann so sein, es kann aber auch anders sein.

8

In der Nacht. – Sobald die Nacht hereinbricht, verändert sich unsere Empfindung über die nächsten Dinge. Da ist der Wind, der wie auf verbotenen Wegen umgeht, flüsternd, wie etwas suchend, verdrossen, weil ers nicht findet. Da ist das Lampenlicht, mit trübem, rötlichem Scheine, ermüdet blickend, der Nacht ungern widerstrebend, ein ungeduldiger Sklave des wachen Menschen. Da sind die Atemzüge des Schlafenden, ihr schauerlicher Takt, zu der eine immer wiederkehrende Sorge die Melodie zu blasen scheint, – wir hören sie nicht, aber wenn die Brust des Schlafenden sich hebt, so fühlen wir uns geschnürten Herzens, und wenn der Atem sinkt und fast ins Totenstille erstirbt, sagen wir uns »ruhe ein wenig, du armer gequälter Geist!« – wir wünschen allem Lebenden, weil es so gedrückt lebt, eine ewige Ruhe; die Nacht überredet zum Tode. – Wenn die Menschen der Sonne entbehrten und mit Mondlicht und Öl den Kampf gegen die Nacht führten, welche Philosophie würde um sie ihren Schleier hüllen! Man merkt es ja dem geistigen und seelischen Wesen des Menschen schon zu sehr an, wie es durch die Hälfte Dunkelheit und Sonnen-Entbehrung, von der das Leben umflort wird, im ganzen verdüstert ist.

9

Wo die Lehre von der Freiheit des Willens entstanden ist. – Über dem einen steht die *Notwendigkeit* in der Gestalt seiner Leidenschaften, über dem andern als Gewohnheit zu hören und zu gehorchen, über dem dritten als logisches Gewissen, über dem vierten als Laune und mutwilliges Behagen an Seitensprüngen. Von diesen vieren wird aber gerade da die *Freiheit* ihres Willens gesucht, wo jeder von ihnen am festesten gebunden ist: es ist, als ob der Seidenwurm die Freiheit seines Willens gerade im Spinnen suchte. Woher kommt dies? Ersichtlich daher, daß jeder sich dort am meisten für frei hält, wo sein *Lebensgefühl* am größten ist, also, wie gesagt, bald in der Leidenschaft, bald in der Pflicht, bald in der Erkenntnis, bald im Mutwillen. Das, wodurch der einzelne Mensch stark ist, worin er sich belebt fühlt, meint er unwillkürlich, müsse auch immer das Element seiner Freiheit sein: er rechnet Abhängigkeit und Stumpfsinn, Unabhängigkeit und Lebensgefühl als notwendige Paare zusammen. – Hier wird eine Erfahrung, die der Mensch im gesellschaftlich-politischen Gebiete gemacht hat, fälschlich auf das allerletzte metaphysische Gebiet übertragen: dort ist der starke Mann auch der freie Mann, dort ist lebendiges Gefühl von Freud und Leid, Höhe des Hoffens, Kühnheit des Begehrens, Mächtigkeit des Hassens das Zubehör der Herrschenden und Unabhängigen, während der Unterworfene, der Sklave, gedrückt und stumpf lebt. – Die Lehre von der Freiheit des Willens ist eine Erfindung *herrschender* Stände.

10

Keine neuen Ketten fühlen. – Solange wir nicht *fühlen,* daß wir irgendwovon abhängen, halten wir uns für unabhängig: ein Fehlschluß, welcher zeigt, wie stolz und herrschsüchtig der Mensch ist. Denn er nimmt hier an, daß er unter allen Umständen die Abhängigkeit, sobald er sie erleide, merken und erkennen müsse, unter der Voraussetzung, daß er in der Unabhängigkeit *für gewöhnlich* lebe und sofort, wenn er sie ausnahmsweise verliere, einen Gegensatz der Empfindung spüren werde. – Wie aber, wenn das Umgekehrte wahr wäre: daß er *immer* in vielfacher Abhängigkeit lebt, sich aber *für frei* hält, wo er den Druck der Kette aus langer Gewohnheit *nicht mehr spürt?* Nur an den *neuen* Ketten leidet er noch; – »Freiheit des Willens« heißt eigentlich nichts weiter, als keine neuen Ketten fühlen.

11

Die Freiheit des Willens und die Isolation der Fakta. – Unsere gewohnte ungenaue Beobachtung nimmt eine Gruppe von Erscheinungen als eins und nennt sie ein Faktum: zwischen ihm und einem andern Faktum denkt sie sich einen leeren Raum hinzu, sie *isoliert* jedes Faktum. In Wahrheit aber ist all unser Handeln und Erkennen keine Folge von Fakten und leeren Zwischenräumen, sondern ein beständiger Fluß. Nun ist der Glaube an die Freiheit des Willens gerade mit der Vorstellung eines beständigen, einartigen, ungeteilten, unteilbaren Fließens unverträglich: er setzt voraus, daß *jede einzelne Handlung isoliert und unteilbar* ist; er ist eine *Atomistik* im Bereiche des Wollens und Erkennens. – Gerade so wie wir Charaktere ungenau verstehen, so machen wir es mit den Fakten: wir sprechen von gleichen Charakteren, gleichen Fakten: *beide gibt es nicht.* Nun loben und tadeln wir aber nur unter dieser falschen Voraussetzung, daß es *gleiche Fakta gebe,* daß eine abgestufte Ordnung von *Gattungen* der Fakten vorhanden sei, welcher eine abgestufte Wertordnung entspreche: also wir *isolieren* nicht nur das einzelne Faktum, sondern auch wiederum die Gruppen von angeblich gleichen Fakten (gute, böse, mitleidige, neidische Handlungen usw.) – beide Male irrtümlich. – Das Wort und der Begriff sind der sichtbarste Grund, weshalb wir an diese Isolation von Handlungen-Gruppen glauben: mit ihnen *bezeichnen* wir nicht nur die Dinge, wir meinen ursprünglich durch sie das Wahre derselben zu erfassen. Durch Worte und Begriffe werden wir jetzt noch fortwährend verführt, die Dinge uns einfacher zu denken, als sie sind, getrennt voneinander, unteilbar, jedes an und für sich seiend. Es liegt eine philosophische Mythologie in der *Sprache* versteckt, welche alle Augenblicke wieder herausbricht, so vorsichtig man sonst auch sein mag. Der Glaube an die Freiheit des Willens, das heißt der *gleichen* Fakten und der *isolierten* Fakten, – hat in der Sprache seinen beständigen Evangelisten und Anwalt.

12

Die Grundirrtümer. – Damit der Mensch irgendeine seelische Lust oder Unlust empfinde, muß er von einer dieser beiden Illusionen beherrscht sein: *entweder* glaubt er an die *Gleichheit* gewisser Fakta, gewisser Empfindungen: dann hat er durch die Vergleichung jetziger Zustände mit früheren und durch Gleich- oder Ungleichsetzung derselben (wie sie bei aller Erinnerung stattfindet) eine seelische Lust oder Unlust; *oder* er glaubt an die *Willens-Freiheit,* etwa wenn er denkt »dies hätte ich nicht tun müssen«, »dies hätte anders auslaufen können«, und gewinnt daraus ebenfalls Lust oder Unlust. Ohne die Irrtümer welche bei jeder seelischen Lust und Unlust tätig sind, würde niemals ein Menschentum entstanden sein – dessen Grundempfindung ist und bleibt, daß der Mensch der Freie in der Welt der Unfreiheit sei, der ewige *Wundertäter*, sei es, daß er gut oder böse handelt, die erstaunliche Ausnahme, das Übertier, der Fast-Gott, der Sinn der Schöpfung, der Nichthinwegzudenkende, das Lösungswort des kosmischen Rätsels, der große Herrscher über die Natur und Verächter derselben, das Wesen, das *seine* Geschichte *Weltgeschichte* nennt! – *Vanitas vanitatum homo.*

13

Zweimal sagen. – Es ist gut, eine Sache sofort doppelt auszudrücken und ihr einen rechten und einen linken Fuß zu geben. Auf einem Bein kann die Wahrheit zwar stehen; mit zweien aber wird sie gehen und herumkommen.

14

Der Mensch, der Komödiant der Welt. – Es müßte geistigere Geschöpfe geben, als die Menschen sind, bloß um den Humor ganz auszukosten, der darin liegt, daß der Mensch sich für den Zweck des ganzen Weltendaseins ansieht, und die Menschheit sich ernstlich nur mit Aussicht auf eine Welt-Mission zufrieden gibt. Hat ein Gott die Welt geschaffen, so schuf er den Menschen zum *Affen Gottes*, als fortwährenden Anlaß zur Erheiterung in seinen allzulangen Ewigkeiten. Die Sphärenmusik um die Erde herum wäre dann wohl das Spottgelächter aller übrigen Geschöpfe um den Menschen herum. Mit dem *Schmerz* kitzelt jener gelangweilte Unsterbliche sein Lieblingstier, um an den tragischstolzen Gebärden und Auslegungen seiner Leiden, überhaupt an der geistigen Erfindsamkeit des eitelsten Geschöpfes seine Freude zu haben – als Erfinder dieses Erfinders. Denn wer den Menschen zum Spaße ersann, hatte mehr Geist als dieser, und auch mehr Freude am Geist. – Selbst hier noch, wo sich unser Menschentum einmal freiwillig demütigen will, spielt uns die Eitelkeit einen Streich, indem wir Menschen wenigstens in *dieser* Eitelkeit etwas ganz Unvergleichliches und Wunderhaftes sein möchten. Unsere Einzigkeit in der Welt! ach, es ist eine gar zu unwahrscheinliche Sache! Die Astronomen, denen mitunter wirklich ein erdentrückter Gesichtskreis zuteil wird, geben zu verstehen, daß der Tropfen *Leben* in der Welt für den gesamten Charakter des ungeheuren Ozeans von Werden und Vergehen ohne Bedeutung ist: daß ungezählte Gestirne ähnliche Bedingungen zur Erzeugung des Lebens haben wie die Erde, sehr viele also, – freilich kaum eine Handvoll im Vergleich zu den unendlich vielen, welche den lebenden Ausschlag nie gehabt haben oder von ihm längst genesen sind; daß das Leben auf jedem dieser Gestirne, gemessen an der Zeitdauer seiner Existenz, ein Augenblick, ein Aufflackern gewesen ist, mit langen, langen Zeiträumen hinterdrein, – also keineswegs das Ziel und die letzte Absicht ihrer Existenz. Vielleicht bildet sich die Ameise im Walde ebenso stark ein, daß sie Ziel und Absicht der Existenz des Waldes ist, wie wir dies tun, wenn wir an den Untergang der Menschheit in unserer Phantasie fast unwillkürlich den Erduntergang anknüpfen: ja wir sind noch bescheiden, wenn wir dabei stehnbleiben und zur Leichenfeier des letzten Menschen nicht eine allgemeine Welt- und Götterdämmerung veranstalten. Der unbefangenste Astronom selber kann die Erde ohne Leben kaum anders empfinden als wie den leuchtenden und schwebenden Grabhügel der Menschheit.

15

Bescheidenheit des Menschen. – Wie wenig Lust genügt den meisten, um das Leben gut zu finden, wie bescheiden ist der Mensch!

Also sprach Zarathustra

(Vorrede, Abschnitt 1–3)

1

Als Zarathustra dreißig Jahre alt war, verließ er seine Heimat und den See seiner Heimat und ging in das Gebirge. Hier genoß er seines Geistes und seiner Einsamkeit und wurde dessen zehn Jahre nicht müde. Endlich aber verwandelte sich sein Herz, – und eines Morgens stand er mit der Morgenröte auf, trat vor die Sonne hin und sprach zu ihr also:

»Du großes Gestirn! Was wäre ein Glück, wenn du nicht die hättest, welchen du leuchtest!

Zehn Jahre kamst du hier herauf zu meiner Höhle: du würdest deines Lichtes und dieses Weges satt geworden sein, ohne mich, meinen Adler und meine Schlange.

Aber wir warteten deiner an jedem Morgen, nahmen dir deinen Überfluß ab und segneten dich dafür.

Siehe! Ich bin meiner Weisheit überdrüssig, wie die Biene, die des Honigs zuviel gesammelt hat, ich bedarf der Hände, die sich ausstrecken.

Ich möchte verschenken und austeilen, bis die Weisen unter den Menschen wieder einmal ihrer Torheit und die Armen wieder einmal ihres Reichtums froh geworden sind.

Dazu muß ich in die Tiefe steigen: wie du des Abends tust, wenn du hinter das Meer gehst und noch der Unterwelt Licht bringst, du überreiches Gestirn!

Ich muß, gleich dir, *untergehen*, wie die Menschen es nennen, zu denen ich hinab will.

So segne mich denn, du ruhiges Auge, das ohne Neid auch ein allzugroßes Glück sehen kann!

Segne den Becher, welcher überfließen will, daß das Wasser golden aus ihm fließe und überallhin den Abglanz deiner Wonne trage!

Siehe! Dieser Becher will wieder leer werden, und Zarathustra will wieder Mensch werden.«

– Also begann Zarathustras Untergang.

2

Zarathustra stieg allein das Gebirge abwärts und niemand begegnete ihm. Als er aber in die Wälder kam, stand auf einmal ein Greis vor ihm, der seine heilige Hütte verlassen hatte, um Wurzeln im Walde zu suchen. Und also sprach der Greis zu Zarathustra:

»Nicht fremd ist mir dieser Wanderer: vor manchem Jahre ging er hier vorbei. Zarathustra hieß er; aber er hat sich verwandelt.

Damals trugst du deine Asche zu Berge: willst du heute dein Feuer in die Täler tragen? Fürchtest du nicht des Brandstifters Strafen?

Ja, ich erkenne Zarathustra. Rein ist sein Auge, und an seinem Munde birgt sich kein Ekel. Geht er nicht daher wie ein Tänzer?

Verwandelt ist Zarathustra, zum Kind ward Zarathustra, ein Erwachter ist Zarathustra: was willst du nun bei den Schlafenden?

Wie im Meere lebtest du in der Einsamkeit, und das Meer trug dich. Wehe, du willst ans Land steigen? Wehe, du willst deinen Leib wieder selber schleppen?«

Zarathustra antwortete: »Ich liebe die Menschen.«

»Warum«, sagte der Heilige, »ging ich doch in den Wald und in die Einöde? War es nicht, weil ich die Menschen allzusehr liebte?

Jetzt liebe ich Gott: die Menschen liebe ich nicht. Der Mensch ist mir eine zu unvollkommene Sache. Liebe zum Menschen würde mich umbringen.«

Zarathustra antwortete: »Was sprach ich von Liebe! Ich bringe den Menschen ein Geschenk!«

»Gib ihnen nichts«, sagte der Heilige. »Nimm ihnen lieber etwas ab und trage es mit ihnen – das wird ihnen am wohlsten tun: wenn es dir nur wohltut!

Und willst du ihnen geben, so gib nicht mehr als ein Almosen, und laß sie noch darum betteln!«

»Nein«, antwortete Zarathustra, »ich gebe kein Almosen. Dazu bin ich nicht arm genug.«

Der Heilige lachte über Zarathustra und sprach also: »So sieh zu, daß sie deine Schätze annehmen! Sie sind mißtrauisch gegen die Einsiedler und glauben nicht, daß wir kommen, um zu schenken.

Unsre Schritte klingen ihnen zu einsam durch die Gassen. Und wie wenn sie nachts in ihren Betten einen Mann gehen hören, lange bevor die Sonne aufsteht, so fragen sie sich wohl: wohin will der Dieb?

Gehe nicht zu den Menschen und bleibe im Walde! Gehe lieber noch zu den Tieren! Warum willst du nicht sein wie ich – ein Bär unter Bären, ein Vogel unter Vögeln?«

»Und was macht der Heilige im Walde?« fragte Zarathustra.

Der Heilige antwortete: »Ich mache Lieder und singe sie, und wenn ich Lieder mache, lache, weine und brumme ich: also lobe ich Gott.

Mit Singen, Weinen, Lachen und Brummen lobe ich den Gott, der mein Gott ist. Doch was bringst du uns zum Geschenke?«

Als Zarathustra diese Worte gehört hatte, grüßte er den Heiligen und sprach: »Was hätte ich euch zu geben! Aber laßt mich schnell davon, daß ich euch nichts nehme!« – Und so trennten sie sich voneinander, der Greis und der Mann, lachend, gleichwie zwei Knaben lachen.

Als Zarathustra aber allein war, sprach er also zu seinem Herzen: »Sollte es denn möglich sein! Dieser alte Heilige hat in seinem Walde noch nichts davon gehört, daß *Gott tot* ist!« –

3

Als Zarathustra in die nächste Stadt kam, die an den Wäldern liegt, fand er daselbst viel Volk versammelt auf dem Markte: denn es war verheißen worden, daß man einen Seiltänzer sehen solle. Und Zarathustra sprach also zum Volke:

Ich lehre euch den Übermenschen. Der Mensch ist etwas, das überwunden werden soll. Was habt ihr getan, ihn zu überwinden?

Alle Wesen bisher schufen etwas über sich hinaus: und ihr wollt die Ebbe dieser großen Flut sein und lieber noch zum Tiere zurückgehn, als den Menschen überwinden?

Was ist der Affe für den Menschen? Ein Gelächter oder eine schmerzliche Scham. Und ebendas soll der Mensch für den Übermenschen sein: ein Gelächter oder eine schmerzliche Scham.

Ihr habt den Weg vom Wurme zum Menschen gemacht, und vieles ist in euch noch Wurm. Einst wart ihr Affen, und auch jetzt noch ist der Mensch mehr Affe, als irgendein Affe.

Wer aber der Weiseste von euch ist, der ist auch nur ein Zwiespalt und Zwitter von Pflanze und von Gespenst. Aber heiße ich euch zu Gespenstern oder Pflanzen werden?

Seht, ich lehre euch den Übermenschen!

Der Übermensch ist der Sinn der Erde. Euer Wille sage: der Übermensch *sei* der Sinn der Erde!

Ich beschwöre euch, meine Brüder, *bleibt der Erde treu* und glaubt denen nicht, welche euch von überirdischen Hoffnungen reden! Giftmischer sind es, ob sie es wissen oder nicht.

Verächter des Lebens sind es, Absterbende und selber Vergiftete, deren die Erde müde ist: so mögen sie dahinfahren!

Einst war der Frevel an Gott der größte Frevel, aber Gott starb, und damit starben auch diese Frevelhaften. An der Erde zu freveln ist jetzt das Furchtbarste und die Eingeweide des Unerforschlichen höher zu achten, als den Sinn der Erde!

Einst blickte die Seele verächtlich auf den Leib: und damals war diese Verachtung das Höchste – sie wollte ihn mager, gräßlich, verhungert. So dachte sie ihm und der Erde zu entschlüpfen.

Oh diese Seele war selber noch mager, gräßlich und verhungert: und Grausamkeit war die Wollust dieser Seele!

Aber auch ihr noch, meine Brüder, sprecht mir: was kündet euer Leib von eurer Seele? Ist eure Seele nicht Armut und Schmutz und ein erbärmliches Behagen?

Wahrlich, ein schmutziger Strom ist der Mensch. Man muß schon ein Meer sein, um einen schmutzigen Strom aufnehmen zu können, ohne unrein zu werden.

Seht, ich lehre euch den Übermenschen: der ist dies Meer, in ihm kann eure große Verachtung untergehn.

Was ist das Größte, das ihr erleben könnt? Das ist Stunde der großen Verachtung. Die Stunde, in der euch auch euer Glück zum Ekel wird und ebenso eure Vernunft und eure Tugend.

Die Stunde, wo ihr sagt: »Was liegt an meinem Glücke! Es ist Armut und Schmutz und ein erbärmliches Behagen. Aber mein Glück sollte das Dasein selber rechtfertigen!«

Die Stunde, wo ihr sagt: »Was liegt an meiner Vernunft! Begehrt sie nach Wissen wie der Löwe nach seiner Nahrung? Sie ist Armut und Schmutz und ein erbärmliches Behagen!«

Die Stunde, wo ihr sagt: »Was liegt an meiner Tugend! Noch hat sie mich nicht rasen gemacht. Wie müde bin ich meines Guten und meines Bösen! Alles das ist Armut und Schmutz und ein erbärmliches Behagen!«

Die Stunde, wo ihr sagt: »Was liegt an meiner Gerechtigkeit! Ich sehe nicht, daß ich Glut und Kohle wäre. Aber der Gerechte ist Glut und Kohle!«

Die Stunde, wo ihr sagt: »Was liegt an meinem Mitleiden! Ist nicht Mitleid das Kreuz, an das der genagelt wird, der die Menschen liebt? Aber mein Mitleiden ist keine Kreuzigung.«

Spracht ihr schon so? Schriet ihr schon so? Ach, daß ich euch schon so schreien gehört hätte!

Nicht eure Sünde – eure Genügsamkeit schreit gen Himmel, euer Geiz selbst in eurer Sünde schreit gen Himmel!

Wo ist doch der Blitz, der euch mit seiner Zunge lecke? Wo ist der Wahnsinn, mit dem ihr geimpft werden müßtet?

Seht, ich lehre euch den Übermenschen: der ist dieser Blitz, der ist dieser Wahnsinn! –

Als Zarathustra so gesprochen hatte, schrie einer aus dem Volke: »Wir hörten nun genug von dem Seiltänzer; nun laßt uns ihn auch sehen!« Und alles Volk lachte über Zarathustra. Der Seiltänzer aber, welcher glaubte, daß das Wort ihm gälte, machte sich an sein Werk.

4

Zarathustra aber sahe das Volk an und wunderte sich. Dann sprach er also:

Der Mensch ist ein Seil, geknüpft zwischen Tier und Übermensch – ein Seil über einem Abgrunde.

Ein gefährliches Hinüber, ein gefährliches Auf-dem-Wege, ein gefährliches Zurückblicken, ein gefährliches Schaudern und Stehenbleiben.

Was groß ist am Menschen, das ist, daß er eine Brücke und kein Zweck ist: was geliebt werden kann am Menschen, das ist, daß er ein *Übergang* und ein *Untergang* ist.

Ich liebe die, welche nicht zu leben wissen, es sei denn als Untergehende, denn es sind die Hinübergehenden.

Ich liebe die großen Verachtenden, weil sie die großen Verehrenden sind und Pfeile der Sehnsucht nach dem andern Ufer.

Ich liebe die, welche nicht erst hinter den Sternen einen Grund suchen, unterzugehen und Opfer zu sein: sondern die sich der Erde opfern, daß die Erde einst des Übermenschen werde.

Ich liebe den, welcher lebt, damit er erkenne, und welcher erkennen will, damit einst der Übermensch lebe. Und so will er seinen Untergang.

Ich liebe den, welcher arbeitet und erfindet, daß er dem Übermenschen das Haus baue und zu ihm Erde, Tier und Pflanze vorbereite: denn so will er seinen Untergang.

Ich liebe den, welcher seine Tugend liebt: denn Tugend ist Wille zum Untergang und ein Pfeil der Sehnsucht.

Ich liebe den, welcher nicht einen Tropfen Geist für sich zurückbehält, sondern ganz der Geist seiner Tugend sein will: so schreitet er als Geist über die Brücke.

Ich liebe den, welcher aus seiner Tugend seinen Hang und sein Verhängnis macht: so will er um seiner Tugend willen noch leben und nicht mehr leben.

Ich liebe den, welcher nicht zu viele Tugenden haben will. Eine Tugend ist mehr Tugend als zwei, weil sie mehr Knoten ist, an den sich das Verhängnis hängt.

Ich liebe den, dessen Seele sich verschwendet, der nicht Dank haben will und nicht zurückgibt: denn er schenkt immer und will sich nicht bewahren.

Ich liebe den, welcher sich schämt, wenn der Würfel zu seinem Glücke fällt und der dann fragt: bin ich denn ein falscher Spieler? – denn er will zugrunde gehen.

Ich liebe den, welcher goldne Worte seinen Taten vorauswirft und immer noch mehr hält, als er verspricht: denn er will seinen Untergang.

Ich liebe den, welcher die Zukünftigen rechtfertigt und die Vergangenen erlöst: denn er will an den Gegenwärtigen zugrunde gehen.

Ich liebe den, welcher seinen Gott züchtigt, weil er seinen Gott liebt: denn er muß am Zorne seines Gottes zugrunde gehen.

Ich liebe den, dessen Seele tief ist auch in der Verwundung, und der an einem kleinen Erlebnisse zugrunde gehen kann: so geht er gerne über die Brücke.

Ich liebe den, dessen Seele übervoll ist, so daß er sich selber vergißt, und alle Dinge in ihm sind: so werden alle Dinge sein Untergang.

Ich liebe den, der freien Geistes und freien Herzens ist: so ist sein Kopf nur das Eingeweide seines Herzens, sein Herz aber treibt ihn zum Untergang.

Ich liebe alle die, welche wie schwere Tropfen sind, einzeln fallend aus der dunklen Wolke, die über den Menschen hängt: sie verkündigen, daß der Blitz kommt, und gehn als Verkündiger zugrunde.

Seht, ich bin ein Verkündiger des Blitzes, und ein schwerer Tropfen aus der Wolke: dieser Blitz aber heißt Übermensch –

VII.

Philosophie der Gegenwart

Ludwig Wittgenstein

(26.4.1889–29.4.1951)

The linguistic turn (Die Wendung zur Sprache)

Im 20. Jahrhundert wurde die Sprache zu einem zentralen Thema der Philosophie. Wittgenstein ist einer der wichtigsten Vertreter des sogenannten *linguistic turn*, der Wendung zur Sprache in der Gegenwartsphilosophie, die sich nicht für die Art und Weise, wie wir Dinge wahrnehmen, interessiert, sondern dafür, wie wir über sie *sprechen*.

Ludwig Wittgenstein stammte aus einer Industriellenfamilie und wurde in Wien geboren. Er wuchs in großbürgerlichen Verhältnissen auf. Bis zu seinem 14. Lebensjahr wurde er privat unterrichtet und verbrachte seine Jugend als eines von acht Kindern auf den Landgütern und in der Stadtvilla seines Vaters. Im Hause Wittgenstein herrschte eine höchst kultivierte Atmosphäre, besonders die Musik war sehr wichtig. Clara Schumann, Gustav Mahler und Johannes Brahms gehörten zu den Freunden der Familie.

Der junge Ludwig spielte sehr gut Klarinette und erwog, selbst Musiker zu werden. Doch er verwarf diese Pläne, um ein Ingenieurstudium an der technischen Hochschule in Berlin zu beginnen, das er in Manchester weiterführte. Zwar hörte er nie auf, sich mit Musik zu beschäftigen, aber sein eigentliches Interesse galt zunächst der Mathematik, die er nach der Lektüre von Bertrand Russells *Principles of Mathematics* für sich entdeckte. 1912 ging Wittgenstein nach Cambridge, um bei Russell zu studieren, mit dem ihn bald eine enge Freundschaft verband. Er begann, sich intensiv mit philosophischen Fragen und Logik zu beschäftigen. Russell war beeindruckt von dem jungen Wittgenstein, dessen großes Talent und außergewöhnliche Persönlichkeit schnell deutlich wurden: »Wittgenstein kennenzulernen war eines der erregendsten geistigen Erlebnisse meines Lebens«, schreibt er und nennt ihn »das vollendete Beispiel eines Genies«.

Wittgenstein blieb nicht lange an der Universität – er zog sich in die Einsamkeit eines norwegischen Bauernhofes zurück. Hier überraschte ihn der erste Weltkrieg. 1914 trat er als Freiwilliger in die österreichischungarische Armee ein. Doch er gab die Philosophie nicht auf. Während des gesamten Krieges und unter oft widrigen Umständen, trug er seine philosophischen Überlegungen in Notizhefte ein. Diese mündeten in sein erstes Buch, die *Logisch-Philosophischen Abhandlungen*, die zu einer der berühmtesten philosophischen Schriften des 20. Jahrhunderts wurden.

Gleichzeitig vertraute er seine Seelenpein und Gewissenszweifel, unter denen er nicht nur während seines freiwilligen Kriegseinsatzes, sondern zeitlebens litt, einem Tagebuch an, das nur zufällig erhalten blieb und in Geheimschrift verfaßt war. Oft war er am Rande des Selbstmordes (drei seiner Brüder hatten sich schon selbst getötet) und er fürchtete, den Verstand zu verlieren. Ein Eintrag vom 6./7.4.1916 lautet: »Das Leben ist eine [...] Tortur, von der man nur zeitweise heruntergespannt wird, um für weitere Qualen empfänglich zu bleiben. [...] Gott helfe mir. Ich bin ein armer unglücklicher Mensch.« Später schrieb er: »Dauernd stolpert und fällt man, stolpert und fällt, und man kann sich nur selbst aufheben und versuchen, wieder weiterzugehen. Jedenfalls habe ich das mein ganzes Leben lang tun müssen.«

Gegen Ende des Krieges geriet er in italienische Gefangenschaft. Es gelang ihm, noch aus dem Gefangenenlager das fertige Manuskript der *Logisch-Philosophischen Abhandlungen* an Russell zu schicken, doch trotz dessen begeisterter Fürsprache konnte das Werk erst 1921 veröffentlicht werden. 1922 erschien eine zweisprachige, deutsch-englische Ausgabe unter dem Namen *Tractatus Logico-Philosophicus*.

Nach seiner Rückkehr aus der Kriegsgefangenschaft nahm Wittgenstein einschneidende Veränderungen in seinem Leben vor. Unter dem Einfluß von Leo Tolstois Schrift *Kurze Darlegung des Evangeliums*, dessen Lektüre ihn tief bewegte, beschloß er, von nun an ein einfaches Dasein zu führen. Er strebte nach moralischer Erneuerung und einem Leben »im Geist«, das für ihn gleichbedeutend mit »Erleuchtung« war.

Insgesamt suchte Wittgenstein nach Klarheit und Wahrheit, nicht nur in seinem Denken und Schreiben, sondern auch in seiner persönlichen Existenz, die, wie seine Philosophie, seinen hohen ethischen Maßstäben gerecht werden sollte.

Er verzichtete auf seinen Anteil an dem beträchtlichen Vermögen seines Vaters, und stellte es österreichischen Künstlern (auch Rainer Maria Rilke und Georg Trakl profitierten davon) sowie seinen Schwestern zur Verfügung.

Außerdem glaubte er in philosophischer Hinsicht mit seinem *Tractatus* »die Probleme im Wesentlichen endgültig gelöst zu haben«. Eine weitere Beschäftigung mit der Philosophie erschien ihm sinnlos. Denn eigentlich, so stellt er im *Tractatus* fest, seien die wirklichen »Lebensprobleme« durch die Beantwortung der wissenschaftlich-philosophischen Fragen »noch gar nicht berührt«. Das Philosophieren war für Wittgenstein damit erst einmal *ad acta* gelegt.

Von 1920 bis 1926 wechselte er zur Wiener Lehrerbildungsanstalt und arbeitete als Volksschullehrer in niederösterreichischen Dörfern. Hier lebte er scheu und zurückgezogen in einfachster Umgebung. Es konnte ein winziges Zimmer sein, das »aussah wie eine Mönchszelle, oder eine kleine Kammer in irgendeinem Haus«. Durch sein hilfsbereites Wesen gewann er den Respekt der Dorfbewohner. Seine Lehrtätigkeit nahm er überaus ernst, auch entwickelte er neue Unterrichtsmethoden. Nach einigen Jahren gab er den Schuldienst jedoch auf und arbeitete als Gärtnergehilfe in einem Mönchskloster. Danach wandte er sich der Architektur zu und entwarf für eine seiner Schwestern ein modernes Haus in Wien.

Doch seine englischen Freunde drängten ihn, zur Philosophie zurückzukehren.

Auch der ›Wiener Kreis‹, eine Vereinigung bekannter Philosophen und Wissenschaftstheoretiker, war auf seinen *Tractatus* aufmerksam geworden und machte ihn zur Grundlage ihrer Thesen.

1929 kehrte Wittgenstein nach Cambridge zurück, Anstoß war ein Vortrag des Mathematikers Luitzen Brouwer, der ihn sehr beeindruckt hatte.

Nach seiner Promotion (er reichte den *Tractatus* als Dissertation ein) lehrte er dort ab 1930 und übernahm 1939 einen der wichtigsten Lehrstühle der philosophischen Fakultät, den des Philosophen G. E. Moore.

Wittgensteins Vorlesungen waren ungewöhnlich. Sie glichen eher Gesprächen mit den Anwesenden und widmeten sich mit äußerster Konzentration dem Nachdenken über philosophische Probleme. Oft saß er »auf einem schlichten Holzstuhl in der Mitte des Zimmers« und führte »einen sichtbaren Kampf mit seinen Gedanken«, wie einer der Anwesenden berichtet. In solchen Momenten verbat er sich jedes Fragen und blickte finster vor sich hin. Mitunter diktierte er den Studenten auch seine Texte, die er dem sogenannten *Blauen* und *Braunen Buch* entnahm und die lange vor ihrer Veröffentlichung in kleiner, inoffizieller Auflage kursierten. Am Schluß jeder ›Vorlesung‹, die oft weit über die offizielle Zeit hinausging, stürzte Wittgenstein völlig erschöpft aus dem Raum, meistens direkt ins Kino, um sich bei einem Film geistig zu erholen.

In Cambridge lebte er ebenso bescheiden wie die Jahre zuvor auf dem Land. Er bewohnte ein nur spärlich eingerichtetes Zimmer und kleidete sich entgegen der Cambridger Etikette in legerer Cordhose, offenem Hemd und Lederjacke.

Seit 1929 arbeitete Wittgenstein mit Unterbrechungen (er verbrachte unter anderem ein Jahr in Norwegen) an seinem zweiten großen Werk, den *Philosophischen Untersuchungen*, die die Summe seiner späteren Philosophie ausmachten.

Bei Ausbruch des zweiten Weltkrieges meldete er sich wieder freiwillig zum Dienst, diesmal in einem Hospital und einer medizinischen Forschungsstätte. Nach dem Krieg kehrte er nach Cambridge zum Unterrichten zurück, gab aber 1947 seine Lehrtätigkeit endgültig auf. Er war »die absurde Stellung eines Professors« leid und empfand sie als »eine Art Lebendig-Begrabensein«. Er widmete sich nur noch seinen Forschungs- und Schreibarbeiten. Zwischen 1946 und 1948 entstanden die *Letzten Schriften über die Philosophie der Psychologie*, in denen er die Psychologie stark kritisiert. In seinen letzten Lebensmonaten schrieb er Notizen nieder, die unter den Titeln *Bemerkungen über die Farben* und *Über Gewißheit* veröffentlicht wurden. 1951 erlag er in Cambridge einem Krebsleiden. Seine letzten Worte waren: »Sag ihnen, daß ich ein wunderbares Leben hatte.«

Zu Lebzeiten veröffentlichte Wittgenstein nur ein einziges philosophisches Werk, den *Tractatus Logico-Philosophicus*. Sein zweites Hauptwerk, die *Philosophischen Untersuchungen*, wurden von ihm zwar noch zur Veröffentlichung bestimmt, wenn auch unter Zögern und in dem Bewußtsein, daß er nichts Abgeschlossenes vorlege, sie erschienen jedoch erst nach seinem Tod im Jahr 1953.

Alle anderen Werke wurden ebenfalls postum veröffentlicht, einige wahrscheinlich gegen seine Absicht. Wittgensteins Nachlaß ist immens, er umfaßt ca. 30 000 Seiten, von denen viele noch nicht bearbeitet sind.

Wittgensteins philosophisches Schaffen muß in zwei Phasen unterteilt werden: das Frühwerk, das im Wesentlichen den *Tractatus Logico-Philosophicus* umfaßt, und das Spätwerk, in dessen Zentrum die *Philosophischen Untersuchungen* stehen. Beide Werke zielen auf Selbstbeschränkung und letztendlich die Aufhebung der Philosophie.

Jedes Werk wurde zur Grundlage zweier philosophischer Schulen, erstens der des ›Logischen Positivismus‹, die sich zur Aufgabe gemacht hat, durch Wirklichkeits- und Sprachanalysen Scheinproblemen der Philosophie auf den Grund zu gehen, zweitens der ›Analytischen Sprachphilosophie‹, die sich im weitesten Sinne der Alltagssprache zuwendet und die Verwendungsweise einzelner Wörter und Sätze untersucht.

Obwohl Wittgenstein in den 30er Jahren wesentliche Aussagen des *Tractatus* verworfen hat, zählt dieser zu einem der einflußreichsten philosophischen Bücher des 20. Jahrhunderts. Darin wird zum ersten Mal die Sprache in den Mittelpunkt philosophischer Überlegungen gestellt und gefragt, wie sich Denken und Wirklichkeit aufeinander beziehen. Wittgensteins Anliegen ist es, die Möglichkeiten und Grenzen der Philosophie als ein Produkt der Sprache aufzuzeigen. Für ihn ist alle Philosophie in erster Linie Sprachkritik.

Er geht davon aus, daß die Sprache von logischen Fehlern durchsetzt ist und man sie davon befreien muß, um zu philosophisch relevanten und deutlichen Aussagen zu kommen. Im Vorwort des *Tractatus* faßt Wittgenstein seine Absicht mit den folgenden Worten zusammen: »Man könnte den ganzen Sinn des Buches etwa in die Worte fassen: Was sich überhaupt sagen läßt, das läßt sich klar sagen; und wovon man nicht reden kann, darüber muß man schweigen.«

Der *Tractatus* entwirft das Bild eines logisch streng geordneten Kosmos der menschlichen Erkenntnis. Er ist eine kurze Abhandlung von etwa 100 Seiten und in einzelnen, einfachen, numerierten Sätzen angeordnet.

Zwischen 1929 und 1933 wandelte sich Wittgensteins Denken grundlegend. Zunächst wollte er nur einige Gedanken im *Tractatus* ausarbeiten und ändern. Bald schon stellte er fest, daß eine radikale Neuorientierung nötig war. Es zeugt von seiner intellektuellen und moralischen Aufrichtigkeit, die eigenen Gedanken grundlegend zu kritisieren und, wo nötig, sogar zu revidieren. Obwohl seine ursprüngliche Frage, wie und warum Sprache funktioniert, immer noch die Ausgangsposition seines Denkens war, sah er es nun als entscheidend an, Sprache in den Zusammenhang von Handeln und Gesellschaft zu stellen. Anstelle der Vorstellung von Sprache als Abbild tritt die Idee des *Sprachspiels*. Die Sprache des Alltags rückt in den Mittelpunkt seines Interesses.

Sprache ist nun, im Unterschied zu der im *Tractatus* vertretenen Auffassung, nicht ein Spiegelbild der Welt, sondern sie agiert in offener, spielerischer Weise mit der Wirklichkeit. Wer wissen will, was ein Wort bedeutet, muß beobachten, wie es gebraucht wird. »Alle Erklärung muß fort, und nur Beschreibung an ihre Stelle treten.«

Wittgensteins späte Philosophie ist eine große Herausforderung, weil sie den Glauben in Frage stellt, durch eindeutige Begriffe die Wirklichkeit denkend erfassen zu können.

Sein Einfluß ist aus dem gegenwärtigen philosophischen Diskurs nicht mehr wegzudenken.

Diese Textsammlung stellt zwei sehr unterschiedliche Schriften Wittgensteins vor. Zum einen werden Auszüge aus den *Philosophischen Untersuchungen* abgedruckt. Wittgenstein konnte diesem etwa 350 Seiten langen Text nicht mehr seine endgültige Gestalt geben. Er trägt den Charakter eines Gespräches zwischen ihm selbst und einem fingierten fragenden Partner.

Zum anderen zeigt ein privates, erst vor wenigen Jahren veröffentlichtes Brief-Fragment, das wahrscheinlich aus dem Jahr 1925 stammt und an seine Schwester Hermine gerichtet war, Wittgensteins sehr persönliche Einstellung zu Kultur, Kunst und Religion. Es spiegelt seine Suche nach ungetrübter Erhellung und Transparenz der philosophischen Erkenntnis wieder, zeigt aber auch die Gratwanderung zwischen dem Anspruch nach Klarheit und der Vorstellung, daß sich diese als das ›reine Licht‹ womöglich hinter der Wirklichkeit verbirgt.

Wittgenstein ist sich bewußt, daß die Grenze zwischen analytischer Deutlichkeit und metaphysischer Weltdeutung fließend ist.

Philosophische Untersuchungen

(Teil 1, Abschnitt 1–18, 109–128)

1. *Augustinus,* in den Confessiones I/8: cum ipsi (majores homines) appellabant rem aliquam, et cum secundum eam vocem corpus ad aliquid movebant, videbam, et tenebam hoc ab eis vocari rem illam, quod sonabant, cum eam vellent ostendere. Hoc autem eos velle ex motu corporis aperiebatur: tamquam verbis naturalibus omnium gentium, quae fiunt vultu et nutu oculorum, ceterorumque membrorum actu, et sonitu vocis indicante affectionem animi in petendis, habendis, rejiciendis, fugiendisve rebus. Ita verba in variis sententiis locis suis posita, et crebro audita, quarum rerum signa essent, paulatim colligebam, measque iam voluntates, edomito in eis signis ore, per haec enuntiabam.

[Nannten die Erwachsenen irgendeinen Gegenstand und wandten sie sich dabei ihm zu, so nahm ich das wahr und ich begriff, daß der Gegenstand durch die Laute, die sie aussprachen, bezeichnet wurde, da sie auf *ihn* hinweisen wollten. Dies aber entnahm ich aus ihren Gebärden, der natürlichen Sprache aller Völker, der Sprache, die durch Mienen- und Augenspiel, durch die Bewegungen der Glieder und den Klang der Stimme die Empfindungen der Seele anzeigt, wenn diese irgend etwas begehrt, oder festhält, oder zurückweist, oder flieht. So lernte ich nach und nach verstehen, welche Dinge die Wörter bezeichneten, die ich wieder und wieder, an ihren bestimmten Stellen in verschiedenen Sätzen, aussprechen hörte. Und ich brachte, als nun mein Mund sich an diese Zeichen gewöhnt hatte, durch sie meine Wünsche zum Ausdruck.]

In diesen Worten erhalten wir, so scheint es mir, ein bestimmtes Bild von dem Wesen der menschlichen Sprache. Nämlich dieses: Die Wörter der Sprache benennen Gegenstände – Sätze sind Verbindungen von solchen Benennungen. – In diesem Bild von der Sprache finden wir die Wurzeln der Idee: Jedes Wort hat eine Bedeutung. Diese Bedeutung ist dem Wort zugeordnet. Sie ist der Gegenstand, für welchen das Wort steht.

Von einem Unterschied der Wortarten spricht Augustinus nicht. Wer das Lernen der Sprache so beschreibt, denkt, so möchte ich glauben, zunächst an Hauptwörter, wie »Tisch«, »Stuhl«, »Brot«, und die Namen von Personen, erst in zweiter Linie an die Namen gewisser Tätigkeiten und Eigenschaften, und an die übrigen Wortarten als etwas, was sich finden wird.

Denke nun an diese Verwendung der Sprache: Ich schicke jemand einkaufen. Ich gebe ihm einen Zettel, auf diesem stehen die Zeichen: »fünf rote Äpfel«. Er trägt den Zettel zum Kaufmann; der öffnet die Lade, auf welcher das Zeichen »Äpfel« steht; dann sucht er in einer Tabelle das Wort »rot« auf und findet ihm gegenüber ein Farbmuster; nun sagt er die Reihe der Grundzahlwörter – ich nehme an, er weiß sie auswendig – bis zum Worte »fünf« und bei jedem Zahlwort nimmt er einen Apfel aus der Lade, der die Farbe des Musters hat. – So, und ähnlich, operiert man mit Worten. – »Wie weiß er aber, wo und wie er das Wort ›rot‹ nachschlagen soll und was er mit dem Wort ›fünf‹ anzufangen hat?« – Nun, ich nehme an, er *handelt,* wie ich es beschrieben habe. Die Erklärungen haben irgendwo ein Ende. -Was ist aber die Bedeutung des Wortes »fünf«? – Von einer solchen war hier gar nicht die Rede; nur davon, wie das Wort »fünf« gebraucht wird.

2. Jener philosophische Begriff der Bedeutung ist in einer primitiven Vorstellung von der Art und Weise, wie die Sprache funktioniert, zu Hause.

Man kann aber auch sagen, es sei die Vorstellung einer primitiveren Sprache als der unsern.

Denken wir uns eine Sprache, für die die Beschreibung, wie Augustinus sie gegeben hat, stimmt: Die Sprache soll der Verständigung eines Bauenden A mit einem Gehilfen B dienen. A führt einen Bau auf aus Bausteinen; es sind Würfel, Säulen, Platten und Balken vorhanden. B hat ihm die Bausteine zuzureichen, und zwar nach der Reihe, wie A sie braucht. Zu dem Zweck bedienen sie sich einer Sprache, bestehend aus den Wörtern: »Würfel«, »Säule«, »Platte«, »Balken«. A ruft sie aus; – B bringt den Stein, den er gelernt hat, auf diesen Ruf zu bringen. -Fasse dies als vollständige primitive Sprache auf.

3. Augustinus beschreibt, könnten wir sagen, ein System der Verständigung; nur ist nicht alles, was wir Sprache nennen, dieses System. Und das muß man in so manchen Fällen sagen, wo sich die Frage erhebt: »Ist diese Darstellung brauchbar, oder unbrauchbar?« Die Antwort ist dann: »Ja, brauchbar; aber nur für dieses eng umschriebene Gebiet, nicht für das Ganze, das du darzustellen vorgabst.«

Es ist, als erklärte jemand: »Spielen besteht darin, daß man Dinge, gewissen Regeln gemäß, auf einer Fläche verschiebt ...« – und wir ihm antworten: Du scheinst an die Brettspiele zu denken; aber das sind nicht alle Spiele. Du kannst deine Erklärung richtigstellen, indem du sie ausdrücklich auf diese Spiele einschränkst.

4. Denk dir eine Schrift, in welcher Buchstaben zur Bezeichnung von Lauten benützt würden, aber auch zur Bezeichnung der Betonung und als Interpunktionszeichen. (Eine Schrift kann man auffassen als eine Sprache zur Beschreibung von Lautbildern.) Denk dir nun, daß Einer jene Schrift so verstünde, als entspräche einfach jedem Buchstaben ein Laut und als hätten die Buchstaben nicht auch ganz andere Funktionen. So einer, zu einfachen, Auffassung der Schrift gleicht Augustinus' Auffassung der Sprache.

5. Wenn man das Beispiel im § 1 betrachtet, so ahnt man vielleicht, inwiefern der allgemeine Begriff der Bedeutung der Worte das Funktionieren der Sprache mit einem Dunst umgibt, der das klare Sehen unmöglich macht. – Es zerstreut den Nebel, wenn wir die Erscheinungen der Sprache an primitiven Arten ihrer Verwendung studieren, in denen man den Zweck und das Funktionieren der Wörter klar übersehen kann.

Solche primitiven Formen der Sprache verwendet das Kind, wenn es sprechen lernt. Das Lehren der Sprache ist hier kein Erklären, sondern ein Abrichten.

6. Wir könnten uns vorstellen, daß die Sprache im § 2 die *ganze* Sprache des A und B ist; ja, die ganze Sprache eines Volksstamms. Die Kinder werden dazu erzogen, *diese* Tätigkeiten zu verrichten, *diese* Wörter dabei zu gebrauchen, und *so* auf die Worte des Anderen zu reagieren.

Ein wichtiger Teil der Abrichtung wird darin bestehen, daß der Lehrende auf die Gegenstände weist, die Aufmerksamkeit des Kindes auf sie lenkt, und dabei ein Wort ausspricht; z. B. das Wort »Platte« beim Vorzeigen dieser Form. (Dies will ich nicht »hinweisende Erklärung«, oder »Definition«, nennen, weil ja das Kind noch nicht nach der Benennung *fragen* kann. Ich will es »hinweisendes Lehren der Wörter« nennen. – Ich sage, es wird einen wichtigen Teil der Abrichtung bilden, weil es bei Menschen so der Fall ist; nicht, weil es sich nicht anders vorstellen ließe.) Dieses hinweisende Lehren der Wörter, kann man sagen, schlägt eine assoziative Verbindung zwischen dem Wort und dem Ding: Aber was heißt das? Nun, es kann Verschiedenes heißen; aber man denkt wohl zunächst daran, daß dem Kind das Bild des Dings vor die Seele tritt, wenn es das Wort hört. Aber wenn das nun geschieht, – ist das der Zweck des Worts? – Ja, es *kann* der Zweck sein. – Ich kann mir eine solche Verwendung von Wörtern (Lautreihen) denken. (Das Aussprechen eines Wortes ist gleichsam ein Anschlagen einer Taste auf dem Vorstellungsklavier.) Aber in der Sprache im § 2 ist es *nicht* der Zweck der Wörter, Vorstellungen zu erwekken. (Es kann freilich auch gefunden werden, daß dies dem eigentlichen Zweck förderlich ist.)

Wenn aber das das hinweisende Lehren bewirkt, – soll ich sagen, es bewirkt das Verstehen des Worts? Versteht nicht der den Ruf »Platte!«, der so und so nach ihm handelt? – Aber dies half wohl das hinweisende Lehren herbeiführen; aber doch nur zusammen mit einem bestimmten Unterricht. Mit einem anderen Unterricht hätte dasselbe hinweisende Lehren dieser Wörter ein ganz anderes Verständnis bewirkt.

»Indem ich die Stange mit dem Hebel verbinde, setze ich die Bremse instand.« – Ja, gegeben den ganzen übrigen Mechanismus. Nur mit diesem ist er der Bremshebel; und losgelöst von seiner Unterstützung ist er nicht einmal Hebel, sondern kann alles Mögliche sein, oder nichts.

7. In der Praxis des Gebrauchs der Sprache (2) ruft der eine Teil die Wörter, der andere handelt nach ihnen; im Unterricht der Sprache aber wird sich *dieser* Vorgang finden: Der Lernende *benennt* die Gegenstände. D. h. er spricht das Wort, wenn der Lehrer auf den Stein zeigt. – Ja, es wird sich hier die noch einfachere Übung finden: der Schüler spricht die Worte nach, die der Lehrer ihm vorsagt – beides sprachähnliche Vorgänge.

Wir können uns auch denken, daß der ganze Vorgang des Gebrauchs der Worte in (2) eines jener Spiele ist, mittels welcher Kinder ihre Muttersprache erlernen. Ich will diese Spiele *»Sprachspiele«* nennen, und von einer primitiven Sprache manchmal als einem Sprachspiel reden.

Und man könnte die Vorgänge des Benennens der Steine und des Nachsprechens des vorgesagten Wortes auch Sprachspiele nennen. Denke an manchen Gebrauch, der von Worten in Reigenspielen gemacht wird.

Ich werde auch das Ganze: der Sprache und der Tätigkeiten, mit denen sie verwoben ist, das »Sprachspiel« nennen.

8. Sehen wir eine Erweiterung der Sprache (2) an. Außer den vier Wörtern »Würfel«, »Säule«, etc. enthalte sie eine Wörterreihe, die verwendet wird, wie der Kaufmann in (1) die Zahlwörter verwendet (es kann die Reihe der Buchstaben des Alphabets sein); ferner, zwei Wörter, sie mögen »dorthin« und »dieses« lauten (weil dies schon ungefähr ihren Zweck andeutet), sie werden in Verbindung mit einer zeigenden Handbewegung gebraucht; und endlich eine Anzahl von Farbmustern. A gibt einen Befehl von der Art: »d-Platte-dorthin«. Dabei läßt er den Gehilfen ein Farbmuster sehen, und beim Worte »dorthin« zeigt er an eine Stelle des Bauplatzes. B nimmt von dem Vorrat der Platten je eine von der Farbe des Musters für jeden Buchstaben des Alphabets bis zum »d« und bringt sie an den Ort, den A bezeichnet. – Bei anderen Gelegenheiten gibt A den Befehl: »dieses-dorthin«. Bei »dieses« zeigt er auf einen Baustein. Usw.

9. Wenn das Kind diese Sprache lernt, muß es die Reihe der ›Zahlwörter‹ a, b, c, ... auswendiglernen. Und es muß ihren Gebrauch lernen. – Wird in diesem Unterricht auch ein hinweisendes Lehren der Wörter vorkommen? – Nun, es wird z. B. auf Platten gewiesen und gezählt werden: »a, b, c Platten«. – Mehr Ähnlichkeit mit dem hinweisenden Lehren der Wörter »Würfel«, »Säule«, etc. hätte das hinweisende Lehren von Zahlwörtern, die nicht zum Zählen dienen, sondern zur Bezeichnung mit dem

Auge erfaßbarer Gruppen von Dingen. So lernen ja Kinder den Gebrauch der ersten fünf oder sechs Grundzahlwörter.

Wird auch »dorthin« und »dieses« hinweisend gelehrt? – Stell dir vor, wie man ihren Gebrauch etwa lehren könnte! Es wird dabei auf Örter und Dinge gezeigt werden, – aber hier geschieht ja dieses Zeigen auch im *Gebrauch* der Wörter und nicht nur beim Lernen des Gebrauchs. –

10. Was *bezeichnen* nun die Wörter dieser Sprache? – Was sie bezeichnen, wie soll ich das zeigen, es sei denn in der Art ihres Gebrauchs? Und den haben wir ja beschrieben. Der Ausdruck »dieses Wort bezeichnet *das*« müßte also ein Teil dieser Beschreibung werden. Oder: die Beschreibung soll auf die Form gebracht werden: »Das Wort … bezeichnet …«.

Nun, man kann ja die Beschreibung des Gebrauchs des Wortes »Platte« dahin abkürzen, daß man sagt, dieses Wort bezeichne diesen Gegenstand. Das wird man tun, wenn es sich z. B. nurmehr darum handelt, das Mißverständnis zu beseitigen, das Wort »Platte« beziehe sich auf die Bausteinform, die wir tatsächlich »Würfel« nennen, – die Art und Weise dieses *›Bezugs‹* aber, d. h. der Gebrauch dieser Worte im übrigen, bekannt ist.

Und ebenso kann man sagen, die Zeichen »a«, »b«, etc. bezeichnen Zahlen; wenn dies etwa das Mißverständnis behebt, »a«, »b«, »c«, spielten in der Sprache die Rolle, die in Wirklichkeit »Würfel«, »Platte«, »Säule«, spielen. Und man kann auch sagen, »c« bezeichne diese Zahl und nicht jene; wenn damit etwa erklärt wird, die Buchstaben seien in der Reihenfolge a, b, c, d, etc. zu verwenden und nicht in der: a, b, d, c.

Aber dadurch, daß man so die Beschreibungen des Gebrauchs der Wörter einander anähnelt, kann doch dieser Gebrauch nicht ähnlicher werden! Denn, wie wir sehen, ist er ganz und gar ungleichartig.

11. Denk an die Werkzeuge in einem Werkzeugkasten: es ist da ein Hammer, eine Zange, eine Säge, ein Schraubenzieher, ein Maßstab, ein Leimtopf, Leim, Nägel und Schrauben. – So verschieden die Funktionen dieser Gegenstände, so verschieden sind die Funktionen der Wörter. (Und es gibt Ähnlichkeiten hier und dort.)

Freilich, was uns verwirrt ist die Gleichförmigkeit ihrer Erscheinung, wenn die Wörter uns gesprochen, oder in der Schrift und im Druck entgegentreten. Denn ihre *Verwendung* steht nicht so deutlich vor uns. Besonders nicht, wenn wir philosophieren!

12. Wie wenn wir in den Führerstand einer Lokomotive schauen: da sind Handgriffe, die alle mehr oder weniger gleich aussehen. (Das ist begreiflich, denn sie sollen alle mit der Hand angefaßt werden.) Aber einer ist der Handgriff einer Kurbel, die kontinuierlich verstellt werden kann (sie reguliert die Öffnung eines Ventils); ein andrer ist der Handgriff eines Schalters, der nur zweierlei wirksame Stellungen hat, er ist entweder umgelegt, oder aufgestellt; ein dritter ist der Griff eines Bremshebels, je stärker man zieht, desto stärker wird gebremst; ein vierter, der Handgriff einer Pumpe, er wirkt nur, solange er hin und her bewegt wird.

13. Wenn wir sagen: »jedes Wort der Sprache bezeichnet etwas« so ist damit vorerst noch *gar* nichts gesagt; es sei denn, daß wir genau erklärten, *welche* Unterscheidung wir zu machen wünschen. (Es könnte ja sein, daß wir die Wörter der Sprache (8) von Wörtern ›ohne Bedeutung‹ unterscheiden wollten, wie sie in Gedichten Lewis Carroll's vorkommen, oder von Worten wie »juwiwallera« in einem Lied.)

14. Denke dir, jemand sagte: »*Alle* Werkzeuge dienen dazu, etwas zu modifizieren. So, der Hammer die Lage des Nagels, die Säge die Form des Bretts, etc.« – Und was modifiziert der Maßstab, der Leimtopf, die Nägel? – »Unser Wissen um die Länge eines Dings, die Temperatur des Leims, und die Festigkeit der Kiste.« – Wäre mit dieser Assimilation des Ausdrucks etwas gewonnen? –

15. Am direktesten ist das Wort »bezeichnen« vielleicht da angewandt, wo das Zeichen auf dem Gegenstand steht, den es bezeichnet. Nimm an, die Werkzeuge, die A beim Bauen benützt, tragen gewisse Zeichen. Zeigt A dem Gehilfen ein solches Zeichen, so bringt dieser das Werkzeug, das mit dem Zeichen versehen ist.

So, und auf mehr oder weniger ähnliche Weise, bezeichnet ein Name ein Ding, und wird ein Name einem Ding gegeben. – Es wird sich oft nützlich erweisen, wenn wir uns beim Philosophieren sagen: Etwas benennen, das ist etwas Ähnliches, wie einem Ding ein Namenstäfelchen anheften.

16. Wie ist es mit den Farbmustern, die A dem B zeigt, – gehören sie zur *Sprache*? Nun, wie man will. Zur Wortsprache gehören sie nicht; aber wenn ich jemandem sage: »Sprich das Wort ›das‹ aus«, so wirst du doch

dieses zweite › »das« ‹ auch noch zum Satz rechnen. Und doch spielt es eine ganz ähnliche Rolle, wie ein Farbmuster im Sprachspiel (8); es ist nämlich ein Muster dessen, was der Andre sagen soll.

Es ist das Natürlichste, und richtet am wenigsten Verwirrung an, wenn wir die Muster zu den Werkzeugen der Sprache rechnen. ((Bemerkung über das reflexive Fürwort »*dieser* Satz«.))[1]

17. Wir werden sagen können: in der Sprache (8) haben wir verschiedene *Wortarten*. Denn die Funktion des Wortes »Platte« und des Wortes »Würfel« sind einander ähnlicher als die von »Platte« und von »d«. Wie wir aber die Worte nach Arten zusammenfassen, wird vom Zweck der Einteilung abhängen, – und von unserer Neigung.

Denke an die verschiedenen Gesichtspunkte, nach denen man Werkzeuge in Werkzeugarten einteilen kann. Oder Schachfiguren in Figurenarten.

18. Daß die Sprachen (2) und (8) nur aus Befehlen bestehen, laß dich nicht stören. Willst du sagen, sie seien darum nicht vollständig, so frage dich, ob unsere Sprache vollständig ist; – ob sie es war, ehe ihr der chemische Symbolismus und die Infinitesimalnotation einverleibt wurden; denn dies sind, sozusagen, Vorstädte unserer Sprache. (Und mit wieviel Häusern, oder Straßen, fängt eine Stadt an, Stadt zu sein?) Unsere Sprache kann man ansehen als eine alte Stadt: Ein Gewinkel von Gäßchen und Plätzen, alten und neuen Häusern, und Häusern mit Zubauten aus verschiedenen Zeiten; und dies umgeben von einer Menge neuer Vororte mit geraden und regelmäßigen Straßen und mit einförmigen Häusern.

109. Richtig war, daß unsere Betrachtungen nicht wissenschaftliche Betrachtungen sein durften. Die Erfahrung, ›daß sich das oder das denken lasse, entgegen unserm Vorurteil‹ – was immer das heißen mag – konnte uns nicht interessieren. (Die pneumatische Auffassung des Denkens.) Und wir dürfen keinerlei Theorie aufstellen. Es darf nichts Hypothetisches in unsern Betrachtungen sein. Alle *Erklärung* muß fort, und nur Beschreibung an ihre Stelle treten. Und diese Beschreibung empfängt ihr Licht, d. i. ihren Zweck, von den philosophischen Problemen. Diese sind freilich keine empirischen, sondern sie werden durch eine Einsicht in das Arbei-

[1] Vgl. Bemerkungen über die Grundlagen der Mathematik S. 385 ff.; Zettel, § 691.

ten unserer Sprache gelöst, und zwar so, daß dieses erkannt wird: *entgegen* einem Trieb, es mißzuverstehen. Diese Probleme werden gelöst, nicht durch Beibringen neuer Erfahrung, sondern durch Zusammenstellung des längst Bekannten. Die Philosophie ist ein Kampf gegen die Verhexung unsres Verstandes durch die Mittel unserer Sprache.

110. »Die Sprache (oder das Denken) ist etwas Einzigartiges« – das erweist sich als ein Aberglaube (nicht Irrtum!), hervorgerufen selbst durch grammatische Täuschungen.

Und auf diese Täuschungen, auf die Probleme, fällt nun das Pathos zurück.

111. Die Probleme, die durch ein Mißdeuten unserer Sprachformen entstehen, haben den Charakter der *Tiefe*. Es sind tiefe Beunruhigungen; sie wurzeln so tief in uns wie die Formen unserer Sprache, und ihre Bedeutung ist so groß wie die Wichtigkeit unserer Sprache. – Fragen wir uns: Warum empfinden wir einen grammatischen Witz als *tief*? (Und das ist ja die philosophische Tiefe.)

112. Ein Gleichnis, das in die Formen unserer Sprache aufgenommen ist, bewirkt einen falschen Schein; der beunruhigt uns: »Es ist doch nicht *so*!« – sagen wir. »Aber es muß doch *so sein*!«

113. »Es ist doch *so* –« sage ich wieder und wieder vor mich hin. Es ist mir, als müßte ich das Wesen der Sache erfassen, wenn ich meinen Blick nur *ganz scharf* auf dies Faktum einstellen, es in den Brennpunkt rücken könnte.

114. *Logisch-Philosophische Abhandlung* 4.5: »Die allgemeine Form des Satzes ist: Es verhält sich so und so«. – Das ist ein Satz von jener Art, die man sich unzählige Male wiederholt. Man glaubt, wieder und wieder der Natur nachzufahren, und fährt nur der Form entlang, durch die wir sie betrachten.

115. Ein *Bild* hielt uns gefangen. Und heraus konnten wir nicht, denn es lag in unsrer Sprache, und sie schien es uns nur unerbittlich zu wiederholen.

116. Wenn die Philosophen ein Wort gebrauchen – »Wissen«, »Sein«, »Gegenstand«, »Ich«, »Satz«, »Name« – und das *Wesen* des Dings zu erfassen trachten, muß man sich immer fragen: Wird denn dieses Wort in der Sprache, in der es seine Heimat hat, je tatsächlich so gebraucht? –

Wir führen die Wörter von ihrer metaphysischen, wieder auf ihre alltägliche Verwendung zurück.

117. Man sagt mir: »Du verstehst doch diesen Ausdruck? Nun also, – in der Bedeutung, die du kennst, gebrauche auch ich ihn.« – Als wäre die Bedeutung ein Dunstkreis, den das Wort mitbringt und in jederlei Verwendung hinübernimmt.

Wenn z. B. Einer sagt, der Satz »Dies ist hier« (wobei er vor sich hin auf einen Gegenstand zeigt) habe für ihn Sinn, so möge er sich fragen, unter welchen besonderen Umständen man diesen Satz tatsächlich verwendet. In diesen hat er dann Sinn.

118. Woher nimmt die Betrachtung ihre Wichtigkeit, da sie doch nur alles Interessante, d. h. alles Große und Wichtige, zu zerstören scheint? (Gleichsam alle Bauwerke; indem sie nur Steinbrocken und Schutt übrig läßt.) Aber es sind nur Luftgebäude, die wir zerstören, und wir legen den Grund der Sprache frei, auf dem sie standen.

119. Die Ergebnisse der Philosophie sind die Entdeckung irgendeines schlichten Unsinns und Beulen, die sich der Verstand beim Anrennen an die Grenze der Sprache geholt hat. Sie, die Beulen, lassen uns den Wert jener Entdeckung erkennen.

120. Wenn ich über Sprache (Wort, Satz etc.) rede, muß ich die Sprache des Alltags reden. Ist diese Sprache etwa zu grob, materiell, für das, was wir sagen wollen? *Und wie wird denn eine andere gebildet?* – Und wie merkwürdig, daß wir dann mit der unsern überhaupt etwas anfangen können!

Daß ich bei meinen Erklärungen, die Sprache betreffend, schon die volle Sprache (nicht etwa eine vorbereitende, vorläufige) anwenden muß, zeigt schon, daß ich nur Äußerliches über die Sprache vorbringen kann.

Ja, aber wie können uns diese Ausführungen dann befriedigen? – Nun, deine Fragen waren ja auch schon in dieser Sprache abgefaßt; mußten in dieser Sprache ausgedrückt werden, wenn etwas zu fragen war!

Und deine Skrupel sind Mißverständnisse.

Deine Fragen beziehen sich auf Wörter; so muß ich von Wörtern reden.

Man sagt: Es kommt nicht aufs Wort an, sondern auf seine Bedeutung; und denkt dabei an die Bedeutung, wie an eine Sache von der Art des Worts, wenn auch vom Wort verschieden. Hier ist das Wort, hier die Bedeutung. Das Geld und die Kuh, die man dafür kaufen kann. (Anderseits aber: das Geld, und sein Nutzen.)

121. Man könnte meinen: wenn die Philosophie vom Gebrauch des Wortes »Philosophie« redet, so müsse es eine Philosophie zweiter Ordnung geben. Aber es ist eben nicht so; sondern der Fall entspricht dem der Rechtschreibelehre, die es auch mit dem Wort »Rechtschreibelehre« zu tun hat, aber dann nicht eine solche zweiter Ordnung ist.

122. Es ist eine Hauptquelle unseres Unverständnisses, daß wir den Gebrauch unserer Wörter nicht *übersehen.* – Unserer Grammatik fehlt es an Übersichtlichkeit. – Die übersichtliche Darstellung vermittelt das Verständnis, welches eben darin besteht, daß wir die ›Zusammenhänge sehen‹. Daher die Wichtigkeit des Findens und des Erfindens von *Zwischengliedern.*

Der Begriff der übersichtlichen Darstellung ist für uns von grundlegender Bedeutung. Er bezeichnet unsere Darstellungsform, die Art, wie wir die Dinge sehen. (Ist dies eine ›Weltanschauung‹?)

123. Ein philosophisches Problem hat die Form: »Ich kenne mich nicht aus.«

124. Die Philosophie darf den tatsächlichen Gebrauch der Sprache in keiner Weise antasten, sie kann ihn am Ende also nur beschreiben.

Denn sie kann ihn auch nicht begründen.

Sie läßt alles, wie es ist.

Sie läßt auch die Mathematik, wie sie ist, und keine mathematische Entdeckung kann sie weiterbringen. Ein »führendes Problem der mathematischen Logik« ist für uns ein Problem der Mathematik, wie jedes andere.

125. Es ist nicht Sache der Philosophie, den Widerspruch durch eine mathematische, logisch-mathematische, Entdeckung zu lösen. Sondern den Zustand der Mathematik, der uns beunruhigt, den Zustand *vor* der Lösung des Widerspruchs, übersehbar zu machen. (Und damit geht man nicht etwa einer Schwierigkeit aus dem Wege.)

Die fundamentale Tatsache ist hier: daß wir Regeln, eine Technik, für ein Spiel festlegen, und daß es dann, wenn wir den Regeln folgen, nicht so geht, wie wir angenommen hatten. Daß wir uns also gleichsam in unsern eigenen Regeln verfangen.

Dieses Verfangen in unsern Regeln ist, was wir verstehen, d. h. übersehen wollen.

Es wirft ein Licht auf unsern Begriff des Meinens. Denn es kommt also in jenen Fällen anders, als wir es gemeint, vorausgesehen, hatten. Wir sagen eben, wenn, z. B., der Widerspruch auftritt: »So hab' ich's nicht gemeint.«

Die bürgerliche Stellung des Widerspruchs, oder seine Stellung in der bürgerlichen Welt: das ist das philosophische Problem.

126. Die Philosophie stellt eben alles bloß hin, und erklärt und folgert nichts. – Da alles offen daliegt, ist auch nichts zu erklären. Denn, was etwa verborgen ist, interessiert uns nicht.

»Philosophie« könnte man auch das nennen, was *vor* allen neuen Entdeckungen und Erfindungen möglich ist.

127. Die Arbeit des Philosophen ist ein Zusammentragen von Erinnerungen zu einem bestimmten Zweck.

128. Wollte man *Thesen* in der Philosophie aufstellen, es könnte nie über sie zur Diskussion kommen, weil alle mit ihnen einverstanden wären.

Ein Brief-Fragment

Wenn man das reine geistige (das religiöse) Ideal mit weißem Licht vergleicht so kann man die Ideale der verschiedenen Kulturen mit den gefärbten Lichtern vergleichen die entstehen wenn das reine Licht durch gefärbte Gläser scheint. Denke Dir einen Menschen der von seiner Geburt an immer in einem Raum lebt in welchen das Licht nur durch rote Scheiben eindringt. Dieser wird sich vielleicht nicht vorstellen können daß es ein anderes Licht als das seine (das rote) gebe er wird die rote Qualität als dem Licht wesentlich betrachten ja in gewissem Sinne wird er die Röte des Lichtes das ihn umgibt überhaupt nicht merken. Mit anderen Worten:

Er wird sein Licht für *das* Licht halten und nicht für eine besondere Art der *Trübung* des einen Lichtes (die es doch in Wirklichkeit ist). Dieser Mensch bewegt sich nun in seinem Raum umher besieht sich die Gegenstände, beurteilt sie etc. Da nun aber sein Raum nicht der Raum ist sondern nur ein – von rotem Glas begrenzter – *Teil* des Raumes so wird er unbedingt wenn er sich nur weit genug bewegt an die Grenze dieses Raumes stoßen. *Dann kann Verschiedenes Geschehen*: Der eine wird die Begrenztheit nun erkennen er kann aber das Glas nicht durchbrechen und wird nun resignieren. Er wird sagen: »Also war mein Licht doch *wohl* nicht *das* Licht. *Das* Licht können wir nur ahnen und müssen uns mit unserem getrübten zufrieden geben.« Dieser Mensch wird dann entweder *humoristisch* oder *melancholisch* werden oder beides abwechselnd. Denn der Humor + die Melancholie sind Zustände des resignierenden Menschen. Daher kennt sie der Mensch ehe er an die Grenze seines Raumes gekommen ist nicht obwohl er natürlich auch lustig + traurig sein kann (aber lustig und traurig ist nicht humorvoll + melancholisch) weiter. Ein anderer Mensch wird an die Umgrenzung des Raumes anstoßen wird sich aber nicht ganz klar darüber daß es die Umgrenzung ist und nimmt die Sache als wäre er an einen Körper *innerhalb* des Raumes gestoßen. Für diesen ändert sich eigentlich nichts er lebt weiter wie früher.

Ein Dritter endlich sagt: ich muß hindurch in den Raum und das Licht. Er durchbricht das Glas und tritt aus seiner Begrenzung aus und ins Freie.

Die Anwendung: Der Mensch in der roten Glasglocke ist die Menschheit in einer bestimmten Kultur zum Beispiel in der abendländischen die etwa mit der Völkerwanderung angefangen und im 18 Jahrhundert einen ihrer Gipfel – ich glaube ihren letzten – erreicht hat. Das Licht ist das Ideal und das getrübte Licht das Kulturideal. Dieses wird solange für *das* Ideal gehalten solange die Menschheit noch nicht an die Grenze dieser Kultur gekommen ist. Früher oder später aber wird sie an diese Grenze kommen denn jede Kultur ist nur ein begrenzter Teil des Raumes. – Mit dem Anfang des 19 Jahrh. (des geistigen) ist die Menschheit an die Grenze der abendl. Kultur gestoßen. Und nun stellt sich die Säure ein: die Melancholie + der Humor (denn *beide* sind sauer) Und nun kann man freilich sagen Jeder bedeutende Mensch dieser Zeit (des 19 Jahrh) ist entweder Humorist oder Melancholiker (oder beides) und um so intensiver je bedeutender er ist; oder er durchbricht die Begrenzung und wird religiös [und da geschieht es freilich auch daß einer den Kopf schon ins Freie gesteckt hat ihn aber durch das Licht geblendet wieder zurückzieht und nun, mit schlechtem Gewissen, in der Glasglocke weiterlebt.] Man kann also sagen: Der bedeutende Mensch hat es immer irgendwie mit dem Licht zu tun (das macht ihn bedeutend) lebt er inmitten der Kultur so hat er es mit dem gefärbten Licht zu tun kommt er an die Grenze der Kultur so hat er sich mit *ihr* auseinanderzusetzen und nun ist es diese Auseinandersetzung ihre Art + Intensität die uns an ihm interessiert die uns an seinem Werke *ergreift*.

Je intensiver desto mehr je weniger intensiv desto weniger. Das Talent wenn auch noch so außergewöhnlich welches die Grenze gefühlt hat sich aber mit ihr nur seicht + nebulos abfindet kann uns durch seine Spiele auch durch die schönsten (sie haben vielmehr eigentlich jetzt das wesentliche der Schönheit verloren und gefallen uns nur noch weil sie uns an das was in einer vergangenen Zeit schön war erinnern) nicht mehr *ergreifen*; außer dort wo es sich doch zu einer tieferen Außeinandersetzung aufrafft. Das – glaube ich – ist der Fall Mendelssohn. Die Eigenart – d. i. die Originalität – auch die ausgeprägteste ist *nicht* was ergreift [Sonst müßte uns Wagner mehr als Alle ergreifen] – sie ist sozusagen etwas nur animalisches. *Die Auseinandersetzung mit dem Geist, mit dem Licht*, ergreift. – Für dies mal genug.

Ich will diesen Freitag (d. 2./10.) nach Wien kommen und bitte Dich mich durch eine Nachricht in die Kriehubergasse wissen zu lassen ob ihr noch in Neuwaldegg oder in der Alleegasse seid, nun noch etwas Bitte sei so gut und melde mich für Samstag vormittag oder Nachmittag + Sonntag.

HANNAH ARENDT
(14.10.1906–4.12.1975)

Philosophie und Politik im Licht der Menschlichkeit

Arendt ist eine der wichtigsten Politik- und Gesellschaftsphilosophinnen des 20. Jahrhunderts. Im Zusammenhang mit ihren bahnbrechenden Analysen zum Phänomen der totalen Herrschaft entdeckte sie eine neue, moderne Kategorie des absolut Bösen.

Sie prägte aufgrund ihrer Beobachtungen als Berichterstatterin des in Jerusalem wegen Völkermordes angeklagten Joseph Eichmann den berühmt gewordenen Begriff der ›Banalität des Bösen‹.

Arendt kann als Humanistin bezeichnet werden. Ihre Kritik an politischen und kulturellen Ordnungsmaßstäben zielte darauf, über die Sphäre des Praktisch-Politischen hinauszugehen und die Grundlagen und Bedingungen menschlicher Existenz zu verstehen.

Hannah Arendt wurde in Hannover geboren und verbrachte ihre Kindheit und Jugend in einem sozialdemokratisch orientierten Elternhaus assimilierter Juden in Königsberg. »Ich habe von Haus aus nicht gewußt, daß ich Jüdin bin«, schreibt sie später. Nach dem vorzeitigen Tod des schwerkranken Vaters im Jahr 1913 gab ihr die Mutter eine liberale, aber trotzdem behütende Erziehung. Hannah entwickelte früh ein starkes Selbstbewußtsein und ein großes Interesse an der Philosophie: bereits während ihrer Schulzeit beschäftigte sie sich mit Kierkegaard, las Kants *Kritik der reinen Vernunft* und Karl Jaspers *Psychologie der Weltanschauungen*. Alle drei Philosophen sollten bedeutsam für ihren zukünftigen philosophischen Werdegang sein.

Kurz vor ihrem Abitur überwarf sie sich allerdings mit einem Lehrer und wurde von der Schule verwiesen. Sie ging für einige Zeit nach Berlin, wo sie Vorlesungen in klassischer Philologie und christlicher Theologie bei dem renommierten Religionsphilosophen Romano Guardini hörte – noch bevor sie ihre Reifeprüfung ablegte. Diese holte sie dann 1924 als externe Schülerin nach.

Im gleichen Jahr begann sie, stark vom Denken Kierkegaards beeindruckt, das Studium der Philosophie, der Theologie und des Griechischen zunächst bei Martin Heidegger und Rudolf Bultmann in Marburg. 1926 ging sie nach Freiburg, um bei Edmund Husserl in Freiburg ihre Studien fortzusetzen. 1928 promovierte sie bei Karl Jaspers in Heidelberg über das Thema *Der Liebesbegriff bei Augustin*, einer Arbeit, mit der sie nach der Veröffentlichung erste Erfolge erzielte.

Die Marburger Jahre waren von der engen philosophischen und emotionalen Verbindung zu Heidegger charakterisiert. »Die Vorstellung von einem leidenschaftlichen Denken, in dem Denken und Lebendigsein eins werden«, wurde zur prägenden Erfahrung jener Zeit. Schnell hatte sich zwischen Arendt und Heidegger eine intensive Liebesbeziehung entwikkelt, in der Heidegger glaubte, er sei vom »Damönischen getroffen worden«, wie er in einem seiner zahlreichen Briefe an sie schrieb. Allerdings gestalteten sich die äußeren Umstände des Verhältnisses, das von beiden Seiten geheimgehalten wurde, zunehmend als prekär. Heidegger war ein verheirateter Familienvater, der seine Karriere nicht aufs Spiel setzen wollte. Arendt lebte zurückgezogen, fast ohne Kontakt zu den Mitstudenten, außer dem Freund Hans Jonas, in Marburg. Sie beschloß, die Stadt zu verlassen. Nach weiteren Jahren geheimer Treffen an verschiedenen Orten und des Austauschs von Briefbotschaften wurde das Liebesverhältnis im Winter 1932/33 von Heidegger beendet. Aus dieser Zeit stammte der letzte Brief, der Arendt erreichte.

Obwohl Arendt Heideggers Einstellung zum Nationalsozialismus scharf kritisierte, verhielt sie sich persönlich loyal zu ihm. Nach 1948 kam es zu weiteren Begegnungen, die, mit Unterbrechungen, zu einem letztendlich ruhigen und freundlichen, aber distanzierten Verhältnis führten. Am 26.9.1969 hielt Arendt eine Rede zu Heideggers 80. Geburtstag, in der sie in einer Rückschau beschrieb, was sie an ihm faszinierte. Insbesondere sah sie Heidegger als einen Lehrer, bei dem man »das Denken lernen kann« und dem es »auf die Sache selbst ankam«.

Trotz ihrer eigenen Vertrautheit mit dessen Werk, hat Heidegger sich umgekehrt nie zu ihren Arbeiten geäußert. Diese waren geprägt von der persönlichen Erfahrung ihres Lebens, auch als Jüdin, und »dem Bedürfnis zu verstehen«, wie sie sich in einem Interview mit Günther Gaus im Jahr 1964 äußerte.

Ihr »Lebensweg« war der eines »liebenden Vernunftwesens«, der einer Person, für die die »Intensität der Denkerfahrung« ein bestimmendes Moment im Leben war, wie es Karl Jaspers einmal ausdrückte. Mit Jaspers verband Arendt eine tiefe Freundschaft und lebenslange philosophische Auseinandersetzung. Der *Briefwechsel 1926–1969* (1985 als Buch unter gleichnamigen Titel erschienen) zwischen Arendt und Jaspers ist nicht nur ein Zeugnis des Austausches, sondern dokumentiert auch Arendts Lebens-, Denk-, und Arbeitsweise.

Diese erhielt seit 1933 zunehmend eine neue Ausrichtung, da Arendt nun, und zwar bereits mit dem erwachten »Bewußtsein des Untergangs des deutschen Judentums«, die historische Erforschung des jüdischen Lebens unter dem Blickwinkel der gesellschaftlichen Assimilation vornahm. In ihrer Untersuchung *Rahel Varnhagen. Lebensgeschichte einer deutschen Jüdin aus der Romantik* begann sie, die »›jüdische Existenz‹ existenzphilosophisch zu fassen«. 1933, im Jahr der Fertigstellung ihres Buches, wurde ihr ihre eigene Zugehörigkeit zum Judentum ein politisches Problem. Der Reichstagsbrand und die anschließenden Verfolgungen waren ein unmittelbarer Schock für sie. Die bis dahin unpolitische Arendt fühlte sich zur illegalen Arbeit für eine zionistische Organisation verpflichtet. (Zionismus: Bewegung, die sich für die Wiedererrichtung eines jüdischen Staates in Palästina einsetzte.) Später begründete sie ihre Aktivitäten mit den Worten: »Wenn man als Jude angegriffen wird, muß man sich als Jude verteidigen.« Nach kurzer Inhaftierung durch die Gestapo floh sie über Genf nach Paris. Hier war sie wiederum für zionistische Organisationen tätig, arbeitete wissenschaftlich über den Antisemitismus und hielt Vorträge.

In privater Hinsicht traten einige wesentliche Veränderungen ein. 1929 hatte sie, noch in Berlin, den Sozialphilosophen und Essayisten Günther Stern geheiratet. In Paris trennte sich Arendt von Stern und begann eine Beziehung mit Heinrich Blücher, der ihr zweiter Ehemann werden sollte. In Paris verband sie zudem eine enge Freundschaft mit dem damals noch unbekannten Philosophen Walter Benjamin. 1937 wurde ihr die deutsche Staatsbürgerschaft aberkannt.

Nach der Niederlage Frankreichs im Jahr 1940 wurde Arendt für einige Wochen in dem berüchtigten Lager Gurs interniert. Ihr gelang die Flucht, und zusammen mit ihrer Mutter und ihrem Mann Heinrich Blücher siedelte sie 1941 nach New York über. Hier lebte die Staatenlose, der erst 1951 die amerikanische Staatsbürgerschaft zuerkannt wurde, unter einfachsten Bedingungen in Hotelzimmern und versuchte, ihre Familie zu ernähren.

Ab 1941 war sie als Redakteurin der deutsch-jüdischen Wochenzeitschrift *Aufbau* tätig und setzte sich für eine jüdische Armee gegen Hitler und eine Neuformierung des Zionismus ein. Mit Dolf Sternberger, Werner Kraus, Alfred Weber und Karl Jaspers gründete sie das sich als europäisch verstehende Journal *Die Wandlung*. 1946–1948 arbeitete sie als Cheflektorin beim Schocken Verlag in New York, wo sie die Tagebücher Franz Kafkas herausgab. Auch setzte sie sich zunächst vergeblich für die Veröffentlichung der Werke Benjamins ein. Erst 1969 konnte sie dessen Essays in Amerika herausgeben.

Zwischen 1948 und 1952 war sie die Geschäftsführerin der Organisation zur Rettung und Pflege des jüdischen Kulturgutes. In dieser Zeit lernte sie ihre wichtigste Freundin und spätere Nachlaßverwalterin Mary Mc Carthy kennen. Von nun an arbeitete sie vornehmlich als freie Schriftstellerin. Neben der Politik und gesellschaftlichen Grundsatzfragen galt ihr Interesse stets der zeitgenössischen Literatur. 1959 erhielt sie den Lessing-Preis der Stadt Hamburg, weitere Auszeichnungen folgten in den Jahren darauf. Sie erhielt mehrere Teilzeitprofessuren, so in Chicago und New York, und hielt viele Vorträge an den verschiedensten Universitäten. Bis 1967 wurden ihr allein zehn Ehrendoktortitel verliehen.

1974 erlitt Arendt einen ersten Herzinfarkt. Im Dezember 1975 starb sie an einem weiteren Herzanfall.

»Denken war ihre Leidenschaft«, wie ihr Freund Hans Jonas über sie sagte.

Arendts Werk hat zwei Schwerpunkte. Zum einen besteht es aus ihren politischen Schriften, in denen sie sich mit den Mechanismen des totalitären Regimes als neuer Staatsform auseinandersetzt und die Frage stellt, wie das Politische zu einem Garant der Freiheit des Einzelnen werden kann. Zum anderen setzt es sich aus ihren philosophischen Texten zusammen, die sich mit der realistischen Umsetzbarkeit von Philosophie in Gesellschaft und Politik beschäftigen.

In ihren politischen Hauptwerken *The Origins of Totalitarianism* (dt. *Elemente und Ursprünge totaler Herrschaft*), das 1951 veröffentlicht wurde, *Eichmann in Jerusalem* (1963) und *Between Past and Future* (dt. *Zwischen Zukunft und Vergangenheit. Übungen im politischen Denken*) von 1961 stellt Arendt die Frage nach dem Bösen anhand geschichtlicher Gesamtentwicklungen und persönlicher Einzelphänomene. Besonders ihr Buch *Eichmann in Jerusalem*, in dem sie über den Eichmann-Prozeß berichtete, machte Furore und war jahrelang Mittelpunkt öffentlicher Kontroversen, die Arendt als einen

»klassischen Fall von Rufmord« empfand. Sie entdeckte »die Banalität des Bösen, vor der das Wort versagt und an der das Denken scheitert« und die es dem Täter unmöglich macht, sich seiner Untaten bewußt zu werden. Obwohl sie »weit davon entfernt war, irgendwelche Sympathie für Eichmann zu hegen« (Hans Mommsen) wurde dieses Buch zum Beispiel von Golo Mann als »empörende Verleumdung der Tatsachen des Dritten Reiches« mißinterpretiert. Insgesamt aber hat ihr Beitrag zur Totalitarismusforschung ihr internationale Reputation eingetragen.

Ein weiteres wichtiges politisches Werk ist das 1970 erschienene *On Violence* (dt. *Macht und Gewalt*), das eine systematische Analyse der zentralen Begriffe ›Macht‹ und ›Gewalt‹ vornimmt.

In ihren philosophischen Werken entwickelt Arendt, oft in bezug auf die Antike, eine weitgefaßte Sicht auf die menschlichen Daseinsbedingungen und entwirft eine Philosophie der Existenz, die nicht nur den theoretischen Hintergrund zur politischen Freiheit des Individuums liefern soll, sondern hervorhebt, daß die elementare Dimension des menschlichen Lebens aus dem Tätigsein besteht. In ihrem philosophischen Hauptwerk *Vita activa oder vom tätigen Leben* (1958) entwirft sie eine umfassende Theorie des Menschen und vertritt die These, der Mensch habe sich seit der Antike von einem betrachtenden (kontemplativen) zu einem handelnden (aktiven) Wesen gewandelt. Diese prinzipielle menschliche Bedingung macht sie verantwortlich für die Phänomene der modernen Welt, wie Totalitarismus, Technisierung und Massengesellschaft. In ihrem zweiten großen philosophischen Werk *Vom Leben des Geistes* verfaßt sie eine Ethik, die das Denken und Handeln in konstruktiver Weise miteinander verbinden will, um so eine Form des Zusammenlebens zu ermöglichen, »wo niemand regiert und niemand gehorcht. Wo die Menschen einander überzeugen.« Dieses Werk basiert auf einer Reihe von Vorlesungen und blieb unvollendet.

Arendts oft brillante und scharfsinnige Darlegungen zeigen die Originalität und Vielfältigkeit ihres Denkens.

Für diese Textsammlung wurden zwei Schriften aus ihrem letzten Werk *Vom Leben des Geistes* ausgewählt. Sie verfolgen zwei für das Philosophieren und das menschliche Dasein schlechthin entscheidende Fragen: Was bringt uns überhaupt zum Denken? Und: Wo sind wir, wenn wir denken?

Der Bürgerkrieg zwischen Denken und gemeinem Verstand

»Nimm die Farbe der Toten an« – so muß in der Tat die Geistesabwesenheit des Philosophen und der Lebensstil des Fachmanns, der sein ganzes Leben dem Denken widmet und damit etwas monopolisiert und verabsolutiert, was lediglich eines der menschlichen Vermögen ist, dem gemeinen Verstand des Durchschnittsmenschen erscheinen, denn gewöhnlich bewegen wir uns in einer Welt, in der die radikalste Erfahrung des Verschwindens der Tod ist und der Rückzug von der Erscheinung das Sterben. Daß es stets – mindestens seit Parmenides Menschen gegeben hat, die diese Lebensform bewußt gewählt haben, ohne Selbstmordkandidaten zu sein, das allein zeigt, daß dieses Gefühl der Nachbarschaft zum Tode nicht aus der Denktätigkeit und den Erfahrungen des denkenden Ichs selbst entspringt. Vielmehr ist es der gemeine Verstand des Philosophen selbst – die Tatsache, daß er »ein Mensch wie jeder andere« ist –, was ihm bewußt macht, daß er »außer der Ordnung« ist, während er denkt. Er ist nicht immun gegen die gemeine Meinung, denn schließlich hat er ja an der »Gemeinsamkeit« aller Menschen teil, und sein eigenes Wirklichkeitsempfinden weckt in ihm Verdacht gegen die Denktätigkeit. Und da das Denken selbst hilflos ist gegen die Argumente des gemeinen Verstandes und dessen Behauptung, die Sinnsuche sei »sinnlos«, so neigt der Philosoph dazu, in der Sprache des gemeinen Verstandes zu antworten, die er zu diesem Zweck einfach auf den Kopf stellt. Wenn nach dem gemeinen Verstand und der gemeinen Meinung »der Tod das größte aller Übel ist«, so ist der Philosoph (der Zeit Platons, als man den Tod als die Trennung der Seele vom Körper auffaßte) versucht zu sagen: Im Gegenteil, »der Tod ist etwas Göttliches, eine Wohltat für den Philosophen, eben weil er die Vereinigung von Seele und Körper auflöst« und damit den Geist von Schmerz und Lust des Körpers zu befreien scheint, die beide unsere geistigen Organe von ihrer Tätigkeit abhalten, genau wie das Bewußtsein unsere Körperorgane an ihrer normalen Funktion hindert. Die gesamte Geschichte der Philosophie, die so viel über die Gegenstände des Denkens zu berichten weiß und so wenig über den Vorgang des Denkens und die Erfahrungen des denkenden Ichs, ist durchsetzt von einem *Bürgerkrieg* zwischen dem menschlichen Gemeinsinn, diesem sechsten Sinn, der unsere fünf Sinne in eine gemeinsame Welt einfügt, und dem Denkvermögen und

Bedürfnis der Vernunft, die den Menschen dazu bestimmen, sich auf längere Zeiträume von ihr abzusetzen.

Die Philosophen haben diesen Bürgerkrieg als die natürliche Feindschaft der vielen und ihrer Meinungen gegen die wenigen und ihre Wahrheit aufgefaßt; doch es gibt nicht gerade eine Fülle historischer Tatsachen, die diese Deutung stützen würden. Natürlich gibt es den Prozeß gegen Sokrates, der vielleicht Platon zu der Bemerkung am Ende des Höhlengleichnisses veranlaßte (wenn der Philosoph von seinem einsamen Flug in den Ideenhimmel in die Dunkelheit der Höhle und die Gesellschaft seiner Mitmenschen zurückkehrt), die vielen würden, wenn sie nur könnten, Hand an die wenigen legen und sie töten. Diese Deutung des Prozesses gegen Sokrates zieht sich durch die ganze Philosophiegeschichte bis einschließlich Hegel hindurch. Doch abgesehen von einigen durchaus begründeten Zweifeln an Platons Darstellung des Ereignisses sind einfach so gut wie keine Beispiele bekannt, in denen die vielen von sich aus den Philosophen den Krieg erklärt hätten. Bezüglich der vielen und der wenigen war es eher umgekehrt. Der Philosoph verließ von sich aus die Stätten der Menschen und sagte ihnen dann bestenfalls, sie würden getäuscht durch das Vertrauen gegenüber ihren Sinnen, gegenüber den Dichtern und gegenüber der Menge, wo sie doch besser selbst hätten denken sollen, und schlimmstenfalls sagte er ihnen, sie seien zufrieden, nur der Sinnenlust zu leben, und lägen da wie vollgefressenes Vieh. Es scheint ziemlich klar, daß die Menge nie einem Philosophen ähneln kann, aber das bedeutet nicht, wie Platon meinte, daß die Philosophierenden »notwendigerweise getadelt« und von den vielen verfolgt würden »wie ein Mensch, der unter die wilden Tiere gefallen ist«.

Der Philosoph lebt einsam, aber diese Einsamkeit hat er freiwillig gewählt, und Platon selbst erwähnt bei seiner Aufzählung der natürlichen Bedingungen, die der Entwicklung der philosophischen Begabung in »den edelsten Naturen« günstig seien, die Feindseligkeit der vielen nicht. Er spricht vielmehr von Verbannten, von einem »großen Geist, der in einem winzigen Staat geboren ist, dessen Angelegenheiten überhaupt nicht … der Rede wert sind«, und von anderen Umständen wie schlechter Gesundheit, die solche Naturen von den öffentlichen Angelegenheiten der vielen isolieren. Doch es kommt der Wahrheit wohl kaum näher, wenn der Spieß auf diese Weise herumgedreht wird, wenn der Krieg zwischen Denken und gemeinem Verstand darauf zurückgeführt wird, daß sich die wenigen gegen die vielen wenden, wenngleich das vielleicht ein klein wenig einleuchtender und besser belegt ist – nämlich im Sinne des Herrschaftsanspruches des Philosophen – als dessen herkömmlicher Verfolgungswahn. Die einleuchtendste Erklärung des Streites zwischen gemeinem Verstand und »fachlichem« Denken ist immer noch der bereits erwähnte Gesichtspunkt (nämlich daß es sich um einen Bürgerkrieg handele), denn gewiß haben die Philosophen selbst als erste die ganzen Einwände bemerkt, die der gemeine Verstand gegen die Philosophie erheben konnte. Und in einem anderen Zusammenhang, in dem es nicht um ein »der philosophischen Natur würdiges« Gemeinwesen geht, weist Platon die Frage als lächerlich zurück, ob jemand, der sich mit göttlichen Dingen beschäftigt, auch in menschlichen Angelegenheiten eine gute Hand habe.

Gelächter und nicht Feindseligkeit ist die natürliche Reaktion der vielen auf das, womit sich der Philosoph beschäftigt, und seine offenbare Nutzlosigkeit. Dieses Gelächter ist harmlos und etwas ganz anderes als das häufige Lächerlichmachen eines Gegners in einer ernsthaften Diskussion, wo es in der Tat zu einer gefährlichen Waffe werden kann. Doch Platon, der in den »Gesetzen« das strenge Verbot aller Schriften fordert, die irgendeinen Bürger lächerlich machen würden, fürchtete an allem Gelächter die Lächerlichkeit. Entscheidend sind hier nicht die Stellen in den politischen Dialogen (»Gesetze« und »Staat«) gegen die Dichtkunst und besonders die Komödie, sondern der große Ernst, mit dem er die Geschichte von dem thrakischen Bauernmädchen erzählt, das in Gelächter ausbricht, als es Thales in einen Brunnen fallen sieht, während er die Bewegungen der Himmelskörper über sich beobachtet; »sie meinte, er habe die Dinge am Himmel kennenlernen wollen, aber es sei ihm entgangen, was ... unmittelbar zu seinen Füßen lag.« Und Platon fügt hinzu: »Jeder, der sein Leben der Philosophie widmet, ist solchem Spott ausgesetzt. ... Der ganze Pöbel wird mit dem Bauernmädchen über ihn lachen ... [denn] in seiner Hilflosigkeit wirkt er wie ein Narr.« Merkwürdigerweise kam in der langen Geschichte der Philosophie nur Kant – der wie kein anderer frei von allen spezifisch philosophischen Lastern war – auf den Gedanken, die Fähigkeit zum spekulativen Denken könne dem Geschenk gleichen, »womit Juno den Tiresias beehrte, die ihn zuvor blind machte, damit sie ihm die Gabe zum Weissagen erteilen könnte«. Er argwöhnte, die genaue Kenntnis einer anderen Welt könne »allhier nur erlangt werden, indem man etwas von demjenigen Verstande einbüßt, welchen man für die gegenwärtige nötig hat«. Kant scheint jedenfalls der einzige Philosoph gewesen zu sein, der so souverän war, daß er in das Gelächter des gemeinen Mannes einstimmte. Wahrscheinlich in Unkenntnis der Platonischen Geschichte von dem thrakischen Mädchen erzählt er in bester Laune eine praktisch identische Geschichte über Tycho Brahe und seinen Kutscher: Der Astronom hatte vorgeschlagen, man solle anhand der Sterne den kürzesten Weg für eine nächtliche Reise finden, und der Kutscher hatte geantwortet: »Guter Herr, auf den Himmel mögt ihr euch wohl verstehen, hier aber auf der Erde seid ihr ein Narr.«

Wir wollen davon ausgehen, daß der Philosoph nicht den »Pöbel« braucht, um von seiner »Narrheit« zu erfahren – der gemeine Verstand, den er mit allen Menschen gemeinsam hat, muß so wach sein, daß er ihn das Gelächter vorhersehen läßt –, kurz, wir wollen davon ausgehen, daß wir es mit einem Bürgerkrieg zwischen gemeinem Verstand und spekulativem Denken im Geiste des Philosophen selbst zu tun haben, und unter diesem Gesichtspunkt wollen wir der Affinität zwischen Tod und Philosophie genauer nachgehen. Gehen wir von der Erscheinungswelt aus, der gemeinsamen Welt, in der wir mit der Geburt erschienen und aus der wir mit dem Tode wieder verschwinden, dann ist der Wunsch durchaus natürlich, unsere gemeinsame Heimstätte kennenzulernen und alles mögliche Wissen über sie anzuhäufen. Weil das Denken das Bedürfnis hat, sie zu transzendieren, haben wir uns von ihr abgewandt; bildlich gesprochen, sind wir aus dieser Welt entschwunden, und das läßt sich – aus der Sicht des Natürlichen und des gemeinen Verstandes – als Vorwegnahme unseres endgültigen Hingangs, unseres Todes, auffassen.

So beschrieb es Platon im »Phaidon«: Aus der Sichtweise der vielen tut der Philosoph nichts anderes, als dem Tode nachzugehen, woraus die vielen, wenn sie sich überhaupt Gedanken machen würden, schließen könnten, die Philosophen sollten besser sterben. Und Platon ist gar nicht ganz sicher, ob die vielen damit nicht recht haben, außer daß sie nicht wissen, wie es eigentlich aufzufassen sei. Der »wahre Philosoph«, der sein ganzes Leben im Denken zubringt, hat zwei Wünsche: erstens möchte er von allen Sorgen und besonders von seinem Körper befreit sein, der ständig versorgt sein will, der »auf Schritt und Tritt im Wege ist … und Verwirrung, Schwierigkeiten und Angst schafft«, und zum anderen möchte er einmal in einem Jenseits leben, wo die Gegenstände des Denkens wie Wahrheit, Gerechtigkeit oder Schönheit nicht weniger zugänglich und wirklich sind als das, was man jetzt mit den körperlichen Sinnen wahrnehmen kann. Selbst Aristoteles erinnert in einer seiner populären Schriften an jene »Inseln der Seligen«, die gesegnet sind, weil dort »die Menschen nichts brauchen und nichts von den anderen Dingen ihnen von irgendeinem Nutzen sein könnte, so daß nur das Denken und die Betrachtung (theorein) bleibt, also das, was wir schon jetzt ein freies Leben nennen«. Kurz, der Wendepunkt, den das Denken bedeutet, ist keineswegs etwas Harmloses. Im »Phaidon« kehrt er alle Beziehungen um: die Menschen, die von Natur den Tod als das größte Übel fliehen, wenden sich ihm jetzt als dem größten Gut zu.

Das alles ist natürlich nicht so wörtlich zu nehmen – oder, akademischer ausgedrückt, es ist in metaphorischer Sprache ausgedrückt; die Philosophen sind nicht wegen häufiger Selbstmorde berühmt, nicht einmal, wenn sie mit Aristoteles (siehe von ihm eine überraschend persönliche Bemerkung im »Protreptikos«) der Meinung sind, wer sich etwas Gutes tun möchte, sollte entweder philosophieren oder aus dem Leben scheiden, alles andere sei dummes Gerede und Unsinn. Doch die Metapher vom Tode, oder vielmehr die metaphorische Verkehrung von Leben und Tod – was man gewöhnlich Leben nennt, ist Tod, was man gewöhnlich Tod nennt, ist Leben – ist nicht willkürlich, wenn man auch die Dinge etwas weniger dramatisch sehen kann: Wenn sich das Denken seine eigenen Bedingungen schafft und die Augen vor dem sinnlich Gegebenen verschließt, indem es alles Zuhandene entfernt, so ist es richtig, Raum zu schaffen, damit sich das Ferne zeigen kann. Ganz einfach gesagt, in der sprichwörtlichen Geistesabwesenheit des Philosophen ist alles Gegenwärtige abwesend, weil etwas in Wirklichkeit Abwesendes seinem Geiste gegenwärtig ist, und zu den abwesenden Dingen gehört der Körper des Philosophen. Sowohl die Abneigung des Philosophen gegen die Politik, »die nichtigen Angelegenheiten der Menschen«, als auch seine Abneigung gegen den Körper haben wenig mit individuellen Ansichten und Überzeugungen zu tun; sie liegen in der Erfahrung selbst. Während man denkt, ist man sich seiner Körperlichkeit nicht bewußt – und aufgrund dieser Erfahrung schrieb Platon der Seele Unsterblichkeit zu, wenn sie einmal den Körper verlassen hatte, und Descartes kam zu dem Ergebnis, »daß die Seele ohne den Körper denken kann, nur daß sie, solange sie mit ihm verbunden ist, in ihrer Tätigkeit durch schlechte Beschaffenheit der Körperorgane behindert werden kann«.

Wo sind wir, wenn wir denken?

»Tantôt je pense et tantôt je suis« (Valéry): das Nirgendwo

Wenn wir uns jetzt dem Ende dieser Betrachtungen nähern, so hoffe ich, daß kein Leser eine schlüssige Zusammenfassung erwartet. Für mich stünde ein solcher Versuch in flagrantem Widerspruch zu dem, was hier beschrieben worden ist. Wenn das Denken seinen Zweck in sich selbst hat und die einzige für es passende Metapher – der gewöhnlichen Sinneserfahrung entnommen – das Gefühl des Lebendigseins ist, dann folgt, daß alle Fragen über das Ziel oder den Zweck des Denkens so unbeantwortbar sind wie Fragen über das Ziel oder den Zweck des Lebens. Ich stelle die Frage, wo wir sind, wenn wir denken, nicht deshalb ans Ende unserer Untersuchung, weil die Antwort zu irgendeinem Schluß führen könnte, sondern nur deshalb, weil die Frage selbst und die Erwägungen, zu denen sie Anstoß gibt, allein im Zusammenhang dieses ganzes Ansatzes sinnvoll sind. Da sich das, was jetzt folgen soll, so stark auf meine vorangehenden Überlegungen stützt, möchte ich diese kurz in Aussagen zusammenfassen, die nur als dogmatisch erscheinen können, aber nicht so gemeint sind.

Erstens: Das Denken ist stets außer der Ordnung, es unterbricht alle gewöhnlichen Tätigkeiten und wird durch sie unterbrochen. Das beste Beispiel dafür ist wohl immer noch die alte Geschichte, daß Sokrates die Gewohnheit hatte, plötzlich »seinen Geist auf sich selbst zu richten«, den Kontakt mit anderen abzubrechen und, wo er sich gerade befand, »taub gegen die nachdrücklichste Ansprache« zu werden und das fortzusetzen, was er vorher getan hatte. Einmal, so erzählt Xenophon, blieb er in einem Militärlager 24 Stunden lang völlig unbeweglich, tief in Gedanken versunken, wie wir sagen würden.

Zweitens: Die authentischen Erfahrungen des denkenden Ichs äußern sich auf vielfältige Weise. Da gibt es die metaphysischen Trugschlüsse, etwa die Zwei-Welten-Theorie, oder die – interessanteren – nichttheoretischen Beschreibungen des Denkens als eine Art Sterbens, oder umgekehrt die Vorstellung, daß man beim Denken zu einer anderen, noumenalen Welt gehöre – die uns andeutungshaft selbst in der Finsternis des wirklichen Hier und Jetzt gegenwärtig ist –, oder die Aristotelische Definition des bios theoretikos als bios xenikos, als das Leben des Fremden.

Dieselben Erfahrungen spiegeln sich in dem Cartesischen Zweifel an der Wirklichkeit der Welt, in Valérys »Manchmal denke ich, und manchmal bin ich« (als ob Wirklichsein und Denken Gegensätze wären), in Merleau-Pontys Aussage: »Wir sind nur dann wirklich allein, wenn wir es nicht wissen; gerade dieses Nichtwissen ist unsere [der Philosophen] Einsamkeit.« Und es stimmt, daß das denkende Ich, was immer es erreichen mag, niemals zur Wirklichkeit als Wirklichkeit durchdringen oder sich davon überzeugen wird, daß überhaupt etwas wirklich existiert und das Leben, das menschliche Leben, mehr als ein bloßer Traum ist. (Dieser Verdacht, daß das Leben nur ein Traum sei, gehört natürlich zu den hervorstechendsten Zügen der asiatischen Philosophie; aus der indischen Philosophie gibt es zahlreiche Beispiele. Ich möchte ein chinesisches Beispiel anführen, das durch seine Knappheit besticht. Es ist eine Geschichte über den taoistischen [d. h. anti-konfuzianischen] Philosophen Tschuang Tsu. Dieser »träumte einmal, er sei ein Schmetterling, der, glücklich mit sich selbst, umherflatterte und tat, was ihm gefiel. Er wußte nicht, daß er Tschuang Tsu war. Auf einmal wachte er auf, und nun war er unverkennbar der Tschuang Tsu aus Fleisch und Blut. Aber er wußte nicht, ob er Tschuang Tsu sei, der geträumt hatte, er sei ein Schmetterling, oder ob er ein Schmetterling sei, der träumte, er sei Tschuang Tsu. Aber zwischen Tschuang Tsu und einem Schmetterling muß es doch *irgendeinen* Unterschied geben!«)

Die Intensität der Denkerfahrung dagegen zeigt sich in der Leichtigkeit, mit der der Gegensatz zwischen Denken und Wirklichkeit umgekehrt werden kann, derart, daß nur das Denken als wirklich erscheint, alles bloß Seiende aber als so flüchtig, daß es ist, als wäre es gar nicht: »Was gedacht ist, ist; und was ist, ist nur, insofern es Gedanke ist.« Das Entscheidende aber ist hier, daß alle diese Zweifel verschwinden, sobald das Alleinsein des Denkers durchbrochen wird und der Ruf der Welt und der Mitmenschen die innere Dualität des Zwei-in-einem wieder zum Einen macht. Daher ist die Vorstellung, daß alles Seiende ein bloßer Traum sein könnte, entweder der aus der Denkerfahrung entspringende Alptraum oder der tröstliche Gedanke, der beschworen wird, nicht wenn man sich von der Welt zurückgezogen hat, sondern wenn die Welt sich zurückgezogen hat und unwirklich geworden ist.

Drittens: Diese merkwürdigen Verhältnisse beim Denken ergeben sich aus dem Rückzug, der allen Geistestätigkeiten eigen ist; das Denken beschäftigt sich immer mit Abwesendem und entfernt sich vom Gegenwärtigen und Zuhandenen. Das beweist natürlich nicht die Existenz einer anderen Welt als der, zu der wir im gewöhnlichen Leben gehören; es bedeutet aber, daß Wirklichkeit und Existenz, die wir uns nur in Zeit und Raum vorstellen können, zeitweilig ausgesetzt werden können, womit sie ihr Gewicht verlieren und mit diesem auch ihren Sinn für das denkende Ich. Was jetzt, während des Denkens, Sinn gewinnt, sind Destillate, Ergebnisse der Entsinnlichung, und das sind keine bloßen abstrakten Begriffe; man sprach einst vom »Wesen«.

Das Wesen hat keinen Ort. Bemächtigt sich seiner das menschliche Denken, so verläßt es die Welt der Einzeldinge und macht sich auf die Suche nach etwas allgemein Sinnvollem, wenn auch nicht notwendig Allgemeingültigem. Das Denken »verallgemeinert« stets, es preßt aus den vielen Einzeldingen – die es dank der Entsinnlichung handlich zusammenfassen kann – allen Sinn heraus, der in ihnen stecken könnte. Verallgemeinerung steckt in jedem Gedanken, auch wenn dieser den uneingeschränkten Vorrang des Einzelnen betont. Mit anderen Worten, das »Wesenhafte« ist das überall Anwendbare, und dieses »Überall«, das dem Denken sein besonderes Gewicht verleiht, ist, räumlich gesprochen, ein »Nirgends«. Das denkende Ich, das sich unter Universalien, unter unsichtbaren Essentien bewegt, ist, streng genommen, nirgends; es ist heimatlos in einem ganz nachdrücklichen Sinne – was die frühe Entstehung eines kosmopolitischen Geistes bei den Philosophen erklären könnte.

Der einzige mir bekannte große Denker, der diese Heimatlosigkeit ausdrücklich als etwas für das Denken Natürliches bezeichnet hat, ist Aristoteles – vielleicht weil er den Unterschied zwischen Handeln und Denken (den entscheidenden Unterschied zwischen der politischen und der philosophischen Lebensweise) so genau gekannt und so klar ausgesprochen hat und eine naheliegende Konsequenz zog, nämlich sich weigerte, »das Schicksal des Sokrates zu teilen« und die Athener »sich ein zweites Mal gegen die Philosophie vergehen zu lassen«. Als gegen ihn ein Verfahren wegen Gotteslästerung eingeleitet wurde, verließ er Athen und »zog sich nach Chalkis zurück, das fest unter makedonischem Einfluß stand«. Er hatte die Heimatlosigkeit zu den großen Vorzügen der philosophischen Lebensweise gezählt, und zwar im »Protreptikos«, einem seiner frühen Werke, das in der Antike noch wohlbekannt war, uns aber nur noch in Fragmenten überliefert ist. Dort rühmt er den bios theoretikos, weil diese Lebensweise »weder eine Ausrüstung noch bestimmte Orte zur Ausübung verlangt; wo immer auf Erden jemand sich dem Denken widmet, da wird er die Wahrheit erlangen, als wäre sie dort anwesend«. Die Philosophen lieben dieses »Nirgends«, als wäre es ein Land (philochorein), und sie wollen alle anderen Tätigkeiten fahren lassen um des »scholazein« willen (des Nichts-Tuns, wie wir sagen würden), weil das Denken oder Philosophieren etwas so Süßes ist. Diese glückliche Unabhängigkeit hat ihren Grund darin, daß die Philosophie (die Erkenntnis kata logon) nicht mit Einzeldingen zu tun hat, die den Sinnen gegeben sind, sondern mit Universalien (kath' holou), die keinen Ort haben. Es wäre völlig falsch, solche Universalien in der Sphäre des Praktisch-Politischen suchen zu wollen; da geht es immer um Einzelnes, und »allgemeine« Aussagen, die überall gleichermaßen anwendbar wären, würden alsbald zu leeren Allgemeinheiten werden. Das Handeln hat mit Einzelnem zu tun, und nur partikuläre Aussagen können auf dem Gebiet der Ethik oder Politik gültig sein.

Mit anderen Worten, es könnte durchaus sein, daß unsere Frage nach dem Ort des denkenden Ichs abwegig war. Aus der Sicht der alltäglichen Erscheinungswelt ist das Überall des denkenden Ichs – das alles vor sein Angesicht lädt, was es nur will, aus jeder zeitlichen oder räumlichen Entfernung, die der Gedanke ja rascher als mit Lichtgeschwindigkeit durchmißt – ein *Nirgends*. Und da dieses Nirgends keineswegs identisch ist mit jenem zwiefachen Nirgends, aus dem wir mit der Geburt plötzlich auftauchen und in das wir fast ebenso plötzlich mit dem Tode wieder hinabtauchen, läßt es sich höchstens als die Leere begreifen. Und die absolute Leere kann ein letzter Grenzbegriff sein; sie ist zwar nicht unvorstellbar, aber undenkbar. Wenn es absolut nichts gibt, dann kann es offenbar keinen Gegenstand für das Denken geben. Daß wir solche letzten Grenzbegriffe haben, die unser Denken als unübersteigbare Mauern einschließen – dazu gehört der Begriff eines absoluten Anfangs oder eines absoluten Endes –, das zeigt uns lediglich, daß wir in der Tat *endliche* Wesen sind. Wollte man aus diesen Grenzen einen Ort für das denkende Ich herleiten, so wäre das bloß eine weitere Form der Zwei-Welten-Theorie. Die Endlichkeit des Menschen, die unwiderruflich gegeben ist durch seine kurze Dauer in einer unendlichen Zeit, die sich in die Vergangenheit und in die Zukunft erstreckt, sie bildet gewissermaßen die Infrastruktur aller geistigen Tätigkeiten: sie zeigt sich als die einzige Wirklichkeit, die das Denken als Denken erfassen kann, wenn sich das denkende Ich von der Erscheinungswelt zurückgezogen und das dem sensus communis eigene Wirklichkeitsempfinden verloren hat, mit dem wir uns in dieser Welt orientieren.

Mit anderen Worten, Valérys Bemerkung – wenn wir denken, *sind* wir nicht – wäre richtig, wenn unser Wirklichkeitsempfinden völlig von unserer räumlichen Existenz bestimmt wäre. Das Überall des Denkens ist in der Tat ein Nirgends. Doch wir sind nicht nur im Raum, wir sind auch in der Zeit, wir erinnern, wir sammeln und holen wieder aus dem »Bauch des Gedächtnisses« (Augustinus), was nicht mehr gegenwärtig ist, wir denken voraus und planen in der Weise des Wollens, was noch nicht ist. Vielleicht war unsere Frage, wo wir seien, wenn wir denken, deshalb fehl am Platze, weil die Frage nach dem topos dieser Tätigkeit rein räumlich orientiert ist – als hätten wir Kants berühmte Erkenntnis vergessen, daß »die Zeit nichts anderes [ist] als die Form des inneren Sinnes, d. i. des Anschauens unserer selbst und unseres inneren Zustandes«. Für Kant bedeutete das, daß die Zeit nichts mit den Erscheinungen als solchen zu tun hat – »weder [mit] einer Gestalt oder Lage, wie sie unseren Sinnen gegeben ist –, sondern nur mit den Erscheinungen, sofern sie unseren »inneren Zustand« beeinflussen, in welchem die Zeit »das Verhältnis der Vorstellungen« bestimmt. Und diese Vorstellungen – mit denen wir vergegenwärtigen, was in der Erscheinung nicht gegenwärtig ist – sind natürlich Gedankendinge, d. h. Erfahrungen oder Begriffe, die die Entmaterialisierung durchgemacht haben, mit der der Geist seine Gegenstände zubereitet und durch »Verallgemeinerung« auch ihrer räumlichen Eigenschaften entkleidet.

Die Zeit bestimmt die Art, wie diese Vorstellungen zueinander in Beziehung stehen, indem sie sie in eine Reihenfolge zwingt, und diese Abfolgen nennen wir gewöhnlich Gedankengänge. Alles Denken ist diskursiv, und sofern es einem Gedankengang folgt, könnte man es analog durch eine »sich ins Unendliche erstreckende Gerade« darstellen, mit der wir uns gewöhnlich auch den Abfolgecharakter der Zeit veranschaulichen. Doch um eine solche Gedankenlinie herzustellen, müssen wir das *Nebeneinander*, in dem uns die Erfahrungen gegeben sind, in ein *Nacheinander* lautloser Worte verwandeln – das einzige Medium, in dem wir denken können –, und das bedeutet, daß die ursprüngliche Erfahrung nicht nur entsinnlicht wird, sondern auch enträumlicht.

Michel Foucault

(15.10.1926–25.6.1984)

Was ist Wissen?

Die Frage nach dem, was Wissen ist und wie es unser Leben beeinflußt, steht seit der Antike im Zentrum philosophischer Überlegungen. Der französische Philosoph Michel Foucault hat dieser Frage neue Brisanz verliehen, indem er die Geschichte des neuzeitlichen Wissens kritisch untersucht und aufdeckt, wie es zur Macht wird.

Ohne daß wir es wahrnehmen, sind wir Gefangene von Wissens- und Machtstrukturen, die sich überall verbergen: in der Moral, in der Sexualität und in der Sprache. Sie manifestieren sich aber auch in Institutionen wie Gefängnissen und Krankenhäusern. Mit den Augen Foucaults lernt man zu entdecken, wie unsere Gesellschaft Einflüssen unterliegt, die sich in tieferen Schichten formen und unmerklich wirken. Foucault sucht danach und zeigt sie in seiner *Archäologie des Wissens* auf. Wir erkennen, daß das, was wir ›vernünftig‹ nennen, oft nur eine Trennungslinie zwischen Normalität und Wahnsinn, Krankheit und Gesundheit markiert und daß sich die Grenze der Vernunft im Laufe der Geschichte immer wieder verschiebt.

Foucault ist einer der wichtigsten Repräsentanten der französischen Intellektuellen im 20. Jahrhundert, nicht nur als Philosoph, sondern auch als Geschichts- und Sozialwissenschaftler.

Michel Foucault wurde im französischen Poitiers als Sohn eines Chirurgen geboren. Sein Vater hoffte, daß er in seine Fußstapfen treten würde, doch Michel entschied sich, nachdem er als brillanter Schüler an der Jesuiten-Schule St. Stanislas durch seine Originalität und ein gewisses Außenseitertum auffiel, Philosophie zu studieren. 1946 gelang ihm die Aufnahme in die renommierte Pariser École normale supérieure, die Kaderschmiede der französischen Geisteswissenschaft.

Sein Lehrer war Louis Althusser, einer der einflußreichsten marxistischen Philosophen der 60er und 70er Jahre des 20. Jahrhunderts. Geprägt wurde Foucault in jenen Jahren aber auch von Friedrich Hegel, Martin Heidegger, Jean-Paul Sartre und später besonders von Friedrich Nietzsche, dessen Lektüre eine »Offenbarung« für ihn war.

Ergänzt wurde seine philosophische Ausbildung durch das Studium der Psychologie und Psychopathologie, die zeitlebens sein Interesse bestimmen sollten.

Nach Abschluß seines Studiums hielt er ab 1951 Vorlesungen, zunächst an der École, dann an der Universität in Lille und später an der schwedischen Universität in Uppsala. 1958 übernahm er die Leitung des Institut Français in Warschau, danach in Hamburg. 1962 trat er eine Professur für Psychologie an der Universität Clermont-Ferrand an, wurde 1970 unter großer Anteilnahme der Öffentlichkeit auf den Lehrstuhl für die ›Geschichte der Denksysteme‹ am renommierten Pariser Collège de France berufen und erreichte damit das in Frankreich höchstmögliche Karriereziel. Foucault war mittlerweile zu einem der bekanntesten französischen Intellektuellen geworden.

Neben seiner wissenschaftlichen Tätigkeit engagierte sich Foucault seit den späten 60er Jahren auch politisch sehr stark. So setzte er sich in Polen für die Gewerkschaftsbewegung »Solidarnosc« ein, gründete eine Informationsgruppe über Gefängnisse (GIP) und arbeitete vor Ort mit Gefängnisinsassen. Er unterhielt Kontakte zur Opposition in Brasilien und zu Dissidenten in der Sowjetunion und stellte seine Wohnung für israelisch-palästinensische Diskussionsgruppen zur Verfügung. Außerdem arbeitete er zeitweise als Korrespondent für die italienische Zeitung *Corriere della Sera*, um über die Unterdrückungspolitik durch das Schah-Regime in Persien zu berichten. Oft nahm er an öffentlichen Kundgebungen für die Rechte von Homosexuellen und anderen Randgruppen teil.

Am 25. Juni 1984 wurde er durch einen frühen Tod aus seiner Arbeit gerissen. Er war einer der ersten Opfer der Immunschwächekrankheit Aids.

Foucault wurde von seinen Studienkollegen wegen seines wachen und listigen Intellekts mit dem deutschen Spitznamen »Fuchs« gerufen. In der Tat zeichnet sich sein Denken durch einen Spürsinn für verborgene Strukturen in der Gesellschaft aus, die er mit einem immensen Wissensdrang und kritischer Wachheit zu entdecken sucht. Er durchforstete Bibliotheken, Enzyklopädien, Lexika und Akten nach Berichten und Informationen über die Geschichte von Psychopathologie, Medizin und Jurisprudenz und vergrub sich in die Archive von Kliniken und Gefängnissen, um ans Tageslicht zu bringen, was sonst verborgen bleibt: die Mechanismen der Vernunft, die in der Geschichte der Neuzeit wirksam werden und den herrschenden ›Diskurs‹ bestimmen.

Generell gilt Foucaults hauptsächliches Interesse Grenzziehungen und deren Verschiebungen durch die Geschichte hindurch. Was wird in der Gesellschaft ausgegrenzt und was nicht? Wie entstehen dadurch Ordnungen, die nicht nur unser Leben und unseren Blick auf die Wirklichkeit, sondern auch unser Sprechen von den Dingen kodieren?

In seinem ersten großen Buch *Wahnsinn und Gesellschaft* (1961) führt Foucault vor, wie im 17. und 18. Jahrhundert eine Epochenwende – die Moderne – einsetzt, die dadurch charakterisiert ist, daß sie eine tiefe Trennung zwischen Vernunft und Unvernunft, Normalität und Abnormalität vornimmt. So gab es im Mittelalter noch eine offene Auseinandersetzung mit dem, was man in späteren Epochen als ›wahnsinnig‹ klassifizierte. Das verbreitete Bild des Narrenschiffes, wie es noch in den spätmittelalterlichen Gemälden des Hieronymus Bosch oder Pieter Breughels d. Ä. dargestellt wird, bezeugt, daß der Stimme des Wahns zu bestimmten Zeiten eine gewisse Wahrheit zugesprochen wurde. Mit der Neuzeit wurde sie zum Schweigen gebracht. Die neuzeitliche Vernunft gebiert andere Wahrheiten und erklärt den Wahnsinn zur Geisteskrankheit. Sie verbannt ihn in die Hospitäler, in denen er bis heute ärztlicher Kontrolle unterworfen ist.

In *Geburt der Klinik. Eine Archäologie des ärztlichen Blicks* (1963), Foucaults zweitem Buch, beschreibt er, wie der klinische Diskurs das gliedert und artikuliert, was vom Arzt gesehen und gesagt wird und was nicht. Das ärztliche Wissen ist eine Macht, die die Grenze zwischen gesund und krank bestimmt.

Mit seiner 1966 erschienenen Arbeit *Die Ordnung der Dinge* ist Foucault international berühmt geworden. Hier zeigt er, wie sich im Laufe der europäischen Geschichte das Wissen verändert und neue Sichtweisen hervorgebracht hat.

Was wir seit der Neuzeit ›das Individuum‹ nennen, ist für Foucault nur ein Konstrukt der jeweils herrschenden Denkform. Der Mensch, der davon ausging, er habe eine Essenz und würde denkend die Welt erkennen, ist bei ihm nur eine Formation der sich ändernden Wissensdiskurse, denen er sein Selbstverständnis unterordnet.

So entwickelt Foucault in *Die Ordnung der Dinge* die völlig neue, kontrovers aufgenommene und vieldiskutierte These vom »Ende des Menschen«. Der Mensch, so prognostiziert er für unsere Gegenwart, wird verschwinden wie »am Meeresufer ein Gesicht im Sand« – wie es in dem berühmt gewordenen Schlußsatz des Buches heißt.

Der moderne Mensch, der mit der Neuzeit seine Identität dadurch gewann, als Subjekt im Zentrum der Welt zu stehen, scheint in unserer Gegenwart im Angesicht der sich verselbständigenden Beziehung von Macht und Wissen entmachtet. Das Wissen, das ihm die Macht über die Welt verleihen sollte, kehrt sich gegen ihn. Die Devise »Wissen ist Macht«, die Francis Bacon zu Beginn der Neuzeit zum Signum einer neuen Epoche ausrief, hat sich vom Menschen losgelöst.

Wie aber formiert sich Macht überhaupt? Wie setzt sie ihre Strukturen durch? Diese Fragen gewinnen in Foucaults späterem Werk zunehmend an Bedeutung. In seiner Antrittsvorlesung für den Lehrstuhl am Collège de France, die in das 1971 veröffentlichte Buch *Die Ordnung des Diskurses* mündet, untersucht er die subtilen Strategien der Macht. »Repression«, »Reglementierung«, »Ausschließung« und »Unterdrückung« sind ihre Instrumente. In seinem Buch *Überwachen und Strafen* (1973) beschreibt er anhand der Geschichte des Gefängnisses, wie Geständniszwang und religiöse Beichtpraxis mit den Mitteln der Selbstprüfung und Gewissenserforschung auf fast unmerkliche Weise gesellschaftliche Ordnungen und Regeln durchsetzen. Macht beruht nicht auf simpler Unterwerfung, sondern operiert in einer »Vielfältigkeit von Kräfteverhältnissen, die ein Gebiet bevölkern und organisieren«.

In seinen letzten Lebensjahren wendete sich Foucault dem Problem der Macht, der Moral und der Rolle des Individuums aus dem Blickwinkel der Antike zu. Kurz vor seinem Tod erschienen Band II und III der *Geschichte der Lüste* unter den Titeln *Der Gebrauch der Lüste* und *Die Sorge um sich*. Hier zeigt er, wie der Mensch des Altertums einer geformten Lebensführung nachging, ohne strengen Geboten und Regeln unterworfen zu sein. Aus dieser Perspektive sucht Foucault die abendländische Moral nicht im Sinne einer homogenen Entwicklung zu begreifen, sondern als einen Wechsel verschiedener Vorstellungen.

Während der Arbeit an seinen letzten Schriften weiß Foucault bereits um seine Krankheit und das nahende Ende. In den ihm verbleibenden Monaten arbeitete er fieberhaft. Die Erforschung der fernen Vergangenheit wurde zu einer Art Vorbereitung auf den Tod. Sie bedeutete die Loslösung vom Leben und doch gleichzeitig eine Zuwendung zum eigenen, verschwindenden Ich. Besonders in den Texten der Stoiker fand er die Ruhe und Heiterkeit, die er in seinen letzten Tagen ausstrahlte. Ein Freund berichtet: »Foucault hatte keine Angst vor dem Tode: Er äußerte sich manchmal in diesem Sinne seinen Freunden gegenüber, wenn die

Unterhaltung auf den Selbstmord zu sprechen kam [...]. Die antike Weisheit war ihm auf andere Weise zur persönlichen geworden; während der letzten acht Monate seines Lebens hat die Niederschrift dieser beiden Bücher für ihn die Rolle gespielt, die das philosophische Schreiben und das intime Tagebuch in der antiken Philosophie einnahmen: die einer Arbeit des Selbst an sich selbst, eine Selbst-Stilisierung.«

Ein weiteres zentrales Thema im Denken Foucaults ist die Abwesenheit. Das Verschwinden des christlichen Gottes und der damit verbundene Untergang der gesamten christlich-abendländischen Kultur stellt für ihn das wesentliche Moment unserer Gegenwart dar.

Für Foucault ist die moderne Philosophie zutiefst von dem Moment der Abwesenheit geprägt. Das Denken, das Schreiben und das Selbstverständnis des Autoren, sei es der Philosoph oder der Schriftsteller, ist seit dem nicht mehr rückgängig zu machenden und spätestens mit Nietzsche propagierten Tod Gottes dazu verurteilt, um eine Leerstelle zu kreisen, die mit nichts auszufüllen ist.

Dieser Umstand zeichnet die Sprache des Philosophen aus: Er ist nicht mehr ihr Herr, sondern muß sich ihr, als Sprache der Abwesenheit, unterordnen.

Seit den späten 60er Jahren wurde Foucault weit über die Grenzen Frankreichs hinaus bekannt. In Deutschland wurde er zunächst im Rahmen des Feminismus und der Literaturwissenschaften rezipiert. In neuester Zeit finden sich bei einigen deutschen Philosophen Versuche, Foucaults Ansatz weiterzudenken.

Er wird oft der philosophischen Richtung des Poststrukturalismus zugerechnet, die in Frankreich Ende der 60er Jahre entstand und zu dem Denker wie Jacques Derrida, Roland Barthes und Jacques Lacan zählen.

Für diese Anthologie wurden drei Textbeispiele von Foucault ausgewählt, die einige seiner zentralen Thesen besonders gut widerspiegeln.

Foucaults lebhafte Art zu denken zeigt sich besonders in seinen Interviews, die er zeitlebens häufig gab. Wir drucken ein Gespräch aus dem Jahre 1966 ab, in dem er sich zu der Frage äußert: *Was ist ein Philosoph?*

Was die grundlegende Erfahrung der Abwesenheit für das Denken und Sprechen des Philosophen bedeutet, zeigt ein Text aus dem Jahre 1963 mit dem Titel *Die Sprache der Abwesenheit.*

Schließlich stellen wir die berühmte Schlußpassage über das Verschwinden des Menschen aus *Die Ordnung der Dinge* vor.

Was ist ein Philosoph?

»Qu'est-ce qu'un philosophe?« (Gespräch mit M.-G. Foy), Connaissance des hommes 22, Herbst 1966, S. 9.

– Welche Rolle spielt der Philosoph in der Gesellschaft?

– Der Philosoph spielt gar keine Rolle in der Gesellschaft. Seinem Denken läßt sich kein Ort bezüglich der allgemeinen Bewegung der Gruppe zuordnen. Sokrates ist ein ausgezeichnetes Beispiel dafür: Die Gesellschaft Athens konnte ihm nur eine subversive Rolle zuschreiben, da die etablierte Ordnung nicht akzeptieren mochte, daß er die Dinge in Frage stellte. Erst nach einiger Zeit erkennen wir wirklich, welchen Platz ein Philosoph eingenommen hat; die Rollenzuschreibung erfolgt also rückwirkend.

– Aber wie ordnen Sie sich in die Gesellschaft ein?

– Ich mich einordnen ... Wissen Sie, bis zum 19. Jahrhundert wurden die Philosophen nicht anerkannt. Descartes war Mathematiker, Kant lehrte nicht Philosophie, sondern Anthropologie und Geographie; man studierte Rhetorik, nicht Philosophie; von einer Einordnung des Philosophen in die Gesellschaft konnte also gar keine Rede sein. Erst im 19. Jahrhundert entstanden die ersten philosophischen Lehrstühle; Hegel war Professor für Philosophie. Aber zu dieser Zeit glaubte man, die Philosophie habe ihr Ende erreicht.

– Das fällt in etwa mit dem Gedanken vom Tode Gottes zusammen.

– In gewissem Maße mag das zutreffen, aber eines dürfen wir dabei nicht übersehen: Das Wort vom Tode Gottes hat bei Hegel, Feuerbach oder Nietzsche ganze verschiedene Bedeutungen. Für Hegel trat die Vernunft an die Stelle Gottes, es ist der menschliche Geist, der sich nach und nach verwirklicht; für Feuerbach war Gott eine Illusion, die den Menschen entfremdete; hat der Mensch sich von dieser Illusion gelöst, wird er sich seiner Freiheit bewußt; für Nietzsche schließlich bedeutete der Tod Gottes das Ende der Metaphysik, aber sein Platz blieb leer; ganz sicher tritt bei ihm nicht der Mensch an die Stelle Gottes.

– Ja, der letzte Mensch und der Übermensch.

– Tatsächlich sind wir die letzten Menschen im Sinne Nietzsches; der Übermensch wird derjenige sein, der die Abwesenheit Gottes und die Abwesenheit des Menschen im gleichen Akt der Überschreitung überwunden haben wird. Aber was Nietzsche angeht, können wir auf Ihre Frage zurückkommen: Für ihn war der Philosoph einer, der den Zustand des Denkens diagnostiziert. Man kann im übrigen zwei Arten von Philosophen unterscheiden: Die einen eröffnen dem Denken neue Wege wie Heidegger; die anderen betätigen sich gewissermaßen als Archäologen; sie erforschen den Raum, in dem das Denken sich entfaltet, die Bedingungen dieses Denkens und seine Konstitutionsweise.

Die Sprache der Abwesenheit

Die Möglichkeit eines solchen Denkens liegt für uns in einer Sprache, die uns das Denken als solches entzieht und bis zur Unmöglichkeit der Sprache selbst vorstößt, bis zu jener Grenze, wo das Sein der Sprache in Frage gestellt wird. Denn die Sprache der Philosophie ist, soweit die Erinnerung zurückreicht, an die Dialektik gebunden; deren tausendjähriger Raum hat sich ja seit Kant zur inneren Bewegungsform der Philosophie verdichtet. Andererseits hat uns Kant immer auf das Früheste im griechischen Denken verwiesen – nicht um darin eine verlorene Wahrheit zu finden, sondern um uns den Möglichkeiten einer nichtdialektischen Sprache näherzubringen. Das Zeitalter der Kommentare, dem wir angehören, diese historische Verdoppelung, der wir anscheinend nicht entrinnen können, beweist nicht die Schnelligkeit unserer Sprache in einem Feld, das keinen neuen philosophischen Gegenstand mehr hat und das von einem vergessenden und verjüngten Blick erneuert werden müßte, sondern vielmehr die Verlegenheit, die tiefe Stummheit einer philosophischen Sprache, die von ihrem neuen Gegenstandsbereich aus ihrem natürlichen Element, aus ihrer ursprünglichen Dialektik vertrieben worden ist. Nicht weil sie ihren Gegenstand oder die Frische ihrer Erfahrung verloren hat, sondern weil sie plötzlich einer Sprache beraubt worden ist, die ihr in der Geschichte zur »Natur« geworden war, empfindet sich die Philosophie unserer Tage als philosophische Wüste: nicht als Ende der Philosophie, sondern als Philosophie, die nur an ihren Grenzen das Wort wiederergreifen und darin sich selbst wiedergewinnen kann – in einer gereinigten Metasprache oder im Dickicht der in ihre Nacht, in ihre blinde Wahrheit eingeschlossenen Wörter. Diese ungeheure Distanz, in der sich unsere philosophische Zerstreutheit manifestiert, verweist weniger auf eine Zerrüttung als auf eine tiefe Kohärenz: dieser Abstand, diese wirkliche Unvereinbarkeit ist die Distanz, aus deren Grund die Philosophie zu uns spricht. In ihr muß unsere Aufmerksamkeit wohnen.

Aber welche Sprache kann aus einer solchen Abwesenheit entstehen? Und was ist der Philosoph, der dann das Wort ergreift? »Wie steht es mit uns, wenn wir, entgiftet, erfahren, was wir sind? Wir sind unter Schwätzern verloren, in einer Nacht, in der wir den Anschein des Lichtes, der vom Geschwätz ausgeht, nur hassen können.« In einer entdialektisierten Sprache, im Herzen dessen, was er sagt, aber auch an der Wurzel seiner Möglichkeit, weiß der Philosoph, daß »wir nicht alles sind«; er lernt, daß er das Ganze seines Sprechens nicht wie ein geheimer und alles-sprechender Gott bewohnt; er entdeckt, daß es neben ihm eine Sprache gibt, die spricht und deren er nicht Herr ist; eine Sprache, die sich anstrengt, die versagt und die er nicht mehr in Gang bringt; eine Sprache, die er selber einmal gesprochen hat, die sich nun von ihm gelöst hat und in einem immer stilleren Raum kreist. Und vor allem entdeckt er, daß er im Augenblick des Sprechens nicht immer gleich in seiner Sprache beheimatet ist und daß sich an der Stelle des sprechenden Subjekts der Philosophie – dessen offensichtliche und geschwätzige Identität niemand von Platon bis Nietzsche in Frage gestellt hatte – eine Leere aufgetan hat, in der sich eine Vielfalt von sprechenden Subjekten verbindet und auflöst, kombiniert und ausschließt. Von den Vorlesungen über Homer bis zu den Schreien des Wahnsinnigen in den Straßen von Turin – wer hat denn diese kontinuierliche, so hartnäckig dieselbe Sprache gesprochen? Der Wanderer oder sein Schatten? Der Philosoph oder der erste der Nicht-Philosphen? Zarathustra oder sein Affe oder bereits der Übermensch?

Dionysos oder Christus oder ihre versöhnten Gestalten oder einfach dieser Mann da? Die Auflösung der philosophischen Subjektivität, ihre Zerstreuung in einer Sprache, die sie entmächtigt und im Raum ihrer Leere vervielfältigt, ist wahrscheinlich eine der grundlegenden Strukturen des zeitgenössischen Denkens. Auch hier handelt es sich nicht um ein Ende der Philosophie. Eher um ein Ende des Philosophen als der souveränen und ersten Form der philosophischen Sprache. Allen, denen es darum geht, die Einheit der grammatischen Funktion »des Philosophen« – um den Preis der Kohärenz und sogar der Existenz der philosophischen Sprache – zu erhalten, könnte man das exemplarische Unternehmen Batailles entgegensetzen, der unablässig und verbissen daran gearbeitet hat, die Souveränität des philosophischen Subjekts in sich zu brechen. Insofern waren seine Sprache und seine Erfahrung seine Marter: eine erste und bedachte Vierteilung dessen, der in der philosophischen Sprache spricht; eine Streuung von Sternen, die eine Mitternacht umgeben und darin unhörbare Wörter entstehen lassen. »Wie eine von einem unendlichen Hirten gejagte Herde würde das blökende Gekräusel, das wir sind, fliehen, würde es endlos den Greuel einer Reduktion des Seins auf die Totalität fliehen.«

Diese Brechung des philosophischen Subjekts wird nicht nur durch das Nebeneinander von Romanen und Reflexionstexten in der Sprache unseres Denkens sichtbar gemacht. Batailles Werk zeigt sie uns viel genauer in einem ständigen Übergang auf verschiedene Sprachebenen, durch eine systematische Absetzung vom Ich, das das Wort ergriffen hat und sich in ihm beheimaten und entfalten möchte: Absetzungen in der Zeit (»ich habe das geschrieben« oder »wenn ich zurückgehe und den Weg noch einmal mache«), Absetzung des Wortes vom Sprechenden (Zeitung, Tagebücher, Gedichte, Erzählungen, Meditationen, Abhandlungen), innere Absetzungen von der denkenden und schreibenden Souveränität (Bücher, anonyme Texte, Vorreden zu seinen Büchern, Anmerkungen). Und in diesem Verschwinden des philosophierenden Subjekts bewegt sich die philosophische Sprache wie in einem Labyrinth vorwärts, nicht um es wiederzufinden, sondern um (und zwar in der Sprache selbst) seinen Verlust bis zur Grenze auszukosten, das heißt bis zu jener Öffnung, wo es wieder aufersteht, aber verloren, ganz entäußert, seiner selbst absolut entleert – bis zu jener Öffnung, die Kommunikation ist: »Nun ist keine Ausarbeitung mehr nötig; ich trete aus dem Entzücken sofort wieder in die Nacht, in die Angst des verlorenen Kindes zurück, um später zum Entzücken zurückzukehren, und so immer weiter bis zur Erschöpfung und Ohnmacht. Das ist die quälende Freude.«

Das ist genau das Gegenteil der Bewegung, die seit Sokrates die abendländische Weisheit gebildet hat: jener Weisheit versprach die philosophische Sprache die heitere Einheit einer triumphierenden Subjektivität, die sich in der Sprache gebildet hat. Wenn sich aber in der philosophischen Sprache unablässig die Opferung des Philosophen vollzieht und seine Subjektivität in alle Winde zerstreut wird, so kann die Weisheit nicht mehr als Bildung und Belohnung gelten, und es öffnet sich zudem eine schicksalhafte Möglichkeit, bei Verfall der philosophischen Sprache (ihre Fallseite und die Leere, in die sie fällt): die Möglichkeit des wahnsinnigen Philosophen. Die Möglichkeit des Philosophen, der nicht außerhalb seiner Sprache (durch ein äußeres Ereignis oder durch ein Eingreifen der Einbildungskraft), sondern in den Möglichkeiten der Sprache selbst die Überschreitung seines Seins als Philosoph findet. Die nichtdialektische Sprache der Grenze entfaltet sich nur in der Überschreitung dessen, der spricht. Das Spiel von Überschreitung und Sein ist konstitutiv für die philosophische Sprache, die es reproduziert und sogar produziert.

So ist diese Felsensprache, diese unbiegsame Sprache, für die Brüche, Abstürze und zerrissenes Profil wesentlich sind, eine kreisende Sprache, die auf sich selbst verweist und sich auf eine Infragestellung ihrer Grenzen zurückzieht – als wäre sie nichts anderes als ein kleiner nächtlicher Augapfel, aus dem fremdes Licht fällt, welches das Leere bezeichnet, daraus es kommt und welches alles, was es erhellt und beruht, diesem Leeren zuwendet. Diese merkwürdige Konfiguration verleiht dem Auge das hartnäckige Prestige, welches ihm Bataille zuerkannt hat. In seinem ganzen Werk, vom ersten Roman bis zu den *Tränen des Eros,* ist es das Symbol der inneren Erfahrung: »Wenn ich im Herzen der Angst eine befremdliche Absurdität leise wachrufe, so öffnet sich ganz oben in der Mitte meines Schädels ein Auge.« Denn das Auge, die kleine weiße ihre Nacht umschließende Kugel, bezeichnet den Kreis einer Grenze, die nur vom Einbruch des Blicks übertreten wird. Und seine innere Dunkelheit, sein schwarzer Kern, ergießt sich auf die Welt in einer Quelle, die sieht, das heißt erhellt. Man kann aber auch sagen, daß es das gesamte Licht der Welt auf den kleinen schwarzen Fleck der Iris versammelt und daß es das Licht da in die klare Nacht eines Bildes verwandelt. Es ist Spiegel und Lampe; es zerstreut sein Licht nach allen Seiten, und vielleicht gar nicht im Widerspruch dazu schüttet es dasselbe Licht in die Transparenz seines eigenen Schachtes. Sein Augapfel hat die Ausweitung eines wunderbaren Keims – wie ein Ei, das zu dem Zentrum von Nacht und Licht durchbricht, das es ist und eben noch war. Es ist das Bild des Seins, welches nur die Überschreitung seiner eigenen Grenze ist.

In einer Philosophie der Reflexion verdankt das Auge seiner Fähigkeit zum Sehen die Macht, sich selber immer noch innerlicher zu werden. Hinter jedem Auge, das sieht, gibt es ein noch feineres, diskreteres Auge, das so beweglich ist, daß sein allmächtiger Blick an der weißen Kugel seines Fleisches nagt; und dahinter gibt es wieder ein Auge, und immer noch andere Augen, die immer subtiler werden und bald nur mehr aus der reinen Transparenz eines Blicks bestehen. Es erreicht eine Mitte der Immaterialität, wo die unberührbaren Formen des Wahren entstehen und sich verbinden: dieses Herz der Dinge ist ihr souveränes Subjekt. Bei Bataille ist die Bewegung umgekehrt: indem der Blick die Grenze des Augapfels überschreitet, konstitutiert er das Auge in seinem augenblicklichen Sein; er führt es in das lichtvolle Rieseln ein (verströmende Quelle, rollende Tränen, fließendes Blut), er wirft es aus ihm selber heraus und läßt es an seine Grenze gelangen, wo es für einen Augenblick aufblitzt und dann nur mehr die kleine weiße blutunterlaufene Kugel eines Auges in Händen läßt, das aus der Augenhöhle gefallen ist und dessen Kugelmasse jeden Blick ausgelöscht hat. Wo sich dieser Blick entfaltete, bleibt nur mehr die Höhlung des Schädels, eine Kugel aus Nacht, vor der das herausgerissene Auge seine Wölbung verschließt und die es seines Blickes beraubt, gleichwohl aber dieser Abwesenheit das Schauspiel des unzerbrechlichen Kerns bietet, der nur den toten Blick gefangenhält. In dieser Distanz des gewaltsamen Herausgerissenseins ist das Auge absolut gesehen, aber außerhalb eines jeden Blicks: das philosophierende Subjekt ist aus sich herausgeworfen und an seine Grenze fortgetrieben, und die Souveränität der philosophischen Sprache spricht aus dem Abgrund jener Distanz, in der unermeßlichen Leere, die von dem aus seiner Höhle gefallenen Subjekt hinterlassen wird.

Wenn es an seinem Ort losgerissen der nächtlichen und gestirnten Innenseite des Schädels zugewandt wird und seine blinde und weiße Gegenseite außen zeigt, kommt das Auge seinem Wesen am nächsten: es verschließt sich dem Tag in der Bewegung, die seine Weiße manifestiert (diese ist zwar das Bild der Helligkeit, ihre Oberflächenspiegelung, doch kann sie eben deswegen nicht mit ihr kommunizieren noch sie mitteilen); und die kreisrunde Nacht der Iris wendet es der dunklen Nacht der Mitte zu, die es mit einem Blitz erleuchtet und als Nacht offenbart. Der umgedrehte Augapfel ist zugleich das verschlossenste und das geöffnetste Auge: indem es an seinem Platz bleibend sich dreht, verkehrt es den Tag und die

Nacht, überschreitet ihre Grenze, um sie doch auf der Gegenseite wieder zu finden; die weiße Halbkugel, die dort erscheint, wo sich die Pupille öffnete, ist gleichsam das Sein des Auges, wenn es die Grenze seines eigenen Blicks überschreitet, wenn es die Öffnung auf den Tag überschreitet, in der die Überschreitung eines jeden Blicks besteht. »Wenn der Mensch die Augen nicht souverän schließen könnte, würde er schließlich nicht mehr sehen, was gesehen zu werden verdient.«

Was gesehen zu werden verdient, ist kein inneres Geheimnis, keine andere, nächtlichere Welt. An seinem eigenen Ort losgerissen, in seine Höhle gewendet, verströmt das Auge sein Licht nur mehr in die Höhlung des Schädels. Die Umdrehung seines Augapfels verrät nicht so sehr den »kleinen Tod« als vielmehr den Tod schlechthin, den es erfährt, wo er ist: in dem Aufspringen an seinem eigenen Platz. Der Tod ist für das Auge nicht der ferne Horizont; er ist bei ihm selbst, am Ursprung seiner Blicke, die Grenze, die es ständig überschreitet und immer wieder in der Ekstase, welche es auf die andere Seite treibt, als Grenze einsetzt. Das herumgedrehte Auge deckt die Verbindung zwischen Sprache und Tod in dem Augenblick auf, da es das Spiel von Grenze und sein darstellt. Vielleicht beruht sein Prestige darauf, daß es die Möglichkeit begründet, diesem Spiel eine Sprache zu verleihen. Die großen Szenen, in denen die Erzählungen Batailles gipfeln, sind nur das Schauspiel der erotischen Tode, wo verdrehte Augen ihre weißen Grenzen sehen lassen und riesigen und leeren Augenhöhlen zuwenden. Diese Bewegung wird mit einzigartiger Genauigkeit im *Blau des Himmels* gezeichnet; in den ersten Novembertagen – Kerzen und Lichter bestirnen die deutschen Friedhöfe – hat sich der Erzähler mit Dorothea zwischen die Steinplatten gelegt; indem er sich inmitten der Toten der Liebe hingibt, sieht er rings um sich die Erde wie einen klaren Nachthimmel. Und der Himmel über ihm bildet eine große Augenhöhle, einen Totenkopf, in dem er seinen Verfall erkennt, durch eine Verdrehung seines Blicks gerade in dem Augenblick, da die Lust die vier Augäpfel aus Fleisch verdreht: »Unter dem Körper Dorotheas war die Erde offen wie ein Grab, ihr nackter Leib öffnete sich mir wie ein frisches Grab. Während wir uns über einem sternenfunkelnden Friedhof der Liebe hingaben, waren wir wie betäubt. Jedes der Lichter kündete von einem Skelett in einem Grab. Sie bildeten dergestalt einen flackernden Himmel, der ebenso verworren war wie die Bewegungen unserer verschlungenen Körper … Ich entkleidete Dorothea, ich beschmutzte ihre Wäsche und ihre Brust mit der frischen Erde, die an meinen Fingern klebte … Unsere Körper bebten wie zwei aufeinanderschlagende Zahnreihen.«

Was kann in einem Denken die Gegenwart einer solchen Figur bedeuten? Was will dieses drängende Auge sagen, in dem sich zu versammeln scheint, was Bataille nacheinander als *innere Erfahrung, äußerste Möglichkeit, komische Operation* oder einfach als *Meditation* bezeichnet hat? Zweifellos ist es ebensowenig eine Metapher wie die klare Wahrnehmung des Blicks oder die *acies mentis*[1] bei Descartes. Bei Bataille bedeutet das verdrehte Auge nichts in seiner Sprache, da es deren Grenze markiert. Es gibt den Augenblick an, da die Sprache an ihre Grenzen gelangt, aus sich herausstürzt, explodiert und sich radikal aufgibt: im Lachen, in den Tränen, in den verdrehten Augen der Ekstase, im stummen Schauder des Opfers; die Sprache bleibt an der Grenze dieser Leere stehen und spricht von sich in einer zweiten Sprache, in der die Abwesenheit eines souveränen Subjekts ihre wesenhafte Leere bezeichnet und die Einheit des Diskurses rastlos zerbricht. Das ausgeschälte und umgestülpte Auge ist der Raum der philosophischen Sprache Batailles, die Leere, in die sie sich verströmt und verliert, ohne jemals aufzuhören zu sprechen – etwa so wie das innere, durchsichtige und erleuchtete Auge der Mystiker den Punkt anzeigt, an dem sich die geheime Sprache des Gebets zusammenschnürt, erstickt und verstummt. Batailles Auge bezeichnet den Raum, in dem die Sprache und der Tod einander zugehören, in dem die Sprache ihr Sein in der Überschreitung ihrer Grenzen findet: die Form einer nicht dialektischen Sprache der Philosophie.

Das Auge ist die fundamentale Figur des Ortes, von dem aus Bataille spricht und an dem seine gebrochene Sprache ihre ständige Bleibe findet. In diesem Auge verbinden sich der Tod Gottes (die tanzende Sonne und das große Augenlid, das sich über der Welt schließt), das Auskosten der Endlichkeit (Aufbäumen im Tode, Verdrehung des verlöschenden Lichtes, das entdeckt, daß das Innere ein hohler Schädel, eine leere Mitte ist) und die Rückkehr der Sprache zu sich selbst im Augenblick ihrer Ohnmacht. Sie finden eine Verbindung, die jedem Diskurs vorausliegt und deren einziges Äquivalent in der anderen Philosophien vertrauten Verbindung zwischen dem Blick und der Wahrheit oder zwischen der Kontemplation und dem Absoluten liegt. Was sich dem kreisenden und sich für immer verhüllenden Auge enthüllt, ist das Sein der Grenze: »Ich werde niemals vergessen, was sich an Gewaltsamem und Wunderbarem in dem Willen verbindet, die Augen zu öffnen, zu sehen, was ist, was geschieht.«

[1] Geistige Sehkraft.

Vielleicht bringt die Erfahrung der Überschreitung mit ihrem Absturz in die Nacht den Bezug der Endlichkeit zum Sein an den Tag, diesen Augenblick der Grenze, den das anthropologische Denken seit Kant in der Sprache der Dialektik nur von fernher bezeichnet hat.

Die Ordnung der Dinge

(Schlußpassage)

Eines ist auf jeden Fall gewiß: der Mensch ist nicht das älteste und auch nicht das konstanteste Problem, das sich dem menschlichen Wissen gestellt hat. Wenn man eine ziemlich kurze Zeitspanne und einen begrenzten geographischen Ausschnitt herausnimmt – die europäische Kultur seit dem sechzehnten Jahrhundert –, kann man sicher sein, daß der Mensch eine junge Erfindung ist. Nicht um ihn und um seine Geheimnisse herum hat das Wissen lange Zeit im dunkeln getappt. Tatsächlich hat unter den Veränderungen, die das Wissen von den Dingen und ihrer Ordnung, das Wissen der Identitäten, der Unterschiede, der Merkmale, der Äquivalenzen, der Wörter berührt haben – kurz inmitten all der Episoden der tiefen Geschichte des *Gleichen* –, eine einzige, die vor anderthalb Jahrhunderten begonnen hat und sich vielleicht jetzt abschließt, die Gestalt des Menschen erscheinen lassen. Es ist nicht die Befreiung von einer alten Unruhe, der Übergang einer Jahrtausende alten Sorge zu einem lichtvollen Bewußtsein, das Erreichen der Objektivität durch das, was lange Zeit in Glaubensvorstellungen und in Philosophien gefangen war: es war die Wirkung einer Veränderung in den fundamentalen Dispositionen des Wissens. Der Mensch ist eine Erfindung, deren junges Datum die Archäologie unseres Denkens ganz offen zeigt. Vielleicht auch das baldige Ende. Wenn diese Dispositionen verschwänden, so wie sie erschienen sind, wenn durch irgendein Ereignis, dessen Möglichkeit wir höchstens vorausahnen können, aber dessen Form oder Verheißung wir im Augenblick noch nicht kennen, diese Dispositionen ins Wanken gerieten, wie an der Grenze des achtzehnten Jahrhunderts die Grundlage des klassischen Denkens es tat, dann kann man sehr wohl wetten, daß der Mensch verschwindet wie am Meeresufer ein Gesicht im Sand.

Thomas Nagel

(geb. 4.7.1937)

»Das letzte Wort«

Eine der gewichtigsten Stimmen der Gegenwart ist die des amerikanischen Philosophen Thomas Nagel.

Die Frage nach dem, was das menschliche Bewußtsein ausmacht, hat im 21. Jahrhundert eine ganz neue Dimension gewonnen. Der immense Fortschritt in den Naturwissenschaften, besonders auf dem Gebiet der Hirnforschung, stellt die Philosophie vor die Herausforderung, zentrale Begriffe wie Erkenntnis und Bewußtsein, das Verhältnis von Körper und Geist, aber auch Kategorien wie ›objektiv‹ und ›subjektiv‹ neu zu bewerten.

Nagels Denken kreist um diese Problemstellung. Dabei wehrt er sich gegen die auf der Basis der naturwissenschaftlichen Errungenschaften oftmals vertretene Tendenz, das menschliche Bewußtsein allein auf physikalische und chemische Prozesse zu reduzieren und somit nachweisbar zu machen. Vielmehr versucht Nagel, das Subjektive und die persönlichen Elemente des menschlichen Lebens mit dem wissenschaftlichen Drang nach objektiven und unpersönlichen Wahrheiten zu vereinbaren.

Dabei widmet er sich den wesentlichen Fragen des Lebens, die in der gegenwärtigen philosophischen Diskussion mit ihren abstrakten und analytischen Fragestellungen oft nicht mehr angesprochen werden: dem Tod, dem Ziel und dem Sinn des Lebens, der Ethik und der Metaphysik.

Nagel bedient sich eines Genres, mit dem schon Montaigne seinen Blick auf die verschiedenen Facetten des Lebens gerichtet hat, dem des Essays. In seiner 1979 veröffentlichten und berühmt gewordenen Aufsatzsammlung *Mortal Questions* (auf Deutsch 1996 unter dem Titel *Letzte Fragen* erschienen) beweist er sich als großartiger philosophischer Essayist.

Thomas Nagel wurde in Belgrad, dem heutigen Serbien, als Sohn einer jüdischen Familie geboren. Er studierte von 1954 bis 1963 Philosophie an der Cornell Universität im Bundesstaat New York und am Corpus Christi College im englischen Oxford. Er schloß sein Studium mit der Promotion an der Harvard Universität in Boston bei dem amerikanischen Philosophen John Rawls ab.

Von 1963 bis 1966 unterrichtete er Philosophie an der Berkley-Universität von Kalifornien und von 1966 bis 1980 an der Universität in Princeton. Seit 1980 ist er Professor für Philosophie und seit 1986 Professor für Philosophie und Recht an der New York Universität. Vom 1970 bis 1982 war er Mitherausgeber der einflußreichen Zeitschrift *Philosophy and Public Affairs*.

Nagel ist Mitglied der *American Academy of Arts and Science*, der *British Academy* und gehört seit 2006 der altehrwürdigen *American Philosophical Society* an, die im Jahr 1743 von Benjamin Franklin gegründet worden war. Aufnahme finden nur herausragende Geistesgrößen der Philosophie, Politik und Wissenschaft, wie in der Vergangenheit George Washington, Charles Darwin und Thomas Edison.

Mit zahlreichen Veröffentlichungen beteiligt sich Nagel an der aktuellen Diskussion zu ethischen Problemen in der Biomedizin und der Hirnforschung, zum Verhältnis von Körper und Geist vor dem Hintergrund neuester naturwissenschaftlicher Entwicklungen, aber auch zur politischen Philosophie und zu geistesgeschichtlichen Themen wie dem Absurden.

Seine Hauptwerke *Mortal Questions*, *What does it all mean?* (dt. *Was bedeutet das alles?), The last word* (dt. *Das letzte Wort*) sind in bis zu zwanzig Sprachen übersetzt.

Mit seinen Essays sucht sich Nagel von den Denkinhalten der analytischen Philosophie zu befreien, die sehr stark die angloamerikanische Gegenwartsphilosophie bestimmt und in ihrer sprachphilosophischen Ausrichtung unter anderen von Wittgenstein beeinflußt ist. Das charakteristische Merkmal der analytischen Philosophie ist ihre wissenschaftstheoretische Ausrichtung, die sich einer strengen Methodik bedient. Sie lehnt traditionelle, die Metaphysik betreffende philosophische Fragestellungen ab und konzentriert sich auf die Ausräumung von Unexaktheiten, die die herkömmliche Sprache kennzeichnen. Die strikten Maßstäbe der analytischen Philosophie führen aber dazu, daß viele philosophische Probleme nicht mehr thematisiert werden. Auch wenn sich die heutige analytische Philosophie mittlerweile vielen Themen zu öffnen versucht, verursacht ihr formaler Sprachstil einen »äußerst hemmenden Einfluß auf das Denken«, wie es Nagel ausdrückt.

Nagel ist einer derjenigen amerikanischen Gegenwartsphilosophen, der sich über die Problemstellungen der analytischen Philosophie hinauswagt und den Blick wieder auf konkrete Lebensfragen, ethische Probleme und politisches Handeln richtet. Seine Essays sind ein denkerischer Befreiungsschlag gegen restriktive und systematische Denkmethoden. Selbst wenn diese zunächst vom Etablierten abzuweichen scheinen, führen sie bei genauem Hinsehen zu nicht mehr hinterfragten Lösungs- bzw. Irrwegen. Die Folge ist, daß starre Denkraster die Sicht auf neue Probleme verstellen.

Als Montaigne seine *Essais* schrieb, befand er sich in einer ähnlichen Situation. Die freie Ausdrucksform des Essays war für ihn eine Möglichkeit, festgefahrene Denkstrukturen aufzubrechen und sich ungehindert einer Vielzahl von Themen anzunähern. Ähnlich verfährt Nagel, dem es darauf ankommt, in erster Linie »Intuitionen als Argumenten und eher pluralistischer Dissonanz als der Harmonie eines Systems« den Vorrang zu lassen.

Wichtig in der Philosophie ist, die gängigen Methoden in Frage zu stellen. Welche literarische Form könnte dazu besser geeignet sein als der Essay?

Für Nagel kommt es in der Philosophie hauptsächlich darauf an, die Welt zu verstehen, und nicht, sie zu verändern, wie Marx es wollte. Aber um Verständnis hervorzurufen, genügt es nicht, systematisch Behauptungen aufzustellen. Philosophie muß zuerst überzeugen, wenn sie Verstehen anregen will. Das tut sie nicht, indem sie Überzeugungen erzwingt, sondern einen Anlaß bietet, sich überzeugen zu lassen – oder auch nicht. Insofern gleicht Philosophieren einem offenen Prozeß, der nicht von dem Hunger getrieben ist, mit der richtigen Antwort auf alles und jedes aufzuwarten. In der Philosophie, so sieht es Nagel, kann es für viele der »tiefsten und ältesten Probleme« keine echten Lösungen geben. Vielmehr verweisen erst sie uns »auf Grenzen unseres Erkenntnisvermögens«. Dies trifft besonders auf den Tod und die Frage nach dem Sinn des Lebens zu – zwei Themen, die die Menschheit von Anbeginn beschäftigten, lange bevor die Philosophie sie aus den verschiedensten Blickwinkeln betrachtete.

Eine schlüssige Antwort kann es nicht geben, das Rätsel bleibt bestehen, solange es Menschen gibt.

Den Abschluß dieser Textsammlung bilden zwei Essays von Thomas Nagel mit dem Titel *Der Tod* und *Der Sinn des Lebens*.

Beide sind dem Buch *Was bedeutet das alles? Ein kurze Einführung in die Philosophie* entnommen.

Der Tod

Jeder stirbt, doch nicht alle sind sich darüber einig, was der Tod ist. Einige glauben, sie würden den Tod ihres Körpers überleben, in den Himmel, die Hölle oder sonstwohin auf- oder niederfahren, zu einem Geist werden oder in einem anderen Körper auf die Erde zurückkehren, womöglich noch nicht einmal als menschliches Wesen. Andere sind der Meinung, daß sie aufhören werden zu existieren – daß das Ich ›ausgelöscht wird‹, wenn der Körper stirbt. Und unter jenen, die glauben, daß sie zu existieren aufhören werden, glauben einige, daß dies eine schreckliche Tatsache ist, andere nicht.

Gelegentlich hört man, daß sich niemand seine eigene Nichtexistenz vorstellen kann, und daß wir daher niemals wirklich glauben können, mit unserem Tod gelange unsere Existenz an ein Ende. Das scheint jedoch nicht zu stimmen. Natürlich kann man sich seine eigene Nichtexistenz nicht *aus der Innenperspektive* vorstellen. Man kann sich nicht vorstellen, wie es wäre, vollkommen ausgelöscht zu sein, da es von innen her gesehen wie gar nichts wäre. In diesem Sinne kann man sich aber auch nicht vorstellen, wie es wäre, (auch nur eine Zeitlang) vollständig das Bewußtsein verloren zu haben. Der Umstand, daß wir uns dies aus der Innenperspektive nicht vorstellen können, bedeutet nicht, daß wir es uns überhaupt nicht vorstellen können: wir brauchen uns lediglich aus der Außenperspektive uns selbst vorzustellen, wie wir bewußtlos geschlagen werden oder in einen tiefen Schlaf fallen. Und wenn wir auch bei Bewußtsein zu sein haben, um uns dies zu *denken,* so bedeutet das nicht, daß wir uns hierbei *als* bewußt denken.

Gleiches gilt für den Tod. Um sich seine eigene Auslöschung vorzustellen, hat man sich aus der Außenperspektive zu sehen – man denkt an den Körper der Person, die man ist, in dem jegliches Leben und Empfinden zu Ende gegangen ist. Wenn wir uns etwas vorstellen, ist es dafür nicht notwendig, daß wir uns vorstellen, wie es für *uns* wäre, es wahrzunehmen. Wenn man sich sein eigenes Begräbnis vorstellt, so stellt man sich nicht die unmögliche Situation vor, bei seinem eigenen Begräbnis *anwesend* zu sein: man stellt sich vor, wie das Begräbnis aus der Perspektive eines anderen aussehen würde. Natürlich lebt man, während man über seinen eigenen Tod nachdenkt, doch dies ist ebensowenig problematisch wie der Umstand, daß man bei Bewußtsein ist, während man sich vorstellt, man sei bewußtlos.

Die Frage des Lebens nach dem Tode hängt mit dem oben diskutierten Leib-Seele-Problem zusammen. Wenn der Dualismus wahr ist und jede Person aus einer Seele und einem mit ihr verbundenen Körper besteht, so läßt sich denken, wie ein Leben nach dem Tode möglich sein könnte. Die Seele müßte bloß allein existieren und auch ohne die Hilfe des Körpers ein inneres Leben haben können: sie könnte dann den Körper verlassen, wenn dieser stirbt, und würde nicht mit ihm zerstört. Zwar wäre sie nicht in der Lage, ein psychisches Leben des Handelns und der sinnlichen Wahrnehmung zu haben, da dies von ihrer Verbindung mit dem Körper abhinge (es sei denn, sie würde mit einem neuen Körper verbunden), doch sie hätte möglicherweise ein Innenleben anderer Art, das vielleicht von anderen Ursachen und Einflüssen abhinge – etwa von direkter Kommunikation mit anderen Seelen.

Ich sage, ein Leben nach dem Tode *könnte* möglich sein, falls der Dualismus wahr wäre. Ebenso könnte es unmöglich sein, da das Überleben der Seele und ihr fortlaufendes Bewußtsein vollständig vom Beistand und der Einwirkung abhinge, die sie von dem Körper empfängt, dem sie innewohnt – und es könnte unmöglich sein, daß sie ihren Körper wechselt.

Falls der Dualismus jedoch nicht wahr ist und sich psychische Vorgänge im Gehirn abspielen, also gänzlich vom biologischen Funktionieren des Gehirns und des übrigen Organismus abhängen, so ist ein Leben nach dem Tod des Körpers nicht möglich. Oder genauer formuliert: ein psychisches Leben nach dem Tode würde die Wiederherstellung eines biologischen, körperlichen Lebens erfordern; es würde erfordern, daß der *Körper* wieder zu leben beginnt. So etwas könnte eines Tages technisch möglich werden. Es könnte möglich werden, jemandes Körper bei seinem Tod einzufrieren, später durch moderne medizinische Verfahren zu reparieren, was an ihm nicht in Ordnung war, und ihn anschließend wiederzubeleben.

Doch selbst wenn dies möglich würde, gäbe es noch das Problem, ob die Person, die mehrere Jahrhunderte später wiederbelebt würde, Sie selbst oder ein anderer wäre. Womöglich würden, falls Sie nach Ihrem Tode eingefroren wurden und Ihr Körper später wiederbelebt würde, nicht *Sie* aufwachen, sondern bloß eine Ihnen sehr ähnliche Person, die über Ihr Gedächtnis und die Erinnerung Ihres vergangenen Lebens verfügte. Doch auch wenn eine Wiederbelebung des selben Ich im selben Körper nach dem Tode möglich werden sollte, so meint man gewöhnlich nicht dies mit der Rede von einem Leben nach dem Tode. Ein »Leben nach dem Tode« besagt normalerweise ein Leben ohne unseren alten Körper.

Es ist schwer zu sagen, wie man entscheiden können soll, ob wir solche ablösbaren Seelen besitzen. Sämtliche Daten zeigen, daß das bewußte Leben *vor* dem Tod gänzlich davon abhängt, was im Nervensystem vorgeht. Halten wir uns lediglich an die Beobachtung, und nicht an religiöse Lehren oder an spiritualistische Versicherungen, mit den Toten zu kommunizieren, so gibt es keinen Grund, an ein späteres Leben zu glauben. Reicht dies jedoch als Grund aus für den Glauben, daß es *kein* Leben nach dem Tod gibt? Ich denke schon, doch andere mögen es vorziehen, sich hier der Meinung zu enthalten.

Wieder andere mögen ohne alle Bestätigung an ein späteres Leben glauben. Ich selbst verstehe nicht recht, wie eine solche vom Glauben inspirierte Überzeugung möglich ist, doch offenbar sind einige Leute dazu in der Lage und finden dies auch noch selbstverständlich.

Wenden wir uns dem anderen Teil des Problems zu: welche *Einstellung* sollten wir zum Tod haben? Ist er etwas Gutes, etwas Schlechtes, oder etwas Neutrales? Ich frage, welche Einstellung man vernünftigerweise zu seinem eigenen Tod haben sollte – nicht so sehr zum Tod anderer: Womit sollte man der Aussicht *seines* Todes entgegensehen: mit Schrecken, mit Sorge, mit Gleichgültigkeit oder mit Erleichterung?

Dies hängt offenkundig davon ab, was der Tod ist. Falls es ein Leben nach dem Tode gibt, so werden die Aussichten schlimm oder gut sein, je nachdem wo unsere Seele schließlich landen wird. Doch die schwierige und philosophisch interessanteste Frage ist die nach unserer Einstellung zum Tod, falls der Tod das Ende ist. Ist es schlimm, nicht mehr zu existieren?

Hier ist man unterschiedlicher Ansicht. Einige Leute sagen, daß die Nichtexistenz, das Gar-nichts-mehr-Sein, für den Toten weder gut noch schlecht sein kann. Andere sagen, daß das Ausgelöschtwerden, das vollständige Abschneiden jedes möglichen künftigen Lebens, das schlimmste aller Übel ist, wenn wir ihm auch alle entgegensehen müssen. Wieder andere sagen, der Tod sei ein Segen – freilich nicht, wenn er zu früh kommt, aber später –, weil es unerträglich langweilig wäre, ewig zu leben.

Wenn der Tod ohne irgend etwas, das danach käme, entweder eine schlechte oder eine gute Sache für die Person ist, die stirbt, so muß es sich um ein *negatives* Übel oder um ein *negatives* Gut handeln. Da er an sich selbst nichts ist, kann er weder angenehm sein, noch unangenehm. Wenn er gut ist, so muß er aufgrund des Fehlens von etwas Schlechtem gut sein (wie etwa der Langeweile oder des Schmerzes); wenn er schlecht ist, so muß er aufgrund des Fehlens von etwas Gutem schlecht sein (beispielsweise interessanter oder angenehmer Erlebnisse).

Es könnte nun so aussehen, als könne der Tod überhaupt keinen Wert haben, weder einen positiven, noch einen negativen, weil jemandem, der nicht existiert, weder etwas Gutes, noch etwas Schlechtes widerfahren kann: schließlich muß auch ein *negatives* Gut oder Übel *jemandem* zustoßen. Bei näherem Nachdenken ist dies jedoch kein Problem. Wir können sagen, daß der Person, die *ursprünglich* existierte, durch den Tod etwas Gutes oder etwas Schlechtes widerfahren ist. Angenommen, sie war in einem brennenden Gebäude eingeschlossen, ihr fällt ein Balken auf den Kopf, und sie ist auf der Stelle tot. Infolgedessen erleidet sie nicht die Qual zu verbrennen. Es sieht so aus, als könnten wir in diesem Falle sagen, daß sie Glück hatte, schmerzlos umzukommen, da sie hierdurch dem Schlimmeren entging. Ihr Tod war zu diesem Zeitpunkt ein negatives Gut, da er sie vor dem positiven Übel rettete, das sie sonst im Verlauf der nächsten fünf Minuten hätte erleiden müssen. Und der Umstand, daß sie nicht mehr da ist, um sich über dieses negative Gut zu freuen, bedeutet nicht, daß es für sie kein Gut ist. ›Sie‹ meint die Person, die vorher lebte und die gelitten hätte, wäre sie nicht gestorben.

Entsprechendes kann über den Tod als ein negatives Übel gesagt werden. Wenn Sie sterben, so gelangen all die guten Dinge Ihres Lebens an ihr Ende: keine Mahlzeiten, Kinobesuche, Reisen, Gespräche, Liebe, Arbeit, Bücher, Musik oder dergleichen mehr. Sofern diese Dinge gut wären, ist ihr Fehlen schlecht. Sie werden sie natürlich nicht *vermissen*: der Tod ist nicht so etwas wie eine Einzelhaft. Doch das Enden alles Guten im Leben aufgrund des Aufhörens des Lebens selbst scheint erklärtermaßen für die Person, die lebte und jetzt tot ist, ein negatives Übel zu sein. Wenn jemand stirbt, den wir kennen, so bedauern wir nicht nur uns, sondern auch ihn, denn er kann heute nicht mehr sehen, wie die Sonne scheint, oder er kann den Duft des Brotes im Toaster nicht mehr riechen.

Denken wir an unseren eigenen Tod, so ist die Tatsache, daß all die guten Dinge des Lebens zuende sein werden, mit Sicherheit ein Grund des Bedauerns. Doch das scheint noch nicht alles zu sein. Viele Leute wollen mehr von dem haben, was sie am Leben genießen, doch für einige ist die Aussicht der Nichtexistenz selbst beängstigend, und zwar auf eine Art und Weise, die durch das bisher Gesagte noch nicht angemessen erklärt wird. Der Gedanke, daß die Welt ohne mich weitergeht, daß ich zu *nichts* werde, ist nur sehr schwer zu schlucken.

Es ist nicht ganz klar, warum eigentlich. Wir akzeptieren alle die Tatsache, daß es eine Zeit vor unserer Geburt gab, zu der wir noch nicht existierten – warum sollte uns also die Aussicht der Nichtexistenz nach unserem Tod stören? Doch irgendwie scheint uns da ein Unterschied zu bestehen. Die Aussicht der künftigen Nichtexistenz ist zumindest für viele Leute auf eine Weise beängstigend, auf die es die vergangene Nichtexistenz nicht sein kann.

Im Gegensatz zum Kummer über das Ende des Lebens ist die Angst vor dem Tod etwas sehr Rätselhaftes. Man kann leicht verstehen, daß wir mehr Leben und mehr von den Dingen haben wollen, die es enthält, und daher den Tod als ein negatives Übel ansehen. Doch wie kann die *Aussicht* unserer eigenen *Nichtexistenz* auf eine positive Weise alarmierend sein? Wenn wir mit dem Tod wirklich zu existieren aufhören, wie kann es dann etwas geben, vor dem wir Angst haben? Denkt man logisch darüber nach, so sieht es so aus, als sollten wir vor dem Tod nur Angst haben, sofern wir ihn *überleben* und vielleicht irgendeiner schrecklichen Verwandlung unterworfen sein werden. Doch dies hindert viele Leute nicht daran, das Ausgelöschtsein für etwas vom Schlimmsten zu halten, das ihnen zustoßen kann.

Der Sinn des Lebens

Vielleicht hatten Sie schon einmal den Gedanken, daß in Wirklichkeit alles egal ist, da wir in hundert Jahren alle tot sein werden. Eigentlich eine komische Idee, denn es ist nicht klar, warum aus dem Umstand, daß wir in hundert Jahren alle tot sein werden, folgen soll, daß nichts von dem, was wir jetzt tun, wirklich von Bedeutung ist.

Man denkt hier offenbar, daß wir uns in einer Art Tretmühle befinden, wenn wir uns für unsere Ziele abstrampeln und etwas aus unserem Leben machen, daß all dies jedoch nur dann sinnvoll ist, wenn unsere Errungenschaften von ewiger Dauer sind. Das wird jedoch nicht der Fall sein. Selbst wenn Sie ein großes literarisches Werk hervorbringen, das auch in tausend Jahren noch gelesen wird, irgendwann wird das Sonnensystem erkalten oder das Universum wird ausgehen oder zerplatzen, und jede Spur Ihrer Bemühungen wird verschwinden. Jedenfalls dürfen wir noch nicht einmal auf einen Bruchteil einer derartigen Unsterblichkeit hoffen. Wenn etwas von dem, was wir tun, überhaupt einen Sinn haben soll, dann haben wir ihn in unserem eigenen Leben zu suchen.

Warum gibt es hier überhaupt ein Problem? Wir können bezüglich der meisten Dinge, die wir tun, erklären, warum sie sinnvoll sind. Wir arbeiten, um Geld zu verdienen und uns und vielleicht unsere Familie zu ernähren. Wir essen, weil wir hungrig sind, schlafen, weil wir müde sind, gehen spazieren oder rufen einen Freund an, weil wir Lust dazu haben, lesen die Zeitung, um herauszufinden, was auf der Welt passiert. Würden wir nichts von alledem tun, so wären wir unglücklich; worin liegt also das Problem?

Es liegt darin, daß es zwar *innerhalb* des Lebens Rechtfertigungen und Erklärungen für die meisten unserer großen und kleinen Taten gibt, daß jedoch keine dieser Erklärungen den Sinn unseres *Lebens* als ganzes angeben – des Ganzen, von dem diese Aktivitäten, diese Erfolge und Fehlschlage, Bemühungen und Enttäuschungen, Teile sind. Wenn wir über die *ganze* Sache nachdenken, so scheint sie überhaupt keinen Sinn zu haben. Von außen betrachtet wäre es ganz egal, wenn es uns überhaupt nicht gegeben hätte. Und wenn es uns einmal nicht mehr gibt, so wird es egal sein, daß es uns gegeben hat.

Natürlich ist Ihre Existenz anderen – Ihren Eltern und anderen Leuten, denen Sie etwas bedeuten – nicht egal, doch als ganzes betrachtet hat auch deren Leben keinen Sinn, so daß es egal ist, daß Sie ihnen nicht egal sind. Sie sind für sie nicht egal und sie nicht für Sie, und das gibt Ihrem Leben vielleicht ein Gefühl, sinnvoll zu sein, doch hier geht man sich sozusagen gegenseitig zur Hand. Wenn jemand existiert, so hat er gewisse Bedürfnisse und Anliegen, aufgrund derer ihm bestimmte Dinge und Personen in seinem Leben nicht egal sind. Doch die *gesamte Sache* hat keinen Sinn.

Ist es aber am Ende egal, daß sie egal ist? »Na und?«, könnten Sie sagen, »Es reicht, daß es sinnvoll ist, wenn ich am Bahnsteig bin, bevor der Zug abfährt, oder wenn ich die Katze nicht vergesse. Mehr brauche ich nicht, um in Gang zu bleiben.« Eine völlig zutreffende Antwort, doch sie zieht nur, sofern es Ihnen gelingt, nicht darüber hinauszusehen und zu fragen, welchen Sinn das Ganze hat. Denn wenn Sie *das* tun, dann eröffnen Sie die Möglichkeit, daß auch Ihr Leben keinen Sinn hat.

Der Gedanke, daß wir in zweihundert Jahren tot sein werden, ist lediglich eine Möglichkeit, unser Leben so zu betrachten, daß es in einen größeren Kontext eingegliedert ist, und zwar so, daß der Sinn der kleinen

Dinge in diesem Leben nicht mehr ausreicht – und eine größere Frage unbeantwortet läßt. Was wäre jedoch, wenn unser Leben als ganzes in Beziehung auf etwas Größeres einen Sinn hätte? Würde dies bedeuten, daß es schließlich doch nicht sinnlos wäre? Es gibt verschiedene Möglichkeiten, wie unser Leben einen größeren Sinn haben könnte. Wir könnten Mitglied einer politischen oder sozialen Bewegung sein, die zum Wohle künftiger Generationen die Welt verbessert. Oder wir könnten lediglich unseren Kindern und ihren Nachkommen ein gutes Leben zu sichern versuchen. Oder wir suchen den Sinn unseres Lebens in einem religiösen Kontext, so daß unsere Zeit auf Erden bloß eine Vorbereitung auf eine Ewigkeit in direktem Kontakt mit Gott sein würde.

Was jenen Sinn anbelangt, der sich der Beziehung zu anderen verdankt (auch anderen Personen in einer entlegenen Zukunft), habe ich bereits darauf hingewiesen, worin das Problem besteht. Wenn jemandes Leben als Teil von etwas Größerem einen Sinn hat, so kann man immer wieder in Beziehung auf dieses Größere fragen, welchen Sinn *es* hat. Entweder es gibt eine Antwort, die auf etwas noch Größeres verweist, oder es gibt sie nicht. Gibt es sie, so stellt sich die Frage erneut. Gibt es sie nicht, so sind wir mit unserer Suche nach einem Sinn am Ende und bei etwas angelangt, das keinen Sinn mehr hat. Wenn eine solche Sinnlosigkeit jedoch bei jenem Größeren akzeptiert werden kann, von dem unser Leben einen Teil ausmacht, warum dann nicht bereits bei unserem Leben selbst, als ein Ganzes betrachtet? Warum darf unser Leben eigentlich nicht sinnlos sein? Falls das hier nicht bereits akzeptiert werden kann, warum kann es dann akzeptiert werden, wenn wir zum größeren Kontext aufsteigen? Warum müssen wir dann nicht weiterfragen: »Ja, und worin liegt nun der Sinn von alle*dem*?«, (der Geschichte der Menschheit, der Abfolge der Generationen, oder was auch immer es sei)?

Anders verhält es sich mit dem Hinweis auf einen religiösen Sinn des Lebens. Wenn Sie glauben, daß der Sinn Ihres Lebens darin besteht, das Gebot Gottes, der Sie liebt, zu erfüllen und Ihm von Ewigkeit zu Ewigkeit ins Angesicht zu blicken, so scheint man nicht mehr weiterfragen zu können: »Und warum *das*?« Hier soll man es mit etwas zu tun haben, dessen Sinn und Zweck in ihm selbst liegt, und das keinen Zweck außer sich selbst haben kann. Doch aus eben diesem Grund hat es seine eigenen Probleme.

Die Idee Gottes ist offenbar die Idee von etwas, das alles andere erklären kann ohne selbst erklärbar sein zu müssen. Es ist jedoch nur sehr schwer zu sehen, wie es so etwas geben kann. Stellen wir die Frage,

»Warum ist die Welt *so* beschaffen?«, und erhalten eine religiöse Antwort, was kann uns dann hindern, erneut zu fragen: »Und warum ist *das* so?« Welche Antwort könnte unsere *Warum?-Fragen* ein für alle mal zum Schweigen bringen? Und wenn sie hier zu einem Halt kommen, warum konnten sie nicht bereits vorher enden?

Das gleiche Problem stellt sich offenbar, wenn man Gott und Seine Zwecke als die endgültige Erklärung des Wertes und Sinnes unseres Lebens anführt. Die Idee, daß unser Leben Gottes Plan erfüllt, soll ihm seinen Zweck geben – auf eine Weise, die keinen weiteren Zweck mehr erfordert oder zuläßt. Man soll ebensowenig weiterfragen, »Worin besteht der Zweck Gottes?«, als man fragen soll, »Worin liegt die Erklärung Gottes?«.

Hierbei habe ich jedoch ebenso wie bei der Rolle des Gottes als endgültigem Erklärungsgrund das Problem, nicht sicher zu sein, ob ich den Gedanken verstehe. Kann es wirklich etwas geben, das allem anderen dadurch einen Sinn verleiht, daß es es umfaßt, das aber seinerseits einen Zweck weder haben kann noch haben muß? Etwas, dessen Zweck nicht von außen erfragt werden kann, weil es hier kein Außen gibt? Wenn der Gott unserem Leben einen Sinn geben soll, den wir nicht verstehen können, so ist das ein schwacher Trost. Der Gott als letzte Rechtfertigung ist womöglich wie der Gott als endgültige Erklärung eine unverständliche Antwort auf eine Frage, die wir nicht loswerden können. Andererseits ist vielleicht gerade so etwas gemeint, und ich verstehe religiöse Gedanken einfach nicht. Vielleicht ist der Glaube an den Gott die Überzeugung, das Universum sei verstehbar – jedoch nicht für uns.

Lassen wir dieses Problem beiseite und kehren wir zur kleineren Dimension des menschlichen Lebens zurück. Vielleicht braucht es uns gar nicht zu beunruhigen, falls das Leben als ganzes sinnlos ist. Vielleicht können wir dies anerkennen und weitermachen wie bisher. Wir müssen nur lernen, immer geradeaus zu schauen und Rechtfertigungen jederzeit *innerhalb* unseres Lebens und innerhalb des Lebens anderer, mit denen wir in Verbindung stehen, enden zu lassen. Sobald wir uns die Frage vorlegen, »Doch wofür leben wir überhaupt?« – das bestimmte Leben eines Studenten, eines Kellners oder was auch immer –, antworten wir: »Um keines Zweckes willen; es wäre egal, wenn ich überhaupt nicht existieren oder wenn nichts mir etwas bedeuten würde. Aber ich existiere. Das ist alles.«

Einige Leute finden diese Einstellung völlig befriedigend. Andere finden sie deprimierend, doch unvermeidbar. Zum Teil liegt das Problem in unserer unheilbaren Neigung, uns ernst zu nehmen. Wir wollen uns selbst

»von *außen* betrachtet« etwas bedeuten. Ein Teil von uns ist unzufrieden, wenn uns unser Leben als ganzes als zwecklos erscheint – der Teil, der uns immer über die Schulter schaut und zusieht, was wir tun. Viele menschliche Anstrengungen, insbesondere solche im Dienste ernster Ambitionen und nicht bloß im Dienste von Bequemlichkeit und Überlebenstrieb, verdanken ihren Nachdruck einem Gefühl der Bedeutsamkeit – einem Gefühl, daß das, was wir tun, nicht nur für uns von Bedeutung ist, sondern bedeutsam in einem größeren Sinne: eben *bedeutsam*. Sollten wir dies aufgeben müssen, so hätten wir am Ende vielleicht allen Wind aus den Segeln verloren. Wenn das Leben egal ist, wenn das Leben nicht ernst und das Grab sein Ende ist, dann ist es vielleicht lächerlich, daß wir uns so wichtig nehmen. Wenn wir auf der anderen Seite nicht anders können, als uns so wichtig zu nehmen, dann müssen wir uns womöglich am Ende damit abfinden, lächerlich zu sein. Das Leben ist dann vielleicht nicht allein sinnlos, sondern *absurd*.

Anhang

Quellenverzeichnis

Arendt, Hannah: Vom Leben des Geistes. Das Denken. Das Wollen. Hrsg. von Mary McCarthy. München: Piper 1998, S. 85–90, S. 193–198. © 1998 Piper Verlag GmbH, München. [Die Fußnoten (Textnachweise) der Originalausgabe wurden im Abdruck gestrichen.]

Aristoteles: Metaphysik. Übersetzt und mit einer Einleitung und erklärenden Anmerkungen versehen von Eugen Rolfes. Leipzig: Dürr 1904, S. 92–105.

Aristoteles: Über die Seele. Übersetzt von Adolf Busse. Leipzig: Meiner 1911, S. 1–16.

Augustinus: Die Bekenntnisse. Übertragen und eingeleitet von Hermann Hefele. Jena: Diederichs 1928, S. 1–3, S. 23–24, S. 34–39, S. 228–237.

Averroes: Harmonie der Religion und Philosophie. In: Philosophie und Theologie von Averroes. Aus dem Arabischen übersetzt von Marcus Joseph Müller. Aus dem Nachlaß desselben hrsg. von der königl. bayer. Akademie der Wissenschaften. Neudruck der Ausgabe 1875. Osnabrück: Biblio 1974, S. 1–25.

Bacon, Francis: Essays. Ins Deutsche übertragen von Gustav Böcker. München: Müller 1928, Neuauflage in der Dieterich'schen Verlagsbuchhandlung, Wiesbaden 1946, S. 9–15, S. 23–25, S. 31–34, S. 162 bis 164, S. 183–192.

Bacon, Francis: Neues Organon. Übersetzt, erläutert und mit einer Lebensbeschreibung des Verfassers versehen von J. H. von Kirchmann. Leipzig: Dürr 1870, S. 83–101, S. 154–157.

Boethius: Trost der Philosophie. Zweisprachige Ausgabe Lateinisch–Deutsch. Aus dem Lateinischen von Eberhard Gothein. Köln: Anaconda 2006, S. 7–11, S. 35–67. [Text- und seitenidentischer Nachdruck der Ausgabe Berlin: Verlag Die Runde 1932.]

Descartes, René: Prinzipien der Philosophie. In: René Descartes Hauptschriften zur Grundlegung seiner Philosophie. Ins Deutsche übertragen und mit einem Vorwort begleitet von Kuno Fischer. Heidelberg: Winter 1930, S. 163–203.

Epikur: Brief an Herodot und Brief an Menoikeus. Nach: Diogenes Laertius: Leben und Meinungen berühmter Philosophen. Band II. Übersetzt aus dem Griechischen von Otto Apelt. Berlin: Akademie 1955, S. 239–286.

Foucault, Michel: Die Sprache der Abwesenheit. In: Ders.: Von der Subversion des Wissens. Hrsg. und aus dem Französischen und Italienischen übersetzt von Walter Seitter. München: Carl Hanser 1974. © 1974 Carl Hanser Verlag, München. [Zitiert nach: Foucault. Ausgew. und vorgestellt von Pravu Mazudumar. München: Diederichs 1998, S. 157–165.]

Foucault, Michel: Die Ordnung der Dinge. Eine Archäologie der Humanwissenschaften. Aus dem Französischen von Ulrich Köppen. 9. Aufl., Frankfurt a. M.: Suhrkamp 1990, S. 462. © der deutschen Ausgabe Suhrkamp Verlag Frankfurt a. M. 1971.

Foucault, Michel: Was ist ein Philosoph? In: Ders.: Schriften in vier Bänden. Dits et Ecrits. Band I, 1954–1969. Hrsg. von Daniel Defert und François Ewald. Aus dem Französischen von Michael Bischoff, Hans Dieter Gondek, Hermann Kocyba und Jürgen Schröder. Frankfurt a. M.: Suhrkamp 2001, S. 712–714. © der deutschen Ausgabe Suhrkamp Verlag Frankfurt a. M. 2001.

Hegel, Georg Wilhelm Friedrich: Phänomenologie des Geistes. Vierte Auflage der Jubiläumsausgabe. In: Ders.: Sämtliche Werke. Jubiläumsausgabe in 20 Bänden, Band II. Hrsg. von Hermann Glockner. Stuttgart–Bad Cannstatt: Frommann 1964, S. 67–80.

Heraklit: Fragmente. Nach: Hermann Diels: Die Fragmente der Vorsokratiker. Berlin: Weidmann 1903.

Hobbes, Thomas: Des Engländers Thomas Hobbes Leviathan, oder der kirchliche und bürgerliche Staat. Halle: Hendel 1794, S. 161–166, S. 201–213. [Zitiert nach der vollständig neu überarbeiteten Fassung von Kai Kilian. Köln: Anaconda 2007, S. 17–20, S. 171–176, S. 210 bis 222.]

Hume, David: Eine Untersuchung über den menschlichen Verstand. Hrsg. und neu übersetzt von Raoul Richter. Leipzig: Meiner 1914, S. 3–16, S. 35–42.

Kant, Immanuel: Kritik der reinen Vernunft (Vorrede zur zweiten Auflage). In: Kant's Werke Band III. 2. Auflage 1787. In: Kant's gesammelte Schriften. Hrsg. von der Königlich Preußischen Akademie der Wissenschaften. Erste Abteilung: Werke. Band III. Berlin: Georg Reimer 1904, S. 7–26.

Kierkegaard, Sören: Abschließende unwissenschaftliche Nachschrift. Übersetzt von H. Gottsched. In: Ders.: Gesammelte Werke. Band VII. Jena: Diederichs 1910, S. 1–17.

Leibniz, Gottfried Wilhelm: Die Monadologie. In: Ders.: Die kleineren philosophisch wichtigeren Schriften. Übersetzt und erläutert von J. H. von Kirchmann. In: Philosophische Bibliothek oder Sammlung der Hauptwerke der Philosophie alter und neuer Zeit. Hrsg. von J. H. von Kirchmann. Band 81. Leipzig: Erich Koschny 1879, S. 172–190.

Machiavelli, Niccolò: Der Fürst. Aus dem Italienischen von August Wilhelm Rehberg. Hrsg. und erläutert von Max Oberbreyer. Überarbeitet von Kai Kilian. Köln: Anaconda 2007, S. 7–35.

Marx, Karl und Friedrich Engels: Das kommunistische Manifest. Wien: Stern Verlag 1945, S. 23–55.

Montaigne, Michel de: Die Essais. Hrsg., aus dem Französischen übertragen und mit einer Einleitung versehen von Arthur Franz. Leipzig: Dieterich'sche Verlagsbuchhandlung 1953. (Sammlung Dieterich Band 137.) © 1953, 1992 Sammlung Dieterich Verlagsgesellschaft mbH, Berlin. [Zitiert nach: Köln: Anaconda 2005, S. 60–70, S. 108–115, S. 246–248.]

Nagel, Thomas: »Der Tod« und »Der Sinn des Lebens«. In: Ders.: Was bedeutet das alles? Eine ganz kurze Einführung in die Philosophie. Aus dem Englischen von Michael Gebauer. Stuttgart: Reclam 1990, S. 74–79, S. 80–84. © der deutschen Ausgabe 1990 Philipp Reclam jun. GmbH & Co., Stuttgart. [Die englische Originalausgabe erschien bei Oxford University Press Inc. unter dem Titel What Does It All Mean?, © 1987 by Thomas Nagel.]

Nietzsche, Friedrich: Also sprach Zarathustra. In: Ders.: Werke in drei Bänden. Hrsg. von Karl Schlechta. Band II. München: Hanser 1956, S. 277–283.

Nietzsche, Friedrich: Menschliches, Allzumenschliches. In: Ders.: Werke in drei Bänden. Hrsg. von Karl Schlechta. Band I. München: Hanser 1956, S. 871–881.

Nietzsche, Friedrich: Über Wahrheit und Lüge im außermoralischen Sinn. In: Ders.: Werke in drei Bänden. Hrsg. von Karl Schlechta. Band III. München: Hanser 1956, S. 309–322.

Parmenides: Das Lehrgedicht. Nach: Hermann Diels: Die Fragmente der Vorsokratiker. Berlin: Weidmann 1903.

Petrarca, Francesco: Sendschreiben, die Besteigung des Mont Ventoux betreffend. Übersetzt von Victor von Scheffels. München: Zweite Sonderausgabe der Gesellschaft alpiner Bücherfreunde e. V. 1936, S. 13–20.

Petrarca, Francesco: Von seiner und vieler Leute Unwissenheit. Übersetzt von Hermann Hefele. In: Das Zeitalter der Renaissance. Ausgewählte Quellen zur Geschichte der italienischen Kultur. Hrsg. von Marie

Herzfeld. Serie 1, Band II. Jena: Eugen Diederichs 1910, S. 126–127, S. 173–186.

Platon: ›Das Höhlengleichnis‹. Aus: Der Staat. Nach: Ders.: Werke in acht Bänden griechisch und deutsch. Band IV. Deutsch von F. Schleiermacher. Darmstadt: Wissenschaftliche Buchgesellschaft 1974, S. 555–575.

Platon: Phaidon. In: Ders.: Die großen Dialoge. Aus dem Griechischen von Friedrich Schleiermacher. Köln: Anaconda 2006, S. 80–107. [Die Texte dieses Bandes folgen der Ausgabe: Platons sämtliche Werke in zwei Bänden. Wien 1925.]

Plotin: Die Enneaden. Übersetzt von Hermann Friedrich Müller. Band I. Berlin: Weidmann 1878, S. 122–132, S. 153–155, S. 176–179.

Rousseau, Jean-Jacques: Bekenntnisse aus seiner Jugend. Für die deutsche Bibliothek nach der Übersetzung von Levin Schücking hrsg. und eingeleitet von Bruno Wille. Berlin: Deutsche Bibliothek 1914, S. 3–22.

Rousseau, Jean-Jacques: Der Gesellschaftsvertrag oder Die Grundsätze des öffentlichen Rechts. Nach dem französischen Original von Max Freiherr von Kast. Berlin: Kortkampf 1873, S. 32–37, S. 54–55.

Schopenhauer, Arthur: Die Welt als Wille und Vorstellung. In: Ders.: Sämtliche Werke. Band I. Hrsg. von Paul Deussen. München: Piper 1911, S. 113–133.

Seneca: Moralische Briefe an Lucilius. In: Ders.: Von der Seelenruhe. Philosophische Schriften und Briefe. Leipzig: Dieterich'sche Verlagsbuchhandlung 1981. (Sammlung Dieterich Band 367.) © 1981, 1992 Sammlung Dieterich Verlagsgesellschaft mbH, Berlin. [Zitiert nach: Ders.: Handbuch des glücklichen Lebens. Aus dem Lateinischen übersetzt und hrsg. von Heinz Berthold. Köln: Anaconda 2005, S. 222–227, S. 232–239, S. 271–278.]

Thomas von Aquin: Die katholische Wahrheit oder die theologische Summa [= Summa theologica]. Deutsch von Ceslaus Maria Schneider. Regensburg: Manz 1887, S. 5–11.

Wittgenstein, Ludwig: Ein Brief-Fragment: »Der Mensch in der roten Glasglocke«. (›Normalisierte Fassung‹). In: Ders.: Licht und Schatten. Hrsg. und mit einem Essay von Ilse Somavilla. Innsbruck–Wien: Haymon 2004, S. 43–44. © Haymon Verlag Innsbruck–Wien 2004.

Wittgenstein, Ludwig: Schriften 1. Tractatus logico-philosophicus. Tagebücher 1914–1916. Philosophische Untersuchungen. Frankfurt a. M.: Suhrkamp 1960, S. 237–245, S. 298–303. © Suhrkamp Verlag Frankfurt a. M. 1960.

Bibliographie allgemeiner Werke zur Geschichte der Philosophie

Bloch, Ernst: Leipziger Vorlesungen zur Geschichte der Philosophie 1950–1956. Hrsg. von Ruth Römer und Burghart Schmidt, bearbeitet von Eberhard Braun u. a. Frankfurt a. M.: Suhrkamp 1985.

Bubner, Rüdiger (Hg.): Geschichte der Philosophie in Text und Darstellung. Band I–VIII. Stuttgart: Reclam 1978–1984.

dtv-Atlas zur Philosophie. Tafeln und Texte. 2. Auflage. München: Deutscher Taschenbuch Verlag 1992.

Gadamer, Hans Georg (Hg.): Philosophisches Lesebuch. Band I–III. Neuausgabe. Frankfurt a. M.: S. Fischer 2004.

Heidegger, Martin: Geschichte der Philosophie von Thomas von Aquin bis Kant: Marburger Vorlesung Wintersemester 1926/27. In: Gesamtausgabe/Abt.2 [7] = Bd. 23. Frankfurt a. M.: Klostermann 2006.

Helferich, Christoph: Geschichte der Philosophie. Von den Anfängen bis zur Gegenwart und östliches Denken. Zweite, überarbeitete und erweiterte Auflage. Stuttgart: Metzler 1992.

Höffe, Otfried (Hg.): Klassiker der Philosophie. Band I: Von den Vorsokratikern bis David Hume. Band II: Von Kant bis Sartre. München: Beck 1981.

Nida-Rümelin, Julian (Hg.): Philosophie der Gegenwart in Einzeldarstellungen. Von Adorno bis v. Wright. Stuttgart: Kröner 1991.

Röd, Wolfgang (Hg.): Geschichte der Philosophie. München: Beck 1988 ff.

Überweg, Friedrich: Grundriß der Geschichte der Philosophie. Erster Teil: Die Philosophie des Altertums. Hrsg. von Karl Prächter. Stuttgart: Schwalbe 1960. Zweiter Teil: Die patristische und scholastische Philosophie. Hrsg. von Dr. Bernahrd Geyer. Stuttgart: Schwalbe 1960. Dritter Teil: Die Philosophie der Neuzeit bis zum Ende des 18. Jahrhunderts. Hrsg. von Max Frischeisen-Köhler und Willy Moog. Stuttgart: Schwalbe 1961.

Volpi, Franci (Hg.): Großes Werklexikon der Philosophie. Band I und II. Stuttgart: Kröner 1999.

Volpi, Franco und Julian Nida-Rümelin (Hgg.): Lexikon der Philosophischen Werke. Stuttgart: Kröner 1988.